LE DICTIONNAIRE DU RIRE DE MICHEL LEEB

LE DICTIONNAIRE DU RIRE DE MICHEL LEEB

4000 histoires drôles

CARRERE

Michel Lafon

I.S.B.N. 2-86804-199-7

A

ABEILLE

Une abeille se pose sur un bottin de téléphone et à l'aide de ses ailes tournent les pages... Une autre abeille vient la rejoindre et lui dit :

— Que fais-tu ?

— Je cherche pour notre reine l'adresse d'une fleur.

***

Comment les abeilles font-elles l'amour ?

— Rien de plus facile. Dard-dard...

ABSURDE

J'ai connu un gars qui avait le front tellement ridé que pour mettre son chapeau, il le vissait !

***

Nous sommes en été, il fait très chaud et un monsieur commande une dizaine de pains de glace au marchand. Celui-ci charge sa camionnette isotherme prévue pour le transport de la glace et se met en route.

La chaussée est complètement défoncée et il y a beaucoup de chaos. Il arrive enfin chez son client et quand il ouvre son camion, il s'aperçoit qu'il lui manque un pain de glace :

— J'ai dû le perdre en route, s'excuse-t-il auprès de l'acheteur...

(Il faut mettre beaucoup de conviction et d'humeur pour faire rire quelqu'un avec cette histoire !)

***

(Il faut enchaîner aussitôt avec l'histoire qui suit pour éviter à vos amis de se poser des questions sur votre santé mentale.)

Nous sommes dans un train, dans un compartiment « non Fumeurs ». Pourtant, un monsieur fume un énorme cigare et envoie toute la fumée dans la figure d'une dame qui tient un petit chien sur ses genoux.

— Monsieur, pourriez-vous éteindre votre cigare, s'il vous plaît ?

Le monsieur ne répond pas et continue à fumer.

Au bout d'un moment, la dame excédée, attrape le cigare du monsieur et le jette par la fenêtre. Le monsieur, furieux, attrape le petit chien et le jette par la fenêtre.

Quelques instants plus tard, le train arrive dans une gare et s'arrête. Les deux passagers regardent sur le quai et que voient-ils ?... Le petit chien de la dame avec dans sa gueule... devinez quoi ?... Non, pas le cigare. Le pain de glace de l'histoire précédente.

***

Il avait un visage en lame de couteau. On ne parvint pas à le guillotiner. Alors, on se contenta de l'affûter.

***

Pensée sublime : les rides sont des sourires gravés !

***

Question vitale : qui a inventé les inventeurs ?

***

Conseil aux arrivistes : mangez du cirage, vous brillerez en société !

***

Un monsieur va au service des objets trouvés dans un grand magasin où il y a foule :

— J'ai perdu ma montre.

— Où ça ?

— Je ne sais pas... Je marchais et elle s'est arrêtée.

***

L'atmosphère de Paris est tellement polluée que le matin, on peut entendre les oiseaux tousser.

***

Un droguiste accueille un client :

— Et pour monsieur ?

— Je voudrais de l'insecticide.

— Mais certainement. C'est pour les moustiques ou pour les mites ?

— Oh, c'est pour moi.

— Pour vous ?

— Oui, j'ai le cafard.

***

Un monsieur aborde un autre monsieur à la terrasse d'un café :

— Pardon, monsieur, ne nous serions-nous pas rencontrés, il y a deux ans, sur la Côte d'Azur, à Menton ?

— Non, monsieur. Ce n'est pas possible, je n'ai jamais mis les pieds à Menton.

— C'est comme moi, je ne connais pas Menton. Il doit s'agir alors de deux autres personnes.

***

Un monsieur, dans la rue, tient en laisse un éléphant rose.

L'animal n'a pas l'air docile et se fait tirer sans arrêt. Au bout d'un moment, excédé, le monsieur se retourne et dit à l'éléphant :

— Si tu continues à tirer comme ça, j'arrête de boire et il n'y aura plus d'éléphant rose !

***

Tout le monde connaît naturellement l'histoire du lit vertical ? Non ? Mais si, vous savez bien que c'est une histoire à dormir debout !

***

Un type demande à son copain :

— Dis, combien tu peux manger de tartines à jeûn, le matin au petit déjeuner ?

— Je ne sais pas, moi. Trois.

— Mais non, andouille ! Tu ne peux pas manger trois tartines à jeûn puisque dès que tu en as mangé une, tu n'es plus à jeûn !

Le copain rentre chez lui et dit à son frère :

— Dis, Albert, combien tu peux manger de tartines, le matin, à jeûn, au petit déjeuner ?

— Au moins cinq !

— Dommage ! Tu m'aurais répondu : « trois », j'en avais une bien bonne à te raconter !

***

Un monsieur envoie un télégramme et se présente au guichet de la poste. Il tend son formulaire au préposé qui lit :

« Boumac, boumac, boumac, boumac. »

— Pour le même prix, monsieur, vous avez droit à un mot de plus, si vous voulez.

— Mais, je n'ai rien d'autre à dire.

— Je pensais que vous pourriez rajouter peut-être un « boumac ».

— Il n'en est pas question. Cela ne voudrait rien dire !

***

J'ai eu un robinet qui s'arrêtait de couler quand on ne l'écoutait pas.

***

Un petit oignon se promène dans un parc. Il tombe en arrêt devant un arbre, et gémit : Mon Dieu, je suis maudit, encore un saule qui pleure !

***

J'ai connu un explorateur qui s'est perdu dans un parking. Après enquête, on a découvert qu'il avait été avalé par une bouche d'égout dont la grille avait été volée par un cruciverbiste. On n'arrêtera jamais le progrès.

***

ACCIDENT

L'homme vient d'avoir un accident d'automobile. C'est grave. Mais les médecins font des prodiges et parviennent à le sauver. Après avoir passé huit jours dans le coma, le type ouvre péniblement les yeux et distingue dans un brouillard une forme à ses côtés.

— Ah ! fait-il d'une voix presque inaudible. Suis-je au Paradis ?

— Non ! lui répond une voix qui est celle de sa femme. Rassure-toi ! Je suis là !

***

Un monsieur, qui traverse distraitement une rue en lisant son journal, se fait écraser par un rouleau compresseur. Des gens bienveillants se précipitent et lui demandent :

— Comment vous sentez-vous ?

— Très à plat !

***

Horrible accident sur l'autoroute : trois voiture : six morts...

Dans un tel état que l'on ne peut identifier les cadavres...

En lisant les papiers d'identité on a découvert, parmi les victimes, un coureur cycliste... C'est sa femme qui arrive à la morgue afin d'identifier son mari...

On lui montre un premier cadavre :

— Est-ce votre époux ?

— Non, pas du tout...

C'est le tour d'un second macchabée...

— Est-ce votre époux ?

— Non, vraiment pas...

Troisième corps :

— Est-ce votre époux ?

— Nenni !

On ouvre la glacière, un quatrième corps :

— Et celui-là, est-ce lui ?

— Hélas oui ! Comme d'habitude jamais dans les trois premiers !

***

Un type rencontre un de ses meilleurs amis. Ce dernier se déplace dans un fauteuil roulant.

— Que t'est-il arrivé, lui demande-t-il ?

— Rien. J'ai simulé un accident pour pouvoir toucher une grosse prime d'assurance.

— Mais tu es fou ! Tu vas devoir rester dans ce fauteuil jusqu'à la fin de tes jours.

— Pas du tout ! La semaine prochaine, je vais à Lourdes !

***

A la suite d'un terrible accident de voiture, une jeune femme est remise aux mains d'un très grand chirurgien. Outre une bonne vingtaine de fractures en des endroits impossibles, l'accidentée se trouve plongée dans un délire profond, et balbutie des mots sans suite.

Tandis que l'on se prépare à une opération de plusieurs heures, la patiente ouvre un œil, et murmure à l'adresse du chirurgien :

— « Vous excuserez le dérangement... »

***

C'est génial les statistiques ! Ça arrive à prouver que si vous mesurez plus de deux mètres, et que vous perdez vos jambes et votre tête dans un accident, vous rentrez dans le rang et vous atteignez enfin une taille normale.

***

Un homme, victime d'un grave accident (il est passé sous une voiture) se trouve amputé des deux jambes. Le lendemain matin, le médecin qui vient l'examiner, découvre qu'il souffre maintenant d'une fracture du crâne.

— Que s'est-il passé, demande-t-il au malade ?

— Ah là là docteur, lui répond celui-ci... A mon réveil, personne n'a osé me dire ce qui m'était arrivé. Alors, ce matin, comme d'habitude, je me suis levé au réveil pour aller me laver les dents !

***

Un jeune motocycliste renverse une très grosse dame qui ne traversait pas dans les clous.

— Mais monsieur, s'exclame la dame. Vous ne pouviez pas me contourner ?

— Impossible, madame, répond-il, je n'avais pas assez d'essence.

***

Un accident d'automobile se produit et des restes de la voiture, on sort un conducteur ensanglanté mais vivant. Le voici sur le bord de la route. Un quidam s'approche de lui.

— Excusez-moi, monsieur, vous disposez d'une assurance tous risques ?

— Oui, répond le blessé dans un râle.

— Ah bon, alors vous permettez que je m'allonge à côté de vous ?...

***

Un monsieur très enrhumé se mouche dans un mouchoir à carreaux mais un carreau casse et lui tranche le nez. Il va se faire soigner à l'hôpital et ressort avec un nouveau nez par la porte du service des nouveau-nés. Une fois dehors, comme il fait froid, il éternue et se mouche de nouveau dans son mouchoir à carreaux. Mais comme il n'avait pas pensé à faire remplacer le carreau cassé, il se blesse encore et retourne à l'hôpital où on lui dit :

— On ne peut rien faire pour vous. C'est trop grave. Il faut que vous consultiez un spécialiste qui habite à Redon.

Il va donc à Redon et il en revient avec un nez d'Redon.

***

Un type est assis sur une branche qu'il est en train de scier. Un autre passe à ce moment-là et lui dit :

— Vous êtes fou, vous allez vous casser la figure si vous continuez à scier la branche sur laquelle vous êtes !

— Mais dites-donc, vous, je ne vous ai rien demandé. Laissez-moi tranquille !

— A votre aise ! répond le brave homme qui avait voulu rendre service.

Et le premier se remet au travail. Il continue à scier sa branche et naturellement l'inévitable se produit : au moment où il termine, il fait une chute brutale de plusieurs mètres et se retrouve par terre à moitié assommé par la branche qui lui est tombée dessus. Alors il regrette de ne pas avoir écouté l'autre homme et se dit :

— Si j'avais su qu'il prévoyait l'avenir, j'aurais suivi son conseil !

***

Un laveur de carreaux est en train de travailler à l'extérieur d'un très grand immeuble du quartier de La Défense. Soudain, son échafaudage s'écroule et il tombe en chute libre du cinquième étage.

Des passants se précipitent vers lui, l'aident à se relever et lui demandent :

— Qu'est-ce qui s'est passé ?

— Moi, je ne sais pas, j'arrive.

***

Dans un petit village de la région parisienne, un dimanche matin, M. Durand est en train de jouer au tennis quand, la sirène, appelant les pompiers, se met à hurler. Aussitôt il lâche sa raquette et son adversaire car c'est un soldat du feu et se précipite à la caserne de pompiers. Arrivés sur les lieux de l'incendie, le feu a envahi les étages supérieurs d'un immeuble et une femme est au bord d'une fenêtre, menacée par les flammes.

— Sautez ! crie le capitaine des pompiers.

La dame obéit, saute et vient s'écraser aux pieds de M. Durand.

— Vous auriez pu essayer de la rattraper dans vos bras, commente le capitaine.

Et M. Durand de répondre :

— Mais moi, je l'attendais au rebond...

***

La police est appelée sur les lieux d'un accident de voiture. Heureusement, il n'y a pas de victime. Un agent de police demande à la femme qui conduisait l'auto et qui a provoqué l'accident :

— Comment cela s'est-il passé ?

— Eh bien voilà, monsieur l'agent. Je conduisais tranquillement quand la voiture devant moi, freine brusquement. Pour l'éviter, je freine aussi, je dérape, je monte sur le trottoir, je rase l'arbre qui est là, je rentre dans la droguerie, je ressors et j'écrase un chien qui vient littéralement se jeter sous mes roues et enfin je viens buter dans ce mur. A partir de ce moment-là, j'ai perdu le contrôle de mon véhicule.

***

Un ouvrier est bien embêté : il doit aller annoncer à la femme d'un de ses collègues que celui-ci est tombé dans une énorme machine à faire du chewing-gum où il a été complètement broyé.

— Madame François ?

— Oui.

— Bonjour, madame. Dites-moi, votre mari il était bien grand, brun et il faisait toujours des ronds avec la fumée de sa cigarette ?

— Oui.

— Eh bien, maintenant, il est petit, rose et il fait des bulles...

***

Un monsieur rencontre un ami qui sort de l'hôpital. Ce dernier marche avec des cannes, a un bras dans le plâtre et un énorme œil au beurre noir.

— Mais, mon pauvre vieux, qu'est-ce qui t'est arrivé ?

— Un accident de mobylette.

— Il y a longtemps ?

— Trois semaines.

— Mais je ne comprends pas. Je t'ai vu il y a deux jours, tu n'avais rien !

— Oui, mais j'ai rencontré un type que j'avais renversé en mobylette il y a trois semaines.

***

Un monsieur arrive à son bureau et constate avec stupeur que le plafond d'une des pièces s'est écroulé.

— Vite ! Il faut prévenir le directeur !

— Oh, ce n'est pas la peine. Il est déjà au courant. Il est dessous !

***

Une dame rentre chez elle complètement affolée.

— J'ai eu un accident de voiture, dit-elle à son mari.

— Comment ? Mais que s'est-il passé ?

— C'est une voiture qui a défoncé la mienne.

— Mais, tu n'es pas blessée au moins ?

— Non, non, ça va. C'est juste l'émotion.

— Et l'autre voiture ? Le conducteur n'a rien ?

— Oh ! non, rassure-toi. De toute façon, sa voiture était arrêtée et, en plus, il n'était même pas dedans !

***

Par un temps de brouillard épouvantable, un automobiliste roule tout doucement car il n'a aucune visibilité. Il s'arrête à la hauteur d'un homme complètement trempé :

— Pardon monsieur, vous pouvez me dire où est la Seine. Avec ce temps, on ne voit rien du tout. C'est dangereux.

— La Seine ? Elle est juste derrière moi.

— Vous en êtes sûr ?

— Et comment ! J'en sors !

***

Une dame qui vient d'avoir un accident sans gravité mais qui a complètement défoncé sa voiture arrive chez le garagiste :

— Je vous laisse mon véhicule, monsieur. Pour les problèmes financiers, vous verrez avec mon mari.

Et elle s'en va. Le garagiste se précipite sur son téléphone et appelle le mari.

— Bonjour, monsieur. Votre femme vient de nous apporter sa voiture. Il y a beaucoup de travaux à faire dessus.

— J'ai l'habitude, répond le mari blasé. Vous m'enverrez la note. Je vous fais confiance. Vous avez le feu vert !

— Merci, monsieur. Alors, avec la facture de la réparation de la voiture de votre femme, je vous enverrai celle de la réfection de ma devanture que votre femme a démolie en apportant sa voiture !

***

Sur un chantier, un ouvrier a été victime d'un accident : une machine lui est tombée dessus et lui a tranché l'oreille. Ses collègues le transportent aussitôt à l'hôpital. Le chirurgien l'examine et dit aux autres ouvriers :

— Vite, allez me chercher l'oreille !

Quelques instants plus tard, on lui ramène l'oreille qu'il montre au blessé :

— C'est bien votre oreille ?

— Ah, non, articule péniblement l'homme, la mienne, elle avait un crayon dessus !

***

Une dame au volant de sa voiture grille un feu rouge et renverse un monsieur qui traversait la rue juste à ce moment-là. Elle s'arrête immédiatement et se précipite vers le pauvre homme qui gît sous le véhicule. Heureusement, il n'est pas blessé, seulement un peu étourdi, et la dame soupire de soulagement :

— Dieu soit loué ! dit-elle. Vous n'avez rien ! Oh, monsieur, puisque vous êtes sous ma voiture et que tout va bien, pourriez-vous en profiter pour regarder si mon pot d'échappement n'est pas percé ?

***

Un automobiliste, affolé, rentre précipitamment dans le bistrot du village et demande à la patronne :

— Dites-moi, dans votre village, vous avez des chevaux noirs ?

— Non.

— Des moutons noirs ?

— Non.

— Des chiens noirs ?

— Non.

— Alors, c'est bien ce qu'il me semblait. Je viens d'écraser le curé.

***

Un camion roule tranquillement sur la route. A un croisement, le chauffeur voit arriver sur sa gauche une petite voiture de sport qui fonce à toute allure et qui ne semble pas vouloir s'arrêter au carrefour. Et l'inévitable se produit, la voiture vient s'écraser contre le poids lourd. Le camionneur s'arrête et descend voir les dégâts : la voiture est complètement pliée mais, heureusement le conducteur est indemne.

— Eh bien, mon vieux, dit le camionneur, comment tu fais pour t'arrêter quand je ne suis pas là ?

***

Dans le sud des États-Unis, une superbe Jaguar roule à vive allure et traverse un village comme un bolide juste au moment où la classe d'enfants noirs traverse la rue. Le véhicule les écrase tous et le policier qui fait le constat demande au chauffeur de la Jaguar :

— A quelle vitesse marchaient ces enfants quand ils ont embouti votre véhicule ?

***

Une dame rentre chez elle et annonce à son mari qu'elle a eu un léger accident. Le mari va voir dans le garage et découvre la voiture sérieusement endommagée.

— Chérie, qu'est-ce qui s'est passé ?

— Oh, pas grand-chose. C'est un vélo qui m'est rentré dedans.

— Un vélo ? Mais ils étaient combien dessus ?

***

Un type est en voiture et écoute les informations à la radio :

— D'après une enquête du ministère des Transports, à New York, un homme est écrasé toutes les deux heures par une voiture.

Et l'automobiliste ne peut pas s'empêcher de compatir :

— Pauvre type !

***

— Vous comprenez, monsieur l'agent, j'ai crevé un pneu et alors ma voiture a écrasé ce pauvre bougre, explique un automobiliste qui vient de renverser un passant.

— Comment avez-vous crevé votre pneu ?

— En roulant sur une bouteille de whisky.

— Et vous ne l'aviez pas vue ?

— Ah, je ne pouvais pas, monsieur l'agent, elle était dans la poche du malheureux !

***

ACTRICE

Un jeune kinésitérapeute cherche un emploi. Il lit une annonce un jour stipulant : « Cherche masseur pour actrice renommée. »

Il se présente à l'adresse indiquée, et l'actrice lui dit :

— C'est d'accord, je vous engage. 5 000 F par mois, ça vous va ?

— Oh, madame, je ne suis pas bien riche, je ne sais pas si je pourrai payer une somme pareille !

***

Deux acteurs se rencontrent dans la rue. L'un porte un manuscrit sous le bras :

— Tu as un projet de film ou de pièce, lui demande l'autre.

— Pas du tout, je déménage !

***

La carrière d'un comédien se résume toujours en cinq épisodes :

1. Qui est-ce Machin ?
2. Il me faut Machin pour ce rôle.
3. Je voudrais, pour ce rôle, quelqu'un dans le genre de Machin.
4. Je voudrais, pour ce rôle, un Machin jeune.
5. Qui est-ce Machin ?

***

Une comédienne, folle de joie, téléphone à l'une de ses amies.

« C'est extraordinaire, je viens de décrocher le rôle de ma carrière. Dans une pièce de théâtre, je suis une soubrette qui doit annoncer que le repas est servi. Je frappe à la porte et ma patronne lance : '' Surtout n'entrez pas ! '' »

***

ADMINISTRATION

Lors d'une enquête sur la mortalité en France, on put lire dans un des rapports parvenus au ministère :

« Après étude de la moyenne de la mortalité dans notre commune, nous sommes en mesure de vous annoncer qu'elle est de un décès par habitant. »

***

Au début du siècle, on a pu lire cette lettre du maire d'une petite commune qui faisait son rapport sur une chasse au loup qui avait eu lieu sur son territoire :

« Aujourd'hui, devant moi, assisté de mon adjoint, ont comparu les sieurs B. et G., lesquels ont déclaré avoir rencontré un loup conduisant leurs légumes au marché de S. ? Le susdit loup ayant traversé le bois dont ils avaient rencontré les pattes sur le sable mouillé et s'étant dirigé du côté de la rivière avec préméditation d'y boire, avons ordonné et ordonnons une battue générale armée de fusils et d'autres instruments de labour.

Après une série consécutive de trois ou quatre heures sans manger, nous avons vu le loup, moi dit maire, assisté de mon adjoint pour la première fois et lesdits B. et G. pour la deuxième fois, le reconnaissant pour le dit loup déclaré du matin qui allait boire comme de fait à cent pas de l'eau. Après que j'eus ordonné tous nos gens bien armés, moi dit maire, assisté de mon adjoint resté sur le derrière dans le cas, prévoyant par prudence que le susdit loup se puisse rétrograder ou ait été suivi d'un plus grand nombre d'autres comme ils ont coutume de se conduire.

J'attends donc sans balancer le loup qui s'enfuyait armé d'un fusil assisté de mon adjoint dont il voulait aussi se défaire pour le bien de la commune. Au bout d'une heure, le loup avait été fait périr à la tête de la troupe dont il fut massacré d'un coup de pioche par le nommé R., lequel avait huit petits dans le ventre. Déclaré par moi ledit loup être une louve assisté de mon adjoint peut-être enragé.

De cela dressons procès-verbal et le mettons sous les yeux de Monsieur le Préfet et pour que récompense soit distribuée à qui de droit au nommé R. pour avoir tué une louve pleine comme je l'atteste ici, assisté de mon adjoint, dont les oreilles sont annexées au présent procès-verbal... »

***

AFFAIRE

COMMENT SE FATIGUER DANS LES AFFAIRES SANS VRAIMENT RÉUSSIR ?

— Vous êtes un homme réputé « capable », vous possédez des diplômes qui le prouvent et une expérience professionnelle que personne ne met en doute. Pourtant, vous végétez, c'est un fait ! Vous avez beau être propriétaire d'une centaine de puits de pétrole au Texas, vous stagnez... Vous avez beau posséder la plupart des actions des mines de la Ruhr et des aciéries de Longwy, ça ne va pas... Alors vous vous demandez pourquoi ! Pourquoi cette barrière entre la réussite et vous ? Plus tard, lorsque l'homme inquiet que vous êtes aujourd'hui sera devenu un homme aigri, vous vous direz : « Mais qu'ont-ils à me détester tous ? Pourquoi mes ouvriers, mes employés ne font-ils aucun effort pour comprendre ? M'estimer à ma propre valeur ? Voilà qu'ils font grève, maintenant... Mais que veulent-ils ? Je ne puis tout de même pas travailler plus que je le fais... Je suis le patron le plus au courant de tout ce qui se passe dans ses usines. Je connais ma partie ! Mais eux, mes ouvriers, ne veulent pas le reconnaître. Non ! Oh ! Je sais ce qu'ils ont. Dans le fond : ils m'envient ! Ils sont jaloux de moi ! C'est pas beau, comme sentiment ! Jaloux... Je le vois bien. Tenez, à mon usine d'automobiles, ceux qui travaillent à la chaîne le font d'une façon nerveuse. Ils manquent de décontraction. Je me rends bien compte qu'ils ruminent intérieurement leurs griefs à mon égard... Dieu sait pourtant que je me montre délicat avec eux ! Je ne viens pas trop tôt le matin afin de ne pas les déranger ; dès qu'un ouvrier est malade, je lui donne son compte pour qu'il se repose... Et puis, chez moi, les machines tournent vingt-quatre heures sur vingt-quatre. Le travail se fait par équipes. Si l'ouvrier était vraiment courageux, il travaillerait vingt-quatre heures d'affilée... A quoi bon ces arrêts pour aller dormir ? Cela casse la cadence... Cela dit, attention, qu'on ne se méprenne pas : je ne méprise pas la classe ouvrière. Mais je suis taillé dans un autre bois qu'elle ! Je ne me crois pas sorti de la cuisse de Jupiter, mais quand je fais quelque chose, je le fais bien ! Je suis consciencieux, énergique, honnête ! Comme le dit parfois mon professeur de golf : « Ah ! Courageux comme vous êtes, quel merveilleux ouvrier vous eussiez fait ! » Alors ils me font rire les ouvriers quand ils font les malins avec leurs piquets de grève... Je leur dis : « Mais si vous étiez à Megève, pauvres gens, vous ne sauriez pas tenir sur des skis. Et vous vous permettez de revendiquer ? » Le plus gros problème de ma vie d'homme d'affaires, celui qui me désespère, c'est que je ne bronze pas ! J'ai beau rester quatre mois à Cannes tous les étés, rien à faire : toujours blanc comme un lis ! Aussi, quand je vois sur le bord des routes tous ces terrassiers à la peau brune, je suis pris d'une rage intérieure folle... En voilà qui ont de la chance, hein ! En voilà qui ont de la veine ! Alors que moi, je ne serai toujours qu'un pâlot raté ! Oh ! Je vous en supplie, si vous connaissez le secret de la réussite, dites-le-moi ! Je paierai n'importe quel prix pour m'en sortir ! *Demain* me fait peur ! Entendez, obscurs ouvriers du monde entier, l'appel d'un milliardaire en détresse !

***

AFFICHE

Méfiez-vous de l'affichage sauvage : l'autre jour, simplement parce que je m'étais adossé quelques instants contre un mur, je suis rentré chez moi avec une affiche collée sur le ventre.

***

AGE

— Quel âge me donnez-vous ? minaude la mémé.

— Euh..., répond son interlocuteur.

— Eh bien, j'approche de la quarantaine...

— Ah oui ? Et dans quelle direction ?

***

— Donne-moi un conseil d'ami. J'ai 66 ans ; un milliard en placements sûrs. Et depuis trois semaines, je me suis entiché d'une gamine de 18 ans... Une déesse... une fée... toutes les grâces... Alors, dis-moi, pour lui plaire, penses-tu que je ferais mieux de lui dire que je n'ai que 50 ans ?

— Tu veux lui plaire vraiment ?

— Oui !

— Bien. Dans ce cas, dis-lui plutôt que tu as 90 ans...

***

On vit vieux dans ma famille. Et on reste gaillard ! Mon grand-père, il a 92 ans et il saute encore à pieds joints sur la table de la salle à manger !

— Ça ne m'étonne pas... Le nôtre c'est pire : le jour de ses 100 ans, on a dû l'abattre tellement qu'il devenait méchant !

***

— Vous m'avez bien dit qu'il a 94 ans ?

— Exact.

— Qu'il n'a jamais bu une goutte de gnôle ?

— Exact.

— Jamais fumé cigares ou cigarettes ?

— Ni pipe ni marijuana ! Exact !

— Et jamais touché une nana du bout des doigts !

— Tout à fait exact !

— Alors, je vais vous dire : je ne comprends pas pourquoi il a voulu vivre si longtemps.

***

Une femme est arrêtée et conduite au commissariat lors d'une enquête. Le commissaire la fait asseoir, lui offre du café, et commence l'interrogatoire :

— Nom et prénoms ?

— Lefrançois, Arlette Marie.

— Age ?

La dame baisse les yeux et reste silencieuse...

— Voyons, madame, la morigène le commissaire, rendez-vous compte que tout ce temps perdu ne fait qu'aggraver votre cas...

***

Une jeune Lolita discute avec son amie :

— Alors tu vois, tout marchait bien, il m'avait emmené chez lui, commençait à me déshabiller. Mais à un moment il m'a demandé mon âge, et quand je lui ai dit que j'avais 13 ans, il m'a chassé de chez lui...

— Encore un qui est superstitieux, soupire sa copine !

***

AGENCE MATRIMONIALE

Une jeune femme va dans une agence matrimoniale. Après avoir décrit ses goûts dans le questionnaire, elle s'approche de la conseillère et lui dit timidement : « J'ai quand même un petit défaut ; parfois, j'ai des pertes de mémoire...

— Ah bon, répond la conseillère, étonnée, vous avez des pertes de mémoire ?

— Qui ça ? Moi, j'ai des pertes de mémoire ?

***

AMANT

— Tu as un amant, hein ? Tu as un amant ! Alors tu en as assez de moi ?

— Au contraire, mon chéri. Si j'ai un amant, c'est justement parce que je n'ai pas assez de toi.

***

Une petite fille va voir sa grand-mère dans sa chambre, et très câline lui demande :

— Grand-mère, papa et maman refusent de m'expliquer ce que c'est qu'un amant ! Dis-moi ce que c'est, un amant !

Mais la grand-mère devient toute pâle, se précipite vers un cagibi, tourne la clé dans la serrure, et un squelette tombe sur le tapis...

***

Un monsieur qui rentre chez lui trouve sa femme au lit avec un autre homme. Il se met à injurier son épouse. Celle-ci lui réplique immédiatement : « Arrête de hurler. Et regarde plutôt comment il fait ! »

***

Un monsieur évoque avec l'un de ses copains, l'un de leurs amis communs.

— Tu sais ce qui est arrivé à Pierre ? Un vrai malheur !

— Non ?

— Il est parti avec ma femme !

***

J'ai eu une liaison avec un homme, un joueur de rugby. J'ai fait un essai. Il m'a plaquée... Et depuis, je suis transformée.

***

La femme du général est en train de mourir. Son mari lui tient tendrement les mains.

— Avant de mourir, il faut que je vous avoue une chose, mon ami. J'ai deux fautes à vous avouer et je ne pourrai pas partir en paix si je ne vous les dis pas.

— Je vous pardonne tout d'avance, ma chère ; lui répond le général, très ému.

— Eh bien voilà. Tout d'abord, je dois vous avouer que votre aide de camp a été mon amant pendant deux ans. Me pardonnez-vous ?

— Mais oui, je vous pardonne. Et l'autre aveu ?

— Je vous ai trompé une seconde fois, mon ami.

— Avec qui ?

— Avec le trente-troisième régiment de cavalerie.

***

Un monsieur rentre chez lui et trouve sa femme complètement nue sur les genoux du médecin de la famille.

— Docteur, que fait ma femme, nue, sur vos genoux ?

— Eh bien, c'est naturel, je l'ausculte.

— Bon, mais pouvez-vous m'expliquer pourquoi vous l'auscultez sans votre pantalon ?

— Ah, ça, monsieur, c'est le secret professionnel.

***

Une grand-mère somnole dans un fauteuil à bascule, tandis qu'auprès d'elle ses petites-filles de huit et dix ans fouillent dans les livres de la bibliothèque et lisent quelques passages qui ne leur sont pas particulièrement destinés. A un moment, elles tombent sur un mot :

— « Amant » ? Grand-mère, qu'est-ce que c'est un « amant » ?

— Quoi ? Quoi ? demande la vieille dame qui est sourde comme un pot.

— Un amant... Un AMANT !

— Un amant ?...

La grand-mère fait un terrible effort de mémoire, semble se souvenir vaguement de quelque chose, se lève, se dirige vers l'armoire... et l'ouvrant, en fait tomber un squelette...

***

Un monsieur très riche rentre dans son magnifique château. Il ouvre la porte et, en se déshabillant, il tend ses affaires à son valet de chambre qui lui dit :

— Oh, monsieur rentre beaucoup plus tôt que prévu. Madame va être très surprise. Monsieur aussi, d'ailleurs. Enfin, en un mot, Madame, Monsieur et Monsieur vont être très surpris !

***

AMERICAIN

Un organisme de tourisme a organisé une visite au Mont-Saint-Michel. La clientèle est très cosmopolite et Anglais, Belges, Italiens, Suisses et Américains voyagent ensemble.

Dans le car, un citoyen belge, très américanophile, a essayé d'engager la conversation avec son voisin californien mais ne connaissant pas du tout l'anglais il a eu beaucoup de mal.

Arrivés à destination, ils se retrouvent tous au bar de l'hôtel où on leur offre l'apéritif. Le Belge cherche désespérément à parler à l'Américain et tout d'un coup aperçoit une fourmi. Il saute sur l'occasion et en montrant le petit animal, il dit :

— Fourmi.

L'Américain rectifie aussitôt :

— No, for me...

Le Belge insiste :

— Fourmi.

— For me...

— Fourmi.

L'Américain s'énerve, un peu éméché par les whiskies successifs et hurle :

— FOR ME !

Et dans la foulée, il envoie un énorme coup de poing sur le nez du Belge qui se retrouve K.O.

Après avoir emmené le pauvre garçon dans sa chambre, un Anglais qui connaît bien la langue française explique au Californien sa méprise.

Le lendemain matin, tout le monde est dans le hall en attendant le car qui doit les emmener en excursion.

Quand le Belge arrive à son tour, l'Américain confus et gêné de l'incident de la veille lui ouvre les bras en disant :

— Come here ! Come here !

— Comme hier ? Comme hier ? Alors ça ! Sûrement pas ! s'exclame le Belge.

***

Un type revient d'un voyage aux États-Unis et en parle avec un copain :

— Oh ! là-bas, c'est formidable ! Ils ont tout ce que tu veux ! Il y a des machines partout. Si tu as soif, tu vas au distributeur automatique. Si tu as faim, si tu veux acheter des cigarettes, il y a tout à portée de la main. J'ai même vu un truc formidable : c'est une machine qui te cire tes chaussures. Tu mets un dollar, tu places ton pied dans un trou qui est en bas de l'appareil et quand tu le ressors, tes pompes sont impeccables.

— Oui, mais dis donc, tous les pieds ne sont pas forcément à la bonne dimension pour le trou, non ?

— Oh ! avant, non. Mais quand ils ressortent, oui.

***

Deux veuves américaines parlent de leur mari respectif :

— Moi, le mien, je l'ai perdu dans le courant de l'Hudson.

— Ah bon ? C'est comme moi. Je l'ai aussi perdu dans le courant... mais dans celui de la chaise électrique.

***

Un astronaute américain revient chez lui après une très longue mission dans l'espace. Il est accueilli par sa femme, heureuse de le retrouver. Ils s'embrassent et soudain la femme se dégage brutalement et lui dit en montrant l'épaule de son mari encore en combinaison de travail :

— Qu'est-ce que c'est que ce cheveu vert, là ?

***

Un fleuriste vient livrer une couronne mortuaire chez un client aux États-Unis. On lui ouvre la porte :

— Ah, ce sont les fleurs, lui dit-on. S'il vous plaît, posez-les ici.

Et il dépose la couronne autour du compteur électrique. Toute la famille est réunie et est en prières devant le compteur. Surpris, il interroge la bonne qui le raccompagne.

— Mais pourquoi font-ils une prière devant le compteur électrique ?

— C'est parce que le frère du monsieur est mort il y a deux ans sur la chaise électrique.

***

A Reno, la capitale du divorce, les bureaux des juges fonctionnent jour et nuit. Sur la porte de l'un d'eux, on peut même lire sous la sonnette :

— Sonnez en cas d'urgence.

***

Un gros P.-D.G. d'une entreprise américaine fait visiter ses énormes bureaux à son fils :

— Tu vois, Bob, quand tu seras grand, tout ça appartiendra à tes ex-épouses.

***

Deux amies américaines bavardent sur une plage de Californie :

— Moi, je n'ai jamais eu de chance, dit l'une. Avec mon mari, nous nous sommes installés dans tous les États d'Amérique et toujours, il a fallu partir en catastrophe car nous faisions faillite. Il n'y a qu'à sa mort que mon mari a eu de la veine.

— Ah ? Et pourquoi ?

— En creusant sa tombe, on a trouvé du pétrole !

***

Un Indien arrive dans un hôtel de San Francisco et demande qu'on lui fasse monter une télévision dans sa chambre pour regarder les westerns.

— Vous voulez un récepteur à vingt dollars ou à cinquante dollars ? demande le réceptionniste.

— Quelle est la différence ? demande l'Indien.

— Eh bien, avec la télévision à cinquante dollars, ce sont toujours les Indiens qui gagnent !

***

A la fin du XIXe siècle, une troupe de comédiens passaient dans les villes du Far-West et donnaient des représentations, en général des pièces de Shakespeare. Un jour où ils venaient de terminer de jouer *Hamlet*, les cow-boys se mirent à hurler dans la salle :

— L'auteur ! L'auteur !

Voulant éviter tout scandale, le directeur de la troupe s'affubla d'une fausse barbe et vint saluer en disant :

— Je suis William Shakespeare, je suis l'auteur.

Alors, tous les cow-boys qui étaient dans la salle se levèrent, dégainèrent leur revolver et l'abattirent aussitôt.

***

De jeunes soldats américains sont dans un camp d'entraînement avant de partir pour le Vietnam.

Une jeune recrue est particulièrement maladroite et à chaque exercice de tir ce soldat rate toujours la cible.

La veille du grand départ, il interroge le lieutenant :

— Dites, mon lieutenant, vous croyez que, avec de si mauvais résultats à l'entraînement, je vais tout de même partir ?

— Oh, répond le lieutenant, partir, sûrement ! Revenir, c'est beaucoup moins certain.

***

Un Américain et un Anglais bavardent :

— Vous les Anglais, dit l'Américain, vous êtes fiers d'être purs ! Vous ne vous mélangez pas aux autres. Regardez, moi, par exemple, c'est formidable : je suis italien par mon père et par ma mère, je suis français, turc, mexicain, hollandais et grec.

— Oh, soupire l'Anglais. J'aurais beaucoup aimé rencontrer votre mère. Elle avait l'air d'avoir un excellent tempérament !

***

Le chef indien, Bison Rusé, rentre dans son village et dit à sa femme qui l'attend dans son tipi :

— Ça y est ! La guerre est finie entre Aigle Agile et moi.

— Ah, bon, vous avez enterré la hache de guerre ?

— Non, j'ai enterré Aigle Agile.

***

Au temps de la ruée vers l'or, un banquier qui a fait fortune en prospectant et qui a trouvé le bon filon, vient à mourir et se retrouve au paradis. Mais il n'y trouve que de pauvres gens et, habitué à plus de confort, invente un stratagème pour avoir plus de place. Il met un écriteau sur lequel il marque :

« On a trouvé de l'or en enfer. »

Deux jours après, tous les habitants du paradis sont partis tenter leur chance en enfer. Et le banquier se retrouve enfin seul.

Mais il est soudain atteint par le doute :

— Et si c'était vrai ? se dit-il.

Et lui aussi partit en enfer.

***

Une femme reçoit un coup de fil d'une amie qu'elle n'a pas vue depuis très longtemps :

— Denise ? Mais, cela fait une éternité ! Qu'est-ce que tu étais devenue ?

— Oh, je suis partie en Amérique.

— Et tu y es restée combien de temps ?

— Environ quatre maris !

***

Un citoyen américain, passionné de golf, meurt et une fois arrivé au ciel, il s'aperçoit qu'il est dans un immense terrain de golf. Il remercie intérieurement le pasteur qui lui avait vanté les mérites du Paradis, se saisit d'un club et demande :

— Une balle !

Alors, un petit être tout noir, avec des ailes et une queue fourchue, sort de sa cachette et lui dit :

— Il n'y a pas de balles ! Vous êtes en Enfer !

***

AMI

J'ai beaucoup d'amis dans le music-hall... Entre autres un garçon formidable qui gagne beaucoup d'argent en sciant en deux tous les soirs sa partenaire. Avant-hier je l'ai croisé, seul, sur les Champs-Élysées.

— Comment va Juanita ? demandai-je poliment.

— Bien, merci. Elle se repose à Biarritz et Calais.

***

Hier soir, j'ai été invité chez des amis naturistes. Chez eux, tout le monde est nu ! Même le valet de chambre qui reçoit à l'entrée.

— S'il était nu, comment as-tu pu savoir que c'était le valet de chambre ?

— Parce que j'ai bien remarqué que ce n'était pas la femme de chambre !

***

Un type inquiet sur sa durée de vie va rendre visite à un centenaire pour lui demander un conseil d'ami :

— Dites-moi, j'ai une vie très saine : je ne bois pas, je ne fume pas, je ne mange que des légumes et de la viande bouillie, je ne fais l'amour qu'une fois par an... Ai-je des chances de vivre centenaire comme vous ?

— Je n'en sais rien... Tout ce que je sais c'est que la vie va vous sembler très longue...

***

Sortant d'une banque, un quidam tombe par hasard sur un ami de toujours :

— Tiens, ce vieux Georges ! Alors, quoi de neuf ?

Et l'autre, désabusé :

— Tu sais ce que c'est, la vie, toujours la vie...

— Eh bien mon vieux, c'est pas la grande forme ! Tu as cinq minutes ? Je te paye un verre...

— Pff... L'alcool, toujours l'alcool...

— Allons, ressaisis-toi. Heu... Ça te dirait d'aller te refaire au poker ?

— Oh, tu sais, le jeu, toujours le jeu...

— Dans ce cas, viens dîner à la maison, ma femme sera ravie de te revoir !

— Oh, les femmes, toujours les femmes...

***

Trois amis discutent :

— Moi, dit l'un, je suis très superstitieux. Je suis né un trois mars à trois heures du matin, à Troyes en Champagne.

C'est à trente-trois ans que j'ai trouvé l'épanouissement dans un ménage à trois, et récemment ma compagne a eu des triplés...

Alors pour marquer le coup, j'ai acheté à la loterie nationale le billet numéro trois cent trente-trois mille trois cent trente-trois, qui m'a rapporté trois briques... Vous comprenez bien que j'allais pas m'arrêter là... Le lendemain à Auteuil, je mise tout sur le cheval numéro trois dans la troisième course.

— Alors ? s'impatientent les deux autres...

— Alors rien. Ce maudit cheval est arrivé sur trois pattes...

***

Deux amis se retrouvent après une longue séparation.

— Au fait, dit l'un, tu es marié ?

— Oui, répond l'autre.

— Et tu as des enfants, enchaîne le premier.

— Hélas, non, répond l'autre, ma femme ne sort jamais !

***

Une assemblée de spécialistes en histoires drôles se racontent les « bonnes dernières ». Comme ils les connaissent toutes, ils gagnent du temps en se contentant de lancer le numéro se rapportant à cette « bonne blague ».

— 46, lance l'un !

Et la salle de s'esclaffer !

— 57, hurle un autre !

La salle applaudit à tout rompre.

— 64, ajoute un troisième ! »

Silence glacial... Seulement rompu par l'un des participants qui s'adresse à celui qui vient de parler.

Mon pauvre vieux, décidément tu ne seras jamais capable de raconter convenablement une histoire !

***

Un homme demande un avis à son meilleur ami :

— Écoute, je suis un peu gêné de te demander ça, mais comme tu as cinq enfants, je suis sûr que tu vas pouvoir me conseiller judicieusement. Voilà, j'ai un problème, je n'arrive pas à engrosser ma femme. Comment dois-je m'y prendre ?

— Mais c'est très simple ! Tu l'invites dans un bon restaurant, tu lui offres champagne et caviar, et, surtout, tu la fais boire beaucoup... Tu l'emmènes voir « Emmanuelle » pour l'exciter un peu, tu passes ensuite dans un cabaret où tu lui fais prendre deux ou trois verres, et tu rentres chez toi. Tu la couches sur le lit, tu l'embrasses, tu la caresses... et tu sautes sur le téléphone... tu m'appelles... et je suis là tout de suite !

***

— Je m'étais acheté un lit Louis XV !

— Bonne idée !

— Non... Parce qu'il était trop petit pour moi.

— Ah bon ? Alors qu'as-tu fait ?

— J'ai acheté un lit Louis XVI.

***

Discussion serrée entre deux amis sur la date de leurs débuts dans la vie active.

— Écoute, j'ai commencé en 1963. Nous sommes aujourd'hui en 1984. Donc de 1963 à 1973 cela fait dix ans ; de 1973 à 1983 ça fait encore dix ans... De 1983 à 1984 il y a euh... un an... Donc 10 ans + 10 ans + 1 an cela fait vingt et un ans... C'est cela, il y a vingt et un ans que je suis professeur de maths.

***

AMOUR

Il arrive qu'un syphilitique ait de l'amour-propre.

***

Lettre reçue au « courrier du cœur » :

« Je l'aime, elle m'aime. Nos parents sont d'accord. Que faire ? »

***

Faire l'amour passe le temps. Et le temps fait passer l'amour.

***

— Ma vie sentimentale a été loupée.

— Pourquoi dites-vous cela, Monsieur le directeur ?

— Je n'ai aimé qu'une femme dans ma vie. Vous entendez, Besnard ? Une seule femme !

— C'est beau, ça, Monsieur le directeur !

— Eh oui ! Aimer une seule femme, mais elle s'est mariée...

— Avec qui, Monsieur le directeur ?

— Avec moi, Besnard... Avec moi.

***

Un porc-épic tombe amoureux d'un mille-pattes. Bientôt, naîtra 1 mètre de fil de fer barbelé...

***

Un grand acteur rencontre une grande comédienne. Elle lui parle d'elle, il lui parle de lui. Chacun tombe amoureux de lui-même et ils font un grand mariage d'amour.

***

La plus belle des histoires d'amour : deux parallèles s'aimaient, hélas...

***

AMOUREUX

Il y a trois choses qui m'empêchent d'être un grand amoureux.

La première, c'est que lorsque je tiens une femme dans mes bras je ne peux m'empêcher de penser que sous cette « chair palpitante » il y a un squelette...

La deuxième, c'est que je suis obligé de faire toujours l'amour debout. Sinon je m'endors.

Enfin, la troisième, c'est que faire l'amour est un mouvement imbécile... On transpire et après il faut se laver.

***

L'air soucieux, un type pénètre dans le cabinet de son médecin préféré.

— Qu'est-ce qui ne va pas ? demande le disciple d'Esculape ?

— Je suis amoureux !

— Ça, c'est pas grave. Vous n'êtes pas le premier à qui cela arrive. Pas de quoi être soucieux.

— Si, tout de même... Parce que moi, je suis amoureux d'une éléphante.

— Comment ? Vous êtes fou, voyons ! Vous allez me faire le plaisir d'interrompre immédiatement cette liaison contre-nature.

— Bien, docteur ! Ne vous fâchez pas. Je sais que vous avez raison. Je vais vous écouter... Vous ne seriez pas preneur d'une grosse bague de fiançailles ?

***

— Belle comme vous êtes ! murmura Marcel à la charmante Ginette, vous devez posséder une pelletée d'amoureux !

— Dites-moi donc, espèce de butor, ce sont mes affaires !

— Sans doute avez-vous raison ; je vous prie de bien vouloir m'excuser... et comment vont les affaires ?

***

Deux amoureux fous conversent par téléphone.

Mon amour, lance l'homme. Je ne peux plus vivre sans toi ! Je suis prêt à tout pour te garder. Tiens, si tu me quittais je remuerais ciel et terre... Je traverserais les mers et les océans, les jungles et les déserts...

— D'accord, réplique la femme. Viens tout de suite, je t'attends !

— Ah non, pas ce soir, réplique l'homme. Il pleut !

***

Deux amoureux s'enlacent sur un banc :

— S'il te plaît, mon chéri, murmure la femme, enlève tes lunettes, tu m'érafles les cuisses !

L'homme s'exécute. Quelques instants

plus tard, la charmante nymphette reprend la parole.

S'il te plaît mon chéri, remets tes lunettes, tu embrasses le banc !

***

C'est l'été, la nuit est douce et le ciel étoilé. Un couple de jeunes gens se rend dans un parc isolé, refuge des amoureux sans abri, et s'installe dans l'herbe pour se laisser aller à quelques privautés.

La fille un peu émue susurre tendrement à l'oreille de son compagnon :

— Quel joli cadre ! Que le chant des grillons est romantique !

A quoi le garçon, plus terre à terre, ne peut s'empêcher de répondre :

— Ce ne sont pas les grillons, ma chérie, mais le bruit des fermetures Éclair !

***

Un Chinois est amoureux d'une jeune fille. Elle lui promet de lui appartenir, s'il accepte de passer 1 000 nuits sous sa fenêtre.

Le Chinois passe effectivement 999 nuits sous la fenêtre de la belle.

Mais, alors que la lune commence à se lever sur la millième nuit, il prend son baluchon et s'en va...

***

ANGLAIS

— A la chambre des Lords deux députés britanniques se croisent :

— Cher ami, lance le premier, j'ai été désolé d'apprendre que vous aviez été obligé d'enterrer votre épouse !

— Que pouvais-je faire d'autre, répond le second. Elle était morte !

***

Un lord anglais convoque son fils aîné.

« Il est temps, mon jeune ami, que je vous explique les règles de ce sport que vous allez pratiquer et qu'on appelle le golf. Il s'agit de frapper une petite boule de deux centimètres de diamètre sur une plus grosse de 13 000 kilomètres de diamètre. En prenant votre club en main, il s'agit alors de toucher la petite boule sans toucher la grosse... »

***

Les bonnes manières britanniques peuvent parfois poser d'embarrassants problèmes quotidiens. Cette lady, un jour, s'adresse à une vendeuse d'un magasin d'art ménager :

— Je suis terriblement désolée, je sais que nous n'avons pas été présentées, mais pourrais-je vous acheter cette soupière ?

***

Un étranger arrive à Paris, et monte pour la première fois dans un autobus. Un homme devant lui tend un ticket et dit au conducteur : « Colonel Fabien ».

A son tour, notre étranger tend un ticket et dit :

« Major Smith ! »

***

Deux lords anglais discutent politique et faits de société :

— Mon cher John, vous savez en quel estime je vous tiens. Mais sincèrement, on dirait parfois que vous ne connaissez pas le peuple anglais. Vous vivez dans une tour d'ivoire défendue par des molosses et n'avez jamais le moindre contact avec le bas peuple... Tenez, n'avez-vous jamais pris l'autobus ? C'est pourtant du dernier drôle !

— A cela Harold je vous répondrai que mon chauffeur étant malade, j'ai dû ce matin même me rendre au Club en autobus. J'avoue que l'expérience m'amusait. Mais voyez-vous cher Harold, je m'en suis lassé très vite... Cela tient peut-être au fait que le receveur a refusé de me servir un drink...

***

Trois dames de la très haute société britannique prennent le thé au milieu d'un ravissant parc de style anglais, aux abords de Calcutta.

Soudain, en moins de temps qu'il n'en faut pour le dire, un gorille sort d'un bosquet, s'empare d'une des ladies, et disparaît comme il est venu.

S'ensuit un silence gêné, durant lequel on n'entend que le son argentin des petites cuillères dans les tasses en porcelaine. Puis l'une des dames dit à l'autre d'un air pincé :

— J'ai toujours pensé qu'avec toutes

ses extravagances, Margaret n'était pas une vraie lady.

***

Une petite mite s'attaque à un veston de tweed :

— Beurk... fait-elle au bout d'un moment, décidément, ces Anglais ne sauront jamais faire la cuisine !

***

Un touriste se perd dans le brouillard de Londres. Il demande son chemin au premier quidam venu.

De quel côté se trouve la Tamise, interroge-t-il.

— Oui, gentleman, lui répond l'homme. Juste derrière moi !

— Vous en êtes sûr ?

— Certain, réplique l'homme. J'en sors !

***

Un lord anglais envoie par mégarde une balle de golf dans l'œil valide de sa femme borgne depuis quelques années. Sans se départir de son flegme légendaire, il lance alors : « Sorry Darling, and Good night ! »

***

Un touriste anglais se noie dans un canal en Belgique.

« Help, help », hurle-t-il à la cantonade !

Deux Belges passent sur la rive et observent la scène. L'un d'eux lance à l'autre :

« Celui-là, au lieu d'apprendre l'anglais, il aurait mieux fait d'apprendre à nager ! »

***

Trois Anglais, le grand-père, le père et le fils passent un week-end à Paris. Ils s'installent dans un petit hôtel particulier en compagnie de leur fidèle valet de chambre, prénommé John.

Le soir venu, vers 20 h, le fils quitte la maison pour aller vivre sa vie. Vers 20 h 30, c'est au tour du père de s'en aller... A 21 h, c'est le grand-père qui passe le pas de la porte...

Vers 2 h du matin, le fils rentre, visiblement satisfait. John l'accueille :

— Monsieur a passé une bonne soirée ?

— Excellente, mon cher John... Ah si vous saviez, ces Françaises, quelle beauté mais surtout quelle fougue !

Une heure plus tard, c'est au tour du père de réintégrer le domicile.

— Monsieur a passé une bonne soirée, interroge John.

— Excellente mon cher John... Ah ces Françaises, quel charme mais surtout quelle expérience !

A 7 h du matin, voici le grand-père qui met doucement la clé dans la porte.

— Monsieur a passé une bonne soirée, interroge John.

— Excellente mon cher John, s'exclame le pépé... Ah, ces Françaises, quelle jeunesse, quelle classe et surtout quelle patience !

***

Qu'est-ce qu'un gentleman ?

— Rien de plus simple ! C'est un homme capable de deux actions : décrire une jolie femme sans faire le moindre geste et toujours entendre une histoire drôle pour la première fois !

***

M. Smith est en train de faire ses bagages pour partir en voyage d'affaires à Paris. Sa femme le regarde faire tout en reniflant.

— Allons, darling, lui dit son mari, ne pleurez pas comme ça ! Je vous téléphonerai dès mon arrivée. Vous savez, mon voyage peut être beaucoup plus court que prévu !

— Mais oui, sanglote sa femme, c'est bien ce qui m'ennuie !

***

Un critique littéraire londonien est à son club de bridge. Il n'a pas fait une brillante carrière mais il aime parler de son métier à ses amis et évoquer de vieux souvenirs.

— Ah, soupire-t-il, quand j'étais jeune, j'écrivais beaucoup. Je n'arrêtais pas. J'avais toujours quelque chose en tête : des pensées, des essais philosophiques, des nouvelles... Je me souviens même qu'une fois, j'ai écrit quelques lignes que le « Sunday Times » a accepté par retour du courrier.

— Qu'est-ce que c'était ? demande un auditeur curieux.

— Une demande d'abonnement pour l'année.

***

Dans sa superbe propriété aux alentours de Londres, M. Gladstone a organisé une « garden-party » et reçoit quelques invités triés dans la bonne société. Il bavarde tour à tour avec chacun de ses convives et dit un mot aimable à chacun.

— Vous les femmes, dit-il à une ravissante dame, vous êtes véritablement des êtres exquis. Mais vous avez un petit défaut.

— Ah oui ? Lequel ?

— Eh bien, chaque fois que l'on dit quelque chose, vous vous sentez visées.

A ce moment, Mme Gladstone passe derrière son mari et l'agresse aussitôt :

— C'est pour moi que vous dites cela, darling ?

***

Les Anglais, quoi qu'on en dise, sont amateurs de vin rouge. Mais il y a beaucoup de fraude et souvent on leur vend un breuvage qui n'a rien à voir avec la merveilleuse boisson française.

Un importateur de beaujolais a trouvé un argument publicitaire pour rassurer les consommateurs et assurer l'authenticité de son produit. Sur l'étiquette des bouteilles on peut lire : « Beaujolais véritable. Vous pouvez vérifier vous-même. Avant de boire, trempez votre doigt dedans. Si vous le ressortez entier, c'est que c'est du vrai. »

***

Deux ladies anglaises bavardent autour d'une tasse de thé.

— Ma pauvre Gladys, savez-vous ce qui m'arrive ?

— Non ?

— Et bien, Douglas, mon mari, est devenu somnanbule.

— Mais c'est épouvantable ! Alors, comme ça, il marche pendant son sommeil ?

— Ah, non, ma chère ! Tout de même pas ! Il a engagé un chauffeur, somnanbule, lui aussi !

***

Les Anglais, comme chacun le sait, sont de grands amateurs de golf.

Un Français, en visite de l'autre côté de la Manche, a quelques diffficultés à comprendre les règles élémentaires de ce sport, et demande des explications à son hôte :

— C'est assez simple, répond l'Anglais. Vous avez une petite boule de quelques centimètres de diamètre. Vous la posez sur une grosse boule de 13 000 kilomètres de diamètre, en d'autres mots, la Terre. Et le jeu consiste à frapper sur la petite boule sans toucher à la grosse boule qui est en dessous.

***

Un parfait gentleman anglais écrit à un homme dont il pense du mal car il lui a fait un « mauvais coup » :

« Monsieur,

Ma femme est une parfaite femme du monde et ne peut vous dire ce qu'elle pense de vous.

Je suis un parfait gentleman et je ne peux proférer la moindre injure à quiconque.

Mais, comme vous n'êtes ni une femme du monde ni un gentleman, vous devez être capable de savoir ce que nous pensons de vous ! »

***

Un citoyen britannique est en vacances sur une de nos côtes françaises. Il est tranquillement installé sur la plage où il goûte les joies du bronzage (rassurez-vous, il a au préalable enduit sa peau claire d'une crème haute protection !). Tout d'un coup, un Français s'approche de lui et lui demande :

— Vous êtes bien anglais ?

— Oui, monsieur.

Alors le Français lui envoie un terrible coup de poing dans la figure.

— Mais, qu'est-ce qui vous prend ? demande le Britannique.

— C'est bien vous qui avez brûlé Jeanne d'Arc ?

— Oui. Mais, enfin, il y a plus de cinq cents ans !

— Peut-être, mais moi, je viens juste de l'apprendre.

***

Trois charmantes vieilles ladies sont en train de prendre le thé sous leur tente en pleine brousse africaine.

Soudain, un énorme gorille sort d'un buisson, se précipite vers elles et s'empare d'une des dames qu'il emporte dans la jungle.

Les deux autres sont restées imperturbables, continuant de tourner leur petite cuiller dans leur tasse. Au bout de quelques instants, l'une dit à l'autre :

— Je ne sais vraiment pas ce qu'il lui trouve...

***

Un lord anglais, très respectable, a une liaison coupable avec sa secrétaire. Un jour, celle-ci entre dans son bureau en pleurant.

— Gladys, s'écrie l'Anglais. Je vous avais dit de ne jamais entrer à l'improviste dans mon bureau ! Que vont penser les autres employés ?

— Je sais, répond l'autre en sanglotant. Mais c'est très grave. Je suis enceinte de vous.

— Oh, mais c'est très embêtant. Que comptez-vous faire ?

— Il ne me reste plus qu'à me suicider.

— Oh, Gladys, comme je suis ému ! Je savais qu'avec vous, j'avais fait le bon choix et que dans pareil cas, vous seriez fair-play.

***

Un lord anglais convoque son jeune fils pour parfaire son éducation.

— John, dit-il, je vais vous poser une question. Lorsque vous entrez par mégarde, bien sûr, dans une salle de bains déjà occupée par une dame, que dites-vous ?

— Je lui fais mes excuses et je lui dis : « Pardon, madame. »

— Eh bien, non, John. Un parfait gentleman qui entre dans une salle de bains où il trouve une dame, doit lui dire : « Pardon, monsieur. »

***

Une jeune femme anglaise se promène par un temps très venteux. A un moment donné, sa jupe se soulève et laisse apparaître ses jambes, qu'elle a, d'ailleurs, fort jolies. Un monsieur qui arrivait en sens inverse, profite du spectacle et émet un petit sifflement admiratif.

Parvenue à la hauteur du voyeur, la femme lui dit :

— Monsieur, vous n'êtes pas un gentleman.

— Mademoiselle, d'après ce que j'ai vu, je peux vous assurer que vous n'en êtes pas un non plus !

***

Un lord anglais a décidé de faire refaire entièrement les peintures de son manoir. Il demande à une entreprise de peinture de lui faire un devis et une semaine plus tard, il reçoit le montant des frais. Horrifié par la somme exorbitante qui lui serait demandée, il saute sur son téléphone et demande à parler au patron de l'entreprise.

— C'est épouvantablement cher ! Pour ce prix-là, je pourrais avoir Léonard de Vinci !

— Eh bien, si cet Italien veut travailler à ce prix-là, il va avoir des ennuis avec les syndicats !

***

Pendant la dernière guerre, une vieille Anglaise épouvantablement sourde, décide enfin d'acheter un appareil accoustique qu'elle s'empresse de brancher dans une de ses oreilles.

Au même moment, l'aviation allemande se met à pilonner la ville et les bombes éclatent un peu partout faisant un énorme tapage.

Alors, notre vieille Anglaise s'exclame :

— Entrez, M. Peabody ! La porte est ouverte ! C'est merveilleux, ces petits appareils, c'est la première fois que je vous entends frapper à ma porte !

***

— Dites-moi, darling, demande un Anglais qui est amateur de vins français et qui en a fait toute une réserve dans sa cave, je ne trouve plus cette bouteille de bordeaux que je garde depuis dix ans en attendant une grande occasion !

— C'est normal que vous ne la trouviez pas, lui répond sa femme. Nous l'avons bue hier soir pour fêter nos vingt ans de mariage !

— Comment, ça ? Nous l'avons bue hier soir ?

— Mais oui, darling. C'était le vinaigre que j'avais mis dans la salade !

***

Le petit garçon d'un député travailliste demande à son papa :

— Dis, papa, c'est quoi un traître ?

— Un traître ? C'est, par exemple, un monsieur qui est travailliste et qui passe dans le camp des conservateurs.

— Ah, bon. Mais si c'est un monsieur conservateur qui passe dans le camp des travaillistes, c'est aussi un traître ?

— Non, mon chéri. C'est un converti.

***

Un vieux lord anglais est chez lui, en train de regarder le journal télévisé du soir. Il sonne son valet de chambre :

— James ! Apportez-moi mon whisky et des olives noires. Noires, et pas vertes. Vous avez bien compris, James ? Je viens d'apprendre que notre chère reine est morte.

***

Un Anglais au flegme tout britannique remplit ses devoirs conjugaux. Soudain, il s'immobilise et chuchote :

— Pardon ma chère, je vous ai fait mal ?

— Mais pas du tout mon bon ami !

— Alors, pourquoi diable avez-vous bougé ?

***

ANIMAUX

— Bonjour, vous êtes bien sur Radio Poulailler... Voici nos informations... Cocorico...

— Nouveau drame sanglant à Morchincourt : Une gigantesque omelette, quatorze morts.

***

Dans une arrière-salle de café un client est sidéré... Il n'en croit pas ses yeux... Il voit trois types jouer au tarot avec un paon ! La partie a l'air de se passer tout à fait normalement... A la fin, le type s'adresse au propriétaire de la volaille et lui demande :

— Fantastique, ce paon est à vous...

— Oui, oui, c'est mon paon...

— Il joue depuis longtemps au tarot ?

— Oui, depuis deux ou trois ans.

— Non, mais vous voulez dire qu'il joue vraiment aux cartes ?

— Vous êtes sourd ou quoi ? Je vous ai dit qu'il jouait : il joue !

— Unique au monde ! Et ce paon joue bien au tarot ?

— Ça non. A chaque fois qu'il a du jeu, il fait la roue.

***

Et comment ça s'est passé, demande cette femelle cygne à son amie qui vient de lui apprendre la bonne nouvelle ?

— Oh, tu le connais, il m'a fait un petit cygne...

***

Un petit zèbre découvre le monde. Un matin, il rencontre un cheval, et lui dit :

— Qui tu es, toi, et à quoi tu sers ?

Alors le cheval ricane et répond :

— Enlève donc ton pyjama, mon petit zèbre, et je vais te montrer...

***

Ce fakir a un véritable don. Il joue si bien de la flûte que les serpents les plus venimeux, les tigres les plus redoutables se couchent à ses pieds quand il se met à jouer et l'écoutent béats d'admiration. Un jour cependant, au milieu d'un concert improvisé, un vieux tigre se précipite et dévore le fakir avec son violon.

— Ça va pas, lui disent les serpents et les tigres, tu n'as aucune sensibilité, pourquoi l'as-tu mangé ?

— Quoi, dit le vieux tigre ?

***

Dans une vente aux enchères, un homme remarque un superbe perroquet et cherche à l'acquérir.

— 250 F, lance-t-il après la mise à prix.

— 350 fait une petite voix derrière lui.

— 400, renchérit-il.

— 500, enchaîne la petite voix.

Les prix augmentent et l'animal est finalement adjugé à l'homme à 3 500 F.

— Ouf, s'écrie l'heureux propriétaire. Mais au fait, s'enquiert-il auprès du commissaire-priseur, pour ce prix-là j'espère qu'il parle cet animal ?

— Vous pensez, fait le perroquet. C'est moi qui faisait monter les enchères !

***

Deux autruches femelles se promènent dans la savane, suivies par deux autruches mâles... Elles veulent les semer... Impossible... Une seule solution, se cacher... Rien aux alentours. Alors, elles plongent la tête dans le sable.

Les deux mâles arrivent à leur hauteur et s'interrogent alors.

— Mais où sont-elles passées ces deux imbéciles ?

***

Un homme arrive chez un médecin arborant un superbe crapaud sur la tête.

— Mais, comment cela a-t-il commencé, interroge le médecin ?

— Oh, très simplement, par un petit bouton sous la patte, répond le crapaud...

***

Un petit cochon ayant deux jambes en bois se déplace dans la cour d'une ferme. Un voyageur passant par là s'adresse au propriétaire des lieux.

— C'est formidable d'aimer les animaux à ce point-là, s'exclame-t-il.

— Vous pensez, répond le fermier. On l'aime tellement notre petit cochon qu'on le mange par petits morceaux !

***

Un coq passe en revue la basse-cour. Il découvre soudain au milieu des œufs un œuf en porcelaine.

— Qui a mis ça là, hurle-t-il.

— C'est moi, répond une petite poule. J'avais envie de jouer à la poupée !

***

Une chèvre va rendre visite à une autre chèvre. Elle est affolée par l'état de fatigue dans lequel elle trouve cette dernière.

— Mais qu'est-ce que tu as ? Tu m'as l'air complètement crevée... Tu travailles trop !

— Non, non, ne t'en fais pas pour moi, je bouquine simplement très tard la nuit !

***

Un hérisson tourne depuis un moment autour d'une brosse. Tout d'un coup, il se jette sur elle et lui monte dessus. Désabusé, il en redescend aussitôt en disant :

— Avec cette mode unisexe, on ne sait plus où on en est !

***

Un jour, on peut lire à la rubrique nécrologique de « L'Écho du Désert » :

« Monsieur Changeant, caméléon, a été victime hier d'un terrible accident. Il est tombé par hasard sur une couverture écossaise. Il est mort d'épuisement. »

***

Dans notre jolie campagne française, deux chèvres sont en train de prendre le thé sur une branche d'arbre. Elles papotent depuis un moment quand elles voient passer une girafe qui vole haut dans le ciel. Elles continuent à bavarder et quelques instants plus tard, une deuxième girafe passe au-dessus d'elles.

Alors, sans lâcher sa tasse de thé, l'une des chèvres explique à sa compagne :

— Oh, il doit y avoir un nid quelque part !

***

A l'école des chats, Mme Minou, l'institutrice, interroge ses élèves :

— Quand vous serez grands, quel métier choisirez-vous ?

Gros-Minet lève le doigt :

— Moi, je voudrais être journaliste, dit-il.

— Journaliste ? tu sais, c'est un métier difficile.

— Oh, je sais bien, madame, répond le petit chat, mais je ne m'occuperai que de la rubrique des chiens écrasés.

***

La scène se passe sur un porte-avions au large des côtes françaises. Quatre goélands regardent l'atterrissage des avions militaires avec beaucoup d'intérêt. Au bout d'un moment, ils décident d'essayer d'en faire autant. Le premier prend son envol, se place face au pont d'atterrissage et se pose en douceur freiné en bout de course par le sandow tendu pour arrêter les avions. C'est au tour du second d'essayer : même succès, les goélands sont très fiers. Le troisième en fait autant avec la même élégance.

Devant tous ces succès, le quatrième goéland savoure à l'avance sa propre réussite. Il s'envole, arrive au-dessus du bateau, fait deux tours de voltige pour impressionner ses camarades car il est un peu cabotin, se pose enfin sur le porte-avions mais il rate son coup, capote et explose.

***

Rue Royale, près de la place de la Concorde à Paris, deux fourmis balayent le trottoir : elles sont employées municipales. Leur travail est pénible et fatigant.

Devant le restaurant « Chez Maxim's », s'arrête une superbe Jaguar avec chauffeur et une ravissante cigale avec un manteau en vison et couverte de bijoux en descend. Le personnel du restaurant se précipite vers elle avec empressement. Deux heures plus tard, nos deux fourmis, qui cassent la croûte sur un banc, voient ressortir la cigale accompagnée du directeur de « Chez Maxim's » qui la reconduit jusqu'à sa voiture. Elles s'approchent et l'une demande à la cigale :

— Ça a l'air de bien se passer pour toi ?

— Oh oui ! Demain je pars faire une tournée à travers le monde et l'année prochaine, je suis engagée à l'Opéra de Milan.

Les fourmis la regardent partir, reprennent leur balai et l'une d'elles soupire :

— Ce La Fontaine, quel imbécile !

***

Un avion s'écrase et prend feu dans la jungle tropicale. Tous les passagers sont tués sur le coup sauf un violoniste célèbre qui se relève, un peu sonné, mais indemne et retrouve son instrument intact lui aussi. Il se fraye tant bien que mal un chemin dans les décombres de l'appareil et finit par sortir de la carlingue pour se trouver nez à nez avec quatre lions qui l'observent d'un air gourmand.

— Mon heure a sonné, se dit-il. Mais avant de mourir, je veux entendre encore une fois mon concerto favori. Et le voilà qui se met à jouer du Mozart : bercés par la musique, les lions se couchent autour de lui l'encourageant même par quelques rugissements approbateurs. Dans la forêt s'élève un véritable concert : l'homme et les animaux sont au bord de l'extase.

C'est alors qu'arrive un autre lion qui se précipite sur le musicien et l'avale sans faire de façons.

— Tout de même, lui disent ses congénères, tu n'aurais pas dû ! Un si bon violoniste ! Qui jouait Mozart à la perfection ! Tu n'es qu'un béotien, un sauvage ! Il faut savoir penser à autre chose qu'à son estomac ! On aurait pu le garder et il nous aurait fait de la musique tous les jours...

Et le lion mangeur d'homme de mettre sa patte derrière son oreille et de crier:

— Quoi ? Qu'est-ce que vous dites ?

***

Deux petits oiseaux sont perchés sur un fil télégraphique. Tout d'un coup, l'un deux fait :

— Hi ! Hi ! Hi ! Hi !

— Qu'est-ce qui t'arrive ? Je n'ai rien dit de drôle !

— Mais non, c'est un télégramme qui me chatouille.

***

Sur la place du village, un forain harangue la foule :

— Mesdames, messieurs, je vous présente le poulain le plus silencieux du monde. Je donne cent francs à celui qui réussira à le faire hennir !

Une petite fille relève le défi. Elle s'approche de l'animal, sort une épingle de sa poche et l'enfonce dans le postérieur du pauvre animal qui pousse un long hennissement de douleur. La foule applaudit et le forain furieux en est de sa poche.

Quelques années plus tard, le même forain se retrouve dans le même village. Son poulain a grandi, c'est un vrai cheval maintenant. Il a perfectionné son numéro et propose un pari jamais gagné pendant toutes ces années :

— Mesdames, messieurs, je donne mille francs à qui réussira à faire faire à mon cheval un mouvement de la tête de haut en bas puis un autre mouvement de droite à gauche !

Une jeune femme s'approche calmement tandis que la foule retient son souffle. Elle dit quelques mots tout bas à l'animal qui, aussitôt, bouge la tête de haut en bas. La foule applaudit, le forain n'en mène pas large.

La jeune femme prononce encore quelques mots et le cheval bouge la tête de droite à gauche. La foule ovationne. En payant ce qu'il doit, le forain ne peut s'empêcher de demander :

— Qu'est-ce que vous avez bien pu dire à mon cheval ?

— Élémentaire, répond la jeune femme ? J'ai d'abord demandé « Tu te souviens de moi ? » et il a fait « Oui ». J'ai ensuite ajouté : « Tu veux que je t'enfonce encore une épingle dans le cul ? » et il s'est empressé de répondre « Non ».

***

Un énorme bouc, un peu efféminé, entre dans une parfumerie :

— Est-ce que vous avez de l'after-chèvre ?

***

Trois tortues ont décidé de faire un pique-nique. Elles partent tôt le matin et après une longue route trouvent enfin l'endroit idéal. Elles déballent leurs affaires et au moment de se mettre à table, elles s'aperçoivent qu'elles ont oublié le sel.

— Je veux bien aller chercher le sel, dit la plus âgée, mais vous me promettez de m'attendre pour déjeuner.

— Bien sûr, promettent les deux autres.

La plus âgée s'en va. Un jour se passe, puis deux, puis trois. Les deux tortues qui attendent n'en peuvent plus et décident de se mettre à table :

— Moi, je ne peux plus attendre. J'ai trop faim. Tant pis, je mange.

A ce moment-là, sortant de derrière un arbre, la tortue qu'on n'attendait plus s'écrie :

— J'avais raison de ne pas partir chercher du sel. Vous voyez bien que vous alliez commencer sans moi.

***

Un lapin est fou amoureux d'une très jolie couleuvre mais celle-ci ne veut rien entendre :

— Mais, mon pauvre ami, comment veux-tu que je t'aime ? Tu es trop différent de moi; toi, tu cours, tu sautes, alors que moi je rampe à travers les feuilles...

Le lendemain, la couleuvre a la surprise de voir son prétendant marcher sur le ventre en zig-zag. Émue par une telle preuve d'amour, elle craque et répond aux avances du lapin, fou de joie.

Mais, le jour suivant, l'animal aux grandes oreilles marche de nouveau normalement en faisant des bonds.

— Alors, tu ne m'aimes plus ? lui dit la couleuvre. Hier pourtant, tu marchais comme moi...

— Tu ne crois pas que je vais me saouler la gueule tous les jours pour tes beaux yeux ?

***

Un chameau rencontre un copain dromadaire qu'il n'a pas vu depuis longtemps :

— Comment vas-tu ? Qu'est-ce que tu deviens ?

— Ça va, je bosse, répond le dromadaire. Et toi ?

— Moi ? Je bosse, je bosse...

***

Un très vieux pou se promène sur le crâne d'un chauve avec son arrière-petit-fils :

— Tu vois, lui explique-t-il, avant, ici, il y avait un tout petit sentier. Et maintenant, c'est une autoroute...

***

Deux petits harengs se promènent au fond de la mer. Tout d'un coup, ils voient passer un sous-marin.

— Qu'est-ce que c'est ? demande le plus jeune.

— Des hommes en conserve !

***

Un énorme chat enrhumé entre dans une pharmacie et demande d'une voix caverneuse :

— Je voudrais un sirop pour ma toux.

***

Une autruche mâle est très amoureux d'une autruche femelle et l'assomme sans arrêt de ses avances. Un jour où il ne se domine plus, il se met à lui courir après. Affolée, l'autruche femelle s'enfuit pour échapper à l'obsédé. Au bout d'une demi-heure de poursuite, à bout de souffle, elle décide de se cacher et s'enfonce la tête dans le sable. Le mâle arrive et s'arrête net :

— Mais où est-elle donc passée ?

***

Dans la forêt tropicale, un singe apostrophe un perroquet :

— Hé ! Toi, l'andouille ! Quelle heure est-il ?

— Mais dites donc, répond le perroquet. Je ne vous permets pas de m'insulter. Pourquoi me traitez-vous d'andouille ?

— Ben, parce que tu es une andouille ! Tu ne sais rien faire. Moi, je fais tout ce que peut faire l'homme : je marche, je me sers de mes mains, je fais ma toilette avec de l'eau et du savon et je peux même fumer une cigarette !

— Peut-être, mais moi, je parle.

— Et alors, qu'est-ce que je suis en train de faire ?

***

Deux dragueurs kangourous se rencontrent :

— Alors, la nana dont tu m'as parlé hier. Où en es-tu ?

— Pas de problème. C'est dans la poche !

***

Sur la place du village, le père Jules a garé sa carriole tirée par son cheval et il est allé boire un coup au café.

Un touriste, amusé par l'équipage, s'approche du cheval mais quelle n'est pas sa surprise d'entendre l'animal lui dire :

— Ah ! mon pauvre monsieur ! Quelle décadence, la vieillesse ! Vous vous rendez compte ? J'étais cheval de course avant. J'ai même gagné le Grand Prix de l'Arc de Triomphe en 1972.

Le touriste, abasourdi, se dit que sa fortune serait faite s'il pouvait acquérir un tel animal et il fonce au café où il dit au père Jules :

— C'est à vous le cheval qui est dehors ?

— Oui.

— Je vous l'achète à n'importe quel prix !

— A n'importe quel prix ? Je vois. Il a dû vous raconter qu'il avait gagné le Grand Prix de l'Arc de Triomphe en 1972 ?

— Oui, c'est exact.

— Eh ben, c'est pas vrai. Il est arrivé cinquième.

***

Le père Lustucru appelle la mère Michel :

— Eh ! Mère Michel ! Il y a votre chat qui vient de passer sous un rouleau compresseur !

— Bon. Eh bien, glissez-le sous ma porte !

***

Deux jeunes filles pigeonnes voient passer un superbe pigeon.

— Oh ! qu'est-ce qu'il est beau !

— Oui, pas mal.

— Comment ça, pas mal ?

— Je trouve qu'il a mauvais genre.

— Qu'est-ce qui te fait dire ça ?

— Tu n'as pas vu les bagues qu'il avait autour des chevilles ?

***

Un jeune phoque revient de l'école avec son bulletin scolaire. Ses résultats sont désastreux. Son père est très en colère et lui dit :

— Tu ne feras jamais rien de bien dans la vie ! Si tu continues comme ça, tu finiras artiste ou fourrure.

***

Un poisson rouge vient de se faire plaquer par sa femme. Désespéré, il décide de se suicider. Il attrape une énorme bulle d'air, se l'attache autour du cou et saute...

***

Une dame entre dans une horlogerie :

— Que puis-je faire pour vous, madame ? demande le vendeur.

— C'est pour mon chien.

— ???

— Mais oui, il s'arrête toutes les dix minutes.

***

Le jeune dromadaire est insupportable. sa maman, ne sachant pas comment en venir à bout, emploie les grands moyens :

— Si tu n'es pas sage, tu seras privé de désert.

***

Un canard aveugle se rend dans une agence matrimoniale.
L'employé le reçoit aimablement et lui dit :

— Je sais ce qu'il vous faut. C'est une cane blanche.

***

A la campagne, en été, deux campeurs sont envahis par les moustiques. Ils en écrasent un certain nombre et au bout d'un moment, les insectes semblent être partis. Un des deux campeurs sort la tête de la tente pour regarder dehors et aperçoit trois vers luisants dans l'herbe :

— Planque-toi ! Ils rappliquent avec des lampes électriques !

***

Tout au fond de la mer, une bande de petits poissons essayent de forcer la demeure d'une huître. Soudain, une étoile de mer arrive. Alors, celui qui faisait le guet crie aux autres :

— Barrez-vous les mecs, v'là le shérif !

***

Deux albatros volent dans le ciel quand soudain ils sont doublés par un avion à réaction qui vient de décoller.

— Il est fou, celui-là, de voler si vite, dit un oiseau.

— Je voudrais t'y voir ! répond l'autre. Avec le feu aux plumes !

***

Deux chiennes très chics voient passer un horrible bâtard tout délabré.

— Viens, on lui court après, dit l'une.

— Pourquoi ? Il est moche.

— Peut-être mais il a le nez le plus froid du Tout-Paris !

***

Une poule complètement myope traverse une petite route de campagne. Tout d'un coup, une voiture passe à toute vitesse et l'envoie valdinguer sur le bas-côté. Elle fait plusieurs tours sur elle-même et se retrouve sur le dos complètement chamboulée. Elle se remet péniblement sur ses pattes et en regardant la voiture qui s'éloigne, elle dit :

— Ah ! Ça doit être le nouveau coq ! Il est complètement maboule !

***

Une girafe et une souris sont invitées chez une copine qui habite assez loin. Elles se mettent donc en route et à un moment donné doivent passer sous un tunnel. La girafe passe sans problème mais la souris n'y parvient pas. Ça vous étonne, hein ? Eh bien, la souris s'était tout simplement fait un énorme chignon.

***

Un yacht luxueux est en train de faire naufrage. L'accident a été tellement brutal qu'on n'a pas eu le temps de mettre les canots à la mer. Le capitaine est désespérément accroché à une planche qui flotte sur l'eau. Il a toujours sur la tête sa magnifique casquette blanche. Quand, soudain, un énorme requin surgit. Le naufragé, affolé, sort un petit canif, seule arme qu'il trouve. Le requin, très smart, lui dit alors :

— Cher monsieur, vous n'allez tout de même pas manger du poisson avec un tel couteau...

***

Un petit mille-pattes rentre chez lui de l'école en pleurant. Sa maman l'accueille en lui demandant ce qui ne va pas :

— Il y a quelqu'un qui m'a marché sur la patte et j'ai mal !

— Mon pauvre chéri. Montre-moi et dis-moi à quelle patte.

— Je ne peux pas, maman. Je ne sais compter que jusqu'à dix.

***

Un homme va s'inscrire à l'A.N.P.E. de son quartier. Il doit remplir certaines formalités pour pouvoir toucher les allocations de chômage.

— Quel est votre métier ? lui demande l'employée.

— Chasseur.

— Chasseur d'hôtel ?

— Non. Chasseur de papillons exotiques.

— Mais, il n'y a pas de papillons exotiques dans nos régions !

— C'est bien pour ça que je suis au chômage !

***

Une baleine s'échoue sur une plage esquimau. Les autorités la découpent en morceaux en la partageant selon les nécessités des familles. Une vieille dame s'approche soudain.

— Je suis toute seule, s'exclame-t-elle. Donc, je n'ai besoin que d'une toute petite tranche. Mais est-ce que vous pourriez me garder la tête pour mon chat ?

***

Premier chamois : « Cette nuit, j'ai fait un mauvais rêve. »

Second chamois : « Ah ? Lequel ? »

Premier chamois : « J'ai rêvé que j'essuyais les vitres d'une voiture ! »

***

Une dinde à une autre :

— Alors, chère amie, où comptez-vous passer les fêtes de Noël ?

***

Un zèbre dans une étable s'adresse aux animaux présents :

— Et toi qui es-tu, demande-t-il à un veau ?

— Je suis le petit de la vache.

— Et toi, la vache qui es-tu, demande le zèbre ?

— Je suis la femme du taureau.

— Et toi le taureau qui es-tu demande le zèbre.

— Enlève ton pyjama, lance le taureau, et je vais te montrer qui je suis !

***

Un serpent africain traverse une autoroute, mais une jeep qui passait par là lui coupe la queue. Têtu, le serpent traverse à nouveau l'autoroute pour récupérer son bout de queue, mais il se fait couper la tête.

Un gros cobra, qui regardait la scène, commente :

— Ce serpent-là, ce ne peut être qu'une femelle, prête à perdre la tête pour un bout de queue !

***

Un lézard se dore sur une pierre au soleil. Soudain, il voit un autre lézard frétiller devant lui :

— Dis, jolie poupée, tu viens prendre un verre ?

— Arrête ton char, je suis ta queue ! répond l'autre.

***

Deux poux se promènent dans les cheveux de Robinson Crusoé. L'un d'entre eux regarde sa montre et dit à son copain :

— Désolé, il faut que j'y aille, j'ai rendez-vous.

— O.K., répond l'autre, à Vendredi.

***

La mite visite un placard. Elle n'est pas contente. Elle a beau fouiner partout, rien à faire, elle ne trouve que du tweed. Rien que du tweed !

— C'est vraiment pas de pot ! rage-t-elle. J'ai horreur de la cuisine anglaise.

***

Deux hommes de science prennent un peu de repos en se promenant dans la rue.

Soudain, un pigeon qui passait par là souille le chapeau d'un des deux savants.

— Zut, s'écrie-t-il, j'ai vraiment pas de chance !

— Mais si, répond l'autre, tu imagines si la nature avait inventé des vaches avec des ailes ?

***

Une grenouille à l'énorme gueule pose devant un photographe. « Votre bouche dépasse du cadrage, explique celui-ci. Pour arranger cela, vous allez prendre une pose particulière. Juste avant que je déclenche mon appareil, vous allez à mon signal, dire " confiture "... Ce qui me permettra de vous cadrer parfaitement. »

La petite grenouille, fort obéissante, accepte et au geste et à la parole du photographe clame bien haut pour la photo « Marmelade ! »

***

Deux mille-pattes très amoureux l'un de l'autre se promènent bras dessus, bras dessous, bras dessus, bras dessous, bras dessus, bras dessous...

***

A.N.P.E.

Une dame va s'inscrire à l'A.N.P.E.

— Vos nom, prénoms, âge et profession, demande l'employée.

— Durand Jeannine, 32 ans, guide de safari...

— Adresse ?

— 13, rue Martin, à Lyon...

— Vous ne devez pas avoir beaucoup de travail...

— Et pourquoi croyez-vous que je m'inscris à l'A.N.P.E. ?

***

Un pauvre homme au chômage depuis trois ans reçoit un coup de téléphone :

— Nous avons examiné votre candidature, et nous vous engageons comme P.-D.G. de notre filiale. Pouvez-vous commencer lundi ?

— Ah mon Dieu, reprend l'homme, c'est impossible, lundi je dois pointer à l'A.N.P.E. !

***

Cet homme qui a répondu à une offre d'emploi a été choisi du premier coup.

Sur son C.V., à la rubrique « salaire désiré », il avait inscrit :

— Si possible...

***

Un homme entre dans une agence de placement :

— C'est bien vous qui m'avez recommandé la semaine dernière un chauffeur de maître de tout premier ordre ?

— Oui, monsieur, je me rappelle...

— Alors, venez avec moi, on va faire un tour en voiture, vous serez plus consciencieux la prochaine fois !

***

Un homme vient s'inscrire à l'A.N.P.E.

— Bonjour, monsieur. Quelle est votre profession ?

— Cireur de chaussures.

— Bien ; quel est votre nom ?

— Blaise Pascal.

— Oh, mais c'est un nom très connu !

— Peut-être, répond le type. Ça fait trente ans que je cire des chaussures.

***

ANTIQUITÉ

Dans un magasin d'antiquités, un client s'approche d'un vase en marbre :

— Il me semble bien cher, dit-il au négociant !

— C'est normal, réplique le marchand, il a 3000 ans.

— Ne me prenez pas pour un imbécile, hurle le client. C'est impossible ! Nous ne sommes même pas en l'an 2000 !

***

APPARTEMENT

Le jeune Lucien a déménagé. A la suite de quoi on lui demande s'il est content de son nouvel appartement.

— Oh oui ! C'est mieux que dans l'autre... Moi, j'ai une chambre pour moi tout seul, mon frère a une chambre pour lui. Et c'est pareil pour ma sœur... Il n'y a que ma pauvre maman qui doit partager sa chambre avec papa.

***

— Messieurs-dames, dit le guide, ce château moyenâgeux, vieux de plus de six cents ans, est absolument intact... Depuis sa construction, pas une pierre n'a été touchée, rien n'a été changé, réparé, déplacé...

Et alors on entend un petit monsieur qui, s'adressant à son voisin, déclare :

— Son propriétaire, ce doit être celui qui me loue un appartement.

***

— Bonjour monsieur, je vous téléphone suite à l'annonce pour l'appartement que vous vendez...

— Je suis désolé, madame, il n'est plus à vendre...

— Ah bon ! Vous l'avez vendu si vite ?

— Non, mais en lisant l'annonce que j'avais fait passer, je me suis rendu compte que c'était l'appartement de mes rêves.

***

Un quidam essaie de louer un appartement.

— Quelle est votre profession ? demande l'agent immobilier.

— Heu... Je suis opticien-ébéniste...

— Quoi ? Je n'ai jamais entendu parler de ce métier auparavant... Et en quoi cela consiste-t-il ?

— Ben... C'est-à-dire... Je fabrique des lunettes de cabinets...

***

— Allô, le garde-meuble, vous vous rendez à domicile ?

— Non monsieur, le garde meuble mais ne se rend pas !

***

ARABE

Une femme d'une cinquantaine d'années est en plein sommeil...

Elle fait un rêve... Elle est poursuivie par un Arabe dans un couloir de métro, et soudain elle dit à cet Arabe :

— Je ne suis pas du tout raciste, mais qu'allez-vous faire de moi ?

Et l'Arabe lui répond :

— Mais ma belle... Ce n'est pas moi qui rêve...

***

Le Maroc est un pays de tradition : la preuve, même les roues des vélos y sont voilées.

***

Toujours à propos du Maroc ; j'y fus victime d'un incident stupide : juste avant de rentrer dans une mosquée, mes dents se sont déchaussées.

***

Un Arabe fraîchement débarqué se présente dans une Agence pour l'Emploi.

— Vous voulez travailler, lui demande l'inspecteur.

— Oui, massiou.

— Vous savez lire et écrire ?

— Tout à fait, massiou..

— Même des langues étrangères ?

— Absolument, massiou.

— Le japonais ?

— Oui, massiou.

— On va voir, lisez ce texte... Lui dit l'inspecteur en lui tendant un feuillet en japonais...

L'Arabe le lit sans problème...

— Dites-moi ce qu'il y a d'écrit sur cette feuille ?

— Pas de travail pour les Arabes, massiou...

***

— Quelle est la différence entre E.T. et un Arabe ?

— Rien de plus facile : E.T. veut rentrer chez lui...

***

ARGENT

L'ouvreuse d'un cinéma où on projette un western palpitant place un monsieur qui lui glisse dans la main au moment de s'asseoir une pièce de vingt centimes.

Furieuse, elle lui lance :

— Dans le film, le traître, c'est le patron du saloon.

***

Une jeune femme vient d'épouser un Écossais. Au bout d'un mois de mariage, la mari rapporte à sa femme l'intégralité de son salaire, soit 4 000 F. Le mois suivant, il ne lui donne que 3 950 F. Le troisième mois, il ne reste que 3 925 F. Alors, la jeune femme éclate en sanglots et dit à son mari :

— Chéri, vous avez une maîtresse !

***

Un jeune homme a emprunté une grosse somme d'argent à un père de famille nombreuse. Ce dernier n'arrivant pas à se faire rembourser, envoie à son débiteur une photo de lui avec sa femme et ses neuf enfants, avec un mot : « Voilà pourquoi j'ai besoin de mon argent. » Quelques jours plus tard, il reçoit la réponse : la photo d'une superbe fille très élégante et un mot : « Voilà pourquoi j'ai besoin de votre argent. »

***

Un milliardaire qui veut marier sa fille très laide, réunit les trois prétendants pour mesurer leur sincérité :

— Je vais vous poser une question. Vous êtes dans un café et sur la table voisine, quelqu'un a oublié un portefeuille. Vous l'ouvrez et vous vous apercevez qu'il contient plusieurs millions. Que faites-vous ?

— Moi, dit le premier, je le prends et je vais le donner au patron du café qui a une chance de connaître son propriétaire

— Moi, dit le second, je vais le porter au commissariat de police en espérant que personne ne viendra le réclamer et qu'il sera à moi au bout de un an et un jour.

— Bien. Et vous ? dit le milliardaire au troisième.

— Moi ? Je prends le portefeuille, je le mets dans ma poche et votre fille hideuse, je lui dis adieu !

***

Une dame rentre dans une bijouterie et demande :

— C'est combien ce bracelet et ce collier ?

— Deux mille francs.

— Et cette petite chaîne en or ?

— Trois mille cinq cents francs.

— Et cette broche ?

— Six mille francs.

— Et cette bague ?

— Huit mille deux cents francs.

— Dites, monsieur, si je ne vous achète rien, vous me donnez combien ?

***

Un clochard va voir le P.-D.G. d'une grosse firme industrielle.

— Je peux vous faire économiser trente millions.

— Comment ça ? Vous, vous pouvez me faire économiser trente millions ?

— Parfaitement !

— Je voudrais bien savoir comment !

— Eh bien voilà. Vous avez bien une fille ?

— Oui.

— Vous avez bien l'intention de lui donner soixante millions de dot ?

— Oui.

— Eh bien moi, je vous la prends pour trente millions.

***

Un type rentre dans une maroquinerie et dit :

— Je voudrais un sac imperméable, c'est pour mettre mon argent liquide.

***

Un immigrant tchécoslovaque s'est installé à Londres sans un sou. Il a trouvé difficilement du travail dans un entrepôt où il est manutentionnaire. Deux an plus tard, il est au service des commandes. Quatre ans plus tard, il est cadre dans l'usine et cinq ans après il est président-directeur général de plusieurs sociétés. Il est devenu très riche. Il s'est fait naturaliser et un jour, il est anobli par la Reine.

Pendant la réception, quelqu'un s'approche de lui et lui dit :

— Vous devez être très content ?

— Oui, mais...

— Comment ? Il y a quelque chose qui ne va pas ?

— Oui. Dire qu'on a perdu les Indes...

***

Le jour d'une fête villageoise, on entend au haut-parleur :

— La personne qui a perdu une liasse de billets de cinquante francs retenus par un élastique vert est priée de se présenter au stand de tir au fusil.

Un monsieur arrive quelques instants plus tard.

— Je suis le propriétaire de la liasse de billets.

— Eh bien, monsieur, vous avez de la chance. On vient de nous rapporter l'élastique...

***

Deux hommes font connaissance dans un train. Le premier dit à l'autre :

— En général, je ne crois que la moitié de ce qu'on me dit.

— Moi, c'est plutôt le contraire. Je crois toujours le double de ce qu'on me déclare ?

— Ah, bon ?

— Oui, je suis contrôleur des Contributions.

***

Deux paysans ont reçu, la veille, la visite de leurs fils respectif qui fait des études à la ville.

— Ah, ces étudiants, soupire le premier avec admiration, qu'est-ce qu'ils en savent des choses ! Avec ma femme, des fois, on est obligé d'ouvrir le dictionnaire...

— Ah ! oui ! dit l'autre avec aigreur. Mais moi, je suis plutôt obligé d'ouvrir mon portefeuille...

***

Un homme qui a fait fortune dans les chewing-gums en commençant par en vendre dans la rue, rencontre le représentant de la noblesse de la région, qui, lui, n'a plus que son blason comme richesse.

— Je viens de m'acheter un château, dit le nouveau riche. Il est magnifique et il y a un énorme parc tout autour.

— Félicitations, répond le noble. Mais maintenant il faut vous acheter un châtelain...

***

Un jeune homme, qui poursuit ses études à Paris, a terriblement besoin d'argent. Il écrit une lettre à son père en lui demandant de lui envoyer un chèque pour s'acheter des livres et pour faire plus vraisemblable, il fait même la liste des ouvrages en question.

Une semaine plus tard, sa demande est exaucée : il reçoit de la part de son père un paquet avec tous les livres dont il avait besoin.

***

Dans un bal, un samedi soir, l'animateur tout d'un coup, fait arrêter la musique et réclame le silence. Il a une annonce à faire :

— Mesdames et messieurs, quelqu'un a perdu son sac qui contenait deux mille nouveaux francs. Cette personne promet à celui qui lui rapportera son sac, une récompense de trois cents francs.

Et on entend une voix au fond de la salle :

— Eh bien, moi, si on me le rapporte, j'offre cinq cents francs !

***

Une secrétaire est partie à la retraite après de longues années de bons et loyaux services. En son honneur, tout le personnel a organisé une petite fête et le directeur fait un discours d'adieu à la brave femme :

— Chère Denise, vous avez toujours été présente dans notre maison, que ce soit pour le meilleur comme pour le pire. Vous avez marqué votre travail par votre gentillesse et par votre efficacité. Nous garderons un excellent souvenir de vous. Chacun de nous gardera l'image de la femme discrète qui arrivait, le matin, avec son petit chapeau de côté...

Et la chère Denise de murmurer alors :

— Oui, eh bien c'est tout ce que j'ai pu mettre de côté ici !

***

Pour faire des économies, l'être humain est toujours très inventif. Un monsieur qui roule souvent en taxi, a trouvé un bon truc pour ne pas payer le prix de la course.

Quand il prend un taxi la nuit, une fois arrivé à destination, il demande combien il doit, fouille dans ses poches, sort de la voiture et regarde par terre dans le véhicule à la place qu'il occupait. Le chauffeur, immanquablement lui demande :

— Vous avez perdu quelque chose ?

— Oui. Vous pourriez me passer votre briquet ? J'ai fait tomber un gros billet sous mon siège.

Et, à tous les coups, le taxi démarre en trombe et disparaît au coin de la prochaine rue.

***

Un monsieur, qui vient de se marier, demande à sa jeune épouse :

— Dis-moi, chérie, as-tu suivi mes conseils pour l'établissement de notre budget ?

— Mais oui. J'ai fait tout ce que tu m'avais dit et j'en suis arrivée à la conclusion que si nous continuons à économiser comme nous le faisons en ce moment, nous aurons à peu près cinquante mille francs de dette le jour où nous serons à la retraite.

***

Dans un restaurant très chic, deux dames couvertes de bijoux, manteaux de fourrure, etc., discutent en prenant leur café.

— Je ne sais pas si c'est pareil pour vous, ma chère, mais cette année, nous avons beaucoup de mal à joindre les deux bouts.

— Ne m'en parlez pas ! Cela va si mal que nous sommes obligés de conserver la

Porsche, la Maseratti et la Jaguar de l'an dernier !

***

Deux industriels conversent :

— Je viens de m'associer avec Dupont, dit l'un.

— Ah, oui ? Sur quelle base ?

— Un accord de cinq ans. Lui apporte son argent et moi, j'apporte l'expérience.

— Et qu'est-ce qui va sa passer dans cinq ans ?

— Dans cinq ans, moi, j'aurai l'argent et Dupont, lui, il aura l'expérience !

***

Dans un salon de thé, on parle des derniers potins.

— Vous savez que monsieur X, est complètement ruiné ! La moitié de ses amis lui tournent le dos.

— Et l'autre moitié ?

— Ils ne savent pas encore que monsieur X est ruiné !

***

Un prestigieux magasin de manteaux de fourrure a trouvé une formule astucieuse pour se faire payer les dettes que certaines clientes ont accumulées chez eux.

Il leur envoie une lettre ainsi libellée :

« Chère madame,

Nous vous prions de régler intégralement votre dette dans un délai d'une semaine. Passé ce délai, nous nous verrons contraints d'envoyer à tous vos autres créanciers, la photocopie d'une lettre où notre maison vous remercierait d'avoir pu vous acquitter auprès de nous, après avoir hérité d'une vieille tante en Amérique. »

***

A deux heures de l'après-midi a lieu une éclipse totale du soleil. Quand tout devient obscur, un monsieur pénètre dans un bureau de poste et demande à l'employée :

— C'est pour téléphoner, mademoiselle. Tarif de nuit, naturellement.

***

Un Auvergnat parle avec un ami :

— L'autre jour, accidentellement, j'ai ouvert mon portefeuille où j'avais un vieux billet de dix francs. Eh bien, Berlioz a été tellement surpris qu'il en a cligné des yeux !

***

Un couple âgé passe ses vacances au bord de la mer dans un superbe hôtel de luxe. Un matin, en se réveillant, le monsieur constate que sa femme est morte durant son sommeil. Affolé, il saute sur son téléphone :

— Allô ? La réception ? Ici, la chambre 110. Un seul petit déjeuner, ce matin.

***

Une dame pénètre dans une banque et demande à l'employé :

— Mon mari et moi avons ouvert un compte commun. Mais, je voudrais retirer mille francs d'argent liquide sur sa part, est-ce possible ?

***

Un type téléphone à un copain :

— Salut. Dis-moi, est-ce que tu peux me prêter deux cents francs ?

— Ah, non, c'est impossible. Mes enfant partent à l'école tout à l'heure.

— Mais, je ne vois pas le rapport !

— Il n'y en a aucun. Mais quand on ne veut pas prêter d'argent, tous les prétextes sont bons !

***

— J'ai trouvé un truc formidable pour gagner de l'argent. Je vais élever des visons. C'est fou ce que ces bêtes-là peuvent se reproduire vite !

— Et tu y connais quelque chose dans la reproduction des visons ?

— Moi, non ! Mais eux, oui.

***

L'argent est la dernière chose à laquelle je pense... avant de m'endormir.

***

Dans le seizième arrondissement, une

famille en pleines difficultés financières donne un grand dîner. La mère annonce aux deux enfants.

« Au moment de la viande, vous me direz que vous n'en voulez pas, car vous avez mangé trop de hors-d'œuvre. »

Ce qui se passe ainsi. Puis vient le dessert. La dame arrive devant le gâteau et lance à ses invités et à sa famille.

— Qui veut du dessert ?

— Nous, nous, lancent les enfants !

— Ah non fait la mère, pas vous ; vous ne le méritez pas ; vous n'avez pas mangé votre viande, vous n'aurez pas de dessert !

***

Mon Dieu que c'est cher ! s'exclame une jolie femme en lisant le devis d'une nouvelle salle de bains... et la même chose sans les pièces et la main-d'œuvre, ça ferait combien ?

***

ARMÉE

L'aide de camp du général a fini son travail et s'adresse à son supérieur :

— Mon général, le rapport est terminé.

— Parfait. Vous pouvez disposer et moi, je vais pouvoir aller me coucher dans les bras d'Orphée.

— Non, mon général, avec un « M ».

— Orphem ?

— Non, mon général, Morphée.

— Comment savez-vous ça ?

— Mon général, c'est la mythologie.

— Et bien vous me ferez quatre jours pour avoir répondu avec insolence à votre supérieur et vous direz à votre ami Thology que j'aimerais bien lui dire deux mots...

***

Avant d'effectuer leur premier saut, les soldats parachutistes assistent au dernier cours d'instruction.

— Mes enfants, il n'y a rien de plus simple. Quand on vous dit « Go », vous sautez dans le vide, vous tirez sur cette manette, le parachute s'ouvre et vous vous posez sur le sol en douceur. Pas de questions ?

— Mais si le parachute ne s'ouvre pas, demande timidement un soldat prévoyant.

— Rien de plus simple. Vous allez au magasin et on vous en donne un autre.

***

L'adjudant arrive en courant dans la chambrée et dit :

— Soldats, demain, inspection générale par le colonel. Vous me ferez le plaisir de changer de chemise !

Tous les militaires se regardent consternés.

— Mais mon adjudant, dit timidement un soldat courageux, vous savez bien qu'on ne nous en a distribué qu'une par personne !

— Débrouillez-vous ! vous n'avez qu'à changer entre vous !

***

Un brave troufion est en train de siroter un apéritif à la terrasse d'un café. Soudain, un colonel passe. Le soldat se lève et salue. Le gradé le félicite :

— Très bien. Repos ! Vous avez reconnu mon grade ?

— Oui, mon colonel.

— Bien. Et vous savez ce que ça commande un colonel ?

— Ce que vous voulez, mon colonel. Mais pour moi, ce sera un autre Martini.

***

Un général passe devant un soldat qui ne le salue pas. Furieux, il l'apostrophe :

— Je suis général. Vous ne savez pas que vous devez saluer un général ?

— Si, mon général. Mais je n'en avais pas envie.

— Ah, bon. J'avais peur que vous soyez fâché !

***

Cette histoire est à raconter à des amis très fidèles qui ne risquent pas d'être fâchés après l'avoir entendue.

Donc, à la caserne, les caves sont envahies par les rats.

L'adjudant convoque un bidasse et lui dit :

— Il faut aller trier les rats à la cave. Vous mettrez les mâles à droite et les femelles à gauche.

— Bien, mon adjudant.

Au milieu de l'après-midi, curieux de

voir comment le soldat se débrouille, l'adjudant descend à la cave.

— Alors, comment ça se passe ?

— Bien, mon adjudant. Vous voyez, j'ai déjà bien avancé.

— Ah, oui. Mais dites-moi, je vois trois tas ?

— Ben oui, mon adjudant. A droite, il y a les mâles et à gauche, les femelles, comme vous me l'avez demandé.

— Et le troisième tas ?

— Ah, ça, ce sont les pieds-noirs.

— Les pieds-noirs ?

— Oui, les rats pas triés...

***

Vers la fin de la Seconde Guerre mondiale, les Allemands, à cours de recrues, enrôlaient tous les hommes qui pouvaient tenir sur les deux jambes, et tenir un fusil : enfants, vieillards, invalides...

Un jour, un français croise un soldat allemand tout petit : c'est un nain. Alors le français se dit :

— S'ils les coupent en deux, la guerre n'est pas prêt de finir !

***

Deux militaires de carrière parlent de leur engagement dans l'armée.

— Pourquoi tu t'es engagé, toi ?

— Moi ? Parce que j'étais célibataire et que j'aimais la guerre. Et toi ?

— Moi, j'étais marié et j'aimais la paix.

***

Le commandant est très malade, il a sûrement la grippe.

Il convoque son ordonnance et lui dit :

— Allez à la pharmacie et rapportez-moi de quoi me soigner !

— Oui, mon commandant.

L'ordonnance s'en va et revient un quart d'heure après mais les mains vides.

— Qu'est-ce qu'il y a ? s'inquiète le commandant. La pharmacie était fermée ?

— Non, mon commandant. Mais, je faisais la queue parce qu'il y avait du monde quand tout à coup j'ai aperçu un écriteau collé sur la caisse et il y avait marqué dessus : « Ici on exécute les ordonnances. » Alors avant que quelqu'un me remarque, je suis parti en courant.

***

Dans un avion qui transporte des parachutistes pour les manœuvres, on appelle le capitaine :

— Capitaine, vite ! Il y a Duranton qui va sauter sans parachute !

— Encore !

***

Un colonel d'infanterie visite un sous-marin. Tout l'équipage est sur le pont au garde-à-vous. Le colonel pénètre à l'intérieur et la visite s'effectue sans problèmes. Au moment de ressortir, sa corpulence le gêne pour passer dans le sas vers la sortie et malgré des efforts louables, il n'a que la tête qui dépasse. Alors, toute la compagnie, toujours au garde-à-vous sur le pont, crie en chœur :

— C'est un garçon !

***

Un gradé fait les cours d'instruction et parle de la bombe atomique :

— Tous les pays sont susceptibles un jour de posséder la bombe atomique. Mais la Chine n'aura jamais la bombe H.

— Pourquoi ? demande un soldat.

— Parce qu'ils n'ont pas le même alphabet que nous.

***

Un adjudant, pour donner du courage à ses hommes qui partent en exercice, leur dit :

— Allez les gars ! Courage ! Dites-vous qu'au bout des cinquante kilomètres que vous devez parcourir, il y a une belle brune qui vous attend !

— Moi, dit l'un des soldats, je préférerais qu'il y ait une jolie blonde à vingt-cinq kilomètres !

***

A l'entraînement des parachutistes, le sergent informe les nouvelles recrues :

— Les statistiques démontrent que la proportion des accidents mortels en saut est de un pour mille.

Son regard fait le tour des nouveaux et il ajoute :

— De toute façon, ce pourcentage ne vous concerne pas, vous n'êtes que cinquante.

***

Un jeune officier arrive pour prendre ses fonctions à la base d'aviation. C'est un centre d'essais et, régulièrement, on entend une déflagration à chaque fois qu'un avion passe le mur du son.

L'officier interroge son supérieur :

— Cela n'est pas gênant, à la longue, ce bruit ?

— Un peu, si, mais vous verrez, vous vous y ferez très vite quand vous aurez compris qu'à chaque déflagration, l'onde de choc fait sauter les élastiques des culottes des secrétaires.

***

Tout l'état-major de l'armée américaine écoute la conférence d'un savant qui leur expose pour la première fois, le processus de la bombe atomique. Pour détendre un peu l'atmosphère, le scientifique a commencé son exposé par une petite histoire drôle.

A la fin, tout le monde se retrouve dans le couloir et un officier s'avance vers le savant :

— Est-ce que vous pourriez me redire ici la petite histoire que vous nous avez racontée tout à l'heure pour qu'elle ne soit plus couverte par le secret militaire et que je puisse la raconter autour de moi ?

***

Lors de la visite d'une personnalité importante, un jeune officier de marine a été chargé de faire manœuvrer le cuirassé. Il s'est tellement mal débrouillé qu'il a fini par échouer le bateau sur des récifs. Venant constater les dégâts, le personnage important lui dit :

— Que comptez-vous faire à présent ?

— Euh... répond le jeune officier. Me retirer à la campagne.

***

A l'époque des moissons, de jeunes appelés, tous issus du même village, ont bénéficié d'une permission exceptionnelle.

Mais les paysans ont bien fêté leur travail, banquet, vin et bal et ils rentrent tous très en retard à la caserne.

Le capitaine les convoque un par un avant de les envoyer faire quelques jours au frais. Il demande quelques explications. Le premier soldat lui dit :

— Mon capitaine ce n'est pas de ma faute. Après les moissons, mon père m'a emmené à la gare en carriole. Mais, je ne sais pas pourquoi, tout d'un coup, à mi-chemin, le cheval est tombé raide sur la route et j'ai dû faire le reste du chemin à pied. Dix kilomètres ! Alors, évidemment, quand je suis arrivé à la gare, j'avais raté mon train.

Le deuxième soldat donne la même excuse :

— Mon capitaine, mon père m'a emmené à la gare en carriole. Et au milieu de la route, le cheval est tombé d'un coup. Alors, je suis arrivé à la gare en retard et le train était déjà parti.

Et tous les bidasses invoquant la même raison à leur retard. Arrivé au dernier, le capitaine qui commence à être furieux, s'exclame :

— Alors, toi aussi, je pense que le cheval de ton père est mort sur la route et que c'est pour cela que tu as raté ton train ?

— Ah non mon capitaine. J'ai bien raté le train mais c'est parce que, quand je suis arrivé à mi-chemin, il y avait tellement de cadavres de chevaux qui bouchaient le passage que je n'ai pas pu passer avec ma carriole !

***

Pendant la dernière guerre, un simple soldat téléphone à son colonel qu'il réveille en pleine nuit :

— Qui est à l'appareil ? hurle le colonel.

— Soldat Durand, mon colonel.

— Vous vous rendez compte qu'il est deux heures du matin ?

— Excusez-moi, mon colonel. Mais j'ai fait vingt prisonniers.

— Ah, très bien. Amenez-les-moi immédiatement !

— Je veux bien, mon colonel, mais ils ne veulent pas me laisser partir !

***

Pendant l'occupation allemande, un petit Parisien s'approche d'un soldat allemand et lui demande :

— Qu'est-ce qu'il y a écrit sur ton ceinturon ?

— « Gott mit uns. »

— Qu'est-ce que ça veut dire ?

— Ça veut dire que Dieu est avec nous.

— Ah, bon ? Ben, nous, on s'en fiche. Parce qu'on a les Russes et les Américains avec nous !

***

Pendant la Seconde Guerre mondiale, le régime nazi, pour encourager ses troupes sur le front russe, demande à un vieux vétéran couvert de médailles de dire un mot aux soldats par l'intermédiaire d'un micro. L'ancien combattant demande alors :

— Ils vont tous m'entendre ?

— Oui.

— Dans toute l'Allemagne ?

— Oui, et même au-delà des mers ?

— Ah oui ? Même en Russie, en Angleterre, en Amérique ?

— Mais oui.

Alors, le vieux soldat s'approche du micro et hurle :

— Au secours !

***

L'heure est fatidique... C'est le silence absolu... Nous sommes en 1515 à Marignan (non, pas le cinéma, la bataille). Et soudain une armure fait un bruit effroyable : une véritable batterie de cuisine en action : la mère Denis avant l'achat de son lave-vaisselle...

— Chut ! Ordonne François Ier...

Mais, le bruit recommence...

— Chut...

Rien à faire, l'ordre royal n'est pas suivi...

— Enfin, que se passe-t-il ? interroge le Roi.

— Sire, il s'agit de l'un des combattants qui a le hoquet.

— Faites le taire.

— Impossible Sire.

— Mais si, faites-lui peur.

— Impossible, c'est Bayard.

***

ARTISTE

Le plus difficile pour certains artistes : les fins de mois. Surtout les trente derniers jours !

***

Un sculpteur d'art moderne invite une nouvelle relation à venir passer quelques jours de vacances dans sa villa :

— Écoute, tu peux venir sans problèmes... Tu pourras même profiter de la piscine tout seul... Tout est très calme... Dans la journée : je suis dans mon atelier en train de sculpter, et ma femme est à la cuisine en train de préparer les repas...

— Et le soir que fait-on ?

— Le soir, c'est super ou joue aux devinettes ! Ma femme essaye de deviner ce que j'ai sculpté et moi j'essaye de deviner ce qu'elle a cuisiné...

***

Un artiste reçoit un coup de téléphone d'un producteur de spectacles.

— Je vous ai vu sur scène hier soir par hasard, lance-t-il. C'est formidable ! Je vous engage pour un an. Vous commencez demain !

— Demain, lui réplique l'artiste ? Hélas, c'est impossible... Demain, je passe une audition !

***

ASSURANCE

Une cantatrice, qui revient des États-Unis, en rencontre une autre, qui ne la porte pas particulièrement dans son cœur et qui lui dit :

— Avant d'entreprendre ma tournée aux U.S.A., j'ai fait assurer ma voix pour cent mille dollars !

— Ah oui ? Et qu'avez-vous donc fait de tout cet argent ?

***

Une dame se présente aux bureaux de sa compagnie d'assurances.

— Mon mari est mort. Je viens toucher le capital-décès !

— Mais, madame, vous semblez faire erreur : votre mari ne s'était assuré que contre l'incendie.

— Justement, voyons... Je l'ai fait incinérer.

***

Il serait vraiment temps que je prenne une assurance. Tout le monde me le dit, le répète : De nos jours, on ne peut vivre sans. Et il est vrai qu'à trente-cinq ans, ce monde des assurances m'est encore inconnu.

Je décide donc un beau matin de me rendre dans le grand immeuble qui abrite à lui tout seul la compagnie. J'y vais à pied puisque ce n'est pas très loin ; toutes les compagnies se valent après tout.

J'aime cet accueil que l'on me réserve et l'ambiance feutrée de cette maison.

— J'aimerais souscrire à une assurance-vie.

— Mais bien sûr, monsieur.

On me demande d'attendre, quelqu'un va s'occuper de moi.

On procède alors à certaines formalités et tout en me remettant divers feuillets on me pose mille questions sur ma vie personnelle et professionnelle.

— Exercez-vous un métier dangereux du genre acrobate ou cascadeur ?

— Non.

— Pratiquez-vous un sport violent ou dangereux ?

— Non, étant passionné de musique et de littérature, je reste pratiquement tout le temps chez moi.

— Vous déplacez-vous souvent en avion ?

— Jamais.

— Je suppose que vous avez une voiture ?

Rire gêné de ma part :

— Je ne sais même pas conduire. Habitant tout à côté du ministère ou je travaille, je m'y rends tous les matins à pied.

— A pied ?

L'employé reste perplexe :

— Je suis désolé, monsieur, dans ce cas je ne peux vous assurer. Il y a trop de risques !

***

La grange du Père Grégoire vient de brûler. Le responsable de la compagnie d'assurances vient lui rendre visite.

— J'ai une bonne nouvelle pour vous, monsieur Grégoire, lui lance t-il. Nous n'allons pas vous verser d'argent mais vous offrir une nouvelle grange pour remplacer celle qui a été sinistrée !

— Ah bon, répond le Père Grégoire. Alors, puisque c'est comme ça j'annule immédiatement l'assurance-vie que j'ai contractée sur ma femme... »

***

Toujours à propos d'assurances, les assurés n'ont plus tellement confiance en leur compagnie ! Lors de la signature des contrats, il y a toujours ces fameuses clauses restrictives plus en faveur des assureurs que des assurés, ce style sibyllin que l'on ne comprend pas toujours et puis toutes ces questions sur notre train de vie, l'évaluation du mobilier et la méfiance de leurs employés quant à la sécurité dont nous nous entourons. Pour certains, il faudrait transformer son domicile en fort Chabrol...

Aussi m'a-t-on affirmé, une toute nouvelle compagnie d'assurances vient-elle de faire fortune. Le principe de son succès est très simple : elle protège ses clients contre les risques encourus en signant des contrats avec les autres compagnies.

Il fallait y penser !

***

Une femme très honnête écrit à son assureur :

— Monsieur, j'ai retrouvé cette bague en diamant que vous aviez eu la bonté de me rembourser. J'ai cru bon de verser le montant de la somme aux bonnes œuvres de mon église.

***

ASTRONAUTE

Deux astronautes tournent depuis dix ans autour de la terre, sans parvenir à se poser. Soudain, l'un d'entre eux aperçoit un objet qui flotte dans l'atmosphère ; ils arrivent à l'attraper, et découvrent que c'est un magnum de champagne :

— Et en plus, on a rapetissé ! se lamentent-ils...

***

Un cosmonaute rentrant d'un long séjour dans l'espace subit de la part de sa femme une longue et pénible scène de ménage :

— Menteur, ignoble personnage, lui lance-t-elle... Explique-moi ce que signifie ce cheveu vert sur ta combinaison...

***

Un cosmonaute russe revient d'un très long voyage dans notre galaxie et il se présente au Kremlin avec un énorme rapport sous le bras.

Après une très longue entrevue avec les scientifiques qui étudient tous les renseignements qu'il a pu rapporter, on lui fait savoir que Tchernenko souhaite lui poser quelques questions.

Il arrive devant le nº 1 soviétique et, dès qu'ils sont seuls, ce dernier lui dit :

— J'ai lu ton rapport, camarade, c'est très intéressant. Mais il y a une chose dont tu ne parles pas et que pourtant, tu dois savoir maintenant : est-ce que Dieu existe ?

Le cosmonaute a l'air très embêté mais il finit par répondre :

— Oui, camarade, je suis désolé mais je te dois la vérité. Dieu existe.

— Cela confirme bien mes soupçons, dit Tchernenko. Mais rien n'est perdu si tu me jures de n'en parler à personne. Jamais !

— Je te le jure.

Quelques semaines plus tard, le même cosmonaute est reçu par le Pape. Après l'avoir félicité pour son voyage dans l'espace, le Saint-Père l'entraîne à part et lui dit :

— Mon fils, tout ce que tu nous as raconté est passionnant. Mais il y a une chose dont tu n'as rien dit et que tu dois cependant savoir : est-ce que Dieu existe ?

Le cosmonaute n'a pas oublié la promesse qu'il a faite au chef de son pays et sans hésiter, il répond :

— Non, mon Père. Je suis navré de vous l'apprendre mais Dieu n'existe pas.

Et le Pape, dans un soupir, lui dit :

— J'en étais sûr ! Je suis ennuyé de te demander cela mais je t'en supplie, jure-moi que tu ne le répéteras à personne !

***

Dans une ville des États-Unis, un petit garçon est tout seul chez lui quand le téléphone sonne. Il décroche et dit :

— Allô ? Ah, non, mon papa n'est pas là, il est dans l'espace. Il sera rentré dans une heure, il vient juste de partir. Maman ? Ah, non, maman n'est pas là non plus. Elle est sortie promener le chien. Elle sera de retour dans deux ou trois heures.

***

Quand Youri Gagarine revint de son premier voyage dans l'espace, il arriva sur la terre en retombant dans la Volga. Les opposants au régime soviétique ont l'habitude de raconter que la première phrase qu'il a dite en sortant de son engin fut :

— Je me demande quel est le salaud qui m'a enfermé là-dedans juste au moment où je venais pour y faire un peu de ménage !

***

Juste avant une campagne électorale, le président des États-Unis d'Amérique décide de se mettre bien avec les populations noires et il envoie un cosmonaute de couleur en mission dans l'espace. L'opération a reçu l'appui de la presse et le cosmonaute a suivi l'entraînement réglementaire. Le jour du départ, au moment où il va s'embarquer on lui annonce qu'il sera accompagné par un chimpanzé, indispensable pour le succès de la mission.

L'homme et l'animal s'envolent donc ensemble et on a fait les dernières recommandations au Noir :

— Vous n'aurez qu'à suivre nos instructions que nous vous ferons passer par radio.

La fusée décolle. Le chimpanzé est installé devant un tableau de bord impressionnant et, dès le décollage, une lumière rouge s'allume et aussitôt, l'animal appuie sur différents boutons. Quelques minutes plus tard, c'est une lumière bleue, et l'animal appuie sur d'autres boutons. Le Noir attend les ordres par radio et ce n'est qu'au bout d'une heure et demie de vol qu'il entend par le haut-parleur :

— Smith ! Écoutez bien. Dans le placard à votre droite, il y a une bouteille de lait. Prenez-la. Ouvrez-la et donnez le biberon au chimpanzé.

***

AUTOMOBILISTE

Dans une région quasi désertique du centre de notre beau pays, un couple d'automobilistes s'est égaré. Par chance, ils aperçoivent un brave homme qui déambule avec son vieux chien.

— S'il vous plaît, pourriez-vous nous dire où va cette route ?

— Cette route-là ?

— Oui !

— Ah... Ben cette route-là... je n'en sais rien.

— Bon... Tant pis... Mais cette rivière que nous avons traversée il y a moins de trois kilomètres, quel est son nom ?

— J'en sais rien du tout.

— Si je comprends bien, vous ne connaissez rien à rien ?

— Ouais. C'est peut-être bien ça... Seulement moi, j'suis pas perdu !

***

Le port obligatoire de la ceinture de sécurité m'a valu un procès pour attentat à la pudeur ! L'autre jour, je sors de ma voiture, mon froc tombe par terre... Je m'étais trompé de ceinture !

***

Entre Clermont-Ferrand et Monbardon, sur une petite départementale, une automobile s'immobilise... La nuit est noire, il est une heure du matin... Le conducteur descend : c'est bien ce qu'il pressentait : une crevaison ! Et, en plus, il pleut... Il ouvre le coffre... Quand la chance n'est pas là... Pas de cric... Une seule solution aller au village le plus proche à pied...

Le voilà sur la route, de nuit, sous la pluie, à la recherche d'un garagiste...

Pour se donner du courage, il se parle :

— Quatorze kilomètres avant le premier bled... En deux heures j'y suis... Il sera trois heures du matin... J'imagine la tête du garagiste que je vais réveiller à trois plombes... Mais, j'y songe combien va-t-il me le vendre ce cric : ça vaut deux cents francs un cric...

Les kilomètres passent et le type s'énerve de plus en plus :

— Quatre cents francs... Je suis certain qu'il va me rouler... En le réveillant... Peut-être même six cents francs ! Quel salaud... Le village est presque en vue, l'automobiliste est à bout :

— Mille francs, c'est incroyable... Il va oser me le vendre mille francs...

Le village est là... Il arrive devant la maison du garagiste... Tambourine à la porte un long moment... Il apparaît à la fenêtre :

— Que voulez-vous ? interroge le garagiste dans un demi-sommeil...

— Ordure, ton cric à mille deux cents francs, tu peux te le garder !

***

Une gentille petite limace avançait doucement à travers champs... Puis au loin se profilait une grande route... La limace regarde à droite puis à gauche et s'engage... Horreur... Elle voit arriver un gigantesque poids lourd qui fonce sur elle. Elle réfléchit et se dit :

— J'avance quand même... On verra bien lequel s'arrêtera !

***

Cet automobiliste est ravi ! Il essaye sa nouvelle GTI à Turbo 20 soupapes... Il est maintenant sur une route départementale à plus de 190 km à l'heure et à la sortie d'un virage : c'est l'accident. Il renverse un cheval et son cavalier... Il met encore une cinquantaine de mètres pour stopper... Sort de sa voiture et voit, au milieu de la route, le cheval en très mauvais état : deux pattes fracturées. Le pauvre cheval est comme mort... Le type retourne à sa voiture, ouvre la boîte à gant et sort son revolver... Il s'approche de la plus noble conquête de l'homme et l'abat d'un coup sec entre les deux yeux... Puis, son regard se porte vers le cavalier qui gît à vingt mètres de là, dans un état quasi comateux : il a le visage en sang, un bras sectionné... Verdun...

Le cavalier le voyant s'approcher lui dit :

— Moi, pas de problèmes : je vais très bien !

***

Les auto-stoppeuses... Le rêve de tout automobiliste célibataire. Le nôtre est représentant et a l'habitude de prendre des passagères à l'entrée de l'autoroute du Sud...

— Où allez-vous, mademoiselle ?

— Je vais à Avignon...

— Parfait, montez...

Une fois dans la voiture notre homme poursuit le dialogue :

— C'est très curieux, je me rends fréquemment dans la région d'Avignon et vous êtes la sixième auto-stoppeuse que je prends depuis trois semaines à attendre un enfant !

— Ah, vous vous trompez, lui répond la jeune femme, je ne suis pas enceinte.

— D'accord, enchaîne l'automobiliste, mais nous ne sommes pas encore à Avignon.

***

Un motard rattrape un automobiliste lancé à vive allure sur l'autoroute.

— Arrêtez-vous, arrêtez-vous... Votre

femme est tombée de votre voiture il y a une dizaine de kilomètres.

— Vous me rassurez, réplique le conducteur. Je croyais que j'étais devenu sourd !

***

Le gardien d'un parking arrête une petite voiture au moment où celle-ci va pour sortir, et dit à la ravissante conductrice :

— Mademoiselle ! Je vous ferais remarquer que votre plaque d'immatriculation à l'arrière est posée à l'envers !

— Mais, oui, je sais bien monsieur ! Mais c'est exprès ! Sinon, comment voulez-vous que je retrouve ma voiture au milieu de tant d'autres ?

***

Un homme en moto, se rapproche d'une voiture tout en roulant et vient la doubler à la hauteur de la vitre du conducteur :

— Monsieur, faites attention, vous avez votre pot d'échappement qui traîne par terre !

L'automobiliste fait alors signe qu'il n'a pas compris.

— Votre pot d'échappement ! Il traîne par terre ! hurle le motard.

Alors l'autre baisse son carreau et lui dit :

— Parlez plus fort. Je n'entends pas parce que j'ai mon pot d'échappement qui traîne par terre.

***

Un agent de police arrête une voiture qui vient de passer à l'orange un peu mûr. Nous sommes le 1er mai. Aussitôt, une contravention est établie mais devant la mine piteuse du chauffard, le policier, pris de remords, lui dit :

— Allez, je suis dans un bon jour, je vais vous la dater du 2.

***

A la douane, une petite camionnette s'arrête et le conducteur montre ses papiers :

— Que transportez-vous ? demande le douanier.

— Je transporte des trous.

— Des trous ?

— Oui, des trous. Vous pouvez vérifier.

Le douanier, incrédule, fait le tour de la camionnette.

— Il est vide votre coffre !

— Comment ça il est vide ?

Le chauffeur à son tour va regarder à l'arrière de son véhicule.

— Oh ! J'ai perdu un trou !

Il remonte en vitesse dans sa voiture, recule, et tombe dans le trou.

***

Une voiture est arrêtée par deux motards pour excès de vitesse.

— A combien rouliez-vous, monsieur ?

— Oh, à 90, monsieur l'agent.

— Vous êtes sûr ?

— Oui, monsieur l'agent.

— Bon, on va faire un petit contrôle. Soufflez dans l'alcootest.

Le conducteur souffle. Test positif.

— Mais, ce n'est pas possible, monsieur l'agent. Je ne bois que de l'eau. Vous pouvez demander à ma femme.

— Ouais, justement, madame va aussi souffler.

La femme souffle. Test positif.

— Non, monsieur l'agent, votre appareil doit être déréglé. Nous ne buvons jamais une goutte d'alcool.

— Sans blague ? Les tests sont pourtant positifs !

— Mais je vous dis que ça ne marche pas. Tenez, vous n'avez qu'à faire souffler au petit ? Lui, à trois ans, vous n'allez pas le soupçonner de boire.

Le gamin souffle. Test positif.

— Ah, vous voyez, monsieur l'agent, c'est détraqué.

Les deux motards s'excusent et la voiture repart. A l'intérieur, le type dit à sa femme une fois qu'ils se sont éloignés :

— Tu vois, on a bien fait de mettre le calva dans le biberon du gosse.

***

Deux copains se rencontrent à un feu rouge. Ils sont tous les deux en voiture mais l'un est dans une vieille 204 et l'autre conduit une superbe Mercedes.

— Salut ! Tu as encore changé de voiture ? Elle est neuve, celle-là ?

— Tu plaisantes ! Tu sais bien que je n'achète que des voitures d'occasion.

— Mais, comment tu fais ? Tu n'y connais rien en automobile et tu tombes toujours sur des occasions terribles !

— C'est simple mon vieux. Quand je repère une voiture qui me plaît, je me la fais prêter par le garagiste quelques heures. Pendant ce temps, je vais chez un autre garagiste à qui je dis que je veux la vendre et il me dit tout ce qui ne va pas !

***

Un type voit passer une voiture avec les quatre pneus complètement à plat :

— Eh bien ! Pour continuer à rouler avec les quatre pneus crevés, faut être gonflé !

***

Deux pneus font la causette à un feu rouge.

— Bonjour, on se connaît, non ? On s'est fait réparer dans le même garage, si je me souviens bien ?

— Oui, oui, c'est ça ! Comment allez-vous ?

— Oh, ça tourne, ça tourne. Et vous ? Si je me souviens bien, vous aviez une sœur ?

— Oui.

— Qu'est-ce qu'elle est devenue ?

— Oh, elle a fini dans les bonnes œuvres. Elle est roue de secours.

***

A l'entrée d'une route complètement défoncée, on peut lire cet écriteau : « Conseil aux automobilistes. Ne buvez pas d'alcool au volant. Vous pourriez en renverser. »

***

Un monsieur vient travailler à Paris tous les jours en voiture et tous les jours, il perd un temps infini à trouver une place pour garer son automobile.

L'été arrive et il part en vacances dans un pays d'Afrique noire. A un moment donné, l'avion survole le Sahara et le monsieur s'écrie :

— Oh, le beau parking !

***

Un automobiliste roule à vive allure en ville. Soudain, il manque d'écraser une pauvre dame qui traversait la chaussée sur le passage clouté.

— Mais vous êtes un fou dangereux, s'exclame la pauvre femme. On devrait vous retirer votre permis de conduire ! Ça fait deux fois en trois jours que vous manquez de m'écraser !

— Oh, excusez-moi, madame. Pardonnez-moi mais je ne vous avais pas reconnue...

***

Un camionneur — vous savez, « les routiers sont sympas ! » — s'arrête devant une femme qui fait de l'auto-stop et qui semble attendre depuis pas mal de temps.

— Montez, mademoiselle. Il ne sera pas dit que les routiers ne prennent que les jolies filles !

***

Un jeune homme vient de s'acheter pour la première fois de sa vie, une voiture d'occasion. Tout fier, il invite un copain à venir faire une balade avec lui. Ils montent tous les deux dans l'automobile et le copain lui dit :

— C'est drôle, il n'y a pas de compteur kilométrique. Comment fais-tu pour savoir à quelle vitesse tu roules ?

— Oh, c'est simple, répond l'autre. Quand je vais à vingt kilomètres à l'heure, il y a le rétroviseur qui tremble. Quand je vais à cinquante kilomètres à l'heure, c'est la direction qui tremble. Et quand je vais à soixante-dix kilomètres à l'heure, c'est moi qui tremble...

***

Un monsieur arrive dans un garage avec une voiture complètement pliée. C'est un miracle qu'elle roule encore.

— Vous pouvez faire quelque chose ? demande-t-il au garagiste.

L'autre observe la voiture et finit par répondre :

— Non, je ne peux rien faire. Ici, on lave mais on ne repasse pas !

***

Une jeune fille fait de l'auto-stop. Un monsieur, dans une superbe Mercedes s'arrête et l'embarque.

— Vous allez où ? demande-t-il à la jeune demoiselle.

— A Lyon.

— Moi aussi. Vous savez, cela fait trois

fois dans la semaine que j'emmène une femme enceinte jusqu'à Lyon.

— Mais, je ne suis pas enceinte !

— Attendez d'être arrivée à Lyon.

***

Un jeune homme bien habillé, l'image parfaite du jeune cadre dynamique, sort d'un café assez mal famé de Sarcelles où il a pris en vitesse un sandwich et une bière. Il s'aperçoit avec stupéfaction qu'on lui a repeint sa voiture en rose bonbon. Furieux, il entre à nouveau dans le bistrot et demande à la ronde :

— Qui s'est permis de repeindre ma voiture en rose bonbon ?

Un énorme type, style armoire à glace, blouson de cuir et chaîne de moto, s'approche et lui dit :

— C'est moi. T'as quelque chose contre, p'tite tête ?

— Euh, non... c'est-à-dire... euh... Je voulais simplement savoir quand vous passeriez la seconde couche.

***

AVEUGLE

J'ai connu un aveugle qui, pour en mettre plein la vue aux autres non-voyants, se baladait avec une canne noire. Il s'est fait écraser par une nuit noire. Rue Blanche.

***

— Dites donc ! Je vous reconnais. La semaine dernière, vous mendiiez avec une sébile d'aveugle. Et aujourd'hui, vous jouez les manchots !

— C'est vrai, monsieur. Mais la vue m'est revenue et les bras m'en sont tombés.

***

Avec mon pot d'échappement, j'ai gagné un pognon terrible... J'avais mis un kilo de crevettes dedans et j'organisais des promenades en mer pour aveugles...

***

Je suis interdit de séjour dans un pays. Simplement parce que j'avais aidé un aveugle à descendre du trottoir... C'était à Venise !

***

Enfant, pour subsister, je volais les sébiles des aveugles. Parce qu'on m'avait dit : « Pas vu, pas pris... »

***

L'aveugle mendie.

— Ayez pitié, messieurs-dames d'un homme qui a douze enfants...

Une mémère s'approche et lui demande :

— Dites-moi. Comment se fait-il que vous ayez fait douze enfants ?

— Ben ! répond l'infirme. Si vous croyez que je vois ce que je fais...

***

J'ai connu un type qui était tellement radin qu'il avait engagé une bonne aveugle... pour économiser de l'électricité !

***

— Un litre de vin, s'il vous plaît !

— Bien, monsieur. Mais... du rouge ou du blanc ?

— Pas d'importance. C'est pour un aveugle !

***

Cet aveugle est sur le bord du trottoir. Il demande la charité. Pour attirer l'attention des passants, il a devant lui un panneau sur lequel on peut lire : « Aveugle de naissance, sans pension, sans famille, sans travail, abandonné de tous... »

Eh bien, malgré ces mot explicites, personne — vous lisez bien : personne — ne s'arrête pour faire la charité à l'aveugle ! De quoi se flinguer... Tout le monde passe devant lui avec une indifférence absolue !

Un jour pourtant, un homme — était-il poète ? — s'arrêta devant le pauvre homme à qui il dit :

— Si vous me le permettez, je vais effacer ce qu'il y a d'écrit sur votre panneau et je vais inscrire autre chose...

— Oh ! Si vous voulez, mon bon monsieur, si vous voulez...

Et le bon monsieur fit ce qu'il avait dit. Puis s'en fut.

Et à partir de ce moment-là, les pièces résonnèrent dans la sébile de l'aveugle qui n'en croyait pas ses oreilles (il n'en croyait pas ses yeux non plus, mais nous savons pourquoi !)...

Mieux que des pièces, des gens déposaient des billets de banque : dix francs, cinquante francs.. Un miracle !

Et cela ne cessait pas. Jour après jour, l'aveugle voyait son escarcelle gonfler !

Un après-midi, une dame lui glissa dans la main une énorme liasse d'argent ! Incroyable... N'y tenant plus, le non-voyant s'adressa à elle en ces termes :

— Madame, je ne comprends rien à ce qui se passe, à ce qui m'arrive. Avant j'avais un panneau sur lequel était écrit la somme de mes malheurs et personne ne me donnait jamais un sou. L'autre jour, un homme a écrit autre chose et depuis je croule sous les oboles. Expliquez-moi pourquoi !

Le pauvre hère avait l'impression de vivre un conte de fées...

— Madame ! continua-t-il. Soyez gentille. Lisez-moi ce qu'il y a d'inscrit sur mon panneau !

— Bien sûr, mon brave... C'est quelque chose de très joli. Voilà, je lis : « Demain c'est le printemps et je ne le verrai pas ! »

***

AVION

Dans un avion, un gosse se montre absolument épouvantable. Au bout d'un certain temps, une hôtesse, lui saisissant le bras, l'entraîne vers l'arrière et lui dit :

— Maintenant, mon petit bonhomme, tu vas aller jouer dehors !

***

Un avion lance un S.O.S.

— J'ai un moteur en panne, l'autre qui a des ratés. Les gouvernes ne répondent plus et le train d'atterrissage est bloqué. Allô ? La tour de contrôle ? Quelles sont vos instructions ?

Au bout de quelques secondes, une voix parvient au pilote :

— Répétez après moi : « Notre Père qui êtes aux cieux... »

***

Un type, complètement neurasthénique, prend l'avion et, arrivé à dix mille mètres d'altitude, décide de sauter dans le vide. Mais avant il s'adresse à l'hôtesse :

— Il pleut ! Passez-moi un parachute !

***

Des ingénieurs essayent un nouveau modèle d'avion particulièrement révolutionnaire. O désastre... En plein vol, les ailes cassent net ! On recommence... Même défaillance. Soudain, le balayeur du hangar s'approche des ingénieurs perplexes.

— Vous devriez essayer de mettre des pointillés là où ça craque, s'exclame-t-il !

Les ingénieurs, très étonnés par cette réflexion, s'exécutent pourtant. Et, ô miracle, ça marche !

— Comment avez-vous pensé à ce détail, demande un spécialiste au balayeur ?

— Oh, rien de plus facile, répond le balayeur. Vous avez déjà vu un papier toilettes qui se déchire aux pointillés !

***

Un pilote de chasse américain essaye un nouvel appareil de chasse lorsque, soudain, il voit s'approcher un autre avion de chasse mais soviétique... Il prend son micro et appelle sa base :

— Hey Fox ! J'ai un chasseur russe qui s'approche de moi, que dois-je faire ?

La base reste muette...

— Hey ! Répondez damned ! Il s'approche de plus en plus, j'espère qu'il ne va pas me tirer dessus... Que dois-je faire ?

Silence complet de la base...

— Hey ! Il est à quelques mètres de moi, je le vois parfaitement... Il sort un appareil de photos... Il prend des photos ? Dites-moi ce que je dois faire ?

Soudain la base parle :

— Faites Cheese...

***

Un homme au fort accent étranger — Allemagne, Europe centrale, ou quelque-part par là, se présente au comptoir d'Air France, où une superbe hôtesse d'accueil lui décoche un somptueux sourire :

— Vous désirez ?

— Une place sur le prochain vol pour Varsovie.

— Bien, monsieur. Votre nom, s'il vous plaît ?

— Mrzckowicktz.

— Euh... vous m'épelez ?...

— Vous me plaît aussi beaucoup.

***

Un homme se présente au comptoir d'Air France à Roissy pour réserver une place sur le prochain vol en partance pour New York. L'employée pianote distraitement sur son terminal d'ordinateur :

— Classe touriste ?

— Oui.

— Aller et retour ?

— Oui.

— Votre nom s'il vous plaît...

— GLLOQ, répond l'homme, timidement.

— Pardon ?

— GLLOQ ? répète-t-il, d'une voix plus forte.

— Veuillez épeler, s'il vous plaît.

— G, 2 L, O, Q, répond-il avec la résignation de celui qui est habitué.

Alors l'employée daigne lever les yeux de son écran et laisse tombe, d'un air las :

— Et avec un nom pareil, vous croyez que vous avez réellement besoin d'une place d'avion ?...

***

Dans un Boeing 747 en première classe, un passager fort bien habillé installé à côté d'une dame fort convenable sort soudain de son superbe attaché-case la photographie d'une dame toute nue, l'épingle sur le fauteuil qui se trouve devant lui et, après avoir baissé son pantalon, pratique l'art du plaisir solitaire. Après s'être rhabillé, toujours sans se départir de son calme, il sort un cigare de sa poche, veut l'allumer, se ravise et interroge soudain son honorable voisine.

— Pardon, chère Madame, est-ce que la fumée ne vous dérange pas ?

***

L'avion va décoller, et le steward appuie sur la commande afin de fermer la porte. Mais elle ne se ferme pas. Il recommence à plusieurs reprises, et le système se bloque à chaque fois. Il dit alors, extrêmement en colère :

— Petit con, tu vas la retirer, ta main, oui ?

***

Une hôtesse de l'air, à bord d'un avion, s'adresse à un passager :

— Pour monsieur, ce sera thé, café, Coca-Cola, whisky ou moi ?

***

A l'aéroport de Roissy, du haut-parleur principal résonne la voix de l'hôtesse: « Vol à destination de New York : départ 11 h 43, porte nº 12. » Puis quelques instants plus tard : « Vol à destination de Bruxelles : départ quand la petite aiguille sera sur le 11 et la grande sur le 5. »

***

A côté d'un aéroport militaire, habite un homme au physique étrange. Il a d'immenses oreilles complètement décollées et un front tout plat.

L'explication en est simple. Chaque matin, il est réveillé par un vrombissement infernal qui lui arrache les oreilles. Alors il tire dessus en pensant :

— Mais qu'est-ce que c'est que ce bruit effroyable ?

Et tout de suite après, il se donne une grande tape sur le front en se disant :

— Mais bien sûr, que je suis bête... ce sont les avions.

***

Deux copains d'école se rencontrent après s'être perdus de vue pendant longtemps.

— Qu'est-ce que tu fais comme métier ?

— Je travaille dans un bureau et toi ?

— Moi, je suis mécanicien à Air France.

— C'est formidable ! Alors tu voles ?

— Oui, un bidon d'essence de temps en temps.

***

AVOCAT

Pendant un certain temps, j'ai exercé la belle profession d'avocat. Mais j'ai abandonné, car c'était très fatigant. Pensez que tous les matins, il fallait que je sois debout à l'aube...

***

Au tribunal, l'avocat est en pleine plaidoirie :

— Messieurs les jurés, croyez-moi, au moment où mon client trucida les quinze malheureuses victimes, je vous affirme qu'il n'avait pas sa tête à lui.

Et à ce moment, dans l'assistance, quelqu'un dit :

— Déjà...

***

Au tribunal. Un témoin, totalement véreux, se présente à la barre. Très vite, le président se rend compte à qui il a affaire et dit :

— Cher monsieur, vous êtes tellement menteur que je vais vous donner un excellent conseil : prenez donc un avocat !

***

L'avocat termine sa plaidoirie. Il a été long. Très long. Très, très long. Il s'en rend vaguement compte et s'excuse :

— Je suis désolé d'avoir parlé si longtemps, mais je n'ai pas ma montre sur moi !

— Qu'à cela ne tienne ! lui répond le président. Il fallait tourner la tête... Il y a un calendrier derrière vous.

***

Nous sommes dans le Connecticut aux États-Unis, un condamné à mort reçoit la visite de son avocat. Il va être électrocuté le lendemain.

— Dites-moi, Maître, la chaise électrique comment est-ce que cela se passe ?

— Ne vous en faites pas je vais vous mettre au courant.

***

Un truand de la mafia attend impatiemment le résultat d'un procès dans lequel il est impliqué. Malheureusement, il est appelé à l'étranger d'urgence. Il laisse ses coordonnées à son avocat pour être tenu au courant du jugement.

Un télégramme l'attend dès son arrivée à l'hôtel :

— La cause du juste a triomphé !

Alors, le mafioso répond immédiatement :

— Faites appel...

***

Cette superbe call-girl vient d'être arrêtée pour incitation à la débauche, et passe devant le tribunal :

— Messieurs les jurés, regardez ma pauvre cliente, qui pleure en pensant à son canari qui se morfond chez elle, dans son petit appartement du 188, avenue de Neuilly, quatrième étage, gauche, interphone 765 B... téléphone 2658790 ... Ma pauvre cliente qui a un cœur en or... plaide l'avocat.

***

— Maître, dit un condamné à la chaise électrique à son avocat, ils ont rejeté mon pourvoi. Que me conseillez-vous de faire ?

— Une seule chose, répond l'avocat. Ne vous asseyez sous aucun prétexte !

***

Un avocat rentre chez lui avec un gros paquet sous le bras. Sa femme l'interpelle.

— Qu'est-ce que c'est que ça ! Je parie que tu t'es encore acheté une nouvelle robe !

***

Un tout jeune avocat vient de s'installer. Il n'a pas encore d'affaire à traiter et son téléphone n'est même pas branché. Assis derrière son bureau, il attend, désœuvré. Soudain, sa secrétaire annonce un client.

— Faites-le entrer ! dit-il en prenant son téléphone pour simuler une conversation.

— Cher monsieur, je ne pourrai pas m'occuper de votre dossier demain, car je suis en rendez-vous toute la journée. Mercredi ? Attendez, je regarde mon agenda... Non, ce n'est pas possible, je plaide à Toulouse. Jeudi ? Je plaide à Lille... Prenons rendez-vous pour vendredi à quinze heures, si vous voulez... Très bien, je vous attends vendredi.

Il raccroche, se tourne vers le visiteur, et demande d'un air affairé :

— Qu'est-ce qui vous amène, cher monsieur ?

— Je viens effectuer le branchement de votre téléphone...

***

B

BAIN

Penthouse d'un immeuble du quartier de La Défense... Clio Golddurand, célèbre actrice, est dans sa salle de bains... Elle est dans le plus simple appareil : nue. C'est une créature de rêve, elle entre dans son bain... Et là, crime de lèse-actrice, un laveur de carreaux la regarde... Estomaquée, elle ne dit rien puis se met à hurler, l'ouvrier pousse la fenêtre et lui dit :

— Et alors ? Vous n'avez jamais vu un laveur de carreaux.

***

Une petite fille assiste au bain de son frère :

— Maman, je veux ça, pourquoi j'en ai pas un, moi aussi !

— Parce que tu es une petite fille et ton frère un petit garçon !

— Ooouuin ! J'en veux un moi aussi !

Pour avoir la paix, la maman promet :

— Tu en auras un quand tu seras grande... si tu es sage.

— Et si je ne suis pas sage ?

— T'en auras plusieurs, ma chérie...

***

BAL

Un beau bal de sous-préfecture. Le jeune homme, boutonneux à souhait, danse avec la fille du notaire. Il y met tout son corps.

— J'adore danser ! confie-t-il à sa cavalière. J'ai le rythme dans le sang.

— Ah oui ? s'étonne la demoiselle. Alors, faites attention, vous devez avoir une mauvaise circulation.

***

Grand bal de l'école polytechnique... Tout Palaiseau est là... Une grande majorité d'étudiants boutonneux à lunettes arrivent en grande tenue pour danser... On a fait les choses en grand : le grand orchestre brésilien de Bèja Donnez est là... Mais pour l'instant le grand orchestre de quarante musiciens reste silencieux... Les invités arrivent de plus en plus nombreux : on en est à trois mille personnes... Bèja Donnez ne commence toujours pas... Un des organisateurs s'inquiète :

— Monsieur Donnez, pourquoi ne pas commencer ?

— J'attends mon principal collaborateur.

Et le flot de participants commencent à manifester son mécontentement... Bèja

Donnez ne bouge toujours pas... L'organisateur en chef va voir :

— Commencez, monsieur, votre orchestre est au complet !

— Non, il me manque mon principal collaborateur...

— Commencez où la foule va tout casser...

— Rien à faire tant que mon principal collaborateur ne sera pas là...

A cet instant même un petit bonhomme arrive en courant, se précipite sur Bèja Donnez et lui administre un gigantesque coup de pied au cul et Bèja Donnez dit :

— Oh... Sam-ba sam-ba sa-m-ba...

***

Un légionnaire tente, au cours d'un bal, de séduire une jeune fille. Il l'invite à danser et dès les premières mesures, il lui lance :

— Alors, chérie, on fait l'amour ensemble ?

Pour toute réponse, il reçoit une claque dans la figure. Un de ses copains s'approche de lui et lui lance :

— Tu n'y comprends rien. Les femmes, pour les séduire, il faut d'abord leur parler...

— Mais de quoi, lui demande le légionnaire ?

— De ta vie, des lieux que tu as connus... Tu te débrouilles !

— Ah bon. Le légionnaire invite une autre jeune fille à danser et dès les premières mesures lui lance :

— Vous connaissez l'Afrique ?

— Euh, non, murmure la jeune fille.

— Ah bon, fait le légionnaire. Alors, on fait l'amour ?

***

BALLON

Deux aéronautes dans leur ballon, sont perdus dans le brouillard. Dérivant depuis des heures dans le brouillard, ils commencent à désespérer de retrouver leur cap. Ils décident donc de faire perdre de l'altitude à leur montgolfière pour essayer coûte que coûte d'apercevoir le sol. Ils ouvrent la soupape du ballon, tant et si bien que celui-ci perd de l'altitude, jusqu'à ce qu'enfin, le sol apparaisse : des champs, à perte de vue. Ils errent encore, pendant des heures, jusqu'au moment où ils aperçoivent enfin un paysan en dessous d'eux. Ils l'appellent en criant de toutes leurs forces :

— Ohé, mon brave, où sommes-nous ?

Le paysan, pas du tout impressionné, répond :

— En ballon !

***

Ce grand joueur de football est vraiment un salaud.

— Pourquoi ?

— Il a plaqué sa femme juste quand elle avait le ballon...

***

BANDITS

Une bande de voyous arrête une voiture en pleine campagne et dévalise le couple de touristes qui s'y trouvait.

Ils volent, pillent et massacrent tout.

Puis, le chef de la bande dit à l'homme :

— Toi, va te mettre face à cet arbre et n'en bouge plus ou tu es un homme mort !

Et ils emmènent avec eux la femme. Deux heures plus tard, le chef revient et dit :

— Tiens, je te ramène ta femme, je n'en ai plus besoin. Je l'ai déshonorée.

Et il s'en va. La femme, furieuse, insulte son mari :

— Espèce de lâche ! Tu les as laissés faire ! Tu n'as même pas essayé de me défendre !

— Ma chérie, tu n'étais pas là, tu n'as rien pu voir mais quand j'étais devant l'arbre, je me suis retourné trois fois !

***

Deux hommes qui viennent de commettre un hold-up s'enfuient à toutes jambes. Tout d'un coup, l'un des bandits tombe dans un trou que les ouvriers de la chaussée avaient laissé ouvert.

— Vite, dépêche-toi. Sors-moi de là ! crie-t-il à son complice. Prends la corde qui nous a servi à escalader le mur de la banque !

L'autre lui lance la corde.

— Maintenant, tire !

Et son copain sort son revolver et tire.

***

Un truand arrive dans une prison qu'il ne connaît pas encore. Le directeur l'accueille en lui disant :

— Ici, c'est une prison modèle. Tout le confort et pour faciliter votre réinsertion dans la vie sociale, vous pouvez même apprendre un métier.

— Ah oui ?

— Ça vous intéresse ? Quel métier voulez-vous exercer ?

— Représentant de commerce.

***

Un bandit attaque un petit vieux dans la rue :

— Donne ton fric ou je t'envoie en enfer avec mon flingue.

Le petit vieux ne s'affole pas et lui dit :

— Vous pouvez toujours courir ! et il lui tire la langue.

Le bandit tombe et meurt sur le coup.

Vous voudriez peut-être savoir pourquoi ? C'est simple, le vieux monsieur avait la langue chargée...

***

Deux truands barvardent ensemble :

— Moi, j'ai horreur des fleurs, dit le premier.

— Moi, j'adore les fleurs, répond le second.

— Ah ? T'adores les fleurs ?

Le premier tire sur l'autre qui meurt aussitôt :

— Tiens, comme ça, tu en auras demain.

***

Deux truands se rencontrent.

— Qu'est-ce que tu deviens ? Il y a longtemps qu'on ne t'avait pas vu dans le secteur.

— C'est normal, j'étais en prison pour abus de confiance, attaque à main armée et détournement de fonds. J'ai été condamné à dix ans mais je n'en ai fait que deux parce que j'ai dénoncé mes complices.

— C'est pas vrai !

— Si ! Parole d'honneur !

***

Dans une prison américaine, on entend un prisonnier qui hurle. Un des gardiens s'adresse à son collègue :

— Qu'est-ce qui se passe ?

— Oh, c'est rien. C'est un condamné à mort qui passe sur la chaise électrique. Mais comme il y a une grève surprise des employés de l'électricité, on le finit à la bougie !

***

Un monsieur vient consulter une cartomancienne.

— Asseyez-vous, monsieur. Que désirez-vous savoir ? Vos chances en amour, vos espoirs en promotion, votre avenir ?

— Ce que je voudrais surtout que vous lisiez dans votre boule de cristal, c'est la combinaison du coffre-fort de la banque Dupont.

***

— Vous y croyez, vous, à l'efficacité des petites annonces ?

— Je pense bien !

— Vous me surprenez ! Vous en avez une preuve ?

— Oui. Hier, j'en ai publié une pour réclamer un veilleur de nuit. Eh bien ! La nuit suivante, j'ai été cambriolé.

***

Ce truand vient de se faire canarder par une bande rivale. Une douzaine de balles l'ont touché, il saigne de partout et ses tripes sont à l'air. Une vieille dame compatissante s'approche et lui dit :

— Mon Dieu, mon garçon, est-ce que vous avez mal ?

— Uniquement quand j'éternue, madame...

***

Dès mon premier hold-up, j'ai été dégoûté. Je suis entré dans la banque. J'ai crié « haut les mains ». Toutes les employées se sont exécutées... Horreur ! Elles avaient toutes du poil sous les bras !

***

BAR

Un homme entre dans un bar, se dirige vers le zinc et commande deux rhums : un dans un verre et l'autre dans un dé à coudre.

Le serveur habitué aux facéties de ses clients obéit. L'homme boit sont rhum et sort de la poche de son veston un homme de cinq centimètres qui va boire son rhum dans le dé et rentre dans la poche…

— Étonnant ! Commente le garçon… Incroyable, je n'ai jamais vu un être humain d'aussi petite taille ! Vous le connaissez depuis longtemps ?

— Pas mal de temps… C'était en Afrique noire…

— Je ne savais pas qu'en Afrique il y avait des tribus où les hommes sont aussi petits !

— Non, vous n'y êtes pas du tout… Je n'arrive pas à me rappeler le nom du village où je l'ai rencontré… Bobawa… Bouadwina… Badouwina… Balducci… Attendez je vais lui demander.

L'homme ressort de sa poche le petit homme, le pose sur le comptoir et lui demande :

— Dis-moi Paulo c'était dans quel bled que tu as traité le sorcier de cocu ?

***

Au Bar des Amis, vers sept heures du soir, tous les clients sont devant le zinc pour prendre le traditionnel apéro. Soudain, entre un homme de forte corpulence, visiblement pas du coin, extrêmement arrogant, avec un énorme barreau de chaise à la bouche…

Il écarte brutalement les gens qui sont sur son passage (même monsieur le maire), se dirige vers le comptoir et allume son énorme cigare à l'aide de la bougie qui se trouve là ! Puis, sans prononcer une parole rebouscule tout le monde et sort…

Le même scénario dure pendant une semaine… Le huitième jour, à la demande du maire qui en a assez d'être bousculé par un inconnu, le patron lui demande :

— Monsieur, pardonnez-moi, mais à qui ai-je l'honneur ?

— Comment cela « à qui ai-je l'honneur ». Vous ne me reconnaissez pas ? Cela fait une semaine que je viens ici chaque soir.

***

Bar du Commerce et des Sports réunis… Le patron discute avec sa serveuse, une jolie brune aux mœurs légères (Simone ? comment savez-vous qu'elle se nomme Simone ?…)

— Simone, que faites-vous mardi soir ?

— Je suis libre, patron… Minaude-t-elle ravie de la touche.

— Parfait, alors dormez de bonne heure, comme cela vous serez à l'heure mercredi.

***

Plein milieu de l'après-midi au bar de la Poste… Un consommateur entre et commande un ballon de rouge. A la grande surprise des autres clients, il boit le vin et mange le haut du verre à pied ! Il paye et s'en va en claironnant :

— A demain…

Un des consommateurs, sidéré, interroge le patron :

— Un cinglé complet ce type ?

— Pour sûr, il a laissé le meilleur.

***

Un barman est intrigué par l'un de ses clients qui vient chaque soir depuis quelques mois et commande deux gin dans deux verres différents… Alors, un jour il l'interroge sur cette curieuse habitude :

— C'est très simple, lui répond le client, mon frère et moi avions l'habitude de prendre l'apéritif ensemble. Puis, il est parti ouvrir un restaurant à Los Angeles… Alors j'ai gardé l'habitude de venir trinquer avec lui…

Et cela continue plusieurs mois… Un jour, il ne commande qu'un gin… Alors le barman inquiet lui demande :

— Il n'est rien arrivé à votre frère ?

— Non, mon frère va très bien, mais moi, je ne bois plus.

***

Sur la butte Montmartre… Un joyeux bar de la place du Tertre… Deux autruches s'approchent du comptoir et commandent deux jus de raisin. Le barman est sidéré : il en a vu, place du Tertre, mais deux autruches… Vient le moment de l'addition…

L'une des deux sort son porte-monnaie et règle…

Le barman, n'y tenant plus leur dit :

— C'est extraordinaire, deux autruches dans cet établissement… C'est vraiment la première fois !

— Au prix du jus de raisin chez vous, c'est aussi la dernière fois…

***

Un petit bar du dix-septième... On apporte un thé très chaud à une cliente très bon chic bon genre...

— Monsieur, s'il vous plaît, je n'ai pas de petite cuillère... Cela me paraît peu commode de tourner mon thé avec mon doigt... Aussitôt le serveur revient avec un deuxième thé qu'il pose à côté du premier :

— Ce thé-là est à peine chaud, vous ne vous brûlerez pas le doigt !

***

Un lion fonce vers le bar et commande un panaché... Le barman n'en revient pas :

— Incroyable... Un lion qui commande un panaché !

Le lion est furieux de cette remarque :

— Et vous, servez-moi mon panaché et sachez que j'ai un ami qui va chaque jour au bar d'à côté et personne ne lui fait rien remarquer.

Le kangougou qui buvait tranquillement en jouant du flipper dit au lion :

— Faut pas en vouloir au barman, il est nouveau et ne connaît pas le quartier et donc pas tous les clients...

***

Deux femmes sont en pleine conversation à la terrasse d'un bar...

— Quel siècle vivons-nous ! Regardez un peu ce garçon qui fait la queue à la boulangerie... On dirait une fille...

— Évidemment... C'est ma fille...

— Je suis désolée... Je ne pouvais pas le savoir... Vraiment, j'ignorais que vous étiez sa mère.

— Je ne suis pas sa mère, je suis son père.

***

Un joli petit bar dans un quartier de bureau... Un type entre, commande son apéritif favori et se met à jouer au flipper. Entre deux billes, il vide son verre. Rejoue une partie et revient vers le comptoir et retrouve son verre plein ! Il est étonné car il est certain de l'avoir vidé, mais deux verres ça va et hop ! Il refait une autre partie, entre deux billes revient vers le zinc et retrouve son verre plein ! Deux verres ça va mais trois... Bonjour... Il trouve cela anormal mais vide son verre et fait semblant de jouer au flipper en surveillant d'un œil ce qui se passe. Une minute après il voit le garçon remplir son verre :

— Et non ! Je n'ai rien commandé vous forcez un peu !

— Silence, répond le serveur, je quitte cette place demain.

***

— Un whisky ? demande-t-on à un dé à coudre.

— Volontiers ! Mais juste un doigt !

***

Un homme entre dans un bar en hurlant.

— Où est Jo ?

Un petit homme s'avance et dit : « C'est moi ! » Aussitôt, il se fait défoncer le visage à coups de poing par le premier monsieur qui s'en va aussitôt après. Les autres clients se précipitent vers le pauvre bougre et lancent.

— Dis donc, il t'a bien eu !

— Non, fait l'autre, c'est moi qui l'ai bien eu, car je ne m'appelle pas Jo !

***

Deux types, ivres morts, entrent dans un bar. Le premier s'écroule avant de parvenir à atteindre une table. Le second trouve la force de demander au barman :

— Un... double... whisky, s'il vous plaît...

— Et votre copain, interroge sournoisement l'employé, il ne prend rien ?

— Ah, lui, non... Rien... Parce que c'est lui qui conduit !

***

Deux hommes discutent dans un bar autour de leur cinquième bouteille de whisky.

— Dis donc, fait l'un. Qu'est-ce qu'elle dit ta femme quand tu rentres tard ?

— Je ne suis pas marié, répond l'autre, je n'ai pas de femme !

— Alors, réplique le premier, pourquoi tu rentres tard ?

***

Une femme entre dans un bar et tombe sur son mari.

— Je te retrouve toi ! Encore en train de boire comme un trou au lieu de chercher du travail !

— Mais chérie..., s'exclame l'homme.

La femme se précipite vers le verre de son mari et en goûte une gorgée qu'elle crache avec une moue de dégoût.

— Pouah, mais c'est très mauvais ce que tu bois là, hurle-t-elle.

— Tu vois, réplique l'homme, que je ne bois pas toujours pour mon plaisir !

***

Un barman s'étonne de voir que l'un de ses fidèles clients, alcoolique invétéré, se montre capable, après l'absorption d'une invraisemblable quantité de verres de whisky, de jouer au piano la deuxième Rhapsodie hongroise de Liszt.

— C'est extraordinaire, quelle virtuosité, lui lance-t-il. Mais dites-moi, quand vous êtes-vous mis au piano ?

Et l'homme de répondre.

— Oh, y'a bien des années... Exactement quand mon verre de whisky a commencé à tomber sans arrêt de mon violon !

***

Un homme rentre dans un bar et commande cinq litres de whisky qu'il boit d'un trait.

— Je voudrais trois litres, ajoute-t-il immédiatement. En quelques secondes, ils se trouvent avalés.

— Donnez-moi deux litres, lance-t-il aussitôt après.

La bouteille suit, dans son estomac, le même chemin.

— Un litre, je vous prie, demande-t-il. Puis avec la même régularité, il commande un demi-litre, un verre, un baby et enfin un doigt de whisky. Après l'avoir avalé, il lance entre deux hoquets.

— Je ne comprends pas ce qui m'arrive ! Moins je bois, plus je suis bourré !

***

Un client appelle le patron :

— C'est un scandale. Je vais porter plainte ! Regardez ! Il y a une mouche qui s'est noyée dans mon verre !

— Je suis désolé, monsieur. Mais, ici, nous n'avons pas les moyens d'équiper les mouches de gilets de sauvetage !

***

Nous sommes dans le bar le plus élégant de Chicago, pianiste qui joue en sourdine à la façon de Charlie Kuntz, tentures et boiseries forment le décor.

Un client entre et commande un cognac. Dès qu'il est servi une souris se précipite et trempe sa queue dans le verre et s'en va...

— Tiens, dit le type, drôle de coutume ici... C'est rigolo...

Et il commande un autre cognac... Même scénario, la souris arrive, trempe sa queue et s'en va...

— Alors une fois ça va, mais deux c'est beaucoup... J'ai le sens de l'humour mais il y a des limites...

Il commande un troisième cognac... Et la souris arrive, trempe sa queue et s'en va... Le quidam est hors de lui, il va voir le pianiste et lui dit :

— Vous connaissez la souris qui trempe sa queue dans le cognac ?

— Non, mais si vous me sifflez l'air je vous le joue tout de suite.

***

Un jeune homme entre dans un bar et offre la tournée générale :

— A boire pour tout le monde ! Il faut mettre de l'ambiance ! C'est sinistre, ici. Allez, pour vous aussi monsieur le patron. Buvez un coup. Qu'on s'amuse !

Tout le monde est ravi et boit un verre.

— Encore une tournée ! dit le jeune type.

Le patron ressert à boire à tout le monde sans s'oublier au passage. Puis, il annonce la note au joyeux luron qui s'exclame :

— Mais, ce n'est pas moi qui paye ! Vous êtes fou ! Moi, je mets de l'ambiance, ça suffit !

Alors le patron l'attrape par la manche et le fiche dehors avec un coup de pied au derrière en lui interdisant de jamais remettre les pieds dans son établissement.

Deux jours plus tard, le jeune homme revient dans le bar :

— Bonjour tout le monde ! Allez, de l'ambiance ! Une tournée générale, patron, s'il vous plaît, mais pas pour vous parce que je me souviens, quand vous avez bu, vous devenez méchant !

***

Un monsieur est assis à la terrasse d'un café et boit une bière. Une irrésistible envie de faire pipi le prend et, pour que personne ne boive sa bière pendant qu'il descend aux toilettes, il met un morceau de carton sur son verre avec ces mots : « Cette bière appartient au champion du monde de catch. »

Quand il revient quelques instants plus tard, il trouve un autre mot sur son verre vide. « Cette bière a été bue par le champion du monde de course à pied. »

***

— Garçon, s'il vous plaît !

— Oui, monsieur.

— Vous avez du café froid ?

— Mais oui, monsieur.

— Bon, alors, faites-m'en réchauffer une tasse !

***

Un homme arrive au bar :

— Garçon, un ballon !

— Où ça, monsieur ?

***

Un monsieur quelque peu pointilleux apostrophe le barman :

— Votre bar est très mal tenu.

— Pourquoi dites-vous ça, monsieur ?

— Vous laissez entrer les chats.

— Je ne vois pas de chats, monsieur.

— Et celui-là qui entre en me fixant avec ses gros yeux ?

— Pardonnez-moi, monsieur mais ce chat n'entre pas, il sort !

***

Un monsieur pénètre dans un bar très chic et commande :

— Garçon, un monocle !

— Excusez-moi, monsieur. Un monocle ?

— Oui, un monocle. Il faudrait apprendre votre métier, jeune homme ! Un monocle, c'est un coktail.

— Excusez-moi, monsieur. Je ne connaissais pas. Et ça se prépare comment ?

— C'est simple : c'est un whisky avec des glaçons et de l'eau plate.

— Très bien, monsieur. Désormais je saurai ce que c'est qu'un monocle. Je vous apporte ça tout de suite.

Le garçon apporte la boisson au client. Celui-ci termine tranquillement son verre, se lève et s'apprête à sortir.

— Monsieur, s'il vous plaît ! Vous n'avez pas réglé !

— C'est vrai, mais j'ai oublié de vous dire qu'un monocle, c'est un verre à l'œil !

***

Un monsieur qui n'a pas l'habitude de fréquenter les bars, commande un demi, paye et s'en va. La serveuse, en débarrassant, s'aperçoit que le petit carré en carton qui était sous le verre a disparu.

Le lendemain, le même monsieur revient et commande un ballon de rouge. Quand on le lui sert, il s'étonne :

— Et le biscuit qui va avec ?

***

Un consommateur appelle le garçon et lui montre son verre à moitié vide :

— Dites-moi, vous m'avez bien servi un whisky-soda ?

— Oui, monsieur.

— Et vous avez versé quoi en premier ?

— Le whisky, monsieur.

— Ah, bien, merci. C'est donc que je ne vais pas tarder à rencontrer le whisky.

***

BATEAU

Dans la mer du Nord, une équipe de scaphandriers est en train de travailler à la réfection d'un pylone endommagé. A la surface, une énorme tempête fait rage. Le bateau qui accompagne les hommes-grenouilles tangue dangereusement. Soudain, le capitaine envoie un message aux techniciens qui, sous l'eau, ne se doutent de rien :

— Remontez vite, nous coulons !

***

Un paquebot vogue tranquillement dans la mer du Labrador, près du Groenland.

Un passager s'inquiète auprès d'un marin :

— Tout se passe bien ?

— Oh ! oui ! Ne vous inquiétez pas ! Le capitaine, ça fait des années qu'il fait le même trajet. Il connaît tous les icebergs.

A ce moment-là, un grand choc se produit, la coque se fend en deux et le bateau commence à couler.

— Vous voyez, dit le marin. En voilà justement un...

***

Le bateau de croisière entre dans le port et les passagers entendent alors la voix du capitaine :

— Que tout le monde finisse son courrier en vitesse ! Je vais jeter l'ancre...

***

Un couple est en train de faire une croisière sur un bateau et le monsieur supporte mal le voyage : il a le mal de mer. Par contre, sa femme, elle, est en pleine forme et ne veut rien rater de son voyage.

— Oh, regarde, chéri, dit-elle à son mari écroulé dans une chaise longue sur le pont, toutes ces mouettes qui volent audessus de nous !

— ...

— Oh, regarde, chéri, il y a des dauphins qui suivent le bateau !

— ...

— Oh, regarde, chéri, d'ici, on voit la côte. C'est magnifique !

— ...

— Oh, regarde, chéri, il y a un autre bateau qui passe !

— Oh, écoute, dit péniblement le mari, ne me dérange plus pour rien ! Ne m'appelle que si tu vois passer un taxi !

***

A bord d'un paquebot de grand luxe, un passager a fait venir le plombier du bateau car il a des problèmes avec sa baignoire. Le marin regarde partout et finit par conclure :

— Ce n'est pas une fuite, c'est le bateau qui coule.

***

Un bateau est en difficulté au milieu d'une tempête. Le capitaine réunit tous ses hommes et leur dit :

— Je ne vous cache pas que tout va très mal. Nous allons être obligés d'abandonner le navire. Y a-t-il parmi vous, un homme qui soit assez croyant pour faire une prière à Dieu ?

— Oui, moi.

— Bon, alors, vous, vous restez sur le bateau. Les autres, vous mettez un gilet de sauvetage et vous sautez dans la barque. De toute façon, il manquait un gilet.

***

« J'ai deux nouvelles pour vous, dit le chef de la galère aux galériens. La première est une bonne nouvelle : vous aurez congé demain toute la journée. La seconde est une mauvaise nouvelle : après-demain, le capitaine a décidé de faire du ski nautique. »

***

On amène au commandant d'un paquebot de croisière, un homme qui n'a pas de billet.

— Je ne suis pas du tout un passager clandestin, monsieur le commandant, dit l'homme. Je vais vous expliquer, c'est très simple. En fait, j'étais venu accompagner un ami et c'est pour cela que je suis monté à bord !

— Et où est-il cet ami ? demande le commandant.

— Sur le quai du Havre. Il me cherche.

***

BÉBÉ

Un jour d'orage où la pluie tombe à verse, une jeune femme qui vient d'avoir un bébé promène le landau dans le square du quartier. Elle rencontre une amie qui se précipite vers elle et regarde à l'intérieur du landau.

— Mais, s'exclame-t-elle, ton bébé est en celluloïd ?

Et la jeune maman de répondre :

— Tu ne crois tout de même pas que j'allais sortir un nouveau-né par ce temps-là...

***

Dans un parc, deux baby-sitters se rencontrent durant la promenade et elles continuent de pousser leurs landaus respectifs tout en papotant. Les bébés en profitent pour faire la même chose.

— Bonjour, je m'appelle François. Et toi ?

— Bonjour, moi je m'appelle Danielle.

— Mais, tu es un garçon ou une fille ?
— Ben, je sais pas.
— Attends, je vais te le dire, moi. Soulève un peu tes couvertures... Eh bien, tu es une fille.
— Comment tu sais ça, toi ?
— Ben, c'est parce que tu as des chaussons roses !

***

Un monsieur, tout ému, revient chez lui avec un paquet sous le bras : il vient d'acheter une adorable petite brassière. Il rentre dans son appartement et croise dans l'entrée un homme complètement nu qui s'engouffre dans la salle de bains. Le monsieur se précipite dans la cuisine où sa femme est en train de préparer le déjeuner :
— Chérie ! Quand tu m'as annoncé que nous allions être trois, tu aurais pu être un peu plus explicative !

***

Une dame, très douce, attend un bébé, et est en train de tricoter une brassière. Quand son mari rentre le soir, il lui dit :
— Qu'est-ce que tu tricotes ?
— Une brassière pour le petit, répond la dame en chuchotant.
— C'est très joli.
— Oui, mais ne parle pas si fort.
— Pourquoi ?
— Je veux lui faire la surprise.

***

Bébé vient de voir le jour (si l'on peut dire, car il est né à deux heures du matin). Signe particulier : il se marre ! Curieux pour un nouveau-né, mais c'est comme ça ! Il se fend la pêche comme une baleine. On se demande bien pourquoi... L'accoucheur, intrigué, s'aperçoit que tout en se dilatant la rate, le bébé tient solidement un poing fermé... Il le lui ouvre et découvre alors une pilule...

***

Marie-Chantal se prépare à aller en soirée quand son amie qui doit garder le bébé l'appelle au secours :
— Marie-Chantal, venez vite, le bébé est en train de se noyer dans son bain !
— Mais ma chère, sortez-le vite...
— Impossible, darling, l'eau est beaucoup trop chaude !

***

Une jeune épouse arrive dans le salon, affolée : chéri, le bébé est en train de manger le journal !
— Laisse, lui répond son époux, c'est celui d'hier...

***

BÈGUE

Au moment où le train ralentit pour entrer en gare, un voyageur s'adresse à un monsieur et lui demande :
— Pa-pa-pa-pardon, mon-monsieur. Est-est-est-ce que-que-que c'est la ga-ga-gare de Bo-Bo-Bordeaux ?
L'autre ne répond pas et continue à regarder par la fenêtre. Le bègue réitère sa demande :
— Pa-pa-pardon, c'est Bo-Bo-Bordeaux ?
L'autre ne répond toujours pas. Le train s'arrête et on entend au haut-parleur : « Bordeaux. Bordeaux. Trois minutes d'arrêt. »
Le voyageur attrape sa valise et descend en quatrième vitesse.
Un autre voyageur resté dans le train et qui a assisté à toute la scène, s'adresse à celui qui n'avait pas répondu :
— Ce n'est pas très gentil. Pourquoi n'avez-vous pas répondu à ce monsieur ?
— J'a-j'a-j'avais pas-pas-pas le temps et en-en-en plus, il m'au-m'au-m'aurait ca-ca-cassé la figu-gu-gure.

***

Sur un bateau de corsaires, tout l'équipage est bègue. Ne demandez pas pourquoi, c'est comme ça ! Un jour, le matelot posté à la vigie annonce :
— Ca-ca-capitai-taine ! Un ba-bateau ennemi-mi à bi-bi-bibord ! Non ! A tri-tri-tribord-bord !
— Aux-aux a-a-a-armes ! crie le capitaine.
Tout le monde se précipite à son poste et les canoniers attendent l'ordre de tirer.
— Fa-fa-fa, non, fi-fi-fi, non FEU !
Et les canons font :
— Bou-bou-boum !

***

Un monsieur demande à un passant :

— S'il vous plaît, monsieur, pour aller à la Concorde ?

— Vouvou... Vous prenez lalala premièmiè... re à droi-oi-te. Vouvouvou... Vous conconcon... continununu... tinuez toutoutou droit. Et c'est lalala deudeu... deuxième à gaugaugau... gauche.

— Je vous remercie. Et ça fait loin à pied ?

— Nonnonnon... Non. Si jeje... je ne bébébé... bégayais paspas, vouvouvou... Vous seriririez déjà arararr... ivé !

***

Un bègue pénètre dans un magasin d'oiseaux spécialisé dans les perroquets :

— Bonbon... bonjour, monmonmon... monsieur. Jejeje... je vouvou... voudrais un pepepepe..., enenenfin, un oioioi... oiseau, vouvouvou... vous sasasa... savez... quiquiqui...

Au bout d'un moment, le vendeur, excédé, lui dit :

— Écoutez, mon vieux, si vous continuez comme ça, vous allez gâcher ma marchandise.

***

Un bègue a suivi les conseil d'un ami et est allé prendre des cours de diction. Quinze jours après, les deux copains se rencontrent :

— Alors, ces cours de diction, ça marche ?

— Quels sont ces serpents qui sifflent sur nos têtes ?

Le copain n'en revient pas :

— Mais c'est formidable ! Tu n'as plus aucun problème ! Tu es content ?

— Ououououi... Mais, c'est uu... uuu... une phrase dididi... diffi... diffiffi... difficile à plaplapla... placer dans lalala... la conververver... conversation...

***

Un monsieur rentre chez lui à quatre heures du matin. Il essaye de ne pas faire de bruit pour ne pas réveiller sa femme, enlève ses chaussures, se déshabille précautionneusement et au moment où il se glisse dans le lit, sa femme lui dit :

— Tu ne vas tout de même pas me faire croire que ta réunion avec ton directeur au bureau a duré jusqu'à quatre heures du matin !

— Mais si, ma chérie, je t'assure. Mais j'avais oublié de te dire : mon directeur est bègue...

***

Petite annonce matrimoniale :

« Homme bègue, cherche compagne sourde. »

***

Deux vieux potes, un bègue et un bossu, décident de se faire photographier ensemble. C'est beau l'amitié.

— Surtout, dit le bossu au bègue, ne parle pas pendant la pause, sinon la photo sera floue.

— Et toi, répond le bègue au bossu, te mets pas de profil. On pourrait pas fermer l'album.

***

BELGE

Il paraît qu'actuellement des Wallons achètent toutes les propriétés de Camargue. Pour pouvoir chasser le flamant...

***

Bruxelles, un bel appartement... Un couple regarde la télévision en mangeant des frites et en buvant de la bière.

— Dis-moi, chéri, une fois, l'appartement aurait besoin d'être refait...

— Allez, je suis d'accord avec toi...

— Tu devrais refaire les papiers. Le voisin du troisième Léon Van de Putte a tout refait, va le voir il saura te dire comment faire.

Notre Belge va voir le gros Léon (vous connaissez des belges maigres ?).

— Dis-moi Léon, une fois, combien de rouleaux pour refaire ton appartement ?

— Gus, il faut acheter quarante-quatre rouleaux.

Gus va donc chercher quarante-quatre rouleaux et refait son appartement. Une fois son travail terminé il lui reste devant lui quatre rouleaux.

— Ça c'est bizarre, une fois, je vais aller demander à Léon.

Il monte donc chez son voisin et lui dit :

— Écoute voir, j'ai tapissé tout mon appartement les petits coins, tout, et il me reste quatre rouleaux, alors comme tu as la même surface que moi, je viens voir...

— Gus, il me reste aussi quatre rouleaux.

***

Bruxelles, ministère de la Guerre...

— Allô, le ministère de la Guerre du Luxembourg, pourrai je parler au ministre... C'est vous, cher ami, ici votre homologue de Belgique... Dites-moi, j'ai un problème...

— Puis-je vous aider ?

— Certainement, une fois, j'ai un grand défilé et il me manque des avions de chasse...

— Je vais vous en prêter, il vous en faut un ?

— C'est que j'avais pensé...

— Vous voulez deux avions ?

— Monsieur le Ministre, je souhaiterais...

— Ah ! Vous voulez les trois ?

***

Wames, joli petit village de Belgique... Nous sommes dans une ferme où règne une grande agitation... Pensez, ma brave dame, c'est la communion du petit Léon demain... On frappe à la porte : c'est le curé, le père Van de Putte :

— Madame Broukére, je suis navré, une fois, mais Léon demain ne fera pas sa communion ; il ne sait rien du catéchisme, il ne fait que des bêtises pendant les leçons ! Pas question de communion demain pour lui.

— Mais monsieur le curé, nous avons prévu un grand repas de famille avec des moules et des frites...

— Non, madame Broukére... Léon est ignorant. Tenez, il ne sait même pas de quoi le Christ est mort !

— Alors là, monsieur le curé, c'est pas de sa faute. Ici, nous n'avons pas la télévision, nous ne lisons pas les journaux, nous ne parlons pas avec les voisins et moi-même je ne savais pas qu'il avait été souffrant le Christ une fois !

***

Ce Belge va consulter son toubib pour des douleurs intestinales.

— Bonjour, docteur, je viens vous vouère pour des maux de ventre, terribles, une fois !

Le médecin l'ausculte et lui dit :

— Ce n'est pas grand-chose : il vous faut prendre, chaque jour, un verre de lait et un bain chaud. Et dans quelque temps vous ne souffrirez plus.

Quinze jours passent et le même malade revient :

— Mon traitement ne vous a rien fait ? s'inquiète le praticien.

— Docteur, le lait cela allait, mais alors boire le bain entier ça je n'ai pas pu le faire !

***

Savez-vous pourquoi les Belges passent la frontière française avec des passe-montagnes ?

— Eh bien c'est depuis qu'ils voient sur les autoroutes aux stations-service le panneau —17.

***

Deux Bruxellois très prudents sont en pleine conversation devant un arrêt de tramway.

— Gus va vouère une fois le contrôleur si le tram quarante-six arrive rapidement.

Gus s'approche du contrôleur et revient vers Léon :

— Il est très sympathique cet employé, il m'a dit que le quarante et six serait là dans douze minutes !

— C'est parfait. Demande-lui, une fois, quand le septante-deux passera.

Gus retourne vers le contrôleur et revient avec la précieuse information.

— Léon, le septante-deux sera ici dans vingt minutes.

— Parfait ! Alors on va pouvouère traverser.

***

Un couple de Belges d'une quarantaine d'années se rend chez un professeur de russe de Bruxelles :

— Bonsouère Monsieur Van de Boudernef, nous souhaiterions mon épouse et moi-même apprendre le russe.

— Écoutez, cela me paraît possible, mais vous savez, une fois, c'est une langue très difficile avec une écriture particulière... Et à votre âge... Ce n'est pas évident...

— Cela n'est pas grave. Nous devons absolument savouère le russe.

Le professeur Van de Boudernef est très intrigué par ces deux nouveaux élèves...

— Mais pourquoi donc, si ce n'est pas trop indiscret juste une fois ?

— Nous venons, mon épouse et moi-même, d'adopter un petit Russe de seize mois et il va bientôt commencer à parler... Alors, il faudra comprendre ce qu'il va nous dire !

***

Une dame belge est arrêtée pour évasion de capitaux.

— Mais enfin, je n'ai rien sur moi, proteste-t-elle auprès du douanier !

— Et alors, qu'est-ce que j'ai entendu quand votre mari vous a dit au revoir... est-ce qu'il n'a pas dit : Adieu, mon trésor ?

***

Savez-vous pourquoi l'air est si pur dans la campagne belge ?

Rien de plus facile. Parce que les paysans belges dorment la fenêtre fermée...

***

Comment vérifie-t-on la pression des pneus dans un garage belge ?

On enfonce un clou dedans. Si le pneu met moins de 10 secondes à se dégonfler, ça veut dire que la pression était insuffisante.

***

Deux touristes belges se rendent en Italie. L'un d'entre eux, exaspéré de ne voir que des ruines, demande à son ami alors qu'ils sont face au Colisée :

— Franchement, tu crois que c'est l'usure du temps, ou bien c'est nous ?

***

Un Belge arrive dans un hôtel et se met à remplir une fiche. Il écrit son nom, prénom, adresse, mais devant la question : « sexe » prend un air un peu étonné, puis, docile, écrit : « blond ».

***

Pourquoi les scaphandriers belges ne sont pas opérationnels ? Parce que dès qu'ils sont au fond, prêts à entamer leur travail, ils ne peuvent s'empêcher d'essayer de cracher dans leurs mains et ils n'y voient plus rien...

***

Deux Belges vont assister à un petit concert intime.

En rentrant chez eux, l'un d'entre eux confie : « Tu vois, à Paris, la crise du logement est une réalité. Ils en sont au point où ils doivent se mettre à deux pour jouer au piano. »

***

A quel détail un Belge se rend-il compte qu'il se trouve dans un ascenseur avec un éléphant ?

— A l'haleine de son voisin qui sent la cacahuète !

***

Un Français se promène dans la campagne belge et découvre une, puis plusieurs vaches avec les quatre fers en l'air. Il ne comprend pas et interroge un paysan.

« C'est pourtant simple, répond ce dernier. En ce moment, chez nous, il y a grève des trains. Alors les vaches regardent passer les avions ! »

***

Deux Belges attendent à la porte d'une maternité. La sage-femme entre et s'adresse à l'un des Belges.

— C'est un garçon monsieur !

L'autre Belge se dresse alors brusquement et lance :

— Ah pardon, mademoiselle, il est pour moi, j'étais là avant monsieur !

***

Deux Belges se présentent au guichet de l'Opéra et demandent :

— Deux billets pour Tristan et Iseult, s'il vous plaît.

— Deux billets pour Tristan, dit l'employé du guichet en encaissant l'argent...

— Euh, monsieur, on voudrait bien aussi voir Iseult, bredouillent les Belges...

***

On a voulu pendre un condamné à mort en Belgique. Hélas pour la justice et tant mieux pour le condamné : la corde était trop longue. Toutefois, il s'est cassé les deux jambes !

***

Pourquoi un singe ne peut-il pas grimper dans un arbre où se trouve déjà un Belge ?

Rien de plus facile. Parce que cela constituerait un cas de violation de domicile !

***

Un Belge demande à une hôtesse dans un aéroport.

— Combien de temps faut-il compter pour le vol Paris-Beyrouth ?

— Un instant, réplique l'hôtesse.

— Merci, répond le Belge.

***

Les médecins belges viennent de se mettre en grève pour une durée indéterminée : les malades reprennent espoir...

***

Les femmes belges ressemblent à du papier buvard. Elles retiennent tout mais à l'envers...

***

Deux Belges visitent le musée du Louvre. L'un d'entre eux tombe en arrêt devant une momie égyptienne :

— Pourquoi ont-ils écrit 2040 AV JC, demande-t-il a son ami ?

— Réfléchis un peu, voyons, c'est le numéro de la voiture qui l'a écrasé.

***

En Belgique, les gendarmes de la route peuvent verbaliser très sévèrement un automobiliste qui n'aurait pas mis sa ceinture de sécurité. Et tout en lui collant une contravention salée, ils lui expliquent qu'il aurait mieux valu qu'il n'ait pas du tout de ceinture de sécurité, mais qu'au moins elle soit bouclée...

***

Un Belge, en visite touristique à Paris, sacrifie à la traditionnelle journée au Louvre.

Au détour d'un couloir tapissé d'œuvres d'art, le voilà qui découvre soudain la Vénus de Milo. De toute la splendeur de sa beauté ancestrale, elle le domine. Alors le Belge, bouche bée :

— Il va décidément falloir que j'arrête de me ronger les ongles.

***

Comment appelle-t-on des Belges qui possèdent un Q.I. de 180 ?

Rien de plus facile. Un village...

***

Un Belge vient d'acheter une ferme de plain-pied, trois cents mètres carrés au sol, avec terrasse en dallage donnant sur piscine, patio, et toutes les surfaces vitrées équipées d'un système d'alarme ultra perfectionné...

Bref, il n'y manque plus que l'ascenseur...

***

Un pâtissier belge se lamente auprès d'une ménagère :

— Pour la Noël, et pour faire plaisir à mes clients, j'ai mis mille et une feuilles dans chacun de mes mille-feuilles. Eh bien pas un seul de ces ingrats n'a remarqué ! Puisque c'est cela, pour le jour de l'An je n'en mettrai plus que neuf cent quatre-vingt-dix-neuf !

***

On imagine aisément quel mauvais temps sévit en permanence sur le plat pays de Belgique, mais cet état de choses devient frappant lorsque l'on visite le musée de Bruxelles :

Tous les nus, peints par les artistes belges au cours des siècles, portent invariablement une paire de bottes et un ciré jaune. Avouez que le fait est troublant...

***

Un Belge se suicide d'une balle dans la tête. Le lendemain, le journal local commente l'événement :

— Nous devons des félicitations posthumes au défunt : il a visé directement la cervelle, et Dieu sait que la cible était petite !

***

Un Belge et un chimpanzé sont envoyés en mission dans l'espace. Comme leur mission est militaire, ils ne connaissent pas leurs instructions, qui sont écrites sous pli fermé, à consulter après décollage.

Quand le Belge ouvre l'enveloppe, il lit simplement :

— Nourrir le chimpanzé deux fois par jour.

***

Un Belge lit sur son programme de théâtre, pendant un entracte :

— Second acte : une semaine plus tard...

Alors, il rentre chez lui et s'endort en se disant : « Il ne faut pas que j'oublie d'y retourner la semaine prochaine... »

***

Ce Belge-là est très consciencieux. Quand il pleut, il n'oublie pas de mettre son imperméable pour aller arroser son gazon !

***

Un Belge fait des projets d'avenir avec sa fiancée.

— Nous aurons quatre enfants !

— Pourquoi quatre ? demande la fiancée.

— Parce que j'ai lu dans le journal qu'un enfant sur cinq est chinois, et que je suis raciste !

***

Un Belge va acheter un guide pour construire soi-même une cabane de jardinage :

— Avec ce guide pratique, le travail est déjà fait à moitié ! lui dit le vendeur.

— Ah, bon ! Le Belge réfléchit un moment, et ordonne :

— Alors, donnez-m'en deux !

***

Un Belge ouvrier dans un chantier prend sa pause-repas et s'assoit sur une caisse marquée : nitroglycérine.

— Ouf, maintenant je vais me faire chauffer mes petites patates...

***

Deux Belges se rencontrent :

— Dis, j'ai une devinette pour toi : qu'est-ce qui est rouge, tourne dans un bocal, et fait des bulles ?

— Un poisson rouge !

— Ah bon, tu la connaissais ?

***

Deux vieillards belges se rencontrent :

— Tiens, je te parie un truc : je vais mordre mon œil droit !

— Impossible !

Et le premier petit vieux sort son œil de verre, et le mord.

— Moi je te parie que j'en fais autant... dit l'autre.

— Impossible !

Alors il sort son dentier et se le fiche dans l'œil...

***

Dans un bar belge, un malabar entre, roule les mécaniques, et, l'œil mauvais, demande :

— Qui c'est qui s'appelle Bébert, ici ?

— Moi ! crie un petit gabarit.

Alors il se fait tabasser pendant un quart d'heure et, au moment où le malabar fait mine de se calmer et s'éloigne, on entend le petit Belge tout sanguinolent :

— Ah, je l'ai bien eu ! Je m'appelle pas Bébert du tout !

***

Combien de Belges faut-il pour gagner un jeu radiophonique ?

Huit. Un pour trouver la réponse, et sept pour composer le numéro de téléphone...

***

Un Belge a décidé de sortir et va voir « Cyrano de Bergerac » au théâtre de Bruxelles.

En sortant de la représentation, il dit à sa femme en faisant une petite grimace :

— C'était pas mal, cette pièce, mais il y avait quand même beaucoup trop de citations.

***

Un Belge descend à l'hôtel et, au milieu de la nuit, vient trouver le veilleur :

— Donnez-moi un verre d'eau !

Cinq minutes après, il fait à nouveau irruption dans le hall de l'hôtel :

— Donnez-moi encore un verre d'eau !

Au bout d'un quart d'heure de ce manège, le veilleur s'inquiète et demande ce qui se passe :

— Oh, ce n'est rien, j'ai mis le feu à mon lit en fumant une cigarette...

***

Pourquoi les Belges ne mangent-ils jamais de cornichons ?

— Rien de plus facile. Parce qu'ils ne parviennent pas à rentrer leur tête dans le bocal !

***

Deux Belges voient passer un avion au-dessus de leur tête.

— Tu vois, fais l'un, cet appareil c'est celui de Baudoin, notre roi.

— Ça m'étonnerait, fait l'autre. Si c'était lui, il y aurait de chaque côté de l'appareil deux motards pour l'escorter.

***

Deux Belges se mêlent à une chasse au sanglier dans les Ardennes françaises. Coup de chance, ils abattent une bête du premier coup et tandis que les autres chasseurs français se lancent à la poursuite d'autres proies, ils restent à côté de leur victime. Quelques instants plus tard, les Français reviennent et trouvent les Belges dans une curieuse posture, en train de tirer l'animal dans le mauvais sens.

— Mais ce n'est pas comme cela qu'il faut faire, s'exclament-ils. Il faut prendre le sanglier dans le sens du poil et non à rebrousse-poil.

Ils reprennent leur chasse et retrouvent les Belges plus tard. Ils ont, cette fois-ci, bien progressé.

— Eh bien, comme ça vous avez avancé !

— Effectivement, répliquent les Belges. Mais nous nous sommes éloignés de notre voiture de deux kilomètres !

***

Un groupe de touristes belges visitent en Afrique une réserve de crocodiles. Il est midi, le soleil est particulièrement chaud et les terribles animaux sont amorphes.

— Ça est un scandale, s'exclame une Bruxelloise. Ces bêtes sont de pacotille, de bois, elles n'ont rien de féroce. Je vais exiger le remboursement de mon voyage par la compagnie.

— Mais non, ils ne sont pas de bois, ajoute son mari. Ils se reposent tout simplement. Tiens, regarde...

Le Belge prend un énorme caillou, vise le crocodile qui, touché, se met à bondir gueule ouverte en direction des touristes qui, en bloc, se réfugient au sommet des premiers arbres venus. L'un des Belges pourtant ne bouge pas malgré les appels de ses compatriotes.

— Viens nous rejoindre, lancent-ils, sinon les crocodiles vont te manger !

— Doucement, répond le Belge, je n'ai rien à voir avec tout cela, hein. Ce n'est pas moi qui ai lancé le caillou...

***

Un Belge croise dans une grande ville de France un acteur très célèbre. Il l'arrête net

— Oh mais je vous reconnais... Mais dites-moi, dans quelle pièce jouez-vous ?

— Actuellement, dans « Le Cid » lui répond le comédien.

— Oh alors, vous êtes très en retard dans cette ville, réplique le Belge. J'ai vu cette pièce à Bruxelles il y a 5 ans !

***

Un Belge arrive à la gare du Nord et s'adresse au guichet.

— Monsieur le Préposé, je voudrais un billet Paris-Bruxelles, s'il vous plaît.

— C'est 300 F, répond l'employé.

— Pardon monsieur le Préposé, réplique le Belge, je vous le prends à 250 F.

— Écoutez, lance l'employé, je ne suis pas là pour plaisanter. C'est 300 F, un point c'est tout.

— Et alors, rétorque le Belge, vous n'êtes pas le plus fort. Si vous n'acceptez pas mon offre, il y a d'autres guichets ici !

***

Le professeur Barnard vient de tenter une nouvelle « première ». Il a greffé un cœur flamand à un Wallon. Malheureusement l'opération a échoué. Le cœur a rejeté le Wallon...

***

Le Soldat inconnu qui se trouve à Bruxelles est-il flamand ou wallon ?

— C'est évident. Il est flamand. Sans cela il serait déjà officier !

***

Quelle est la différence entre une Flamande et une paire de pantoufles ?

Rien de plus facile. Il n'y en a pas ! On est bien quand on est dedans. Mais pas question de sortir avec...

***

Un peu d'histoire :

1641 avant J.-C. : les Belges inventent les sièges pour les toilettes.

1741 après J.-C. : Les Français ajoutent le trou.

***

Qu'est-ce qu'une lesbienne belge ?

Rien de plus simple. C'est une femme qui préfère les hommes...

***

Un monsieur entre dans un restaurant cannibale et consulte le menu : « Anglais rôti : 20 F, Allemand rôti : 20 F, Chinois rôti : 20 F, Belge rôti : 800 F. »

— Tiens, comment se fait-il que le Belge soit aussi cher ? demande-t-il au garçon.

— Très simple, lui répond celui-ci. C'est qu'il nous faut beaucoup plus de temps pour le nettoyer !

***

Deux Belges, un Wallon et un Flamand, ouvrent en même temps et de chaque côté de la rue un restaurant. Immédiatement le Wallon pose une plaque sur la porte sur laquelle se trouve inscrit :

« Ici on parle français. »

Le lendemain, le Flamand affiche à son tour l'inscription suivante.

« Ici on ne parle pas, on travaille ! »

***

Un Belge se rend chez un charcutier.

— Je voudrais une tranche de jambon, demande-t-il.

Le commerçant se dirige vers sa machine et s'exécute.

— Encore une, ajoute le Belge.

Le commerçant s'exécute encore.

— Encore une, lance le Belge, encore une, encore une, encore une, encore une, encore une... encore une, encore une... Stop, je prendrai celle-là !

***

Deux Belges s'interrogent dans un train.

— Je n'aurais jamais cru que ce tunnel soit aussi long, lance l'un d'eux.

— C'est normal, lui réplique l'autre. C'est parce que nous sommes dans le dernier wagon.

***

Savez-vous pourquoi les Belges marchent en permanence sur les tuyaux d'arrosage ?

Tout simplement pour obtenir de l'eau plate...

***

Pendant une course à Indianapolis un pilote belge a établi un record pas comme les autres : il s'est arrêté soixante-deux fois pendant la course à son stand : quatre pour le plein d'essence, trois pour changer les pneus, deux pour changer les freins et cinquante-trois pour demander son chemin...

***

Un policier belge rencontre un pingouin qui se promène tranquillement dans les rues. Il l'attrape, l'amène au commissariat où tout le monde s'étonne et s'exclame :

— Mais qu'est-ce qu'il fait, ce pingouin, tout seul dans la ville ?

Le commissaire prend les choses en main et demande au policier :

— Vous allez l'amener au zoo, et immédiatement !

— Bien chef !

Les heures passent, et le policier ne revient pas. Le commissaire, inquiet, sort et cherche son policier.

Il le rencontre enfin, tenant toujours son pingouin par le bout de l'aile et lui dit :

— Alors, pourquoi ne l'avez-vous pas porté au zoo ?

— Ah mais si, répond le représentant de l'ordre, on est allé au zoo, et maintenant je l'amène au cinéma !

***

Savez-vous ce qu'il y a d'inscrit sur le cul des bouteilles belges ?
« Ouvrir de l'autre côté ! »

***

Si un Belge voulait, pour une raison quelconque, se dissimuler dans un groupe de charmeurs de serpents, il serait inévitablement démasqué. Ce serait le seul à souffler dans le serpent.

***

Aux États-Unis a lieu un grand concours du meilleur pilote d'aviation. Bien sûr, la Belgique participe et a envoyé son meilleur représentant. A son retour, son club d'aviation lui demande :

— Alors, comment ça s'est passé ?

— Très mal.

— Comment ça, très mal ?

— Oui, je me suis écrasé sur la piste à l'atterrissage.

— Mais comment avez-vous fait ?

— C'est à cause de la piste. Je n'ai pas l'habitude des pistes américaines. Elle avait trois kilomètres de large mais seulement cinquante mètres de long !

***

Savez-vous ce qu'il y a d'inscrit en haut des échelles de pompiers en Belgique ?... STOP.

***

Un château fort belge, au Moyen Age, est attaqué par des ennemis. Ces derniers commencent à hisser des échelles le long des murailles de l'enceinte fortifiée. En haut, c'est la panique. Les ordres fusent de partout :

— Vite ! L'huile bouillante ! Préparez l'huile bouillante !

Une petite voix tranquille répond aussitôt :

— Ça vient ! Ça vient ! Attendez qu'on enlève les frites !

***

Pourquoi les Belges vont à la messe avec des boules Quiès ?

Parce que Jésus Crie.

***

Quelle est la version Belge de la roulette russe ?

Un cornet de frites et un haricot vert.

***

BELLE-MÈRE

Ma belle-mère est salement tenace : elle a mis six mois avant de quitter la maison... Faut dire qu'on habite chez elle !

***

Aux dernières étrennes, j'ai offert une chaise à ma belle-mère. Aux prochaines, je la ferai électrifier.

***

Ma belle-mère est cannée. On l'a enterrée au Père-Lachaise. Je lui ai fait faire un cercueil avec deux poignées seulement.

— Pourquoi ? s'est étonnée ma tendre épouse.

— T'as déjà vu des boîtes à ordures à quatre poignées ?

***

Ce gendre et cette belle-mère ne s'entendent pas très bien, cela arrive de temps en temps. Un jour, la brave femme tente une conciliation.

— Voyons, mon gendre, soyez plus souple ! Ne pouvez-vous me faire quelques concessions ?

— Concessions ? Si ! J'accepterai de vous en faire. Mais une seule !

— Eh bien, c'est déjà ça ! s'exclame, ravie, la belle-maman.

— Ouais ! Une seule ! poursuit le gendre. A perpétuité !

***

— Alors, monsieur, vous étiez auprès de votre belle-mère quand elle a enjambé la fenêtre pour se jeter dans le vide et vous n'avez rien fait pour la sauver ?

— Vous vous trompez, monsieur le commissaire. Je me suis précipité à l'étage au-dessous, mais quand j'y suis arrivé elle était déjà passée...

***

Un homme entre chez un armurier. Sa nervosité est visible. L'exaspération se lit sur son visage.

— Un revolver, vite ! Je fonce tuer ma belle-mère.

— Me permettez-vous un conseil ? demande l'armurier. Attendez demain matin pour la trucider.

— Et pourquoi ça ?

— Vous êtes trop nerveux... Dans votre état, vous risqueriez de la manquer.

***

J'adore ma belle-mère. Vous le savez déjà. Je l'aime tellement que je l'emmène partout avec moi... Mais elle retrouve toujours la maison...

***

Safari en Afrique pour un couple de Parisiens bon teint. La belle-mère de l'homme est de la partie. Tout se passe bien tout d'abord. Le guide est excellent. Les nuits se passent sous la tente. C'est l'aventure... Un soir, tout à coup, alors que chacun a regagné son lit de camp depuis longtemps, la belle-mère pousse un cri affreux. Le mari et la femme se précipitent sous sa tente ; une vision angoissante les y attend : près de la belle-maman, un lion affûte ses dents...

— Que faire ? demande l'épouse.

— Rien ! dit le mari. Le lion s'est mis dans un sale pétrin, qu'il se débrouille lui-même pour en sortir...

***

Chaque année, le mois de mai nous ramène la fête des Mères, qui apporte dans chaque famille française joie et bonheur !

Alors, pourquoi n'y aurait-il pas la fête des Belles-Mères ? Pour quelle raison persisterait-on à faire comme si elles n'existaient pas ?

Cette injustice doit être réparée !

Je suis sûr que le public en général et les membres en particulier apprécieront mon initiative. N'en ai-je pas entendu plus d'un prononcer, plus ou moins distinctement :

— Ma belle-mère, je vais lui faire sa fête...

Tous ou presque, homme et femme, sommes en puissance d'une belle-mère à qui nous avons envie de faire sa fête.

Je ne vous proposerai pas que nous fassions cela tous ensemble, même jour, même heure... Il ne s'agit pas de recréer une sorte de Saint-Barthélemy ! La révocation de l'édit des belles-mères, en quelque sorte. Non !

Ouvrir tous en même temps nos fenêtres dans un but de défenestration occasionnerait trop de courants d'air risquant de rendre malade le reste de nos familles.

Une chose me paraît évidente, toutefois, c'est que nous devons défenestrer de nuit, afin que dès le petit matin les éboueurs nous débarrassent définitivement de nos victimes... Comme cela sera amusant de les voir toutes partir, roulant les unes sur les autres, dans la benne ! Pour un tel spectacle, moi gros dormeur, je n'hésiterai pas à passer une nuit blanche.

Vous avez sans doute deviné que je ne peux pas voir ma belle-mère en peinture. J'ai pourtant tenacement lutté contre cette aversion indigne d'un être civilisé.

Je l'ai d'abord peinte en noir, pensant lui faire plaisir, puisque depuis son veuvage c'était sa couleur favorite... Mais au bout de quelques jours la peinture est partie en plaques. Par ma faute car j'avais omis de mettre, préalablement, un enduit !

— Tu n'es qu'un idiot ! m'insultai-je (je suis très dur avec moi-même).

Alors, me saisissant de ma belle-mère, j'ai commencé par la décaper avec des cristaux de soude, de la potasse et de la térébenthine... Ensuite, et soigneusement, je l'ai frottée à la paille de fer, puis à la toile émeri jusqu'à ce que son corps m'apparaisse d'un rose vif.

Je commençai alors les travaux de ravalement et passai belle-maman au minium. Je la badigeonnai avec beaucoup de plaisir. Là-dessus, comme nous étions samedi, je lui collai sur le dos un papier sur lequel on lisait « Peinture fraîche » et partis, serein, pour le week-end en compagnie de ma femme et mes mômes.

Le dimanche soir, à mon retour, je trouvai ma belle-mère couchée, l'épiderme en feu !

Elle me foudroya de son regard mauvais et cria :

— Vous n'aurez jamais un sou ! Je vous déshérite ! Voyou ! Sans cœur !

Entre parenthèses, j'eus à ce moment la preuve formelle que la peinture ne nourrit pas son homme...

Je compris aussi que tous mes efforts avaient été vains, que la peinture ne tiendrait jamais. Je résolus de la nickeler !

Pour ce faire, je la plongeai, tout logiquement, dans un bain de nickel.

Au bout d'un quart d'heure, je fus surpris de m'apercevoir qu'elle ne donnait plus signe de vie. Je ne la soupçonnais pas d'avoir une constitution si fragile !

Je demandai :

— Comment ça va, belle-maman ?

Aucune réponse ne me parvint. Son corps ne formait plus qu'un seul bloc de métal !

La saisissant dans mes bras puissants et tendres, je la déposai bruyamment sur mon bureau.

C'est depuis ce jour qu'elle me sert de presse-papiers.

***

Dans un bureau un employé est en train de consulter les petites annonces d'un grand quotidien. Un de ses collègues s'approche de lui et lui demande :

— Tu cherches du travail ?

— Mais non, je cherche un appartement.

— Et tu veux combien de pièces ?

— Eh bien justement, je ne sais pas exactement...

— Comment ça ?

— Mais oui, je voudrais trouver un appartement suffisamment grand pour que ma femme soit tellement occupée à faire le ménage qu'elle n'ait plus le temps de voir sa mère. Mais d'un autre côté, je voudrais qu'il soit suffisamment petit pour que ma belle-mère ne puisse pas venir s'installer chez nous.

***

Le frère de Léon lui fait la leçon :

— Léon, ce n'est pas bien. Tu aurais quand même pu aller à l'enterrement de ta belle-mère !

— Tu me connais ! Je n'ai vraiment pas pu y aller ! Le travail d'abord, l'amusement après !

***

Un couple revient d'un enterrement. Ils ont plutôt l'air ravi.

— Eh ben, dis donc, voilà une bonne chose de faite. J'en avais vraiment assez de ta mère qui vivait avec nous depuis dix ans !

— Ma mère ? Mais... j'étais persuadé que c'était la tienne !

***

Un mari dit à sa femme, alors qu'ils sont en train de dîner :

— Ma chérie, tu fais exactement le bœuf bourguignon comme ta mère.

— Oh, chéri, tu me fais tellement plaisir de parler des qualités de ma mère. Moi qui croyais que tu ne l'aimais pas !

— Il y a une chose que ta mère a toujours raté : c'est le bœuf bourguignon !

***

Un client entre chez un armurier et demande :

— Bonjour monsieur, je voudrais un revolver Magnum Force.

— Un Magnum Force ? Mais pourquoi ?

— C'est pour ma belle-mère...

— Vous avez un port d'armes ?

— Non, mais, en revanche, j'ai sa photo.

***

BIJOUTIER

Un monsieur entre chez un bijoutier.

— Je voudrais un bijou pour une dame, interroge-t-il.

— Très bien, répond le commerçant. Une simple précision avant tout : c'est pour votre femme ou vous désirez quelque chose de plus cher ?

***

BONNE

— Monsieur, dit la bonne, un homme est là avec deux béquilles, qui vous demande.

— Renvoyez-le. Je n'ai pas besoin de béquilles...

***

Monsieur appelle la nouvelle bonne, fraîche jeune fille arrivée le matin même de sa campagne.

— Apportez-moi un verre d'eau bouillie.

La demoiselle s'exécute. Son patron dirige alors un doigt vers son œil gauche et, flop, fait sauter son œil de verre dans l'eau...

La petite bonne, ébahie, ne bouge pas.

— Eh bien ? Qu'attendez-vous ?

— Mais, Monsieur, que vous enleviez l'autre, pardi !

***

Une rombière du XVIe arrondissement donne ses conseils à la nouvelle bonne et finit par ces mots :

— De toute façon, vous verrez, tout ira bien, je ne suis pas difficile !

— Oh, Madame ! Ça je l'ai compris tout de suite. Il n'y a qu'à contempler le physique de Monsieur !

***

— Comment, Marie ? Vous essuyez la vaisselle avec votre mouchoir ?

— Oui ! Mais ne vous en faites pas, Madame. Il est sale !

***

— Mon petit, dit Madame à la nouvelle femme de chambre, j'espère que vous connaissez parfaitement le service ?

— N'ayez crainte, Madame. Je connais parfaitement mon travail. Avec moi, Madame ne sera jamais pincée en flagrant délit.

***

— Madame ! dit la jeune bonne. Je vous aime bien et je dois vous dire quelque chose...

— Allez-y !

— C'est difficile...

— Allons ! Allons !

— Ben... voilà... Monsieur me court après... Il pose ses mains partout sur moi... Et il devient de plus en plus audacieux... Cela m'ennuie beaucoup... Madame est si gentille... Que dois-je faire ?

— Ne vous inquiétez pas. Vous n'avez rien à craindre. Je connais Monsieur depuis vingt ans : il commence tout et ne finit rien !

***

— Madame ! Les enfants viennent de tomber au fond du puits !

— Ne jamais s'affoler ! Gardez votre self-contrôle et courez chez le libraire acheter « Comment élever vos enfants ».

***

Le patron laisse sa main gauche — c'était un gaucher — s'égarer sur la bonne au moment précis où sa femme apparaît. Cris et beaucoup plus que chuchotements.

— Comment ? dit l'épouse. Que vois-je ?

— Je t'en prie ! hurle le mari. Tu ne vas pas prendre la défense de la bonne, j'espère... D'ailleurs elle n'a à s'en prendre qu'à elle... Je l'avais formellement prévenue... Je lui avais dit : « Marie ! Encore une seule insolence et je vous mets ma main quelque part ! »

***

La baronne de la Borderie retourne à sa table de travail et elle ne retrouve pas une lettre posée quelques minutes auparavant (chinois) :

— Berthe appelle-t-elle, j'avais laissée une lettre sur cette table. L'avez-vous vu ?

— Oui, madame la baronne, je l'ai portée à la poste.

Vous êtes navrante, ma pauvre Berthe, il n'y avait pas d'adresse sur l'enveloppe...

— J'ai pensée que Madame la baronne l'avait fait volontairement, pour que je ne sache pas à qui Madame la baronne adresse sa correspondance.

***

Une jeune femme interroge l'une de ses copines :

« Tu es contente de ta nouvelle place de femme de chambre ?

— Oh, tu parles, répond l'autre. C'est

un travail très simple. Il suffit de répondre toute la journée « Oui Madame, oui Madame, oui Madame, non Monsieur, non Monsieur, non Monsieur... »

***

— Allô ! C'est toi mon amour ?

— Non ! C'est pas l'amour, ye souis la bonne.

— Bon, madame est là.

— No, señor elle est chez le peluqueria !

— Elle rentre bientôt Conchita ?

— Ye sais pas señor. Mi nombre c'est pas Conchita ma Maria.

— Aucune importance. Écoutez Mercedes, dites lui que contrairement à ce que j'ai dit, je rentrerai coucher à la maison ce soir mon voyage est annulé.

— Si señor.

— Vous avez compris Dolores ?

— Si señor ma mi nombre c'est pas Dolores ma Maria.

— Bon alors répétez le message Pilar.

— Contrairement à ce que le señor il a dit, le señor il viendra dormir à la noche à la casa ! Ma mi nombre c'est pas Pilar...

— Oui oui très bien au revoir Conchita...

— Hé señor, qui êtes-vous ?

***

Une maîtresse de maison donne des recommandations à sa nouvelle bonne :

— Ginette, lorsque vous essuyez le haut des armoires, n'oubliez pas de poser une page sur le fauteuil Louis XV.

— Mais, Madame, ce n'est pas la peine, je suis assez grande !

***

Une jeune femme se présente chez un couple bourgeois afin de postuler pour une place d'employée de maison.

— Aimez-vous les enfants, lui demande madame ?

— Oh oui répond la jeune femme mais j'aimerais mieux que Monsieur fasse attention...

***

La patronne réprimande son employée de maison :

— Suzanne, vous avez encore cassé des verres en cristal.

— Oui, Madame. Trois. Mais j'ai eu de la chance.

— Pourquoi ?

— Parce que je ne les avais pas encore lavés.

***

Une vieille fille très prude frappe à la porte de sa salle de bains ; et demande à sa bonne :

— Clémence, est-ce que vous avez fini de donner le bain à mon canari ?

— Oui, Mademoiselle, vous pouvez entrer.

***

Une dame convoque sa bonne :

— Charlotte, j'ai remarqué que vous preniez une douche deux fois par jour. Je n'ai rien contre la propreté, bien au contraire, mais vous pourriez réduire ces dépenses qui me coûtent très cher ? Prenez exemple sur ma fille, mademoiselle Béatrice, qui prend une douche tous les deux jours.

— Oui, Madame. Mais ce n'est pas pareil.

— Comment ça, ce n'est pas pareil ?

— Oui, mademoisele Béatrice, elle flirte avec le secrétaire de Monsieur tandis que moi je fréquente un garçon qui est mécanicien dans un garage.

***

Une jeune bonne se présente chez une famille en quête de domestiques.

— Voilà, dit la maîtresse de maison. Ici, nous sommes cinq.

Mon mari, moi-même et nos trois enfants. Vous devez vous occuper du ménage, de la cuisine et des enfants. Combien voulez-vous être payée par mois ?

— Disons que pour le ménage et la cuisine, cela fera huit cents francs. Pour garder vos enfants, vous rajoutez quatre cents francs et pour encore deux cents francs en plus, je les aime.

***

Un ménage d'un certain âge vient d'engager une jeune bonne. Deux mois après son arrivée dans la maison, celle-ci demande à parler à Madame.

— Qu'y a-t-il, Marguerite ?

— Eh bien, voilà, Madame. Je vais devoir vous quitter.

— Nous quitter ? Mais ce n'est pas possible ! Vous ne vous plaisez pas ici ?

— Oh, si, beaucoup ! Monsieur et Madame sont très gentils mais il y a un petit problème...

— Lequel ?

— Eh bien, je suis enceinte, Madame.

— Écoutez, Marguerite, oui, bien sûr, c'est ennuyeux, mais je vais en parler avec mon mari et je vous donnerai notre réponse demain.

Le lendemain, la bonne est convoquée par ses patrons qui l'accueillent à bras ouverts :

— Marguerite, tout est arrangé. Monsieur et moi avons décidé d'adopter votre petit. Nous avons toujours regretté de ne pas en avoir et comme nous vous aimons beaucoup nous nous occuperons de votre enfant.

Et tout rentre dans l'ordre : neuf mois plus tard, la bonne met au monde son enfant et ses patrons l'adoptent.

Un an plus tard, la bonne demande à parler à Madame :

— Je dois vous quitter, Madame.

— Mais pourquoi ?

— Je suis de nouveau enceinte.

— Écoutez, mon petit. Nous l'adopterons aussi. Comme cela le premier ne sera plus tout seul.

Et la bonne donne le jour à un nouvel enfant que ses patrons adoptent aussitôt.

L'année suivante, le même scénario se reproduit et comme cela pendant quatre années consécutives.

Après avoir mis au monde son cinquième enfant, la bonne va trouver Madame et lui dit :

— Madame, là, il faut vraiment que je vous quitte. Ce n'est plus possible !

— Mais, Marguerite, je suis bien de votre avis. Nous ne sommes pas un orphelinat, mon mari et moi, et si vous continuez à être enceinte aussi régulièrement, nous ne pourrons plus faire face !

— Oh, non, Madame se trompe. Je ne suis pas enceinte.

— Mais alors, qu'est-ce qui se passe ?

— J'ai toujours été très contente d'être au service de Monsieur et de Madame, le travail n'était pas trop pénible et la maison était agréable mais à présent qu'ils ont cinq enfants, ce n'est plus tenable !

***

La maîtresse de maison reçoit une nouvelle bonne et l'interroge :

— Vous aimez faire la cuisine ?

— Oui, Madame.

— Vous aimez faire le ménage ?

— Oui, Madame.

— Vous aimez les enfants ?

— Oui, Madame. Mais, cette fois-ci, j'aimerais mieux que Monsieur fasse attention.

***

Un maîtresse de maison convoque sa bonne qui est très laide et lui dit :

— Aujourd'hui vous emmènerez les enfants eau zoo.

— Oh, non, Madame ! Pas au zoo !

— Mais pourquoi donc ?

— Eh bien, la dernière fois que j'y ai emmené les enfants, les singes n'ont pas arrêté de me lancer des cacahuètes.

***

Un monsieur est tranquillement installé devant la télévision quand sa femme fait irruption dans la pièce, l'aspirateur à la main, et lui demande de sortir.

— Mais enfin, chérie, que se passe-t-il ? demande le mari éberlué.

— Il faut que je passe l'aspirateur pour que ce soit propre quand la bonne va arriver.

***

La maîtresse de maison va trouver sa bonne et lui montre le journal :

« Regardez un peu ça, Marie. Vous qui mettez toujours plus de trois heures à nettoyer une pièce de la maison ! Lisez ce titre, là : "A la Guadeloupe, un typhon à balayé une ville entière en moins de cinq minutes." Alors maintenant, prenez-en de la graine, mon petit ! »

***

Dans la ville d'un homme qui vient de décéder, la veuve inconsolable pleure son époux tandis que de nombreux amis viennent lui présenter leurs condoléances.

C'est la bonne qui doit les recevoir. Dès qu'un nouveau venu se présente, elle hurle à travers le couloir :

— Madame ! C'est pour le mort !

La digne veuve à qui la douleur ne saurait faire oublier les règles élémentaires de bienséance, finit par la prendre en aparté :

— Voyons, Conchita ! Un peu de tenue, je vous prie ! Cessez de criez « le mort » à tue tête et dites plutôt « Monsieur », ce sera plus convenable, n'est-ce pas ?

— Je comprends, Madame. Très bien, Madame.

On sonne à nouveau à la porte. La brave bonne se précipite pour ouvrir et l'assistance entend :

— Madame, c'est le croque-monsieur !

***

J'ai eu ma première dépression nerveuse le jour où ma blanchisseuse amidonna mes caleçons...

***

BONNE SŒUR

Quand un homme s'est marié, les seules femmes qu'il puisse encore embrasser, ce sont les bonnes sœurs. Parce qu'elles ne laissent pas de traces de rouge à lèvres...

***

Avant de quitter le pensionnat religieux, quelques jeunes filles bavardent avec la Mère supérieure. Celle-ci, curieuse, interroge ses futurs ex-pensionnaires.

— Que comptez-vous faire plus tard dans la vie, demande-t-elle ?

— Moi, je veux être infirmière, répond la première.

— Moi institutrice, enchaîne la deuxième.

— Moi, je serai avocat, assure la troisième.

— Et toi, ma fille, demande-t-elle à une quatrième qui ne dit rien.

— Moi, je serai prostituée, finit par avouer la jeune fille.

— Quoi, hurle la Mère supérieure, répète ce que tu viens de dire !

— Je serai prostituée !

— Ah bon, excuse-moi, dit la Mère supérieure. J'avais mal entendu. J'avais compris que tu voulais devenir protestante !

***

Comment les religieuses se reproduisent-elles ?

— Rien de plus facile. En couvant, par rapprochement de cellules...

***

BORGNE

Un borgne s'engage sur la rue en dehors d'un passage clouté à une heure de grand trafic. Au moment où il va traverser, il aperçoit une très jolie fille et lui fait un clin d'œil.

Et il se fait écraser par un autobus.

***

Un Anglais, borgne, est en train de jouer au tennis. Son adversaire lui envoie une balle tellement forte qu'il la reçoit dans son œil valide. Alors, il s'approche du filet, tend la main à l'autre joueur, et lui dit :

— Good night, sir.

***

Tous les jours, un mendiant voit passer devant lui un monsieur très élégant mais qui refuse toujours de donner la pièce que l'autre lui demande en tendant la main.

Un jour pourtant, le monsieur, pris d'un élan de bonté, lui dit :

— Je te donne dix francs si tu devines quel est mon œil de verre.

Le mendiant le regarde attentivement pendant une minute et répond :

— C'est celui-là, en montrant l'œil droit.

— Bravo, tu as gagné. Mais comment as-tu fait pour deviner ?

— Oh, c'est simple. C'était le seul où brillait une lueur de générosité.

***

Un monsieur pas très beau, vient s'inscrire dans une agence matrimoniale pour trouver l'âme sœur.

— Il y a un petit détail que je dois vous signaler, dit-il à l'employé qui remplit sa fiche, j'ai un œil de verre.

— Ce n'est pas grave, monsieur.

Et il note sur la fiche :

— Yeux : verts, dont un en moins.

***

Un borgne s'est acheté un œil de verre. Chaque soir, avant de se mettre au lit, il le dépose dans un verre d'eau. Un jour il se trompe d'œil et met le bon dans le verre.

— Zut ! s'écrie-t-il. Encore une panne d'électricité...

***

Pour guider les borgnes, on dresse des demi-chiens.

***

Un borgne vient d'avaler son œil de verre. Il fonce chez un toubib qui le passe à la radio.

— Alors ? fait le borgne.

— Amusant ! dit le docteur. C'est la première fois que j'examine un estomac qui me fait de l'œil !

***

BOUCHER

— C'est honteux ! dit une dame chez le boucher. Vos prix restent toujours les mêmes, alors que les journaux parlent d'une certaine baisse de la viande.

— Possible ! répond le commerçant. Mais moi, je ne lis jamais les journaux !

***

Le boucher est nerveux. On ne sait pas pourquoi, mais ça se voit. Et être nerveux quand on est boucher, c'est très dangereux. La preuve : en voulant couper du filet de bœuf, il se tranche carrément deux doigts de la main droite.

— Oh ! Mon Dieu ! s'exclame une cliente sur le point de s'évanouir.

— Ne vous affolez pas ! la calme la femme du boucher, tranquillement assise à sa caisse. Ce n'est pas grave. Mon mari est gaucher.

***

Le papa est boucher, et un jeune homme vient lui demander la main de sa fille.

— Monsieur, lui dit le jeune homme pendant que le père découpe ses côtelettes, s'il vous plaît, accordez-moi la main de votre fille !

— Ça, il n'en est pas question ! Par contre si vous voulez, il me reste des pieds de porc...

***

BOURSE

Deux hommes se retrouvent par hasard devant une statue de saint François.

— Saint François, je suis si pauvre dit l'un, faites que je trouve vite cinquante francs pour manger.

— Saint François, aidez-moi à réussir le coup en Bourse que je prépare depuis un mois, j'y engage toute ma fortune et si ça foire, je suis ruiné, dit l'autre.

— Saint François, il me faut vraiment cinquante francs ou demain je suis mort de faim... répond le premier.

Tout d'un coup, le second prend cinquante francs dans son portefeuille, le fourre dans la poche du mendigot et lui dit :

— Et maintenant, file, saint François a besoin de se concentrer sur ce que je lui demande !

***

Un grand financier est reçu à déjeuner par François Mitterrand. Pendant le repas, le président le félicite de sa carrière et lui déclare :

— J'envie ce que vous faites. J'irai même jusqu'à dire que si je n'étais pas au pouvoir, je jouerais à la Bourse.

— Moi aussi, répond le banquier, je jouerais en Bourse, si vous n'étiez pas au pouvoir...

***

Ça marche d'une façon calme et réservée !

Il paraissait logique d'attendre un mieux, car une amélioration de la tendance s'était esquissée.

Ce mouvement semblait devoir se poursuivre, d'autant plus que mes inquiétudes suscitées par le sérieux accès de faiblesse que j'avais ressenti le mois dernier à Marseille se dissipait avec une spectaculaire reprise de ma forme à Paris.

Mais une sérieuse déception est venue avec l'échec de mes négociations de Bruxelles.

En effet, j'y avais fait la connaissance d'une charmante jeune fille. Je lui proposai une promenade en voiture dans les bois environnants pour discuter de la conjoncture. Aussitôt, un sentiment de réserve se manifesta...

Je pensais cependant que ma bourse ne tarderait pas à se montrer à la hauteur de ce marché commun. Les pourparlers étaient trop avancés pour que ces divergences — que je croyais momentanées — ne s'atténuent pas et n'évoluent vers un compromis préservant ma dignité de boursicoteur au passé prestigieux.

Je crus d'abord que ce sentiment de réserve était provoqué par l'indication des prix pratiqués par cette charmante jeune personne pour passer la soirée à mes côtés.

J'eus beau parlementer et la tenir au courant de l'évolution de la situation économique, elle me répondit que c'était la coutume…

Étant français, je suis plutôt économe ; il y en a qui, dans les mêmes circonstances, sont bas-de-soie ; moi je suis bas-de-laine et la perspective de ce trou dans mes finances me coupa le sifflet. Ce qui prouve que lorsque les prix montent, la bourse baisse…

Un vent de panique souffla. Allais-je être victime d'un krach en bourse semblable à celui de Wall Street en 1929 ? C'était l'effondrement de toutes les affaires en cours, de tous mes beaux projets !

C'est alors que je découvris en pharmacie un document proposant un plan de stabilisation.

J'achetai !

Des copains pessimistes me dirent qu'il s'agissait d'une nouvelle ponction dans mon porte-monnaie, dont ma bourse se serait bien passée…

Cette réflexion était absurde !

Le plan de stabilisation a d'ores et déjà atteint la plupart de ses objectifs et l'examen de la conjoncture actuelle me permet d'affirmer que les possibilités de reprise sont chaque jour plus vraisemblables.

Naturellement, je n'en suis cependant pas encore aux investissements productifs !

En automne, vraisemblablement, ma bourse pourra prendre de nouvelles mesures de relance…

Persuadé que ces prévisions se réaliseront, je vous donne rendez-vous, chères lectrices, à très bientôt !

***

BOUTEILLE

De temps en temps, je m'y mets : je range ! Dernièrement, j'ai nettoyé ma cave. Il y avait douze bouteilles de grand vin. Ma femme — antialcoolique — me commanda de les vider… dans l'évier ! Sinon gare à moi ! Sa décision entraîna les conséquences suivantes :

J'enlevai le bouchon de la première bouteille et j'en vidai le contenu dans l'évier, sauf un verre que je bus.

J'ôtai le bouchon de la deuxième bouteille et j'en fis autant, c'est-à-dire que j'en déversai le contenu moins un verre pour ma pomme.

Idem pour la troisième.

La quatrième, j'arrachai son bouchon, vidai un verre dans l'évier et bus le reste.

J'extirpai le bouchon de la cinquième, la vidai dans le verre que je bus…

Pour la dixième, j'arrachai la bouteille du bouchon, j'en bus un plein évier et vidai le restant dans la bouteille…

Je sortis un verre du septième évier et je vidai le bouchon dans la bouteille.

Alors, je sortis le bouchon du fond de ma gorge et je versai le huitième évier dans la bouteille et je bus le verre.

Puis je bouchai l'évier avec le neuvième verre, mis le vin dans la bouteille et bus le trop plein.

Lorsque j'eus tout vidé, je me mis à caler les murs de ma maison et à compter mes bouteilles et mes bouchons : j'en trouvai 29 !

Pour être absolument sûr de moi, je me suis mis à les recompter au passage et voilà que cette fois j'en ai trouvé 74 !

Lorsque la maison repassa une autre fois, je les comptai de nouveau et m'aperçus enfin que je retrouvais le compte de toutes les maisons de toutes les bouteilles de tous les bouchons et de tous les verres, à l'exception de l'évier que j'avais bu.

Normal…

***

BOXEUR

Un boxeur passe devant une église au moment où la cloche de l'horloge sonne une heure. Dong ! Et aussitôt, il se met à boxer un pauvre type qui passait.

***

Un boxeur est à l'entraînement et prépare le match du lendemain.

— Oh, dis donc, qu'est-ce qu'il va prendre, Jo le Balafré. Oh, misère ! Demain, il va voir ce que c'est qu'un boxeur.

— Mais oui, mais oui. Calme-toi, insiste son manager.

— Oh là là ! Le Jo, il va se retrouver

au tapis avant d'avoir pu dire ouf ! Oh la dérouillée qu'il va se prendre !

— Tu vas te calmer ? Et pour commencer, n'oublie pas que Jo le Balafré, c'est toi !

***

Un boxeur revient d'un match qu'il a disputé à Pau et qu'il a perdu. Son entraîneur lui dit :

— Mais comment as-tu fait pour perdre ? Ton adversaire était beaucoup plus faible que toi ! Qu'est-ce qui s'est passé ?

— Oh, je n'ai pas eu de chance. Figure-toi que l'arbitre était de Pau comme mon adversaire. Au deuxième round, j'étais par terre et je me concentrais pour me relever avant la fin du décompte quand j'entends l'arbitre qui dit à toute vitesse :

— Un, deux, trois, quatre, cinq et cinq font dix.

***

Un boxeur est complètement épuisé et ses gestes sont très désordonnés. Il lance ses poings dans tous les sens sans jamais atteindre son adversaire. Entre deux rounds, il demande à son entraîneur :

— Dis, tu crois que je peux le battre ?

— Oui, bien sûr, si tu continues à agiter l'air comme ça, il finira par attapper une pneumonie !

***

Il paraît que les matches de boxe sont arrangés à l'avance. Un entraîneur marron dit à un de ses boxeurs :

— Bon, alors, tu as bien compris ? Tu te couches au cinquième round !

— Au cinquième round ? mais, je ne tiendrais jamais jusque-là !

***

BÛCHERON

Le Canada... Une grande scierie un jour d'embauche... Il y a là toutes sortes de bûcherons. Au milieu de tous les grands gaillards on a du mal a apercevoir un petit homme malingre... Nous le retrouvons dans le bureau du directeur :

— Êtes-vous certain d'être bûcheron ?

— Mais bien sûr, je crois même détenir le record du monde : J'abats six cents arbres par jour !

— Alors, évidemment six cents arbres par jour c'est impressionnant ! Mais je dois vous dire que je ne vous crois pas avec votre gabarit...

— Monsieur le Directeur, de toute ma vie aucun mensonge n'est sorti de ma bouche.

— Bon alors dites-moi où était votre dernière place ?

— Au Hoggar.

— Au Hoggar... Qu'est-ce que je vous disais c'est un désert, il n'y a pas un seul arbre...

— Il y a une nuance, Monsieur le Directeur, il n'y a plus d'arbres.

***

Un tout jeune bûcheron arrive dans la salle de repos de la grande scierie du Grand Nord canadien... Ses collègues l'accueillent et l'acceptent à trois conditions :

— Petit, tu devras vider un tonneau de Gin, valser avec un esquimeau et couper en fines rondelles un grand arbre...

— D'accord, c'est parti...

Et le type se jette sous le tonneau de Gin, le vide... Se relève ivre mort... Et sort...

Il revient une heure plus tard... Totalement épuisé :

— Voilà les gars, j'ai bu le tonneau, je viens de couper en fine rondelles l'esquimeau... Où est l'arbre valseur ?

***

Au Canada, un trappeur en train de couper du bois s'interroge soudain sur la rigueur de l'hiver à venir. Il décide de consulter un vieil indien, le Gillot-Pétré local, qui se trouve dans les montagnes voisines.

— L'hiver sera-t-il froid lui demande-t-il ?

Après avoir scruté la vallée, le Peau-Rouge affirme.

— Hiver rigoureux...

Le trappeur se dit alors qu'il devrait faire encore plus de réserves de bois et coupe encore quelques stères. Puis il retourne dans la montagne.

— L'hiver sera-t-il vraiment froid, interroge-t-il ?

L'Indien scrute la vallée et lance.

— Hiver très très rigoureux.

Soudain affolé, le trappeur reprend sa hache et prépare d'autres bûches avant de reprendre le chemin de la montagne.

— Tu crois vraiment que l'hiver sera très très rigoureux, demande-t-il à cet Indien.

Ce dernier scrute encore une fois la vallée et annonce.

— Hiver extrêmement rigoureux, annonce-t-il !

— Mais comment peux-tu affirmer cela, se lamente le trappeur.

— Très facile. Quand homme blanc couper beaucoup bois, hiver très très rigoureux...

***

BUREAU

Je parle en dormant. Au bureau, c'est gênant !

***

Un jeune couple travaille dans le même bureau. Chaque jour, à dix-neuf heures, pour annoncer la fin de la journée, une sonnerie retentit. Et chaque jour la jeune femme dit à son mari, les yeux plein d'amour :

— Chéri, voilà notre chanson d'amour qui retentit...

***

Un visiteur essoufflé arrive au siège de la société LEMAY, LEMAY et LEMAY. Un homme l'accueille :

— Monsieur, que puis-je pour vous ?

— Je voudrais voir M. Lemay.

— Je suis désolé mais M. Lemay est actuellement en Californie, pour signer d'importants contrats et il ne sera là que dans une quinzaine de jours.

— C'est très embêtant, j'avais une communication urgente à lui faire... Alors voyons... M. Lemay est peut-être là ?

— M. Lemay, quant à lui, est à Montréal pour un pèlerinage à Notre-Dame-de-Grâce. Il ne sera au bureau que dans cinq ou six jours...

— Tout cela est très ennuyeux ! C'était vraiment urgent et capital ! Comment vais-je faire... Dernier espoir : M. Lemay est-il là ?

— Oui, c'est moi, c'est pourquoi ?

***

En arrivant au bureau, Picon tombe sur son chef de service :

— Encore en retard, gueule celui-ci.

— Eh ouais, on est deux ! répond l'autre.

***

Un employé de bureau arrive en retard à son travail. Son directeur le convoque immédiatement dans son bureau :

— Monsieur Dupont, cela fait deux semaines que vous arrivez avec plus d'une heure de retard. Comment justifiez-vous cela ?

— C'est ma femme, monsieur le directeur, elle vient d'avoir un enfant.

— Vous vous moquez de moi, Dupont. Vous dites toujours la même chose. Votre femme n'a pas un enfant tous les jours !

— Mais si, monsieur le directeur, elle est sage-femme.

***

Un directeur demande à sa secrétaire :

— Vite, mademoiselle ! Je suis très pressé ! Vous n'avez pas vu mon stylo ?

— Mais si, monsieur, il est derrière votre oreille.

— Oh, écoutez, je n'ai pas de temps à perdre. Derrière laquelle ?

***

Un type a un collègue de bureau gentil mais très pot de colle et qui a une marotte, c'est de raconter des petites histoires drôles (nous le soupçonnons, d'ailleurs, de les prendre dans ce livre !). Bref, tout le monde le fuit. A la cantine, un jour, le premier type a le malheur d'être assis en face du raseur et immanquablement celui-ci lui dit :

— Robert, je vais te raconter une histoire belge.

— Écoute, je les connais toutes, les histoires belges.

— Mais celle-là, je suis sûr que tu ne l'as jamais entendue !

— Laisse-moi manger tranquillement. Je te dis que je les connais toutes.

— Tu ne peux pas la connaître, elle est toute nouvelle.

— Je ne veux pas me fâcher, mais je ne veux pas entendre ton histoire belge.

— Bon, bon, je ne te la raconterai pas !

Et les deux types continuent à manger

en silence. Mais au bout d'un moment, le blagueur n'y tient plus :

— Alors, je vais te raconter une histoire russe.

Pour avoir enfin la paix, l'autre craque et lui dit :

— Bon, si tu veux. Les histoires russes, je ne les connais pas.

— Alors, voilà. C'est un Russe qui s'adresse à un agent de police et qui lui dit : « Je suis bien à Moscou, une fois ? »

***

Le vendredi soir, un employé de bureau dit à son collègue :

— Alors, c'est d'accord ? On vous attend pour déjeuner, demain midi, toi et ta femme ?

— Oui, oui, c'est d'accord.

Le premier va pour sortir, quand l'autre l'arrête et lui fait remarquer :

— Eh, tu as oublié de me dire où tu habitais !

— C'est vrai, oh, tu vas voir, ce n'est pas compliqué. Tu descends au métro Gambetta, tu prends la deuxième rue à droite là où il y a un bureau de tabac. Tu rentres au numéro 32, tu vas au fond de la cour, tu pousses la porte avec ton pied et tu rentres.

— Mais pourquoi je pousse la porte avec le pied ?

— Eh bien, tu ne vas tout de même pas venir déjeuner chez moi les mains vides ?

***

C

CADEAU

Les rois mages se dirigent vers Béthléem. Soudain Gaspard descend de son chameau et pousse un cri à l'attention de ses deux alter ego.

« Hé, au fait vous êtes sûrs d'avoir enlevé les prix sur les étiquettes des cadeaux ? »

***

Ma femme est vraiment abominable, confie un homme à son meilleur ami. Cela fait dix ans que je lui promets un collier de perles. Alors que je suis décidé à lui offrir cette année, elle a fait exprès d'attraper un goitre...

***

C'est Pâques, et la mère Michel a placé des œufs de toutes les couleurs dans la cour pour amuser ses petits neveux. Le coq se promenant voit les œufs multicolores, s'arrête un instant pour réfléchir... et file faire un sort au paon !

***

CAFÉ

Lu à la devanture d'un café de campagne :

« Ici, pas encore de télévision. Mais nous avons de la bagarre tous les soirs. »

***

Un jeune homme est affalé sur la banquette d'un café, en train de boire une bière et de fumer une cigarette. Un monsieur passe, et le regarde d'un air désapprobateur :

— Jeune homme, vous feriez mieux de travailler à cette heure-ci, au lieu de traîner dans les cafés !

— Et pourquoi ?

— Pourquoi travailler ? Mais pour gagner de l'argent, fonder un foyer élever ses enfant...

— Et après ?

— Eh bien après, vous toucherez une retraite bien méritée, et pourrez vous reposer tout votre saoul !

— Ah oui, et qu'est ce que vous croyez que je suis en train de faire en ce moment ?

***

Assis à la terrasse d'un café, un touriste hèle le garçon :

— C'est bien un gin-tonic que vous m'avez servi ?

— Oui, monsieur.

— Et qu'avez vous versé en premier lieu, le gin ou le tonic ?

— Le gin, monsieur.

— Alors, pas de problème, j'ai des chances d'arriver bientôt au gin ! »

***

Quelques amis jouent à la belote dans un café. L'un d'entre eux, le pauvre, est manchot. Soudain Marius, en colère, se lève et dit :

« Il y en a un qui triche à cette table ! Je ne sais pas qui c'est, mais s'il continue, je lui coupe l'autre bras ! »

***

Philosophe, notre ami Enrico...

A un ami qui le rencontre un matin au café et qui s'étonne de l'heure :

— C'est vrai, je suis en retard. Mais si j'avais l'habitude d'arriver à l'heure, mon patron trouverait ça normal !

Un autre jour... Il neige ; il fait très froid et Enrico attend le bus, il confie à un ami :

— Finalement, j'aime toutes les saisons à Paris. L'hiver, j'aime l'été et l'été, j'aime l'hiver.

***

Dans un café un client passe sa commande au barman.

— Alors, je voudrais un sandwich au pain noir, avec du foie gras du Périgord, des cornichons au vinaigre fin, du beurre de Normandie, du sel de mer, un peu de tomate et du ketchup irlandais.

— D'accord, réplique le serveur. Vous pouvez repasser demain pour l'essayage ?

***

On se demande bien pourquoi, dans les cafés, les joueurs appellent si souvent le garçon, Descartes.

***

CANNIBALES

J'ai connu beaucoup d'anthropophages. Ce sont tous des gens très bien élevés. Chez eux, il est interdit de parler avec quelqu'un dans la bouche.

***

Mijotant dans une grande cocotte, amoureusement surveillée par des cannibales, un Blanc se fend la pipe.

— Ils ne savent pas ce qui les attend... Je suis gâte-sauce.

***

Un flic est capturé par des cannibales. Leur chef est heureux.

— Formidable ! Nous allons enfin pouvoir manger du blanc de poulet !

***

Le même cannibale, à quelque temps de là, fait cuire un pauvre homme — sans jambe de bois — dans son chaudron. Au bout d'une demi-heure de cuisson, il soulève le couvercle et pique avec sa fourchette.

— Aïe ! entend-on venir du récipient.

— Ah ! dit notre cannibale. Pas encore assez cuit !

***

Un missionnaire vient d'être capturé par des cannibales. Cruelle avanie du destin.

— Vous allez me manger ? questionne-t-il à tout hasard.

— Évidemment ! répond un anthropophage en haussant les épaules.

— N'en faites rien ! prévient le missionnaire. Vous allez être déçu, j'ai très mauvais goût !

Il prend un couteau, coupe un morceau de sa jambe et le tend au mangeur d'homme.

— Mangez, vous verrez.

Le cannibale met le morceau dans sa bouche et presque aussitôt le recrache d'un air dégoûté.

Le missionnaire avait une jambe de bois... Il est resté trente-cinq ans dans la tribu...

***

Trois explorateurs boivent l'apéro en pleine jungle. Soudain l'un d'eux annonce :

— Je vais faire un petit tour avant le dîner !

Deux heures après, il n'est pas encore de retour.

— Bizarre ! dit un des deux explorateurs restant.

— Ouais ! continue le troisième. Je me demande qui est en train de bouffer notre copain.

***

Deux ogres parlent de ce qui les intéresse :

— Dis donc, toi, les enfants, tu les aimes comment ?

— Les tout petits enfants ?

— Oui ! Tu les aimes bien cuits ?

— Non. Bleus.

***

Devant un feu avec une grosse marmite, une famille cannibale passe à table :

— Est-ce que tu aimes ta sœur ?

— Oui maman.

— Alors, reprends-en un petit bout.

***

Deux cannibales voient passer un avion dans le ciel...

— Dis donc, tu crois que ça se mange cet oiseau de fer qui passe ?

— Oui, mais c'est le même problème que le homard. Il faut le décortiquer.

***

Deux cannibales papotent. Soudain, l'un d'eux s'exclame :

— Tu vois, je ne sais pas quoi faire de ma femme !

— Je peux t'aider, lui répond l'autre. Tu veux que je te prête mon livre de cuisine ?

***

Deux cannibales dégustent un missionnaire blanc qu'ils viennent de faire cuire dans une marmite. L'un des deux murmure à l'autre :

« Hum ! C'est quand même meilleur qu'au resto U ! »

***

Une équipe de télévision découvre un groupe de cannibales en Afrique... Ils acceptent d'être filmés et de répondre à toutes les questions... Tout se passe très bien... C'est un formidable reportage qui est en boîte... Le chef de la tribu décide d'organiser un grand banquet pour le soir même...

Tout le monde assiste à ce fastueux repas qui est bien arrosé...

Au moment de se lever de table, la femme du chef de la tribu éprouve quelques difficultés... Toujours galant, le journaliste lui dit :

— Voulez-vous ma main, madame ?

— Non merci, je n'ai plus faim du tout.

***

Des cannibales sont à table. Le mari se plaint :

— Dis donc, la viande est mauvaise aujourd'hui : elle est nerveuse, grasse et a un goût avarié.

— Tu dis cela parce que tu sais que c'est ma mère ! dit sa femme.

***

Les cannibales sont en pleine préparation du repas. Dans la marmite d'huile un Blanc est en train de frire... En attendant, ils dansent et chantent joyeusement autour de la marmite...

Soudain, l'un d'entre eux se jette sur le Blanc, le sort de la marmite, lui administre un violent coup de pied aux fesses et le replonge dans l'huile. Il laisse passer quelques minutes et recommence ! Le cannibale cuisinier, intrigué, lui demande :

— Bon, il est en train de frire. Pourquoi lui donner des coups de pied ?

— Mais, Chef, vous ne faites pas attention, il est en train de manger toutes les frites.

***

Paul Durand passe ses vacances dans un lointain village africain, chez un ancien collègue de bureau Koko Katatombonga qui est retourné au pays... Mais, au bout de quelques jours Paul veut rentrer en Europe...

— Mais pou'quoi ? interroge son ami africain, tu n'es pas bien avec le soleil, la me', les femmes ? 'ien à fai'e... ?

— Écoute, Koko, les femmes, le soleil, la mer, la paresse, pas de problèmes... Mais j'ai entendu parler des cannibales par des gens du village et...

— Des cannibales ? Alo's là mon

vieux, n'ai pas peu'... On a mangé le de'nie' hie' à midi...

***

Brousse africaine le père Paul Bovagnet est en mission. Et au coin d'une liane il tombe face à face avec un des cannibales les plus sauvages de la région. Il fait vite une prière :

— Mon Dieu, faites que ce sauvage ait des inspirations chrétiennes.

Et au même moment, il entend le cannibale dire :

— Notre Père qui êtes au Ciel, bénissez le repas que je vais prendre.

***

Un cannibale d'une tribu ennemie mijote depuis trois quarts d'heure dans une marmite. Sa peau commence à se décoller, il appelle le cuisinier :

— Vas-y, c'est bon ; la situation se corse, tu peux ajouter le piment.

***

Une maman cannibale lance à sa « petite dernière » qui se tient fort mal à table :

« Combien de fois devrais-je te dire de ne pas parler avec quelqu'un dans la bouche ? »

***

Un chef cannibale s'adresse à l'un des membres de sa tribu en train de surveiller la cuisson d'un missionnaire dans la marmite :

— Enfin, fichez-lui la paix, dit le chef. C'est déjà triste pour lui de cuire et de bouillir de cette manière. Ce n'est pas la peine de le faire souffrir plus en soulevant le couvercle pour le piquer toutes les cinq minutes.

— C'est pas ça, Chef, répond le cannibale. Il est en train de bouffer tous nos légumes !

***

Un cannibale a, un jour, réalisé pourquoi après chaque repas, il souffrait d'un horrible mal de tête : il ne mangeait que des intellectuels...

***

Pauvre missionnaire perdu en Afrique et capturé par une tribu de cannibales. Interrogé le matin, il n'était pas cru et le soir même il était cuit !

***

De retour d'un safari en Afrique, on demande à une mondaine à qui manque la main droite :

— Accident de chasse ?

— Non, baisemain à la cannibale.

***

Une troupe d'explorateurs vient d'être capturée par une tribu de cannibales. Parmi eux, une superbe blonde complètement nue car elle était en train de se baigner dans la rivière au moment de l'attaque et n'a pas eu le temps de se rhabiller.

Le chef cannibale n'hésite pas une seconde et demande qu'on lui prépare la jeune femme. Le cuisinier lui demande :

— Vous la mangerez demain midi ou demain soir ?

— Plutôt demain matin, répond le chef, comme ça, je prendrai mon petit déjeuner au lit.

***

Pour s'entraîner aux épreuves d'athlétisme, une équipe de coureurs à pied fait un séjour en forêt tropicale. Tous les jours, ils parcourent la brousse pendant des heures.

Un matin, ils sont pris en chasse par des cannibales. Après un moment de poursuite, l'un des cannibales regarde le soleil : midi et demi. Les athlètes continuent à courir sans être rattrapés. Le temps passe. Le soleil indique une heure et quart. Mais les poursuivants ne parviennent toujours pas à capturer les coureurs. Il est maintenant deux heures. Alors, l'un des cannibales, excédé, s'écrie :

« Mais à quelle heure on va bouffer ? »

***

Un cannibale, de passage dans un grand hôtel, s'installe à une table du restaurant pour le dîner.

Le serveur s'approche de lui en lui tendant le menu :

— Qu'est-ce que je peux vous servir, monsieur ?

Le cannibale jette un coup d'œil sur le menu et répond :

— Vous n'auriez pas plutôt la liste des clients ?

***

Deux cannibales bavardent :

— Dis donc, toi, tu peux me dire pourquoi tu ne manges que les bébés qui dorment sous des moustiquaires ?

— Oh, c'est simple. C'est parce que ça fait de beaux morceaux dans le filet.

***

Des cannibales viennent de faire prisonnier un pauvre chasseur blanc. Le chef cuisinier qui a fait un séjour dans un grand restaurant parisien, lui demande aimablement :

— Comment voulez-vous que je vous prépare ? Saignant ou à point ?

***

Au moment où le chef cuisinier met le feu sous la marmite où est attaché l'explorateur prisonnier, celui-ci a une idée pour se sortir de cette situation pour le moins désagréable :

— Arrêtez ! Arrêtez ! Je suis immangeable ! Regardez !

Et il s'extirpe du chaudron pour leur montrer la cicatrice de son opération de l'appendicite.

— Regardez ! Vos confrères de la tribu voisine ont essayé de m'entamer il y a deux semaines mais vous voyez, ils ont dû renoncer !

***

Un cannibale rentre chez lui, le soir. Sa femme lui dit :

— Devine qui nous avons à dîner, ce soir.

— Je ne sais pas. Un ami ?

— Oui, notre voisin.

— Et où est-il ?

— Dans la marmite.

***

Un petit garçon cannibale arrive un matin à l'école avec un bébé sous le bras. La maîtresse lui dit :

— Tu as amené ton petit frère ?

— Non, mademoiselle. C'est mon casse-croûte.

***

Un anthropophage se plaint d'avoir mal à la tête et va consulter le sorcier du village. Celui-ci l'interroge :

— Qu'est-ce que tu as mangé, ces derniers jours ?

— On a fini l'expédition scientifique qui venait de Hollande.

— Ne cherche pas plus loin, alors. Tu as mal à la tête parce que tu as mangé trop d'intellectuels.

***

CARRÉ BLANC

Lors d'un voyage en groupe, le guide a distribué des mots croisés pour aider les voyageurs à tuer le temps.

— Alors ça, je ne vois pas, dit un jeune homme... un mot de 7 lettres, « se vide quand le coup est tiré », et ça fini par « ouille »...

— C'est « douille », monsieur, dit une dame.

— Qui peut me prêter une gomme, dit une jeune fille toute rouge...

***

Un journal de province parle d'une vilaine affaire de viol.

— Dès que la police eut reçu la plainte de la victime, elle s'est immédiatement rendue sur les lieux pour trouver l'arme du crime !

***

Un jeune militaire très complexé va voir le médecin-chef :

— Euh... je viens vous voir de la part d'un ami. Il est un peu embêté, parce que depuis quelques jours, il a un vilain bouton... sur le bras droit, je crois !

— Bon, allons-y, répond le médecin-chef. Ôtez votre pantalon, et montrez-moi ça !

***

Un homme visitant un zoo profite d'une allée déserte pour satisfaire un besoin pressant.

Un éléphant enfermé non loin de là demande à son compagnon :

— Tu crois qu'il arrive à boire, avec ce truc-là ?

***

Alice Sapritch va voir son gynécologue. Il l'installe sur la table d'examen, et commence à l'examiner. Au bout d'un moment, il s'exclame :

— De toute ma vie, je n'ai jamais vu un trou pareil... un trou pareil... un trou pareil...

— Bon, ça suffit, répond l'actrice, j'ai compris !

— Excusez-moi, madame, dit le gynécologue, ce n'est pas moi qui répète, c'est l'écho...

***

Deux hommes vont au théâtre. Pendant l'entracte, ils se rendent aux pissotières.

— Belle pièce ! fait l'un d'entre eux !

— Pédé, dit l'autre...

***

Deux femmes papotent. Soudain l'une d'elles s'exclame :

— Ciel, j'aperçois mon mari qui arrive avec un bouquet de fleurs à la main. Il va encore falloir que j'écarte les cuisses !

— Pourquoi, lui répond son amie. Tu n'as pas de vase ?

***

Une vieille comtesse octogénaire retrouve un de ses anciens amants :

— Oh, mon cher vieux complice ! s'écrie-t-elle !

— Eh oui, mon zizi aussi, répond le vieux monsieur...

***

Une infirmière plutôt laide raconte à une autre infirmière celle-là vraiment ravissante :

— Tu sais le beau marin qui est arrivé hier, eh bien il a un drôle de tatouage, et situé à un endroit très intime.

— Qu'est-ce que c'est, ce tatouage ?

— S.O.S., je crois...

Le lendemain, la jolie infirmière dit à sa copine :

— Tu sais, le tatouage... c'est pas S.O.S., qui est écrit, mais Souvenir des Galapagos...

***

Dans une maison de retraite, deux vieux messieurs bavardent :

— Oh ! fait l'un à l'autre, tu as oublié de fermer ta braguette !

— C'est pas un oubli, fait l'autre. Figure-toi que, hier, j'avais oublié de fermer ma chemise et depuis, j'ai le cou tout raide...

***

— Qu'est-ce qu'une partouze ?

— Rien de plus facile. L'Amour avec un grand tas...

***

Trois naufragés anglais dérivent sur un radeau. L'un d'eux lance :

— Si on jouait au golf miniature. Moi je fournis la canne !

— D'accord, fait le second, je fournis la balle !

— Si je comprends bien, fait le troisième, il ne manque plus qu'un trou. Alors là, je ne suis pas d'accord, je ne joue pas !

***

Cet homme aime les émotions fortes, notamment les caresses très spéciales quand il conduit. Un jour, il se retrouve à l'hôpital, et un ami vient le voir :

— Finalement, tu t'en es bien sorti !

— Ah, tu trouves, demande donc au docteur avec quoi la fille qui a été projetée hors de la voiture est morte étouffée...

***

Un Français et un Américain se disputent dans un café.

— Je te dis, my friend, qu'il y a 33 positions pour faire l'amour !

— Pas du tout, tu n'y connais rien, il y en a trente-deux !

— Trente-trois !

— Trente-deux !

— Bon, on va les passer toutes en revue, et on verra bien qui a gagné... Et l'Américain commence :

— D'abord, la première position, normale, la plus simple...

— Quoi, jamais entendu parler, de celle-là, fait le Français tout étonné...

***

Elle a une santé terrible, cette jeune femme.

Tellement qu'il lui est difficile de trouver un homme capable de satisfaire son énorme appétit d'amour. Un jour, elle entraîne dans sa chambre un camionneur qui lui a promis de la combler, au-delà de ses désirs. Mais le malheureux, après une nuit d'efforts, laisse échapper un petit :

— Ouf !

Alors la jeune femme le tance vertement :

— Je ne vous ai pas invité pour me faire des discours !

***

Un couple fait l'amour sur une meule de foin ; l'homme demande :

— Est-ce que j'y suis bien, là, chérie ?

— Non, tu es dans le foin...

— Et là, maintenant ?

— Mais non, tu es encore dans le foin...

— Et là ?

— Oh oui, chéri, c'est bon !

— Zut ! Je crois que je préférais le foin !

***

Une dame, rentrant d'Afrique, subit l'interrogatoire de l'une de ses amies :

— Dis-moi tout ma chérie. Quel genre de vie mènent là-bas les habitants du pays ?

— Le même genre qu'ici, répond la dame... Mais en noir et bien plus gros !

***

Un homme d'affaires en voyage à Tokyo séduit une ravissante Japonaise en compagnie de qui il passe la nuit. Pendant le traditionnel orgasme, la jeune femme pousse un cri : « Nagashami ».

« Cela doit être un cri de victoire, se dit-il, ou de plaisir total ! »

Le lendemain, il se retrouve sur un terrain de golf en compagnie d'un autre Japonais. Celui-ci réussit un coup extraordinaire en envoyant directement la balle dans le trou. Pour le féliciter, se souvenant, de sa nuit, l'Américain lance au Japonais « Nagashami ». Celui-ci s'interroge :

« Qu'est-ce qu'il veut dire cet Américain ? Comment ça ''Pas le bon trou !'' »

***

Un employé dans une firme de détergent rencontre son directeur général.

— Je crois que j'ai trouvé une nouvelle application à nos produits, lui annonce-t-il. Et cela, je dois vous l'avouer grâce à l'une de nos secrétaires qui s'en sert comme injection vaginale.

— Vous me rassurez répond le directeur. Avec toute cette mousse que vous avez autour de la bouche, je croyais que vous vous trouviez atteint par la rage !

***

Un conférencier disserte sur l'amour au milieu d'une assemblée fort distinguée.

— Mesdemoiselles, mesdames et messieurs... L'amour se présente sous la forme de 32 positions différentes...

— 33 lance une voix au fond de la salle.

Nullement troublé, le conférencier poursuit son idée :

— Je répète, 32 positions... La première étant l'homme assis sur une chaise...

Un monsieur au fond de la salle se lève et fait « 34 ! ».

***

Paul ! Tu sais que ta femme passe ses après-midi au Fouquet's sans slip ?

— Quoi ? Qu'est-ce que tu racontes ? Et d'abord, qui t'as dit ça ?

— Mon petit doigt...

***

Sous l'Occupation, les Allemands réquisitionnaient tous les objets en cuivre pour la confection des munitions dans les usines d'armement.

Un jour, ils arrivent dans un immeuble et frappent à la loge de la concierge :

— Ponjour matame ! Fous defez nous donner tous fos objets en cuifre.

— Je n'ai rien du tout. On m'a déjà tout pris, monsieur l'officier.

— Tant pis pour fous, fous serez fusillée demain à l'aupe !

— Bon, bon, je vais chercher ce qui me reste.

Et la brave femme de donner saladiers, bibelots et bassines.

Les Allemands montent au premier étage, frappent à la porte et se trouvent devant une bonne sœur.

Même scénario :

— Ponjour matame ! Fous defez nous donner tous fos objets en cuifre.

— Je n'ai rien du tout. On m'a déjà tout pris.

— Tant pis pour fous, fous serez fusillée demain matin à l'aupe !

— Bon, bon, tout de suite. Je vais voir.

La religieuse ramène crucifix et ciboires et les donne à l'officier.

Arrivés au deuxième étage, les soldats frappent chez la dernière locataire qui est une prostituée. Même exigence, et devant le refus de la jeune femme de petite vertu, même menace :

— Fous serez fusillée à l'aupe !

Et la dame de répondre :

— Te fâche pas mon biquet. Si ça peut t'arranger, je te ferai un pompier et tu prendras le casque !

***

Dans un bordel (du temps où c'était encore autorisé), la patronne reçoit une nouvelle venue qui arrive de sa Bretagne natale mais qui a déjà quelques années d'expérience derrière elle. Son ancienne directrice lui a donné une lettre de recommandation auprès de notre tenancière qui, satisfaite de sa nouvelle recrue, lui donne les dernières consignes :

— Ici, c'est une maison de luxe. Notre clientèle est surtout composée de banquiers et d'hommes d'affaires. J'exige donc de mes filles une belle tenue et bien sûr une grande hygiène. Entre chaque visite de chacun de ces messieurs, vous devez vous laver au savon de Marseille.

— Au savon de Marseille ? répond la nouvelle avec un air ébahi.

— Eh bien oui ! Chez Madame Gisèle, en Bretagne, ce n'est pas ce que vous faisiez ?

— Oh ! non madame, nous nous lavions avec du sel !

Au tour de la tenancière d'être déconcertée :

— Au sel ? Mais pourquoi ?

— Eh bien, Madame Gisèle, elle disait que c'était mieux parce que cela faisait boire le client...

***

Deux jumeaux attendent de naître, bien à l'abri dans le ventre de leur mère. Tout à coup, ils sont dérangés et l'un dit à l'autre :

— Tiens, voilà papa qui vient nous voir !

— Mais non, répond l'autre, c'est un invité, regarde, il a mis des gants !

***

Savez-vous pourquoi les enfants de riches devenus adultes ont une sexualité moins forte que les enfants de pauvres ?

Parce que les enfants de riches, eux, ils avaient des jouets pour s'amuser...

***

Un dragueur accoste une superbe jeune femme au coin d'une rue :

— Si tu me laisses monter chez toi, tu ne le regretteras pas : je te lècherai le nombril...

— Et que voulez-vous que ça me fasse ? Lécher le nombril est à la portée de tout le monde !

— Oui, sans doute... Mais moi je fais ça de l'intérieur !

***

— Qu'est-ce que tu deviens ?

— Je ne fais plus collection de timbres. A présent, je collectionne les gestes obscènes.

— Montre-m'en un !

— Impossible. Je ne fais que des échanges.

***

C'est l'histoire d'une femme, seule mais très jolie, qui tirait le diable par la queue.

Jusqu'au jour où elle s'est dit :

— Mais, dans le fond, pourquoi le diable ?

***

Un homme un peu timide décide de partir en croisière.

Son meilleur ami lui donne quelques conseils avant le départ :

— Il y a deux choses très importantes à emporter. D'abord, achète une boîte de cent pilules pour le mal de mer, ça serait dommage que tes vacances soient gâchées à cause de ça ! Et puis, n'oublie pas que dans les croisières, on fait beaucoup de rencontres, notamment des femmes seules et qui ont besoin d'affection... alors, si j'étais toi, j'achèterais des préservatifs.

L'homme se précipite dans une pharmacie, demande une boîte de 100 pilules contre le mal de mer à la vendeuse.

— Voilà, monsieur, et avec ça ?

Une boîte de... préservatifs, s'il vous plaît...

— Enfin, monsieur, si ça vous donne le mal de mer, pourquoi le faites-vous si souvent ?

***

A la frontière entre l'Allemagne et la Suisse, deux soldats discutent :

— Qu'est-ce que tu feras, toi, quand tu auras terminé ton service ?

— Moi, c'est bien simple, je me précipite chez moi et je saute ma femme ! Et toi ?

— Moi, pareil que toi, sauf que j'enlèverai mes skis d'abord...

***

Un type décide de se rendre à un bal costumé, déguisé en Adam.

Il se rend dans une boutique d'accessoires de théâtre,et demande au vendeur une feuille de vigne.

Le vendeur lui présente plusieurs modèles, mais à chaque fois, le client répond avec un petit air supérieur :

— Vous n'y pensez pas, c'est trop petit !

Le vendeur va chercher dans l'arrière boutique le plus grand modèle, quarante centimètres, mais entendant le client ricaner :

— Vous plaisantez, ce serait indécent !

— Écoutez, monsieur, je vous propose de vous la mettre sur l'épaule, et de vous déguiser en pompe à essence !

***

CAUCHEMAR

— J'ai fait un abominable cauchemar : j'étais sur une île déserte en compagnie de Raquel Welch, Isabelle Adjani, Ursula Andress et Brigitte Bardot.

— Et tu appelles ça un cauchemar ?

— Oui, mon vieux ! J'étais Jane Birkin...

***

Un petit garçon vient de faire un cauchemar.

— Rendors-toi bien vite, lui dit sa maman. Et si tu te réveilles à nouveau, appelle vite maman, papa viendra vite voir ce que tu as !

***

Deux call-girls discutent :

— Ah, j'en ai assez, dit l'une. Cela fait deux jours que je fais un cauchemar horrible !

— Qu'est-ce que c'est ?

— Eh bien, je suis dans mon lit, Paul Newman surgit par la fenêtre, saute dans mon lit, et il est tout nu !

— Et tu appelles ça un cauchemar ?

— Oui, parce qu'en sautant dans mon lit, cet imbécile renverse chaque fois la bouteille d'eau sur la table de chevet, et ça me réveille...

***

Un type très énervé va voir son médecin :

— Docteur, je n'en peux plus !

— Vous souffrez beaucoup ?

— Oh oui ! Toutes les nuits je fais un cauchemar horrible...

— Quel genre de cauchemar ?

— Épouvantable !... Chaque nuit Bo Derek me donne un rendez-vous...

— Bo Derek ! Et vous trouvez que c'est un cauchemar ?

— Oui docteur... Car elle ne vient pas...

***

CHAMOIS

En pleine nuit un chamois se met à hurler en pleine montagne.

— Que se passe-t-il, demande son compagnon ?

— Un horrible cauchemar... Je me voyais en train d'essuyer une voiture.

***

Une maman chamois morigène son fils :

— Arrête de désobéir, ou plus tard tu essuieras des lunettes comme papa...

***

CHANTIER

Le brave Ahmed travaille dur sur le chantier de la Tour Mengès à la Défense. Ahmed pousse une brouette... Il est perfectionniste et l'essieu de sa brouette fait un bruit infernal. Au bout de quelques jours, il décide d'en parler à son contremaître :

— Sidi, ma brouette, elle fait du bruit « Hii... Hii... Hii... » y faudrait de la graisse...

— Ahmed, j'ai pas le temps, demande au maître d'œuvre.

Notre ami va voir le maître d'œuvre :

— Massiou, ma brouette elle fait « Hii... Hii... Hii... » y faudrait de la graisse.

— J'en ai pas, va voir à la cabane des fournitures.

A la cabane on envoie Ahmed au service construction, de là on l'expédie à la cantine puis à l'infirmerie, bref, à bout de nerfs le pauvre émigré va voir le directeur.

— M'siou le patron, j't'y dérange mais y a ma brouette qui fait « Hii... Hii... Hii... » quand je la pousse, y faudrait de la graisse.

— Dehors !

— Pardon massiou ?

— Dehors vous êtes viré Ahmed.

— Mais massiou...

— Je vous mets dehors. Votre brouette, quand vous la poussez, elle doit faire : « Hii-hii-hii-hii-hii-hii-hii-hii-hii-hii ».

***

La femme de l'architecte appelle son mari sur son chantier...

Elle paraît inquiète :

— Allô, mon chéri ?

— Oui ma biche ?

— As-tu bien mangé ta gamelle à midi ?

— Oui ma biche.

— Et elle était bonne la gamelle que je t'avais préparée ?

— Excellente ma biche ?

— C'est bien alors, parce que je viens de me rendre compte que ce matin j'ai ciré tes chaussures avec le bœuf miroton.

***

Sortie du chantier un soir d'hiver... Deux manœuvres rêvent en marchant vers le métro :

— Imagine, Youssef, qu'une Rolls stoppe là devant nous, un chauffeur noir en sort et nous dit : « Messieurs, montez s'il vous plaît. »

— Oui, oui...

— Nous monterions et le chauffeur nous dirait : « Avec le froid qu'il fait dehors vous devez geler, prenez donc un armagnac dans le bar. »

On dégusterait ce grand cru...

— Oui, oui...

— Et puis il continuerait : « Après une dure journée de labeur comme cela vous devez avoir faim... Prenez des canapés au caviar et au saumon... »

— Oui, oui...

— Après on irait dans son superbe hôtel particulier de Neuilly, où des domestiques seraient là pour nous...

— Arrête, des histoires comme ça c'est du rêve, cela n'existe pas et n'arrive à personne...

— Et si... à ma fiancée...

***

Dans l'Arkansas, un Noir se présente au bureau du personnel d'un chantier.

— Savez-vous lire, lui demande le patron ?

— Bien sûr, répond le postulant.

— Alors qu'est-ce qu'il y a écrit là-dessus, interroge le Blanc en lui tendant un journal entièrement rédigé en Chinois.

— Oh là là, fait le Noir. Les petits caractères, je n'arrive pas à les déchiffrer car je ne les vois pas. Mais les gros caractères, ça je comprends. Il y a écrit : « Y'a pas d'embauche pour les Noirs ! »

***

CHASSE

Conseil d'un chasseur : Pour chasser le lapin, mettez-vous derrière un arbre et imitez le cri de la carotte !

***

Un chasseur part pour les Pyrénées, on lui a indiqué un vieux chasseur de loups qui sait où trouver quelques rares loups blancs qui vivent encore dans cette région.

Après quelques heures de voiture, il trouve le refuge de ce vieux chasseur solitaire.

— Monsieur, je rêve de tuer un loup. A Paris on dit que vous êtes le seul à savoir où en trouver et comment les approcher. Accepteriez-vous de m'aider ?

— Certainement, il n'y a rien de plus facile. Ce sera deux mille francs.

— Les voilà… Dites-moi vite comment faire…

— Vous allez vers la montagne, vous repérez le plus gros trou possible dans la roche, vous vous postez en face de cette cavité et vous soufflez dans ce sifflet. Il imite à la perfection le bruit du mouton. Obligatoirement le loup sort, vous tirez et le loup blanc est à vous…

— Monsieur, je vous remercie, je suis fou de joie.

Quelques années passent, le vieux chasseur monte à Paris et rencontre un cul-de-jatte, borgne et manchot… En voyant passer ce vieux chasseur, l'infirme se démène :

— Monsieur, monsieur, vous ne vous souvenez pas de moi ? Il y a quelques années je suis venu vous voir pour tuer un loup…

— Je me souviens très bien, mais que vous est-il arrivé ?

— J'ai suivi vos conseils : j'ai trouvé une grande cavité dans la roche, je me suis positionné devant, j'ai sifflé…

— Et alors le loup est arrivé ?

— Non, un train.

***

Un chasseur parisien, très snob, est ravi. Son ami le baron de la Blazinerie vient de lui communiquer, sous le sceau du secret, la dernière adresse d'Afrique où l'on peut capturer des gorilles vivants…

Ce mondain prend le premier avion et se retrouve face à un vieux chasseur au visage buriné qui lui propose de partir dès le lendemain en brousse…

Notre ami se retrouve à six heures du matin avec tout son matériel. Le petit vieux arrive et lui dit :

— La seule chose dont vous avez besoin c'est de votre fusil.

— Mais je croyais que nous prenions les gorilles vivants ?

— Écoutez, ici, c'est moi le patron, ne vous en faites pas, vous les aurez vivants.

En sortant de l'hôtel surprise : aucune cage, pas de porteur, seulement un petit cocker !

— Mais comment, interroge le Parisien, pas de camion, comment allons-nous faire ?

— C'est qui le patron ?

— C'est vous, allons-y…

Ils partent et marchent une semaine en brousse et soudain le vieux stoppe tout.

— Nous y sommes. Tous ces arbres sont remplis de gorilles.

— Comment fait-on ?

— C'est très simple voici des menottes. Je vais grimper dans le premier arbre puis je vais le secouer et là il y a au minimum un gorille qui va tomber.

— Et qu'est-ce que je fais ? demande le type franchement inquiet.

— Mon chien se précipite sur le gorille et lui mord les couilles.

— Et moi ?

— Le gorille met ses deux mains en avant pour se protéger et vous lui passez les menottes !

— Le fusil, c'est pour…

— Le fusil, c'est pour vous, car, si par malheur je tombe de l'arbre, vous tuez le chien.

***

Le célèbre comte de la Blazinerie, chasseur patenté, passe à table dans son château familial…

— Que mange-t-on Adélaïde, ce soir ?

— Mais mon chéri… La volaille que vous m'avez apportée tout à l'heure…

— Mais ma pauvre… Quand aurez-vous deux sous de cervelle ? Cette volaille, comme vous dites, c'était un oiseau parleur : un perroquet !

— Il parlait l'animal ! Mais pourquoi ne me l'a-t-il pas dit ?

***

Un chasseur rentre chez lui après une dure journée :

— Alors, encore bredouille, ironise un voisin ?

— Pire que ça, dit le chasseur.

— Comment ça, pire que bredouille ?

Le chasseur s'approche du voisin et lui dit tout bas :

— Imaginez que j'avais acheté deux bécasses à un autre chasseur, mais on me les a volées pendant que je prenais un verre au café du village !

***

CHAT

— Pourquoi tu pleures si fort, mon petit bonhomme...

— C'est parce que maman a tué tous les petits chats.

— Oh ! Et tu voulais en garder un pour toi ?

— Non ! Je voulais les tuer moi-même !

***

Il est très délicat de connaître au premier abord le sexe d'un chat. Il y a un moyen très simple à la portée de tous. Prenez une soucoupe, mettez du lait frais dans cette soucoupe, appelez le chat : s'il vient : c'est un chat ; si elle vient, c'est une chatte.

***

Triste histoire... Un monsieur avait la réputation bien établie de faire l'amour comme un chat... Hélas, un jour, il est tombé du toit...

***

Un film très poignant passe sur le grand écran. Il s'agit d'une enfant abandonnée se battant seule contre le sort qui s'acharne sur elle.

Installé dans l'un des fauteuils de la salle, un chat très ému pleure à grosses larmes. L'ouvreuse l'aperçoit et s'approchant de son maître lui dit :

— C'est extraordinaire, un chat qui sanglote en regardant un film !

— C'est vrai, répond le maître, d'autant plus qu'il n'a pas du tout aimé le livre !

***

CHAUSSURES

« La ville la plus extraordinaire du monde ? dit cette grande voyageuse, mais c'est Moscou ? C'est la seule ville où une femme qui se promène nue dans la rue avec seulement une paire de chaussures voit tous les regards des passants se baisser irrésistiblement sur ses pieds ! »

***

Un homme entre dans un magasin de chaussures.

— Je voudrais ce modèle, indique-t-il au vendeur. Je désire l'acheter en pointure 38.

— Mais, s'étonne le négociant, je ne comprends pas. Vous chaussez du 40 et vous portez du 38 !

— Écoutez, répond le client. Ma femme me trompe, mon fils est homosexuel et mes affaires se portent très mal. Alors, mon seul bonheur dans l'existence, c'est le soir, de retirer mes chaussures...

***

Une grosse dame rentre dans un magasin de chaussures.

— Madame, s'exclame la vendeuse à l'intention de cette cliente un peu forte, je vous donne votre pointure tout de suite ou vous y arrivez petit à petit !

***

— Madame ! Vous avez perdu votre talon !

— Non. Je boite...

***

Un industriel de la chaussure envoie deux de ses représentants explorer le marché en Afrique. Une semaine après il reçoit par télex leurs impressions. Le premier écrit :

« Rentre demain. Stop-Marché sans intérêt. Stop-Tout le monde se déplace pieds nus ! »

Le second lui, écrit :

« Je m'installe ici ! Marché extraordinaire-Stop-Tout le monde marche encore pieds nus ! »

***

J'ai d'assez grands pieds. L'autre jour, dans un magasin de chaussures, la vendeuse m'essaie des mocassins. Le 45 était trop petit, le 46 aussi, le 48 idem... Alors, elle me dit :

— Je n'ai rien au-dessus. Mais si vous voulez, je peux vous essayer la boîte.

***

CHEVAL

Qui a osé dire qu'Amin Dada était un bon cheval ?

***

— Tu joues toujours aux cartes et jamais aux chevaux. Pourquoi ?

— Parce que je peux battre les cartes et pas les chevaux. Surtout que je fais partie de la S.P.A.

***

Une jeune fille se promène en forêt... Depuis un long moment une jument la suit... Elle tourne à droite, la jument fait la même chose... Elle marche le long d'une rivière... Même chose... Au bout d'un moment la jeune fille se retourne et demande à la jument :

— Mais pourquoi me suivez-vous comme cela ?

— Parce que vous avez une queue de cheval.

***

L'une des plus célèbres pouliches du monde, « Une de Mai », a eu une descendante sur laquelle les turfistes placent tous leurs espoirs...

— Connaissez-vous son nom ?

— Rien de plus facile, elle a été baptisée « Une de Mai deux »...

***

Un propriétaire de chevaux de course rentre chez lui a l'impromptu et surprend sa femme au lit en compagnie de son jockey vedette. Réaction immédiate du mari trompé :

— Je vous fiche à la porte ! C'est la dernière fois que vous montez pour moi !

***

CHIEN

— Pleurez pas comme ça, voyons ! A quoi ça rime ! Qu'est-ce qui vous fait tant de peine, ma pauv' dame ?

— Mirza ! Ma chienne ! Elle est partie ! Elle m'a quittée ! Après cinq ans de vie commune ! Oh ! l'ingrate, l'ingrate ! Moi qui l'aimais tant !

— Elle est partie comme ça ? Brusquement ?

— Oui ! Elle a filé en Grèce, avec armes et bagages...

— Pourquoi justement en Grèce ? Elle connaît un chien là-bas ?

— Non. Mais quelqu'un lui a dit qu'en Grèce tous les noms finissent en « os ».

***

— Il est beau, votre chien. Il doit avoir un pedigree ?

— Je pense bien... Et s'il pouvait parler, il ne s'adresserait ni à vous ni à moi.

***

— Tiens ! Tu as acheté un basset à tes enfants ?

— Oui. Vu sa longueur, ils peuvent tous le caresser en même temps.

***

Un quidam furieux retourne dans le chenil où il a acheté un chien quarante-huit heures auparavant.

— C'est un scandale ! Le chien que je vous ai acheté est mort !

— C'est exact.

— Eh bien, je vous dis qu'il est mort hier.

— C'est tout à fait normal, monsieur, il a eu dix ans hier.

***

C'est un gros doberman qui poursuit un type... Le malheureux tourne dans la première rue à droite mais il a toujours le monstre tous crocs dehors à ses basques... Il arrive sur une petite place avec une fontaine et se met à tourner à toute vitesse autour de la fontaine.

Un passant, connaisseur en espèce canine, lui lance :

— Ne continuez pas à tourner comme

cela... Allez vous cacher dans un immeuble. Sauvez-vous !

— Ça va pas la tête, lui répond le type dans un souffle, j'ai un tour d'avance.

***

C'est un chien féroce qui garde une belle maison... Passe un monsieur respectable devant le portail... La bête furieuse saute et se jette sur le passant le mordant jusqu'au sang.

Soudain le propriétaire de l'animal sort sur les marches de sa villa et lance au malheureux en sang qui est à terre :

— Caressez-le, caressez-le...

***

Un petit garçon joue avec un bouledogue. Il se met à faire des grimaces affreuses, et son père lui dit :

— Paul, arrête de faire des grimaces !

— C'est pas moi qui ai commencé... hurle le petit garçon.

***

Deux chiens assis devant une porte voient passer un tandem.

L'un d'eux lance à l'autre :

« Ah dis donc, si ça avait été nous, on aurait reçu un seau d'eau depuis longtemps ! »

***

CHRIST

Les chrétiens font le signe de croix parce que le Christ a été crucifié. Et s'il avait été empalé ?

***

A la table de Jésus les douze apôtres font du chahut !

— C'est fini cette pagaille, hurle Jésus en tapant du poing sur la table... J'en ai assez... Fichez-moi tous le camp dehors et allez voir si j'y suis.

Les douze apôtres quittent tous la pièce. Et dehors, ils constatent que Jésus est là...

***

Le soir de la Cène, à la fin du repas, Judas appelle discrètement le maître d'autel, pardon, le maître d'hôtel..., et lui lance :

— Ça ne vous ennuierait pas de me faire une petite addition séparée...

***

Un producteur de cinéma pénètre sur un plateau hollywoodien où l'on tourne une vie de Jésus.

— Qui sont les douze gars à côté de Jésus ? demande-t-il au metteur en scène.

— Ce sont les apôtres.

— Alors mettez-en au moins quarante, répond le producteur. Comme ça, ça fait pauvre !

***

Jésus-Christ décide d'aller faire un petit tour au Paradis, pour voir si tout va bien.

Il rencontre un pauvre vieil homme, décharné et tout courbé :

— Alors mon brave homme, d'où venez-vous comme ça ?

— Oh, il y a bien longtemps, de Palestine, si je me souviens bien...

— Ah bon ? Et votre nom, c'était comment ?

— Hummm, voyons, j'crois bien que c'était Joseph...

Jésus devient très ému, et, se penchant vers le vieillard, lui demande :

— Et votre profession, c'était quoi ?

— Ooohh... peut être bien charpentier.

Alors Jésus, en pleurs, serre le vieil homme dans ses bras en l'appellant :

— Papa !

— Pinocchio ! répond le vieil homme...

***

CIGARETTE

— Tiens ? Tu roules tes cigarettes ?

— Eh ouais ! Le médecin m'a recommandé de faire de l'exercice.

***

Seizième arrondissement... Un poseur de moquette vient de terminer sa journée et regarde d'un œil satisfait son labeur : Trois cents mètres carrés de moquette pure laine vierge... Pour fêter cela, une petite cigarette... Il regarde dans ses poches... Pas la moindre trace de son paquet... Il regarde partout et, au milieu de la pièce, mais sous la moquette, il voit une bosse !

— Zut ! Mes clopes sont là-dessous ! C'est vraiment stupide... Je ne vais pas découper toute cette moquette. Je vais arranger le coup.

Il prend un marteau, va vers la bosse et tape de toutes ses forces jusqu'à ce que la bosse disparaisse.

C'est à cette minute même que la comtesse, propriétaire, entre et demande :

— Je viens de trouver un paquet de cigarettes dans la cuisine ? Sont-ce les vôtres mon brave ?

Notre homme reconnaît là ses papiers maïs favoris...

— Par ailleurs, interroge la comtesse, vous n'auriez pas vu mon hamster ?

***

CIMETIÈRE

Je connais un cimetière où l'on n'enterre que les gens célèbres. On les met debout, de la terre jusqu'à la ceinture. Le haut sert de buste !

***

Quand on mettra les cimetières en haut des gratte-ciel, quel chemin parcouru !

***

Je voudrais disparaître en fondant dans mon bain, tel un morceau de sucre... et par discrétion je me ferai enterrer à côté du cimetière...

***

Sur le mur d'un cimetière j'ai lu : « Défense de déposer des ordures. » Pourtant, aucun corbillard ne fait jamais demi-tour !

***

« Comment vont vos parents ? Toujours au même cimetière ? »

***

Un médecin traverse un cimetière. Soudain une main décharnée sort d'un tombeau et une voix sépulcrale demande :

— Hé, docteur ! Vous n'avez pas un remède contre les vers ?

***

C'est très beau un arbre dans un cimetière. On dirait un cercueil qui pousse...

***

Deux dames, vêtues de noir et voilées, se croisent dans un cimetière.

— Ma pauvre ! Vous aussi vous êtes veuve ? demande l'une.

— Non ! répond l'autre. Moi, je suis laide.

***

Un fossoyeur, à six heures du soir, sort du cimetière. Le gardien le hèle :

— Alors ? La journée est finie ?

— Eh oui ! répond le fossoyeur. Encore une de morte !

***

Voici un poème, dédié à tous ceux qui n'hésitent pas à me comparer à Musset, sinon à Lamartine.

Au Père-Lachaise je l'avais rencontrée
Posant des roses sur bien des pierres tombales.
Je la suivais, je l'avoue, intrigué,
Croyant que c'était une originale.
Mon gros défaut, c'est la curiosité,
Je lui demandai la raison de son geste,
« Ce sont mes amis que je viens pleurer
Ils sont morts d'amour, voilà ce qu'il en reste. »
Je ne suis pas pourtant un risque-tout,
J'l'ai épousée, mais en voici la cause :
Vivement qu'à mon tour, je sois dans mon trou...
Elle, je la déteste... Mais j'adore les roses !

***

Un pauvre veuf lui, le père Hernandez, cousin éloigné de l'autre, celui qui est d'Espagne, suit le convoi qui emporte sa femme au cimetière. Un vieil ami s'approche de lui, le serre dans ses bras et lui dit affectueusement :

— Ça fait une éternité qu'on ne s'est vu ? Qu'est-ce que tu deviens ?

— Hé... répond l'autre. Je vais mon chemin.

— Et ta femme, comment va-t-elle ? »

Alors le père Hernandez montre le corbillard devant et murmure :

— Comme tu vois ! elle va si bien qu'on l'emmène au cimetière !

***

CINÉMA

Au cinéma, un type dérange sa voisine au moment le plus palpitant du film.

— Qu'est-ce que vous cherchez ? râle-t-elle.

— J'ai perdu mon caramel.

— Tout ce raffut pour un caramel ?

— Eh oui ! Figurez-vous que mon râtelier est dedans.

***

Deux chèvres — non, parmi elles, désolé, M. Seguin, il n'y a pas la vôtre ! — se baladent derrière une salle de cinéma. Elles trouvent une bobine de film que l'une d'elles s'empresse de dévorer. Après, sa copine chèvre lui demande :

— Il était bon ce film ?

— Pas mal ! Mais j'avais préféré le livre !

***

Une longue queue s'étale devant un cinéma des Champs-Élysées. De façon tout à fait malencontreuse, un spectateur écrase les doigts de pied d'une personne derrière lui... L'homme pousse un horrible cri de douleur, une dame qui se trouve à côté de lui se penche pour voir ce qui se passe... Et c'est à cet instant que le premier homme lève le bras et enfonce son pouce dans l'œil de la malheureuse qui gémit à son tour...

— Permettez-moi de vous présenter ma femme, dit l'homme au pied écrabouillé, par chance nos enfants ne sont pas avec nous...

***

Un producteur de cinéma rencontre une jeune femme rêvant de devenir starlette.

— Mademoiselle, lui demande-t-il. Connaissez-vous la différence entre une érection et une salade niçoise ?

— Non, lui répond-elle.

— Très bien, ajoute-t-il, alors pouvez-vous déjeuner avec moi ?

***

Il faut savoir se reconvertir : j'ai connu un maquilleur qui est devenu gardien de phare...

***

Dans une rue de la capitale deux réalisateurs de films se rencontrent. L'un des deux a, dans la main, un gros scénario :

— Bravo, je te félicite je vois que tu as trouvé un producteur, tu vas tourner ?

— Absolument pas. Je déménage.

***

Le Festival de Cannes bat son plein... A la plage des Sports, deux producteurs de cinéma ont l'air d'être en pleine discussion d'affaires :

— Dis-moi, Norbert, depuis ton arrivée es-tu déjà allé à la chasse aux starlettes ?

— Pas pour l'instant... Mais tu sais, je ne suis pas très bon dragueur... Quel est le secret de cette chasse ?

— Très simple, tu te caches derrière une affiche de film et tu imites le cri du billet de cinquante sacs.

***

Un comédien chômeur sort de l'agence pour l'emploi de Pigalle... Cela fait presque un an qu'il n'a pas joué le moindre rôle... Machinalement, il va vers Les Champs-Élysées, quartier des gens du cinéma... Il marche sans but avec un costume élimé aux manches... Soudain, un homme l'arrête... Miracle de ce métier, cet homme c'est Steven Spielberg en personne...

— Monsieur, je tourne E.T. nº 67 et vous êtes exactement mon personnage... Quel est votre métier ?

— Je suis comédien !

— Quelle merveille. Donnez-moi vite une photo... Je vais voir mon producteur, et si à dix heures ce soir vous n'avez pas reçu de télégramme d'annulation, soyez à huit heures demain aux studios de Boulogne pour tourner, puis le lendemain direction Los Angeles...

L'émule de Molière n'en revient pas. Un

sentiment de bonheur l'envahit... Il rentre chez lui et explique tout à sa femme... Mais il n'est que cinq heures et l'inquiétude le ronge... A six heures... Rien... A huit heures... Rien... A neuf heures et quart, il est comme un fou... A neuf heures cinquante neuf on sonne...

— Et voilà, dit-il, tout est fini... La chance n'est pas avec moi... Et il va pour ouvrir le gaz... Sa femme l'en empêche...

— Attends au moins que j'aie ouvert la porte...

Elle ouvre... Et, c'est bien un télégraphiste !

— Mon chéri, malgré tout, ouvre le télégramme... Un télégramme de Spielberg, c'est un sacré souvenir...

— A quoi bon ? J'ai toujours été nul... Ouvre-le toi !

— Non et non. C'est toi l'homme c'est à toi de l'ouvrir.

Le malheureux fait face à ses responsabilités de mâle... Il se saisit de la missive... La nausée au bord des lèvres... Il l'ouvre... Son visage se transforme : il éclate de joie, se tourne vers sa femme plein de bonheur et lui dit :

— Chérie, mon trésor... C'est formidable... Ton père est mort.

***

Un producteur de cinéma rencontre sur les Champs-Élysées, un chanteur célèbre de ses amis...

— Tiens, je suis bien content de te voir. Que fais-tu en ce moment ?

— Je fais un roman sur ma vie...

— Très bonne idée ! En es-tu arrivé au jour où je t'ai prêté quatre briques ?

***

Un réalisateur va voir un producteur dans son bureau :

— Cher ami, je vais réaliser le film du siècle ! J'ai un scénario fa-bu-leux...

— Vous savez, des scénarios comme vous dites, j'en ai plein mes bureaux... Est-ce que vous avez une distribution ?

— Celle du siècle : Jean-Paul Belmondo, Robert de Niro, Al Pacino et Catherine Deneuve, Michèle Morgan et en participation Robert Redford...

— Fabuleux, en effet... Parlez-moi un peu de l'histoire...

— Tout commence par un gros plan sur une liasse de billets de cent francs... Il y en a une vingtaine environ...

— Je vous arrête tout de suite. Où voulez-vous que je trouve une somme pareille cash ?

***

Superproduction : la vie du Christ... Un budget fabuleux, du jamais vu, les millions de dollars pleuvent... Les plus grandes vedettes tournent dix minutes... Le producteur vient surveiller le tournage. Il arrive le jour où on tourne le repas :

— Qui sont ces douze types autour de la table ? demande le producteur...

— Douze... Avec le budget que nous avons ! C'est minable... Allez m'en engager deux cents de plus.

***

Ce film était tellement mauvais que les gens faisaient la queue pour sortir.

***

Un réalisateur qui vient d'écrire un très mauvais scénario est à la recherche d'une vedette masculine pour le rôle principal. Bien entendu, son œuvre est tellement nulle que personne n'en veut. Aussi, il fait lire le manuscrit à tout le monde et un jour il croise un de ses amis qui se précipite vers lui :

— Dis donc coco, Belmondo a dévoré ton scénario...

— Tu en es certain ?

— Absolument, je n'ai même pas eu le temps de le lire moi-même, il s'est jeté dessus...

— C'est extraordinaire ce que tu me dis là...

Et, à cet instant, le type siffle son chien et dit :

— Belmondo ! Au pied tout de suite !

***

Comment arriver dans le cinéma ?

C'est simple, pour se faire un nom, il faut dire très souvent « oui ».

***

Un imprésario rencontre un jeune comédien qui espère être engagé :

— Quel est votre nom, demande-t-il au débutant.

— Je m'appelle Cannes !

— Écoutez, fait l'imprésario, ce nom est impossible au cinéma. Choisissez un pseudonyme !

— Mais, réplique le postulant, c'est déjà un pseudonyme !

***

Hollywood est en deuil ; John Wayne vient de mourir. Dans les bars de la côte Ouest, les Américains commandent tous leur Martini Dry avec une olive... noire.

***

Dans un cinéma, une femme se penche vers un jeune homme assis à côté d'elle et qui mâche un chewing-gum :

— N'insistez pas, jeune homme, je suis complètement sourde !

***

Un scénariste propose un sujet à un producteur :

— On va tourner la vie de Philippe Bouvard, lance-t-il.

— Excellent, réplique le producteur. Et on va engager Belmondo pour jouer le rôle de Philippe Bouvard !

— Pourquoi pas Bouvard lui-même, interroge le scénariste.

— Impossible, il est trop petit !

***

Au cours d'une projection d'un film en relief, un monsieur s'adresse à la dame qui se trouve juste devant lui.

— Pardon madame, pourriez-vous ôter votre chapeau, il m'empêche de voir ce qu'il se passe sur l'écran !

— Impossible, répond la dame, je suis dans le film...

***

CIRQUE

Un directeur de cirque fait passer des auditions à différents trapézistes pour passer en vedette américaine de son spectacle. Il voit trois quatre débutants sans intérêt puis soudain c'est le choc. Un jeune artiste qui ne s'est jamais produit avec un extraordinaire numéro. Après un triple saut périlleux, il se rattrape au trapèze par la nuque et reste suspendu ainsi le coup tendu en arrière.

— Vous êtes formidable mon petit. Rester suspendu par la nuque ! C'est du jamais vu. Vous allez faire une carrière fulgurante. Vous commencez ce soir même.

Le jeune trapéziste est fou de joie. Le soir il met la gomme. Le public a les yeux rivés sur lui et est subjugué... Pour finir il se rattrape, tient en équilibre par la nuque...

C'est du délire d'enthousiasme qui monte de la piste. Alors, fou de joie, il salue.

***

Grand Cirque Mondial... Le directeur reçoit un nouvel acrobate qui souhaite se faire engager :

— Monsieur le directeur, j'ai un numéro comme vous n'en avez jamais vu : je monte au sommet du chapiteau, sans filet, je fais une série de cabrioles et je termine sur la tête sur la piste.

— Écoutez, si ce que vous me dites est vrai, je vous engage dès ce soir. Passons aux actes et montrez-moi !

Le type arrive sous le chapiteau, monte et fait son numéro comme prévu en le terminant sur la tête !

— Fabuleux... Je vous donne 2 000 F par soir...

— Non merci, monsieur le directeur.

— Bon, je vous donne 3 000 F !

— Non. Non, pas question, je ne veux plus.

— Et pourquoi cela ?

— Je ne le referai plus même pour dix millions ! En fait, c'était mon premier essai et la souffrance est abominable.

***

Le directeur du cirque reçoit la visite d'un artiste chétif et malingre qui lui dit :

— Hello boss, je souis américain et j'ai one truc unique au monde : mon friend apporte en scène one marteau de quatre-vingts kilos et si one spectateur peut soulever le marteau et me donner un coup sur la tête avec... Je accepte...

— C'est assez curieux, lui dit le directeur, mais je suis prêt à tenter l'expérience...

Le soir l'Américain fait son entrée sur la piste et fait sa proposition à la salle...

Une main se lève au vingtième rang et on voit descendre un géant véritable monsieur Muscle...

— C'est ce marteau qu'il faut vous

balancer sur la gueule ? Facile, d'autant plus que j'aime pas les Ricains...

Le type se saisit du manche et sans la moindre difficulté soulève le marteau de quatre-vingts kilos et tape de toutes ses forces sur le crâne de l'artiste...

Le malheureux s'écroule la tête ouverte en deux... On le transporte à l'hôpital. Deux mois de coma total. Un beau matin, il se réveille, le directeur du cirque, les médecins et infirmières sont à son chevet... Il ouvre un œil, se redresse et dit :

— Show time folks.

***

Un magicien réputé raconte ses souvenirs à un ami de passage.

— Autrefois, je présentais mes numéros avec ma femme. Elle était formidable, surtout dans le numéro de la femme coupée en deux.

— Et alors, questionne son ami, vous vous êtes séparés ?

— Oui, c'est de sa faute ; elle vit aujourd'hui à Moscou et à Paris.

***

C'était un fakir extraordinaire. Il n'y en avait pas deux comme lui. Il était de passage à Alger, et il donnait une série de représentations au cinéma Majestic. Ce soir, comme tous les autres soirs, c'était plein à craquer. Il arrive en scène, acclamé par la foule, il regarde l'assistance et dit : « Riez ! » et tout le monde se met à rire, même Pastafagoul, qui venait de perdre son porte-monnaie. Il n'avait plus d'argent et cela est bien triste quand même... Une minute après, le fakir fait : « Pleurez ! » et tout le monde se met à pleurer, même s'ils avaient gagné à la loterie, au tiercé, et même celui qui avait trouvé le porte-monnaie de Pastafagoul. Une minute plus tard, le fakir trébuche sur une lame de plancher et regardant son genou dit : « Je saigne ! »

Eh bien il a fallu une semaine pour nettoyer la salle.

***

Un homme dispose d'une telle énergie qu'il prétend, à un directeur de cirque, pouvoir satisfaire deux cents femmes par jour. Celui-ci l'engage. Le soir de la représentation, la salle est comble. Le champion commence son numéro... 20, 50, 100, 130, 160, 180, 190, tout se passe bien... 191, 192, 193, 194, il donne des signes de faiblesse... 195, il s'effondre... Le public hurle et le pauvre homme quitte le chapiteau sous les quolibets de la foule. Dans les coulisses, il reçoit, en prime, les insultes de son patron.

— Je ne comprends pas, s'exclame-t-il en sanglotant. Cet après-midi, tout a bien marché à la répétition !

***

Au moment d'effectuer le clou de leur périlleux numéro d'acrobatie à trente mètres au-dessus du sol, sans filet, l'un des deux trapézistes crie à l'autre :

« Je sais que tu couches avec ma femme ! Alors maintenant saute ! »

***

— Mademoiselle ! dit un grand escogriffe à la mercière. Je voudrais des aiguilles et des épingles.

— Ah ! Ah ! rigole la marchande. Je vois que les hommes se mettent à la couture.

— Pas du tout ! Je suis un avaleur de sabres à la diète.

***

CLAQUE

MA PREMIÈRE PAIRE DE CLAQUES

J'adorais mon père, mais je ne le voyais pas assez. Il voyageait constamment en Amérique du Sud, au Liban... Ses affaires semblaient prospères. Il me laissait totalement libre.

Quelquefois des femmes m'apportaient de l'argent de la part de papa. Toutes étaient jolies, bien que d'une élégance un peu voyante. Mais leur gentillesse était extrême... Parfois elles faisaient même le ménage du studio que mon père avait loué rue Pigalle...

L'auteur de mes bons et mauvais jours n'était pas vieux jeu le moins du monde. Toujours vêtu à la dernière mode : cravate claire, bagues aux doigts... Son chapeau me fascinait. Ses chaussures, qu'il faisait reluire en toutes occasions, étaient en crocodile... Sa démarche balancée éveillait mon admiration... Eh oui ! C'était un homme !

Mon père avait sa morale à lui ! Quand je sortais avec une fille, il voulait absolument que ce soit elle qui paye... Pourtant je n'avais aucun problème d'argent ! Je possédais même une traction avant, offerte par papa qui me l'empruntait de temps en temps, la nuit, pour faire des virées avec des bons copains à lui... Il devait faire de bonnes affaires avec eux, car en rentrant il partageait de grosses sommes divisées en paquets : les petits pour ses copains, les gros pour lui ! D'après moi, mon père était le patron !

L'été, je prenais des vacances au sein d'une maison que mon adorable petit papa possédait à Marseille. Cette maison était bizarre, aussi bien dans sa décoration que par la répartition des pièces. Un grand salon au rez-de-chaussée et une vingtaine de chambres réparties dans les étages supérieurs. Toutes abritaient des charmantes jeunes femmes dont une était noire. Papa tenait à ce que je les appelle « maman ». Ça me faisait tout drôle... Surtout avec la négresse...

Sans qu'aucun dissentiment se soit glissé entre nous, mon père, brusquement, le jour de mes vingt-cinq ans, me donna une première paire de claques... En effet, il m'offrit alors deux « maisons » en Amérique du Sud, seul endroit où l'on peut encore les garder ouvertes...

Cela prouve incontestablement que dans la vie une paire de claques rapporte plus qu'un coup de pied au cul.

***

CLOCHARD

Deux clochards sont arrêtés par des agents de police et conduits au commissariat où on les interroge :

— Quelle est votre profession ?

— Bah... Chômeur, répond le premier.

— Et vous ?

— Moi ? Eh ben... je suis son secrétaire.

***

Plusieurs clochards discutent sur le pavé. L'un dit :

— Moi, je prends un bain par an. Même si ce n'est pas nécessaire !

***

Un monsieur s'est lié d'amitié pour un clochard qu'il rencontre tous les jours et à qui il donne souvent une petite pièce. Un jour, il l'interroge sur son passé pour essayer de comprendre comment cet homme en est arrivé là.

— Vous avez toujours été clochard ?

— Oh, non ! Avant, j'étais très riche.

— Ah, bon ? Mais qu'est-ce que vous faisiez ?

— J'avais une agence de comédiens. J'étais impresario.

— Et bien, qu'est-ce qui s'est passé ?

— J'ai fait faillite.

— Pourquoi ?

— J'avais deux comédiens sur qui j'avais tout misé.

— Comment s'appelaient-ils ?

— Gabin et Ventura.

— Mais... Vous me racontez des bêtises ! Vous devez être milliardaire !

— Pas du tout ! Mes comédiens, ils s'appelaient Lino Gabin et Jean Ventura.

***

Un clochard est assis par terre et tend la main aux passants en demandant la charité. Il lui manque les deux bras.

— S'il vous plaît, Monsieur, un petit geste. J'ai perdu mes deux bras en Algérie.

— Qu'est-ce que vous voulez que ça me fasse ? Allez au bureau des objets trouvés !

***

Une association de bonnes œuvres a organisé un repas de bienfaisance pour tous les clochards de la ville. Tout se passe bien. On sert à tout le monde un beefsteak et il en reste un dans le plat.

Soudain, à cause d'un violent orage, il y a une panne de courant et la lumière s'éteint. Presque aussitôt on entend un certain remue-ménage autour de la table et un énorme cri de douleur. Heureusement, la lumière est rétablie et on peut alors assister à un curieux spectacle : dans le plat au milieu de la table, une main qui a saisi le beefsteak qui restait et, plantées dans la main, une dizaine de fourchettes...

***

Un clochard passe une visite médicale.

— Après chaque repas vous prendrez une de ces pilules ! lui intime le docteur.

— D'accord ! dit le clochard. Mais qui va me donner les repas ?

***

Deux clochards se déchaussent.
— Tiens, fait l'un. Tu as les pieds plus sales que les miens.
— Normal ! fait l'autre. Je suis le plus vieux !

***

Une dame interpelle un clochard qui fait l'aumône sur un boulevard.
— Dites-moi, jeune homme. Vous êtes jeune et apparemment fort. Vous ne pourriez pas essayer de travailler au lieu de mener cette existence misérable.
— Ah ! impossible, madame, répond-il, je n'ai pas le temps. Tenez, chaque matin, je dois aller à l'hôpital pour me faire mettre des gouttes dans les yeux.
— Et l'après-midi, interroge la dame ?
— L'après-midi, j'ai les yeux qui me piquent !

***

COCHON

— Tiens ! Votre cochon a une jambe de bois ?
— Eh oui ! C'est Jojo ! On l'aime bien. On s'y est attaché. Allez savoir pourquoi... Alors, du coup, on ne le mange que par petits bouts.

***

Un paysan fait appeler le vétérinaire pour son cochon qui est malade.
— Ce n'est pas grand-chose, constate le vétérinaire, mais il fait une petite dépression. Ce qu'il lui faudrait, c'est de la compagnie...
— Bon, alors, on va le mettre chez nous, bien au chaud dans notre chambre, comme ça il sera en famille, grommelle le paysan...
— Oui, mais il va y avoir l'odeur, répond le vétérinaire...
— Ah ! ça, il va falloir qu'il s'y fasse !

***

COCKTAIL

Un dé à coudre assiste à un cocktail.
— Un whisky ? lui propose-t-on.
— Avec plaisir ! répond-il. Mais rien qu'un doigt !

***

Un cocktail mondain. Beaucoup de personnalités. Des belles filles. Deux hommes se serrent la main.
— Heureux de vous voir ! Comment allez-vous ? dit l'un.
— Très bien. Merci. Vous buvez quelque chose ?
— Oui, volontiers. A condition que ce ne soit pas de l'alcool. Vous savez que je n'en bois pas une goutte.
Mais à ce cocktail, nul jus de fruits, ni eau minérale, ni boisson lactée... Que du whisky, du champagne, du porto...
— Prenez quelque chose quand même... Voyons ? Vous n'allez pas passer la soirée sans rien boire ? En tout cas, moi j'ai soif ! Allez hop ! Un whisky ! Boire un verre n'a jamais tué un honnête homme !
Il vide son verre d'un trait et meurt...

***

Cocktail très mondain chez un producteur en vogue à Neuilly. Un homme se présente à une belle jeune fille.
— Bonjour, Patrick d'Albannerie, puis-je vous offrir une coupe de champagne ?
— Merci, Bettina Forestière, mais je ne bois pas.
— Vous faites partie d'une ligue antialcoolique ?
— Pas du tout, monsieur, je fais partie d'une ligue de vertu.
— Ciel, dit l'homme, c'est exact, le maître de maison m'avait averti qu'il y avait une chose que je ne devais pas vous offrir.

***

Grande réception dans l'hôtel particulier du baron de la Blazinerie. Deux mille invités... Une cohue terrible, il fait chaud et un invité s'assoit sur un fauteil un peu surélevé.
Un membre de la famille passe et lui dit :
— Attention, monsieur, ne vous asseyez pas là, c'est le fauteuil de Colbert.
— Ne vous en faites pas, je lui laisserai la place dès qu'il arrivera.

***

Cocktail, très mondain... Deux femmes du monde devisent gaiement...
— Écoutez, très chère, vous voyez la

blonde avec la robe Saint-Laurent... Elle est parfaite... Divine, élégante, sympathique...

— Je ne vois aucune critique à lui faire...

— Vous avez raison, ma chérie, passons à une autre...

***

Paui de la Marchandière donne un cocktail à l'occasion de la remise de sa grande croix de la Légion d'honneur. De nombreuses personnalités sont là. La femme de l'une d'entre elles (non, vous ne saurez pas qui c'est !) questionne sans arrêt un dentiste :

— J'ai horriblement mal à cette dent en haut à gauche... Est-ce vraiment grave un abcès ? Que me conseillez-vous comme dentifrice... De guerre lasse, le praticien se tourne vers un avocat qu'on lui avait présenté quelques minutes auparavant (chinois)...

— Dites-moi, cher Maître, cette dame me consulte depuis plus d'une heure. Puis-je lui faire payer une consultation ?

— C'est certain docteur. Pour cette consultation, quant à vous, ce sera mille francs.

***

Grande réception chez le comte de la Marchandière, le gratin est là et l'ambiance bat son plein... Les petits fours sont parfaits, l'orchestre est à la mode et joue les succès dû moment, les invités dansent... Deux femmes d'une trentaine d'années sont près du buffet, elles s'observent sans se parler car elles ne se connaissent pas. Mais soudain l'une dit à l'autre :

— Je suis désolée de vous adresser la parole sans que nous ayons été présentées mais ce que je vois est tellement drôle qu'il faut que je communique cet instant à quelqu'un...

— Ah bon ! C'est amusant, dites-moi vite de quoi il s'agit...

— Voilà, vous voyez ces deux hommes près de l'orchestre... Très beaux l'un en smoking blanc et l'autre en smoking noir ? Ils sont en train de parler en ne se doutant de rien... Eh bien, le brun en smoking blanc s'est mon mari et le rouquin en smoking noir c'est mon amant ! Étonnant, non ?

— Eh bien, moi, lui dit l'autre femme, c'est exactement le contraire. Excellent, non ?

***

Un jeune écrivain aborde un intellectuel âgé et très connu au cours d'un cocktail :

— Ah Maître, tout va mal, je n'ai plus d'idées, et pourtant j'ai promis à mon éditeur un roman pour septembre !

— Ce n'est rien, mon jeune ami, tenez, pourquoi n'écririez-vous pas l'histoire d'un homme qui aime une femme, et...

— Maître, c'est génial, n'en dites pas plus, je cours chez moi et me mets au travail !

***

Au cours d'un cocktail, le P.-D.G. d'une compagnie locale demande à un invité noir :

— Et vous, dans quelle branche travaillez-vous ?

Dégoûté, le Noir prend son verre et s'éloigne, en pensant :

— Encore un raciste !

***

L'ennui avec les femmes, disait cet acteur célèbre au cours d'un cocktail, c'est qu'elles se croient toujours concernées...

— C'est pour moi que vous dites ça, lui demande la maîtresse de maison ?

***

Un académicien, Daniel Rops, venait d'obtenir un confortable succès de vente avec son livre « Jésus en son temps ».

Lors d'un cocktail littéraire, Mauriac s'approche de l'épouse de l'écrivain et, caressant son manteau de vison, lui dit en souriant :

« Doux Jésus... »

***

Une femme qui s'est fait offrir une bague somptueuse arrive à une réception mondaine en l'arborant fièrement à un doigt. Hélas, personne ne semble remarquer ni la dame (pourtant ravissante) ni le bijou. En désespoir de cause, la dame lance alors très fort.

« Oh ! mon Dieu, qu'il fait chaud ici, j'enlève ma bague ! »

***

Soirée très chic. Femmes élégantes. Buffet de choix. Deux hommes échangent quelques propos :

— Quel merveilleux cocktail ! Une pleine réussite.

— C'est vrai, mon cher, c'est vrai !

— Et les toilettes, quelle merveille ! Vous ne trouvez pas ?

— Je ne sais pas. Je n'y suis pas allé

***

COCU

M. Morzileuil rentre chez lui, dans sa splendide H.L.M. de Clichy. Avant de monter, il prend le courrier dans sa boîte aux lettres. Il n'y a pas grand-chose : une « pub » pour des préservatifs gonflables et une missive qu'il ouvre. Dès qu'il a commencé à parcourir la lettre, sa tête s'enflamme (un pompier, vite !). Anonyme, le billet lui révèle, avec des détails qu'on n'invente pas, son infortune... M. Morzileuil découvre qu'il est cocu. Et il découvre, en même temps, qu'il n'en est pas content ! Négligeant l'ascenseur, il se rue dans les étages, ouvre comme un fou la porte de son appartement et se précipite sur son épouse en hurlant :

— Je sais tout ! Je sais tout !

— Parfait ! dit la volage, très calme. Parfait. Alors, dis-moi vite qui a vaincu à la bataille de Pavie que le gosse finisse ses devoirs.

***

Des cocus, il y en a partout... Un matin dans une ferme un coq se lève, va dans le jardin... Il découvre là des œufs de toutes les couleurs dissimulés dans tous les coins... Et pour cause, c'est le dimanche de Pâques ! Furieux, il ne chante pas, se précipite dans la basse-cour... Et un combat furieux s'engage, les plumes volent... Le coq est en train de casser la gueule au paon.

***

Paris La Défense... Très bel immeuble moderne de vingt étages, un appartement par étage et service de sécurité maximal avec portier jour et nuit. La plupart du temps M. Simon va prendre sa Jaguar directement au parking sans passer devant le portier... Mais ce jour-là, son automobile est en panne et il passe par la porte principale...

Stupeur le portier est un superbe brun aux yeux bleus...

— Je ne vous avais jamais vu ! dit le locataire...

— Il y a juste un mois que je travaille ici.

— Dites donc vous êtes superbe... Vous devez plaire aux femmes de l'immeuble... Vous vous plaisez ici ?

— Ça oui, mais c'est vraiment épuisant. Tout à fait épuisant.

— Pourquoi donc ? Il n'y a que vingt couples... Il ne faut rien exagérer...

— Détrompez-vous, Monsieur, vingt couples cela veut dire vingt femmes seules toute la journée... Eh bien dix-neuf sur les vingt me font monter chaque jour pour un petit câlin... Tous les jours Monsieur... Dix-neuf fois... Rendez-vous compte...

Notre ami Simon est catastrophé... Dix-neuf sur vingt... Pourvu que sa femme soit celle-là... Il reprend l'ascenseur se précipite dans la chambre secoue sa femme et lui dit :

— Mon amour, le portier, tu le connais ?

— Bien sûr...

— Il m'a dit qu'il sortait avec dix-neuf sur les vingt femmes de l'immeuble... dis-moi vite le nom de celle qui ne le voit pas... Un lourd silence pèse dans la chambre...

— As-tu une idée ?

— Oui, après réflexion je pense que c'est madame de Sutan elle est beaucoup trop snob pour se faire le portier...

***

Albert, musicien d'orchestre, rentre de tournée avec un jour d'avance. Bien entendu, il trouve sa femme au lit avec un autre musicien de ses copains.

— Coco, on est pote depuis des lustres on va pas se taper dessus !

— Tout à fait d'accord. Mais, je voudrais que tu saches que j'aime ta femme.

— Je l'aime aussi. Alors faisons une chose jouons-la aux cartes ! Une bonne partie de pocker...

— Entendu...

— On se fait ça à dix francs du chip, histoire d'intéresser la partie.

***

Arrière-salle d'un café de la banlieue parisienne, quatre types sont en train de jouer au pocker... Soudain un type d'une trentaine d'années s'approche de l'un des joueurs, lui tape sur l'épaule et lui dit :

— Cocul... Cocul...

Et il s'en va comme il est arrivé.

— Mais qu'est-ce qu'il dit celui-là ? Interroge le joueur offusqué. C'est incroyable jamais vu un mal élevé pareil...

— Laisse tomber, lui répondent les autres joueurs, c'est un cinglé, donne les cartes...

Le lendemain à la même heure et dans le même café le type revient, tape sur l'épaule du même joueur et lui dit :

Cocul... Cocul...

— Je vais te casser la tête...

Mais le temps de dire cela et le mystérieux personnage a disparu !

— Fais pas attention, conseillent les copains, c'est un malade... Coupe les cartes.

Tout de même deux jours de suite ! Le type a un sérieux doute... Quand il arrive chez lui, il raconte tout à sa femme, les parties de cartes, le type qui depuis deux jours lui tape sur l'épaule en le traitant de « cocul »...

Sa femme prend cela très mal :

— Comment, tu me soupçonnes après dix-huit ans de fidélité totale !

Tu as honte j'espère...

— Pardonne-moi, ma biche... C'est fini, promis...

Le lendemain, même partie de cartes, même heure, même lieu, même tape sur l'épaule et même type qui lui dit :

— Cocul... Cocul et cafteur.

***

Enrico avait des soupçons sur sa femme. Mais des soupçons ça suffit pas. On peut pas accuser sans preuves. Un soir il se plante en face de chez lui, et il voit son meilleur ami, Bami, dans le lit de sa femme ! Le cœur plein de colère, il se dit :

— Ah là là ! La femme de son ami ! la femme de son ami... Quel est l'imbécile qui a composé cette chanson sur les femmes des amis !

Il remballe son chagrin, prend son appareil photographique, et sans que quiconque le voie, il se met à mitrailler les deux coupables.

Quelques jours plus tard, il rencontre Bami, au café :

— Salut Bami ! J'ai des photos extra à te montrer ; regarde.

— Oh ! c'est pas possible y fait Bami, mais, c'est ta femme à poil !

— Tu la reconnais ? y demande Enrico, comme s'il était étonné de l'étonnement de l'autre.

— Tu parles ! répond Bami... Enfin, je reconnais son visage...

— Et cette photo-là, ça te dit rien ?

— C'est encore ta femme avec un type qui est en train de...

— Et le type, tu trouves pas qu'il te ressemble ?

— Ouais... beaucoup !

— Tu as raison... Il y en a pas un autre qui peut te ressembler autant puisque c'est toi !

— Tu as raison, c'est moi ! Eh ben, mon ami, ces photos. Remarque que tu dois avoir un bon appareil !

Enrico devient fou. Il le prend par la veste et le secoue comme une machine à sous bloquée.

— Fumier ! Ordure ! tu te moques de moi ou quoi ? Je te montre des photos où tu es avec ma femme en train de... Et tu me dis que j'ai un bon appareil ! Espèce d'enfoiré !

— Qu'est-ce que tu veux que je te dise ? y fait Bami en se dégageant. Si tu veux, tu peux m'en faire tirer trois de chaque !...

***

Un homme rentre chez lui et trouve sa femme au lit avec un clochard.

— Voilà maintenant que tu couches avec ce genre de personne, hurle-t-il, aussi interloqué que furieux.

— Que veux-tu, réplique son épouse. Il est arrivé ici en me demandant gentiment : « Vous n'auriez pas quelque chose dont votre mari ne se sert plus ? »

***

Deux copains un peu ivres décident de boire un dernier verre ensemble.

— Viens chez moi, s'exclame l'un. Il doit me rester deux bières. On va leur faire un sort !

Ils arrivent à la maison. L'un des deux hommes va faire un tour dans la salle de bains et, en passant juste à côté de la chambre de son copain, pousse un cri. Il fonce au rapport.

— Dis donc mon vieux. Ta femme est là. Et au lit avec un type que je ne connais pas. Et toi non plus *a fortiori*.

— Alors, fermons-la, s'exclame le mari cocu. Ce n'est pas le moment d'aller voir ce type. Je n'ai plus que deux bières !

***

Un homme fait irruption au domicile de son meilleur ami.

— Dis donc, vieux, tu aimes les femmes qui ont les seins qui tombent ?

— Non, lui réplique l'autre.

— Et celles qui ont les cuisses flasques ?

— Non !

— Et celles qui sont couvertes de boutons ?

— Encore moins !

— Bon, alors pourquoi couches-tu avec ma femme ?

***

En rentrant de voyage, un monsieur découvre sa femme au lit avec un être appartenant à l'espèce masculine.

— Comment, hurle le mari. Mais dis-moi qui est cet homme ?

— Mais au fond, c'est vrai, réplique la femme en se tournant vers son amant. Comment vous appelez-vous ?

***

Un homme rentre chez lui et découvre sa femme toute nue. Il fonce vers le placard. Personne ! Il rentre dans la salle de bains. Il découvre un autre homme dans le plus simple appareil en train de taper dans ses mains et de hurler.

— Sales bêtes, sales bêtes...

— Qu'est-ce que vous faites-là, qui êtes-vous ? lance le mari trompé.

— Je suis envoyé par la municipalité pour procéder à la désinfection de l'immeuble. Le quartier se trouve infecté de termites !

— Et qu'est-ce que vous faites tout nu, invective l'époux hors de lui ?

L'amant se baisse regarde ses jambes et fait :

— Ah ! les sales bêtes, elles ont déjà bouffé tous mes vêtements !

***

Un représentant de commerce profite d'une demi-journée impromptue de congé pour aller rendre visite à sa femme qu'il a le temps des vacances, installé dans une pension de famille au Touquet.

Dès son arrivée, il l'entraîne dans la chambre pour procéder à l'acte conjugal dont il s'acquitte bruyamment. Et c'est un cri provenant d'une chambre voisine qui, brusquement, vient interrompre ces ébats.

« Alors, ça n'arrête plus ! Maintenant, c'est matin, soir et... après-midi ! »

***

Un mari rentre chez lui tard le soir et trouve sa femme au lit avec, dans un cendrier sur la table de nuit, un gros cigare.

Il se met à hurler :

— Tu me trompes, sale garce, et tu vas me dire tout de suite d'où vient ce cigare !

— Mais je ne sais pas, je ne comprends pas...

— Dis-moi immédiatement d'où il vient sinon je te tue !

Et il entend une voix masculine apeurée sortant de sous le lit :

— De la Havane, monsieur !

***

COIFFEUR

Un homme dit à son coiffeur :

— Coupez-moi les cheveux soigneusement. Ma femme et moi prenons demain l'avion pour Rome. Nous descendrons à l'hôtel des Dunes et nous serons reçus en audience par le pape.

A quoi le Figaro rétorque :

— Je vous plains. Vous voyagez sur la pire des lignes. L'hôtel des Dunes est archiminable. Rome est mortelle en cette saison. Aux audiences du pape il y a mille personnes à la fois...

Trois semaines plus tard, le même homme revient chez le même coiffeur.

— Alors, ce voyage ?

— Parfait ! Vol magnifique : pas un trou d'air. L'hôtel des Dunes est merveilleux. En ce moment Rome est d'une beauté indicible. Ma femme et moi avons été reçus par le pape, en audience privée. Nous avons conversé quelques minutes avec lui, puis, pour me donner sa bénédiction, il a posé sa main sur ma tête. A ce moment-là, il me fit la réflexion suivante :

« Qui est-ce qui vous coupe les cheveux ? C'est un saboteur ! Suivez mon conseil : changez de coiffeur... »

***

— Tu sais combien il y a de coiffeurs en France ?

— Dame non ! Comment que je saurais ça ?

— C'est pourtant pas difficile à trouver...

— Fais pas le malin.

— Je fais pas le malin. En France, il y a autant de coiffeurs que de fumeurs.

— Qu'est-ce que c'est que cette blague ?

— C'est pas une blague. Réfléchis ! Ne dit-on pas « coiffeur-parfumeur » ?

***

L'apprenti coiffeur reçoit son premier client.

— La barbe !

— La barbe ?

— Je viens de vous le dire.

Et le jeunot s'y met. Mais sa main tremble tant que la moitié de l'oreille du client choit.

— Bon sang ! dit-il. Ma femme sera pas étonnée. Elle dit toujours que j'ai l'oreille distraite.

***

— Tu connais « Le Barbier de Séville » ?

— Non. A l'étranger, je ne vais jamais chez le coiffeur !

***

— C'est vraiment efficace, cette lotion pour la repousse des cheveux !

— Je pense bien !

— Je voudrais des preuves.

— C'est facile. Vous voyez ma femme, à la caisse ?

— Oui !

— Vous constatez qu'elle a des moustaches ?

— Oui ! Je n'osais pas vous le faire remarquer.

— Eh bien, elles lui sont venues après qu'elle a débouché un flacon de cette lotion avec les dents.

***

A sa grande surprise un coiffeur voit entrer dans son salon un homme, cousin de Mathieu sans doute, qui n'a qu'un cheveu sur la tête.

— Vous le coupez un peu et vous lui faites un shampooing, s'il vous plaît.

Une fois le schampooing fait...

— Maintenant une friction.

En avant pour la friction.

— Vous me le séchez bien. Puis vous me le friserez...

Et à cet instant, le coiffeur très maladroit (il y en a) lui arrache son cheveu.

— C'est intelligent, je vous fécilite, dit le type en colère, que va dire ma femme ? Je suis chauve maintenant.

***

Un client est chez son coiffeur habituel pour sa barbe quotidienne. Il voit le chien de l'établissement sortir à toute vitesse du salon, se précipiter dans l'immeuble d'à côté, en ressortir encore plus vite, foncer dans celui d'en face. Bref, ce chien fait une dizaine d'immeubles de cette façon...

Entre deux coups de rasoir le client demande :

— Il est fou votre chien ?

— Pas du tout, répond le merlan, mais on l'a coupé ce matin, alors il décommande ses rendez-vous.

***

Un client presque chauve demande conseil à son coiffeur...

— Dites-moi, Jacques, je n'ai plus beaucoup de cheveux... Qu'est-ce que vous pensez qu'il faut que je fasse pour les conserver ?

— A mon avis, les mettre dans un pendentif !

***

Important salon de coiffure parisien... Un client entre et s'installe sur un fauteuil. Le coiffeur s'approche de lui :

— Bonjour, monsieur, ce sera pour une coupe, un brushing ?

— Bonjour. Non c'est pour la barbe...

Le coiffeur commence par mettre du savon à barbe... A vrai dire, il a horreur de faire des rasages. C'est une chose qui ne se fait plus et il est très maladroit... Bon, il attaque mais au premier coup de rasoir entaille le visage du client... Il continue et, hop, deuxième blessure... Le coiffeur pose deux pansements... Et en avant une troisième coupure... Alors le client prend peur et se lève pour quitter ce salon... Il quitte sa blouse et on découvre qu'il est unijambiste. Le coiffeur lui dit :

— Mais, je vous ai déjà eu comme client !

— Ah non monsieur. Cette jambe je l'ai perdue pendant la guerre d'Algérie.

***

Depuis la crise, Mac Millan, déjà radin, a encore réduit son train de vie. Un jour qu'il était chez le coiffeur, il dit au garçon coiffeur qui semblait attendre quelque chose :

— Comme pourboire, je vous envoie ma femme et mon fils ; elle fera les mains, et lui les shampooings.

***

COMBLE

Le comble de la bêtise ?

Essayer de s'ouvrir les veines avec un rasoir électrique...

***

Quel est le comble de la bigamie ?

Rien de plus simple : porter des lunettes à double foyer !

***

Quel est le comble pour un nain ?

Devoir se hisser sur la pointe des pieds pour cracher !

***

Quel est le combe pour un restaurateur ?

Servir comme bouillon de poule l'eau dans laquelle il a fait bouillir ses œufs durs.

***

Quel est le comble du pléonasme ?

Rien de plus facile. Un primitif flamand.

***

Quel est le comble pour un dentiste ?

Rien de plus facile. Trouver sa femme avec un mâle dedans !

***

Le comble des combles : un muet dit à un sourd : « Un aveugle nous espionne. »

***

Autre comble : s'asseoir sur son derrière et lui demander pardon.

***

COMMISSARIAT

Une femme téléphone au commissariat.

« Au secours, hurle-t-elle, venez vite, il y a deux hommes sous mon lit. Il faut absolument en mettre un dehors ! »

***

Une jeune femme entre complètement affolée dans un commissariat.

— Monsieur le commissaire, c'est horrible, je viens de voir ma femme de ménage passer par la fenêtre !

— Eh bien voilà, soupire le commissaire, la prochaine fois vous n'oublierez pas de lui donner les clés...

***

Un inspecteur de police interroge un suspect.

— Pouvez-vous m'expliquer ce que vous faisiez dans la nuit du 13 au 14 novembre, demande-t-il.

— C'est facile, répond l'autre. J'étais ici en train de vous expliquer ce que je faisais dans la nuit du 6 au 7 octobre !

***

— Mon Dieu, monsieur le commissaire, mon canari vient de s'envoler et j'ai peur qu'il se perde ! Si vous saviez comme j'y suis attachée... il est si affectueux, si intelligent, tenez, parfois, demandez à mon mari, on a l'impression qu'il va nous parler !

— Eh bien, madame, qu'attendez-vous pour vite raccrocher, en cas qu'il veuille vous téléphoner !

***

CONCIERGE

Une concierge discute avec un de ses locataires :

— Vous savez, le monsieur du troisième gauche, il est vraiment un peu bêta ! Hier, il m'a dit qu'il écrivait des romans... vous vous rendez compte, alors qu'on en trouve des tout faits au supermarché !

***

Une dame tombe en arrêt devant une cage dans la loge de sa concierge :

— Mon Dieu que votre merle est beau, et qu'il chante bien ! Par contre, celui dans la cage à côté, il a l'air bien miteux...

— Faut pas vous y fier, dit la concierge, le petit, c'est le compositeur !

***

CONTREPÈTERIES
(Tout de mon cru)

Il est courant que le chef se brûle.

L'aspirant habite Javel.

L'Afrique est dans l'attente d'une lutte passive.

Il a glissé dans la piscine.

L'enfant joue sur la berge du ravin.

Il est arrivé à pied par la Chine.

***

CONTREPÈTERIE BELGE

Il fait beau et chaud.

***

COPAIN

J'ai rencontré un copain dans un bar. Il me dit :

— Je dois me rendre à un bal costumé et je ne trouve rien ! On me reconnaît derrière tous les masques que je mets...

— Et tu veux pas qu'on te reconnaisse ?

— Non.

— Alors, c'est pas compliqué : t'as qu'à y aller à jeun !

***

Un jour, arrivant à l'improviste chez un copain un peu cradingue, je le surprends assis devant sa table en train de tremper un de ses doigts dans un verre d'eau... Bizarre !

— Qu'est-ce que tu fais ?

— Le docteur m'a ordonné de prendre un bain... Alors je m'habitue !

***

J'ai un copain qui a une situation formidable. Il a cinq mille personnes en dessous de lui ! C'est formidable hein ? Il tond le gazon dans un cimetière...

***

Deux copains, peinards, sirotent un apéro à la terrasse d'un café. Le ciel est bleu. La vie est belle. Vient à passer une magnifique Cadillac à l'arrière de laquelle se prélasse un gros type, cigare aux lèvres.

— Je me trompe ou bien c'est Machin ?

— Tu te trompes pas. C'est lui ! Notre ami d'enfance ! On peut dire qu'il a réussi ! Archimilliardaire qu'il est devenu ! Parti de rien, c'est beau ! Et puis, tu sais, il n'a pas renié ses origines. Pense que chaque mois, il revient dans le quartier pauvre de son enfance et qu'il n'oublie jamais à cette occasion d'aller dire un petit bonjour à sa femme et à ses enfants !

***

— Dis maman, il est gentil le copain de papa qui vient nous voir ?

— Je pense bien. Très gentil, même...

— Ah bon ? Alors pourquoi tu l'enfermes toujours dans le placard.

***

Ce type avait l'habitude de se taper d'énormes whiskies-soda. Une trentaine par jour. Mais un soir il avertit un copain :

— Je viens de rendre visite à mon toubib. Il m'a dit de boire moitié moins.

— Ah bon ?

— Oui. Alors, dorénavant, je prendrai mes whiskies sec.

***

Pourquoi le cacherais-je : ma jeunesse s'est passée sans copains ? A l'école j'étais timide et les autres se moquaient de moi. Me traitant de gourde, de cruche… Parfois, la nuit, je me réveillais paniqué ! Et une idée, sournoisement, s'installait en moi, refusant de me quitter : « Je n'aurai jamais un ami, je n'aurai jamais un copain ! »

Au régiment, ce fut la même chose. Pourtant, je cherchais à rendre service à chacun, me portant volontaire pour toutes les corvées ! Je montais chaque soir la garde afin que les autres puissent bénéficier d'une permission… Eh bien, malgré ma bonne volonté, mon dévouement, je ne me faisais pas de copains ! Ma seule consolation était de constater que l'adjudant ne s'en faisait pas non plus.

Puis je me suis marié ! Alors tout a changé ! Ah ! C'est fou le nombre de copain que ma femme pouvait attirer à la maison… Tous des garçons très gentils et fort délicats. Ils lui apportaient des fleurs, des parfums… Il y eut même son patron — dont elle s'était fait un copain — qui un jour lui donna un manteau de fourrure ! Ce qui me faisait plaisir, c'est que tous ces copains avaient l'air de l'aimer. Avec moi aussi, ils étaient très gentils, pleins d'attentions ! Je me souviens de l'un d'eux qui, chaque fois qu'il venait, m'offrait un gros cigare. Dès que je l'avais allumé, ma femme qui n'en supportait pas l'odeur — je comprenais ça très bien — me disait : « Chéri, va fumer sur le balcon ! Pendant ce temps-là, je jouerai aux dames avec notre ami… »

Il y en avait un autre qui devait être bien placé dans le cinéma. Il me donnait toujours une place en disant : « Je n'ai pu en avoir qu'une ! Profitez-en, mon vieux… Votre femme et moi attendrons en jouant aux dames. »

Mais le plus gentil avec moi, c'était le patron de ma chère épouse. Il faut dire qu'étant plus vieux que les autres il était normal qu'il se montre moins égoïste. Il m'avait offert un chien superbe. « Tous les soirs vous devrez lui faire une promenade de deux heures », m'avait-il recommandé en me le donnant. J'en ai fait des belles promenades… Pendant celles-ci, ma femme et son patron travaillaient. Lui, dictant le courrier, elle, tapant sur sa machine. Parfois ils jouaient aussi aux dames. Oui, vraiment, ce patron était un vrai copain ! Souvent le dimanche, il venait chercher ma femme pour l'emmener dans des galeries de peinture. En rentrant, le soir, ma femme disait : « C'est fatigant de passer l'après-midi dans les toiles… »

Moi, j'étais heureux : j'avais des copains et ma femme était devenue une championne au jeu de dames.

Quelquefois l'idée me prenait de réunir tous les copains à la maison. Ensemble, on se serait bien amusés ! Mais ma femme n'a jamais accepté ! Elle prétextait que cela ferait trop de travail.

Petit à petit le temps a passé, comme il fait toujours. A croire qu'il n'a que ça à faire… Les copains se faisaient de plus en plus rares. A croire qu'en vieillissant, on a de plus en plus de mal à s'en faire ! Ma femme, ça la rendait triste ! Elle passait des heures devant son miroir. Parfois je la surprenais à murmurer : « Pourquoi ? »

Les jours continuent à s'écouler. Elle est sans cesse devant son miroir, son maquillage est plus chargé ; elle ressemble toujours plus à une poupée et pourtant quelque chose me tourmente : je me demande si sur la fin de nos jours nous ne resterons pas que tous les deux… En copains…

***

Trois copains, Pied, Pied-Pied, et Pied-Pied-Pied, ont l'habitude de se retrouver. Un jour, Pied-Pied et Pied-Pied-Pied arrivent mais Pied brille par son absence. Pied-Pied s'inquiète et d'un ton abattu, Pied-Pied-Pied lance.

« Tu sais, je m'en rendais compte depuis quelque temps qu'il avait un pied dans la tombe ! »

***

La femme d'Abdul attend un enfant, elle est partie accoucher chez sa mère. Abdul qui est toujours avec ses copains a peur qu'ils se marrent quand on lui annoncera la naissance, et il lui fait passer le message :

— Quand l'enfant sera né, pas la peine d'ameuter tout le monde, que ta sœur vienne juste me dire : « Le couscous est prêt. » Quelques jours plus tard, Abdul voit débarquer sa belle-sœur, aussitôt ses copains font le silence, intéressés. Et, la jeune femme annonce, presque comme prévu :

— Y a trois couscous de faits, dont deux avec merguez…

***

Un homme lance à l'un de ses copains.

— Est-ce que quelqu'un t'as déjà vu

te livrer à la pratique du plaisir en solitaire dans les toilettes ?

— Non, réplique l'autre quelque peu interloqué.

— Alors, continue, c'est une bonne cachette !

***

Un homme, tout émoustillé, rencontre un de ses copains.

— J'ai rencontré une Martienne fabuleuse ! Elle n'est pas comme nous, elle a les seins dans le dos.

— Ça ne doit pas être facile au lit, réplique son copain !

— Exact, répond l'homme. Mais pour danser, c'est super !

***

J'ai un copain qui vient d'avoir une crise d'amnésie.

— Pas étonnant ! m'a dit sa femme. Il y a déjà longtemps qu'il oubliait de rentrer à la maison.

***

Un homme bavarde avec l'un de ses copains.

— Qu'est-ce qui t'arrive mon pauvre vieux, on dirait que tu as perdu ta voix.

— Hélas oui, répond l'autre. Je suis amoureux d'une girafe et elle ne veut rien entendre !

***

Un monsieur rentre de voyage et trouve sa femme au lit avec son meilleur copain. Arrangeant, il propose.

— Écoute, vieux, on est amis. On ne va pas se fâcher pour ça. Je l'aime, tu l'aimes aussi. Alors on va la jouer aux cartes.

— D'accord fait l'autre, au gin-rammy si tu veux ?

— Très bien. Mais alors on joue 1 franc le point, histoire d'intéresser la partie.

***

Un monsieur demande à l'un de ses copains.

— Tu connais l'histoire de l'eunuque décapité ?

— Oui, lui répond l'autre, elle n'a ni queue ni tête !

***

Un monsieur demande à l'un de ses copains.

— Tu connais l'histoire du bègue qui a le hoquet ?

— Non, réplique l'autre !

— Alors je ne te la raconte pas, car elle est trop longue !

***

Cette fille se croit belle, et embête toutes ses copines :

— J'en ai assez, je ne peux pas me promener dans la rue plus d'une minute sans que des hommes me suivent !

— Écoute, lui conseille une des filles, il y a une solution : retourne-toi, et je parie qu'ils ne te suivront plus !

***

CORSE

Un employé des postes à Bastia se plaint à son ami :

— Avec le chef que j'ai au bureau, impossible de dormir pendant le travail !

— Pourquoi, il vous surveille ?

— Non, il ronfle !

***

Un Corse a un fils de trente-cinq ans qui passe ses journées à dormir à l'ombre du châtaignier au fond du jardin.

Un jour, il se décide à lui parler :

— Dis donc, Ange-Marie, je sais bien que dans la famille, les hommes n'ont jamais travaillé, ton grand-père, tes oncles, tes frères, moi-même, mais il y a quand même quelque chose que tu pourrais faire avant d'être trop vieux : c'est de te marier et de faire des enfants qui pourraient éventuellement travailler pour toi !

— Oui, papa, c'est une bonne idée. Je vais avoir des enfants. Mais dis donc, tu ne connaîtrais pas une femme qui soit déjà enceinte ?

***

Deux vieux Corses sont assis à la terrasse du café sur la place du village. Ils se sont assoupis. A un moment donné, l'un des deux vieux ouvre un œil et voit l'autre qui est en train de bâiller :

— Dis donc, Dominique, pendant que

tu as la bouche ouverte, profites-en donc pour commander deux anisettes.

***

Deux jeunes garçons se promènent dans la campagne autour de Bastia. Soudain, un des gamins écrase méchamment un escargot sur le chemin.

— Qu'est-ce qui te prend ? demande l'autre.

— Rien, mais il allait nous doubler !

***

Un adolescent interroge son grand-père corse :

— Dis, qu'est-ce qu'il faut faire dans la vie pour être heureux ?

— C'est simple, mon petit ! Dans la vie, pour être heureux, il suffit d'avoir deux choses : un bon travail et une bonne santé.

— Et toi grand-père, tu as eu ça ?

— Mais bien sûr ! Ta grand-mère avait un bon travail et moi j'avais une bonne santé !

***

Un vieux Corse est allongé dans un fauteuil au fond de son jardin et il mange des olives dont il recrache les noyaux très mollement.

A l'intérieur de la maison, la femme s'inquiète :

— Où est grand-père ?

— Au fond du jardin, répond le mari. Il plante.

***

A l'école d'Ajaccio, la maîtresse a donné un sujet de rédaction : « Que feriez-vous si vous gagniez trois millions au Loto ? »

Et tous les enfants ont marqué sur leur copie : « Rien, absolument rien. »

***

Dans un tout petit village près de Bonifacio, se trouve le coq le plus corse de toute l'île.

Quand le soleil se lève, il attend que le coq du village voisin chante le premier et lui, il se contente de hocher la tête d'un air approbateur.

***

Un Corse a de gros problèmes d'argent. Pour s'en sortir, une seule solution : travailler. Il décide donc de se mettre en quête d'un métier le plus vite possible. Satisfait de sa grande décision, il va se promener sur le port de Bastia. Tout d'un coup, il voit par terre un portefeuille rempli de billets de banque. Il va pour le ramasser mais il se ravise et se dit :

— Non, je commencerai à travailler demain.

***

Un Corse qui avait épousé une femme du continent, vient de mourir. La veuve exige qu'on l'incinère. Ce n'est pas la coutume mais on ne contrarie pas les volontés d'une femme qui vient de perdre son mari et la chose est faite. Ses voisins sont quand même intrigués et un soir, ils se postent derrière une des fenêtres de la maison du défunt et observent la femme. Celle-ci vaque à ses occupations et à un moment donné elle se dirige vers la commode où elle a installé l'urne contenant les cendres du défunt, prend le récipient, le retourne et dit entre ses dents :

— Tiens, maintenant, travaille !

***

Un couple de Parisiens visite une maison corse à louer pour les vacances. Ils interrogent l'agent immobilier :

— Il fait toujours beau, chez vous ?

— Toujours.

— Il ne pleut jamais ?

— Jamais.

— Mais alors, c'est quoi, ces gros nuages noirs qui arrivent là ?

Le Corse regarde le ciel.

— Ça ? Oh, c'est rien. C'est les emballages vides qui reviennent du continent.

***

Un Corse se réveille.

— Tu te rends compte ! dit-il à sa femme. Je viens de rêver que je travaillais...

— Ça ne m'étonne pas, tu as l'air fatigué.

***

Un pêcheur corse revient de vacances. Il rencontre un ami et lui dit :

— Je suis allé dans la plus belle ville du monde. Tu te rends compte qu'à Venise, tu peux lancer ta ligne et pêcher sans bouger de ton lit !

***

Un jeune Corse rentre chez lui après sa première journée d'université.

« Ces vaches de profs nous font travailler comme quatre... Heureusement que nous sommes trente élèves dans la classe ! »

***

Scandale en Corse. On vient de découvrir que l'on avait déjà dérobé le résultat des prochaines élection !...

***

Un instituteur corse interroge ses élèves :

— Qui est le plus grand homme de l'Histoire ? Dix francs pour le gagnant !

— Louis XIV !

— César !

— Abraham Lincoln !

— Napoléon !

— Bravo, David, ton papa Moshe sera fier de toi...

***

COSMOPOLITE

Un Anglais, un Allemand et un Français discutent de leurs vacances.

— Moi, dit l'Anglais, cette année, je pars en Inde avec le club « Voir et Aimer ».

— Moi, dit l'Allemand, je vais avec le club « Voir et Connaître » en Chine.

— Moi, dit le Français, je suis plus modeste que vous. Je vais à Naples avec le club « Voir et Mourir ».

***

A un congrès international, un Américain, un Russe et un Français discutent à propos de la célébrité.

— Pour moi, dit l'Américain, la célébrité, c'est d'être dans la voiture personnelle de Ronald Reagan, de déjeuner avec lui et que, à Noël, il m'envoie ses vœux.

— Pour moi, dit le Russe, la célébrité, c'est d'être dans la voiture personnelle de Andrei Gromyko, que le téléphone sonne et qu'il ne décroche pas et continue à me parler.

— Pour moi, dit le Français, la célébrité, c'est d'être dans la voiture personnelle de François Mitterrand, que le téléphone sonne, qu'il décroche et qu'il me dise : « C'est pour vous... »

***

Réunis à un congrès professionnel, un Russe et un Américain bavardent.

— Chez vous, demande le Russe, combien gagne un ouvrier ?

— Environ six cents dollars par mois.

— Et combien dépense-t-il par mois ?

— Dans les quatre cent cinquante dollars.

— Il lui reste donc cent cinquante dollars. Qu'est-ce qu'il en fait ?

— Ça ne regarde personne. Vous voyez, chez nous, nous sommes dans un pays démocratique et tout le monde fait ce qu'il veut de son argent, dans la limite de la légalité bien entendu. Et un ouvrier russe, il gagne combien ?

— Cent roubles par mois.

— Et il dépense combien ?

— Deux cents roubles par mois.

— Deux cents roubles ? Mais où est-ce qu'il prend les cent roubles qui lui manquent ?

— Ça ne regarde personne. Nous sommes aussi un pays démocratique !

***

Au cours d'un débat scientifique international, les Russes et les Américains rivalisent d'exploits de greffes opérées sur des humains.

— Nous sommes arrivés à une parfaite maîtrise dans ce domaine, affirme le Russe. J'ai moi-même opéré ma propre sœur qui était atteinte de cécité totale. Je lui ai greffé les yeux d'un écureuil d'une espèce unique en Sibérie et elle voit maintenant d'une façon parfaite.

— Et moi, lance l'Américain, j'ai fait mieux ! Mon fils avait perdu une jambe dans un accident de vélo. Eh bien, je lui ai greffé une trompe d'éléphant d'Afrique et maintenant il court comme un lapin. Le seul petit inconvénient c'est que, de temps en temps, sa jambe se lève en l'air et barit, mais c'est sans importance !

— Vous dites n'importe quoi, s'emporte le Russe. D'ailleurs, qui a vu votre fils ?

Et l'Américain de répondre :

— Votre sœur, avec ses yeux d'écureuil !

***

Dans une grande université européenne, un professeur de philosophie donne comme sujet de devoir à ses étudiants venus de tous les pays du monde, un essai sur un aspect psychologique de la vie des éléphants.

L'étudiant français rend un devoir sur « les mœurs sexuelles des éléphants ».

L'étudiant italien rend un devoir sur « la grandeur et la décadence de l'empire des éléphants ».

L'étudiant anglais rend un devoir sur « la charge de la brigade lourde ».

L'étudiant américain rend un devoir sur « la tentative d'élevage intensif des éléphants en Californie ».

Et l'étudiant russe rend un devoir sur « les persécutions subies par les éléphants sous l'empire impérialiste français, anglais, italien et américain ».

***

Un Anglais, un Français et un Russe bavardent entre deux séances d'une conférence internationale. Ils parlent voiture et l'Anglais explique :

— Pour mon travail, je me déplace avec la Rolls. Ma femme, elle, utilise sa Mini Cooper pour ses courses et quand nous partons à l'étranger, nous prenons la Jaguar.

— Moi, dit le Français, je me rends à mon bureau avec ma B.M.W. Ma femme se sert de sa Golf et pour l'étranger, nous avons l'Alfa Romeo.

L'Anglais et le Français se tournent alors vers le Russe qui dit :

— Moi, pour aller au ministère, j'ai ma Moskvitch. Ma femme se rend au kolkhoze en vélo.

— Et quand vous allez à l'étranger ?

— Nous prenons le char.

***

Ceausescu, Tchernenko et Reagan jouent au poker. Ceausescu a un jeu formidable : un carré de dames. Sans hésiter, il joue le maximum, le plan quinquennal roumain. Mais Tchernenko a un jeu encore meilleur : un carré de rois. Très détaché, il joue le plan annuel soviétique. Alors, Reagan qui a dans son jeu, lui, un carré d'as, annonce calmement :

— Dix dollars, sec.

***

Tchernenko visite les États-Unis et Reagan lui montre le dernier-né des ordinateurs américains, qui peut prédire l'avenir avec une infaillible certitude scientifique.

— Si on lui demandait ce que seront les États-Unis dans cinquante ans, propose Tchernenko.

— O.K.

Le technicien introduit une fiche perforée dans une fente, la machine vrombit et, au bout de trente secondes, il en sort un petit carton que Reagan, sans même jeter un coup d'œil, tend à Tchernenko. Celui-ci regarde, éclate de rire et lit à voix haute :

— Dans cinquante ans, les États-Unis seront communistes.

Reagan rit jaune et propose à son tour :

— Si on voyait à présent ce que sera l'U.R.S.S. dans cinquante ans.

Une trentaine de secondes plus tard, un autre carton sort de la machine. Reagan le prend, l'examine mais ne dit rien.

— Alors ? interroge Tchernenko.

— Je ne peux pas lire, c'est écrit en chinois.

***

COU

Elle m'appelait son goitre, parce que j'étais toujours pendu à son cou.

***

Que dit Dracula après avoir saigné une jolie créature ?

Rien de plus facile... « Merci beau cou ! »...

***

COUPLE

Un monsieur appelle un médecin au chevet de sa femme qui agonise. Le docteur examine la malade et demande au mari :

— Depuis combien de temps râle-t-elle comme ça ?

— Depuis qu'on est mariés.

***

Un couple fête ses vingt-cinq ans de mariage. Ils ont invité beaucoup d'amis et il règne une ambiance joyeuse. A un moment, la femme lève sa coupe de champagne et dit :

— A nos vingt-cinq ans de vie commune !

Tout le monde boit et le mari se dit tout bas :

— Si je l'avais tuée au bout de cinq ans, j'en aurais pris pour vingt ans et aujourd'hui je fêterais ma liberté !

***

Après son travail, un monsieur est confortablement installé chez lui dans un bon fauteuil et lit son journal tandis que sa femme, dans la cuisine, prépare le dîner. Au bout d'un moment elle vient dire à son mari :

— Chéri, je vais emprunter de la farine à la voisine. Tu veux bien surveiller le repas pendant que je ne suis pas là ?

— Naturellement, répond le mari, serviable. Qu'est-ce que je dois faire ?

— Oh ! il suffit de soulever le couvercle toutes les demi-heures.

***

Un mari, absent le jour de l'anniversaire de sa femme, lui fait porter un ravissant petit écrin pour fêter l'événement. Celle-ci, touchée, ouvre la boîte et y trouve une simple feuille de papier pliée en quatre avec ces mots :

— Bon anniversaire, ma chérie. Je te souhaite beaucoup d'imagination.

***

Tous les matins de bonne heure, un monsieur va faire du jogging avant de partir au travail. Un jour, il revient chez lui, essoufflé mais radieux et il dit à sa femme :

— Tu sais, chérie, c'est formidable, depuis que je cours tous les matins, je suis vachement en forme pour travailler. Et la femme lui répond :

— Ah ! bon ? Eh bien, tu devrais aussi courir le soir...

***

Une dame se présente chez le dentiste et lui explique :

— Docteur, il va falloir arracher deux molaires qui sont complètement pourries mais je ne veux absolument pas de piqûre ni d'anesthésie.

— Eh bien, vous avez du courage ! Bon, allons-y !

Alors la dame appelle son mari qui attend à côté :

— Chéri, viens, le docteur t'attend !

***

Deux jeunes mariés sortent en courant de la mairie où ils viennent de célébrer leur union et s'engouffrent dans un taxi :

— Roulez doucement... Nous sommes pressés...

***

Un couple dont la femme est vraiment très laide, visite une exposition de tableaux. Ils s'arrêtent devant chaque toile et la femme commente :

— Ce tableau, c'est un Goya.

— Non, ma chérie, répond le mari, c'est un Léonard de Vinci.

— Et celui-ci, il est caractéristique, c'est un Buffet.

— Non, ma chéri, c'est un Dali.

— Alors là, je ne peux pas me tromper, c'est sûrement un Renoir.

— Non, ma chérie, c'est un Van Gogh.

Ils continuent leur visite et à chaque tableau le mari rectifie les erreurs de sa femme. Arrivés au bout de la galerie, la dame s'exclame :

— Alors là, tu ne pourras pas me contredire, je suis sûre que c'est un Picasso !

— Non, ma chérie, c'est un miroir.

***

Une femme très snob a fait faire par un peintre à la mode son portrait grandeur nature. Quand la toile est prête, elle envoie son mari la chercher.

— Oh ! la ressemblance est frappante, dit-il à l'artiste. Extraordinaire... Elle ne va pas être contente...

***

Un couple a douze enfants, douze garçons. Le jour de la naissance du treizième, ô joie, c'est une fille. Tout fier, le papa arrive au bureau pour annoncer la bonne nouvelle :

— Alors, tu es content ? lui demandent ses collègues. A qui elle ressemble ? Ses yeux sont de quelle couleur ?

— Je ne sais pas, répond l'heureux papa. Depuis qu'elle est née, ma femme et moi, on est tellement contents qu'on n'a pas encore regardé son visage...

***

Une bande de copains sont sortis faire la fête en célibataires. Inévitablement, ils parlent de leur femme.

— Dis donc, Jean-Claude, nous, on s'est toujours posé des questions sur ton mariage. Ta femme est laide et en plus c'est une véritable harpie.

— Mais oui, je sais bien. Mais j'ai été influencé par mes croyances...

— Quelles croyances ?

— Je croyais qu'elle était riche.

***

Un père attend sa fille qui rentre de l'université :

— Bonjour, ma chérie. Tu sais qui sort d'ici ?

— Non, papa.

— Bernard, ton petit ami. Et j'ai une grande nouvelle à t'annoncer : il m'a demandé ta main et je la lui ai accordée.

— Oh ! mais papa, moi, je veux rester avec maman !

— Eh bien, ne t'en fais pas, tu pourras l'emmener avec toi !

***

Un homme, désespéré, est accoudé au comptoir d'un bar et boit depuis un moment. Un autre client engage la conversation :

— Qu'est-ce qui ne va pas, mon vieux ?

— Je viens de me marier.

— Mais c'est merveilleux !

— Oh ! non.

— Mais pourquoi ? Votre femme n'est pas gentille ?

— Bah !

— Vous n'avez plus d'argent ?

— Oh ! si. Ma femme a quatre millions de dot... Vous pouvez toujours appeler ça des dommages et intérêts...

***

Un jeune marié se dépêche de quitter son bureau pour rejoindre sa femme qui l'attend à la maison en préparant le dîner. Il entre chez lui et s'exclame :

— Oh ! que ça sent bon ! Qu'est-ce que tu m'as mijoté, ma chérie ?

— Du poulet.

— Chic ! Et qu'est-ce que tu as mis dedans ?

— Rien, mon trésor. Il y avait déjà tout à l'intérieur !

***

Deux hommes d'un certain âge évoquent leur mariage avec une certaine nostalgie.

— Quand je me suis marié, il y a trente ans, j'embrassais ma femme si fort que je manquais de l'étouffer. Maintenant, j'essaie d'y arriver.

***

Un monsieur, grand amateur d'opéra, décide d'assister à la représentation d'une œuvre de Gounod. Sa femme, extrêmement bavarde, lui demande si elle peut l'accompagner.

— Si tu veux, ma chérie, répond le mari d'une voix résignée. Je ne t'ai pas encore entendue dans « Carmen ».

***

Un couple se présente chez un médecin. Sans laisser à son mari l'occasion de placer un mot, la femme se lance dans la description de ses misères :

— Voyez-vous, docteur, ce n'est pas possible. Mon mari est adorable mais il doit être atteint d'une grave maladie qui le rend d'une distraction sans limites. Je ne peux pas le laisser une seconde seul sans que cette distraction occasionne des désastres. C'est un véritable drame ! Rendez-vous compte : je suis partie en vacances pendant huit jours et il m'a écrit tous les jours. Seulement voilà : huit jours de suite, il a oublié de timbrer ses lettres. C'est incroyable ! Non ?

Le médecin tente d'enrayer le flot des paroles :

— Oui, bien sûr, mais ce n'est pas très grave. Il faudrait lui faire manger beaucoup de poisson pour le phosphore, et cela devrait s'arranger... Monsieur, pourriez-vous tirer la langue, s'il vous plaît ?

L'homme tire la langue... et il y a huit timbres collés dessus.

***

Un homme entre dans un restaurant. Tout dans son attitude dénote qu'il va mal, très mal. Il s'installe à une table et, la mine désespérée, appelle le garçon :

— Je voudrais une omelette au jambon, dit-il d'un ton lugubre.

— Bien, monsieur.

— Mais attention, je veux que les œufs soient pourris.

— Pourris ?

— Oui, pourris. Vous allez bien me trouver ça ?

— Heu... Je vais essayer, monsieur.

— Et le jambon aussi doit être avarié. Si besoin est, récupérez-en à la poubelle.

— Je veux bien, monsieur.

— Et donnez-moi aussi un peu de vin... du vin qui a tourné au vinaigre.

— Si vous y tenez... Et vous voulez autre chose ?

— Oui. Si ce n'est pas trop vous demander, quand vous me servirez, jetez-moi les plats à la figure en me traitant de tous les noms... On aura recréé mon cadre familial et ce sera comme si j'étais chez moi en train de dîner avec ma femme.

***

Un homme arrive en courant devant un agent de police :

— Monsieur l'agent... Je viens de tirer sur ma femme !

— Et vous l'avez tuée ?

— Non, mais maintenant elle me court après...

***

Dans un supermarché où il y a foule, une dame affolée car elle ne retrouve plus son mari, s'adresse à une vendeuse :

— Mademoiselle, je viens de perdre mon mari...

— Ah ! madame, ce n'est pas ici. Les pompes funèbres, c'est la deuxième rue à gauche.

***

Une dame prend le thé avec une amie, qui est veuve depuis un certain nombre d'années :

— Tu n'as jamais songé à te remarier ?

— Pourquoi voudrais-tu que je me remarie ? J'ai tout ce qu'il me faut à la maison. J'ai un chien, un chat et un perroquet.

— Je ne vois pas le rapport !

— Mais si ! Le perroquet râle tout le temps, le chien grogne sans arrêt et le chat est toutes les nuits dehors !

***

Deux copains célibataires de longue date parlent de leur solitude :

— Moi, j'aurais quand même bien voulu me marier, dit l'un.

— Alors moi, je ne regrette rien, tu vois !

— Pourquoi ?

— Quand j'étais jeune, j'ai été fiancé. Eh bien, j'écrivais tous les jours à ma fiancée qui habitait à cent kilomètres de chez moi.

— Et alors ?

— Elle a épousé le facteur.

***

Un monsieur reçoit un coup de téléphone au bureau de sa belle-sœur :

— Robert, vous avez mis ma sœur dans un piteux état ! Pourquoi l'avez-vous frappée avec un fer à repasser ?

— Ah ! écoutez, ça ne peut pas lui faire de mal. Elle commençait à prendre de mauvais plis.

***

Un homme est en train d'agoniser sur son lit d'hôpital. Sa femme est à côté de lui et le médecin est en train de l'ausculter. Au bout d'un moment, le docteur se relève et annonce :

— Madame, votre mari vient de mourir.

A ce moment, le malade bouge un peu et arrive à articuler :

— Non, je ne suis pas mort.

Sa femme le coupe aussitôt :

— Veux-tu bien te taire ! Puisque le docteur le dit !

***

Le copain d'un type qui vient de se faire plaquer par sa femme console son ami :

— Allez, t'en fais pas ! Tu sais ce que tu devrais faire ?

— Non.

— Eh bien, sors, va au cinéma, enfin distrais-toi pour oublier ton chagrin !

— Je ne peux pas.

— Allons, du nerf ! Tu n'as pas de courage !

— Non, ce n'est pas ça ! Je n'ai pas de chagrin...

***

Un type arrive affolé chez son copain :

— Albert, c'est affreux, je viens de laisser tomber ma femme !

— Ne t'en fais pas ! Ça va s'arranger !

— Non, c'est épouvantable ! C'est horrible !

— Mais, ne te mets pas dans cet état-là, voyons, moi aussi, j'ai laissé tomber ma femme il y a six mois et bien regarde, je suis en pleine forme !

— Oui, mais toi, tu habites au rez-de-chaussée tandis que moi je suis au neuvième étage !

***

Un type au régiment reçoit une lettre de sa femme. Comme il ne sait pas lire, il demande à un copain de la déchiffrer pour lui mais il ne veut pas que son ami connaisse le contenu de la lettre qui pourrait être intime, il lui dit :

— Tu me la lis mais tu te bouches les oreilles.

***

Dans le bureau d'un avocat, une femme annonce :

— Maître, je voudrais divorcer.

— Avez-vous une raison, chère madame ?

— Oui, Maître. Je suis mariée.

***

Un vieux monsieur assiste au mariage de son petit-fils. Il est assis dans un coin, l'air songeur.

— Eh bien, grand-père, quelque chose qui ne va pas ?

— Oh ! non, soupire le grand-père. Mais quand on a une femme de soixante-quinze ans, on devrait pouvoir l'échanger contre trois de vingt-cinq !

***

Une femme dit à son mari :

— Tu vois, mon chéri, si notre couple marche si bien, c'est parce qu'il y a une formidable entente entre nous. Nous nous complétons totalement. Toi, tu gagnes l'argent, et moi, je le dépense...

***

Dans la jungle tropicale, un couple participe à une expédition de chasse au lion. Ils sont dans la forêt et sans qu'ils s'en aperçoivent, un énorme gorille les suit de branche en branche.

Alors qu'ils se sont arrêtés pour se reposer, le singe en profite pour enlever la jeune femme qui était un peu à l'écart.

— Au secours ! Au secours ! André, fais quelque chose !

Le pauvre André ne peut que regarder le gorille qui s'enfuit avec sa femme sous le bras à travers les arbres. Compatissant, il lui crie tout de même cet ultime conseil :

— Tu n'as qu'à lui dire que tu as la migraine !

***

Une femme, très coquette, s'inquiète auprès de son mari :

— Chéri, quand j'aurai les cheveux tout blancs, est-ce que tu m'aimeras encore ?

— Mais, bien sûr, ma chérie. Je t'aime toujours autant à chaque fois que tu changes de couleur de cheveux.

***

En revenant de vacances, un couple pénètre chez eux où il règne une odeur épouvantable.

— Oh ! s'écrie la femme. Ça vient de la cuisine. J'ai dégivré le frigidaire avant de partir et j'ai oublié d'enlever le camembert. Et en plus, j'ai oublié d'ouvrir la porte !

— Oui, dit le mari, tu aurais dû laisser la porte ouverte, comme ça le camembert aurait pu aller et venir...

***

— Dis-moi, mon amour, ta vie n'a-t-elle pas été éclairée par un immense rayon de soleil le jour où tu m'as rencontrée ?

— Mmm...

— Ne suis-je pas une véritable fée aux doigts magiques quand je m'occupe de toi ?

— Mmm...

— Mes yeux ne sont-ils pas des émeraudes qui illuminent ta vie ?

— Mmm...

— Mes cheveux ne sont-ils pas aussi beaux que les plumes du paon qui lui servent de parure ?

— Mmm...

— Mon sourire n'est-il pas aussi clair et lumineux que l'eau de la rivière sous le soleil ?

— Mmm...

— Oh ! mon chéri, que tu es gentil de me dire des choses aussi belles...

***

Un couple a acheté une maison à une agence immobilière. Ne pouvant pas se déplacer, ils l'ont achetée sur photo. Enfin le jour où ils en prennent réellement possession, ils s'y rendent accompagnés par l'agent immobilier.

Ils pénètrent à l'intérieur et tout semble conforme à la description qu'on leur en a faite. Ils ouvrent les volets et sur le jardin derrière la maison, ils découvrent une énorme usine.

— Qu'est-ce que c'est que ça ? Vous m'aviez dit que c'était un endroit parfaitement isolé et qu'il y avait juste des baraquements provisoires derrière la maison !

— Mais je ne vous ai pas menti, proteste l'agent immobilier. C'est une usine nucléaire. Mais avec les mouvements écologistes et tout et tout, une usine nucléaire, ça peut sauter d'un moment à l'autre !

***

Deux amis se rencontrent :

— Dis donc, tu as vu Marcel récemment ?

— Oui, hier. J'ai trouvé qu'il avait mauvaise mine.

— Tu ne sais pas le malheur qui lui est arrivé ?

— Non. Quoi ?

— Il est parti avec ma femme.

***

Deux hommes se font des confidences (eh, oui ! il n'y a pas que les femmes !).

— Moi, avant de me marier, je n'ai jamais couché avec ma femme. Et toi ?

— Je ne sais pas. Je ne sais pas qui c'est ta femme.

***

C'est la discorde au sein du ménage. Ça ne va vraiment plus. Les assiettes volent dans tous les sens et les injures aussi.

— Tu n'es qu'une pauvre cloche, hurle la femme. De toute façon, je ne t'ai épousé que pour ton argent !

— Ah ! soupire le mari. Si au moins, moi, j'avais eu une raison !

***

Un couple est en froid depuis plusieurs jours. Ils ne se parlent plus et se font la tête. Pour essayer de détendre l'atmosphère, le mari offre à sa femme deux robes : une blanche et une rouge. Et en plus, il l'invite à dîner dans un grand restaurant.

La femme, touchée par le cadeau de son mari, arbore la nouvelle robe blanche. Ils arrivent au restaurant, s'asseyent à une table et à peine installés, le mari dit à son épouse sur un ton pincé :

— Si tu n'aimes pas la robe rouge, dis-le tout de suite !

***

Le meilleur copain d'un type qui ne s'entend pas bien avec sa femme, vient voir cette dernière pour essayer d'arranger les choses.

— Écoute, Claudine, tu exagères ! Tu ne fais pas beaucoup d'efforts pour comprendre Georges.

— Qu'est-ce que tu en sais ?

— Il me raconte tout.

— Ah ! bon ? Et qu'est-ce qu'il t'a raconté ? Justement, ça m'intéresse.

— Eh bien, il m'a dit que, hier, tu l'avais traité de chameau.

— Alors ça, sûrement pas ! Un chameau, ça peut travailler dix jours sans boire alors que Georges, il peut boire sans travailler pendant dix jours !

***

Un homme, très amoureux de sa femme, aime s'entendre dire des choses agréables. Il provoque les mots tendres et les gentillesses.

— Mon amour, dit-il à sa femme. Si j'avais un terrible accident de voiture, que je sois grièvement brûlé et que j'en garde les cicatrices toute ma vie, que mes deux jambes aient été sectionnées et que je sois obligé de finir mes jours dans une petite voiture, et enfin, que je perde la vue, est-ce que tu m'aimerais encore ?

— Oh ! oui, mon trésor, répond aussitôt la femme. Mais qu'est-ce que je te regretterais...

***

Un homme est très déprimé et à bout de nerfs. Le médecin lui conseille de faire une cure d'un mois dans une maison de repos où il sera suivi par une équipe de psychiatres. Le monsieur, donc, rentre dans cette maison de repos. Mais, au bout d'une semaine, sa femme vient le chercher.

— Madame, lui dit le médecin. C'est ridicule ! La cure doit durer un mois sinon cela ne servira à rien !

— Je sais, dit la femme. Mais si j'attends qu'il soit guéri, il refusera de revenir à la maison.

***

Un couple part en vacances et doit prendre l'avion. Au moment de partir pour l'aéroport, la femme n'est pas encore prête.

— Dépêche-toi ! lui dit le mari. Nous allons rater l'avion.

— Une minute ! Je n'ai plus qu'à me maquiller ! Tu ne voudrais tout de même pas que je sorte sans maquillage.

Quelques minutes se passent. Le mari commence à s'énerver :

— Chérie ! L'heure tourne ! Qu'est-ce que tu fabriques ?

— Voilà, voilà, j'arrive ! Un petit coup de peigne et je suis prête !

Dix minutes après, la femme est enfin sortie de la salle de bains. Le couple s'engouffre dans un taxi et arrive à l'aéroport juste au moment où le haut-parleur annonce :

— Vol à destination de Tunis. Embarquement terminé.

— Et voilà ! dit la femme. Si tu m'avais moins bousculée, on aurait moins de temps à attendre pour prendre l'avion suivant !

***

Le P.-D.G. d'une grosse firme industrielle a invité à dîner un couple dont le mari travaille pour lui.

Arrivés devant la porte, la dame demande à son époux :

— Chéri, ça va ? Je suis correcte ?

Le mari regarde et lui dit :

— Non, tu as la couture de ton bas qui est de travers.

— Oh ! merci.

Et la femme remet son bas dans la bonne position.

— Maintenant, tout va bien ? dit-elle.

— Oui, oui.

— Tu es sûr ? L'autre bas n'a pas tourné ?

— Non.

— Tu en es bien certain ?

— Mais oui, ce bas-là, il est sans couture...

***

Une femme est devenue militante du M.L.F. et à la maison, on ne rigole pas tous les jours.

Le mari, un matin, lui demande timidement :

— Ma chérie, si tu as le temps, naturellement, tu pourrais me recoudre la fermeture Éclair de mon pantalon. Mais, vraiment si tu as le temps.

La femme, attendrie par l'air piteux de son mari (elles ne sont pas toutes insensibles !), lui répond :

— Mais oui, mon chéri. Je te recoudrais ton pantalon. Mais, tout de même, avouez, vous les hommes, que s'il n'y avait pas de femmes, vous seriez bien embêtés pour raccommoder vos pantalons.

Et le monsieur, après une minute de réflexion, lance :

— Peut-être. Mais s'il n'y avait pas de femmes, nous les hommes, on n'aurait pas besoin de pantalon !

***

Un monsieur arrive à son bureau, un jour où il fait un froid de canard et se dit :

— Brrr... Il fait très froid. A l'heure du déjeuner, j'irai en vitesse chez moi chercher mon pardessus.

Effectivement, à l'heure du repas, il court chez lui et du trottoir, crie à sa femme :

— Chérie ! Lance-moi mon pardessus par la fenêtre !

Et la femme lui lance son manteau par la fenêtre. Le monsieur s'empresse de le mettre sur son dos.

Arrivé au bureau, il croise un collègue qui le regarde et qui lui dit :

— Tiens, depuis combien de temps tu es agent de police, toi ?

***

Le matin, au réveil, visiblement, madame fait la tête à monsieur. A la fin du petit déjeuner, il ose demander :

— Mais enfin, chérie, qu'est-ce qu'il se passe ? Tu as l'air de mauvaise humeur !

— Oh ! il y a de quoi ! Après ce que tu as fait hier soir !

— Qu'est-ce que j'ai fait ?

— Tu oses le demander ? Tu es rentré à la maison à trois heures du matin. Tu étais ivre mort !

— Moi, ivre mort ? Pas du tout !

— Tu as du culot de me dire que ce n'est pas vrai ! Hier soir, en rentrant, tu me l'as avoué toi-même !

— Peut-être… Mais tu sais, ma chérie, on raconte n'importe quoi quand on est saoul.

***

Une dame va acheter un cadeau pour une amie dans un magasin dont son mari est le gérant. Elle est servie par une ravissante jeune personne qui l'accueille très aimablement. Le soir, quand son mari rentre de son travail, elle lui dit :

— Tu es content de ta nouvelle employée ?

— Très content. Elle est aimable, a toujours le sourire et elle fait parfaitement son travail.

— Je suis tout à fait de ton avis. C'est elle qui m'a servie cet après-midi.

— On ne trouve pas facilement du personnel mais celle-là elle est en or !

— Eh bien, tu vas te dépêcher de lui faire un excellent certificat de travail pour lui permettre de tenter sa chance chez un autre employeur.

***

Une jeune femme arrive chez sa mère en pleurant. Elle a des ecchymoses sur tout le visage et le poignet foulé entouré dans un bandage.

— Mais ma pauvre chérie, lui dit sa mère, qu'est-ce qui t'est arrivé ?

— C'est mon mari, dit la femme en pleurnichant.

— Ton mari ? Mais je croyais qu'il était parti en voyage et qu'il ne rentrait que la semaine prochaine !

— Moi aussi, je le croyais !

***

Au milieu de la nuit, une jeune femme se réveille en sursaut et secoue son mari qui dort paisiblement à côté d'elle.

— André ! Je te préviens ! Si je rêve encore une seule fois que tu me trompes avec ta secrétaire, je demande aussitôt le divorce !

***

Dès le début de son mariage, un monsieur fait la leçon à sa femme :

— Ma chérie, je veux bien participer aux tâches ménagères mais il n'est pas question que je fasse la cuisine tout seul.

— Mais bien sûr, mon amour. Nous nous partagerons tout moitié-moitié. Toi, tu éplucheras les légumes et moi, je les regarderai cuire…

***

Un chirurgien est appelé d'urgence à l'hôpital :

— Ma chérie, dit-il à sa femme, ne m'attends pas ce soir, je vais rentrer très tard. Je dois opérer le chef cuisinier du grand restaurant « Chez Georges ». Je ne sais pas si je vais arriver à le sortir de là. Il est salement atteint.

— Ne t'en fais pas, mon chéri. Mais, s'il te plaît, si tu sens que tu ne peux plus rien pour lui, ne le laisse pas mourir avant de lui avoir demandé sa recette de coq au vin…

***

C'est un très vieux couple qui ne s'entend plus du tout… Ils viennent de voir à la télé « Le Chat » avec Gabin et Signoret. Ils décident de faire comme les deux héros de Simenon : ne plus se parler que par des petits mots écrits…

Un jour, le mari passe un mot à sa femme : « Réveille-moi à six heures trente… »

Le lendemain, lorsqu'il se réveille, il est plus de onze heures… Il est blanc de rage… Ses yeux se portent sur sa table de chevet et il voit un mot : « Debout, il est six heures et demi. »

***

Bernard et Rosalie forment un vieux couple… Ils sont ensemble depuis près de cinquante ans ! Ils n'ont plus grand-chose à se dire… Ils se détestent même… Ils sont au salon et écoutent la radio près du feu... Bernard est un peu enrhumé, éternue. Sans réfléchir, Rosalie lui dit :

— A tes souhaits.

Immédiatement elle meurt.

***

Je connais un couple qui cherche un appartement.

— Va habiter chez tes beaux-parents ! conseillai-je au gars.

— Impossible. Ils habitent déjà chez les leurs !

***

Je connais un ménage de sourds et muets dans lequel la femmme a un très mauvais caractère. Tous les soirs, elle se met dans des colères noires et injurie à qui mieux mieux. Par signes, évidemment... Puis elle éteint l'électricité !

***

Ce couple reçoit par la poste une invitation pour assister au spectacle du Casino de Paris avec ce simple mot : « Devinez qui vous envoie ça ? »

Ils se creusent la tête pour savoir quel est l'ami adorable qui leur fait un tel cadeau... Mais ils ne trouvent pas. Cela ne les empêche pas, le soir venu, de se rendre au spectacle et de passer une excellente soirée ! Malheureusement, en rentrant, ils trouvent leur appartement dévalisé, cambriolé, vidé... Et sur une table, ce petit mot : « Maintenant, vous savez. »

***

COURRIER

Lettre au « courrier du cœur ».

« Je suis timide. Mais hier soir, j'ai invité une jeune fille à sortir. Je lui ai payé le restaurant avec un menu à quatre-vingt-cinq francs, vin compris. Ensuite, je l'ai conduite au cabaret : spectacle, champagne, tziganes... En sortant, comme il y avait un bijoutier ouvert, je lui ai offert une bague en rubis. Puis je l'ai raccompagnée chez elle et suis rentré chez moi. Voici ma question : pensez-vous qu'à la fin j'aurais dû l'embrasser ? »

Ce brave jeune homme put lire dans son magazine du cœur favori la réponse suivante :

« Certainement pas. Vous aviez déjà suffisamment fait pour elle. »

***

COURSES

Le pauvre homme rentre chez lui hirsute, vanné, effondré, dans un état absolument lamentable...

— Qu'est-ce qui s'est passé ? lui demande sa femme, sens dessus dessous.

— Oh là là ! On m'y reprendra à aller aux courses...

Visiblement, il souffre dans sa chair.

— Explique-toi.

— Figure-toi que j'arrive à Longchamp, je me rends au pesage, le lacet de ma chaussure casse, je me baisse pour le réparer ; à ce moment, y'a quelqu'un qui me colle une selle sur le dos, un jockey monte sur moi, me balance des grands coups de cravache et me force à courir le plus vite possible.

— Mon pauvre chéri ! Et qu'as-tu fait ?

— Péniblement cinquième !

***

Un malheureux chômeur, fait un rêve étrange depuis plusieurs nuits : il rêve du chiffre 8. A propos de tout : il court le Grand Prix de Formule 1 de Monaco avec la voiture 8, il remporte le Tour de France cycliste avec le maillot 8, il dispute la Coupe de France de football et marque 8 buts... Mais, dans la plupart de ses rêves il est jockey et gagne avec le dossard 8.

Un beau matin il se réveille et décide d'aller jouer le reste de ses économies sur le numéro 8.

Il attent la huitième course et joue tout sur le 8 et ce dernier termine huitième.

***

Le baron de la Blazinerie est un grand propriétaire d'écuries de chevaux de course. Il aime à la folie un cheval auquel il croit beaucoup. Il s'agit d'une pouliche répondant au nom de Leïla... Elle a droit à tous les égards : changement de fourrage biquotidien, nourriture vitaminée... Mais le grand drame du baron est qu'elle termine toujours dans les dernières... Aussi, un jour, il va lui parler dans son box et lui dit :

— Leïla, tu le sais, je suis fou de toi, j'ai

fait d'énormes sacrifices mais si demain tu ne gagnes pas le tiercé je t'envoie dans une ferme faire le cheval de labour !

Dimanche après-midi, le tout-Longchamp est là... Le jockey cravache Leïla pour gagner et lui dit :

— Allez Leïla, allez !...

— Mollo, répond l'animal, demain je serai réveillé par le coq à l'aube...

***

Ce vendredi matin il faisait très froid sur l'hippodrome. Les entraîneurs étaient aussi nerveux que leur chevaux car le dimanche suivant ce serait le Grand Prix de l'Arc de Triomphe et tous voulaient gagner. Le grand jour arriva en même temps que la catastrophe pour le jockey de Terrassé, outsider qui venait de se casser la jambe. La fille du propriétaire de Terrassé, excellente cavalière décida de remplacer le jockey au pied levé. Tous les turfistes furent ébahis en apprenant qu'une femme courait le Grand Prix et boudèrent Terrassé. Après un départ médiocre, la cavalière gagna du terrain au troisième tour et se retrouva dans le peloton de tête. Puis dans les derniers 200 mètres commença une lutte acharnée entre elle et le favori. Elle finit par emporter la course d'une longueur et demie. A son passage devant les tribunes elle fut assaillie par photographes et journalistes.

— Que pensez-vous de Terrassé ?

— Que pensez-vous du métier de jockey ?

— Ce métier est-il compatible avec votre vie ?

— Pensiez-vous gagner le Grand Prix ?

Une journaliste plus indiscrète que les autres (est-ce possible ?) voulut savoir qui était cette jeune cavalière. La jeune femme accepta de décliner son identité à condition que la presse ne publie que les initiales de son titre :

— Je suis la comtesse de la Haute-feuille-Sarreville.

Les journaux le lendemain :

VICTOIRE SURPRISE A LONGCHAMP. La comtesse de H.S. sur Terrassé : Quel punch !

***

Un jockey meurt brusquement en course. Quelques heures plus tard, à la Morgue, sa femme vient reconnaître son corps. Le médecin ouvre un premier casier.

— Ce n'est pas lui, affirme-t-elle.

Le praticien ouvre un second casier.

— Ce n'est pas lui non plus, précise-t-elle.

Le praticien ouvre un troisième casier

— Ce n'est toujours pas lui, soupire-t-elle. Décidément, Robert ne sera jamais dans le tiercé !

***

— Salut le plombier ! T'as un tuyau pour les courses de dimanche ?

***

COURTOISIE

Une très vieille femme ridée comme un coing mais dont la prestance et le maintien donnent à penser qu'elle appartient à la plus haute aristocratie, s'apprête à traverser la rue. Hélas les automobilistes pressés ne la laisse pas passer. Prodigieusement agacée, la grande dame se tourne vers un petit jeune homme très bien de sa personne, et lui demande courtoisement :

— Auriez-vous l'extrême obligeance de m'aider à m'imposer auprès de ces... chauffards ?

— Mais comment donc, fait le jeune homme, me permettez-vous de vous prendre le bras afin de vous tirer de ce mauvais pas ?

Et les voilà tous deux bravant la horde des automobiles. Parvenus sains et saufs de l'autre côté, la vieille se répand en remerciements confus et admiratifs :

— Mon jeune ami, vous me réconciliez avec la jeunesse française ! Moi qui n'étais pas loin de penser que les jeunes d'aujourd'hui n'avaient plus aucune galanterie ni aucun savoir vivre...

— Courtoisie mon cul, fait le gars avec une certaine gouaille, mais sûr que si j'avais pas été là, ces salauds vous écrasaient comme une vieille merde !

***

COUSIN

Le cousin de province à qui on avait imprudemment dit de venir à la maison s'il passait par Paris, est arrivé. Et il s'incruste. Déjà huit jours qu'il est là...

— Dites donc, cousin... Au bout de

huit jours, vous croyez pas que votre femme et vos cinq enfants doivent commencer à s'ennuyer de vous ?

— Dame si. Sûrement. Vous avez raison. Je vais leur envoyer un télégramme. Pour leur dire de venir me rejoindre !

***

CROISIÈRE

Croisière très chic à bord d'un paquebot de grand luxe... Nous sommes dans une cabine double que partagent deux hommes tout à fait respectable... Il est plus de minuit et l'un des deux a du mal à trouver le sommeil... Il est très gêné dans ses efforts par son compagnon qui ne cesse de dire :

— Que j'ai faim... Mon Dieu ce que je peux avoir faim... Comme j'ai faim...

Au bout d'une demi-heure, il n'en peut plus, se lève va au bar, achète un sandwich, et le donne à l'affamé endormi...

— Maintenant que cet abruti a mangé je vais pouvoir dormir...

Il se recouche, ferme ses petits yeux... Mais... il entend ;

— Que j'avais faim... Mon Dieu ce que je pouvais avoir faim... Comme j'ai eu faim !

***

Au cours d'une croisière, une dame aussi charmante que mondaine tient son journal intime. On peut y découvrir :

Lundi : je déjeune à la table du capitaine.

Mardi : je déjeune tête à tête avec le capitaine.

Mercredi : le capitaine me fait des avances.

Jeudi : le capitaine menace de saborder le navire si je ne cède pas.

Vendredi : j'ai sauvé 400 personnes de la noyade !

***

Le bateau va couler, c'est la fin. Le capitaine demande à la ronde :

— Est-ce que l'un d'entre vous croit en Dieu ?

— Oui, commandant ! répond un des matelots.

— Bon, vous restez sur le bateau, il nous manque justement une bouée !

***

Un paquebot vient de faire naufrage au beau milieu de l'Atlantique.

Une jeune femme de l'aristocratie britannique, précairement agrippée à une épave providentielle, lutte courageusement contre les assauts de l'océan.

Rectifiant d'une main l'équilibre de son ravissant chapeau « Rue de la Paix », la jeune lady regarde autour d'elle et s'exclame :

— Oh, c'est tout de même contrariant ! Juste au moment où lord Bekerley allait enfin se décider à me déclarer sa flamme !

***

Les passagers d'un paquebot, à la fin d'une traversée mouvementée, quittent le bord pour une courte excursion. Ils entendent le capitaine se plaindre à l'armateur :

— Ce rafiot va couler d'un jour à l'autre, je refuse de prendre la responsabilité de le commander à nouveau !

En revenant de leur excursion, les passagers constatent qu'on les fait embarquer sur le même paquebot :

— Vous avez procédé à des réparations, demande un des touristes à l'armateur ?

— Non, on a simplement changé de capitaine !

***

CROQUE-MORT

A dix-sept ans j'étais déjà croque-mort. Vous parlez d'une jeunesse. Bon, passons... ou plutôt, trépassons... Ah ! Ah !... Bon ! Je me souviens d'une bonne femme qui venait de décéder. Je rentre dans la chambre mortuaire avec la boîte à dominos, je place la morte dedans ; elle y était assise bizarrement : on aurait dit qu'elle faisait du canot sur la Marne... Bon ! Je cloue, je tape et je me taille avec le cercueil sur le dos. Est-ce que j'étais ému ou quoi ? En tout cas, je loupe une marche, je me casse la gueule, le cercueil s'ouvre et la mémée, qui n'était qu'en léthargie, se réveille. Je la rends à son mari, qu'avait l'air à moitié content... Bon ! Six mois plus tard, coïncidence, on me redemande au même endroit pour la même bonne femme. Je me pointe. Je remets la bonne femme dans la boîte, je cloue, je ferme et tout... Bon ! Je me refile le cercueil sur le dos et le mari, à ce moment-là, il me balance :

— Attention, hein ! Ce coup-là, faites gaffe à la marche...

***

Quelle est la plus grande récompense de toute une vie ?

Que les croque-morts pleurent à votre enterrement.

***

Mon emploi de croque-mort me plaisait beaucoup. Du temps que je l'exerçais, je me souviens qu'un jour, en conduisant mon fourgon mortuaire, j'ai failli renverser un piéton. Mes collègues m'ont dit :

— Alors ? Tu maraudes ?

***

Le plus terrible, pour un croque-mort, c'est de travailler au milieu de gens qui reposent.

***

— Votre fils est croque-mort ? Vous me surprenez, je croyais qu'il était médecin.

— Pas du tout. Je vous avais dit qu'il suivait la profession de médecin.

***

Conseil à un croque-mort : si vous vous trouvez en face d'un cercueil très lourd, versez dessus un peu de levure de bière !

***

Un croque-mort amateur de bonne publicité avait rédigé une annonce dans la presse de la sorte :

Les Pompes Funèbres Albert Duglandard vous conseillent :

— Attention, un cercueil en contre-plaqué ne vous fera que deux ans...

— Un cercueil en sapin ne vous fera que quinze ans...

— N'achetez donc qu'un cercueil en chêne vous en aurez pour toute la vie...

***

La scène se passe en hiver... Des croque-morts font leur office en se rendant au crématorium afin d'incinérer une dame qui vient de mourir. Ils en ressortent avec une petite boîte et prennent le chemin du retour. Soudain, une plaque de verglas les immobilise sur la route... Leur voiture ne peut plus avancer... L'un d'eux lance alors à l'autre :

— Il n'y a qu'une seule solution pour s'en sortir... Allez Robert, passe-moi la vieille, on va cendrer !

***

CUISINE

Treize heures, les ouvriers font la pause avant de continuer la démolition... Pour son déjeuner l'un d'entre eux prépare quelques pommes de terre en les découpant en rondelles et les met dans une gamelle chauffante qu'il pose sur un réchaud en équilibre sur une caisse marquée « nitroglycérine ».

— Aujourd'hui je vais me faire mes pommes de terre sautées.

***

Un monsieur qui rentre chez lui trouve sa femme en train de pleurer parce qu'elle épluche les oignons.

— Attends, fait l'homme. Je vais te raconter quelque chose de triste pour qu'au moins tes pleurs servent à quelque chose !

***

Ma femme, en cuisine, c'est le chaud et le froid... ou bien c'est trop cuit, ou bien c'est pas suffisamment décongelé...

***

Quels sont les livres préférés de mon épouse ? dit un brave homme, c'est facile. Les livres à suspens. Par exemple, tous ses livres de recettes de cuisine...

***

CUL-DE-JATTE

Même un cul-de-jatte peut prendre son pied !

***

J'ai connu un pédicure qui haïssait les culs-de-jatte. Par contre, j'ai connu un cul-de-jatte rêvant d'être pédicure.

***

Un cul-de-jatte a été renversé par une voiture. A l'hôpital le médecin lui dit :

— Ce n'est rien. Dans trois jours, vous serez sur pied.

***

Vous connaissez l'histoire du cul-de-jatte qui croyait tellement au Père Noël qu'il avait mis sa paire de gants dans la cheminée...

***

J'ai connu un berger landais sadique. Quand il était sur ses échasses, il faisait des pieds de nez aux culs-de-jatte !

***

Comment vont les affaires ? demande-t-on à un cul-de-jatte.

— Ça marche doucement ! répond-il.

***

Pourquoi les unijambistes sont-ils considérés comme des rêveurs ?

Rien de plus facile. Parce qu'ils n'ont pas les deux pieds sur terre !

***

Un monsieur souffre d'un très grave problème. Son sexe traîne par terre en permanence. Soudain il croise une bonne fée qui, le trouvant sympathique lui propose d'exaucer le vœu de son choix.

— Bonne fée, explique-t-il. Je voudrais que mon sexe cesse de se prendre dans mes jambes.

La fée s'exécute. Et voilà comment ce monsieur est devenu cul-de-jatte...

***

CURÉ

Il y a très peu de différence entre un curé et moi. Nous racontons tous les deux des histoires invraisemblables. Seulement moi, je ne vous demande pas d'y croire.

***

Au catéchisme. Le curé interroge Paulo, un brave gamin :

— Dis-moi, Paulo, que fait un bon chrétien le matin à son réveil ?

— Heu...

— Réponds-moi. Que fait le matin un chrétien à son réveil ?

— Ben... Heu... Il le remonte, m'sieur l'curé !

***

Le prêtre-ouvrier harangue des camarades de travail :

— Et savez-vous, les gars, de quoi chaque jour nous rapproche ?

— Oui ! fait un petit malin. De la paye.

***

Nous sommes dans une petite église du joli village de Larduminec en Bretagne. Le curé, Loïc Le Guern est en plein sermon :

— Mes biens chers frères, tout va très mal, le Diable commande tous nos actes, nous irons en enfer périr dans les flammes...

Les pauvres paroissiens sont paralysés par la peur...

— Notre fin est proche, le diable est en train de prendre l'emprise sur le monde, il drogue nos jeunes, fait de la musique de sauvage. Tremblez, mes biens chers frères...

Les femmes pleurent, les hommes sont livides, les enfants se signent... Tous... sauf un quidam qui se marre... Il hurle de rire... Son voisin gêné pour lui, lui fait une remarque :

— Vous n'avez pas honte de rire aux paroles de monsieur le curé ?

— J'en ai rien à foutre, j'suis pas de cette paroisse.

***

Un cardinal qui a naguère travaillé pour l'Intelligence Service vient de classer ses dossiers en deux catégories. « Sacré » et « Top Sacré »...

***

Un brave curé de campagne est dans

son confessionnal... Il écoute ce que lui dit le repentant de droite : c'est un chien :

— Mon père, dit-il, je me suis très mal conduit : j'ai mangé toute la viande de mes maîtres... Et j'ai mordu le facteur.

— Impossible de vous absoudre... C'est très très grave...

Le curé se tourne vers le repentant de gauche : c'est un taureau :

— Mon père, j'ai honte... J'ai trompé ma vache favorite et j'ai défoncé une voiture rouge qui était en stationnement près de mon champ...

— Pas d'absolution. Les faits sont monstrueux.

Le curé sort du confessionnal et retourne au presbytère. Son chat lui dit :

— Cela ne me paraît pas suffisant qu'ils ne soient pas de la paroisse pour être aussi injuste avec eux...

***

Le grand patron de Coca-Cola fait venir l'évêque dans son bureau :

— Monseigneur, j'ai besoin de rencontrer le pape au plus vite... Un million de dollars si vous m'obtenez un rendez-vous...

— Un million pour ma paroisse. Votre bonté est sans fin... Je m'occupe de tout...

En effet, une semaine plus tard le grand homme d'affaires a son rendez-vous... A la date, il est reçu par le pape...

— Voilà, Votre Sainteté, je suis d'accord pour vous verser cent millions de dollars...

— C'est une somme énorme mon fils... Que pouvons-nous faire pour vous ? Dire une messe ?

— Non, je vous verserai ces fonds dès que vous aurez effectué un petit changement de texte à l'une de vos prières...

— Comment cela et quelle prière ?

— Eh bien, dans le Notre Père, il suffirait de remplacer le : « Donnez-nous notre pain quotidien » par « Donnez-nous notre Coca-Cola quotidien ».

— Mon Fils, nous sommes scandalisés par une telle proposition ! Veuillez quitter le Vatican à l'instant !

— Et pour un milliard de dollars ?

— Partez ou nous vous faisons expulser !

Le grand patron sort et une fois dans sa limousine il dit à son conseiller :

— Je me demande quelle somme le syndicat de la boulangerie lui a offert...

***

Noël approche... Un catholique pratiquant décide d'aller se faire confesser afin de passer les fêtes de fin d'année en règle avec sa conscience.

— Mon père, je suis un bon paroissien, je n'ai pas beaucoup de choses à me reprocher... Sauf sexuellement.

— Dites-moi tout, mon Fils.

— Eh bien, avant de faire l'acte sexuel avec mon épouse, seulement deux fois par mois mon père, j'ai besoin de regarder une photo nue de Clio Goldsmith...

— Ça je suis bien d'accord. Ça aide !

***

Le Père Martin donne son cours de catéchisme :

— François, peux-tu me dire ce qu'est l'état de grâce ?

— Il faut vous tenir au courant, mon père, la princesse de Monaco est morte dans un accident d'auto...

***

Catastrophe aérienne au sommet d'une montagne... Onze survivants seulement dont un curé... Depuis trois jours, les rescapés n'ont plus rien à manger... La mort est là... Soudain l'un d'entre eux déclare :

— J'en ai assez, je n'attends plus rien de la vie... J'ai un revolver je vais me tuer ainsi cela vous fera de la nourriture. Il est inutile de mourir tous les onze.

Le curé intervient immédiatement :

— Mon Fils, vous ne pouvez faire une chose pareille. La vie est un cadeau de Dieu et le suicide est interdit.

— Aucune importance, laissez-moi faire.

Le courageux rescapé pointe le revolver sur sa tempe et le curé crie :

— Non, pas la cervelle c'est ce que je préfère.

***

Un curé brésilien est en colère. Il commence son sermon ainsi :

— Nous voici tous réunis pour prier le bon Dieu de nous donner de la pluie. Seulement, le bon Dieu, ça m'étonnerai qu'il exauce nos prières, après le peu de foi que vous avez montré : pas un d'entre vous n'a apporté de parapluie...

***

Une petite fille se met à pleurer en sortant du confessionnal :

— Le curé m'a dit de réciter trois « Je vous salue Marie », mais je n'en connais qu'un !

***

Trois hommes discutent. L'un est curé, l'autre pasteur et le troisième est rabbin. Leur problème est : comment disposer de l'argent de la grande fête œcuménique de la semaine dernière.

— Moi, dit le curé, je propose qu'on jette l'argent en l'air, au-dessus d'une corbeille, ce qui tombe dans la corbeille sera pour Dieu, le reste pour nous.

Le pasteur a une autre idée :

— Traçons une ligne sur le sol, jetons l'argent en l'air, ce qui tombe à droite est pour Dieu, à gauche pour nous.

— J'ai une meilleure idée, dit le rabbin. Jetons l'argent en l'air, ce qui reste au ciel, ce sera ce que Dieu veut bien garder, et le reste sera pour nous...

***

Un vieux monsieur en train de mourir appelle le curé qui lui donne l'extrême-onction.

— Toute ta vie, dit l'homme d'église, tu as trompé ta femme. Regarde ce Christ, c'est pour cela que cet homme a une couronne d'épines. Toute ta vie, tu as menti dans ton travail, c'est pour cela que cet homme a les deux pieds cloués...

— Attention à votre bougie, réplique le moribond. J'ai peur qu'elle me brûle les parties et que ce soit encore de ma faute !

***

Au cours de catéchisme un petit garçon tend un dessin au curé.

— Que réprésente-t-il, demande le saint homme ?

— C'est le bon Dieu, répond le petit enfant.

— Mais, réplique le curé interloqué, comment peux-tu le dessiner puisqu'on ne sait pas comment il est fait ?

— Maintenant que je l'ai dessiné, réplique le petit garçon, on le sait !

***

— Je crois me souvenir d'avoir assassiné une rentière !

— Horrible, dit le curé, quelqu'un vous a-t-il vu ?

— Ah non, heureusement.

***

Ce truand se confesse auprès d'un prêtre quelques minutes avant sa mort :

— Malgré tous mes péchés, mon Père, je peux dire que je me suis fait tout seul !

— C'est Dieu qui va être content d'entendre ça, mon fils...

***

Ce curé de campagne est un excellent homme, mais il a un défaut, il boit un peu trop.

— Ah, si vous ne buviez pas, lui dit sa gouvernante ; je suis sûr que vous pourriez devenir archevêque !

— Et alors, qu'est-ce que vous croyez, quand je bois, je me prends pour le pape !

***

Lionel Messina s'était marié dans les règles de l'art, et quatre mois après son mariage, il décida d'aller voir le curé de Saint-Joseph à la place Lelièvre, et il lui dit :

— Écoutez, m'ieur le curé, me voilà marié depuis quatre mois, et j'ai déjà un enfant.

Le curé lui répondit :

— Déjà ? Ah ! c'est un mystère.

— Mystère ou pas reprit Messina j'ai des relations sexuelles avec ma femme depuis six mois, et elle vient d'accoucher... Qu'y comprenez-vous ?

Le curé lui répondit :

— Ah ! Ah ! voilà un grand mystère !

Messina commençait à s'énerver :

— Écoutez m'sieur le curé ! Pourquoi me parlez-vous de mystère ? J'vais vous donner un exemple : vous allez à la chasse, vous tuez une grive, celle-là tombe avant que le coup de fusil soit parti, vous appelez ça un mystère ?

— Ah non ! répondit le curé, ça c'est quelqu'un qui a fait feu avant vous !

***

Un curé rentre désespéré d'un cours de catéchisme.

— Les enfants ont bien changé, confie-t-il à sa bonne. Je leur ai parlé de l'immaculée conception, ce matin. Ils ont tous éclaté de rire !

***

Dans une église, un homme rôde entre l'autel et les places assises.:. Le curé le voit exercer son manège et soudain se diriger vers le confessionnal dans lequel il s'enferme. Le curé prend place de l'autre côté de la grille et lance au quidam :

— Mon fils, je vous vois errer. Vous avez besoin de quelque chose ?

— Oh oui... Vous n'auriez pas un peu de papier ?

D

DÉCOLLETÉ

— Quel décolleté, madame !

— Pourquoi me le dites-vous deux fois ?

— Ce n'est pas moi, madame, c'est l'écho.

***

Une dame essaye un nouveau tailleur chez son couturier habituel.

— Vous ne trouvez pas que le décolleté est trop profond, murmure-t-elle.

— Oh, non, répond le spécialiste... Mais, excusez-moi... Avez-vous des poils sur la poitrine ?

— Non, répond la dame interloquée.

— Alors vous avez raison, fait le tailleur, votre décolleté est trop profond...

***

DENTISTE

Avant j'étais dentiste. Je me souviens d'un client à qui j'avais fabriqué un râtelier comac ! Et pourtant, il ne tenait pas ! Faut dire que le mec, il avait un palais impossible : on aurait dit la voûte de la cathédrale de Westminster... Pour faire tenir son casse-noisettes, j'ai dû poser un crochet sur une canine, un sur une incisive, un troisième sur une prémolaire et un dernier sur une molaire... Un boulot titanesque... Le type, il me demande combien qu'il me doit. « Vingt mille balles », que je lui dis. Ça valait bien ça. J'y perdais presque... Eh ben, vous savez ce qu'il m'a balancé comme vanne, le gonze ? Je vous le donne en mille : « Je vois ! Vous voulez vivre à mes crochets ! »

***

— T'es dingue ! Pourquoi t'as foutu une trempe au dentiste ?

— Il m'avait porté sur les nerfs !

***

Le dentiste à sa cliente :

— Ouvrez la bouche, s'il vous plaît ! Et... fermez-la !

***

— Vous êtes certain d'être dentiste ?

— Pourquoi ?

— Ce n'est pas cette dent-là qu'il fallait m'arracher !

— Ne vous impatientez pas, voyons ! J'y arrive !

***

Un homme frappe à la porte de sa salle de bains.

— Robert qu'est-ce que tu fais là-dedans !

— Je me lave les dents, réplique Robert.

— Quoi, tu te laves les dents. Mais cela fait une heure que tu te trouves enfermé dans cette pièce !

— Mais oui, lance Robert. Parce que tant que j'y étais, j'ai non seulement lavé mes dents mais j'en ai profité pour laver les tiennes !

***

Dans la salle d'attente de ce dentiste, il fait chaud. Il fait même extrêmement chaud, et un monsieur commence à tomber son veston et sa cravate, en face d'une vieille demoiselle qui elle aussi attend. Mais la chaleur devient de plus en plus insupportable, il enlève son pantalon, sa chemise, ses chaussettes et même son slip. Le voilà nu comme Adam, mais alors il sort une cigarette et, galant, se penche vers la vieille fille pour lui demander :

— La fumée ne vous dérange pas, j'espère...

***

Une vieille dame se rend chez son dentiste habituel.

— Docteur, soupire-t-elle. Je ne sais plus quoi faire. Je souffre des dents toutes les nuits.

— Rien de plus facile pourtant, répond le médecin. Ne dormez plus ensemble !

***

— Chéri, je suis allée chez le dentiste qui m'a soigné une carie qui avait au moins deux ans !

— Deux ans... fait le mari en réfléchissant... alors donne-moi la facture que je l'envoie à ton premier mari...

***

Un monsieur arrive chez le dentiste.

— Docteur, j'ai les dents jaunes, que dois-je faire ?

La praticien l'examine d'un coup d'œil et lui lance.

— Mettez donc une cravate marron !

***

Le dentiste annonce à son patient :

— Je regrette mais votre dent est complètement pourrie, il faut lui faire une couronne.

— Ce n'est pas la peine. Enterrez-la sans fleur ni couronne !

***

Une dame est partie chez le dentiste pour se faire arracher une dent. Son mari l'a encouragée et a essayé de la persuader qu'elle ne souffrirait pas mais la femme est partie avec une certaine angoisse.

Quelques instants plus tard, le monsieur entend sa femme qui rentre dans l'appartement en chantonnant.

— Tu vois, chérie, lui lance-t-il quand elle pénètre dans la pièce. J'avais raison ! Tu n'as rien senti !

— Et pour cause, lui répond-elle. Le dentiste n'était pas là !

***

Dans le cabinet du dentiste, une dame essaie de raisonner son petit garçon :

— Allons, mon chéri, un peu de bonne volonté ! Le monsieur est gentil. Il ne te veut pas de mal ! Alors, écoute bien maman. Ouvre tout grand ta bouche pour que le docteur puisse enlever ses doigts !

***

Un dentiste a mis au point une nouvelle méthode pour arracher les dents sans anesthésie. Au moment où il extrait la dent malade, il pince le bas du dos du patient. Cette sensation le distrait de la douleur et il s'écrie toujours :

— Je n'aurais jamais pensé que la racine de mes dents était si profonde !

***

DÉSERT

Un type en maillot de bain marche tranquillement au milieu du Sahara :

— Incroyable, quelle plage, dit-il.

***

Un explorateur tombe en panne avec sa Jeep au milieu du désert. Seule et unique solution : marcher afin de trouver du secours. Il part donc... Fait des kilomètres... Il n'a plus d'eau...

Très rapidement il commence à ne plus en pouvoir... Soudain, il voit un chameau avec un des seigneurs du désert... Il court vers lui... Le Bédouin lui dit :

— Toi y en a vouloir une veste massiou ?

— Non, non, de l'eau, de l'eau...

— De l'eau ? Moi pas en avoir, mais des vestes... Tant pis...

Et le chamelier continue sa route...

Notre explorateur reprend, tant bien que mal, sa route... A bout de forces ; il voit un palace au loin... Il rampe jusque-là...

Devant ses yeux : un superbe palace est là... Il voit le portier lui dit :

— Donnez-moi de l'eau... de l'eau...

— Désolé, monsieur, ici on n'entre pas sans veste.

***

Deux hommes, perdus depuis des semaines dans le désert, se croisent au détour d'une dune.

— Mais monsieur, fait l'un à l'autre, vous êtes français.

— Oui, j'habite Paris !

— Extraordinaire ! Moi aussi, dans le VIIIe arrondissement !

— Moi également ! Rue de la Trémouille !

— C'est étonnant, moi aussi ? A quel numéro ?

— Au 6 !

— Ah, moi au 17 ! Dommage, on aurait pu faire le reste de la route ensemble !

***

DEVINETTE

Devinette : quelle est la différence entre le drapeau russe et le drapeau corse ?

Eh bien, sur le drapeau corse, il n'y a pas d'outils !

***

Quelle est la différence entre la télévision et le Titanic ?

A bord du Titanic il y avait un orchestre.

***

Comment dit-on « Speculum » en provencal ?

Rien de plus facile « Escartefigue ! »

***

Pourquoi les unijambistes sont-ils perpétuellement en train de rêver ?

Rien de plus facile. Parce qu'ils n'ont pas les pieds sur terre...

***

Pourquoi les vampires se réunissent-ils toujours dans des associations sans but lucratif ?

Rien de plus facile. Parce qu'ils ne s'intéressent qu'aux groupes sans gain !

***

Pourquoi un esquimau ne ferme-t-il jamais la porte de son igloo en sortant ?

Parce qu'il est raisonnable, et réalise qu'il fera de toute façon toujours aussi froid dehors.

***

Quelle est la différence entre un patron et un prolétaire ?

Le prolétaire c'est celui qui sait comment on fait la chose.

Le patron c'est celui qui sait pourquoi elle est faite...

***

Quelle est la différence entre une femme et une maîtresse ?

C'est le jour et la nuit !

***

Quelle est la différence entre une hermine et un ramoneur ?

L'hermine est toute blanche et a une petite queue toute noire.

Le ramoneur est tout noir et a... une échelle sur le dos !

***

Comment est-ce qu'on reconnaît une grenouille d'un crapaud ?

Pas dur. On met un slow bien mielleux. Quand on les voit sortir leur peigne pour se refaire la banane avant d'inviter les grenouilles, on sait que ce sont des crapauds !

***

Savez-vous pourquoi les coqs n'ont pas de bras ?

Rien de plus facile. Parce que les poules n'ont pas de seins.

***

Savez-vous ce qui caractérise une surprise-party chez les eunuques ?

C'est très facile. La surprise, c'est qu'il n'y a pas de parties !

***

Un canard et un lapin se croisent sur un chemin.

Le canard dit au lapin :

— Nous allons jouer à deviner ce que nous sommes.

— D'accord, dit le lapin.

Le canard lui demande :

— Tu as des oreilles ?

— Oui, dit le lapin.

— Tu as des poils ?

— Oui.

— Tu as un nez ?

— Oui.

— Je sais qui tu es : tu es un lapin !

— Bon, à moi... Tu as des poils ?

— Non dit le canard.

— Tu as un nez ?

— Non.

— Tu as des oreilles...

— Non.

— Je sais qui tu es, dit le lapin, tu es Niki Lauda.

***

Pourquoi les cérémonies orthodoxes sont-elles si émouvantes ?

Parce que c'est en musique qu'on sert pope.

***

DIEU

Ce qui excuse Dieu, c'est qu'il n'existe pas !

***

Voulez-vous une preuve de la non-existence de Dieu : essayez de trouver un plombier pendant le week-end...

***

Dieu vient de dicter à Moïse les tables de la loi. Ce dernier se rend sur terre pour les proposer aux peuples. Il les offre d'abord aux Français qui refusent ; puis il récidive auprès des Anglais qui ont la même réaction. Il se rend ensuite chez les Allemands, les Italiens, les Espagnols, en vain. En désespoir de cause, il se rend en Israël.

— Ça coûte combien, demandent les Israéliens à Moïse.

— C'est gratuit, répond ce dernier.

— Très bien, réplique son interlocuteur juif. Vous m'en mettrez deux... »

***

Dieu se rend chez le psychanalyste. Il s'installe immédiatement sur le canapé et s'exclame...

— Docteur, c'est affreux ce qu'il m'arrive... Je ne crois plus en moi !

***

DÎNER

J'espère que cela ne t'ennuie pas, mais j'ai invité Lambert à dîner ce soir, dit un mari à sa femme.

— Mais enfin chéri, tu sais très bien que nous n'avons plus d'argent, il reste seulement des radis et une boîte de lentilles !

— Écoute, j'ai une idée. Tu prépares les radis et les lentilles, on raconte qu'il y a du petit salé, mais juste avant de servir tu cries et tu viens nous dire que le chien a mangé le petit salé ; d'accord ?

Lambert arrive, le scénario se déroule comme prévu jusqu'au moment où l'épouse entre affolée dans la salle à manger et dit :

— C'est affreux...

— Quoi, répond le mari, ne me dit pas que le chien a mangé le petit salé ?

— Non, répond sa femme, il a mangé les lentilles...

***

Un jeune homme raccompagne, après un dîner aux chandelles, une jeune fille chez elle.

— Pouvez-vous conduire d'une seule main, lui demande-t-elle en minaudant ?

— Mais, oui, répond le jeune homme soudain plein d'espoir.

— Alors, mouchez-vous, s'exclame-t-elle, parce que vous avez le nez qui coule !

***

Un monsieur, à la fin d'un dîner lance à sa femme.

— C'est fou ma chérie ce que trois verres de champagne peuvent te transformer physiquement.

— Mais je n'ai rien bu répond la femme interloquée !

— Moi si, réplique l'homme !

***

Horreur ! La superstitieuse duchesse de Beaumanoir donnerait ce soir un dîner de treize couverts puisqu'un de ses invités venait de se décommander. L'idée lui en était insupportable. Elle eut alors l'heureuse initiative de téléphoner au colonel de la garnison qui pourrait certainement remplacer cet invité manquant par un de ses jeunes officiers.

— Mais certainement ! Quel plaisir pour moi que de vous rendre ce service.

Autre petit problème, la duchesse n'apprécierait guère la présence d'un juif à ce dîner.

— Soyez sans crainte, conclut le colonel.

Le soir un brillant lieutenant sénégalais se présente. Étonnement de la duchesse.

— Venez-vous de la part du colonel ? Mais ce n'est pas possible, il a dû se tromper ?

— Madame, répond le jeune officier, le colonel Lévy ne se trompe jamais.

***

DISTRAIT

Deux amis sont sur une petite route de campagne. Celui qui conduit a un air rêveur et ne fait pas très attention à ce qu'il fait. Il est tellement dans la lune qu'il ne voit pas le panneau indiquant une déviation et continue tout droit. Son ami lui dit aussitôt :

— Eh, attention ! Où vas-tu ? Tu n'as pas vu les flèches ?

— Quelles flèches ? répond notre distrait. Il y avait des flèches ? Je n'ai même pas vu les Indiens !

***

Un monsieur téléphone aux renseignements de la S.N.C.F. :

— Je voudrais savoir combien de temps met le T.G.V. pour aller à Genève, mademoiselle.

— Une petite minute, monsieur.

— Merci ! et il raccroche.

***

Un homme rentre chez lui à toute vitesse.

— Firmin, vite ! Je suis pressé ! Préparez-moi un bain !

— Bien Monsieur. Eau chaude ou eau froide ?

— Sans eau ! Comme ça, je ne perdrai pas de temps à me sécher !

***

Dans le wagon-restaurant d'un train qui file à grande allure, un monsieur est en train de déjeuner. Quelques instants plus tard, un autre voyageur vient s'installer en face de lui et passe sa commande au garçon. En attendant son repas, il déplie son journal et commence à lire. En tournant les pages, il renverse le verre de vin du premier voyageur :

— Oh ! excusez-moi, dit-il en ramassant le verre et en épongeant maladroitement la nappe avec sa serviette.

— Il n'y a pas de mal, répond poliment l'autre.

Le garçon apporte le déjeuner de l'homme qui continue, tout en mangeant, à lire les dernières nouvelles. Absorbé dans sa lecture, il pique machinalement des bouchées de nourriture dans son assiette et soudain ne se rend pas compte qu'il est en train de déjeuner dans l'assiette de l'autre. Ce dernier lui en fait la remarque et l'autre, confus, lui dit :

— Je suis désolé.

— Ce n'est pas grave.

Quelques minutes se passent, et notre maladroit, sentant qu'il est en train de s'engourdir, allonge ses jambes brusquement sous la table et donne un formidable coup de pied dans les tibias de son voisin de table. Devant la vive réaction de douleur du monsieur, il s'excuse de nouveau :

— Pardonnez-moi, monsieur.

— Mais, je vous en prie.

Quand on lui apporte son café, toujours le nez dans son journal, l'indésirable allume une cigarette, la fume tranquillement, et voulant l'éteindre dans le cendrier posé sur la table, ne regarde pas ce qu'il fait, et écrase son mégot sur la main du pauvre voyageur victime de toutes ses maladresses. Alors, dans un cri de douleur, le pauvre voyageur s'exclame :

— Mais dites donc ! Avec les oreilles, vous ne savez rien faire ?

***

DIVORCE

Je viens de faire le premier pas dans la voie du divorce. C'est-à-dire que je viens de me fiancer...

***

Scène de ménage dans le Grand Nord... Le couple est au bord du divorce...

Madame demande des explications à son mari :

— Salaud ! Qu'as-tu fait dans la nuit du 17 octobre au 30 mars ?

***

Marseille, à la belle époque de Borsalino... Une femme vient consulter son avocat :

— Maître, je n'en peux plus... Mon mari me trompe sans arrêt. Je souhaite divorcer. Pouvez-vous m'aider ?

— Certainement, chère madame...

— Parfait, quels seront vos honoraires ?

— Cinq mille francs...

— Cinq mille francs ? Mais, vous n'y pensez pas ! Pour trois mille francs je fais assassiner mon mari !

***

DOUANE

Une splendide voiture arrive au poste frontière.

— Vous n'avez rien à déclarer ?

— Non, rien du tout.

— Ouvrez votre coffre pour vérification...

L'automobiliste ouvre son coffre et à l'intérieur deux cents millions de francs en billets...

— C'est ce que vous appelez rien à déclarer ?

— Mais ce n'est rien cela... C'est de l'herbe pour mes lapins.

— Vous vous moquez de moi ? De l'herbe pour vos lapins, ces billets de banque ?

— Absolument. Et s'ils ne mangent pas cela, ils n'auront rien d'autre.

***

Nous sommes à la douane côté français. Les fonctionnaires contrôlent les touristes arrivant d'Andorre... Et notamment une voiture...

— Cognac ? Pastis ? Whisky ? Martini ? Rhum ? Questionne le douanier.

— Non merci, mais une bière ne serait pas de refus.

***

DRAGUEUR

Un homme très élégant, bronzé et tenant à la main les clés de sa voiture de sport, s'approche d'une jeune femme et lui dit :

— Mademoiselle, j'ai faim... J'ai très faim...

Son interlocutrice le regarde, étonnée et mise en confiance par son allure de gentleman, lui répond :

— Est-ce que je peux faire quelque chose pour vous ?

— Oui, venez dîner avec moi ce soir chez Lasserre.

***

Deux copains qui travaillent dans le même bureau, se retrouvent un matin.

— Oh, dis donc, tu as une sale tête ce matin ! dit le premier à l'autre. Tu es fatigué ?

— Ne m'en parle pas, je suis crevé. Mais, toi, tu n'as pas l'air mieux !

— Tu as raison, je suis vanné. Figure-toi que cette nuit, j'ai fait un drôle de rêve : Ma femme se trouvait dans la cuisine en train de préparer à manger, et tout d'un coup elle me demande d'aller lui acheter de l'huile d'olive. Je descends et tous les magasins étaient fermés. Alors, je prends l'autoroute du Sud et me voilà parti dans le Midi pour trouver de l'huile d'olive. J'ai marché toute la nuit aller et retour alors tu comprends, je suis crevé.

— Oh , c'est marrant, parce que moi aussi, j'ai fait un rêve incroyable ! Figure-toi que je me mets à rêver qu'on sonne à la porte. Je vais ouvrir et je me trouve en face de Clio Goldsmith et à peine entrée elle se jette sur moi et m'entraîne vers le lit. Elle est partie au bout de deux heures. J'étais à peine remis, qu'on sonne de nouveau. Je vais ouvrir : Catherine Deneuve ! Même scénario. Une heure plus tard, après son départ, re-coup de sonnette. Cette fois c'était Ornella Muti en personne qui arrivait de Rome uniquement pour me voir ! Je commençais à être complètement sur les rotules. Mais comme c'est pas tous les jours qu'on a la chance de passer un moment avec Ornella Muti, tu comprends ! J'allais me rendormir quand on a encore sonné à la porte. Je me traîne jusque-là et j'ouvre la porte à Katherine Ross et Claudia Cardinale. Alors, là, j'ai craqué. J'ai dit : « Les filles, je suis désolé, mais je ne peux plus. Faut que je dorme. Demain, je bosse. » Elles ont protesté, insisté mais je n'ai pas cédé, j'étais mort !

— Quoi ? dit l'autre. Tu as fichu à la

porte Katherine Ross et Claudia Cardinale ?

— Je ne pouvais plus rien faire, je te dis, j'étais crevé !

— Mais mon salaud, tu aurais pu m'appeler au moins ! Je serais venu tout de suite !

— Mais, j'ai essayé. J'ai téléphoné chez toi mais ta femme m'a dit que tu étais parti acheter de l'huile de l'olive !

***

Un sémillant jeune homme entre dans un restaurant et commande à la serveuse :

— Un plat du jour et un petit mot gentil !

La jeune fille, quelques instants plus tard, lui apporte son plat du jour :

— Voilà, Monsieur.

— Et mon petit mot gentil ?

La serveuse se penche alors vers le client et lui dit :

— Ne mangez pas cette cochonnerie.

***

— Oh, j'ai pas de chance avec les femmes ! A chaque fois que je sors avec une nana ça finit toujours par une paire de claques dans la figure.

— Ah bon ? Eh bien, c'est pas comme moi. Elles sont toujours folles de moi ! J'ai un succès fou !

— C'est pas vrai !

— Sûr ! Tiens, l'autre jour, il y en a une qui a frappé à la porte de ma chambre pendant une heure. Eh bien, je ne l'ai pas laissée sortir !

***

Un homme n'arrête pas de draguer les femmes qu'il rencontre. Il se croit irrésistible car, en plus, il fait de l'humour :

— Mademoiselle, que diriez-vous de venir chez moi, ce soir, prendre un whisky-sofa ?

— Avec plaisir, répond la jeune fille qui, elle aussi, a un certain sens de l'humour. Mais pour moi, ce sera un gin-platonique.

***

Deux types sont assis à la terrasse d'un café. Ils voient arriver de loin une ravissante jeune femme.

— Regarde la belle brune qui arrive, dit le premier. Tu crois que je peux la séduire ?

— Je ne sais pas, répond l'autre.

— Oh, elle est superbe ! Attends-moi là, j'y vais.

— D'accord. Mais tu me tiens au courant...

— Pourquoi ?

— Parce que c'est ma femme.

***

Un célibataire a l'habitude de chercher une compagne dans les petites annonces spécialisées. Un jour, il tombe sur celle-ci : « Jeune, blonde, intelligente, riche, avec un léger défaut physique, cherche compagnon sérieux. » Malgré le « léger défaut physique », notre don Juan répond à l'annonce et le rendez-vous a lieu dans un café parisien. Le monsieur est le premier arrivé et il voit venir à sa table une femme blonde, effectivement belle. Au bout de dix minutes de conversation, il s'aperçoit qu'elle est très intelligente et brûlant de curiosité, il finit par lui demander :

— Sur le journal, vous parliez d'un défaut physique. Pourriez-vous m'en parler ?

— Oh, mais vous allez le voir !

— Ah bon ?

— Oui, il va venir nous rejoindre en sortant de l'école !

***

Une jeune femme remarque qu'un homme la suit depuis un certain temps. Tout d'un coup, elle se retourne et lui dit :

— Mais enfin, monsieur, vous n'allez pas comme ça me suivre jusque chez moi, 32, avenue Pasteur, bâtiment A, troisième étage à gauche, attention, il y a une marche...

***

Un séducteur arrête une jeune femme dans la rue :

— Écoutez, je n'ai pas de temps à perdre. C'est oui ou c'est non ?

— On va chez moi ou chez vous ? répond la femme.

— Oh, écoutez, si vous commencez à discuter, on n'en finira jamais !

***

Un explorateur des régions polaires vient passer quelque temps à Paris. Le samedi soir, il se rend dans un bal avec des copains. Il invite une fille à danser et lui dit :

— Vous voulez faire l'amour avec moi ?

Aussitôt, il reçoit une gifle et la fille s'en va, furieuse.

Il raconte sa mésaventure à un copain qui lui dit :

— Avec les femmes, mon vieux, il ne faut pas être brutal. Il faut d'abord que tu engages la conversation.

— Ah, d'accord, j'ai compris.

Et il retourne inviter une autre fille à danser. Il suit les conseils de son copain et dit à la demoiselle :

— Vous connaissez le pôle Sud ?

— Non.

— Alors, vous voulez faire l'amour avec moi ?

***

Une jeune secrétaire arrive un matin au bureau et annonce à toutes ces collègues qu'elle a enfin un amoureux :

— C'est un garçon formidable ! Je suis éperdument amoureuse de lui et je crois que c'est réciproque.

— Comment s'appelle-t-il ? demandent les autres filles.

— Bernard. Il est très séduisant et il a une façon de m'embrasser en me chuchotant à l'oreille : « Tu es mon trésor bleu en sucre d'orge ! »

— Ah ! s'écrient alors toutes les secrétaires en chœur. Ce Bernard-là !

***

Un journaliste fait une enquête sur la longévité chez les hommes. Il interroge un premier vieillard :

— Bonjour, monsieur. Quel âge avez-vous ?

— Quatre-vingt-dix-huit ans.

— Comment avez-vous réussi à atteindre un âge aussi avancé ?

— Toute ma vie, je n'ai bu que de l'eau ! De l'eau !

Le reporter interroge un deuxième vieillard :

— Quel âge avez-vous ?

— Cent trois ans.

— Comment avez-vous réussi à atteindre un âge aussi avancé ?

— Toute ma vie, j'ai bu du lait et mangé des yaourts !

Au troisième vieillard :

— Moi, jeune homme, j'ai cent neuf ans et je suis végétarien. C'est ça qui m'a conservé !

Le journaliste rencontre enfin un homme qui semble extrêmement âgé. Il est voûté, très ridé et paraît très fatigué :

— Quel est le secret de votre âge avancé ?

— Les femmes, mon petit. Toujours les femmes ! Tous les jours !

— Ah bon ! fait le journaliste admiratif. Mais quel âge avez-vous ?

— J'ai trente-cinq ans.

***

DOCTEUR

Le docteur, penché sur l'agonisante, demande au mari :

— Il y a longtemps qu'elle râle ?

— Depuis que nous sommes mariés.

***

— Je suis inquiet, docteur. Toute la journée je fais des ronds de fumée !

— C'est normal. Presque tous les fumeurs en font.

— Mais moi je ne fume pas, docteur !

***

Quand j'étais docteur, je reçus un coup de téléphone d'une femme affolée :

— Docteur, que dois-je faire ? Mon fils vient d'avaler du ciment et du sable...

— Surtout, ne lui faites pas prendre un bain.

***

Arthur va chez l'opticien.

— Vous lisez cette lettre ? demande l'homme de l'art.

— Non !

— Et celle-là ?

— Non plus.

— Celle-là ?

— Non.

— Et la plus grosse, là... Vous la lisez ?

— Non ! avoue Arthur.

— O.K. Alors, dans ce cas, ce ne sont pas des lunettes qu'il vous faut. C'est un chien.

***

Le même Arthur va chez son généraliste.

— J'ai des insomnies. Donnez-moi quelque chose pour dormir.

Le médecin rédige une ordonnance et la lui tend en disant :

— Tenez. Je vous en ai mis pour trois semaines.

— Oh là là ! Docteur ! Doucement ! Je ne veux pas dormir si longtemps.

***

— Déshabillez-vous, madame ! demande le docteur.

La vieille peau à qui il demande ça minaude :

— Je veux bien, docteur... Mais je dois vous prévenir : j'ai ma poitrine qui tombe !

— Aucune importance, madame. La bonne balaie tous les matins.

***

Un vieux débris vient consulter un oto-rhino. Il a un doigt enfoncé dans l'oreille droite.

— Qu'avez-vous ? demande l'homme de l'art.

— Horrible ! Y'a une mouche qui m'est entrée dans l'oreille. Depuis trois semaines. Et j'en ai marre de l'entendre tourner là-dedans...

— Ne vous inquiétez pas. J'en ai déjà ôté à plusieurs personnes. Ce sera vite fait.

Et effectivement, en deux temps trois mouvements le vieux débris est débarrassé de sa mouche... Il paie et se tire.

Quinze jours plus tard, par hasard — sans hasard, les histoires seraient moins nombreuses ! — l'oto-rhino — etc. croise le vieux débris dans un cocktail donné pour la sortie d'un disque de Sheila chantant, en style « disco », « Madame Butterfly ». Et le vieux débris a un doigt enfoncé dans l'oreille droite.

— Allons bon ! lui dit l'oto-ect., vous avez de nouveau une mouche dans l'oreille ?

— Non ! Mais j'ai compris. Je vais pas laisser mon oreille ouverte pour qu'une autre mouche rentre dedans. Je suis pas fou !

***

— Docteur, je n'en peux plus.

— Un problème ?

— Oh oui !

— Contez-moi ça !

— Voilà : « Il était une fois... »

— Non. Racontez normalement.

— Pardon. Toutes les nuits je fais un cauchemar. Le même... Depuis des mois... Je vais craquer...

— Un cauchemar ? Quel genre de cauchemar ?

— Affreux... Chaque nuit Isabelle Adjani me donne rendez-vous.

— Isabelle Adjani ? Un rendez-vous ? Et vous appelez ça un cauchemar ?

— Oui, docteur... Car elle ne vient pas.

***

Freddy Maertens, le célèbre champion cycliste, est malade. Le médecin vient l'ausculter puis lui dit :

— C'est la grippe !

— C'est rien ! dit courageusement Maertens.

— Quand même ! Faut être prudent. Vous avez beaucoup de fièvre !

— Combien ?

— 39,6 °C.

— Ah ? Et quel est le record du monde ?

***

Une femme d'au moins deux cents kilos entre, avec difficulté — heureusement qu'il y avait une porte à double battants — dans le cabinet du docteur. Celui-ci la regarde, éberlué, puis entreprend quand même sa consultation.

— Approchez, Madame ! Ouvrez la bouche, je vous prie, et faites « Meuh ! ».

***

— Alors, Dugland. T'as été voir le docteur au sujet de tes pertes de mémoires ?

— Oui. J'en viens.

— Qu'a-t-il fait ?

— Il m'a fait payer d'avance !

***

Un homme dans un terrible état de nerf va voir son médecin. Il est visiblement au bord de la dépression nerveuse (non, pas le toubib, le type bien sûr...) :

— Docteur, je vis un cauchemar, une

abomination. Ma vie est un drame permanent. Je chante et je ne supporte pas cela... Tout ce que je chante est faux et laid... Je passe à l'Olympia, partout... Je ne sais pas balancer en scène : je suis la nullité même... Aidez-moi, docteur...

— Tout cela me paraît simple : changez de métier !

— Impossible, docteur, je suis une star.

***

— Bonjour, monsieur le directeur, fait un gentil vieillard au directeur de la banque. Est-ce que mon petit-fils Pierre est bien chez vous ?

— Vous êtes monsieur Durand, n'est-ce pas ?

— Oui, il vous a parlé de moi ?

— Pas vraiment, mais en tout cas il nous a dit que cet après-midi il allait à votre enterrement...

***

Luxueux cabinet d'un psychiatre, une dame entre et explique son cas au praticien :

— Docteur, nous avons un terrible problème, mon fils se prend pour une poule. Sa chambre est un poulailler avec perchoir... Nous ne pouvons le nourrir qu'avec du grain...

— C'est effectivement un cas peu banal, madame, nous allons faire entrer votre fils...

La poule, pardon, le fils entre au son d'un brillant :

— Cot, cot, codec...

— Quel est ton prénom ?

— Cot cot...

— Quel âge as-tu ?

— Cot cot...

— C'est un cas rare... Mais cela fait-il longtemps qu'il se prend pour une volaille ?

— Cela fait quinze ans, docteur.

— Quinze ans ? Et vous ne venez qu'aujourd'hui ?

— Eh bien, docteur, nous n'avons pas beaucoup d'argent et je dois dire que six œufs par jour cela aide... Mais voilà trois semaines qu'il ne pond plus...

***

Une dame d'une cinquantaine d'années va voir son médecin :

— Docteur, mon mari est atteint d'un mal étrange : le soir au moment de nous coucher il se prend pour une chèvre... Je n'y comprends rien...

— Écoutez, madame, nous allons voir cela... Déshabillez-vous, je vais vous ausculter.

La femme se déshabille et lorsqu'elle est nue, le docteur la regarde et fait :

— Bheee... Bheee... Bhee...

***

Un spécialiste des maladies digestives reçoit un patient qui se tord de douleurs.

— Docteur, c'est horrible, je suis une victime de la pollution !

— Ah bon ! Que vous est-il arrivé ?

— Eh bien pour la première fois de ma vie j'ai mangé des moules hier soir et depuis...

— C'est possible... Mais en les ouvrant vous n'avez pas senti une odeur spéciale ?

— En les ouvrant ? Parce qu'il fallait les ouvrir ?

***

Un médecin reçoit la visite de l'un de ses patients :

— Bonjour docteur, je viens vous voir pour ma femme !

— Oui, où est-elle ?

— Au lit... Elle est clouée au lit...

— Je vais aller la voir. Ne vous en faites pas...

— Oui, mais je souhaiterai que vous la vissiez...

***

Un jeune toubib, peu sûr de lui, téléphone chez l'un de ses patients pour prendre des nouvelles :

— Bonjour monsieur Fasquet, votre femme suit-elle bien ma prescription ? Un verre de rhum par jour ?

— Pour ça docteur pas de problèmes. Elle a même six mois d'avance.

***

Une mère de famille en colère vient voir son pédiatre :

— Dites-moi, docteur, votre note suite à la varicelle purulente de ma fille. Ce n'est pas sérieux...

— Comment cela, madame ? Vous parlez du montant de mes honoraires ?

— Oui, deux mille francs... C'est un scandale...

— Madame, je me suis déplacé dix-neuf fois...

— Vous auriez quand même pu avoir un geste. Grâce à ma fille, vous avez fait de bonnes affaires puisque ma fille a passé la varicelle à toute sa classe...

***

— Allô, docteur ?

— Oui, madame...

— Ici Mme Renoncourt, j'étais dans votre cabinet il y a trois jours... J'étais très fatiguée et vous m'avez prescrit des ampoules buvables pour me remonter...

— Oui, madame, je m'en souviens parfaitement. Est-ce que cela va mieux maintenant ?

— Absolument pas, docteur, je suis tellement fatiguée que je n'ai pas pu ouvrir une seule des ampoules...

***

— Allô, docteur ?

— Oui madame ?

— Il faut venir tout de suite docteur, mon fils a avalé le bouton du hachoir !

— J'arrive madame.

Le praticien n'a pas encore fermé sa porte que le téléphone resonne :

— Allô, docteur ?

— Oui madame ?

— Ne vous déplacez pas, je vais faire des grillades c'est aussi bien.

***

— Comment trouvez-vous les résultats de mon check-up, docteur ?

— Pas mauvais, un petit souffle au cœur, peut être, mais rassurez-vous, ça ne m'inquiète pas du tout.

— Vous savez, si vous, vous aviez un souffle au cœur, ça ne m'inquiéterait pas beaucoup non plus !

***

Un petit garçon a les yeux tout rouges. Il demande à sa mère :

— Maman, il faut que tu m'emmènes chez un zieutiste.

— Mon chéri, on dit un oculiste.

— Mais non, c'est pas là que ça fait mal !

***

Le médecin se rend chez un couple dont le mari est cloué au lit par la grippe. La femme interpelle le praticien :

— Docteur, j'espère que vous allez me faire une réduction car sa grippe, mon mari l'a repassée à tout le quartier !

***

— Salut, toubib. T'as pas l'air gai...

— M'en parle pas. Ce matin, je reçois un client atteint de bronchite. En lui tendant son ordonnance, je dis : « Prenez vite quelque chose de chaud. » Et il a emporté mon pardessus.

***

Un homme se précipite chez son médecin.

— Docteur, il faut que vous m'aidiez. Je possède une écurie de courses et je suis amoureux de l'un de mes chevaux.

— Un cheval ou une jument, demande le praticien ?

— Voyons, docteur, réplique le patient, une jument ! Il ne faut tout de même pas me prendre pour un anormal !

***

— Docteur, fait un monsieur, je ne parviens plus à l'endormir sans tenir la main de ma femme.

— Mais moi aussi, monsieur, répond le docteur, ce n'est pas grave !

— Mais si docteur, fait le monsieur, car vous, vous ne faites pas chambre à part !

***

Un homme se confie à son médecin.

— Docteur, je crois que je suis impuissant !

— Mais non, ne vous alarmez pas, réplique le praticien. Nous allons vérifier. Montrez-moi vos organes génitaux.

— Voilà, réplique le malade en tirant la langue...

***

Mme Pichoin se plaint à une de ses amies que son mari, médecin-accoucheur, n'a pas le moindre goût pour la rigolade, ni la bagatelle.

Un soir qu'ils étaient dans un cabaret, où une nuée de jolies filles presques nues, se trémoussaient auprès d'eux, le docteur s'était penché sur sa femme, et lui avait dit :

— J'aimerais bien savoir quel est le salaud qui a accouché cette fille, il lui a complètement loupé sa césarienne...

***

Un vétérinaire et un médecin se trouvent à la porte d'une maison où on vient de les appeler d'urgence :

— Il a dû y avoir une erreur, dit l'un...

— Non, pas du tout, fait un homme en ouvrant la porte, imaginez vous que ma femme est une sirène...

***

— Docteur, dit Badjidj, je ne comprends pas ! A chaque fois que je bois une tasse de café, j'ai une douleur à l'œil droit.

— Ce n'est rien, lui répond le docteur Leiris, enlevez seulement la cuillère.

***

Un vieux beau va voir son médecin :

— Docteur, je n'arrive plus à satisfaire ma maîtresse, chaque fois que je vais la voir, ça devient plus difficile. Hier encore, dès le troisième j'ai commencé à m'essouffler, alors que d'habitude j'allais jusqu'au sixième sans problème...

— Mais enfin, monsieur, à votre âge, vous devriez vous arrêter au deuxième !

— Docteur, c'est impossible, ma maîtresse habite au sixième étage !

***

— C'est combien, la place, pour le concert de Dalida, demande une jeune fille à la caissière ?

— C'est 120 francs.

— Et avec le certificat de mon médecin, qui prouve que je n'entends que d'une oreille, c'est moitié prix ?

***

Une dame se rend chez un médecin terriblement inquiète.

— Docteur, c'est la première fois que je dois me mettre nue devant quelqu'un, c'est impossible...

— Mais madame, répond le praticien, il le faut pour que je puisse vous ausculter. Alors, déshabillez-vous dans le noir...

La patiente s'exécute et quelques instants après pose une autre question.

— Docteur, où dois-je poser mes vêtements ?

— Sur la chaise, répond le médecin. Là, juste à côté des miens...

***

Le médecin lance à sa patiente :

— Déshabillez-vous, madame.

— Mais docteur, ce n'est pas possible, réplique-t-elle, j'ai les seins qui tombent.

— Ce n'est pas grave, réplique le praticien. Ici, on balaie tous les matins...

***

Une grosse dame arrive chez le médecin.

— Docteur, je ne comprends pas, que se passe-t-il en moi. En un mois j'ai grossi de 40 kilos !

Le praticien se penche vers elle et lui demande :

— Taisez-vous... Maintenant faites « Meuh »...

***

Un monsieur entre dans le cabinet de consultation d'un médecin.

— Docteur, j'ai mal à mon testicule gauche. Que dois-je faire ?

— Mais, répond le praticien. Vous avez mal lu la plaque apposée à la porte. Je suis docteur en droit.

— Excusez-moi, répond le patient. Je ne savais pas que vous étiez spécialisé à ce point !

***

A la visite médicale traditionnelle des employés d'une usine arrivent plusieurs jeunes filles. La première, en se déshabillant fait apparaître une énorme marque en forme de « H » qui lui recouvre l'ensemble de la poitrine.

— Qu'est-ce que cela signifie ? demande le médecin intrigué.

— Ce n'est pas grand-chose, réplique la demoiselle. C'est mon petit ami, prénommé Harry, qui s'est fait tatouer son initiale sur le torse. Il m'a serrée tellement fort que la lettre est restée gravée !

Une autre jeune fille s'avance. Et le médecin découvre rapidement qu'elle a également la poitrine gravée. Mais d'un « M ».

— Cette histoire de tatouage semble à la mode, lance-t-il. Je suppose que le jeune homme qui vous aime se prénomme Maurice ou Michel !

— Pas du tout, réplique la jeune femme. Il s'appelle William...

***

Un homme se rend chez le médecin qui lui demande de se déshabiller, afin de l'ausculter.

Le monsieur enlève alors sa veste qu'il plie soigneusement, son pantalon avec lequel il fait de même, retire ses chaussures qu'il place bien parallèles l'une à l'autre, ses chaussettes avec lesquelles il fait de même, sa chemise qu'il accroche à un cintre en veillant à ce que le pli soit impeccable, son caleçon qu'il pose avec précaution sur l'ensemble de sa garde-robe...

— Quel est votre problème ? fait le docteur.

— Voilà, regardez bien, j'ai un testicule plus long que l'autre.

— Et alors ? fait le médecin.

— Alors, répond le quidam. Ça fait négligé...

***

Le médecin de famille se penche vers le mari et lui murmure à l'oreille.

— J'ai examiné votre femme. Je ne la trouve pas bien du tout... »

— Moi non plus, s'exclame l'homme. Mais qu'est-ce qu'elle a comme fric !

***

— Oh docteur, mon fils fait pipi au lit, vous croyez que c'est très grave ?

— Non, madame, c'est un stade normal, vous verrez que cela va passer très vite.

— Ah bon, vous me soulagez, je suis sûre que sa femme va l'être aussi !

***

Un médecin reçoit des sœurs siamoises dans son cabinet et se met à les ausculter.

« Mesdemoiselles, lance-t-il, s'il vous plaît, dites 66 ! »

***

— Docteur, venez vite, mon mari s'est enfoncé un clou dans la main !

— Ah bon, et il est enfoncé très profondément ?

— Je ne sais pas encore, il est en train de chercher le marteau dans la boîte à outils !

***

Dans la salle d'attente d'un docteur, une vieille dame n'arrête pas de renifler, d'éternuer, et dérange tous les autres clients.

— Enfin, madame, vous n'avez pas de mouchoir ? demande un des patients.

— Si, monsieur, j'ai un mouchoir, mais un mouchoir, ça ne se prête pas !

***

Un médecin accoucheur met au monde un bébé. Celui-ci pleure, le médecin accoucheur lui donne deux claques puis, le bébé calmé, le pose sur une table. Puis il découvre qu'il y a un second bébé dans le ventre de la mère. Même principe, il le sort, pleurs du bébé, deux claques, il le pose sur la table à côté du premier. Il recommence encore une fois car il y a un troisième bébé. Pleurs, claques, table. Après avoir félicité la maman pour cette heureuse naissance, il se lave les mains et entend soudain :

— Oh, oh !

Il se retourne... Personne...

— Oh, oh !

Il se retourne et aperçoit la tête d'un quatrième bébé dans le ventre de la mère. La tête le regarde et fait :

— Oh, le type qui fiche des claques, il est parti ?

***

Un jeune père rend visite à l'obstétricien qui a accouché sa femme et lui demande un peu embarrassé :

— Je ne comprends pas, docteur... Mon fils est né entièrement roux alors que dans ma famille, ni du côté de ma femme ni du mien, personne, absolument personne ne l'est...

— Ah bon, répond le médecin, dans ce cas il va vous falloir répondre à une question indiscrète... Quelle est la fréquence de vos rapports ? Vous faites l'amour plus de deux fois par jour ?

— Oh non !

— Une fois ?

— Beaucoup moins !

— Trois fois par semaine ?

— Pas du tout !

— Tous les mois ?

— Même pas !

— Tous les six mois ?

— Mais non !

— Est-il possible que vous ne fassiez l'amour qu'une fois par an ?

— Oui, cela doit être ça...

— Eh bien, rétorque le docteur ébahi, arrêtez de vous inquiéter ! Il est tout à fait normal que votre enfant soit roux : c'est la rouille !

***

Une dame est dans le bureau d'un médecin et lui dit :

— Docteur, j'ai l'impression que je perds la mémoire. Je ne me souviens plus très bien de ce que je dis.

— Et depuis quand ressentez-vous ces troubles ?

— Pourquoi vous me posez cette question ? Quels troubles ?

***

— Docteur, je viens vous voir parce que j'ai des rhumatismes épouvantables dans les mains.

— Nous allons voir ça, monsieur. Montrez-moi vos mains.

Et en effet, les doigts du pauvre homme sont complètement déformés par la maladie.

— Eh bien, c'est simple, monsieur, avec une petite opération, il n'y paraîtra plus et vous ne souffrirez plus.

— C'est vrai, docteur ? Je pourrai faire tout ce que je veux de mes dix doigts ? Même jouer du violon ?

— Mais oui, bien sûr.

— Formidable ! Parce que jusqu'ici, j'avais jamais su !

***

Deux médecins anglais se rencontrent.

— Je viens d'être nommé médecin personnel de la reine, dit le premier, tout fier.

— God save the Queen ! (Dieu sauve la Reine) répond le second.

***

Dans une maternité, le médecin fait le tour de ses parturientes.

— Docteur, vous m'avez affirmé que j'aurais une fille et c'est un garçon !

— De quoi vous plaignez-vous ? Je ne me suis pas trompé de beaucoup, chère madame !

***

Sur son lit d'hôpital, un malade reçoit la visite de son médecin qui revient de vacances.

— Alors, comment ça va ? dit le docteur. Vous ne vous êtes pas trop ennuyé sans moi ? Je crois que mon confrère s'est bien occupé de vous pendant mon absence.

— Oh oui, docteur. Mais ce qui m'inquiète, c'est que justement, votre collègue n'a pas du tout le même diagnostic que vous !

— Ce n'est pas grave, mon vieux ; l'autopsie me donnera raison !

***

Un brave homme va en consultation chez son médecin. Il a un énorme bleu autour de l'œil.

— Avez-vous bien suivi mes conseils, monsieur Dupont ? demande le médecin.

— Oh oui, docteur. A chaque fois que j'ai envie d'un verre de vin, je me fais une tasse de thé. Mais j'ai l'impression que je suis allergique au thé. Depuis que j'en prends, j'ai mal à l'œil.

— Dites donc, vous êtes sûr que vous enlevez la petite cuillère ?

***

Dans la salle d'opération, le malade, avant d'être endormi, assiste aux préparatifs. Au moment où il voit le chirurgien mettre son masque, il lui dit :

— Ah ! C'est pour pas qu'on sache que c'est vous l'assassin !

***

Un type est transporté d'urgence chez un médecin : il vient de se faire piquer par des centaines d'abeilles.

— Ne vous affolez pas, dit le docteur. Je vais juste vous faire une petite piqûre...

***

Une dame demande au médecin qui s'occupe de son mari à l'hôpital :

— Alors, docteur, il va s'en sortir ou non ?

— Écoutez, madame, pour être tout à fait franc, en ce qui concerne sa tumeur au cerveau, elle est mortelle, il n'y a pas de doute. Quant aux autres troubles, je ne peux absolument pas me prononcer avant d'avoir eu le résultat des analyses.

***

Un médecin s'adresse à un chirurgien :

— Alors, Martin, cette ablation du rein ?

— Quelle ablation du rein ?

— Eh bien, celle que je vous ai envoyée au bloc hier !

— Mais, je croyais que c'était une autopsie...

***

— Docteur, je viens vous voir parce que je souffre d'insomnie.

— Ah oui ? Et vous vous réveillez souvent ?

— Oh oui. Tous les deux ou trois jours...

***

Un monsieur qui ne tient plus sur ses jambes, arrive chez le médecin :

— Docteur, ça ne va pas du tout. Tous les jours, j'ai de la fièvre. J'ai des maux de tête épouvantables. Je tombe dans les pommes sans arrêt. Je vomis tout ce que je mange. J'ai perdu trente kilos en un mois. Je suis devenu presque aveugle. Docteur, est-ce que c'est grave ?

— Quelle profession exercez-vous ?

— Je suis vendeur dans un grand magasin.

— Bon. Attendez-moi une seconde.

Le médecin sort et téléphone à un copain :

— Allo ? Lucien ? Dis donc, ça t'intéresse toujours une place de vendeur dans un grand magasin ?

***

— Docteur, je suis très inquiet. A chaque fois que je prononce un certain mot, tous les gens qui sont autour de moi disparaissent.

— Et quel est ce mot ?

— C'est le mot « mistigri ». A cha... Docteur, docteur, docteur, où êtes-vous ?

***

Une dame appelle un médecin au téléphone :

— Venez vite, docteur. C'est ma fille. Elle a une fièvre de cheval.

— Alors, vous devriez appeler le vétérinaire !

***

Un docteur est en train d'ausculter un malade qui est dans un état critique. Le patient s'inquiète :

— Alors, docteur ? C'est grave ?

— Écoutez, je ne sais pas si vous avez un simple rhume ou une pneumonie.

— Mais, que dois-je faire, docteur ?

— Rien. Restez au lit. Je reviendrai demain matin. Si vous êtes encore vivant, c'est que c'était un simple rhume...

***

Un monsieur a été hospitalisé d'urgence et sa femme attend dans la salle voisine le verdict du médecin.

— Alors, docteur, lui dit-elle dès qu'il revient, qu'en pensez-vous ?

— Eh bien, madame, c'est assez délicat. Mais je vais essayer d'être clair. Si j'étais couturier et que vous m'apportiez une robe en me disant qu'il faut l'agrandir, lui remettre des manches longues et la changer de couleur, je vous répondrais qu'il n'y a rien à faire et que vous feriez mieux d'en acheter une neuve.

***

Une dame est en consultation chez le médecin.

— Docteur, je me sens très fatiguée et j'ai souvent une tension élevée. Pensez-vous que c'est très mauvais pour ma santé de faire l'amour ?

— Cela dépend, madame, lui répond le médecin, si votre mari s'en aperçoit ou pas.

***

Dans une clinique très sophistiquée où l'on soigne les transsexuels, un homme et une femme sont dans la salle d'attente. Tout le monde sait que la « maladie » commune rapproche les individus et le monsieur demande à la dame :

— Excusez-moi, madame, de vous poser cette question mais je présume que nous avons tous les deux les mêmes motivations même si elles sont contraires. Vous venez aussi pour un changement de sexe ?

— Oui, monsieur.

— Eh bien, tout à l'heure, si mon pantalon vous plaît, je vous l'échangerais volontiers contre votre robe.

***

Un médecin téléphone à un de ses patients :

— Allô, monsieur Martin ? Dites-moi, c'est bien aujourd'hui que je dois aller déjeuner chez vous ?

— Oui, docteur, vers treize heures.

— J'ai réfléchi, je ne pourrais pas venir.

— Mais pourquoi ?

— Eh bien, je viens de recevoir vos radiographies de votre estomac. Vu l'état de délabrement dans lequel vous êtes, je préfère m'abstenir de déjeuner chez vous !

***

Un monsieur souffre de l'estomac et va consulter un médecin. Celui-ci le questionne :

— Comment prenez-vous vos repas à midi ? Chez vous ?

— Oh non docteur. Je ne peux pas. Vous comprenez, je suis représentant de commerce, alors, forcément, je mange où je peux.

— Et qu'est-ce que vous mangez, en général ?

— Une salade et une tranche de jambon.

— Pourquoi ? Vous êtes au régime ?

— Non, je suis à la commission.

***

Un chirurgien célèbre est interviewé par un journaliste :

— Quel est votre plus cuisant échec, dans toute votre carrière ?

— Oh, je m'en souviens très bien, répond le médecin. C'était au tout début de ma carrière. J'ai soigné en deux consultations un millionnaire dont j'aurais pu faire un client à vie !

***

Un médecin vient de s'installer à la campagne. Pour attirer la clientèle qui est réputée un peu avare, il met cet écriteau sur sa porte :

« Première visite : cinquante francs. Les autres : vingt-cinq francs. »

Dès le lendemain, il voit pénétrer dans son cabinet un homme qui ouvre la porte et qui lui dit :

— Bonjour, docteur ! C'est encore moi !

***

Un chirurgien demande à son patient qu'il va opérer :

— Je vous demanderais de bien vouloir me régler d'avance.

— Mais, pourquoi d'avance ?

— Comment voulez-vous que je vous opère en toute sécurité si je tremble de ne pas toucher mon argent ?

***

Un homme vient consulter un médecin pour des blessures aux jambes :

— Docteur, il faudrait me donner quelque chose pour que ça cicatrise.

— Mais bien sûr. Je vois ce que c'est. Vous êtes sportif ? C'est le rugby, le karaté qui vous abîment comme ça ?

— Non, docteur, c'est le bridge.

— Le bridge ?

— Oui, le bridge. Mais j'ai toujours ma femme comme partenaire !

***

Un médecin donne ce conseil à un de ses patients :

— Chaque matin, au petit déjeuner, vous devriez boire un grand bol d'eau tiède.

— Mais, c'est ce que je fais depuis que je suis marié, docteur. C'est ce que ma femme me sert tous les jours en appelant cela du café !

***

Un homme vient consulter un ophtalmologiste :

— Depuis quelque temps, docteur, je vois tout en double.

— Avez-vous l'habitude de boire de l'alcool ?

— Jamais, docteur.

— Et quand se manifestent ces troubles ?

— Tout le temps. Le matin, quand je me lève, je vois deux brosses à dents ; quand ma femme me sert mon bol de café, je vois deux bols. Au bureau, j'écris avec deux stylos. Quand je regarde la télévision, j'ai l'impression de regarder deux films en même temps...

— Bon, écoutez, ce n'est pas très grave. Un peu de surmenage, je pense. Alors, trois fois par jour pendant une semaine, vous vous mettrez des gouttes dans chaque œil.

— Merci docteur. Combien vous dois-je ?

— C'est cent francs.

Et le client sort un billet de cinquante francs.

***

Un homme, fort complexé, se rend chez son médecin.

— Docteur, je n'en peux plus. A cause d'un vice de naissance, j'ai trois testicules. Que faire ?

— Aucun problème, dit le médecin. Prenez ça de haut et psychologiquement cela s'arrangera.

L'homme convaincu qu'il est finalement un être comme les autres rentre chez lui heureux et dans le métro lance à un quidam.

— Vous savez qu'à nous deux on en a cinq ?

— Pourquoi, répond le quidam, vous n'en avez qu'une ?

***

E

ÉCOLE

Un sale gosse rentre de l'école en pleurnichant :

— Maman, maman, la maîtresse, elle fait que m'embêter. Elle me pose exprès des questions trop difficiles, rien que pour pouvoir me gronder.

— Qu'est-ce que tu vas imaginer ? Les maîtresses ne cherchent pas à embêter les petits enfants !

— Si, si, je t'assure. Elle ne m'aime pas et cherche à m'humilier devant toute la classe en me posant des questions trop compliquées. C'est trop injuste ! Et toi, tu ne me crois même pas ! Tout le monde est contre moi ! Je suis trop malheureux...

— Cesse de pleurer comme ça ! Puisque tu insistes, je vais aller voir ta maîtresse et lui demander une explication.

Le lendemain, la mère accompagne son charmant bambin à l'école.

— Alors, vous n'avez pas honte de persécuter mon fils en lui posant des questions trop difficiles ? Cela vous fait plaisir de lui faire de la peine ?

— Mais madame, je vous assure que je ne maltraite pas votre fils ! Je ne lui demande que des choses parfaitement normales.

— Alors en plus, vous sous-entendez que c'est un menteur ? C'est un scandale !

— Écoutez madame, ne nous énervons pas. Je vais lui poser une question et vous jugerez vous-même. Éric, concentre-toi bien mon chéri et dis-moi combien font deux et deux ?

— Tu vois maman, tu vois, la voilà qui recommence !

***

Pierrot n'a pas révisé sa leçon de géographie et le maître d'école va certainement l'interroger. Avant de partir pour l'école, il griffonne sur sa manche la réponse aux questions. Quand arrive le cours de géographie, le maître appelle Pierrot au tableau :

— Quelle est la capitale de la France ?

Coup d'œil sur la manche.

— Paris.

— Bien. Quel est le nom du fleuve qui traverse cette ville ?

Nouveau regard sur la manche.

— La Seine.

— Très bien. Combien y a-t-il d'habitants en France ?

Troisième regard sur la manche.

— 100 % coton.

***

Un inspecteur fait sa tournée dans une école. Il interroge une charmante petite fille :

— Connais-tu les cinq sens ?

— Oui, monsieur.

— Alors, avec quoi sent-on ?

— Avec le nez.

— Avec quoi touche-t-on ?

— Avec le toucher.

— Avec quoi goûte-t-on ?

— Avec une tartine et de la confiture.

***

L'institutrice aujourd'hui va parler de la Révolution française. Pour tester les connaissances de ses élèves sur le sujet, elle interroge Jeannot :

— Sais-tu en quelle année la Révolution a éclaté en France ?

— Oui, mademoiselle, en 1789.

— Très bien. Maintenant, quels sont les hommes qui ont marqué cette Révolution ? Il y a eu Robespierre et... ?

— Jean-Marc Thibault !

***

Ce matin, il y a composition de rédaction. Tous les élèves attendent avec anxiété le sujet du devoir. La maîtresse annonce : « Vous venez de gagner cent millions en jouant au Loto. Que décidez-vous de faire avec cet argent ? »

Toute la classe se met aussitôt au travail, et au bout d'une heure tout le monde rend sa copie.

Deux jours plus tard, la maîtresse rend les devoirs. Arrivée au tour de Vincent, elle lui dit :

— Qu'est-ce qui s'est passé, Vincent ? J'ai dû te mettre zéro car ta copie est absolument blanche. Tu n'as pas su répondre à la question ?

— Mais si, mademoiselle. J'ai répondu ce que je ferais avec cent millions : rien.

***

Tous les mardis, le maître commence la journée par une leçon de morale.

— Mes enfants, ce matin, nous allons parler du prestige. Est-ce que l'un de vous sait ce qu'est le prestige ?

Après un moment de silence, Pierre lève le doigt :

— Moi, monsieur, je sais ce que c'est.

— Très bien, Pierre. Alors tu vas l'expliquer à tes camarades.

— Le prestige, c'est ce qu'il y a dans le pantalon de mon papa.

Éclat de rire général.

— Pierre ! gronde le maître, arrête de faire l'imbécile !

— Mais monsieur, c'est vrai ! Hier soir, j'étais dans mon lit, et j'ai entendu maman qui disait à papa : « Va dire bonsoir au petit mais mets ton pantalon sinon tu vas perdre ton prestige ! »

***

Avant de quitter la classe, la veille, l'institutrice a demandé à ses élèves d'apporter des objets électriques pour illustrer le cours qu'elle a l'intention de faire sur l'électricité. Le lendemain, chaque élève arrive avec un moulin à café ou un fer à repasser ou un séchoir à cheveux. Seul Bernard n'a rien dans les mains.

— Eh bien, Bernard, demande la maîtresse, tu n'as rien trouvé chez toi ?

— Oh si, mademoiselle, mais c'est trop gros, ça ne passe pas dans la porte de la classe. Il est dans la cour.

— Et qu'est-ce que c'est ?

— C'est le poumon d'acier de ma grand-mère.

— Mais qu'est-ce qu'elle a dit, ta grand-mère, quand tu lui as pris son poumon d'acier ?

— Elle a poussé un grand soupir...

***

Dans un internat de garçons, le surveillant général traverse la pelouse en sifflotant. A un moment donné, il lève la tête et voit une paire de fesses à l'une des fenêtres, qui lui fait perdre sur le champ toute sa bonne humeur. Il se précipite à l'intérieur, monte les escaliers quatre à quatre, entre en hurlant dans la chambre coupable :

— Non, mais vous êtes complètement fous ou quoi ? Qui a osé montrer ses fesses par la fenêtre ? Répondez immédiatement ou je punis tout l'étage !

Après un instant de silence, une voix espiègle se fait entendre :

— C'est moi, m'sieur ! J'voulais pas mal faire, mais j'avais chaud...

— Vraiment vous ne savez pas quoi inventer ! Et si le directeur vous avait aperçu, vous vous rendez compte du scandale ?

— Mais le directeur est passé, m'sieur, et il m'a vu !

— Ah bon ? Et qu'est-ce qu'il a dit ?

— « Bonjour, monsieur le surveillant général. »

***

Pierre est interrogé par l'instituteur :

— Deux et sept ?

— Huit.

— Non, neuf. Cinq et trois ?

— Neuf.

— Non, huit. Six et quatre ?

— Onze.

— Non, dix. Pierre, tu n'as pas appris tes additions ! Pour la peine, tu me copieras dix fois : « Je suis un cancre. »

Le lendemain, Pierre rend à l'instituteur sa punition où il a écrit neuf fois « Je suis un cancre ». Le maître le regarde sévèrement :

— Je t'avais demandé de le copier dix fois et tu ne l'as fait que neuf fois... Pourquoi ?

— Ben, m'sieur, vous savez bien que je ne sais pas compter !

***

Olivier est un cancre invétéré. Un matin, il s'approche du maître et lui dit :

— Monsieur, vous ne puniriez pas un élève qui n'a rien fait ?

— Bien sûr que non, Olivier. Ce serait très injuste.

— Ah bon ! Alors je vous annonce que je n'ai pas fait mes devoirs.

***

— Aujourd'hui, mes enfants, nous allons parler des animaux, annonce l'institutrice à sa classe. Comment s'appelle la maman du poulain ?

— La jument.

— Bien. Comment s'appelle la maman du poussin ?

— La poule.

— Très bien. Comment s'appelle la maman du louveteau ?

— La cheftaine.

***

A l'oral de l'examen pour passer en sixième, l'inspecteur demande à un élève :

— Comment vous appelez-vous ?

— Paul Dupont.

Et l'élève essuie son front pour enlever la sueur qui lui coule sur son visage.

— Eh bien, mon garçon, il ne faut pas vous mettre dans des états pareils, dit gentiment l'inspecteur.

— Non, bien sûr, monsieur, mais je suis tellement content d'avoir réussi à répondre à la première question !

***

C'est le jour de la composition et le maître donne l'énoncé du problème à résoudre :

— Sachant que le train quitte Paris à 12 h 08 et qu'il arrive à Marseille à 22 h 44, que le robinet qui goutte met 10 heures pour remplir la baignoire et que nous sommes vendredi, quel est mon âge ?

Tous les élèves planchent sur leur devoir et remettent leur copie à la fin du cours.

Le lendemain, l'instituteur rend les résultats :

— Denis, vous êtes le seul à avoir trouvé la bonne réponse, c'est-à-dire 50 ans. Bravo ! Mais comment avez-vous fait ?

— Oh, monsieur, c'est pas difficile. Mon grand-frère, il est à moitié fou et il a 25 ans...

***

Bruno explique au directeur de l'école qu'il ne pourra pas venir à l'école le lendemain car on doit enterrer son cousin, mort brutalement.

Le lendemain, le directeur profite d'un moment de liberté pour aller assister au match de rugby et entrant dans le stade, il tombe nez à nez avec Bruno.

— Eh bien, Bruno ! Qu'est-ce que cela veut dire ? Et l'enterrement de votre cousin, soi-disant mort brutalement ?

— Ne vous impatientez pas, monsieur ! Ça va venir ! Mon cousin, c'est l'arbitre.

***

Un scientifique fait une série de conférences dans les écoles :

— Mes enfants, explique-t-il, je vais essayer de vous montrer comment nous procédons pour analyser le comportement des animaux. Par exemple, une puce. Cet animal se caractérise par le fait qu'elle ne marche pas mais qu'elle saute.

Si vous lui arrachez une patte, et que vous lui commandez de sauter, elle saute. Si vous lui enlevez sa seconde patte, elle obéit encore à votre ordre de sauter. Si vous continuez et lui ôtez la troisième patte, quand vous lui dites : « Saute ! » elle s'exécute. Mais si vous lui arrachez la quatrième patte, elle ne bouge plus. Même si vous répétez plusieurs fois l'ordre de sauter, elle reste immobile. Nous pouvons alors conclure que si on arrache ses quatre pattes à une puce, elle devient sourde.

***

L'institutrice interroge ses élèves :

— Savez-vous pourquoi les maisons des montagnards sont construites en bois ?

Silence général dans la classe. Puis, une petite voix s'élève :

— Moi, madame, je sais.

— Très bien, alors dis-le à tes camarades.

— C'est parce qu'on garde les pierres pour construire les montagnes.

***

Des parents se sont plaints à une maîtresse d'école que les livres de classe sont trop chers. Le lendemain, l'institutrice annonce à ses élèves :

— Pour demain, vous apprendrez pour 250 francs de conjugaison française.

***

L'instituteur annonce à ses élèves la venue d'un photographe :

— Demain, le photographe va venir pour photographier toute la classe. C'est amusant d'avoir un souvenir et quand vous serez grands, en la regardant vous pourrez vous dire : « Tiens, Untel est devenu célèbre. Ou encore, celui-là c'était mon grand copain, je ne sais pas ce qu'il est devenu… »

Mais la voix du cancre s'élève du fond de la classe :

— On pourra dire aussi : « Ça, c'était l'instituteur. Il a quand même fini par mourir ! »

L'histoire ne dit pas quelle punition a été infligée à cet élève pour son insolence !

***

Dans un petit village sur les hauts plateaux en Colombie, une jeune institutrice fait un cours d'histoire française :

— Savez-vous qui était Jeanne d'Arc ?

— Oui, mademoiselle, répond une petite fille. Jeanne d'Arc, c'était quarante-cinq kilos d'héroïne pure.

***

Le maître d'école interroge ses élèves :

— Mange-t-on la chair de la baleine ?

— Oui, monsieur.

— Et comment fait-on ?

— On laisse les arêtes sur le bord de son assiette.

***

L'institutrice fait un cours de morale :

— Il n'y a que les imbéciles qui ne doutent jamais. L'homme intelligent est celui qui remet sans cesse en question ses croyances. L'imbécile, par contre, est toujours très affirmatif.

— Vous êtes sûre, mademoiselle ?

— Absolument sûre !…

***

Le maître donne le sujet de rédaction : « Racontez, en une soixantaine de mots, votre journée de dimanche. »

Pierrot rend sa copie au bout d'un quart d'heure et le maître y lit : « J'étais parti me promener en forêt et j'ai imité le chant du coucou. Cela faisait : Coucou, coucou, coucou… »

***

Des élèves à qui leur professeur de français essayait d'inculquer les règles de la langue française pour une bonne compréhension de l'expression ont pu entendre ce même professeur leur dire, alors qu'ils mettaient trop de temps à sortir de la classe :

— Dépêchez-vous ! Le dernier sorti, je l'enferme !

***

— Aujourd'hui, interrogation orale d'histoire, dit la maîtresse. Pierrot, viens au tableau. Dis-moi le résultat du combat qui opposa les Anglais et les Français qui étaient conduits par Jeanne d'Arc ?

— Oui, mademoiselle. 4-l. Mais je savais pas que leur entraîneur était une femme.

***

L'instituteur interroge un élève :
— L'eau est in..., in... ?
— Incolore !
— Très bien. Elle est ino..., ino... ?
— Inodore !
— Très bien. Elle est insi..., insi... ?
— Ainsi soit-il !

***

Un étudiant a complètement raté ses examens. Il télégraphie à sa mère : « Recalé à l'examen. Prépare papa. »
Deux jours plus tard, il reçoit la réponse : « Papa préparé. Prépare-toi. »

***

Lors de la remise des prix, à la fin de l'année, le directeur de l'école fait un discours et termine ainsi :
— Et tout cela est aussi simple que 2 et 2 fait 4.
Puis, discrètement, il se tourne vers un professeur :
— J'aurais peut-être dû dire : 2 et 2 font 4 ?
— Je ne sais pas, répond l'autre. Je ne suis pas professeur de mathématiques, moi j'm'occupe du français !

***

Dans un pensionnat, un surveillant est connu pour sa dureté. Un jour où il surveille l'étude de six heures où il règne un certain chahut, il déclare :
— Si j'entends encore un chuchotement, je l'attrape par une oreille et je le colle au coin !

***

L'instituteur fait son cours sur les quantités.
— Comment s'appellent les mesures des liquides ?
— Le litre.
— Bien, entrons dans les détails. Quelles sont les mesures inférieures au litre ?
— Le millilitre, le centilitre et le décilitre.
— Très bien. Et au-dessus du litre ?
— Le bouchon, monsieur !

***

A la sortie de l'école, le petit Benoît pleure toutes les larmes de son corps. Apitoyée, une gente dame s'approche de lui :
— Pauvre petit bonhomme ! Tu en as du chagrin... Pourquoi ça ?
— J'ai... avalé une... pleine bouteille... d'encre... ! avoue l'enfant en sanglotant de plus belle.
— Oui. Évidemment, c'est ennuyeux. Mais ce n'est pas une raison pour pleurer comme ça...
— C'est pas pour ça que je pleure, madame. C'est à cause de l'instituteur...
— Il t'a puni ?
— Oui... Il m'a obligé à avaler plein de papier buvard.

***

Rentrée des classes... Deux élèves maussades passent devant le panneau « Attention ralentir école »...
— Ils sont malades ces adultes... Ils ne pensent quand même pas qu'on va y aller en battant le record du monde du cent mètres !

***

ÉCOLOGIE

Écologie : savez-vous pourquoi l'air est si pur à la campagne ?
Parce que les paysans dorment les fenêtres fermées.

***

Écologie : ne respirez jamais avant d'avoir fait bouillir votre air !

***

ÉCOSSAIS

Un petit garçon est tout fier d'annoncer à son papa écossais :
— Papa, j'ai gagné trois shillings !
— Bravo, mon fils ! Comment as-tu fait ?
— Eh bien, au lieu de prendre le train, j'ai couru derrière lui et j'ai économisé trois shillings.
— Imbécile ! Si tu avais couru derrière un avion, tu aurais économisé quarante livres !

***

Édouard a dix-huit ans et pour le récompenser de ses succès scolaires, son père lui dit :

— Édouard, voilà 5 000 F pour t'acheter une voiture d'occasion. Mais, attention, tu dois marchander. Sois digne de ton père !

Édouard se rend chez le garagiste du coin et demande à voir les voitures d'occasion.

— J'en ai une en parfait état pour 5 000 F.

— 5 000 F ? Non, c'est trop cher. Pourtant elle a l'air très bien.

— Bon, écoutez, je peux vous la faire à 4 000 F.

— Non, c'est encore trop cher.

— Mais, monsieur, j'ai fait des travaux dessus. Disons 3 000 F et j'y perds.

— Non, c'est trop cher.

Le garagiste commence à s'énerver mais il aimerait bien conclure l'affaire.

— Bon, je vais vous faire une dernière offre. Topons-là à 1 500 F.

— Non, c'est trop cher.

Le garagiste, excédé, fait un geste de folie :

— Écoutez, prenez-la, je vous la donne pour rien mais partez vite !

Devant le mutisme de son client, il s'étonne :

— Vous n'en voulez pas ?

— Si, mais j'en veux deux.

***

On sonne à la porte d'un Écossais.

— Qui est-ce ?

— C'est une quête pour les nécessiteux.

— Bon, passez l'argent sous la porte !

***

On peut lire dans un journal écossais : « Si vous voulez connaître la dernière histoire écossaise, envoyez-moi vingt francs et je vous la raconterai. »

***

Un couple d'amoureux écossais bavarde :

— Tu m'aimes vraiment ? demande la jeune fille.

— Mais oui, ma chérie.

— Si tu avais dix maisons, tu m'en donnerais une ?

— Mais bien sûr ?

— Si tu avais dix voitures, tu m'en donnerais une ?

— Mais, bien sûr !

— Si tu avais dix montres, tu m'en donnerais une ?

— Mais, bien sûr !

— Si tu avais dix foulards, tu m'en donnerais un ?

— Ah, non !

— Pourquoi ?

— Parce que les dix foulards, justement, je les ai !

***

Un groupe d'alpinistes est parti en randonnée. Ils viennent de tous les pays d'Europe.

Soudain, un Écossais glisse et tombe dans une crevasse. Il arrive à s'agripper à une paroi et un Français lui tend immédiatement la main pour l'aider à sortir :

— Vite ! Donnez-moi la main !

— Non ! Jamais !

— Mais enfin, ne faites pas l'idiot et prenez ma main !

— Ah, alors comme ça, je veux bien...

***

Une entreprise anglaise a fait passer une petite annonce dans un journal pour augmenter son personnel : « Entreprise sérieuse cherche employés dynamiques. Envoyer C.V. et photo récente. »

Le chef du personnel reçoit plusieurs candidatures de tous les coins du Royaume-Uni. Il tombe sur la réponse d'un Écossais qui finit sa lettre par ces mots :

— Je vous prie de trouver ci-joint le cliché de ma photo que vous voudrez bien me renvoyer quand vous l'aurez fait développer.

***

Au cours d'une promenade dans la montagne écossaise, un couple de touristes s'est égaré. Ils marchent depuis plus de deux heures quand, enfin, ils aperçoivent la maison d'un berger. Ils s'en approchent et demandent au montagnard assis sur une souche :

— Pardon monsieur, nous sommes perdus. Pourriez-vous nous indiquer le chemin de la vallée ?

— On sait, en bas, que vous êtes perdus ? interroge l'Écossais.

— Euh... Non, je ne crois pas !

— Bon, alors, on n'offre pas de récompense à celui qui vous retrouvera ?

— Non.

— Bon, alors, vous êtes toujours perdus...

***

Un Écossais, en rentrant de son travail, trouve par terre une boîte de médicaments pour soigner les crises de foie. Trop heureux de cette aubaine, il court s'empiffrer de chocolats dans la première pâtisserie venue.

***

Un Écossais sort d'un restaurant et se présente au vestiaire pour récupérer son pardessus. L'employée lui tend le manteau et veut l'aider à le mettre mais le client est gêné par la cigarette qu'il est en train de fumer et qu'il ne peut poser nulle part car il ne voit pas de cendrier.

— Il demande alors à la jeune femme :

— Vous fumez, mademoiselle ?

— Non, monsieur.

— Bon, alors, tenez-moi cette cigarette pendant que j'enfile mon manteau.

***

Le soir de Noël arrive et un père écossais de six enfants est bien embêté car il n'est pas question de dépenser de l'argent en cadeaux.

Il a tout d'un coup une idée de génie. Pendant que ses enfants sont dans leur chambre, il va chercher son fusil et tire un coup de feu dans la cheminée. Les enfants, alertés par le bruit, arrivent dans le living-room et demandent :

— C'est quoi, ce bruit, papa ?

— Ça ? C'est le Père Noël qui vient de se suicider !

***

Un jeune journaliste arrive chez un Écossais à la fortune colossale pour l'interviewer.

— Je voudrais savoir comment vous en êtes arrivé à cette immense fortune, demande le reporter. Je souhaiterais que vous me racontiez votre vie : votre enfance, vos études, les difficultés que vous avez rencontrées et bien sûr les succès aussi.

— Mais, bien volontiers. Alors, voilà...

— Euh... Excusez-moi de vous interrompre mais pour aller plus vite, je souhaiterais enregistrer notre conversation sur mon magnétophone. Où puis-je le brancher ?

— Écoutez, répond le richissime interlocuteur, je préférerais que vous preniez des notes au fur et à mesure de mon récit.

— D'accord, dit le journaliste en se levant. Ne vous fatiguez pas. J'ai compris.

***

Savez-vous pourquoi les Écossais portent depuis des siècles le fameux kilt ?

Parce que cette jupe ample sans poche est le meilleur moyen d'éviter les pick-pockets.

***

Un monsieur écossais a invité sa secrétaire à déjeuner au restaurant. Au moment de prendre la commande, il demande à son employée :

— Mademoiselle Mac Adam, connaissez-vous la différence entre du caviar et une omelette aux pommes de terre ?

— Non, monsieur Mac Gregor.

— Bon, alors, s'il vous plaît, dit-il au serveur, ce sera deux omelettes aux pommes de terre.

***

Le poissonnier d'un petit village vient trouver une vieille dame qu'il connaît bien.

— Bonjour, madame. Dites donc, ce matin votre chat m'a volé deux harengs !

— Deux harengs ! Oh, le gredin ! s'indigne la vieille femme. Et moi qui allais lui donner à manger !

***

Un Écossais conduit sa femme chez le médecin. Celui-ci l'examine et lui dit :

— Madame, il faut absolument vous faire opérer de l'appendicite. C'est urgent. Vous risquez la péritonite. Cela aurait dû être fait au moins depuis cinq ans !

Le mari semble tout à coup très intéressé :

— Depuis cinq ans, dites-vous ?

— Oui, monsieur, répond le médecin. Votre femme aurait dû être opérée de l'appendicite, il y a cinq ans !

— Très bien, dit le mari. Alors, après l'opération, vous enverrez votre note d'honoraires à mes beaux-parents !

***

Pendant la guerre de 14-18, les troupes britanniques attaquèrent les Flandres. Un jour, un officier entend un coup de feu, puis cinq minutes après, un autre coup de feu, puis encore cinq minutes après, un autre coup de feu.

— Qu'est-ce que c'est ?

— Ce sont les Écossais qui tirent à la mitrailleuse.

***

Un monsieur vient d'être hospitalisé dans un grand hôpital de Glasgow.

Son neveu attend des nouvelles et quand il aperçoit le médecin, il se précipite vers lui :

— Alors, docteur ? Comment est-il ? Vous savez, je suis toute sa famille. Je suis son seul héritier, il n'a plus que moi. Dites-moi la vérité ! Je veux savoir !

— Écoutez, monsieur, je ne vous cacherai pas la vérité. Mais êtes-vous prêt à l'entendre car elle est dure.

— Je vous en prie, docteur, allez-y.

— Eh bien, vous ne pouvez avoir aucun espoir. Votre oncle se rétablira en moins de quinze jours !

***

Une Écossaise pénètre dans une blanchisserie.

— Bonjour, je viens chercher la chemise que je vous ai donnée à nettoyer il y a deux jours.

— Voilà, madame, c'est trois livres.

— Trois livres ? Mais, c'est honteux ! Sur votre vitrine vous avez inscrit qu'une chemise était nettoyée pour une livre !

— Oui, mais il y a un supplément de deux livres pour les chaussettes, les torchons et le pyjama que vous aviez mis dans les poches !

***

Un clochard tend son chapeau où il y a quelques pièces à un Écossais qui passe. Ce dernier lui dit :

« Merci, mon ami. Mais vous en avez sûrement plus besoin que moi ! »

***

Quatre Britanniques sont en train de jouer au bridge. Soudain, l'Anglais meurt d'un infarctus. Ses adversaires abattent leur jeu et constatent que chacun doit une livre au défunt.

L'Irlandais sort un billet d'une livre de sa poche et la glisse dans une poche du mort. Le Gallois fait de même. Quant à l'Écossais, il prend les deux billets et, à la place, dépose un chèque au porteur de trois livres.

***

Une dame écossaise rentre de courses et montre à son mari le cadeau qu'elle a l'intention d'envoyer à leur tante à Glasgow, pour Noël.

Au moment où elle saisit l'étiquette, son mari lui dit :

— N'enlève surtout pas le prix ! Il faut qu'elle se rende compte de ce que cela nous a coûté !

— Ne t'inquiètes pas ! Je ne voulais pas enlever le prix, je voulais simplement rajouter un zéro.

***

Un Écossais, quand il avait dix ans, avait par inattention, donné une pièce de un shilling à la quête à l'office du dimanche.

Depuis et jusqu'à sa mort, c'est-à-dire pendant encore soixante ans, à chaque fois que la quêteuse lui tendait le plateau où il n'y avait que des pièces de un penny, il répondait, la tête haute :

— Abonné !

***

Un jeune Écossais vient de décrocher le premier emploi de sa vie. Le premier mois, tout fier, il ramène 3 000 F, la totalité de sa paye, à ses parents. Le second mois il ne ramène que 2 999 F, le troisième 2 998,50 F... Son père constatant cela se met immédiatement à hurler :

— Donne-moi tout de suite le nom de cette femme que tu entretiens.

***

Une jeune fille jeûne depuis trente jours. Elle a déjà reçu la visite de vingt-cinq Écossais qui l'ont tous demandée en mariage.

***

Le vieux Mac Tavish en se réveillant ce matin-là constate que sa femme est morte tranquillement à ses côtés, pendant la nuit. Il appelle la servante :

— Julie !

— Oui, Monsieur Mac Tavish ?

— Ce matin, ne faites cuire qu'un seul œuf dur, je vous prie !

***

Un Écossais se rend au bureau d'état civil de sa ville.

— Est-ce que changer de nom coûte cher ?

— Pas tellement. Mais cela demande beaucoup de formalités.

— Ça m'est égal. Je veux changer de nom.

— Comme vous voulez. Quel est votre patronyme ?

— Mac Dougall !

— Et vous voulez changer pour lequel ?

— Mac Pretty.

— Vous avez une raison ?

— Je pense bien ! Je viens de trouver deux mille cartes de visite à ce nom !

***

Un splendide spécimen de l'Armée du Salut aborde un Écossais.

— Puis-je vous demander une obole ?

— Hum... Qu'est-ce que vous ferez de mon argent ?

— C'est pour le bon Dieu, monsieur !

— Ah oui ? Alors ne vous en faites pas, j'ai 80 ans, je ne vais pas tarder à être rappelé près de lui ! Alors je lui donnerai l'argent moi-même, de la main à la main.

***

Un Écossais doit faire une course à la place de son valet qui est malade.

— Mon cher Andrew, comme je dois faire votre travail, je vous préviens : je vais mettre vos souliers !

***

Deux Écossais se bagarrent. Férocement. Sûrement pour une question de gros sous. Dans sa fureur, l'un d'eux s'empare d'une bouteille vide et la brise méchamment sur la tête de son adversaire. Tout de suite après ses yeux se révulsent et il s'évanouit en disant :

— Mon Dieu ! Elle était consignée...

***

Deux Écossais s'attaquent au Mont-Blanc. C'est courageux. Manque de chance, le mauvais temps se met de la partie et nos deux alpinistes sont contraints de se réfugier dans une cabane... Ils y restent quatre jours, complètement isolés. Le matin du cinquième jour, on frappe à la porte de leur refuge :

— Qu'est-ce que c'est ? interrogent les Écossais.

— La Croix-Rouge !

— Pas la peine ! répondent-ils. On a déjà donné...

***

— Darling ! fait le jeune marié écossais à sa nouvelle épouse, au moment où ils débarquent à Londres pour leur voyage de noces. Connais-tu la différence entre un taxi et un autobus ?

— Non ! fait l'ingénue.

— Parfait, darling ! Viens... Nous allons prendre l'autobus.

***

Un Écossais vient de mourir. Ses amis, en apprenant la nouvelle, se lamentent :

— Quel homme extraordinaire c'était ! Et quand je pense que je ne peux même pas assister à son enterrement...

— C'est pas grave, répond l'autre ami, laisse-moi de l'argent, et je le jetterai de ta part dans sa tombe, rien ne pourrait lui faire plus plaisir, j'en suis sûr...

L'homme lui remet quelques billets, et s'en va.

Où l'on se rend compte que cette histoire est écossaise, c'est en apprenant ce qui s'est passé le jour de l'enterrement :

Le meilleur ami du défunt s'est contenté de jeter sur son cercueil... un chèque barré !

***

Un Écossais va se marier, mais il n'est pas assez riche pour louer une maison :

— Va habiter provisoirement chez tes parents, lui conseille un ami qui a choisi cette solution depuis longtemps !

— Impossible, lui répond le futur épousé, ils habitent chez leurs parents provisoirement déjà depuis quarante ans !

***

Un Écossais rentre dans sa cuisine et aperçoit son épouse en train d'éplucher des oignons, tout en pleurant à chaudes larmes.

— Attends, chérie, ne gaspille pas tes larmes comme ça ; je vais te raconter une histoire triste ; au moins, elles serviront à quelque chose !

***

Lors de la création du monde, Dieu demanda à un habitant de l'Écosse :

— Qu'est-ce que tu désirerais dans ton pays ?

— De belles rivières, avec du beau poisson dedans, répond l'Écossais.

Alors Dieu créa de belles rivières très poissonneuses.

Quelque temps plus tard, il repassa par l'Écosse et demanda à son habitant :

— Alors, c'est bien, tu es content ?

— Oui Seigneur, goûte-moi cette truite !

— Délicieuse, en effet, et as-tu besoin d'autre chose ?

— C'est-à-dire... pour la truite, ce sera 3 livres !

***

Un quêteur de l'Armée du Salut arrête dans la rue un vieil Écossais :

— S'il vous plaît, monsieur, je vous demande une obole pour le bon Dieu.

— J'ai 85 ans, réplique l'Écossais... Son obole, au bon Dieu, je lui donnerai de la main à la main...

***

Un Écossais entre dans un magasin afin d'acheter un cadeau pour sa femme :

— Je voudrais ce sac à main, s'exclame-t-il.

La vendeuse l'interroge alors :

— Je vous l'enveloppe ?

— Inutile, répond l'Écossais. Contentez-vous de mettre le papier et la ficelle dedans !

***

Un Écossais monte dans un train, sa valise à la main, sans avoir auparavant acheté un billet au guichet. Le contrôleur surgit et demande au passager clandestin de régler le montant du voyage.

— Jamais, répond l'Écossais.

— Puisque c'est votre dernier mot, réplique le contrôleur, voilà ce que je me trouve obligé de faire !

Il prend la valise de l'Écossais et la jette par la fenêtre du train déjà en marche.

— Comment s'exclame l'Écossais, et en plus vous jetez mon fils par la fenêtre !

***

ÉCRIVAIN

— Oui, j'écris beaucoup, des nouvelles, des poèmes, des romans. Je suis même parfois publié, vous savez, confie un écrivain amateur à un admirateur. Tenez, récemment, une revue littéraire a accepté une de mes propositions sans hésitation.

— Quel était le titre ?

— Une demande d'abonnement.

***

Au marché de Belcourt, là où habitait Meursault, l'ami de Camus, Mme Meuzlott, qu'on ne voyait plus guère, depuis quelque temps, dit à Mme Abbaz :

— C'est fou comme tout augmente, en ce moment !

Mme Abbaz acquiesce et soupire :

— Pas le salaire de mon mari en tout cas !

***

ÉGLISE

Il y a quelques années, les putes se sont réfugiées dans les églises. Il n'y a jamais eu autant de pratiquants qu'en cette période. Il y en eut même tellement que les curés ont été obligés de remettre leurs jupes...

***

Un petit voyou a prit l'habitude de venir se servir dans le tronc aux aumônes de cette petite église. Mais un jour, alors qu'il est en train de se servir à son habitude, il entend une voix :

— Toi, t'es vraiment un veinard !

Le voyou s'approche de l'autel, et, mort de peur, se rend compte que c'est le Christ sur la croix qui répète :

— Toi, t'es vraiment un sacré veinard ! Je te jure que si on ne m'avait pas cloué là, tu prendrais une drôle de raclée !

***

ÉMIR

Un magicien français part en Arabie sur l'invitation d'un émir en quête de spectacles nouveaux.

Le soir de la première, le magicien fait une entrée triomphale en compagnie de sa pulpeuse assistante. Ils vont exécuter le célèbre numéro « de la femme coupée en deux ». Il enferme donc la belle créature dans une longue caisse et voilà que son corps se trouve séparé sous un tonnerre d'applaudissements.

Sitôt le numéro terminé, l'émir vient voir le magicien et lui demande :

— Dis ti as une jolie femme, je ti l'achète cher, très cher. Combien ti veux ?

Et le magicien ironique de répliquer :

— Vous la préférez entière ou en morceaux ?

***

Un émir se rend au marché aux puces, et tombe en arrêt devant une commode. Il se renseigne sur le prix en mauvais français et avec un accent à couper au couteau.

Le vendeur ne trouvant pas appelle le propriétaire :

— Combien c'est la commode ?

— Deux mille.

— Et en pétrodollars, c'est l'émir ?

— Vingt mille !

***

Un émir rentre dans un garage pour s'acheter une Rolls. Il passe sa commande, tend une liasse de dollars au vendeur et lui lance :

— Vous me rendez la monnaie en Volkswagen !

***

J'ai connu un pacha volage... Il aimait un autre harem...

***

Un richissime émir du Moyen-Orient, noir de pétrole et couvert d'or, fait visiter son harem à un journaliste. Au passage, il jette son mouchoir à une jeune beauté genre Sophia Loren, mélangée de Claudia Cardinale, la désignant ainsi comme sa favorite de la nuit prochaine.

— Et les autres ? demande le journaliste prodigieusement excité, comment font-elles pendant ce temps ?

— Eh bien ! répond l'émir, elles se battent entre elles (spectacle charmant) à qui sera la nouvelle favorite.

***

Un émir se met par accident une écharde dans le doigt. Aussitôt il se met à lancer en hurlant :

— Qu'on m'achète un hôpital !

***

Un eunuque, un sabre à la main, court dans une rue après un sultan. Et en plein milieu de la foule, il hurle à l'intention du sultan :

— Remboursez-moi, remboursez-moi !

***

Deux explorateurs traversent le Sahara depuis plusieurs jours. Ils sont fatigués et ont soif. Soudain, l'un d'eux crie :

— Une oasis ! Là-bas ! Vite, je vais faire une photo !

— Calme-toi, dit l'autre. Ce n'est pas une oasis. Ce n'est qu'un mirage.

— Aucune importance, de toute façon, il n'y a pas de pellicule dans mon appareil !

***

Un touriste, en voyage au Moyen-Orient, assiste à une vente aux enchères d'esclaves. A un moment donné, une superbe jeune fille, complètement nue monte sur l'estrade. Elle n'a aucun vêtement sur elle mais bien sûr a quand même le visage voilé pour respecter la tradition. Alors le touriste demande au vendeur :

— Je la prends mais avant de payer, je veux qu'elle enlève son voile !

— C'est impossible, monsieur.

— Comment voulez-vous qu'on juge la marchandise ?

***

Un émir consulte son agenda pour prendre rendez-vous avec un industriel avec lequel il doit traiter :

— Écoutez, ce mois-ci, je suis libre tous les jours sauf les 5, 7, 8, 12, 17, 18, 23, 28 et 30 ; ces jours-là, je me marie.

***

Un touriste, qui visite l'Arabie Saoudite, s'arrête pour faire le plein de son automobile et soupire :

— Quand je pense que c'est dans les pays où le pétrole coule à flots qu'on a inventé le moyen de transport qui ne consomme aucune énergie : le tapis volant !

***

Dans le désert, le fils du Bédouin rentre sous sa tente :

— Alors, lui dit son père, tu l'as eu ce permis de conduire ?

— Non ! Tu parles ! Ils m'ont fait faire le parcours le plus difficile ! Celui où il y avait un palmier !

***

Dans une parfumerie de la ville, une des femmes du harem du cheik vient acheter un parfum. La vendeuse la conseille :

— Je vous recommande celui-ci. Il plaira certainement à votre époux : il a une forte odeur de pétrole brut !

***

Un émir, en visite à Paris, demande à l'industriel avec qui il est en affaires :

— La vie en France paraît être très agréable. Combien avez-vous de femmes ?

— Oh, mais en Europe, la polygamie est interdite. Nous n'avons qu'une seule femme !

— Une seule femme ? Mais, moi, j'en ai cent quatre-vingts ! Vous êtes des veinards, vous les Européens, vous êtes pour ainsi dire célibataires !

***

Ceci est raconté comme une légende ancienne sur la logique et la perspicacité orientales.

Un prince d'Arabie, très puissant, fait venir un des médecins les plus célèbres du monde et il lui dit :

— Une des femmes de mon harem est gravement malade. C'est ma favorite et si tu la guéris ou si tu la tues, cette caisse pleine de pièces d'or sera à toi.

Le médecin s'empresse d'ausculter la malade et pendant plusieurs jours, il reste à son chevet. Mais, malheureusement, il ne peut rien faire contre la maladie et elle finit par mourir.

Le docteur va alors trouver le prince et lui dit :

— Seigneur, je n'ai rien pu faire. Votre favorite est morte. Maintenant que vous n'avez plus besoin de moi, je vais partir avec la caisse que vous m'aviez promise.

— Comment, dit le prince, tu avoues avoir tué ma femme ?

— Mais, pas du tout.

— Est-ce que tu aurais pu la guérir ?

— Je ne le pense pas, hélas.

— Eh bien alors, tu peux retourner chez toi les mains vides puisque tu ne l'as ni tuée ni guérie !

***

Un prince arabe fait visiter son harem à un journaliste. Soudain il jette un mouchoir en dentelle aux pieds d'une jeune nymphette qui, par ce signe, sera déclarée sa favorite pour la nuit à venir.

— Et les autres comment font-elles, interroge le représentant de la presse.

— C'est facile, répond l'émir. Elles se mouchent dans leurs doigts !

***

EMPLOYÉ

Nous sommes dans un salon de coiffure et un client est entre les mains d'un jeune apprenti qui rase quelqu'un pour la première fois. Inévitablement, à cause du trac et du manque d'expérience, il coupe très légèrement le monsieur sur le bord de la joue.

— Attention ! Vous me faites mal ! proteste le client mécontent.

Le patron arrive et demande ce qui se passe.

— C'est votre employé ! Il ne fait pas attention et il m'a blessé !

— Imbécile ! crie le patron à l'encontre

de l'apprenti et dans un geste large il veut lui envoyer une gifle. Mais le jeune employé, vif et sans doute habitué aux humeurs de son patron, esquive le coup et c'est le client qui le prend. Ce dernier accepte les excuses du propriétaire et tout rentre dans l'ordre.

L'apprenti se remet au travail. Il rase l'autre joue du monsieur mais, encore plus tremblant depuis l'incident, il lui coupe l'autre joue.

— Ah ! En voilà assez ! Vous le faites exprès, ma parole !

Le patron arrive de nouveau et, comme la première fois, veut frapper l'employé, rate son coup et frappe le client. Celui-ci commence à voir trente-six chandelles.

L'autre reprend son rasoir. Il est très impressionné et tremble de tous ses membres. La catastrophe arrive : il tranche l'oreille du client et celle-ci tombe par terre. Le monsieur se lève aussitôt, met le pied dessus et dit à l'apprenti :

— Chut ! Silence ! Ton patron n'a rien vu...

***

Pendant les vacances, un jeune homme cherche du travail. Il finit par trouver une place de démonstrateur dans un grand magasin au rayon des lessives.

Le premier jour, son chef le regarde faire. Un client arrive et notre jeune homme lui vante les qualités de son produit. Le client, convaincu, achète un baril de lessive et le démonstrateur lui dit :

— Voilà, monsieur. Vous ne serez pas déçu ! Carol vous remercie !

Et le client s'en va. Le chef de rayon s'approche et dit au jeune employé :

— C'est très bien. Mais juste un petit détail. Ce n'est pas Carol mais Coral.

Un deuxième client arrive. Même baratin. Même succès. Il part avec deux paquets de lessive sous le bras.

— Vous ne serez pas déçu ! Carol vous remercie !

— Attention, dit le chef. Ce n'est pas Carol mais Coral ! Je viens de vous le dire. Si vous continuez, vous ne ferez pas de vieux os ici !

Une troisième cliente se présente.

— Merci madame ! Carol vous donnera satisfaction !

— Ah, non ! Ça ne va pas du tout ! s'exclame le chef de rayon. Vous pouvez remballer vos affaires. Vous êtes renvoyé !

— Oh, ce n'est pas la peine de vous mettre en colère, répond l'employé. Puisque c'est comme ça, je vais aller travailler chez Bunox !

***

Un employé de la voirie municipale bavarde avec un copain :

— Moi, quand je suis malade, je vais voir un médecin. Il faut bien que les médecins vivent. Après, je vais chez le pharmacien avec mon ordonnance et j'achète tous les médicaments qu'il m'a dit de prendre. Il faut bien que les pharmaciens vivent. Et quand je rentre chez moi, je balance tout à la poubelle. Il faut bien que je vive !

***

Une dame s'adresse à un vendeur au rayon cravate.

— Bonjour monsieur, je voudrais une cravate pour mon mari. Je la voudrais bleu marine avec des rayures vertes.

— Mais certainement madame. En somme, vous voulez une cravate comme la mienne ?

— Euh... Oui, mais repassée...

***

Une jeune sténodactylo est convoquée pour la première fois dans le bureau du directeur. Elle est nouvelle dans l'entreprise et ses collègues l'ont prévenue : « Méfie-toi du patron, c'est un coureur de jupons ! »

La jeune fille frappe à la porte, entre timidement dans le bureau.

— Mademoiselle Martin ?

— Oui, monsieur le directeur.

— Il n'y a pas longtemps que vous travaillez avec nous ?

— Non, monsieur le directeur.

— Eh bien voilà. J'ai votre dossier sous les yeux et comme j'ai l'habitude de joindre l'utile à l'agréable...

La jeune secrétaire commence à rougir et, coquettement, baisse les yeux.

— ... je vous annonce que je vous flanque à la porte !

***

Le directeur d'une grosse société convoque sa secrétaire dans son bureau :

— Mademoiselle, cela ne va pas du tout. Non seulement vous arrivez tous les matins en retard à votre travail mais en plus je m'aperçois justement que vous ne le faites pas votre travail. Tenez, par exemple, cette lettre sur laquelle j'avais marqué : « URGENT », eh bien, elle n'est toujours pas tapée !

— Faites voir, monsieur le directeur.

La jeune femme regarde la lettre en question et s'exclame :

— Oh, mais monsieur le directeur, si vous vouliez que cette lettre parte tout de suite, il fallait le dire plutôt que d'inscrire bêtement : « URGENT ! »

***

Une société internationale recrute du personnel. Le directeur reçoit les candidats. Entre une très jeune fille, qui n'a pas l'air timide et qui est très coquette.

— Bonjour, mademoiselle, asseyez-vous. Nous avons besoin de gens dynamiques et efficaces. Le travail que nous avons à vous proposer demande des qualités et surtout des facilités de contact avec la clientèle. Tout d'abord, connaissez-vous l'anglais ?

La jeune secrétaire bat des paupières et répond avec un large sourire :

— Pas encore, monsieur. Mais je ne demande pas mieux que de le rencontrer...

***

Un employé de bureau se présente chez son directeur :

— Monsieur le directeur, je suis un employé consciencieux et, soucieux de venir en aide à l'économie française qui est actuellement en crise, j'ai décidé d'appliquer un abattement de cinquante pour cent sur l'augmentation de vingt-cinq pour cent que j'avais l'intention de vous demander.

***

Le directeur du personnel convoque M. Martin dans son bureau :

— Dites-moi, monsieur Martin, je vois que vous avez demandé un congé pour aller enterrer votre grand-oncle. Mais je croyais que c'était votre grand-mère qui était décédée ?

— Ah, non, monsieur le directeur. Ma grand-mère, c'est dans trois semaines, pour le tournoi des Cinq Nations.

***

Une jeune dactylo est renvoyée après un mois d'essais catastrophiques. Elle va voir le directeur pour essayer d'obtenir un certificat. Celui-ci répond :

« Mais certainement, mademoiselle. Mais vous ne verrez pas d'inconvénient, je pense, à ce que je marque : « Quand vous connaîtrez Mlle Durand comme je la connais, vous l'apprécierez comme je l'apprécie. »

***

Dans une usine de produits chimiques, un employé affecté au service des gaz lacrymogènes va trouver son patron :

— Monsieur, je sollicite une augmentation de salaire.

— Alors là, mon pauvre vieux, vous tombez mal, lui répond le directeur. Les affaires ne sont pas florissantes et je ne peux absolument pas augmenter les salaires. Mais je vais quand même faire quelque chose pour vous qui va vous permettre d'arborer une mine un peu plus réjouie : je vais vous muter au service des gaz hilarants.

***

Une serveuse nouvellement engagée dans une boîte à la mode va trouver le patron et lui dit :

— Ce n'est pas possible, monsieur. Mes camarades et moi-même, nous vous demandons de bien vouloir changer nos costumes. Nous ne voulons plus être déguisées en lapins.

— Et pourquoi ça ?

— Parce que les clients, au lieu de nous donner un pourboire, se contentent de nous laisser le cresson et le persil servis avec les viandes !

***

Les employés d'une usine ont décidé de faire grève pour obtenir l'augmentation de salaire qu'ils réclament depuis plusieurs mois à leur patron. Ce dernier se décide à venir leur parler :

— Mes amis, leur dit-il. Je sais que vos revendications sont tout à fait légitimes.

Mais j'aimerais pouvoir vous donner satisfaction malheureusement je ne peux absolument pas vous donner l'argent que vous me réclamez. Mais, cependant, touché par vos problèmes, je vais faire un geste pour vous. Au lieu de dire en m'adressant la parole : « Monsieur le directeur. » A partir d'aujourd'hui, je vous autorise à m'appeler par mon prénom : Bernard.

***

Le chef du service réclamations d'un grand magasin convoque un de ses responsables :

— Durand, la direction me fait savoir qu'elle a reçu des lettres se plaignant de vous. Il paraît que vous êtes désagréable avec les clients. Arrogant et franchement antipathique. Eh bien, Durand, la direction m'a chargé de vous faire savoir qu'ils sont très contents de vous !

***

Deux ouvriers d'une usine bavardent entre eux avant d'assister à une réunion syndicale.

— Si tu savais tout ce que ma femme me fait subir ! Quand je rentre de l'usine, en général, c'est moi qui dois mettre le couvert. Et après le dîner, je fais la vaisselle et je passe un coup de balai pendant que madame regarde la télévision !

— Moi, je trouve qu'elle a raison.

— Quoi ? Oh, eh bien, si maintenant tu passes du côté des patrons !

***

Dans un cabaret de Pigalle, un consommateur appelle le patron :

— Dites-moi, monsieur, votre publicité dit bien que dans votre établissement les serveuses ont toutes les seins nus ?

— Mais, certainement, monsieur.

— Alors, pourriez-vous m'expliquer pourquoi cette jeune femme, là-bas, n'a qu'un sein dénudé ?

— Oh, celle-là ? Mais, monsieur, tout simplement parce qu'elle travaille ici à mi-temps !

***

Un ouvrier entre en trombe dans le bureau du directeur, à l'heure du déjeuner :

— Dites donc, mon vieux, vous pourriez déplacer votre bicyclette qui est devant la grille pour que je puisse sortir ma Mercedes !

***

Un jeune journaliste vient d'être engagé dans un grand quotidien. Il vient de remettre son premier papier au rédacteur en chef et il attend le verdict. Ce dernier ne se fait pas attendre et il est convoqué :

— Écoutez mon vieux, ça ne va pas du tout ! C'est beaucoup trop long ! Tenez-vous-en à l'essentiel !

— Bon, je vais le refaire, répond le jeune journaliste.

Quelques instants plus tard, il revient avec son nouveau papier où l'on peut lire :

« Madame M. Martin allait faire ses courses. L'enterrement aura lieu le 30 à 11 heures. »

***

Un ouvrier vient de gagner une énorme somme d'argent au Loto. Un journaliste, venu l'interviewer, lui demande :

— Alors, à présent, votre vie va changer ! Qu'est-ce que vous allez faire ?

— Ce que je vais faire ? Je vais m'en donner à cœur joie ! Ça fait vingt ans que je me prive de tout. Dès demain, je vais revendre mon vieux vélo et je vais m'acheter un tandem. J'engagerai un chauffeur et tous les matins, je me ferai conduire à l'usine !

***

Un monsieur s'est adressé à l'Agence Nationale pour l'Emploi pour trouver une cuisinière à domicile. Deux jours plus tard, il engageait une dame qui venait de la part de l'Agence.

Un mois plus tard, le monsieur téléphone à l'Agence :

— Bonjour mademoiselle, je suis M. Dupont. Est-ce que c'est vous qui vous êtes occupée de m'envoyer une cuisinière ?

— Oui, monsieur.

— Vous me l'aviez bien recommandée comme étant une « perle » ?

— Oui, monsieur.

— Eh bien, venez donc dîner chez moi, ce soir. Ça vous apprendra.

***

ENFANTS

Une petite fille très coquette bavarde avec une autre petite fille très laide :

— Tu sais ce qui va t'arriver plus tard, quand tu seras grande ?

— Non...

— Eh bien rien, justement.

***

Un femme, vêtue d'un chemisier et d'un simple slip à dentelles, entre en courant dans un commissariat de quartier et s'adresse au guichet des objets perdus :

— Monsieur, s'il vous plaît, on ne vous aurait pas ramené deux enfants accrochés à une jupe ?

***

Une maman est réveillée en pleine nuit par son petit garçon qui lui réclame à boire. Une heure après, il l'appelle de nouveau pour lui dire que c'est son chien en peluche qui a soif. A trois heures du matin, c'est au tour du cheval à bascule et à cinq heures, c'est celui des marionnettes suspendues au-dessus de son lit. Quand à six heures et demie, l'enfant appelle encore une fois sa mère, celle-ci, exténuée, lui dit :

— Mais enfin tout le monde a bu, qu'est-ce que tu veux encore ?

— Je me suis dit que toi, maintenant, tu voulais peut-être boire aussi...

***

Le réparateur de la machine à laver est en train de travailler sous l'œil très attentif d'une petite fille. Celle-ci l'interroge :

— Tu es le monsieur télévision ?

— Ah, non, moi je suis le monsieur machine à laver.

— C'est pas vrai, insiste l'enfant, tu es le monsieur télévision.

— Mais non, je suis le monsieur machine à laver.

La petite fille se met à trépigner et en hurlant affirme :

— Tu es le monsieur télévision.

Alors, pour la calmer, le réparateur avoue :

— Bon, oui, je suis le monsieur télévision. Tu es contente ?

Aussitôt, la petite fille le gronde sévèrement :

— Alors, pourquoi tu touches à la machine à laver ?

***

Un petit garçon arrive devant un guichet de la S.N.C.F. et demande à l'employé :

— Je voudrais un billet pour Châlon, s'il vous plaît.

— Quel Châlon ? Il y en a plusieurs, mon petit bonhomme ! Chalon-sur-Saône, Châlons-sur-Marne... ?

— Oh, ça n'a pas d'importance, Monsieur, ma maman vient me chercher à la gare.

***

Une petite fille rentre de l'école et demande d'un air plein de mystère :

— Tu connais la dernière, maman ?

— Non, ma chérie.

— ... C'est moi !

***

Un petit garçon assiste pour la première fois de sa vie à un spectacle à l'Opéra. Au bout de quelques instants, il se penche vers sa maman et lui demande :

— Qui c'est le monsieur qui fait des grands gestes ?

— C'est le chef d'orchestre.

— Pourquoi il fait peur à la dame qui chante avec son bâton ?

— Mais, il ne lui fait pas peur !

— Ben alors, pourquoi elle crie ?

***

Un petit garçon va passer le mercredi après-midi chez un camarade d'école dont la maman est une amie de la sienne. Il sonne, la mère de son ami lui ouvre et lui dit :

— Bonjour, Daniel.

— Bonjour, madame, répond poliment le gamin. Il fait très beau aujourd'hui. J'ai regardé la télévision hier soir. Mon papa a changé de travail. Ma petite sœur est tombée de sa chaise, ce matin et s'est fait mal. La fille de la concierge va se marier.

— Mais, Daniel, pourquoi me racontes-tu tout ça ? demande la maman.

— Comme ça ! Ma mère, elle m'a dit : « Quand tu verras la maman de ton ami, tu lui diras bien des choses... »

***

Sur le bord du trottoir, un enfant fume cigarette sur cigarette et boit au goulot une bouteille de whisky. Une dame s'approche alors de lui et demande :

— Pourquoi n'es-tu pas à l'école ?

— Je ne peux pas, répond le gamin. J'ai pas encore six ans !

***

Une petite fille est une passionnée de télévision. Un jour, sa petite sœur tombe malade : elle attrape une épouvantable angine qui l'empêche de parler distinctement.

Une voisine rencontre la petite fille et lui demande des nouvelles de sa sœur :

— Comment va ta petite sœur ?

— L'image est pas mal mais alors le son, ça ne va pas du tout !

***

Une charmante enfant interroge sa mère sur la façon dont elle est venue au monde :

— Comment est-ce que je suis née, maman ?

— Eh bien, ma chérie, je t'ai attendue dans mon ventre pendant neuf mois. Et puis, le docteur avait dit que tu arriverais le 20 mars et tu es née un peu en avance le 17 mars.

— Oh ! C'est chouette ! Juste le jour de mon anniversaire !

***

Bernard, cinq ans, questionne son grand-frère, Didier, huit ans :

— Dis, si je me coupais les oreilles, est-ce que je deviendrais sourd :

— Non, mais tu ne verrais plus rien.

— Pourquoi ?

— Parce que ton béret te tomberait sur les yeux...

***

Une dame tombe en admiration devant le petit garçon d'une de ses amies :

— Oh ! comme il est mignon ! Il a les yeux de sa mère... Les cheveux de son père... Le sourire de sa grand-mère...

— Et même les chaussures de son grand-frère, rétorque le gamin.

***

Pendant l'été, des petites filles en colonie de vacances se promènent dans un parc. Elles passent devant un lac où nagent des cygnes. La première de la classe s'écrie :

— Oh ! des canards majuscules... !

***

Un petit garçon rentre de l'école et se précipite vers son père pour lui dire :

— Tu sais, papa, cet après-midi, je suis tombé d'une échelle de trente mètres.

— Mon Dieu ! Mais, mon pauvre chéri, tu as dû te faire très mal ! Où es-tu blessé ?

— Nulle part, papa ! Je suis tombé du premier barreau !

***

Une petite fille accompagne son papa à l'enterrement d'une vieille tante. En passant près des tombes, l'enfant lit : « A notre mère bien-aimée », « A notre cher enfant », « A mes gentils parents ». Alors, elle chuchote dans l'oreille de son père :

— Dis, papa, où est-ce qu'on les enterre les méchants ?

***

Une jeune fille discute avec une autre :

— Mon frère est un garçon épouvantable. Il dort avec ses deux chats. Il donne des coups de pied aux gens qu'il croise. Il tire la langue à tout le monde. Quand il mange, il en met partout. S'il est comme ça à quinze mois, qu'est-ce que ça va être plus tard !

***

Une petite fille entre chez le grainetier et demande :

— Je voudrais des graines pour mon oiseau, s'il vous plaît.

— Mais bien sûr. Qu'est-ce que tu as comme oiseau ?

— Je n'en ai pas encore, monsieur. C'est pour le faire pousser !

***

Un jeune garçon est en train de faire ses devoirs. Il demande à son père :

— Dis papa, où c'est le Portugal ?

— Le Portugal ? Heu... C'est... Eh bien, nous allons chercher ensemble pour apprendre à te débrouiller. Va me chercher une carte de la région.

L'enfant ramène la carte et tous les deux, ils se penchent dessus. Le père cherche mais en vain :

— Mais où est-ce que ça peut être ? Ça ne doit pas être très loin puisque tous les matins, à l'usine, Pedro, qui est portugais, il vient en mobylette.

***

Des parents attendent avec impatience le résultat de l'examen que vient de passer leur fils à Paris. Enfin, le télégramme arrive et ils peuvent y lire : « Tout va bien. Stop. Jury sympathique. Stop. Veulent me revoir à la session de septembre. Stop. Pierre. »

***

Une petite fille croise une pauvre femme qui a un énorme goitre. Elle lui lance au passage :

— Bouh ! Vous êtes laide !

La dame, sans doute habituée aux moqueries peu charitables de ces chers bambins, excédée, lui répond :

— Tu vas voir si je t'attrape ! Je vais te manger toute crue !

La petite fille la regarde et lui dit :

— Faudrait déjà finir l'autre !

***

La maman du petit Paul lui a recommandé de faire traverser toutes les personnes qui ont une canne blanche. Quelle n'est pas sa surprise de voir son fils faire traverser un agent de police !

***

— Papa, à l'école dans la cour de récréation il y a un grand qui m'a dit que je te ressemblais !

Le père, attendri par cette déclaration, veut en savoir plus :

— C'est gentil. Qu'est-ce que tu as répondu ?

— Oh, rien papa ! Il est beaucoup plus fort que moi !

***

Un petit garçon est dans un jardin potager avec sa maman.

— Qu'est-ce que c'est que ces petites choses toutes blanches, maman ?

— Des groseilles mon chéri.

— Mais c'est rouge, les groseilles ?

— Mais oui, mon chéri, ces groseilles sont blanches parce qu'elles sont vertes.

***

Un petit garçon, tout jeune et très curieux, se demande pourquoi chaque fois que son père ramène une invitée chez elle en voiture, cela prend un temps fou. Il décide de tirer les choses au clair et, un jour, se cache à l'arrière de l'auto tandis que son père ouvre galamment la portière à l'amie. La voiture démarre, fait quelques kilomètres, s'arrête dans un bois et le gosse entend son père demander d'une voix pressante :

— Alors, mon chou, tu veux bien ? Dis, c'est oui ?

— Non, répond l'amie.

— Non ? Eh bien descends immédiatement et rentre à pied chez toi. Va te faire voir !

Quelques jours plus tard, le gamin fait du vélo dans son quartier et rencontre une petite camarade qui lui demande de la prendre sur son porte-bagages.

— D'accord, dit-il galamment.

Il fait quelques mètres, s'arrête devant un arbre et lance :

— Alors, mon chou, tu veux bien ? C'est oui ?

— Oui, murmure la petite fille.

— Oui ? Bon, et bien prends la bicyclette et moi je rentre à pied.

***

Un jeune garçon de treize, quatorze ans, est invité pour la première fois à une surprise-party organisée par une Association quelconque qui fête le jour de l'An. Timidement, il s'approche d'une dame qui semble être la coqueluche de la soirée :

— Acceptez-vous de danser avec moi ? demande-t-il.

— Mais, je ne danse pas avec un enfant, répond-elle d'une voix très snob.

— Oh, excusez-moi, je n'avais pas remarqué que vous étiez enceinte...

***

Pendant des manœuvres militaires dans la campagne bretonne, un soldat se perd et marche de longues heures sans rencontrer âme qui vive. Soudain, il aperçoit une ferme éclairée, car la nuit est tombée depuis longtemps. Il se dirige vers la petite lumière et frappe à la porte d'une cabane :

— Qui c'est ? demande une petite voix d'enfant.

— Je suis perdu. Demande à ton papa de m'ouvrir.

— Mon papa, il est pas là. Il est chez le voisin à deux kilomètres !

— Alors, dis à ta maman de m'ouvrir.

— Ma maman, elle est partie avec ma petite sœur.

— Bon, mais alors, il y a personne chez toi ?

— Si, il y a mon grand-père.

— Dis-lui de m'ouvrir.

— Je ne peux pas, il est parti avec mon père.

— Mais enfin tu es toujours tout seul dans cette maison ?

— Dans la maison, non. Mais ici, c'est les water-closets.

***

Une dame parle à sa meilleure amie :

— Avant, j'avais quatre théories pour élever des enfants. Et maintenant, j'ai quatre enfants et pas de théorie.

***

Dans la cour de récréation d'une école de Hollywood, des enfants bavardent :

— Moi, mon nouveau papa, il est rudement sympa !

— On sait, répondent les autres. Nous, on l'a eu l'année dernière.

***

Un petit garçon est invité à déjeuner chez son meilleur copain. Au moment de se mettre à table, la maman apporte un superbe rôti et tout le monde se lève pour se recueillir. Le petit garçon est interloqué :

— Qu'est-ce que vous faites ?

— Nous remercions le bon Dieu pour ce rôti que nous allons manger, répond la maman. On ne fait pas comme ça chez toi ?

— Oh, non, mon papa est boucher.

***

La grand-mère de Rémi vient le garder un mercredi après-midi.

— Grand-mère, raconte-moi une histoire, demande le bambin.

— Bon, si tu veux. Mais alors, viens t'asseoir sur mes genoux.

— Mais je ne peux pas, grand-mère, il y a déjà ton ventre.

***

Une petite fille demande à son papa :

— Dis, papa, pourquoi le soleil, le matin, il est derrière l'église et le soir, il est dans le champ du père Jules ?

— Mais, c'est parce que la terre tourne autour du soleil.

— Ah, bon. Mais quand il n'y a pas de soleil, qu'est-ce qu'elle fait la terre ?

***

Une dame arrive dans un magasin de vêtements pour enfants et achète à ses jumeaux deux costumes tout à fait identiques. Les enfants essaient les nouveaux vêtements et la maman demande :

— Où y a-t-il une glace pour se regarder ?

— Pourquoi une glace, répond la vendeuse. Ils n'ont qu'à se regarder l'un l'autre.

***

Une petite fille demande à sa maman :

— Dis, maman, le petit Robert, il avait quel âge quand il a écrit son livre ?

***

Daniel ne mange jamais de haricots verts car il déteste les haricots verts. Un jour où sa maman épluche les légumes en question, il lui dit :

— Ah ? Vous mangez des haricots verts ? Eh bien moi, j'ai rudement de la chance. Parce que si j'aimais les haricots verts, je mangerais des haricots verts. Et comme je déteste les haricots verts...

***

La petite Sophie est un véritable garçon manqué et quand elle rentre de l'école, sa mère est obligée de la passer sous la douche tous les jours. Un jour, une voisine rencontre Sophie :

— Oh, Sophie, comme tu as grandi !

— Forcément ! On m'arrose tout le temps !

***

Un père fait la leçon à son fils :

— Tu sais, si tu ne travailles pas mieux à l'école, tu ne pourras jamais apprendre un métier. Et nous sommes sur terre pour travailler.

— Ah bon ? Alors, moi je veux être aviateur !

***

Pour son anniversaire, la petite Martine a reçu trois kilos de bonbons au chocolat. Le soir en cachette, elle mange tous ses bonbons.

Le lendemain, sa maman lui demande :

— Où sont tes bonbons ?

— Mes bonbons ?

— Oui, les bonbons au chocolat que tu as eus hier.

— Euh... C'est le chien qui a tout mangé !

— Tu es sûre ?

— Oh oui maman, je l'ai même grondé très fort.

— Eh bien, nous allons voir.

La mère prend le petit chien et va le peser sur une balance : poids total, trois kilos.

— Alors, Martine, c'est toujours le chien qui a mangé les bonbons ?

— Oui... maman.

— Bon, alors où est passé le chien ?

***

Dans le métro, à une heure de pointe, un petit garçon est assis. Survient une femme enceinte qui lui dit :

— Tu veux bien me donner ta place ? J'attends un bébé.

De très mauvaise grâce, le petit garçon se lève et laisse sa place à la future maman.

Le métro redémarre et le bambin dit à la dame :

— Bon, tu peux me redonner ta place ? Tu m'as dit que tu attendais un bébé mais comme il n'est pas venu...

***

Le soir, pour endormir sa petite fille, une maman esquimau, bien au chaud dans l'igloo, lui raconte des histoires. Ce soir, elle parle des aventures de Blanche Neige :

— ... alors la méchante reine, qui n'aimait pas Blanche Neige, se transforma en affreuse sorcière et se rendit dans la maison des nains. Quand la sorcière arriva, tous les animaux de la maison, pris de peur, se cachèrent dans un coin. Alors, la...

— Maman ! Qu'est-ce que c'est ?

— Quoi, ma chérie ? Une sorcière ?

— Non, un coin.

***

Dans un petit village de campagne, sur le bord de la route, un artiste peintre est en train de reproduire le paysage sur sa toile. C'est la fin de l'après-midi et quelques enfants viennent admirer l'œuvre de l'artiste : un splendide coucher de soleil sur le fond du village. Le ciel est rouge et tout embrasé. C'est un instant magnifique.

Tout d'un coup, après avoir chuchoté entre eux, les enfants se mettent à pousser des cris de joie et d'enthousiasme.

Le peintre est ému devant une telle sensibilité artistique et leur dit :

— C'est superbe, n'est-ce pas ? Vous avez raison de remercier Dame Nature de nous offrir un tel coucher de soleil !

— Mais non, monsieur, dit le plus grand. C'est pas un coucher de soleil ! C'est notre école qui brûle !

***

Au catéchisme, le curé sermonne les enfants :

— Vous devez être sages car le bon Dieu voit tout, entend tout, sait tout et il n'oublie jamais rien !

— Monsieur le curé, demande un petit garçon, vous nous avez bien dit la semaine dernière que le bon Dieu n'avait pas de défauts, qu'il était l'honnêteté et la perfection ?

— Mais, bien sûr, le bon Dieu est bon et parfait.

— Alors, ça va ! Il n'est certainement pas mouchard !

***

Une petite fille sort de l'Opéra où sa maman l'a emmenée assister pour la première fois de sa vie à un spectacle de ballet :

— C'était beau, n'est-ce pas ma chérie ? demande la maman. Tu as aimé ?

— Oui... Mais dis, maman, pourquoi ils ont pris des danseuses trop petites ?

— Trop petites ?

— Mais oui... Tu n'as pas vu ? Elles se mettent toujours sur la pointe des pieds...

***

Un père furieux, vient de prendre connaissance des résultats désastreux en calcul de son fils :

— C'est lamentable ! Tu sais seulement compter jusqu'à dix ! Qu'est que tu vas devenir ?

— Je ferai arbitre de boxe...

***

C'est la catastrophe ! M. Durand vient de ramener à l'improviste à dîner ses deux directeurs et il n'y a pas grand-chose à manger :

— Comment va-t-on faire ? se lamente Mme Durand. J'avais juste prévu pour les enfants et nous, il n'y a que quatre côtelettes de mouton et je n'ai rien d'autre dans le frigidaire !

— Il faut absolument trouver quelque chose. Et en plus, à cette heure-ci, tous les magasins sont fermés.

— Attends, dit la femme, j'ai une idée.

Elle va trouver ses deux enfants qui jouent dans leur chambre en attendant le dîner et elle leur dit :

— Quand j'annoncerai que je vais préparer les côtelettes, vous direz que vous n'avez pas faim et que vous n'en voulez pas. C'est compris ? Comme ça je pourrai donner vos côtelettes aux invités.

— Oui, maman, acquièscent les deux charmants enfants.

Le dîner se déroule parfaitement. Les deux bambins jouent impeccablement leur rôle et refusent de manger des côtelettes. Les deux directeurs ont l'air ravi de l'accueil qui leur est fait. Enfin, tout va bien. Arrive le moment du dessert. Mme Durand va à la cuisine et revient avec quatre glaces. Elle dit alors à ses enfants d'un air sévère :

— Puisque vous n'avez pas voulu manger de côtelettes, eh bien vous serez privés de dessert !

***

Dans le quartier de Montparnasse, une dame promène son petit garçon. Ils passent devant un sex-shop et l'enfant dit à sa mère :

— Oh, regarde, maman !

— Quoi, mon chéri ?

— C'est le magasin de jouets où papa m'a emmené l'autre jour !

***

Un petit garçon vient demander à son papa :

— Dis, papa, qu'est-ce que c'est un jouet « incassable » ?

— Un jouet incassable ?

— Oui.

— Eh bien, c'est un jouet que tu reçois le jour de Noël et qui marche encore le jour de l'An.

***

Un adolescent aimerait bien devenir coiffeur comme son papa.

Pour le familiariser avec le métier, son père l'emmène avec lui au salon de coiffure et lui fait faire quelques menus travaux. Un jour, il lui dit :

— Aujourd'hui, mon fils, tu vas faire ta première coupe de cheveux. Mais, fais très attention, une paire de ciseaux est un instrument dangereux. Maladroit comme tu es, tu pourrais bien te couper une oreille !

***

Une petite fille rentre triomphante chez elle.

— Maman, je n'ai plus besoin d'aller à l'école !

— Qu'est-ce que tu racontes ?

— Oui, maman. Je n'ai plus besoin d'aller à l'école, il paraît que j'en sais trop. C'est la maîtresse qui me l'a dit.

— Comment ça ?

— Mais oui, en quittant la classe tout à l'heure, elle m'a dit : « Ah, si tout le monde était comme toi, je n'aurais plus qu'à quitter l'enseignement. »

***

Un petit garçon pleure à chaudes larmes sur un trottoir. Une gentille dame s'approche de lui :

— Eh bien, pourquoi pleures-tu ?

— Bouh... Je suis perdu.

— Ne pleure pas. Tu connais ton adresse ?

— Non, je ne me souviens plus. On a déménagé hier.

— Alors, dis-moi le nom de ta maman.

— Bouh... Je ne sais pas non plus. Elle s'est remariée ce matin !

***

Une famille de citadins rend visite à un oncle qui habite dans une ferme à la campagne. Le petit Nicolas découvre, émerveillé, le monde champêtre, et il s'aventure dans la cour de la ferme.

Tout d'un coup, il rentre précipitamment dans la maison et se jette dans les bras de sa mère :

— Maman, au secours, il y a un canard qui me court après et qui veut me mordre !

— Calme-toi, Nicolas. Un canard, ce n'est pas méchant. D'ailleurs, souviens-toi, tu en as mangé, il y a deux jours.

— Peut-être, répond Nicolas en pleurnichant, mais celui-là, il n'est pas assez cuit !

***

Une petite fille écrit à son arrière grand-mère. Elle s'applique pour faire une jolie lettre et quand elle a fini, elle va la montrer à sa maman.

— C'est très bien, ma chérie, lui dit cette dernière. Mais pourquoi as-tu écrit si gros ?

— Mais maman, tu sais bien que grand-mammy est sourde !

***

Une jeune nurse revient en courant chez ses patrons et se précipite au salon où monsieur est en train de lire le journal.

— Monsieur, c'est épouvantable ! C'est épouvantable !

— Eh bien, Gladys, qu'est-ce qu'il se passe ? Calmez-vous !

— Monsieur, c'est horrible ! J'ai perdu votre bébé au square !

— Eh bien, tans pis ! Nous le retiendrons sur vos gages.

***

— Mon fils est hydrocéphale !

— Achetez un pic à glace et faites arroser vos fleurs par l'enfant !

***

Conseil du don Juan : ne dites jamais à une femme : « Je veux coucher avec vous ! » Dites plutôt : « Je vais vous faire un enfant. » Cela fait plus sérieux.

***

Nous étions neuf enfants. A la naissance du dixième, ma mère a craqué... Elle décida de s'en débarrasser. Elle se mit dans une baraque, sur les boulevards, en criant : « Qui veut mon dixième ? Prenez mon dixième ! » Mais personne n'en voulait... Excédée, à la fin, elle l'a foutu dans la cheminée ; il y a eu un appel d'air et mon petit frère disparut... C'est la première fois qu'on a eu un dixième qui est sorti au tirage.

***

— Viens t'asseoir sur mes genoux ! dit gentiment le gros monsieur au bambin.

— J'peux pas ! répond l'enfant. Y'a déjà ton ventre.

***

Méthode pour réveiller promptement un enfant qui dort avec son chien. Au petit matin, jetez un chat sur son lit...

***

Un petit garçon arrive en retard à la maternelle... Il explique que c'est à cause de sa maman qui vient de mettre au monde un petit bébé.

— Je félicite ta maman, lui dit l'institutrice, est-ce une petite sœur ou un petit frère ?

— J'ai vu son bain et j'ai tout vu. C'est une fille car on lui a mis de la poudre...

***

J'ai connu des gens qui s'étaient mis à apprendre l'espagnol parce qu'ils venaient d'adopter un bébé de cette nationalité. « Comme ça, me dirent-ils, quand il parlera nous le comprendrons. »

***

Nous sommes dans le train Paris-Brest (pourquoi gourmand ?)... Un compartiment de seconde classe est plein... Il y a là deux vieilles bigottes qui dorment, un couple avec un enfant d'une laideur extrême et puis un autre couple d'une étonnante vulgarité. Ces derniers, sont en train de manger de façon immonde : du saucisson à l'air et un camembert qui coule, ils boivent du 11° au goulot... Les seules paroles qu'échangent ces braves gens concernent l'immonde gamin qui leur fait face...

— Hé ! La Bourgeoise, t'as vu comme il est moche ce gnard ?

— Ouais, alors, un vrai gnôme immonde, à vous couper l'appétit...

Cela dure de longues minutes et enfin, à Rennes, ils descendent du train... Au grand soulagement des parents de l'affreux... Ils sont remplacés, ipso facto, par un homme d'une cinquantaine d'années, magnifiquement vêtu, très vieille France...

Il achève tranquillement la lecture de son livre « Fabrice en délire » puis sort un paquet de friandises en mange deux ou trois puis se penche vers les parents de l'avorton et demande :

— Excusez-moi, madame, monsieur, est-ce que je peux proposer une friandise à votre macaque ?

***

— Toto ! Qu'est-ce que tu vas faire plus tard ?

— Gardien de square. Mais à condition qu'on ne me coupe ni un bras ni une jambe...

***

Deux frères, jeunes pères l'un et l'autres, évoquent leurs problèmes :

— Mon vieux, je n'en peux plus... Pourquoi, donc ?

— Mon fils n'arrive pas à trouver le sommeil le soir... Je chante, je le berce, rien à faire...

— Moi, j'ai trouvé la parfaite solution à cela et mon fils s'endort rapidement et parfaitement !

— Vieux frère, donne-moi vite ton secret...

— Très simple : tu prends le bébé dans tes bras et tu le fais sauter en l'air... Chaque fois de plus en plus haut...

— Et alors il trouve le sommeil ?

— Aucun problème, dès que sa tête touche le plafond.

***

Mairie du vingtième arrondissement à Paris, bureau des naissances...

Un couple arrive au guichet :

— C'est pour une déclaration de naissance. Mon sixième fils...

— Bravo, madame, cela fera plaisir à Michel Debré..., répond l'employé... Votre nom, madame...

— Je ne suis pas madame mais mademoiselle...

— Faites excuses, je croyais que monsieur était le père.

— Mais c'est le père de mes six enfants, mais nous ne sommes pas mariés.

— Écoutez, ce n'est pas mon problème, mais six enfants avec le même homme vous devriez vous marier...

— Certainement pas, dit la femme, il est beaucoup trop antipathique !

***

Jusqu'à l'âge de dix ans, j'ai cru que je m'appelais « Silence »...

***

Quelques pères divorcés viennent de monter une association pour la défense de la garde de l'enfant par le père.

Leur argument principal est le suivant :

— Imaginez que vous introduisez une pièce de un franc dans un distributeur de friandises. Qui, à votre avis, devient le propriétaire de la friandise... la machine, où celui qui a glissé la pièce ?

***

Ce pauvre homme a déjà 14 enfants. Il est très fatigué, ne peut presque plus les nourrir. Sa femme réussit à le convaincre, et il accepte d'aller voir un médecin.

— Docteur, j'ai un tic..., commence-t-il...

***

Les parents de Jean-Sébastien Bach veulent l'obliger à manger sa soupe avant d'aller se coucher.

— Si vous m'obligez à manger ma soupe, je fais une fugue ! menace le petit garçon.

***

— Papa, dit un enfant, pour Noël, je voudrais une encyclopédie

— Tu feras comme moi à ton âge, répond le père. Tu iras à pied !

***

Un homme a qui un employé demande une pièce d'identité se trouve interpellé par ledit employé.

— Vous avez dix enfants, s'exclame-t-il. Et tout du même lit ?

— Non, répond le monsieur. Il y en a aussi du canapé !

***

Une dame cherche une nurse pour ses deux enfants :

— Quel salaire demandez-vous, demande-t-elle à une candidate.

— Ça dépend. C'est 500 francs par semaine le tarif normal. Pour dix pour cent de plus, ils auront mon affection...

***

Un Gaulois et une Gauloise s'aiment d'amour tendre. Bientôt, ils se marieront et auront beaucoup de petit mégots !

***

Un petit garçon est en train de voler un canard dans l'étang du voisin. Soudain, il aperçoit le garde champêtre qui vient dans sa direction.

Affolé, le petit garçon libère le canard qui se débattait comme un fou, et le laisse partir sur l'étang :

— Alors, petit voyou, on vole les canards du voisin ?

— Oh, non, monsieur le garde, pas du tout !

— Et alors, toutes ses plumes à tes pieds, qu'est-ce que c'est donc ?

— Les plumes ? C'est le canard qui m'a demandé de garder ses affaires avant d'aller piquer une tête !

***

Une institutrice demande à l'un de ses élèves.

— A ton avis, qu'est-ce que c'est la moralité ?

— Je vais vous donner un exemple, madame. C'est Zorro qui rentre chez lui et qui trouve le shérif au lit avec sa femme. Alors, il fiche une raclée au shérif, il le jette par la fenêtre, il va violer sa femme, il met le feu à son bureau, il revient tuer le shérif et sa femme et la sienne en même temps... Voilà ce que c'est que la moralité !

— Mais je ne comprends pas, fait l'institutrice. Il n'y a pas de moralité là-dedans ?

— Si madame, répond l'élève. La moralité, c'est qu'il ne faut jamais embêter Zorro...

***

Un enfant se précipite en hurlant vers son père.

— Papa, papa, il y a un ogre tout nu dans la chambre de maman !

— Mais enfin, le rassure le papa. Tu sais bien mon fils que les ogres n'existent pas !

L'enfant insiste.

— Mais si papa, il y a un ogre dans l'armoire de maman !

Le père intrigué se précipite dans la chambre, ouvre l'armoire et y découvre son meilleur ami dans le plus simple appareil.

— Oh, Robert, je n'en reviens pas ! Comment as-tu pu me faire une chose pareille ! C'est ainsi que tu me récompenses de vingt ans d'amitié et de dévouement en te cachant tout nu dans cette armoire pour faire peur au petit !

***

Cet enfant surdoué fait des expériences qui ravissent ses parents. Il prend une mouche, lui dit : « Vole », et la mouche vole.

Puis il coupe les ailes de la mouche ; lui dit à nouveau « vole », mais la mouche ne bouge plus.

Alors il enregistre sur son mini-ordinateur :

— Mouche. Devient sourde quand aile coupée.

***

Une petite mandarine se précipite dans les bras de sa maman en sanglotant :

— Maman, c'est affreux ! j'ai rencontré un beau citron en rentrant de l'école. Il a eu un zeste malheureux et je crois que je vais avoir des pépins...

***

Un brave enfant cueille des champignons sous les frondaisons de la bucolique forêt domaniale. Un garde-chasse paraît à ses côtés.

— Tu es bien jeune !

— Dix ans, monsieur !

— C'est très bien ! A ton âge tu sais déjà reconnaître les champignons comestibles des vénéneux ?

— Pas du tout, monsieur... Mais ça ne fait rien. C'est pas pour les manger, c'est pour les vendre...

***

Mon premier souvenir d'enfance remonte à l'époque où j'étais encore dans un landau. Il tombait de la neige. J'allais demander ce que c'était, quand je me suis aperçu que je ne savais pas encore parler !

***

ENTERREMENT

L'homme le plus riche du monde est mort. Une foule impressionnante se presse à son enterrement. Au milieu de tout le gotha, un quidam pleure de façon bouleversante. C'est un véritable torrent de larmes. Un océan, même, qui dure... Une personne compatissante s'approche de lui :

— Soyez raisonnable, cela ne sert à rien. Je compatis et comprends votre douleur, mais il faut réagir. Vous êtes de la famille ?

— Non, répond le quidam, et c'est bien pour cela que je pleure.

***

Un vieil aristocrate vénitien est extrêmement radin. Le jour de la mort de sa femme, il convoque la maison des pompes funèbres.

— Quel est votre cérémonie d'enterrement la moins chère ?

— Le service minima, répond-on. Le cercueil est transporté sur une gondole, mais la famille suit à la nage.

***

Un homme rentre d'un enterrement dans un état d'écœurement avancé.

— Toutes ces couronnes, ces cercueils, ça me dégoûte, lance-t-il à sa femme. J'ai pris une décision ; à ma mort, je veux être incinéré.

— Ah, fait sa femme. Et combien cela coûte-t-il ?

— Oh, je ne sais pas trop, répond le mari. Dans les 6 000 F je suppose.

— Je vois, réplique sa femme. Quand il s'agit de toi et de ton petit plaisir, tu ne te refuses rien...

***

Deux femmes en noir sanglotent à la sortie d'un cimetière.

— Ma pauvre dame, s'exclame l'une d'entre elles, vous êtes veuve comme moi !

— Non, répond l'autre je suis laide !

***

ÉPICIER

J'ai un épicier formidable. Chez lui on trouve absolument de tout ! Tenez, l'autre jour il m'annonce :

— J'ai du pâté de fesse d'éléphant ! Vous devriez y goûter !

Toujours curieux de nouveautés, j'en achète une boîte. Arrivé chez moi je l'ouvre : elle était vide ! Pas le moindre milligramme de pâté d'éléphant. Je fonce chez mon épicemard :

— Quelle est cette plaisanterie ? La boîte de pâté ! Y'avait rien dedans !

— Ah ! dit mon marchand. Vous n'avez pas eu de chance. J'ai dû vous vendre le trou.

***

Un hippopotame rentre dans une épicerie, et demande une bouteille de cognac. L'épicière estomaquée, refuse d'abord de le servir. L'hippopotame ulcéré menace d'aller faire ses courses ailleurs quand un bélier entre dans le magasin, et le rassure :

— Vous êtes nouveau ! Ne vous énervez pas, la semaine dernière on ne me connaissait pas non plus, et la patronne avait commencé par me refuser mon camembert.

***

Un homme entre dans une épicerie.

— Je voudrais une botte de piments, dit-il au vendeur.

— Des piments verts ou rouges, demande le vendeur ?

— Aucune importance, monsieur, répond le client. Je suis aveugle !

***

ESCARGOT

L'ESCARGOT EST-IL VRAIMENT DE BOURGOGNE ?

Depuis les temps les plus reculés, le seul mot d'escargot évoque la Bourgogne ! Or, si l'on est certain que l'andouille est de Vire et les rillettes du Mans, le doute plane quant à l'origine de l'escargot. En effet : l'escargot se déplace ! (C'est vrai que les andouilles aussi... Principalement au volant des automobiles... Mais là n'est pas la question !)

L'escargot est surtout actif par temps humide ; il est, par conséquent, attiré vers les régions pluvieuses. Dans ce cas, pourquoi ne serait-il pas de Cherbourg ? Vous me direz que là-bas il y a déjà les parapluies... Mais je vous rétorquerai, superbement : « Pourquoi escargot et parapluie ne feraient-ils pas bon ménage ? » On en a vu d'autres... Cependant, il faut remarquer que l'escargot n'a besoin de personne pour se mettre en ménage ! Le veinard ! Il forme son petit ménage lui-même, puisqu'il est hermaphrodite. Malgré cette possibilité de se passer de compagne ou de compagnon, notre animal ne se déplace que par groupe de douze ! Chaque fois que je me suis penché sur ce problème — en même temps que sur mon assiette — j'en ai vu une douzaine !

Le grand ennemi de l'escargot est la fourchette du même nom ! En revanche, la pince à escargots est l'ennemie du dégustateur ! De ce fait, on peut affirmer que l'escargot est attiré autant par les salades que par les cravates et les plafonds.

L'escargot, tel le taureau, a des cornes. Quand il prend peur, il les rentre ! Le taureau aussi, mais dans le ventre du toréador... Alors, une question s'impose : pourquoi l'escargot ne serait-il point d'Espagne ? Réponse : parce que les courses d'escargot n'ont jamais déplacé beaucoup de touristes !

Contrairement à son apparence, l'escargot est plutôt sauvage. Voire féroce ! La meilleure preuve en est que l'on ne dit pas : « Je vais cueillir, ou prendre des escargots », mais : « Je vais chasser les escargots ! »

La chasse aux escargots est recommandée aux personnes atteintes d'un infarctus, ainsi qu'à toutes celles qui ont l'esprit lent. Ça fait du monde !

N'allez surtout pas croire que malgré son allure nonchalante l'escargot soit un paresseux ! Dites-vous bien que pour se balader avec sa maison sur le dos, il en bave..

L'escargot est un voyageur. Par conséquent, et nous en revenons à notre premier propos, s'il se déplace, pourquoi serait-il spécialement de Bourgogne ? Peut-être est-il de Provence ! Son attirance pour l'ail tendrait à le prouver !

Un de mes amis, patriote et chauvin, m'a affirmé récemment : « L'escargot est sans aucun doute allemand, car je n'ai jamais pu le digérer ! »

Mais une idée me vient : pourquoi l'escargot ne serait-il pas apatride ? Puisqu'il est déjà gastéropode. On voit bien qu'il ne fait jamais rien comme les autres...

Par contre, si l'escargot était américain et qu'il cherche à s'immiscer dans la cuisine française, notre pays, redevenu une grande nation, s'unirait pour lui crier : « Nous n'avons pas besoin de toi. Retourne dans ton pays ! Escargo-home ! »

***

ESPAGNOL

Une jeune Française, en vacances en Espagne, profite d'un endroit désert au bord d'une rivière pour prendre un bain entièrement nue. Au bout d'une heure, elle ressort de l'eau et s'approche de ses vêtements pour se rhabiller quand elle tombe nez à nez avec un carabinier.

— Señorita, vous savez que je vous observe depuis un moment et que vous n'avez pas le droit de vous baigner dans cette tenue. Ici, en Espagne, c'est interdit par la loi. Vous devez payer cent pesetas d'amende.

La jeune Française, sans se démonter, sort un billet de cent pesetas et le carabinier qui n'arrive pas à la quitter des yeux, lui rend la monnaie sur un billet de mille !

***

Dans le sud de l'Espagne, un petit garçon arrive en courant au bazar du village :

— Vite, señor, vite ! Il y a un taureau qui poursuit mon père dans le champ, là-bas, derrière la grange. Vite !

— Bon, bon, répond le patron du bazar, je vais tout de suite à son secours !

— Mais non ! Ce n'est pas ce que je vous demande ! Je voudrais une pellicule de trente-six poses pour mon appareil photo !

***

Un toréador avait toujours, la veille de la corrida, un trac épouvantable qui l'empêchait de dormir, ce qui fait que le lendemain, il arrivait dans l'arène complètement exténué.

Un jour, sa femme eut une merveilleuse idée. La veille de la corrida, au moment où son mari allait se coucher, avec l'aide de ses amis, elle déversait sur le toit des grandes quantités d'eau pour imiter la pluie. Entendant ce déluge, le mari pensait :

— Qu'est-ce qu'il tombe ! Tant mieux, s'il pleut, la corrida sera annulée !

Et il s'endormait alors sur ses deux oreilles !

***

Un touriste parle avec un aficionado, c'est-à-dire un passionné de corrida :

— Je voudrais que vous m'expliquiez quelque chose, demande le néophyte. Pourquoi le fait d'agiter un tissu rouge devant les yeux d'un taureau, le rend si furieux ?

— Ah, mais vous n'y êtes pas du tout ! Cela ne rend pas du tout furieux le taureau. Il n'y a que les vaches qui s'énervent devant la couleur rouge.

— Mais alors, pourquoi, dans ces cas-là, le taureau a-t-il l'air si méchant ?

— Mais tout simplement parce qu'il n'aime pas qu'on le prenne pour une vache !

***

ESPION

Le K.G.B. a découvert un espion américain qui vivait à Moscou depuis plusieurs années et représentait un grand danger pour les secrets de l'Armée rouge. Il est décidé en haut lieu de dépêcher auprès de lui une très habile espionne qui devra le séduire, puis le faire parler avant de le tuer. Mais le plan n'aboutit pas, et un des dirigeants du K.G.B. convoque l'agent responsable de l'histoire :

— Alors, que s'est-il passé, pourquoi notre espionne russe n'a-t-elle pas pu faire parler l'Américain ?

— Camarade, je n'y comprends rien, elle est un de nos meilleurs éléments, la preuve, elle a sa carte du parti depuis 1932...

***

Cette magnifique espionne soviétique rentre à Moscou, mission accomplie.

Devant l'état-major du K.G.B. au complet, elle présente son rapport.

— J'ai réussi à voler les photos confidentielles des bases aériennes américaines sur la table de chevet même du président Reagan. Par ailleurs, j'ai également réussi à enlever son fils.

— Parfait, répond le patron du service secret d'U.R.S.S. Qu'on amène le fils du président Reagan.

— Malheureusement, camarade, vous ne pourrez le voir que dans 9 mois, répond la belle espionne.

***

Le grand patron du K.G.B. engage une nouvelle secrétaire.

Le premier jour, il lui dicte une lettre qu'elle s'empresse de lui porter pour la faire signer :

— Voyons, mademoiselle, ce n'est pas sérieux ! Cette lettre est bourrée de fautes d'orthographe ! Vous ne vous relisez jamais ?

— Je suis désolée, monsieur, mais vous m'aviez dit que c'était top secret...

***

EXÉCUTION

— On vous conduit au poteau d'exécution et vous êtes gai comme un pinson ?

— C'est parce que je ne me laisse pas abattre...

***

L'aube à la prison de la Santé, il y a quelques années, on ouvre la porte de la cellule d'Ernest Grodubard qui a été condamné à mort. Le juge, le directeur de la prison et son avocat entrent. Ce dernier s'adresse à son client :

— Ernest, il va vous falloir du courage. Votre grâce a été refusée par le président de la République.

— Comment ! Le condamné se met à hurler et devient blanc de rage. Cet enfoiré de l'Élysée me refuse ma grâce !

Il se jette alors sur le juge et le président de la cour d'assise et se met à le frapper violemment.

— Voilà pour toi ordure !

L'avocat intervient :

— Arrêtez, Ernest, vous aggravez votre cas !

***

— Je suis condamné à la chaise électrique. Que faire ?

— Ne vous asseyez sous aucun prétexte !

***

EXTRATERRESTRES

Deux petits bonhommes verts, débarqués de Mars, arrivent sur terre, à Paris. Ils s'arrêtent devant un feu de signalisation au moment où il passe au vert.

— Tu as vu, dit l'un. Elle me fait de l'œil !

***

Dans une petite ville auvergnate, en plein milieu de la place, en plein jour, une soucoupe volante se pose. Effrayés, tous les habitants se sont réfugiés chez eux et regardent par leur fenêtre, la suite des événements. De l'engin interplanétaire, descendent trois individus bizarres : ils sont tout bleus, avec trois jambes et quatre bras. Sans hésiter, ils se dirigent vers la boutique du tailleur. A l'intérieur du magasin, c'est la panique ! Tout le monde descend à la cave pour se cacher mais le patron prend la peine de décrocher le panneau publicitaire accroché dans la vitrine :

« SI VOUS ACHETEZ UN COSTUME NEUF, LA MAISON S'ENGAGE À FAIRE LES RETOUCHES À VOS MESURES GRATUITEMENT »

***

En pleine nuit des extraterrestres débarquent sur la terre pour une mission de reconnaissance. Ils sont en pleine campagne et doivent marcher un certain temps avant de rencontrer un signe de vie humaine.

Ils arrivent enfin devant une station-service et ils observent avec beaucoup d'attention les pompes à essence. Ils notent toutes les informations dans leur petit ordinateur portatif et rentrent à leur engin spatial pour aller faire leur rapport à leurs supérieurs sur leur planète. Et on a pu lire sur leur compte rendu :

« Les terriens sont exactement constitués comme nous. Ils ont un cadran à chiffre sur le ventre et un tuyau sexuel souple et assez long. Un détail nous différencie cependant. Pour dormir, ils se mettent leur appareil sexuel dans l'oreille. »

***

Un petit homme bleu est sur un vélo bleu, sur une route bleue ; il a un béret bleu, une chemise bleue et un pantalon bleu. Il arrive dans un village bleu, s'arrête dans un café bleu, ouvre la porte bleue et se trouve devant la patronne qui est verte, avec des cheveux verts, des yeux verts et un tablier vert... Il s'était trompé d'histoire.

***

Un petit Martien vient de débarquer sur la terre et il entre dans un café. Il s'assied à une table et de ses trois mains, il appelle le garçon :

— Un cognac, s'il vous plaît !

A côté de lui, un flipper diffuse de la musique et clignote de tous ses feux. Quand le garçon lui apporte sa consommation, il lui dit :

— Vous demanderez à la demoiselle qui est à côté de moi, si elle veut bien prendre un verre.

***

F

FAMILLE

LES BONS MONSTRES
FONT LES BONS AMIS

Si dans votre famille il n'y a jamais eu de monstre, ne désespérez pas ! Je dis cela pour les centaines de milliers de gens qui ont perdu l'espoir d'avoir jamais chez eux, au sein de leur foyer, un être difforme, idiot, raté ! Je connais vos problèmes, car moi aussi j'ai été habité par la désespérance, mais Dieu merci la Nature vint me combler au cœur même de ma cellule familiale. C'est à cause de cela que je suis parfaitement qualifié pour vous exhorter à ne pas désespérer !

Pour avoir les meilleures chances de voir apparaître un monstre chez vous, voici quelques conseils faciles à suivre : mariez-vous, ou tout au moins pratiquez la fornication, entre cousin et cousine, frère et sœur, grand-père et petite-fille, etc. Cette liste n'est pas exhaustive. Les accouplements les plus insensés donnent les meilleurs résultats !

Certaines familles de ma connaissance — la plupart sont des « grandes » familles — pratiquent assidûment ces sortes d'accouplements et elles ont obtenu des monstres de très grande qualité ! Dans ces familles, dès que le monstre grandit et quelques poils surmontent sa lèvre supérieure, on le dirige vers une carrière militaire. Citer tous les monstres qui ont réussi dans ce métier serait fastidieux...

D'autres monstres présentent diverses caractéristiques intéressantes. En voici, en vrac, quelques-uns :

1. Ceux qui ont les bras retournés. On en trouve dans toutes les corporations et leur nombre a tendance à s'accroître chaque jour.

2. Ceux qui ont les mains crochues et qui se font tellement de mauvais sang qu'à la longue apparaît « la varice »...

3. Ceux qui ont les pieds tellement grands qu'ils ne parviennent pas à bronzer, à cause de l'ombre énorme que projettent perpétuellement leurs panards...

4. Ceux qui n'ont qu'un seul pied et sont toujours de mauvaise humeur parce que n'ayant pas le choix ils ne se lèvent jamais du bon pied !

5. Le cyclope qui, chaque fois qu'il fait de l'œil à une femme dans la rue, se fout la gueule dans un poteau télégraphique.

6. La sirène, qui n'a pas d'esprit, pas d'humour et a horreur de la mise en boîte.

7. Celui qui a deux têtes et qui, comme chapeau, doit mettre un soutien-gorge.

8. Les siamois, qui permettent aux anthropophages de faire philippine, etc.

(Si vous pensez être un monstre, signalez-nous votre cas !)

De toute façon, quelle que soit votre

position sociale, ne vous débarrassez jamais d'un monstre. En cas d'avatars financiers, il sera toujours là, en s'exhibant dans les foires ou à la télé à l'heure des émissions politiques, pour vous aider à vous renflouer.

Mais si par hasard vous décidiez malgré tout de vous défaire d'un beau monstre, faites-moi signe ! J'en fais collection. Chez moi, j'en ai déjà une bonne trentaine épinglés au mur ! Ma galerie de monstres est une des plus connues de Paris. Il y en a d'autres ; vous connaissez les adresses...

***

FANTÔME

Pendant la visite d'un château en Écosse, le guide ne cesse de recommander aux touristes de rester groupés et de bien le suivre car les couloirs du château forment un véritable labyrinthe où il serait facile de se perdre. Un jeune homme s'est approché d'une jolie jeune fille qui lui plaît et essaie d'obtenir un rendez-vous d'elle. Petit à petit il ralentit le pas pour être seul avec la charmante demoiselle et tout d'un coup l'inévitable se produit : ils ont perdu le groupe et ne retrouvent pas leur chemin. Le jeune homme en profite aussitôt pour dire à sa compagne :

— Enfin seuls !

Et dans un grand sourire, la jeune femme lui répond :

— Seuls ? Vous, peut-être, mais pas moi !

Et elle disparaît en passant à travers le mur.

***

Une ravissante femme-fantôme est en train de feuilleter un catalogue de mode, abandonné par une touriste qu'elle a effrayée au cours de la visite du château de l'après-midi.

Soudain, elle s'écrie en se tournant vers son mari :

— Chéri, je m'aperçois que le blanc ne se fait plus du tout ! Je vais nous commander des draps bleu et jaune avec des grosses fleurs imprimées dessus !

***

Dans un château, en Écosse, deux lords sont en train de jouer aux échecs. Ils sont très concentrés sur leur partie. Soudain, une des portes de l'immense salle de séjour, s'ouvre et se referme avec un bruit sec.

Les deux hommes ne bougent pas et continuent à réfléchir .

Quelques minutes se passent et une autre porte s'ouvre et se referme bruyamment.

Le maître de maison fronce les sourcils.

Quelques instants plus tard, même manège. Alors, le lord se met en colère :

— Dites donc, les fantômes ! C'est bientôt fini, oui ? Vous ne pouvez pas passer par les trous de serrure, non ?

***

Il fait très froid et toute la campagne est complètement gelée. Pourtant, le fantôme du château décide d'aller faire un tour dehors :

— Je vais me promener, chérie, dit-il à sa femme. A tout à l'heure.

Cinq minutes plus tard, il revient précipitamment.

— Il y a beaucoup trop de verglas ! Il faut que je mette des chaînes !

***

Un fantôme rencontre un de ses collègues du château voisin. Ce dernier a bien mauvaise mine et semble complètement épuisé.

— Qu'est-ce qui t'arrive ? Ça n'a pas l'air d'aller fort !

— Ne m'en parle pas ! Tu sais que je n'ai jamais aimé les jours de lessive ! Mais, maintenant, voilà que le châtelain a acheté une machine à laver qui rince et qui sèche !

***

Deux fantômes qui ne hantent pas le même château se rencontrent et bavardent :

— Comment ça se passe chez vous ?

— Pas mal, mais il fait un froid de canard, en ce moment.

— Chez nous, c'est impeccable ! La société qui organise les visites guidées du château a été prévoyante : elle nous a fait livrer tout un stock de couvertures chauffantes !

***

Un touriste débarque dans un hôtel situé dans un magnifique château écossais. Il fait un froid terrible dehors.

Le client demande :

— Est-ce que le chauffage marche ?

— Pas très bien, monsieur. Mais je vous rassure tout de suite. Le château est hanté par une ravissante jeune fille. Quand vous aurez couru deux heures après elle pour essayer de l'embrasser, je puis vous assurer que vous serez réchauffé !

***

FAR-WEST

Un gringalet donne un grand coup de pied dans les portes à battant d'un saloon, arrive devant le comptoir et dit :

— Double scotch aux frais du patron. J'ai peur de personne et je ne paye pas !

Le propriétaire de saloon qui n'était pas Lucky Luke et ne voulait pas d'histoire dans son saloon, le sert et ne dit rien.

Le même cirque a lieu pendant deux semaines. Alors, le patron fait appel à un de ses amis, un cow-boy de deux mètres vingt et cent trente kilos qui attend le gringalet au comptoir.

— Double scotch aux frais du patron. J'ai peur de personne et je ne paye pas !

— T'as peur de personne, lui dit l'énorme cow-boy, eh bien moi non plus.

— Très bien, lui dit le minable, alors ce sera deux double scotchs aux frais du patron.

***

Un procès très attendu au Texas... Celui d'un cow-boy qui a violé cinq filles et a commis onze meurtres... Toute la foule réclame son lynchage immédiat... Son avocat se sent en très mauvaise posture et lui dit :

— Il faut dire des paroles de pardon... Pour votre défense... Il y a cinq viols...

— Rien à foutre...

— Réalisez onze meurtres... Seul le croque-mort ne souhaite pas votre condamnation.

— Rien à foutre...

— M'enfin, continue l'avocat, onze veuves, trente orphelins...

— Rien à foutre...

— Arrêtez ! Vous allez être pendu...

— Là, j'en ai pas rien à foutre... J'm'en balance.

***

Un cow-boy venant d'épouser la femme qu'il aime part avec elle sur son fidèle cheval. Au bout d'un moment, l'animal bute sur un obstacle. Le cow-boy lui donne une tape et murmure « un »... Le cheval trotte à nouveau puis s'arrête à la limite d'un nouvel obstacle. Le cow-boy lui donne une tape plus forte et lance « deux »... Le cheval repart et s'arrête une nouvelle fois. Le cow-boy descend du cheval avec son épouse, lance « trois »... et d'un coup de revolver abat la bête.

La femme se tourne vers son mari et lui lance :

— Tu es quand même dur d'avoir tué ce cheval, s'exclame-t-elle.

Le cow-boy réplique simplement :

— Un...

***

FAUX CUL

COMMENT DEVENIR UN FAUX CUL GRACE A LA CHIRURGIE ESTHÉTIQUE

Plus que dans les miroirs, c'est sans doute dans l'œil de nos contemporains que nous mesurons l'exacte valeur de notre aspect extérieur.

A une époque où nous vivons en contact permanent avec les autres, la chirurgie plastique et esthétique constitue une discipline à laquelle nous devrons un jour ou l'autre nous plier, bon gré mal gré ! Quand le monde aura enfin compris que la chirurgie esthétique peut changer la destinée d'un être en modifiant son aspect physique, les tables d'opération deviendront des self-services...

En effet, beaucoup de gens végètent, ne trouvent pas de situation (chômeurs, je m'adresse à vous !) tout simplement parce qu'ils paraissent trop sympathiques, parce qu'ils ont le visage trop ouvert (ne vous fendez pas la gueule !), parce qu'ils ont l'air trop francs !

A l'heure actuelle, tout le monde sait bien que la mode est aux faux culs. Regardez autour de vous : au cinéma, les films qui font recette ont pour vedettes des espions ! Dans les rues, les trottoirs ont pour vedettes des contractuelles. Dans les maisons, les escaliers ont pour vedettes les concierges... Vous le constatez avec moi, tout appartient aux faux jetons, aux faux derches, aux faux culs pour parler net !

Même en architecture, le règne du faux cul s'est imposé. Ne construit-on pas des habitations aux cloisons si minces que chacun peut entendre, mine de rien, les conversations de son voisin...

Conclusion : si vous possédez un visage avenant qui respire la gentillesse, la douceur, l'honnêteté, notre époque n'est pas faite pour vous. A moins que vous vous résolviez à suivre mon conseil : faites-vous refaire le visage !

Première caractéristique d'un visage de faux cul : les cicatrices ! Elles donnent l'air méchant et bagarreur.

Autres points principaux : les lèvres doivent être grosses, pendantes et, si possible, baveuses ! Le bec-de-lièvre représente le comble de la réussite. Il est nécessaire que les joues soient molles et flasques, que le menton ressemble à une galoche — pointure 45 —, que les yeux soient fuyants et dans l'incapacité absolue de fixer franchement une autre personne, que les paupières soient rouges et, enfin, que les oreilles aient l'aspect de deux splendides feuilles de choux. Pas des choux de Bruxelles, mais de bons gros choux, ceux que l'on donne à manger aux bestiaux pendant l'hiver.

Petit avertissement : si, après avoir subi l'opération que je vous ai conseillée et avoir fait de votre visage celui que je viens de décrire, vous n'avez pas l'air d'un faux cul, c'est que vous en êtes déjà un !

***

FÉES

Dans un pays où le soleil est toujours au rendez-vous, vivaient des petites fées. Le premier mai était un grand jour pour elles car tout le monde attendait avec impatience la petite fée que la reine mettrait au monde.

Le bébé naquit et de somptueux présents furent offerts à la Mère. La fête battit son plein pendant plusieurs jours. Puis les festivités passées, on désigna trois fées pour être les marraines de l'adorable enfant.

Les trois femmes bavardèrent, c'était la septième fille de la reine, le chiffre cabalistique indiquait dans ce cas que cette fille aurait un nom de fleur. Chacune d'entre elles devrait lui donner un nom associé à une vertu.

La première la baptisa :

— Marguerite pour la grandeur et la fidélité.

La deuxième :

— Lis pour la majesté et la pureté.

La troisième :

— Rose pour l'amour et la beauté.

Ainsi le premier mai fut baptisé une fée nouveau-née, et immortalisée au royaume des fées pour l'éternité.

***

FEMME

Ma femme est tellement grosse que partout où je regarde, elle est là.

***

Pendant un moment j'ai cru que ma femme buvait en douce, car toutes les nuits, je la retrouvais en bas du plumard. En vérité, elle se mettait une telle quantité de crème de beauté qu'elle glissait par terre.

***

Beaucoup de femmes élégantes s'habillent à crédit et se déshabillent au comptant.

***

Au cours d'un safari, ma femme a été enlevée par un orang-outang... Je me demande encore ce qu'il pouvait lui trouver.

***

Ne tombez jamais amoureux d'une femme borgne, vous finiriez par loucher.

***

Tous les matins, j'apporte à ma femme le café au lit... Elle n'a plus qu'à le moudre !

***

Ma femme m'a mis en garde : « J'en ai assez ! Avant-hier soir tu es rentré hier matin ; si ce soir tu rentres demain, je demande le divorce. »

***

Ma femme est très distraite. L'autre jour, elle décida de faire du thé. Eh bien, elle a posé la bouilloire sur une chaise et s'est assise sur le feu. Je m'en suis aperçu quand ma femme a commencé à siffler...

***

Ma femme est très gâtée... Complètement gâtée... Elle a les jambes si maigres qu'en la voyant passer, on dit : « Tiens, le chiffre onze a gagné... » Par ailleurs, elle est tellement maigre que le jour de notre mariage le curé m'a couru après parce qu'il croyait que j'emportais un chandelier...

***

Ma femme est tellement paresseuse qu'elle ne fait même pas son âge.

***

Distraite, ma femme dit souvent, à ce propos : « Je n'ai pas de tête. » Je ne lui en demande pas tant, Je voudrais seulement qu'elle en ait une autre...

***

Le véritable mélomane est celui qui colle son oreille à la serrure d'une salle de bains afin d'entendre une femme chanter.

***

J'avais emmené ma femme au théâtre. A la fin du premier acte, je dus m'absenter quelques instants. Je demandai où se trouvaient les toilettes et, aimablement, quelqu'un me renseigna : « Tournez à gauche après ce grand chêne, marchez une trentaine de mètres, puis tournez à droite et faites encore une dizaine de mètres. »

Quelques minutes plus tard, je regagnai ma place et demandai à ma femme :

— Le second acte est-il commencé, mon amour ?

Très froidement, d'un ton sec, elle me répondit :

— Tu devrais le savoir... Tu en faisais partie.

***

— Caresse-moi le menton ! demandai-je à ma femme.

— Je veux bien. Mais lequel ?

***

Ma femme a les jambes tellement longues que lorsqu'elle fait du cheval, je lui mets des patins à roulettes.

***

— Ma femme m'a quitté, en emportant tout. Mon poisson préféré, un petit thon que j'avais apprivoisé. Elle a pris aussi ma collection complète des œuvres de Taine. Et le pire, c'est qu'elle est partie en emmenant mon oncle...

— Mon pauvre vieux... En somme, elle est partie avec ton thon, ton Taine et tonton !

***

Quand je pense que l'on a inventé l'avion sans pilote, la télégraphie sans fil, la poudre sans fumée et que l'on a pas été fichu de trouver la dot sans femme...

***

Pour empêcher ma femme d'aller dans les pâtisseries au cours de la journée, je lui confisque son dentier le matin et le lui rends le soir !

***

Beaucoup de femmes se débattent pour avoir un vison. Grosse erreur ! Car pour avoir un vison, justement il ne faut pas se débattre.

***

J'ai trouvé le masseur assis sur ma femme. Pas moyen de le déloger. Il prétend qu'il fait la grève sur le tas...

***

Au P.M.U., je rencontre un copain :

— Qu'est-ce que tu joues au tiercé ? qu'il me demande.

— 8, 5 et 3 !

— T'es dingue. C'est trois tocards ! Où t'as eu ce tuyau ?

— Nulle part ! C'est parce que ma femme est née un 8, que sa fête tombe le 5 et que nous nous sommes mariés le 3.

— Oh ben alors... Si tu joues le malheur...

***

Ma femme m'a quitté quand je lui ai dit que ses bas faisaient des plis. Et justement, ce jour-là, elle ne portait pas de bas...

***

La bouche d'une jolie femme n'a pas de lèvre inférieure !

***

La grande femme s'adresse à son petit mari :

— Dépêche-toi de finir ; après, tu monteras m'embrasser...

***

Ma femme dit tout le temps qu'elle n'a pas de défense. Heureusement pour elle. Car grosse comme elle est, on la prendrait pour un éléphant !

***

J'ai perdu ma femme dans des circonstances affreuses. Nous visitions les gorges du Tarn et elle a glissé... Le cri qu'elle poussa fut atroce... La chose qui me gêne le plus maintenant, c'est que là-bas l'écho ne cesse de répéter : « T'es pas chiche ! T'es pas chiche ! »

***

Si votre femme a envie d'habiter un appartement plus cher, inutile de déménager. Allez voir votre propriétaire et demandez-lui d'augmenter son loyer.

***

— D'où viens-tu ? demande péremptoirement la femme d'un type qui rentre chez lui en pleine nuit.

— De chez mon tailleur !

— Très bien. Mais la prochaine fois, dis-lui de ne pas te faire des poches sous les yeux...

***

Ma femme adore tout ce qui est raffiné... Le sucre, par exemple.

***

Raquel Welch ! Raquel Welch ! Elle n'est pas si belle que ça ! Enlevez-lui les seins, les cheveux, la chute des reins... Qu'est-ce que vous avez ? Ma femme !

***

— Ah ! ma femme, mon cher, si vous saviez... C'est un ange !

— Félicitations. La mienne est encore en vie !

***

Je rêve passionnément d'avoir une femme dans la peau. Malheureusement, vu ma corpulence, il n'y a plus de place...

***

La femme a toujours été le reflet d'une époque. Il y a eu George Sand, Mme Joliot-Curie, Simone de Beauvoir... Aujourd'hui, nous avons Danièle Gilbert ! Elle est le dernier maillon avant que la femme retombe à quatre pattes et fasse « Meuh... ».

***

Par contre, une chose que les Israéliens ne nous achèteront jamais, c'est Danièle Gilbert ! Car, affirment-ils, même avec les bras en croix, elle vole trop bas.

***

D'Afrique, j'ai ramené à ma femme un masque africain en ébène. Elle est très contente car elle n'a plus besoin de se maquiller.

***

En Thaïlande, les masseuses vous massent avec leurs seins. Fabuleux... Ma femme m'a dit :

— Dépense pas d'argent pour ça, je vais te le faire moi-même !

J'ai refusé. Je voulais une masseuse, pas une pédicure.

***

A Amsterdam j'ai vu les femmes dans les vitrines. J'ai voulu y mettre la mienne : on m'a obligé à baisser le rideau de fer...

***

Ma femme sait que je fais la vie. Elle sait

que je la trompe. Elle sait où. Elle sait avec qui. Elle se demande avec quoi !

***

J'ai découvert un homme dans le lit de ma femme.

— Comment, lui ai-je dit, vous couchez avec ma femme ? Et pourtant, vous, vous n'y êtes pas obligé !

***

Ma femme est laide. Très laide. Affreuse... Pourtant, quand je l'ai épousée, elle était belle... Mais c'est le service après-vente qui ne suit pas.

***

— Chéri, en quelle année sommes-nous allés en Égypte ? me demande ma femme.

— Tu ne te souviens pas ? C'était l'année où tu étais enceinte de ta sœur.

***

Ma femme a une curieuse poitrine : deux bérets basques... Elle ne met pas de soutien-gorge, mais des gants de toilette. Et pour marcher dans notre salon, elle n'a pas besoin de patins...

***

Remarquez que si ma femme a une poitrine si particulière, c'est en grande partie de ma faute, car j'ai l'habitude de dormir avec un de ses seins dans mes mains... Et comme nous faisons chambre à part...

***

Ma femme a une vue extraordinaire. A dix mètres, elle voit un cheveu sur mon veston. Par contre, à un mètre, elle ne repère pas la porte de notre garage !

***

— Moi, ma chère, confie une jeune femme à une amie, si je ne suis pas au lit à dix heures du soir, je rentre chez moi.

***

Je viens d'offrir à ma femme un diamant de la couleur de ses yeux !

— C'est gentil !

— Oui ! C'est un rubis, car elle a de la conjonctivite !

***

Un mec à moto est rattrapé par un motard.

— Arrêtez-vous. Votre femme est tombée à dix kilomètres d'ici !

— Ouf ! Vous me rassurez ! dit le mec. Je croyais que j'étais devenu sourd !

***

En antiquités je suis calé... Forcément, puisque ma femme, mon adorable épouse, bosse chez un antiquaire.

Son boulot est peinard ; il consiste à s'asseoir dans la vitrine !

***

Quatre heures du matin. Dans le commissariat, un homme entre en courant, les yeux à côté de la tête, essoufflé, éclaboussé de sang...

— Monsieur l'agent ! lance-t-il d'un cri désespéré... Je viens d'ouvrir le ventre de ma femme d'un coup de couteau !

— Eh ben ! fait placidement le flic. On peut dire que vous ouvrez de bonne heure.

***

L'autre jour, Charlotte Rampling et ma femme se battaient pour moi... J'ai pas eu de chance : c'est ma femme qui a gagné.

***

— Elle dit rien, ta femme, quand tu rentres si tard la nuit ?

— Non... Because j'ai pas de femme.

— Sans blague ? Alors pourquoi tu restes si longtemps dehors ?

***

Au casino de Monte-Carlo. Un joueur mise sans arrêt depuis des heures et des heures. Jamais il ne gagne. C'est terrible. La salle entière est concentrée autour de lui. Il est pâle, les yeux fixes... Il est entré riche. Le voici complètement démuni, sans doute... Pourtant, il ne s'avoue pas vaincu. Il mise encore. Ses derniers sous...

Va-t-il gagner ? L'assistance suspend son souffle. « Le 23 ? »... Non ! Il a encore perdu ! Alors il décide de jouer le dernier bien qui lui reste, celui que Dieu même lui a procuré : son épouse !

— Ma femme sur le 32 ! prononce-t-il d'une voix de dément.

La bille roule... roule... Oh ! Le pauvre homme ! Jusqu'au bout il aura eu toutes les malchances : le 32 sort et il regagne sa femme !

***

— Vous aimez les femmes jalouses ou les autres ?

— Quelles autres ?

***

— Antoine !

— Oui, ma tendresse ?

— Que fais-tu ?

— Je suis dans la salle de bains. Je me brosse les dents...

— Mais tu y es depuis dix minutes ! Il te faut si longtemps ?

— Oui, ma tendresse. Parce que pendant que j'y étais, j'ai brossé les tiennes aussi !

***

— Tiens, voilà cinq cents francs ! Va t'acheter ce que tu voudras !

— Non ! répondit aussitôt ma femme avec un regard plein d'amour. Je préfère rester avec la bonne pour faire le ménage.

Et alors, c'est juste à ce moment-là que je me suis réveillé !

***

Dédicace de livres à la Foire de Nice. Un homme présente à un auteur trois de ses ouvrages.

— Ma femme adore vos romans... J'ai décidé de lui offrir ces trois volumes à l'occasion de son anniversaire !

— J'espère que cela lui fera une belle surprise ! dit le romancier.

— Oh ! Ça, vous pouvez être certain ! Je lui avais promis une Jaguar !

***

— Jean-Claude, réponds-moi franchement : es-tu amoureux de ma femme !

Jean-Claude blêmit et répond :

— Mais... Voyons, Jean-Pierre, pas du tout... Absolument pas...

— Bon, alors, cesse de le lui dire. Ça la rend nerveuse.

***

Un toubib inquiet téléphone au mari de l'une de ses clientes :

— Monsieur Machecourt, j'ai vu votre épouse cet après-midi. Et elle n'est pas bien du tout.

— Je le sais depuis longtemps, docteur, mais elle est très riche.

***

Deux collègues de bureau sont à la cafétéria... Le sujet de discussion du jour : leurs femmes...

— Ma femme fait un régime terrible !

— Lequel...

— Un régime qui a des résultats étonnants ! Il est à base de bananes, de papaye et de cerises...

— Elle a perdu combien de kilos ?

— Aucun, mais elle est imbattable pour monter dans les arbres !

***

Le fondé de pouvoir de la banque discute avec l'un de ses clients :

— Alors, cher monsieur, votre femme dépense toujours autant d'argent ?

— Hélas, oui...

— Pourquoi ne lui avez-vous pas acheté le livre « Les économies d'un ménage en dix leçons ? »

— Je l'ai fait... Elle l'a lu...

— Eh bien ?

— Elle m'a interdit de boire du vin et de l'alcool et de fumer...

***

Un quidam en pleurs entre dans une gendarmerie :

— Messieurs, c'est abominable... Je ne retrouve plus ma femme !

— Ne vous en faites pas, nous allons vous aider... Pouvez-vous me donner son signalement ?

— Certainement... En essuyant une larme, le type poursuit : Elle est grande : un mètre quatre-vingt-douze, environ cent vingt-huit kilos. Elle est moitié rousse, moitié blonde. Elle porte un dentier à moitié fêlé... Elle a un bandeau sur l'œil gauche et une jambe un peu plus courte que l'autre...

— Avec un signalement pareil, ce sera facile de la retrouver... Calmez-vous, repartez et attendez chez vous de nos nouvelles...

Une semaine plus tard, le malheureux, toujours en pleurs, retourne à la gendarmerie...

— Avez-vous des nouvelles de ma femme ?

— Quelle femme ?

— Celle d'un mètre quatre-vingt-dix-huit, au bandeau, rousse et...

— Bien sûr... Vous pouvez dire que vous avez de la chance : nous ne l'avons toujours pas localisée...

***

Chaque être humain, comme chaque chose, passent par plusieurs âges... Tous, sauf la femme qui ne passe que par sept stades : tout d'abord bébé, puis enfant, adolescente, puis jeune femme, jeune femme, jeune femme, jeune femme.

***

J'avais offert un collier de perles à ma femme. Pour fêter ça nous allons au restaurant où nous commandons des huîtres. Alors les perles se sont mises à hurler... C'était la première fois qu'elles voyaient des huîtres.

***

Le pauvre Maurice est marié depuis trois semaines et il arrive au bureau dans un état abominable : nez en miettes sous un plâtre, un œil fermé et un bras en écharpe... Le véritable résultat d'un match de boxe.

— Que vous est-il arrivé mon pauvre ? lui demande son patron.

— Monsieur le directeur, c'est ma femme... Elle me frappe...

— Il ne faut pas vous laisser faire, Maurice, si elle vous frappe, frappez-la aussi.

— Ça je ne peux pas, monsieur le directeur, je ne veux pas risquer de gâcher notre premier mois de mariage...

***

Un veuf se promène et croise un copain qu'il n'a pas vu depuis longtemps. Ce dernier, voyant le ruban noir au revers de sa veste, lui demande :

— Tu as perdu quelqu'un de proche ?

— Ma femme...

— Quelle horreur !... Elle n'a pas trop souffert au moins ?

— Non, nous étions mariés depuis deux ans seulement.

***

Un brave employé vient voir son directeur la mine penaude :

— Faites excuses, monsieur le directeur, mais ma femme tenait à ce que je vienne vous demander une augmentation... Moi je...

— Parfait, répond le directeur, je verrai ce soir avec ma femme si c'est possible ou non.

***

Une vieille femme rentre ravie à la maison :

— Mon trésor, j'ai fait mon choix. Pour mon enterrement ce sera un cercueil en pin... Il y en a pour trois mille francs.

Toujours pareil, quand c'est pour ton propre plaisir tu ne te refuses rien !

***

Martine entre toute essoufflée dans son appartement d'une tour de la Porte d'Italie :

— Chéri... Chéri... C'est affreux...

— Mais que se passe-t-il ? Interroge le mari inquiet.

— J'ai croisé un type avec un couteau dans le parking qui m'a dit : « Ou je te viole, ou je t'ouvre en deux, choisit ! »

— C'est horrible qu'as-tu fait ?

— Eh bien... Je suis là...

***

Une jeune femme prend sa douche dans un club de tennis. Soudain, elle se rend compte qu'un homme est en train de la regarder par le vasistas :

— Monsieur, fait-elle en se couvrant de sa serviette, vous n'avez rien d'un gentleman !

— Je puis vous assurer que vous non plus, madame, répond l'indiscret...

***

Comment vas-tu, demande Albert à son copain Arthur, qu'il n'a pas vu depuis une semaine.

— Oh, moi, ça va... c'est ma femme...

— Qu'est-ce qu'elle a, ta femme ?

— Tu vois le virage dangereux en haut de la côte sur la route de Marseille ?

— Oui...

— Eh bien, elle, elle ne le connaissait pas !

***

Un vieux Don Juan se vante auprès d'un ami :

— Les femmes me courent après autant, sinon plus, que quand j'avais vingt ans. Tiens, hier, il y en a une qui a frappé pendant plus de deux heures à ma porte. Elle a eu beau me supplier, je ne l'ai pas laissé sortir !

***

Un garçon naît dans un quartier pauvre de New York au milieu d'une famille aux moyens misérables. Toute son enfance se passe d'expédients, il fonde à son tour une grande famille et connaît la même médiocrité, jusqu'au jour où, la roue tournant, il fait fortune. Il passe alors son temps à travers le monde, achète des maisons à Rome, à Londres, à Miami, au Brésil, s'offre un avion privé. Mais, au milieu de ce triomphe, il n'oublie pourtant pas son passé...

Chaque année à la même époque, en effet, il se rend dans son quartier miteux de naguère où il rend visite à sa femme et à ses enfants...

***

Un compliment à ne jamais oublier, messieurs :

« La bouche d'une jeune femme n'a jamais de lèvre inférieure... »

***

Une femme interroge son mari :

— Chéri, dis-moi ce que tu préfères. Une femme jolie ou une femme intelligente ?

— Ni l'une ni l'autre, ma chérie, lui réplique-t-il. Tu sais bien que je n'aime que toi !

***

Dans un bar, deux messieurs évoquent leurs compagnes respectives :

— La mienne est laide, lance l'un.

— La mienne est pire, affirme l'autre.

— Ça m'étonnerait, fait le premier.

— On parie propose le second... Viens à la maison et tu jugeras de tes propres yeux.

Ils se dirigent vers le domicile du second monsieur. Ils sonnent à la porte et l'homme lance :

— Chérie, c'est moi.

— Attends, je viens t'ouvrir mais avant je mets mon masque !

— Pas la peine... C'est pas pour faire l'amour, c'est juste pour montrer !

***

A quel endroit les femmes sont-elles le plus frisées ?

Rien de plus facile. En Afrique Noire...

***

— Chérie, dit un homme à sa dulcinée, suis-je le premier homme que vous ayez aimé ?

— Ce n'est pas impossible, répond la jeune femme. Votre tête m'est familière...

***

Avoir deux femmes pour un homme cela s'appelle de la bigamie.

Avoir trois femmes pour un homme cela s'appelle la trigonométrie.

Avoir une femme pour un homme cela s'appelle la monotonie...

***

Un homme âgé d'une cinquantaine d'années sort effondré d'une visite médicale. Il vient d'apprendre qu'il n'a plus que quelques heures à vivre. Il rentre chez lui et annonce tout à sa femme en la suppliant :

— Chérie, je n'ai plus que quelques heures devant moi. Je t'en prie, faisons l'amour le plus possible !

La dame accepte et le monsieur l'honore six fois de suite avant de s'endormir. Soudain il se réveille et se penche vers elle pour recommencer. Elle refuse...

— Encore une fois, une dernière, s'exclame-t-il !

— Oh c'est facile pour toi Robert lui répond-elle. On voit bien que tu n'as pas à te lever demain matin...

***

Un homme rentre chez lui visiblement excité :

— J'ai donné ma démission au bureau et je plaque tout, explique-t-il à sa femme. J'ai appris qu'à Tahiti, chaque fois que tu faisais l'amour à une Vahinée, elle te donnait cent francs. Alors, j'y vais !

Tandis qu'il prépare ses affaires, son épouse, le plus calmement du monde, commence, de son côté, à remplir une valise.

— Que fais-tu, lui demande le mari ?

— Je te suis, répond-elle simplement.

— Mais... Pourquoi, ajoute l'époux interloqué.

— Pour voir comment tu te débrouilles pour vivre avec deux cents francs par mois !

***

Un journal féminin entreprend une grande enquête sur la fidélité des femmes, sous forme de sondage.

Une journaliste interroge un play-boy à la solide réputation :

— D'après vous, la femme la plus fidèle est-elle plutôt blonde, brune ou rousse ?

— Je vous répondrai sans hésiter ; elle est grise.

***

Sous une pluie battante trois hommes attendent devant une cabine téléphonique occupée par une femme qui est en train de bavarder avec une amie. La conversation dure depuis déjà un bon bout de temps. Les messieurs s'impatientent.

— Vingt minutes qu'elle est là-dedans ! Et il y a des chances que ça dure encore un moment !

— Ce n'est pas possible ! dit le deuxième. Il faut absolument que j'appelle ma femme qui est à l'hôpital !

Le troisième, très calme, intervient alors :

— Ne vous inquiétez pas. Je suis le réparateur. Cet appareil est cassé.

***

Dans un énorme embouteillage comme on peut en connaître à Paris, une petite Austin blanche s'arrête à un feu rouge. A l'intérieur une ravissante blonde en profite pour se remettre du rouge à lèvres. Après un coup d'œil dans son rétroviseur, elle juge que son maquillage mérite un raccord et sort sa poudre, son rimmel et son fard à paupières. Le feu passe au vert mais elle ne bouge pas. Les autres voitures commencent à s'impatienter et se mettent à klaxonner. L'Austin ne bouge pas. Plusieurs feux verts se succèdent. Rien ne se passe si ce n'est le concert de klaxons qui augmente.

Alerté par le bruit, un agent de police s'approche de la femme, toujours très occupée à son maquillage. Il se penche vers elle et, lui montrant le feu qui est à ce moment-là au vert, il lui dit gentiment :

— Vous savez, plus vert que ça, je n'ai pas !

***

Deux femmes sont en train de bavarder dans un jardin public.

— Tu sais que je viens de me marier, dit l'une.

— Mais c'est merveilleux ! Quel âge a ton mari ?

— Eh bien, à nous deux, nous avons soixante ans...

— Oh ! mais c'est un gamin, alors !

***

Deux copines papotent dans un salon de thé :

— Si tu voyais Nicole, tu ne la reconnaîtrais pas ! Elle a perdu au moins deux kilos.

— Pourquoi ? Elle s'est fait faire un lifting ?

***

Dans les grands magasins, le soir de Noël, c'est la cohue. Un tout petit monsieur est en train de se faire écraser par une grosse dame à la poitrine plus que plantureuse.

— Oh ! Poussez pas, articule-t-il à moitié étouffé.

— Mais monsieur, je ne pousse pas. Je respire...

***

— Alors, j'ai appris que tu étais fiancée ? demande une jeune fille à une amie. Comment est-il ?

— Il est formidable ! Extraordinaire !

— Ah bon ? Mais qu'est-ce qu'il a de si fascinant ?

— Eh bien, figure-toi qu'il a les yeux de Sinatra et l'intelligence d'Einstein.

— Sans blague ! Et comment s'appelle-t-il ?

— Frank Einstein !

***

Une femme très coquette et ayant mauvaise conscience, se rend au confessionnal :

— Mon Père, je suis coupable. Je me regarde sans arrêt dans les vitrines de magasin et je suis toujours satisfaite de mon image. Je me répète à longueur de journée que je suis belle.

— Ce n'est pas un péché, ma fille. C'est tout simplement une erreur !

***

Un chanteur à la mode sort du théâtre où il vient de chanter et distribue des autographes à ses fans. Une femme s'approche de lui et lui dit :

— Je vous aime tellement que je me suis fait tatouer votre visage sur la fesse gauche !

Le chanteur rentre à l'hôtel et son impresario lui demande :

— Qu'est-ce qui se passe ? Tu as l'air triste ! Tout s'est pourtant bien passé ! Tu as vu l'accueil que t'a réservé le public. Et à la sortie ! Surtout cette femme avec son tatouage ! C'est extraordinaire !

— Justement c'est ce qui me chagrine. Je pense à la tête que j'aurais dans quinze ans !

***

Sur une plage de la Côte d'Azur, deux pimbêches, très bon chic bon genre, prennent un bain de soleil. Arrive un groupe de jeunes enfants accompagnés par un moniteur qui les emmène dans l'eau.

— Vous voyez, ce sont des enfants d'ouvriers de la Région parisienne.

— Ah bon ? On vient les noyer ici ?

***

Deux amies se rencontrent au réveillon du jour de l'An chez des relations communes :

— Oh ! Il y a longtemps qu'on ne s'était pas vu ! Comment vas-tu ? Dis donc, tu as pris un coup de vieux ! dit aimablement la première.

Et l'autre, pincée lui répond :

— Et toi, comment vas-tu ? Oh ! ta robe ! Elle est de plus en plus belle chaque année !

***

Une femme d'un certain âge annonce à sa meilleure amie qu'elle va bientôt se marier :

— Et ton fiancé, il sait l'âge que tu as ?

— Oh, oui ! Enfin, en partie...

***

Une femme entre chez le boucher :

— Je voudrais quelque chose sans os, sans gras et sans maigre !

— Écoutez, madame, vous traversez la rue, vous entrez chez le crémier et vous demandez un œuf.

***

Une femme est amoureuse d'un homme de vingt ans pour le choc, d'un homme de quarante ans pour le chic et d'un homme de soixante ans pour le chèque.

***

Dans une poissonnerie marseillaise on a pu entendre une ménagère s'exclamer :

— Du poisson à ce prix-là, il faudrait lui dire « vous » !

***

Une femme très coquette arbore à une soirée mondaine une magnifique rivière de diamants que son mari vient de lui offrir. Déçue que personne ne la complimente sur son bijou, elle s'écrie :

— Oh, il fait tellement chaud que je vais enlever ma rivière de diamants !

***

Savez-vous pourquoi on ne parle jamais de la femme invisible ?

Parce que c'est une chose impossible : une femme déteste passer inaperçue !

***

Deux amies se rencontrent :

— Oh ! Ton manteau de fourrure est superbe. Il est en quoi ?

— Quinze mensualités.

***

Deux femmes qui ne se sont pas vues depuis leur enfance bavardent :

— Je me suis mariée très jeune et j'ai eu de la chance, j'ai épousé l'homme que je voulais. Et toi ?

— Moi aussi, je suis mariée. Mais j'ai eu encore plus de chance que toi.

— Ah, bon ? Pourquoi ?

— Parce que j'ai épousé l'homme qu'une autre femme voulait !

***

A la tour de Pise, deux femmes en vacances font du tourisme. Pour pouvoir les montrer à leurs amis à leur retour, elles font des photos. Au moment où l'une d'elles s'apprête à immortaliser l'instant, l'autre lui dit :

— Attends, je vais déplacer ma voiture. Elle est dans le champ !

— Ça n'a pas d'importance !

— Oh, si ! Parce que si mon mari voit ma voiture, il m'accusera d'avoir fait pencher la tour en reculant !

***

Au cours d'un thé mondain, quelqu'un dit :

— Et maintenant, je vais vous parler de Margaret Mitchell.

— Qui ça ?

— Margaret Mitchell, celle qui a fait « Autant en emporte le vent ».

— Oh non ! On ne va pas se mettre à parler de météorologie !

***

Deux Françaises se promènent à Londres sur les bords de la Tamise. Soudain, elles entendent des cris en français qui viennent d'un entrepôt sur la berge qui flambe :

— Au secours ! A l'aide !

L'une d'elles fait cette remarque :

— Si cet homme est anglais, il est vraiment très snob !

***

Deux copines sirotent une orangeade à la terrasse d'un café.

— Mon petit ami, il est drôlement jaloux.

— Ah bon ?

— Pourquoi, pas le tien ?

— Non, pas du tout !

— Ma pauvre chérie ! Comme c'est humiliant !

***

Une femme téléphone à sa meilleure amie :

— Allô, Françoise ? Bonjour. Oui, dis donc, le régime alimentaire que tu m'as conseillée de faire, c'est de la foutaise ! Ça fait quinze jours que je le fais et j'ai perdu à peine deux cents grammes. Non, j'arrête, j'en ai assez ! J'en ai trouvé un autre qui a l'air d'être beaucoup plus efficace ! Je vais aller aux courses.

— Aux courses ? fait l'autre au bout du fil. Mais pourquoi aux courses ?

— C'est simple ! Hier, j'ai lu dans le journal qu'un Anglais, en allant trois fois de suite aux courses, avait perdu cinquante livres... !

***

Une dame arrive, furieuse, chez la laitière :

— Vous m'avez vendu du lait tourné ! C'est un scandale !

— Mais dites donc, vous n'allez pas m'apprendre à vendre du lait ! Il était très frais le lait que je vous ai vendu hier et j'ai l'habitude ! Je vendais du lait que vous étiez encore au berceau !

— Eh bien justement, vous auriez dû le vendre depuis longtemps !

***

Deux amies bavardent.

— Alors, Nicole, tu ne te décides toujours pas à te marier ?

— Oh, tu sais, moi, je suis très difficile. J'ai une âme de saint-bernard. Celui que j'épouserai, il faudra qu'il ait terriblement besoin de moi, qu'il soit très malheureux pour que je lui apporte le bonheur dont il rêve.

— Eh bien, ce n'est pas difficile ! Attends que je divorce et tu pourras prendre mon mari...

***

Un monsieur, très élégant, passe devant deux jolies femmes, assises à la terrasse d'un café. L'une d'elles le suit des yeux jusqu'à ce qu'il disparaisse.

— Tu le connais ? demande l'autre.

— Bien sûr. Quel goujat ! Il pourrait tout de même me dire bonjour !

— Tu l'as connu comment ?

— Oh, je l'ai rendu millionnaire !

— Comment tu t'y es prise ?

— Tout simplement ! Avant, il était milliardaire.

***

Une dame est au théâtre avec des amis. Tout d'un coup, elle s'exclame :

— Oh, là-bas, au deuxième rang, ce n'est pas Sartre ?

— Mais non, lui répond un de ses amis. Sartre est mort depuis plusieurs années.

— Mais c'est horrible ! Je viens de le voir bouger...

***

Une superbe fille vêtue d'un manteau de fourrure et couverte de bijoux donne une petite pièce à un clochard sur le trottoir.

— Oh, vous, vous n'avez pas dû gagner ce que vous avez sur le dos à la sueur de votre front !

— Effectivement monsieur, dans notre milieu, on ne transpire pas !

***

Deux femmes ont la volonté d'étendre leur culture générale et visitent les musées. Un jour, elles tombent en arrêt devant le buste de Victor Hugo :

— Oh, fait l'une. Musset ! Tu sais « On ne badine pas avec l'amour ».

— Ah oui, répond l'autre. « Ô vieillesse ennemie... »

***

Une dame va voir son médecin car elle se trouve trop grosse et veut faire un régime amaigrissant.

— Chère madame, dans votre cas, je ne vois qu'une solution : des séances de gymnastique.

La dame s'inscrit donc dans un club et comme elle a les moyens, elle se fait donner des cours particuliers.

Un mois plus tard, elle retourne voir son médecin.

— Alors, ces séances de gymnastique, ça vous fait du bien ? demande le docteur. Vous avez des résultats ?

— Je pense bien, fait la dame. Mon moniteur a déjà perdu cinq kilos !

***

Une dame téléphone à une de ses amies :

— Allô ? Bonjour ma chérie. Dis-moi es-tu superstitieuse ?

— Non, répond l'autre.

— Alors ça ne te dérange pas si pour la soirée de samedi, nous sommes treize à table.

— Pas du tout. Ce qui me dérange, c'est d'être treize à table et qu'il n'y ait à manger que pour douze !

***

Une superbe créature se présente dans un garage Rolls-Royce. Le vendeur se précipite vers elle et lui demande :

— Quel modèle voulez-vous voir, mademoiselle ?

— Je n'ai pas de préférence quant au modèle, répond la jeune personne. Mais j'aimerais mieux consulter la liste de vos clients.

***

Je vais bientôt me marier, dit une jeune fille à sa meilleure amie. Et toi quand te décides-tu ? Tu ne trouves personne ?

— Oh si ! répond l'autre. En ce moment, je sors avec trois garçons.

— Trois ? Mais alors, tu n'as que l'embarras du choix !

— Pas exactement ! Bernard est beau comme un dieu, Jean est très intelligent mais c'est le troisième, Pierre, qui veut m'épouser !

***

Deux amies intimes se font des confidences sur leurs amoureux. L'une dit à l'autre :

— J'ai parfois du mal à comprendre l'attitude des hommes. Écoute, hier, Jean-Luc m'a dit : « Toi, tu es le genre de fille qu'on aime bien emmener au cinéma... quand on a envie de voir le film... »

***

A la terrasse d'un café, deux femmes parlent de leur vie conjugale :

— Mon mari est épouvantablement jaloux. Je suis toujours obligée de lui raconter dans le détail ce que j'ai fait au cours de la journée. Qui j'ai vu, où je suis allée, à quelle heure je suis rentrée... C'est infernal !

— Oh, le mien aussi. C'est simple, l'autre jour, il m'a dit que si je continuais à le tromper, il n'hésiterait pas à me tuer !

— Et alors ? Tu as arrêté ?

— Pas du tout ! Mais j'ai caché son revolver.

***

— Les hommes sont impossibles, dit une jeune fille à son amie. Ils ne pensent qu'à vous embrasser. Ce sont de véritables obsédés sexuels.

— Moi, mon fiancé est très correct avec moi, dit l'autre. Mais enfin, cela vaut mieux que pas de fiancé du tout !

***

Pour leur anniversaire de mariage, un monsieur a fait un cadeau à sa femme. Celle-ci ouvre le paquet et en sort une robe en dentelle verte.

— Oh ! chéri, s'exclame-t-elle. Comment as-tu deviné ? C'est exactement le genre de robe que je rêvais d'aller échanger !

***

Une mère, qui cherche à marier sa fille, lui demande :

— Ma chérie, je ne comprends pas pourquoi tu refuses d'épouser M. Durand !

— Mais maman, il a au moins soixante ans !

— Peut-être, ma chérie, mais il est formidable pour son âge !

— Pour son âge, oui ! Mais pas pour le mien !

***

Un jeune homme, éperdument amoureux, fait une déclaration à une jeune fille. Mais celle-ci lui répond :

— Mon cher Albert, vous avez toutes les qualités que ma mère souhaite trouver chez son gendre.

— Eh bien alors ?

— Eh bien, vous comprendrez donc que j'ai aucune envie de me marier avec vous !

***

Une dame d'un certain âge est descendue dans un hôtel luxueux sur la Côte d'Azur. Elle appelle la réception :

— Allô ? La réception ? Quand je suis entrée dans ma chambre, tout à l'heure, il y avait un homme avec une sale bobine qui y avait pénétré par la fenêtre. Il ne paraît pas animé de très bons sentiments et a une tête de sadique. Pouvez-vous me faire monter une bouteille de champagne et deux coupes, s'il vous plaît ?

***

Deux vieilles dames évoquent leurs souvenirs pendant la guerre :

— Ma chère, c'était terrible ! Nous n'avions presque rien à manger. Avec toutes les restrictions, j'avais tellement maigri que j'étais obligée d'emprunter les bretelles de mon mari pour tenir ma gaine !

***

Une dame rentre chez elle après avoir été faire des courses dans les grands magasins. Elle porte dans les bras de nombreux paquets.

— Eh bien, lui dit son mari, tu as l'air d'avoir trouvé tout ce que tu voulais !

— Mais pas du tout ! J'ai fait tous les magasins et je n'ai rien trouvé de ce que je cherchais !

— Mais alors, c'est quoi tous ces paquets ?

— Ça ? Des choses que je ne voulais pas mais que j'apprendrai à aimer.

***

Un célibataire endurci expliquait ainsi son éternel célibat :

— La femme, c'est comme le pilchard. Quand c'est bon, ce n'est pas fameux. Et quand c'est mauvais, c'est franchement insupportable.

***

Une dame se renseigne sur l'efficacité d'un traitement, à l'intérieur d'un institut de beauté.

— Vous êtes sûr que c'est sensationnel ?

— Écoutez, madame. Nous prenons les empreintes digitales de nos clientes avant le traitement pour être certains de les reconnaître après...

***

Maitenant, je suis tranquille ! déclare à qui veut l'entendre un jeune cadre. Ma femme s'est fait piquer sa carte de crédit ce matin, et je suis sûr qu'aucun voleur n'arrivera à faire un découvert supérieur à celui de mon épouse !

***

Une jeune fille très libérée confie à une amie :

— Moi, je suis tout le contraire de la Sainte Vierge !

— Et pourquoi, demande son amie en pouffant de rire ?

— Parce que la Sainte Vierge a conçu sans pécher, alors que mon problème à moi, c'est plutôt de pécher sans concevoir...

***

Visiblement, cette jeune femme est enceinte.

— Pardon, madame, lui demande un vieux monsieur souriant. Est-ce que vous attendez un bébé ?

— Pensez-vous ! répond pince-sans-rire la jeune personne. Ne croyez pas ça ! Je le porte pour une de mes amies.

***

— Chère madame, vous êtes aussi bien de fesses que de face !

***

Grosse dispute entre deux mégères.

— Cancanière... Je ne suis pas comme vous ! A courir sans arrêt le quartier pour colporter les horreurs.

— Évidemment, affreuse. Vous avez le téléphone...

***

FIANCÉ

J'ai toujours été fort galant. Je me souviens d'un repas pris avec ma fiancée dans un excellent restaurant. A son issue, le maître d'hôtel me tendit la note. Je la consultai : son montant me sembla exorbitant. Du coup, en la tendant à ma fiancée, je dis :

— A votre place, je ne paierais pas...

***

Chérie ! dit le fiancé à l'élue de son cœur. J'ai, derrière mon dos, un joli cadeau pour toi. Devine ce que c'est !

— Oh ! qu'il est gentil ! Merci, mon amour. Qu'est-ce que ça peut bien être ? Je languis... Je languis... Dis-moi vite...

— Non, non, non... Faut deviner... C'est pour tes jolies jambes que j'aime...

— Pour mes jambes... Des collants ?

— Non. Tu n'y es pas... C'est un rasoir électrique.

***

— Mon fiancé dit à tout le monde qu'il va épouser la plus belle fille du monde...

— Oh ! Le lâche ! Vous laisser tomber après vous avoir fréquentée si longtemps !

***

— Ah ! dit le fiancé plein d'acné à sa promise qui a une verrue sur le nez. Ah ! Églantine ! Cela va me faire tout drôle quand nous serons mariés, de n'avoir plus personne à qui offrir des fleurs et des bonbons.

***

Michèle et Jean-Paul forment un joli couple d'amoureux...

— Michèle, amour de ma vie... Est-ce que je suis le premier homme de ta vie ? Dis-moi vite, tu n'en as eu aucun comme moi avant ?

— Évidemment, tu es le premier... Drôle de manie qu'ont tous les garçons à poser chaque fois la même question...

***

Une jeune fille vient voir son fiancé et lui dit en pleurant :

— Tiens, reprends ta bague, mes parents m'ont dit que jamais je ne devais accepter de tels cadeaux !

— Je vous en supplie ma chérie, gardez-la !

— Impossible, ma mère l'a faite expertiser !

***

Un homme interroge sa douce fiancée :

— Mon amour, dis-moi que je suis le premier homme de ta vie !

— Mais bien sûr mon chéri. Ah là là, je me demande ce qu'ils ont les hommes à poser toujours la même question !

***

FILLE

Il y a une fille que j'aurais bien ramenée chez ma mère si j'avais eu confiance en mon père...

***

Conseil aux parents : envoyez votre jeune fille à la faculté de Lettres. Comme ça, plus tard, quand elle fera la cuisine, elle pourra penser.

***

Il y a les filles comme il faut et les filles comme il en faut.

***

— Je regrette de ne plus pouvoir épouser votre fille, cher monsieur. Vous m'aviez caché qu'elle boitait.

— C'est exact ! Mais d'une seule jambe !

***

— Monsieur Dupont, votre fille a décidé de devenir ma femme !

— Ça, c'est de votre faute, mon vieux ! Qu'espériez-vous d'autre en venant ici tous les jours ?

***

Deux petites filles discutent entre elles :

— Moi je sais comment on fait les bébés, s'exclame la première.

— Moi, je sais comment on ne les fait pas, réplique la seconde.

***

— Tu vois celle-là, dit un jeune homme à son meilleur copain en désignant une fille qui passe, et bien elle ne porte jamais de culotte !

— Ah oui, et comment le sais-tu ?

— C'est mon petit doigt qui me l'a dit...

***

— Vous aimez les grandes balades, demande une jolie fille à un fâcheux.

— Oh oui, mademoiselle !

— Alors, je vous en prie, ne vous gênez pas pour moi !

***

— Que veux-tu faire plus tard ? demande un père à son fils.

— Je veux être médecin ou laveur de carreaux, réplique celui-ci.

— Mais, fait le père quelque peu étonné. Ces deux professions n'ont aucun rapport entre elles !

— Si, fait le fils. Elles permettent toutes deux de voir des filles toutes nues !

***

Un garçon timide se retrouve seul avec une très jolie fille. Il lui caresse le nombril pendant un bon moment en chantant « guili-guili »... La jeune fille lui souffle dans l'oreille « plus bas, plus bas »...

Alors, le garçon de reprendre d'une voix d'outre-tombe et inaudible « guili-guili »...

***

Dans la rue Michelet, Enrico et Blaouette sont en train de suivre deux filles ; tout en marchant ils font des projets pour la soirée ; il fait beau, l'air sent le jasmin, et cela leur donne des idées ; Enrico aborde l'une des filles, puis il se retourne vers Blaouette et lui dit :

— Dommage que la tienne soit si moche !

***

Passe le temps... Passent les semaines. Tout change ; et les petites filles parlent entre elles :

— J'ai vu un couple en train de faire l'amour sous la véranda.

— Où ?

— Sous la véranda.

— C'est quoi une véranda ?

***

Passe le temps... Passent les semaines (ou les années), et Mme Chlomo, éduquée à la manière d'antan, ignore comment s'y prendre avec sa fille :

— Ma fille est âgée de 18 ans, dit-elle à une voisine, Mme Torjman, et il me paraît qu'il est temps que j'aie avec elle, une certaine conversation... Enfin, vous me comprenez... Mais que faire ?

— Courage, reprend sa voisine. Racontez n'importe quoi, comme si vous en saviez autant qu'elle !

***

— Qu'est-ce qu'une fille laide, demande un garçon à un ami ?

— C'est une fille que l'on emmène au théâtre quand on a envie d'écouter la pièce.

***

Un jeune homme très laid demande la main de sa fille à M. Dupont.

— Vous êtes sûr que vous voulez la main de ma fille ? Elle est pourtant bien laide...

— Oui-oui-oui, monsieur, je veux l'épouser !

— Bon alors d'accord, mais promettez-moi une chose : pas d'enfants, surtout !

***

Un gaffeur rencontre une jolie fille :

— Vous avez des cheveux magnifiques ! Ils sont tellement blonds, qu'on dirait qu'ils sont teints !

— Mais justement, ils sont teints...

— Ah bon, ça alors, on n'aurait jamais cru !

***

FILS

C'est dans les yeux de ma maîtresse que j'ai vu que mon fils était beau.

***

— Allô ! docteur ? Lors de ma dernière visite, vous avez prétendu qu'il était normal que mon fils fasse pipi au lit. Je ne suis pas du tout de votre avis. Et sa femme non plus...

***

— Mon fils vient d'avaler mon stylo. Que dois-je faire ?

— Écrivez avec un crayon !

***

Mme Biglandier a observé son fils rentrant de l'école et elle lui dit :

— Je suis contente. J'ai vu que tu t'entendais fort bien avec le fils du voisin...

— Ben..., fait le môme évasivement.

— Je t'ai regardé tandis que tu lui donnais des billes...

— Je lui donnais pas des billes. Je lui rendais ses dents.

***

— Mon fils me pose de gros problèmes !

— Ah ? Lequel de tes fils ?

— Le plus jeune. Dix-huit ans !

— Et qu'est-ce qu'il a ?

— Il est amoureux !

— A son âge c'est normal ! Faut pas s'inquiéter pour ça !

— Oh ! Qu'il soit amoureux ne m'ennuierait nullement, si ce n'était pas du fils de nos voisins.

***

— Mon autre fils vient de se marier. Tout à fait normalement avec une fille extrêmement belle. Elle me plaît beaucoup... J'attends qu'elle soit veuve !

***

— Fabien, ne reste pas derrière la fenêtre. Ça fait une heure que tu regardes la neige tomber... Tu trouves pas ça monotone, mon petit chéri ?

— Eh maman ! C'est pas la neige que je regarde tomber, c'est les gens !

***

La première chose que mon fils a apprise quand, à Noël, je lui ai offert un tambour, c'est qu'il n'en aurait jamais d'autre !

***

— Fiston, je te défends absolument de prononcer des mots grossiers !

— Pourtant, Victor Hugo il en disait plein !

— Eh bien, je t'interdis, désormais, de jouer avec lui !

***

— Mon fils va jouer Beethoven !

— J'espère qu'il gagnera !

***

Un jeune papa entre dans la chambre de la maternité, et, tout excité, demande à sa femme alitée :

— Comment vas-tu chérie, je suis tellement ému, il faut que je m'assoie... mais où est-il, mon fils ?

— Lève-toi, chéri, lui répond la maman, tu es assis dessus...

***

— Mon chéri, pendant que je serai en voyage, il va falloir te conduire comme un grand, et me remplacer auprès de ta maman, dit un père à son petit garçon de 8 ans.

Celui-ci se conduit comme une grande personne, et ne fait aucune bêtise pendant trois jours.

Et un soir, au cours du dîner, il dit à sa mère avec un air très soucieux :

— J'ai bien réfléchi, je crois que le temps est venu d'offir une voiture à pédales à notre fils...

***

— Mange ta soupe, petit ! ordonne Dracula à son fiston. Et dépêche-toi, sinon elle va coaguler !

***

Un instituteur de campagne rencontre le père d'un de ses petits élèves.

— Vous savez, je suis inquiet, j'ai peur que votre petit Pierre ne soit dyslexique...

— Ah bon, dit le père en fronçant les sourcils.

Deux jours après, même rencontre :

— Alors, ça va mieux, demande le père ? Après la raclée qu'il a prise hier, ça m'étonnerait qu'il recommence !

***

FLEUR

Deux femmes parlaient entre elles de choses et d'autres quand l'une dit à l'autre :

— Tiens ! Voilà ton mari qui arrive avec un bouquet de fleurs !

— Zut ! Va encore falloir que j'écarte les cuisses !

— Pourquoi ? T'as pas de vase ?

***

Une pâquerette est triste à pleurer et s'adresse à une marguerite.

— Je suis petite, se lamente-t-elle, je ne plais pas, alors que toi tu es grande et belle !

— Ce n'est pas grave, fait la marguerite, toi aussi tu es mignonne !

— Mais, hurle la pâquerette, toi on te déshabille toujours en te disant des mots d'amour !

***

Deux fleurs sont amoureuses l'une de l'autre... Par tous les moyens, elles cherchent à se rapprocher, à vivre leur passion... Mais comment faire ?

« J'ai une idée, lance l'une. Si on appelait une abeille ? »

***

Osé : j'ai proposé la botte à une fleuriste !

***

Constatation : le sapin est un arbre horizontal !

***

FOOTBALL

Le capitaine d'une grande équipe de football italienne n'a qu'un défaut : son anxiété, qui parfois l'empêche de fermer l'œil la nuit précédant les grands matchs. Les Tifosi ont trouvé un truc pour que le capitaine soit en pleine forme le lendemain matin. La veille au soir, ils jettent sur le toit de l'hôtel de grandes gerbes d'eau à l'aide de lances à incendie. Entendant la pluie, le footballeur s'endort paisiblement en pensant : Il pleut, donc demain le match sera annulé.

***

Badjidi, il a ammené son fils voir le match : « Gallia-A.S.S.E. ». C'est plein à craquer, surtout que la plupart des gens sont rentrés à l'œil par la porte de derrière. Enfin, il reste deux places, juste près de la touche, et Badjidi et son fils s'y installent.

A un moment donné Biton, du Gallia, pour dégager son camp en catastrophe, est obligé de shooter en touche. Le gosse voit arriver sur lui la balle perdue. Comme il a des réflexes rapides, il s'écarte brusquement et c'est son père qui prend le ballon en pleine figure.

Alors Badjidi se retourne vers lui, fou de rage et il envoie à son fils une paire de claques magistrales en aller et retour urgent :

— Tiens ! lui dit-il, ça t'apprendra à avoir peur !

***

FOSSOYEUR

Le fossoyeur rentre chez lui épuisé.

— Tu as eu une journée fatigante ? lui demande tendrement sa femme.

— Ne m'en parle pas. J'ai enterré un comédien.

— Et alors ? Ces gens-là ne sont pas plus lourds que les autres...

— Non, mais quand il a été au fond de la fosse, toute l'assistance, pour lui rendre hommage, s'est mise à applaudir comme au théâtre.

— Et alors ? C'est pas les bravos qui t'ont mis sur les genoux ?

— Si... Car ils l'ont rappelé huit fois et il a fallu que je le remonte autant !

***

Un monsieur rencontre l'un de ses copains, fossoyeur de profession.

— Ça me fait plaisir de te voir, lui lance ce dernier ! Allez, viens à la maison, on bouffera ensemble ! J'insiste ! C'est sans façon, on finira les restes !

***

Un fossoyeur rentre chez lui et lance à sa femme.

— Je suis crevé ! Ce matin on a enterré un comédien, il y avait une foule immense ! On a eu un tel succès qu'on a dû faire neuf rappels !

***

FOUS

Deux fous discutent.

— Je suis le général Murat !

— Pas du tout !

— Si ! Je suis le général Murat !

— Menteur !

— Je te dis que je suis le général Murat !

— C'est faux ! C'est faux !

— Oh ! Et puis merde.

— Ah ! Tu vois que t'es Cambronne !

***

Deux fous regardent paisiblement des ouvriers en train de creuser une tranchée pour y installer le téléphone souterrain.

— Quel boulot ! dit un dingue. Tous ces fils à enterrer...

— C'est rien ! dit l'autre. Rends-toi compte des trous qu'il faudra faire pour enterrer les poteaux...

***

Deux mecs totalement givrés se baladent l'un avec une poêle à frire, l'autre avec une bouteille d'huile.

— Où vous allez ? leur demande un autre type encore plus givré qu'eux.

— On va se faire sauter la cervelle !

***

M. Lecalme se promène gentiment, un beau jour de printemps. Il fait doux. M. Lecalme se sent heureux.

Brusquement, et sans raison, un homme se précipite et lui administre une paire de gifles retentissantes.

M. Lecalme, qui se sent dans son bon droit, marque son étonnement et l'exprime :

— Voyons ! dit-il noblement à l'individu frappeur. Vous êtes fou ?

— Oui ! répond l'énergumène. Ça vous dérange ?

***

C'est fou ce qu'il peut y avoir comme Martin en France. Des milliers et des milliers... Et je me demandais d'où ils pouvaient bien sortir, jusqu'au jour où, passant devant une énorme usine, j'ai lu : « Martin et Cie ».

***

Pensées, maximes et citations

EDMOND ABOUT

Victorine continua sa lecture, en fermant les yeux.

***

MARCEL ACHARD

— Le meilleur moyen de prendre un train à l'heure, c'est de s'arranger pour rater le précédent.

— Il faut toujours dire du bien de soi. Après ça quelqu'un le répète et on ne sait pas d'où ça vient.

— Il vaut mieux se tromper avec tout le monde que d'être intelligent seul.

— Dans la vie, tout, absolument tout, est drôle... A condition que ce soit aux autres que ça arrive !

— Le comble de l'optimisme c'est d'acheter une voiture et un billet de loterie, en comptant sur l'un pour payer l'autre...

***

KONRAD ADENAUER

— L'oubli de ses propres fautes est la plus sûre des absolutions.

***

ALPHONSE ALLAIS

— J'ai souvent remarqué, pour ma part, que les cocus épousent de préférence les femmes adultères.

— Il est toujours avantageux de porter un titre nobiliaire. Être « de quelque chose », ça pose un homme, comme être « de Garenne », ça pose un lapin.

— Dieu a sagement agi en plaçant la naissance avant la mort ; sans cela, que saurait-on de la vie ?

— L'argent aide à supporter la pauvreté.

— C'est très curieux : plus les galets ont roulé, plus ils sont polis. Les cochers de fiacre, c'est le contraire.

— « Fluctuat nec mergitur » : « Elle flotte, mais ne sombre pas », comme disait le monsieur qui voyait tristement, sa femme prendre un bain de mer...

— Il est très curieux de constater que dans l'armée, les statistiques le prouvent, la mortalité augmente bizarrement en temps de guerre.

— Je rappelle à ceux qui m'écrivent qu'ils doivent toujours joindre un timbre. Pas pour la réponse, car je ne réponds jamais : mais pour me permettre de timbrer mon courrier personnel.

— On sait que les cheveux considérés au microscope apparaissent creux. D'où l'expression « tuyau de poil ».

— Ce qui frappe le plus l'odorat du voyageur quand il arrive à Venise, c'est l'absence totale de parfum de crottin de cheval.

— Les Italiens sont tellement musiciens qu'au lieu de dire vingt sous, comme chez nous, ils disent « une lire ».

— Le comble du cynisme : assassiner, nuitamment un boutiquier et déposer sur la devanture un écriteau ainsi libellé, « Fermé pour cause de décès ».

— Le comble de la gentillesse : faire un trou dans le mur pour rentrer chez soi, afin de ne pas déranger le concierge.

— Le comble du snobisme : chez soi, sonner sur le piano toutes les heures, demi-heures et quarts d'heure pour faire croire qu'on a une pendule.

— J'ai connu un homme tellement pieux qu'on en fit une clôture.

— Si jamais je deviens riche — ce qui ne devrait pas tarder étant donné l'immense fortune de ma nouvelle maîtresse — je ferai l'acquisition d'un grand parc pourvu d'arbres centenaires ; et s'il n'y en a pas, j'en planterai...

— Savez-vous pourquoi les zèbres s'appellent ainsi ? C'est parce que la première fois que les hommes en ont vus, quelqu'un a dit : « Regardez ces animaux, ils filent comme des zèbres. » Et ce nom leur est resté !

— Si le nez de Cléopâtre avait été plus long, sa face à elle aurait été changée bien avant celle du monde...

— Rien n'est plus contagieux que l'exemple ? Eh bien, je lègue cent mille francs au savant qui découvrira le microbe de l'exemple.

— Chaque jour que Dieu fait... Et il en a fait le bougre !

— Le comble de la politesse, c'est de s'asseoir sur son derrière et de lui demander pardon !

— Le comble de la prudence, c'est de marcher sur les mains de peur de recevoir une tuile sur la tête.

— Le comble de la bonté ? Ne pas vouloir qu'on frappe la monnaie, ni qu'on pende la crémaillère !

— Les pommes de terre cuites sont nettement plus faciles à digérer que les pommes en terre cuite !

***

JEAN ANOUILH

— Pourquoi contredire une femme ? Il est plus simple d'attendre qu'elle change d'avis !

— Tout le monde a de la haine dans le cœur : les tendres sont ceux qui la réservent à leurs ennemis.

***

SOPHIE ARNOULD

— On sait bien que l'esprit court les rues, mais c'est un bruit que les sots font courir...

— Le passé ? C'était le bon temps ! J'étais malheureuse !

***

SIR FRANCIS BACON

— Les épouses sont les maîtresses des jeunes gens, les compagnes de l'âge moyen et les gardes-malades des vieillards.

— Celui qui possède femme et enfants a donné des otages à la fortune, car ce sont des obstacles aux grandes entreprises !

***

LORD BALFOUR

— Si Dieu redescendait sur la Terre, tous les peuples se mettraient à genoux, excepté les Français qui diraient : « Ah ! Vous êtes là ! C'est pas trop tôt ! On va pouvoir discuter un peu ! »

***

HONORÉ DE BALZAC

— On dit toujours : l'appétit vient en mangeant ; c'est faux : c'est la pépie qui vient en mangeant...

— Il paraît que « qui paye ses dettes s'enrichit » ; c'est faux ! Qui perd ses dettes s'enrichit.

— Il faut battre son frère quand il est chaud !

***

BARBEY D'AUREVILLY

— Avant de choisir le prénom d'un garçon, pensez toujours à la femme qui aura à le murmurer plus tard.

***

HENRI BECQUE

— Le déluge n'a pas réussi : il est resté un homme...

***

GEORGES BERNANOS

— Le polémiste est admirable à vingt ans, supportable à trente ans, ennuyeux jusqu'à cinquante ans, et obscène au-delà...

***

TRISTAN BERNARD

— Les hommes sont toujours sincères. Ils changent de sincérité, voilà tout.

— Pour être heureux avec les êtres, il ne faut leur demander que ce qu'ils peuvent donner.

— Quand une femme donne un rendez-vous, elle ne sait pas encore si elle va consentir ou non. Et c'est pour le savoir qu'elle va au rendez-vous...

— Rien ne ressemble plus à un innocent qu'un coupable qui ne risque rien.

— L'amour, c'est comme les champignons : on ne sait jamais à quelle espèce ils appartiennent. En tout cas, quand on le sait, c'est déjà trop tard.

— Avec les femmes, il faudrait que les paroles soient d'autant plus respectueuses que les gestes le deviennent de moins en moins.

— Il s'est passé un drame épouvantable, hier soir, au théâtre où l'on joue ma pièce : le régisseur est parti en emportant la recette pour s'acheter un paquet de cigarettes.

— On ne prête qu'aux riches, et on a bien raison, parce que les autres remboursent difficilement !

— Les Français croient qu'ils parlent français, parce qu'ils ne parlent aucune langue étrangère...

— De nos jours, on hérite plus souvent des maladies de ses parents que de leur fortune. Et c'est ça la démocratie.

— Il ne faut compter que sur soi-même. Et encore, pas beaucoup.

— Je ne connais qu'un seul moyen de faire cesser une tentation, c'est d'y succomber...

— Le comble de l'optimisme c'est de rentrer dans un grand restaurant et compter sur la perle qu'on trouvera dans une huître pour payer la note.

— Ce qui ressemble à l'amour est toujours de l'amour.

***

LÉON BLUM

— A vingt ans, l'enfant déforme la femme ; à trente ans, il la conserve ; à quarante ans, je crois bien qu'il la rajeunit !

***

ÉDOUARD BOURDET

— L'argent, c'est comme les femmes, pour le garder, il faut s'en occuper, sans cela il va faire le bonheur de quelqu'un d'autre.

— La confiance ? Connais pas !

— Il faut choisir, dans la vie, entre gagner de l'argent et le dépenser ; on n'a pas le temps de faire les deux.

***

ALEXANDRE BREFFORT

— Dieu, quand il a pétri la Terre, a fait une grosse boulette !

— Il faut se méfier ! On ne sait jamais ce que le passé nous réserve.

— Tout vient à point à qui sait attendre ! Même une contravention.

— Certains hommes sont tellement curieux de voir le bonheur de leur femme, qu'ils prennent des détectives pour en connaître la raison !

***

ARISTIDE BRUANT

— Si vous n'osez pas frapper à une porte, enfoncez-la à coups de pied !

***

ALFRED CAPUS

— Il y a des femmes qui n'aiment pas faire souffrir plusieurs hommes à la fois, qui préfèrent s'appliquer à un seul : ce sont les femmes fidèles.

— L'exploitation des imbéciles ? Mais les imbéciles ont toujours été exploités, et c'est justice. Le jour où ils cesseraient de l'être ils triompheraient, et le monde serait perdu.

— On ne doit jamais donner d'ordre à une femme ; sauf si l'on est sûr d'avance d'être obéi.

— A force de faire le sceptique, je suis devenu sceptique et notamment sur le scepticisme.

— C'est avant le dernier acte que le public se demande comment ça finira. C'est après le dernier acte que moi, souvent, je me le demande.

— Ce n'est pas la peine de répéter tous les jours que tu es mortel ! Tu le verras bien.

— Le devoir n'est peut-être qu'un voile qu'on nous met devant les yeux pour nous cacher le bonheur !

— Qu'est-ce qu'une génération ? Le temps que met une opinion à se former.

— Ce qui est grave dans un ménage c'est quand l'un aime et l'autre pas. Mais s'ils ne s'aiment ni l'un ni l'autre, ils peuvent être très heureux.

— Quand une femme commence à remarquer qu'elle est honnête, c'est grave !

— A Paris, ce qu'on appelait autrefois l'âge mûr tend à disparaître. On reste jeune très longtemps, puis on devient gâteux.

— Je crois aux maris aveugles, je crois aux maris complaisants, je crois aux maris à qui c'est égal, je crois à ceux qui en meurent, je crois à ceux qui en vivent, je crois à tous les maris, mais je ne crois pas au mari qui veut savoir et qui ne sait pas !

— Quand un préjugé disparaît, il y a une vertu qui disparaît en même temps. Une vertu n'est qu'un préjugé qui reste.

***

CELMAS

— Si j'avais encore l'argent que j'ai dépensé pour boire, qu'est-ce que je pourrais me payer comme apéritifs !

***

CHAMFORT

— Le jour le plus perdu, c'est celui où l'on n'a pas ri !

— Il y a des femmes qui trouvent à se vendre et qui ne trouveraient pas à se donner.

— Il y a des redites pour l'esprit ; il y en a aussi pour l'œil ; mais il n'y en a jamais pour le cœur.

— L'amour plaît plus que le mariage, pour la raison que les romans sont plus amusants que l'Histoire.

— La société est divisée en deux classes : ceux qui ont plus de dîners que d'appétit et ceux qui ont plus d'appétit que de dîners.

— Apprendre à mourir ! Et pourquoi donc ? On y réussit très bien dès la première fois.

— Quelqu'un disait que la Providence était le nom de baptême du Hasard, quelque dévot dira que le Hasard est un sobriquet de la Providence.

***

COCO CHANEL

— Les femmes ont perdu la tête. Est-ce que vous avez vu la mode, dans la rue ? C'est une horreur, les robes courtes ! Elles montrent tout. C'est abominable. Elles ne comprennent pas. Elles s'habillent comme des petites filles ! Et la plupart des hommes n'aiment pas les petites filles ! Quant à ceux qui les aiment, ils les tuent après.

***

MAURICE CHEVALIER

— Il faut toujours choisir avec soin sa première chanson, parce qu'on n'est jamais sûr d'en chanter une deuxième.

***

CHRISTOPHE

— Les hypocrites sont des gens qui vous passent la main dans le dos par-devant et qui vous crachent à la figure par-derrière.

***

WINSTON CHURCHILL

— Les hommes trébuchent parfois sur la vérité ; mais la plupart se redressent et passent vite leur chemin comme si rien ne leur était arrivé.

— Il était une fois un jeune officier de cavalerie qui était tellement bête, mais tellement bête... que ses camarades s'en étaient aperçus.

***

PAUL CLAUDEL

— C'est très curieux : ce sont toujours les célibataires qui vous donnent des conseils pour élever des enfants.

— Les amiraux seraient tellement charmants s'ils ne dépassaient pas le grade de capitaine de frégate...

— De tous les plaisirs, quand il n'en reste plus, il reste toujours celui de se lever de table après un repas ennuyeux.

— Quatre-vingts ans, c'est l'âge de la puberté académique.

— Qui saura obtenir le premier prix, dans le concours de circonstances ?

— Pour célébrer la mémoire de tous les écrivains passés, je propose un siècle de silence.

— Quand je vois le Christ en croix... les bras m'en tombent.

— L'ordre est le plaisir de la raison : mais le désordre est le délice de l'imagination.

***

GEORGES CLEMENCEAU

— On ne ment jamais autant qu'avant les élections, pendant la guerre et après la chasse.

— La guerre, c'est une chose trop grave pour la confier à des militaires.

— Il n'y a pas de repos pour les peuples libres ; le repos c'est une idée monarchique.

— La justice militaire est à la Justice ce que la musique militaire est à la Musique.

— Un traître est un homme politique qui quitte son parti pour s'inscrire à un autre. Par contre, un converti est un homme politique qui quitte son parti pour s'inscrire au vôtre.

— La France est un pays extrêmement fertile. On y plante des fonctionnaires, il y pousse des impôts.

— Je dirais que les fonctionnaires sont un petit peu comme les livres d'une bibliothèque. Ce sont les plus hauts placés qui servent le moins...

***

JEAN COCTEAU

— Les miroirs feraient bien de réfléchir avant de renvoyer les images.

— Finalement, je crois que j'ai vécu très au-dessus des moyens de mon époque.

— Pourquoi les généraux sont-ils si bêtes ? Parce qu'on les recrute toujours parmi les colonels.

— Il est aussi difficile à un poète de parler poésie qu'à une plante de parler horticulture.

— Un enfant prodige, c'est un enfant dont les parents ont beaucoup d'imagination.

— Il faut, de temps en temps, se reposer de ne rien faire.

— La superstition est l'art de se mettre en règle avec les coïncidences.

— J'ai l'orgueil des vices que l'on me prête ; je suis moins fier des vices que j'ai.

***

COMMERSON

— Soyez heureux... C'est là le vrai bonheur.

— J'épouserais plus volontiers une petite femme qu'une grande, pour cette raison que de deux maux, il vaut mieux choisir le moindre...

— Les femmes ne savent bien que ce qu'elles n'ont pas appris !

***

GEORGES COURTELINE

— Un des plus clairs effets de la présence d'un enfant dans le ménage est de rendre complètement idiots de braves gens qui, sans lui, n'eussent peut-être été que de simples imbéciles.

— Passer pour un idiot aux yeux d'un imbécile est une volupté de fin gourmet.

— S'il fallait tolérer aux autres tout ce qu'on se permet à soi-même, la vie ne serait plus tenable.

— Amour, délice et orgue étant du masculin au singulier et du féminin au pluriel, on doit écrire : « Cet orgue est le plus beau des plus belles », si l'on ne veut encourir le reproche d'écrire sa langue comme un cochon.

— L'homme est le seul mâle qui batte sa femelle. On doit donc en conclure que l'homme est le plus brutal des mâles... à moins que la femme ne soit, de toutes les femelles, la plus insupportable.

— L'homme n'est pas fait pour travailler. La preuve, c'est que ça le fatigue.

— L'administration est un lieu où les gens qui arrivent en retard croisent dans l'escalier ceux qui partent en avance.

— La femme ne voit jamais ce que l'on fait pour elle ; elle ne voit que ce qu'on ne fait pas.

***

FRANCIS DE CROISSET

— Une femme se fait d'abord belle pour son mari... C'est ce qu'on appelle une répétition générale.

***

PIERRE DAC

— Dans les accidents de chemin de fer, c'est toujours le dernier wagon le plus dangereux. C'est pour cela qu'on l'a supprimé.

— Pour la marche, le plus beau chapeau du monde ne vaut pas une bonne paire de chaussures.

— Donner avec ostentation, c'est pas joli, mais ne rien donner avec discrétion, eh bien, ça ne vaut guère mieux.

— Certaines personnes donnent leur parole et ne la tiennent pas ; et on leur en fait le reproche. Mais comment voulez-vous qu'elles la tiennent, puisqu'elles l'ont donnée ?

— Il vaut mieux être assis que debout ! Et vermouth-cassis.

— Entre une semelle de crêpe et un double crème, il n'y a que la différence qui existe entre les choses qui n'ont aucun rapport entre elles.

— Un concerné n'est pas obligatoirement un imbécile encerclé.

***

PIERRE DANINOS

— Il y a trois temps qui déplaisent souverainement aux jardiniers : le temps sec, le temps pluvieux et le temps en général.

— Dans les discours, les grands thèmes sont le contraire des femmes ; moins on les serre de près, mieux on les embrasse.

— La France est divisée en 53 millions de Français... La France est le seul pays du monde où, si vous ajoutez dix citoyens à dix autres, vous ne faites pas une addition, mais vingt divisions.

***

JACQUES DEVAL

— On ne sait pas comment les prendre. Il est vrai qu'on ne sait pas non plus comment les garder.

— Mesdames, méfiez-vous des beaux parleurs... Les femmes s'attrapent comme les lapins : par les oreilles...

***

MAURICE DONNAY

— Lorsque ma femme me fait un cadeau, j'ai deux surprises : d'abord le cadeau, ensuite de le payer.

— Il y a dans le mot mariage un étrange pouvoir dissolvant.

— On peut, on doit abuser de la confiance d'une femme, mais jamais de sa méfiance... C'est dangereux !

***

ALEXANDRE DUMAS

— Les chaînes du mariage sont si lourdes qu'il faut être deux pour les porter ; quelquefois trois.

— On a le droit de dire du mal des femmes : on n'a pas le droit de dire du mal d'une femme.

— En fumant, vous abrégez votre vie, me dit-on. Je fume depuis l'âge de 18 ans ; j'en ai 65 ; si je n'avais pas fumé, j'en aurais 70. Je serais bien avancé...

— Les affaires, c'est bien simple : c'est l'argent des autres.

— Il est permis de violer l'histoire, à condition de lui faire un enfant.

***

EDGAR FAURE

— Chez moi, quand on tue le cochon, tout le monde rit ! Sauf le cochon.

***

GEORGES FEYDEAU

— Le mariage c'est l'art pour deux personnes de vivre ensemble aussi heureuses qu'elles auraient vécu chacune de leur côté.

— Comment veux-tu que je te comprenne ! Tu me parles à contre-jour, je ne vois pas ce que tu me dis.

***

W.C. FIELDS

— Un homme qui déteste les enfants et les chiens ne peut pas être entièrement mauvais.

***

ROBERT DE FLERS

— La démocratie est le nom que nous

donnons au peuple toutes les fois que nous avons besoin de lui.

— A l'Académie française, ils sont quarante qui ont de l'esprit comme quatre.

***

PIERRE GAXOTTE

— Habitue-toi de bonne heure à donner de l'argent aux femmes, comme cela tu t'apercevras pas que tu vieillis.

***

ANDRÉ GIDE

— Quand un philosophe vous répond, on ne comprend même plus ce qu'on lui avait demandé.

— Les événements m'ennuient ; ils ne sont que l'écume des choses et ce qui m'intéresse, c'est la mer.

— Si ce que tu manges ne te grise pas, c'est que tu n'avais pas assez faim.

— Il est bon de suivre sa pente, pourvu que ce soit en montant.

— Ceux qui peuvent traverser la vie sans en « rabattre » sont bien forts eux-mêmes, ou bien aveugles... ou vraiment, n'ont pas souhaité bien haut.

***

LUCIEN GUITRY

— Il ne faut pas frapper un ennemi à terre ! Bon... Mais alors, quand ?

— L'égoïste est celui qui n'emploie pas toutes les minutes de sa vie à assurer le bonheur de tous les autres égoïstes.

***

SACHA GUITRY

— Abstenez-vous de dire à votre femme toutes les cruautés et les choses infâmes que vous ont faites vos épouses précédentes : il est inutile, en effet, de lui donner des idées.

— Le meilleur moyen de faire tourner la tête à une femme, c'est de lui dire qu'elle a un joli profil.

— La réussite, pour un homme, c'est d'être parvenu à gagner plus d'argent que sa femme n'a pu en dépenser.

— A l'égard de quelqu'un qui vous prend votre femme, la pire vengeance est de la lui laisser.

— Certains hommes n'ont que ce qu'ils méritent ; les autres sont célibataires.

— Si ceux qui disent du mal de moi savaient exactement ce que je pense d'eux, ils en diraient bien davantage.

— J'ai appris à aimer certaines personnes par le mal que j'en avais entendu dire par d'autres personnes que je n'aimais pas.

— Pauvres sots qui me reprochez ma façon de dire « moi »... Si vous étiez mes intimes, vous sauriez comment je dis « toi ».

— Tous les hommes naissent comédiens sauf quelques acteurs.

— Vous savez, entre nous, quand on donne un baiser à quelqu'un, c'est qu'on a envie d'être embrassé soi-même.

— Quand se décidera-t-on à prendre au sérieux les comiques ?

— Je suis contre les femmes... Tout contre.

— Il y a devant l'amour trois sortes de femmes : celles qu'on épouse, celles qu'on aime et celles qu'on paie. Ça peut très bien être la même. On commence par la payer, on se met à l'aimer, puis on finit par l'épouser.

— Les honnêtes femmes sont inconsolables des fautes qu'elles n'ont pas commises.

— Il y a des femmes dont l'infidélité est le seul lien qui les attache encore à leur mari.

— Comme tu es jolie, ce soir, au téléphone.

— Quand on me parle d'une femme cultivée, je l'imagine avec des carottes dans les oreilles et du cerfeuil entre les doigts de pied.

— Il y a des bêtises que j'ai faites uniquement pour avoir le plaisir de les raconter.

— Il y a des gens qui augmentent votre solitude en venant la troubler.

— Il ne faut jamais regarder quelqu'un qui dort. C'est comme si on ouvrait une lettre qui ne vous est pas adressée.

— Aimez les choses à double sens, mais assurez-vous bien d'abord qu'elles en ont un. Souvenez-vous qu'on peut être hermétique et ne rien renfermer. N'oubliez pas que hermétique, ça veut dire également bouché. Et quand une phrase ténébreuse, alambiquée, vous donne le vertige, souvenez-vous que ce qui vous donne encore le vertige, c'est le vide.

— Ces mains qui fermeront mes yeux et ouvriront mes armoires.

— Ah ! Que le monde est donc mal fait, et pourquoi faut-il que certains êtres finalement deviennent cibles pour avoir été trop points de mire !

— Premier janvier, seul jour de l'année où les femmes oublient notre passé grâce à notre présent.

— Que lui reproche-t-on ? Ses idées politiques. En voilà une idée ! Alors qu'il est déjà si difficile de croire aux opinions politiques des hommes politiques.

— A Paris, quand on croise une femme dans la rue et qu'on la regarde, on commet presque une infidélité. Regarder une Française et être vu par elle, on dirait qu'on ébauche un roman d'amour.

— Ayez du talent, on vous reconnaîtra peut-être du génie. Ayez du génie, on ne vous reconnaîtra jamais du talent.

— Entrer dans une salle pendant qu'un acteur joue, c'est poser une main sur l'épaule d'un homme qui est en train de dessiner.

***

ÉDOUARD HERRIOT

— Maintenant que je suis vieux, lorsque je parcours un cimetière, j'ai l'impression de visiter des appartements.

— Pour vider une salle où se tient le congrès d'un parti quelconque, c'est très simple : vous entrouvrez une porte et vous dites : « On demande monsieur le Président au téléphone. » Tout le monde sort, car chacun est président de quelque chose.

***

VICTOR HUGO

— La lettre Y est la lettre la plus dangereuse de l'alphabet, car à un Y près, Noé était Noyé.

— J'admire comme les Belges parlent flamand en français.

***

HENRI JEANSON

— C'est un producteur qui ne produit rien, même pas une bonne impression.

— La première impression est toujours la bonne : surtout quand elle est mauvaise.

— La liberté, ce mot qui a fait le tour du monde et qui n'en est jamais revenue.

— Quand un général meurt à la guerre, à mon avis, c'est une faute professionnelle !

— Pourquoi faut-il que les noces ne durent qu'un jour, et le mariage toute la vie ?

— Aimer est un verbe qui se conjugue par tous les temps.

— Un chanteur d'opéra, c'est bien simple : c'est un type qui reçoit un grand coup de poignard dans le dos et qui, au lieu de saigner, se met à chanter.

***

JÉROME K. JEROME

— J'adore le travail... Je peux regarder un homme travailler pendant des heures...

— Il n'y a pas de bonheur parfait ! dit l'homme quand sa belle-mère mourut et qu'on lui présenta la note des pompes funèbres.

***

JULES JOUY

— Les habits de nos amis sont nos habits.

***

ALPHONSE KARR

— Le nombre des écrivains est déjà incalculable et ira toujours croissant, parce que c'est le seul métier, avec la politique, qu'on ose faire sans l'avoir appris.

— Je connais un faux-monnayeur, pas très malhonnête, un brave garçon finalement, ne fabriquant des fausses pièces que pour payer ses fournisseurs. Bien sûr, un jour la police débarque chez lui et demande : « Qu'est-ce que vous faites ? » Et le modeste faussaire répondit : « Je fais ce que je dois. »

— Les amis font toujours plaisir... Si ce n'est pas quand ils arrivent, c'est quand ils repartent...

— On ne peut pas être et avoir été ! Cette assertion est fausse ! La preuve : on peut très bien avoir été un imbécile et l'être encore.

— Il n'y a qu'un âge auquel on partage tout, c'est celui où l'on a rien.

***

EUGÈNE LABICHE

— Il existe une sorte de plagiat à rebours, qui consiste à prendre le contre-pied systématique des idées des autres ; cette sorte de plagiat, parfaitement odieux, s'appelle « l'avant-garde ».

— Vous n'êtes pas un beau-père, vous êtes un morceau de colle-forte.

— Avant d'obliger un homme, de lui rendre service, assurez-vous bien d'abord, que ce n'est pas un imbécile.

***

LA BRUYÈRE

— Il arrive quelquefois qu'une femme cache à un homme toute la passion qu'elle sent pour lui, pendant que de son côté il feint pour elle toute celle qu'il ne sent pas.

— Il faut rire avant d'être heureux, de peur de mourir sans avoir ri.

— I.

***

PAUL LÉAUTAUD

— L'avantage d'être célibataire, c'est que, lorsqu'on se trouve devant une jolie femme, on n'a pas à se chagriner d'en avoir une laide chez soi.

— Pauvreté n'est pas vice. Parbleu ! Le vice est agréable.

— Je ne sais pas pourquoi, c'est très curieux, ce sont justement les femmes convenables qui ne me conviennent pas.

— Les gens couverts de croix me font irrésistiblement penser à un cimetière.

***

Mlle DE LESPINASSE

— Les femmes seraient au désespoir si la nature les avait faites telles que, parfois, la mode les arrange.

***

PRINCE CH. DE LIGNE

— En amour, il n'y a que les commencements qui soient charmants. Je ne m'étonne pas qu'on trouve du plaisir à recommencer souvent.

***

MAC-MAHON

— La méningite, on en meurt ou on en reste idiot. Et je sais de quoi je parle, je l'ai eue...

***

ANDRÉ MALRAUX

— La vie ne vaut rien. Mais rien ne vaut la vie.

— Si l'on y réfléchit bien, le Christ est le seul anarchiste qui ait vraiment réussi.

***

GROUCHO MARX

— Je désire être incinéré et je veux que 10 % de mes cendres soient versées à mon impresario.

***

PRINCESSE MATHILDE

— Des enfants ? J'aimerais mieux en commencer cent que d'en finir un seul.

***

ANDRÉ MAUROIS

— A vingt ans, la Parisienne est adorable ; à trente ans elle est irrésistible ; à quarante, elle est charmante ; après quarante... Mais non, une Parisienne ne dépasse jamais quarante ans.

***

YVES MIRANDE

— Je ne peux tout de même pas mourir pour mes idées, étant donné que je n'ai pas d'idées.

***

HENRI MONNIER

— Ainsi, vous pensez que les hommes sont égaux ? Parfaitement, il n'y a de distinction que la différence qui peut exister entre eux.

— C'est l'ambition qui perd les hommes. Si Napoléon était resté officier d'artillerie, il serait encore sur le trône.

— Une erreur peut être vraie ou fausse... selon que celui qui l'a commise s'est trompé ou non.

— La nature est prévoyante : elle a fait pousser la pomme en Normandie sachant que c'est dans cette région qu'on boit le plus de cidre.

— Otez l'homme de la société : vous l'isolez.

— Un soldat doit être prêt à mourir pour sa patrie. Même au péril de sa vie.

— On ne doit rien tuer, même une puce. Sauf en cas de légitime défense.

— La stratégie, en matière militaire, ça consiste à tirer pour faire croire à l'ennemi qu'on a encore des munitions.

***

MONTAIGNE

— La tristesse est le privilège des imbéciles.

— Si haut que l'on soit placé on n'est jamais assis que sur son cul.

***

HENRI DE MONTHERLANT

— Les écrivains ne se nourrissent ni de viande ni de poulet, mais exclusivement d'éloges.

— Il y a trois sortes de femmes : les savantes, les jolies et les autres.

— Une femme de trente-cinq ans est plus âgée qu'un homme du même âge, parce qu'elle l'est vraiment.

***

GABY MORLAY

— Pourvu que j'ai un chien qui m'aime toujours et un homme qui m'aime de temps en temps...

***

CHARLES NODIER

— On a remarqué que de tous les animaux, les femmes, les mouches et les chats sont ceux qui passent le plus de temps à leur toilette.

***

MARCEL PAGNOL

— L'ambition, c'est la richesse des pauvres.

***

LOUIS PAUWELS

— Les esprits sont comme les parachutes, ils ne fonctionnent que lorsqu'ils sont ouverts.

***

FRANÇOIS PÉRIER

— Un ami, c'est quelqu'un sur qui nous pouvons toujours compter pour compter sur nous.

***

PONSON DU TERRAIL

— Il entendit le pas d'un cheval dans la cour... C'était son père qui rentrait.

***

JACQUES PRÉVERT

— Si quelqu'un vous dit « Je me tue à vous le dire », laissez-le mourir.

— Le bon domestique est celui qui sert avec exactitude, mais se sert avec discrétion.

— La théologie, c'est simple comme Dieu et Dieu font trois.

***

JULES RENARD

— Les fils croient à la vertu de leur mère. Les filles aussi. Mais nettement moins.

— Je sais nager. Juste assez pour m'empêcher d'aller sauver les autres.

— Si j'avais du talent, on m'imiterait ; si on m'imitait, je deviendrais à la mode ; si je devenais à la mode, je passerais de mode... Au fond il vaut mieux que je n'aie pas de talent.

— Un ami c'est comme un habit ; il faut le quitter avant qu'il ne soit usé, sinon, c'est lui qui vous quitte.

— Quand je regarde la poitrine d'une femme, je vois double.
— Il n'y a pas de remèdes de bonne femme contre les mauvaises...
— La femme est un roseau dépensant !
— La femme la plus extraordinaire qu'on n'ait jamais rencontrée c'est celle que l'on vient de quitter.
— Il y a des hommes qui semblent avoir épousé leur femme uniquement pour l'empêcher de se marier avec un autre.
— Elle criait... Elle criait... Comme si personne ne voulait attenter à sa vertu.
— Mallarmé ? Intraduisible. Même en français.
— Ah ! faire son voyage de noces tout seul.
— Elle était si menue que si elle avait voulu se pendre elle n'aurait pas fait le poids.
— Il y a des jours où tout vous réussit ! Il ne faut pas vous effrayer, ça passe.
— Un quart d'heure de mauvaise musique, c'est quand même préférable à une demi-heure de bonne.

***

GRIMOD DE LA REYNIÈRE

— Le nombre 13 n'est à craindre, dans un repas, que quand il n'y a à manger que pour 12.

***

RIVAROL

— C'est un énorme avantage de n'avoir jamais rien fait. Encore faut-il, peut-être, ne pas en abuser.
— Mirabeau est capable de tout pour de l'argent, même d'une bonne action.

***

ROCHEFORT

— On parle toujours du « boulevard des Filles du Calvaire », mais jamais du « calvaire des filles du boulevard »...

***

AUGUSTE RODIN

— Celui qui ajoute du vert au printemps, des roses à l'automne, du pourpre à de jeunes lèvres, crée de la laideur parce qu'il ment.

***

TINO ROSSI

— La rose sent meilleur que le chou, mais la soupe au chou est nettement meilleur que la soupe à la rose.

***

ANDRÉ ROUSSIN

— Si je suis élu à l'Académie française, je serai Immortel ; mais si je ne suis pas élu, je n'en mourrai pas.

***

ARMAND SALACROU

— Les curés se consolent de n'être pas mariés quand ils entendent les femmes se confesser.

***

JULES SANDEAU

— Le mariage est un dîner qui commence par le dessert.

***

AURÉLIEN SCHOLL

— Il ne faut jamais battre sa femme, parce qu'elle en prend rapidement l'habitude et après cela devient extrêmement fatigant.

***

BERNARD SHAW

— Une femme s'inquiète de l'avenir jusqu'à ce qu'elle ait trouvé un mari : tandis qu'un homme ne commence à s'inquiéter de l'avenir qu'à partir du moment où il a trouvé une femme.
— Je ne vais jamais voir les pièces des autres, car si elles sont mauvaises, je m'ennuie ; et si elles sont bonnes, ça m'ennuie.
— Les architectes dissimulent leurs erreurs sous le lierre, les médecins sous la terre et les cuisinières sous la mayonnaise.
— Ma méthode est de prendre le plus de soucis possible pour trouver la chose

qu'il faut dire, et ensuite de la dire avec une légèreté extrême.

— Je suppose que vous pensez rarement. Il y a très peu de gens qui pensent plus de trois ou quatre fois par an. Moi qui vous parle, je dois ma célébrité à ce que je pense une ou deux fois par semaine.

— Les gens du commun ne prient guère, ils mendient uniquement.

— L'homme le plus inquiet d'une prison est le directeur.

***

MADAME DE STAEL

— L'amour est l'histoire de la vie des femmes ; c'est un épisode dans celle des hommes.

— La vertu des femmes dépend presque toujours de la conduite des hommes.

***

JOHN STEINBECK

— Rien ni personne ne peut avoir tout à fait tort. Même une horloge arrêtée a raison deux fois par jour.

***

JONATHAN SWIFT

— L'ambition souvent fait accepter les fonctions les plus basses : c'est ainsi que l'on grimpe dans la même posture que l'on rampe.

— Les meilleurs médecins sont le Dr Diète, le Dr Tranquille et le Dr Joyeux.

— Personne n'accepte de conseils ; mais tout le monde acceptera de l'argent : donc, l'argent vaut mieux que les conseils.

— Ce qui se fait au ciel, nous l'ignorons ; ce qui ne s'y fait pas, on nous le dit expressément : on ne s'y marie pas et l'on n'est pas donné en mariage.

***

TAINE

— Il y a quatre sortes de personnes dans le monde ; les amoureux, les ambitieux, les observateurs et les imbéciles. Les plus heureux sont les imbéciles.

— On s'étudie trois semaines, on s'aime trois mois, on se dispute trois ans, on se tolère trente ans, et les enfants recommencent.

***

TALLEYRAND

— Un gouvernement qu'on soutient est un gouvernement qui tombe.

— Je pardonne aux gens de ne pas être de mon avis, mais je leur pardonne rarement d'être du leur.

— La parole a été donnée à l'homme pour dissimuler sa pensée.

— Tout ce qui est exagéré est insignifiant.

— Pour réussir en politique ce n'est pas de l'esprit qu'il faut : c'est de la délicatesse qu'il ne faut pas.

— L'esprit à tout mais il ne mène à rien.

— Défiez-vous des premiers mouvements, parce qu'ils sont bons.

— Le seul moyen de renverser un gouvernement, c'est d'en faire parti !

***

MARK TWAIN

— Le fait de fumer m'a sauvé la vie. Figurez-vous, en effet, qu'à chaque fois que je vais mal, le médecin me supprime le cigare. Et je guéris ! Mon Dieu, où en serais-je si je n'avais pas fumé le cigare...

— Il ne faut jamais se moquer des ordonnances des médecins. Avec celle que m'a donnée le mien, j'ai pu entrer dans plusieurs musées, j'ai pu voyager gratuitement pendant un an et maintenant je la joue au violon.

— S'arrêter de fumer est la chose la plus facile au monde. Personnellement, je l'ai déjà fait 314 fois.

— Un classique est quelque chose que tout le monde désire avoir lu et que personne ne désire lire.

— Une bonne éducation consiste à concilier le grand bien que vous pensez de vous-même avec le peu de bien que vous pensez des autres.

— La familiarité engendre le mépris... et les enfants.

— La vérité est la chose la plus précieuse que nous ayons. Économisons-la.

— C'est beau d'être vertueux, mais apprendre aux autres à l'être, c'est encore plus beau... et tellement plus facile.

***

PAUL VALÉRY

— Un homme sérieux a peu d'idées ; un homme à idées n'est jamais sérieux.

— Une femme intelligente est une femme avec laquelle on peut être aussi bête qu'on veut.

— Un homme compétent est un homme qui se trompe selon les règles.

— Un chef est un homme qui a besoin des autres.

— Dieu créa l'homme et, ne le trouvant pas assez seul, il lui donna une compagne pour lui faire mieux sentir sa solitude.

***

VERLAINE

— Il ne faut jamais juger les gens sur leurs fréquentations. Judas, par exemple, avait des amis irréprochables.

***

BORIS VIAN

— Le désert est la seule chose qui ne peut être détruite que par construction.

***

ALFRED DE VIGNY

— Amis, qu'est-ce qu'une grande vie, sinon une pensée de la jeunesse exécutée par l'âge mûr.

***

VOLTAIRE

— Pour avoir quelque autorité sur les hommes, il faut être distingué d'eux. Voilà pourquoi les magistrats et les prêtres ont des bonnets carrés.

— Les femmes sont comme des girouettes : elles se fixent quand elle se rouillent.

— Je suis comme les petits ruisseaux ; ils sont transparents parce qu'ils sont peu profonds.

— Si on imprimait que l'utile, il y aurait cent fois moins de livres.

— Si Dieu nous a faits à son image, nous Lui avons bien rendu.

***

OSCAR WILDE

— Le travail est la malédiction des classes qui boivent.

— Les enfants commencent à aimer leurs parents, ensuite ils les jugent et il leur arrive, parfois, de leur pardonner.

— Les tragédies des autres, disait-il, sont toujours d'une banalité désespérante.

— Vingt ans de liaison font d'une femme une ruine ; vingt ans de mariage en font un monument historique.

— Il y a deux sortes de gens absolument attachants : ceux qui savent tout et ceux qui ne savent absolument rien.

— Une chose n'est pas nécessairement vraie parce qu'un homme meurt pour elle.

— Expérience : nom dont les hommes baptisent leurs erreurs.

— Il faut être médiocre pour être populaire.

— J'aime les hommes qui ont de l'avenir et les femmes qui ont un passé.

— Il n'y a qu'une catégorie de gens qui pensent plus à l'argent que les riches : ce sont les pauvres.

— Les femmes sont faites pour être mariées ; non pour être comprises.

— On ne perd pas sans regret même ses pires habitudes ; ce sont peut-être celles qu'on regrette le plus.

— Les questions ne sont jamais indiscrètes. Mais parfois les réponses le sont.

— Il est absurde d'avoir une règle rigoureuse sur ce qu'on doit lire ou pas. Plus de la moitié de la culture intellectuelle moderne dépend de ce qu'on ne devrait pas lire.

— La moralité est l'attitude que nous adoptons vis-à-vis de personnes que nous ne pouvons pas sentir.

— Qu'on parle de vous, c'est affreux. Mais il y a une chose pire : c'est qu'on en parle pas.

— Le seul charme du passé, c'est qu'il est le passé.

***

— Quand les dieux désirent nous punir, ils exaucent nos prières.

— La seule différence entre le saint et

le pécheur, c'est que chaque saint a un passé et chaque pécheur un futur.

— Je peux résister à tout, sauf à la tentation.

— Tout désir que nous cherchons à étouffer couve en notre esprit et nous empoisonne. Le seul moyen de se délivrer de la tentation, c'est d'y céder.

***

WILLEMETZ

— Quand on se fout de la morale, le moral est bien meilleur.

— Je ne joue au golf qu'à Évian où depuis trente ans je fais, chaque année, ma cure ; le golf est un repos de toute fatigue et une fatigue de tout repos.

***

On déménage dans un asile de fous... Le médecin-chef demande de l'aide à un malade pas trop atteint...

— Monsieur Bricaire, soyez gentil, pouvez-vous monter cette armoire au troisième étage. Mais, prudence, elle est très lourde demandez donc à M. Crépineau de vous aider.

Un éclair traverse le regard de Bricaire... Il a compris.

Vingt minutes plus tard, le psychiatre retrouve Bricaire sur le palier du troisième avec à ses côtés l'armoire. Il est rouge, coule de sueur, le médecin inquiet lui dit :

— Mais enfin, monsieur Bricaire, je vous avais dit de demander de l'aide à Crépineau... Où est-il ?

— Mais, docteur, c'est ce que j'ai fait : Crépineau est là, dans l'armoire, il porte les cintres.

***

Un type entre dans un bar et hurle :

— Venez m'aider... Venez m'aider, je suis psychiatre et il y a un fou devant votre bar !

— Devant mon bar ? interroge le patron... Que fait-il ?

— Il est muet et il hurle.

— Voyons, comment peut-il être muet et en même temps hurler ?

— M'enfin, puisque je vous dis que c'est un fou.

***

Deux fous sont à la campagne. Ils font du vélo à une cadence infernale. Soudain l'un des deux descend et démonte son guidon, sa selle et les remonte à l'envers...

— Mais, qu'est-ce que tu fais ?

— Ras le bol. C'est trop difficile, je fais demi-tour.

***

La seule différence entre un fou rire et un rire fou, c'est la camisole !

***

Trois fous ont un jeu favori : jouer à l'usine. Toute la journée, ils imitent la sirène, les 3/8, et les cadences infernales.

— Qu'est-ce qu'ils m'énervent, lance un infirmier !

— C'est le bruit de la sirène, qui te dérange ?

— Mais non, mais tu te rends compte, les risques de pollution...

***

Dans un hôpital psychiatrique deux fous anciens mondains attendent le courrier avec impatience ;

— Mais que fait l'infirmier aujourd'hui !

— Le voilà qui arrive. (Signale aussitôt son compagnon de dortoir. L'infirmier donne un journal à chacun d'eux.)

— C'est tout ?

— Oui répond l'infirmier en tournant les talons.

Les deux hommes désolés de ne pas avoir de lettres lisent tout de même le journal. Soudain l'un d'eux s'écrie :

— Regarde page 10 vite dépêche-toi. Tu as trouvé ? Oh ! là là. Ce sont les célèbres Dupont-Martin qui organisent une réception. Comme j'aimerais y aller !

— Voyons ne dis pas de bêtises, il est impossible que tu y ailles.

— Mais si ! je pourrais y aller c'est une soirée costumée ; personne ne s'apercevra que je suis fou.

— Allons réfléchis ! les invités le verront tu ne trouveras jamais un déguisement assez réussi pour éviter qu'on te remarque.

— Oh si ! j'ai trouvé, s'exclame l'autre. Je pense avoir le costume qu'il me faut et aucun des hôtes de la famille Dupont-Martin ne me démasquera. Sais-tu en quoi je vais me déguiser ? En fou du roi !

***

Deux amies discutent. L'une d'entre elles, pâle et fatiguée, déclare :

— Je n'en peux plus ! Cela fait un mois que mon mari est devenu fou, et je ne ferme plus l'œil de la nuit !

— Ah bon, il te bat ?

— Non, pas du tout, mais il se prend pour un frigidaire, et comme il dort la bouche ouverte, la petite veilleuse m'empêche de dormir...

***

Un homme pénètre dans un asile d'aliénés et lance.

« Oh mais dites donc, il y a un monde fou là-dedans ! »

***

Un infirmier téléphone à la police.

— Je vous signale qu'un fou vient de s'évader de l'asile.

— Comment est-il, demande l'inspecteur de service ?

— Chauve et décoiffé, réplique l'infirmier.

— Mais les deux en même temps, c'est impossible, réplique le policier.

— Mais, hurle l'infirmier, puisque je vous dis qu'il est fou !

***

Dans un hôpital psychiatrique, un médecin s'adresse à un fou.

— Pour qui vous prenez-vous aujourd'hui, s'exclame-t-il ?

— Pour le pape, répond le fou. Et j'en ai la preuve, c'est Dieu qui me l'a dit.

A ce même moment, un autre fou passe dans le couloir, s'arrête à la hauteur de la porte du cabinet médical et lance.

— C'est faux, je n'ai jamais parlé à ce type-là !

***

Dans un asile d'aliénés, un fou depuis quelques jours, est absorbé par la lecture d'un annuaire téléphonique. Il ne s'en défait que pour manger et dormir.

Un de ses compagnons d'infortune s'approche un jour de lui et lui dit :

— Tu me le prêteras quand tu auras fini ? Ça a l'air passionnant !

— Oui, c'est pas mal. Il n'y a pas beaucoup d'action, mais qu'est-ce qu'il y a comme personnages.

***

Par un froid glacial, deux fous se promènent dans le parc de l'hôpital, avec chacun une casserole sur la tête. Le premier dit à l'autre :

« Je me demande pourquoi ils ne font pas des casseroles en laine ! »

***

Deux fous récemment sortis de l'asile se rencontrent dans la rue.

— Salut, dit l'un. Alors, qu'est-ce que tu deviens ?

— Rien de spécial. Tu viens chez moi ? Je vais te faire visiter mon appartement.

Les voilà tous les deux partis, bras dessus bras dessous. Arrivés devant une porte d'immeuble, ils entrent et commencent à monter les escaliers à quatre pattes.

Après avoir atteint péniblement le sixième étage, le premier ouvre une porte avec diffilcutés. Une fois entrés, il fait faire à son ami le tour de l'appartement :

— Tu vois, ici, c'est la cuisine où je prends mes repas. Là, le salon... Qu'est-ce que tu en penses ?

— C'est bien. Il y a beaucoup de pièces ?

— Oui, pas mal... Tiens, suis-moi... Ici, c'est ma chambre à coucher : ça, c'est mon lit. Tu vois, il y a ma femme dedans. Et le type qui est à côté d'elle, c'est moi.

***

Un fou rentre affolé dans le bureau du médecin-chef de l'hôpital :

— Docteur ! docteur ! Faites-moi vite une piqûre antibritannique !

— Calmez-vous. Vous voulez sans doute une piqûre antitétanique !

— Mais non, docteur, je viens de me blesser avec une clé anglaise.

***

Deux fous considérés non dangereux voyagent ensemble dans un train. Ils traversent une région montagneuse et à un moment passent sous un très long tunnel. Le premier dit au second :

— Eh bien, dis donc, qu'est-ce qu'il est long, ce tunnel !

— C'est parce que nous sommes dans le dernier wagon, répond l'autre.

***

A l'hôpital psychiatrique, c'est l'heure de la promenade et les internés bavardent entre eux.

— Oh, tu n'as pas l'air en forme, aujourd'hui. Tu as mauvaise mine.

— Ne m'en parle pas ! Je ne ferme plus l'œil depuis plusieurs nuits.

— Mais pourquoi ?

— Parce que je ronfle et que mes ronflements m'empêchent de dormir !

— Tu n'as qu'à faire comme moi. Va dormir dans la chambre d'à côté !

***

Dans un petit square, en plein centre de Paris, un homme plante des bouts de bois partout : dans les plates-bandes, dans les allées, dans l'aire de jeu des enfants. Le gardien du square s'approche et lui demande :

— Qu'est-ce que vous faites ?

— Ben, vous voyez bien. Je plante des piquets.

— Oui, bien sûr, mais c'est pour quoi faire ?

— C'est pour empêcher l'invasion des tigres.

— Il n'y a pas de tigres à Paris !

— Ah ! Vous voyez bien que c'est efficace !

***

— Bonjour, je m'appelle Louis XIV, dit un fou à un autre.

— Louis XIV ? Ça ne va pas, non ? Vous n'êtes pas Louis XIV, répond l'autre fou.

— Comment je ne suis pas Louis XIV !

— Non, vous n'êtes pas Louis XIV ! Qui vous a dit que vous étiez Louis XIV ?

— C'est Jules César !

— Jules César ? Mais, je n'ai jamais dit une chose pareille !

***

Sur un pont de la Seine, un homme au comportement bizarre saute sur place en chantant :

— 42, 42, 42...

Une femme intriguée, s'approche et lui demande :

— Vous ne vous sentez pas bien, monsieur ? Pourquoi sautez-vous en chantant 42, 42 ?

Alors le fou pousse la dame par-dessus le pont et dit en continuant à chanter :

— 43, 43, 43...

***

Deux fous se sont échappés de l'asile et longent la voie ferrée. Mais, comme ils sont un peu givrés, ils marchent à quatre pattes entre les rails.

— Pouh ! Qu'est-ce qu'il est long cet escalier, dit l'un.

— T'en fais pas ! répond l'autre. Je vois l'ascenseur qui arrive.

***

Deux fous voyagent par le train et traversent une région de montagnes. Ils passent sous plusieurs tunnels quand le premier dit à l'autre :

— On a du pot, dis donc ! Le mécanicien est un as, il n'a pas raté un seul tunnel !

***

Dialogue de fous :

— Qu'est-ce que tu fais ?

— Je mets mes lunettes pour écouter comme ça sent bon !

***

Dans le jardin de l'hôpital psychiatrique, un fou est en train d'arroser les fleurs. Un infirmier s'approche de lui au moment où il verse de l'eau sur les fleurs du balcon :

— Eh bien, qu'est-ce que vous faites ?

— J'arrose les fleurs.

— Je vois bien. Mais celles-ci sont artificielles !

— Je sais bien ! C'est pourquoi il n'y a pas de fond à mon arrosoir !

***

Une dame tombe en panne de voiture juste en face d'un hôpital psychiatrique. Elle semble désemparée mais ouvre quand même son capot pour voir ce qui se passe. A ce moment, un homme qui a vu la scène, perché sur la grille de l'hôpital, saute sur la route et vient l'aider. Un peu inquiète, elle le laisse faire et dix minutes après, sa voiture redémarre.

— Je vous conseille tout de même d'aller voir votre garagiste car je pense que c'est un problème de carburateur et il faudra surveiller l'allumage, lui conseille l'homme.

— Vous travaillez à l'hôpital ? demande la dame.

— Non, je suis malade.

— Ah, bon ? Mais pourtant, vous n'avez pas l'air fou ?

— Je suis peut-être fou mais je ne suis pas con !

***

Un fou semble guéri et est convoqué chez le médecin-chef.

Sa maladie consistant à confondre toutes les parties du corps, le docteur l'interroge :

— Montrez-moi votre bras.

Et le malade montre son bras.

— Où est votre nez ?

Et le malade montre son nez.

— Levez la jambe.

Et le malade lève la jambe.

— Faites marcher vos yeux.

Et le malade cligne des yeux.

Le médecin semble convaincu.

— Bien, je vais vous signer votre bulletin de sortie. Vous me semblez complètement rétabli.

Le médecin lui tend son bulletin et le raccompagne jusqu'à la porte. Avant de lui dire au revoir, il s'étonne de la rapidité à laquelle ce malade a retrouvé toute sa raison :

— Bravo, je vous félicite ! Comment avez-vous fait pour guérir aussi vite ?

Et le malade lui répond en se frappant le front :

— Tout dans les pieds, docteur !

***

Un fou entre dans le bureau du directeur de l'hôpital où il est interné.

— Docteur, je m'ennuie tout seul dans ma chambre. Je voudrais changer avec une chambre à deux lits.

— Eh bien, nous allons regarder votre dossier.

Et le médecin sort la fiche du malade et regarde les informations qui y sont portées.

— Je vois que vous avez été hospitalisé car vous souffrez de paranoïa. Il est donc tout à fait impossible que vous ayez une chambre à deux lits.

— Mais pourquoi docteur ?

— Tout simplement parce que les chambres à deux lits sont réservées aux malades qui sont atteints de dédoublement de personnalité.

***

Un inspecteur de la santé publique visite un asile de fou. En se promenant dans le parc, il rencontre un fou et lui demande :

— Bonjour, je suis inspecteur de la santé, est-ce que vous êtes bien traité, ici ?

— Mais oui, mon ami, ne vous en faites pas trop, moi, quand je suis arrivé ici, je me prenais pour Napoléon…

***

FOURMI

Une petite fourmi, tombée dans un verre de whisky, supplie une araignée qui se trouve au bord du verre :

— Je vous en supplie, madame l'araignée, aidez-moi à sortir, je vais mourir !

— Mais petite idiote tu sais bien que si je te sauve je vais te manger…

— Tant pis, répond la fourmi, je ne veux pas mourir noyée, tout plutôt que ça, sauvez-moi, je vous en conjure !

Alors l'araignée sauve la fourmi en allongeant une de ses pattes mais la fourmi se sauve à toute vitesse et se réfugie dans une plinte :

— Quelle menteuse, tu m'avais dit que je pourrais te manger ? hurle l'araignée !

— Oh ! vous savez, répond la fourmi, moi, quelques gouttes d'alcool et je ne sais plus ce que je dis…

***

FOURRURE

— Je vais quitter mon mari ! dit une jeune femme à sa meilleure amie.

— Et pourquoi, qu'est-ce qu'il t'a fait ?

— Hier, en passant devant un marchand de fourrures, je me suis mise à trembler de froid et à claquer des dents… eh bien, tu sais ce qu'il a fait ? Il m'a offert un cornet de marrons chauds…

***

Cette jeune femme un peu snob est très ennuyée : toutes ses amies ont des manteaux de vison, et pas elle. Alors un jour, courageusement, elle enfile sa vieille veste de daim et déclare à ses amies :

— Ça ? Mais c'est mon vieux vison, que je viens juste de raser pour changer un peu !

***

Un ocelot meurt et va au paradis. Saint Pierre compatissant, lui dit :

— Qu'est-ce qui vous ferait plaisir, mon petit ocelot, comme cadeau de bienvenue au paradis ?

— Grand saint Pierre, je voudrais un

manteau en peau de femme du monde...

***

Quelles sont les bêtes les plus malheureuses du monde ? Mais les mites. Les pauvres sont obligées de passer l'hiver dans les maillots de bain, et l'été dans les manteaux de fourrure !

***

FRÈRE

— T'aime bien ton petite frère ? Eh bien, reprends-en un bout...

***

Mon frère borgne, manchot et cul-de-jatte n'a pas été réformé ! On lui a fait faire son service militaire aux Invalides...

***

J'ai un frère qui a passé la première partie de sa vie à faire des trous : à sa culotte, dans les murs, dans une fabrique de passoires, dans les tickets de métro, dans une usine de gruyère, dans une autre de macaronis, dans le sol pour trouver du pétrole, etc. Il a même confectionné des trous de mémoire. Mais, un matin, il s'est réveillé saisi par une horrible hantise et depuis il est entré chez un marchand de bouchons.

***

J'avais un petit frère très méchant. Il battait même les œufs... Nous ne savions que faire pour nous en débarrasser. Finalement, nous lui achetâmes un seau et une pelle et nous l'envoyâmes jouer, au bord de la mer, dans les sables mouvants... Heureusement, on a pu récupérer le seau.

***

Mon frère s'est marié. Le lendemain de la nuit de noces, sa femme lui apporta le petit déjeuner au lit. Il but. Puis s'exclama :

— Pouah ! Tu ne sais pas faire le café non plus ?

***

Un de mes frères était très avancé pour son âge, puisqu'il était mort-né.

***

Un de mes frères était si maigre que lorsqu'il avait bu un verre de vin rouge, on le prenait pour un thermomètre.

***

— Combien avez-vous de frères ?
— Un.
— Tiens ! C'est bizarre. Je viens de parler à votre sœur et elle m'a affirmé qu'elle en avait deux.

***

— Robert, laisse la main de ton petit frère tranquille. Robert, obéis-moi ! Robert, vas-tu laisser la main de ton petit frère ! Fais attention, Robert, je vais me fâcher ! Robert, écoute-moi bien : si tu ne lâches pas immédiatement la main de ton petit frère, je referme le couvercle du cercueil !

***

A trente ans, mon grand frère, fainéant comme une couleuvre, n'avait encore jamais rien fait de ses dix doigts. Papa le semonça :

— Écoute ! Quand même ! Tu vas te décider à faire quelque chose ? A trente ans, il n'est que temps... Mets-toi apprenti !

— Pour quoi faire ? demanda mon grand frère.

— D'apprenti, tu pourras passer ouvrier... spécialisé. Cela te fera une bonne situation.

— Pourquoi faire ?

— Parce que... Après ouvrier spécialisé, tu peux devenir contremaître. Ensuite, tu passes ingénieur. Ingénieur, c'est bien ! Et une fois que t'es ingénieur, rien ne t'empêche de devenir directeur d'usine.

— Pour quoi faire, directeur d'usine ?

— Mais voyons ! Réfléchis ! Directeur d'usine ! T'es le patron ! Et tu regardes travailler les autres.

— Et alors ? termina mon fainéant de frère. Qu'est-ce que je fais en ce moment ?

***

Une jeune fille danse avec un nouveau partenaire. Au milieu d'un slow, comme elle doit s'embêter un peu, elle dit :

— Vous avez vu le jeune type, là-bas ?

— Où ça ?

— Au fond de la salle, à droite !

— Oui, je le vois.

— Il est vraiment moche comme un pou !

— C'est mon frère...

— Oh ! Pardon ! Vraiment... désolée... Je n'avais pas remarqué la ressemblance.

***

Duduche est penché sur le berceau de son petit frère qui vient de naître. Il a l'air un peu surpris.

— Quelque chose qui ne va pas ? lui demanda le père.

— Oui. Le petit frère, quand il était pas encore né, il avait l'air plus gros que ça.

***

Dans la rue, tout seul, un petit garçon pleure toutes les larmes de son corps... Un passant ému s'approche de lui pour voir ce qui ne va pas :

— Que t'arrive-t-il mon bonhomme ? Pourquoi pleurer ainsi ?

— Mon frère ? monsieur, mon grand frère... et les pleurs redoublent...

— Que se passe-t-il avec ton grand frère ?

— Eh bien, il a des vacances et moi pas...

— Il y a vraiment des parents indignes ! s'offusque le passant... Mais comment cela se fait-il ?

— Lui, il va à l'école et moi pas encore...

***

— Maman, maman...

— Oui ? Qu'est-ce qu'il y a ? Interroge la mère agacée...

— J'ai fait tomber mon petit frère dans la baignoire...

— Eh bien, sors-le de là...

— Impossible, l'eau est trop chaude.

***

J'en ai marre, confie un petit garçon à son petit copain ! Maman vient encore de faire un petit frère, et on va encore bouffer du chou farci pendant une semaine...

***

FUMEUR

Le contrôleur de chemin de fer avise, dans un compartiment « non fumeurs », un homme avec la pipe à la bouche.

— Monsieur, lui dit-il, vous n'avez pas le droit de fumer ici !

— Mais je ne fume pas !

— Allons, allons ! Vous avez votre pipe à la bouche !

— Et alors ? J'ai aussi mes chaussures à mes pieds... Est-ce que je marche ?

***

Deux locomotives sont en plein dialogue... L'une est une locomotive du temps passé : elle est à vapeur ; l'autre est celle du futur : C'est celle d'un T.G.V. La première dit à l'autre :

— J'aimerais bien savoir comment vous avez fait pour arrêter de fumer.

G

GAMIN

Assis sur le trottoir, le gamin de douze ans grille allégrement cigarette sur cigarette... Un vieux monsieur s'approche de lui et, le touchant avec l'extrémité de sa canne, dit :

— Au bout de ma canne, il y a un bien mauvais sujet !

— Ah oui ? fait le môme. A quel bout ?

***

Devant un square un petit garçon arrête un monsieur et lui demande :

— Pardon, monsieur, mais auriez-vous l'amabilité de bien vouloir m'ouvrir la porte du square ?

— C'est rare de rencontrer des petits enfants aussi bien élevé que toi ! C'est avec plaisir que je t'ouvre la porte, ainsi la prochaine fois tu pourras le faire tout seul... Ce n'est pas très dur, il suffit de tourner la poignée.

— Merci monsieur, la prochaine fois la peinture ne sera plus fraîche...

***

C'est un petit garçon très joyeux qui vient de fêter son anniversaire et qui a reçu deux cadeaux : une montre à l'effigie de Mickey qui fait un bruyant tic-tac et un flacon d'eau de toilette... Il est tellement heureux qu'il ne peut s'empêcher de s'asperger d'eau de toilette et de dire à chaque personne qu'il rencontre les merveilleux cadeaux qu'il a eu... Ce soir là, son papa reçoit son patron pour l'apéritif et donne un avertissement à son fils :

— Paul, je t'interdis de parler de tes cadeaux à mon patron. Il vient prendre un verre d'une façon amicale, tu restes avec nous mais tu ne parles pas. Promis ?

— Oui papa c'est promis...

Le patron arrive... Présentation en règle... On s'installe... Le papa ouvre le champagne... Et inévitablement, on entend une petite voix qui dit :

— Si, par hasard, vous entendez un léger bruit et qu'une odeur vient chatouiller vos narines... Aucun doute, ce sera moi !

***

Une maman surveille ses gamins qui sont en train de jouer :

— Frédérique, je t'interdis de te rouler dans la boue de cette façon !

— Mais, maman, je joue au soldat !

— Et alors ? Même les soldats obéissent à leur maman...

— Oui, d'accord, mais moi c'est un soldat orphelin.

***

GANGSTER

Chicago... Un bar malfamé... Des gangsters partout... Deux d'entre eux sont au bar, l'un dit à l'autre :

— Tu vois le p'tit mec dans son costard tennis au fond ?

— J'vois pas. Tous les mecs ont des costumes tennis.

— Normal, ils vivent de rackett... Mais j'te parle de celui avec la cravate noire avec une perle dessus...

— J'vois pas. Tous les mecs ont des cravates noires avec des perles dessus !

— Celui qui a les pompes bicolores !

— J'vois pas. Tous les mecs ont des chaussures de deux couleurs !

— Tu es nul... C'est celui qui a une raie, les cheveux gominés et une moustache !

— J'vois pas. Tous les mecs ont une moustache, une raie et les cheveux avec de la gomina...

— Bon, alors tu vas voir...

L'affreux sort un revolver tire et tue neuf personnes, ne laissant dans la salle qu'un consommateur...

— Eh bien tu vois, c'est ce type. Je vais te dire je ne peux pas l'encadrer.

***

GARÇON

Le petit garçon, à qui on vient d'offrir une bicyclette, passe et repasse fièrement devant ses parents.

— Regardez ! dit-il au premier tour. Sans les pieds !

— Regardez ! dit-il au deuxième. Sans les mains !

Les parents sont émerveillés.

— Regardez ! dit-il en passant pour la troisième fois. Sans les dents !

***

Dans le train, le petit garçon est assis en face d'une femme affligée d'un énorme goitre. Le môme n'arrête pas de se foutre d'elle, la désignant du doigt, pouffant, hurlant littéralement de rire. Au bout d'un certain temps, la pauvre femme se rebelle :

— C'est fini, oui ? Si tu continues à rire de moi, je vais te manger !

Mais le mouflet se marre de plus belle en disant :

— Ah ! Ah ! Finissez l'autre, d'abord !

***

— Garçon ! Est-ce que les olives ont des pattes ?

— Ah non, monsieur ! Je ne crois pas !

— Bon, bon ! Je m'en doutais, remarquez ! Et c'est bien ce que je pensais : je viens d'avaler un cafard !

***

— Garçon, votre steak n'est pas tendre du tout.

— Oh, monsieur ! Si vous recherchez de la tendresse adressez-vous plutôt à la caissière.

***

— Garçon !

— Monsieur !

— Devinez ce que je viens de trouver dans ma soupe ?

— Je ne sais pas, monsieur ! Et je n'ai pas le temps de jouer aux devinettes.

— Ne partez pas, ce n'est pas une plaisanterie. Dans ma soupe, il y avait un bouton de manchette...

— Sans blague ? C'est marrant, je le cherchais partout !

***

GARE

Au guichet de la gare, il y a une queue énorme. Un monsieur tente de se faufiler parmi les premiers. Un employé le hèle :

— Hé ! Vous !

— Moi ?

— Oui !

— Qu'est-ce qu'il y a ?

— Vous croyez que je vois pas votre manège ? Vous êtes plus pressé que les autres ?

— Non, mais j'ai peur que quand ce sera mon tour, mes enfants n'aient plus droit au demi-tarif !

***

Le brave pépé cultivateur n'a jamais pris le train de sa vie. Il se décide, dans sa quatre-vingtième année, à faire un voyage et se rend à la gare. Devant lui, au guichet, il entend un militaire demander :

— Une 2e militaire !

Et quand son tour arrive, notre pépé demande :

— S'il vous plaît, une 2e cultivateur !

***

Au guichet d'une gare où il y a foule, un monsieur, apparemment furieux, tente de passer devant tout le monde.

— Mais enfin, monsieur, s'exclame un autre voyageur... Ce ne sont pas des façons ! Vous êtes pressé !

— Oh oui, réplique le premier monsieur. Étant donné le monde qu'il y a, j'ai peur que lorsque ce sera mon tour, mes enfants n'aient plus l'âge de bénéficier du demi-tarif !

***

GAZELLE

Une jeune gazelle entre dans un restaurant, accompagnée d'un tigre.

— Je prendrai des crudités et de l'eau fraîche, dit elle au maître d'hôtel.

— Et pour monsieur, demande le maître d'hôtel en regardant le tigre ?

— Monsieur n'a pas faim, intervient la gazelle. Franchement me croyez-vous assez folle pour sortir avec un tigre affamé ?

***

Un pasteur parti pour évangéliser l'Afrique a bien du mal à prêcher la bonne parole. Un jour, il voit arriver à l'église un éléphant et une gracieuse gazelle :

— Monsieur le pasteur, nous voudrions nous marier...

— Mais enfin, mes enfants, c'est contre la loi de Dieu !

— C'est que, monsieur le pasteur, répond la gazelle, il est déjà trop tard, nous ne pouvons pas faire autrement...

***

GENDARME

L'autre jour, des gendarmes m'arrêtent pour excès de vitesse et me font subir l'alcootest — c'est moins pénible que les derniers outrages. L'alcootest, je m'en foutais, je venais de liquider un demi-litre de Viandox... Je souffle dans le ballon et une tête de vache y apparaît. J'ai aussitôt récolté une amende pour outrages à agents de la force publique.

***

Un chemineau, le long d'une route de province, est accosté par deux gendarmes.

— Vos papiers ! lui demandent-ils.

— Comment ?

— Vos papiers !

— Mes papiers ?

Un temps... pour qu'un ange passe.

— Vous avez bien dit « mes papiers » ?

— Faites pas l'imbécile...

— J'en ai pas !

— Je m'en doutais ! Alors, on vous arrête !

— Chouette ! fait le chemineau. Depuis le temps que je marche...

***

En pleine campagne deux gendarmes font un contrôle de routine, lorsque soudain passe une Floride décapotable... Elle est violet, rouge, vert et jaune... Quant à son conducteur, il est vêtu d'une veste rouge, d'une chemise marron et d'un pantalon vert avec une cravate aux couleurs de l'arc-en-ciel ! Ils arrêtent ce curieux équipage...

— Présentez vos papiers !

— Mes papiers ? Mais je roulais à vingt à l'heure et j'ai ma ceinture... Elle est de la même couleur que mes bretelles, un cadeau de ma belle-mère...

— C'est bon, dit le gendarme, je voulais juste vous entendre parler.

***

Un petit garçon s'amuse à faire des petits tas dans la rue avec des crottes de cheval. Le gendarme du coin s'approche et lui dit :

— C'est dégoûtant, ce que tu fais, mon petit !

— Pas du tout, je suis un sculpteur...

— Et c'est quoi, cette œuvre immortelle ?

— Ben... ça ce voit, non, c'est un gendarme !

***

GÉOGRAPHIE

Un monsieur demande à un copain :

— Tu connais le nom de la ville qui est au-dessus de Saint-Quentin ?

— Non.

— Eh ben, c'est cinquante-deux !

***

Un monsieur demande à une dame :

— Pardon, madame, vous êtes de Mantes-la-Jolie ?

— Oui, monsieur.

— Vous pouvez me dire comment s'appellent les habitants de Mantes-la-Jolie ?

— Je suis désolée, monsieur, mais cela ne fait pas assez longtemps que j'habite Mantes-la-Jolie et je ne connais pas le nom de tout le monde.

***

Un touriste s'adresse à un passant :

— Pardon, monsieur, la rue de l'Église ?

— La rue de l'Église ? Bon, alors, vous prenez cette avenue, vous tournez sur votre droite au deuxième feu rouge, vous descendez les marches, vous vous retrouvez sur une petite place, vous la traversez, vous tournez tout de suite à gauche à deux cents mètres, il y a un bureau de tabac, à la caisse il y a une dame assez forte avec des lunettes, c'est ma belle-sœur, et là vous lui demandez, elle vous indiquera où est la rue de l'Église.

***

Une dame sonne à l'étude d'un notaire de la ville de Maubeuge. Un jeune homme vient lui ouvrir. La dame, intimidée, demande :

— Bonjour, monsieur, je suis bien chez Maître Durand ?

— Oui madame.

— Ah, bien, merci, monsieur. Excusez-moi, je suis un peu perdue mais en cherchant votre adresse dans l'annuaire, j'ai vu qu'il y avait deux notaires et je n'étais pas sûre de tomber sur celui que je voulais voir. Et quand vous m'avez ouvert la porte, comme je ne vous connais pas, je croyais m'être trompée.

— Non, non, c'est bien ici. Eh oui, il y a deux études de notaires à Maubeuge et moi, je suis le clerc de l'une répond aimablement le jeune homme.

***

GRAND-MÈRE

— Grand-mère, c'est vrai que je suis tout petit ?

— Mais non... Pas du tout ! Mais sors donc de ce dé à coudre !

***

Une grand-mère très fière de sa petite fille converse avec une de ses amies.

— Ma petite fille est très bonne élève. Mes enfants lui font d'ailleurs prendre des leçons particulières... Elle fait de l'anglais, de la physique, de la chimie, de la géométrie... De nos jours, il faut en savoir des choses pour avoir une bonne place ! D'ailleurs la voilà... Simone, dis bonjour à madame Machecourt... Tu n'as qu'à lui dire en géométrie elle verra tout ce que tu sais...

***

Luc visite le Jardin d'Acclimatation et en particulier le parc zoologique. Il est avec son papa et passe devant l'enclos des hyènes...

— Papa, regarde celle de gauche on dirait grand-mère...

— Luc, c'est très méchant de dire cela.

— Aucune importance, papa, la hyène ne comprend pas.

***

Une brave grand-mère est en train de sermonner sa petite fille :

— Caroline, ce n'est vraiment plus possible, tu es vraiment trop méchante et désagréable.

— Ce n'est pas vrai, mammy...

— Ah ! Tu trouves que ce n'est pas vrai ? Tu trouves sans doute cela gentil de mettre le chien dans le congélateur ? Et avoir poussé grand-père dans la piscine alors qu'il ne sait pas nager ! C'est une preuve de grande bonté ?

— Non... mais...

— Et ta petite sœur... Tu crois que c'est bien de lui avoir rasé la tête, de lui avoir crevé un œil pour jouer aux billes avec ?

— Je ne suis pas méchante !

— Tu sais, tout cela me fait beaucoup de peine, Caroline. Je vais finir par en tomber malade et peut-être en mourir... Tu auras l'air maligne le jour où monsieur le curé dira une messe pour mon enterrement...

— Oh mammy, tu crois que je pourrai chanter une chanson dans le micro à la place de son sermon ?

***

Le père de Foucault demande à Mamadou :

— C'est ton papie ou ta mamie que t'aime le mieux ?

— Sais pas, répond le gosse, hier maman elle avait mis trop de piment ; on faisait plus la différence...

***

Une grand-mère belge se casse le col du fémur. Le médecin la soigne, lui met un plâtre et lui conseille de ne pas descendre de sa chambre, car il y a un grand escalier très glissant.

Un mois plus tard, le médecin revient la voir, constate que tout va bien, mais la grand-mère lui demande :

— Alors, docteur, maintenant je peux à nouveau descendre l'escalier ?

— Oui, madame, vous pouvez...

— Ah, eh bien tant mieux, j'en avais assez de descendre de ma chambre par le balcon et la gouttière tous les matins !

***

— A table les enfants, grand-mère ne peut plus attendre. Allez vite vous laver les mains avant qu'elle ne refroidisse.

***

La vieille tante radine est en train de mourir, elle sent qu'elle n'en aura plus pour longtemps. Du fond de son lit lui parviennent des effluves de chocolat, elle appelle sa petite nièce :

— Qu'est-ce qu'elle prépare maman, demande-t-elle ?

— Des truffes, répond la petite.

— Sois gentille, va m'en chercher quelques-unes, ta maman les a certainement préparées pour me faire plaisir une dernière fois !

La gamine s'éclipse, et revient écroulée de rire :

— Maman m'a dit, les truffes c'est pour la famille et les amis, quand on aura mis la vieille dans le trou...

***

Une vieille mémé passe toutes ses journées à broder la lettre « A » sur tout le linge de la famille.

— Mais enfin ! lui demande un jour Mme Pastafagoul, pourquoi brodez-vous toujours la lettre « A » ?

— Eh ! ... Parce que c'est la seule que je connais ! J'ai jamais appris le reste de l'alphabet. Et puis, de toute façon, ça tombe bien : ma fille s'appelle « Arsule », mon gendre s'appelle « Arnest », mon petit fils s'appelle « Anri ». Il y a juste le dernier qui n'aura pas de lettre, parce qu'il s'appelle « Oreste », ce calamar !

***

GRAND-PÈRE

Un jour, mon grand-père s'est penché sur son passé. Comme il n'y avait pas de garde-fou, il est tombé dans l'oubli.

***

Familial : j'ai un grand-père qui a fait plusieurs guerres : 1815, 1870-1871, 1914-1918, 1939-1940, Indochine, Algérie... On vient de le décorer du Grand Ordre de la Résistance !

***

J'avais un grand-père biologiste qui inventa une pilule rendant immortel !

C'était la vérité toute nue !

Il ne se décidait pas à en faire usage pour lui-même craignant d'avoir trop de peine de nous voir partir avant lui...

Et puis, un jour, une grave maladie l'attaqua. Lorsqu'il apprit qu'il était irrémédiablement perdu, peut-être pour ne pas nous quitter trop vite ou dans la crainte de ne pas voir les « lendemains qui chantent » qu'on nous promet toujours, il avala sa pilule...

Glouck ! (cela est exactement le bruit d'une pilule d'immortalité passant à hauteur du pharynx).

Et ainsi, grand-père devint immortel !

« Hourra ! » dites-vous... Erreur ! Grand-papa avait oublié un détail essentiel : grâce à la pilule, les microbes qui peuplaient son corps et qui lui avaient apporté la maladie devinrent, eux aussi, immortels... Et mon malheureux pépé, s'il gardait la vie, se retrouva impotent, pustuleux, inconscient vingt-quatre heures sur vingt-quatre...

Aucun espoir de guérison, bien entendu !

Pendant une dizaine d'années, ma famille le conserva ainsi. Mais le temps passait et sa présence devenait de plus en plus encombrante. Un vieillard inutile, ce n'est pas marrant !

Croyez-moi, l'immortalité d'un être, c'est pesant pour l'entourage, surtout quand l'immortel vous fixe perpétuellement de son œil perçant où des lueurs d'intelligence fulgurent de-ci de-là...

Il fallait prendre une décision. Le conseil de famille fut convoqué et à l'unanimité nous prîmes la seule décision sage : on décida d'enterrer grand-père !

***

— J'ai cent ans ! Et pas un ennemi !

— Ça c'est beau, pépé ! Pas un ennemi... A cent ans...

C'est très beau !

— Eh oui ! Pas un ennemi ! reprend le centenaire. Je les ai tous enterrés !

***

Un grand-père attentionné est en conversation avec son petit-fils :

— Mon chéri, je vais à Paris pour quelques jours. Veux-tu que je t'achète des films en cassettes pour ton magnétoscope.

— Oui, pépé...

— Mais je ne sais pas comment les choisir ! Tu sais, ma génération ne connaît pas bien le cinéma !

— Écoute, c'est très facile... Chaque fois que le vendeur te montreras un film et que tu diras « C'est abominable »... Tu peux le prendre il me plaira !

***

Nous fêtons le centième anniversaire du bon grand-père... Toute la famille est là... Une trentaine de descendants... Le curé du village est présent... C'est d'ailleurs lui qui prend la parole :

— Très cher grand-père, nous sommes tous très heureux de fêter vos cent ans. Et j'espère bien être là, l'an prochain, pour ajouter un an...

— Certainement, lui dit le patriarche, vous avez l'air en parfaite santé monsieur le curé.

***

— Grand-père... Grand-père... appelle le petit Marcel en rentrant chez lui...

— Oui, que se passe-t-il ?

— Cet après-midi j'ai vu pour la première fois des cochons !

— C'est bien mon Marcel... Mais qu'ai-je à voir avec cela ?

— Eh bien, c'est formidable, parce que les cochons ils parlent exactement de la même façon que toi lorsque tu es endormi !

***

Dans le métro, un vieillard tremblotant, le sonotone branché en évidence, se retrouve à côté d'un jeune homme aux cheveux longs gesticulant en rythme, le casque du walkman branché sur ses deux oreilles.

— Rolling Stone, lance le jeune homme à l'encontre du vieillard.

— Non, répond le vieux monsieur. Parkinson...

***

GUERRE

— Papa, c'est quoi la guerre ?

— La guerre, c'est difficile à expliquer. Il faut qu'il y ait deux pays au départ...

— Pas forcément, dit la mère, le plus souvent, il y a de très nombreux pays, qui font des alliances...

— Commence pas à tout compliquer, c'est moi qui explique !

— Mais enfin, tu lui racontes n'importe quoi, comme d'habitude, d'ailleurs...

— Tu vas la fermer, où tu le regretteras !

— Bon, vous fatiguez pas, j'ai compris, fait l'enfant, désabusé...

***

C'est la fin du monde. La guerre atomique a décimé les hommes du monde entier, mais au fin fond de la jungle amazonienne, on entend quand même une singe femelle survivante qui apostrophe un mâle un peu trop empressé :

— Ah, non, tu ne vas pas recommencer !

***

Un chef guérillero du Nicaragua va se confesser. Mais bien vite, le prêtre lui donne l'absolution et lui rappelle, avant de sortir du confessionnal :

— Et n'oublie pas, mon fils, la prochaine fois : on se confesse de ses péchés, ici, on ne me raconte pas combien on a tué de militaires dans la semaine. La politique n'a rien à voir avec la religion...

***

La guerre vient de cesser depuis quelques jours, le pays est détruit et les hommes sont las. Le chef d'État a réuni le conseil des ministres. Après avoir tenu un long discours il leur suggère le projet d'élaboration d'une photo commémorative en l'honneur des combattants blessés au champ d'honneur. Les ministres ont pour mission de rechercher dans les quatre coins de France nos « héros », la plupart d'entre eux ayant perdu un bras ou une jambe.

Quelque temps plus tard, le président de la République convoque ses chargés de mission et conclut :

— Nous avons rassemblé assez d'hommes pour élaborer cette photo. Je propose qu'elle soit prise dans trois jours. Convoquez la presse. Je veux que ce soit une grande manifestation émouvante pour chaque Français. Reste à déterminer le lieu de la cérémonie. J'attends vos propositions.

Silence général perturbé par une voix timide :

— Si vous n'y voyez pas d'inconvénients, monsieur le Président, je propose l'Hôtel des Invalides.

***

Pour la première fois dans l'histoire, les Américains envoient sur la lune trois astronautes : deux Blancs et un Noir. Malheureusement, l'expérience tourne mal à cause d'une grave panne et seuls deux d'entre eux pourront revenir sur terre. La N.A.S.A. dit alors que pour éviter tout racisme, les deux miraculés seront choisis à la suite d'un test... Et que ceux qui répondront correctement aux questions seront sélectionnés. La première question est pour le Blanc :

— Pouvez-vous nous dire dans quel pays a eu lieu la première explosion atomique ?

— Au Japon.

— Très bien.

On passe à l'autre Blanc :

— Pouvez-vous dire dans quelle ville a eu lieu cette explosion ?

— Hiroshima.

— Parfait.

C'est enfin le tour du Noir :

— Pouvez-vous nous donner les noms et adresses des victimes ?

***

Les deux armées, française et allemande, s'observent dans les tranchées pendant la guerre de 14-18, et un calme relatif règne.

Pour se distraire en faisant leur devoir patriotique, les soldats français ont inventé un petit jeu qui les amuse beaucoup. Un homme pointe son arme en direction de la tranchée ennemie et crie de toutes ses forces :

— Hé, Hans !

Mû par un sentiment profond de discipline, un soldat allemand se lève à l'appel de son nom en répondant :

— Ya !

Et « pan » ! le Français l'abat.

Ce manège dure plusieurs jours de suite quand, inquiet de la disparition de ses hommes, un officier allemand décide de lancer une contre-offensive. Il explique à ses combattants qu'il faut user de la même ruse et appeler un Français par son prénom, pour qu'il se découvre et qu'on puisse lui tirer dessus.

Aussitôt dit, aussitôt fait.

Hans se met en position de tir et crie du côté français :

— Hé, Pierrot !

Rien ne bouge mais on entend une voix qui sort de la tranchée ennemie :

— C'est toi, Hans ?

Alors l'Allemand se lève en répondant :

— Ya !

« Pan » ! et Hans tombe...

***

GYNÉCOLOGUE

Une dame enceinte va voir son gynécologue :

— Docteur, je suis obligé de suivre un régime sans sel. Est-ce que je peux me baigner quand même ?

***

Une dame, sur le point d'accoucher, demande à son gynécologue :

— Mon mari peut-il assister à l'accouchement, docteur ?

— Il est même souhaitable que le père de l'enfant soit présent, ajoute le praticien.

— Laissons tomber alors, lance la femme. Lui et mon mari ne peuvent pas se voir !

***

H

HARICOT

Je possédais une petite maison tout près d'Arpajon.

Inutile de vous préciser que c'était ma passion des haricots qui m'avait conduit vers cette région.

Je cultivais un jardin dans lequel poussaient toutes sortes de légumes que je soignais avec amour et tendresse, comme tout banlieusard qui se respecte.

Potirons, radis, salades et haricots étaient arrosés matin et soir. Je veillais sur eux comme une mère... Je dois d'ailleurs reconnaître que cet amour maternel pour mes légumes avait quelque chose d'inceste, puisque je suis végétarien !

Comme toute maman, j'avais mes préférés : les haricots ! Je prêtais à mes mange-tout une attention particulière, tant j'en suis friand !

Je les observais, les admirais. Je m'inquiétais de leurs moindres faits et gestes... Surtout depuis le jour où il me sembla qu'ils se déplaçaient vers ma maison...

La nuit, le sommeil me fuyait et j'entendais comme des murmures. Bizarre !

Dès que j'ouvrais ma fenêtre, les murmures — j'allais dire « les conversations » — cessaient brusquement. Le temps passant, les mots que j'entendais devinrent de plus en plus intelligibles. Le langage m'était inconnu, mais sans nul doute des propos sensés s'échangeaient dans mon jardin...

Bientôt le ton monta... J'avais l'impression qu'un véritable meeting se tenait devant chez moi !

Petit à petit, je dus me rendre à l'évidence : c'étaient mes haricots qui parlaient !

Ils étaient d'ailleurs de plus en plus nombreux, envahissant totalement mon jardin. Il y en avait partout...

Tout d'abord je ne m'inquiétai qu'à moitié, persuadé que les tuteurs que j'avais fixés aux pieds de mes haricots les feraient tenir en place. A dire vrai, je considérais ces tuteurs comme mes gardes du corps !

Mais un matin, tenez-vous bien, je découvris dans mon vestibule tous mes tuteurs ficelés, en paquets... Étrange !

Un combat avait dû avoir lieu, car mon dallage était jonché de haricots éventrés... (J'allais dire « écossés », alors que c'est bien « éventrés » qu'il faut dire, puisque pour être un mange-tout il est indispensable d'« avoir du ventre »...)

Et puis, sans que je m'y attende vraiment, ce fut l'attaque : les haricots montèrent à l'assaut de ma maison. Cornemuse en tête, héritage de leurs lointains ancêtres du Nord de la perfide Albion !

Je ne pus résister longtemps ; bientôt je

devins leur prisonnier ! Je craignais le pire, bien entendu. Que ne m'avait-on dit sur les mœurs barbares des haricots...

Mais ils se montrèrent très courtois, disons même bienveillants. Ils m'aidaient dans mes travaux ménagers, m'évitaient toute fatigue exagérée, veillaient sur mon sommeil, s'occupaient de ma nourriture... Les repas qu'ils me servaient étaient d'ailleurs si copieux que je me mis rapidement à grossir...

Je ne vous célerai pas la vérité : cette occupation par les haricots me paraissait agréable, finalement. A ma grande honte, je devins collaborateur... Je m'aperçus qu'ils étaient très cultivés ! (Vous me direz que pour des haricots c'est normal ; surtout que je m'en étais beaucoup occupé avant.)

Une chose m'intriguait : tous lisaient, sempiternellement, le même bouquin ! Si mes haricots avaient été rouges, j'aurais compris ! Mais, rappelons-le, il s'agissait de mange-tout.

Je réussis à voler un de ces livres. Durant des nuits entières je m'appliquai à déchiffrer leur langage. Peine perdue... J'enrageais, je tempêtais. Je me sentais devenir fou ! Excusez cette expression triviale, mais, finalement « ça commençait à me courir sur le haricot ! ».

Un jour, tenant le livre à l'envers, je parvins à lire le titre... Eurêka ! Je ne savais pas que les haricots lisaient la tête en bas.

« Comment accommoder l'homme ! » Dès que j'eus lu le titre, un frémissement d'horreur m'envahit tout entier ! Mon sang se glaça ! Mon cœur explosa dans ma poitrine virile...

Ah ! Mon Dieu ! Il s'agissait d'un livre de cuisine... La révolte, la revanche des mange-tout !

Bonnes gens, soyez bons : si vous voyez passer un gros, très gros mange-tout, découvrez-vous et ayez une pensée émue pour moi... Je suis peut-être à l'intérieur !

***

HÉRITAGE

Il y a trois semaines, j'ai perdu mon grand-père qui m'a laissé vingt millions. Il y a deux semaines, ma grand-mère a rendu son âme au diable en me laissant quinze millions. La semaine dernière, mon oncle décède en me léguant dix millions. Et cette semaine : rien !

***

La tante à héritage doit venir dîner. La maman prend sa petite fille à part et lui dit :

— Écoute-moi bien, ta tante n'a pas de petit doigt à la main gauche, je sais c'est bizarre, mais surtout ne fais pas de remarques, sinon, elle sera très en colère.

Le repas se déroule sans encombres, bien que la mère manque de défaillir plusieurs fois devant le babillage de sa fille. Enfin l'enfant va se coucher, très sage, et la mère qui se sent réellement soulagée demande à la tante :

— Vous reprendrez bien un doigt de cognac ?

***

— J'ai décidé de faire de toi mon héritier !

— Merci tonton... Puis-je faire quelque chose pour toi ?

— Oui. Enlève ton pied du tuyau qui alimente ma tente à oxygène.

***

A la clinique, un gars vient voir son épouse qui lui a donné un héritier la veille.

— T'as vu le petit ? demande l'ex-parturiente.

— Oui. Mais ça fait rien... je t'aime quand même !

***

Un homme, distrait, rencontre un ami. Il se précipite vers l'homme.

— Heureux de te voir ! Toujours pas d'héritier ?

— Eh non !

Il se tourne alors vers la femme et questionne :

— Vous non plus ?

***

HOMME

Pensée profonde, voire sépulcrale : l'homme est le seul animal qui construise des tombes !

***

Nuance : quand l'homme est mort, on

l'enterre ; quand l'arbre est mort, on le déterre !

***

Un homme peut, sans risque, se moquer d'une femme enceinte ; ça ne lui arrivera jamais.

***

Un homme sans domicile est un vagabond. Un homme avec deux domiciles est un coureur.

***

Sur les Champs-Élysées, un homme court très essoufflé, il demande à un passant :

— Excusez-moi, monsieur, vous n'avez pas aperçu un camion de ouistitis ?

— Vous êtes tombé ?

***

— Qu'est-ce qu'un homme-grenouille pessimiste ?

— C'est celui qui, après s'être fait emporter la jambe gauche par un requin se dit soudain : « Pourvu que je ne mette pas la jambe droite sur un oursin ! »

***

Un monsieur dont la tête avait pour défaut de s'arrêter au ras des yeux n'a jamais fait, pourtant, le moindre complexe... Personne ne s'en est aperçu d'ailleurs... Sauf le jour où tout s'est trouvé remis en question... Le matin où il a fait tomber son béret...

***

HOMOSEXUEL

Deux jeunes Américains efféminés parlent d'un camarade.

— Où est-il ?

— Tu ne sais pas ? Il fait son service militaire... On l'a envoyé au Viêt-nam !

— Oh ! Alors il se bat pour la tante Sam !

***

Un jeune antiquaire répondant au prénom de Jean-Loup a bien des soucis... Il vient de s'acheter une tenue très été : une veste rose, un pantalon bleu ciel, une chemise rose et une cravate club dans les mêmes tons de rose... Or, chaque matin pour aller à son magasin de la rue des Saints-Pères, il passe devant un immeuble en construction et les ouvriers se moquent de lui... Du style :

— Vlà la gonzesse, les mecs ! Une tantouze de plus... Rencart à dix heures aux Tuileries... Vlà la sœur de Chazot... Malgré tout il décide d'affronter les quolibets et passe devant le chantier avec son nouveau costume.

Un peintre lui lance :

— Bonjour mademoiselle !

Jean-Loup, dans un parfait sourire, lui répond :

— Bonjour, monsieur le promoteur.

***

Il était une fois un homosexuel tellement laid qu'il s'est trouvé dans l'obligation de coucher avec des filles...

***

Deux jeunes gens efféminés discutent :

— J'ai appris que les femmes donnent le cancer !

— T'es fou ! Les femmes donnent pas le cancer...

— Non ! Mais ça fait rien, faut le dire partout, partout, partout...

***

Un homme menace de se jeter dans le vide et prend position sur le rebord d'une fenêtre au quinzième étage d'un immeuble.

— Ne faites pas ça, hurle le capitaine des pompiers. Pensez à votre mère !

L'homme répond à cette supplication par la négative. Le capitaine des pompiers insiste pourtant :

— Pensez à votre femme !

— Pourquoi y penserai-je, hurle le désespéré...

— Alors, pensez à Raquel Welsh, insiste le capitaine des pompiers.

— Mais pourquoi y penserai-je, réplique l'homme ?

— Alors, ajoute le capitaine des pompiers, vous n'avez plus rien d'autre à faire qu'à vous jeter dans le vide, espèce d'homosexuel !

***

Un jeune homme un peu efféminé se rend, pour la première fois de sa vie, à la messe. Pendant l'office, le prêtre passe tenant à la main son encensoir. Lorsqu'il passe devant lui, le jeune homme s'exclame : « Madame, faites attention. Il y a votre sac à main qui brûle ! »

***

Qu'est ce qu'un homosexuel irlandais ?

Rien de plus facile : un homme qui préfère les femmes à l'alcool !

***

HOPITAL

A l'hôpital, le chirurgien arrive au chevet d'un malade :

— Mon ami, j'ai deux nouvelles à vous annoncer. Une bonne et une mauvaise. Commençons par la mauvaise : j'ai été obligé de vous couper les deux jambes. Et voici la bonne : votre voisin de lit vous rachète vos chaussures.

***

Un quidam va voir un de ses amis qui est hospitalisé. Sa famille est devant la porte de la chambre et met en garde le visiteur :

— Faites très attention... C'est certainement la fin... Il n'y a plus d'espoir de le sauver mais il ne le sait pas. Alors, pas un mot...

— Vous pouvez compter sur moi. Je ferai très attention... D'ailleurs, je n'ai jamais fait de gaffes de ma vie entière... Le type ouvre la porte de la chambre, trébuche en entrant... tombe la tête la première, ce qui provoque un saignement de nez très abondant et il se met à hurler :

— Merde alors, je vais crever moi aussi !

***

Deux hommes se retrouvent sur un lit d'hôpital.

— Comment vous êtes-vous retrouvé ici, fait le premier ?

— Je me suis fait castrer fait le second. Et vous ?

— Moi, je me suis fait circoncire !

— Circoncire, hurle le second, c'est le mot que je cherchais !

***

Un hôpital est en flammes et les pompiers s'activent pour sauver tous les malades. Soudain, une forte odeur de caramel se répand autour de l'hôpital ; l'infirmière en chef, affolée, s'adresse à un pompier :

— Mon Dieu, nous avons oublié la vieille dame diabétique !

***

A cette question classique posée par un journaliste : « Si un incendie se déclarait chez vous, qu'emporteriez-vous en fuyant ? », Jean Cocteau a eu cette réponse infiniment poétique : « Le feu ! »

***

Un pauvre type se présente à la porte d'un hôpital et demande à être infirmier. Il se fait éconduire par le médecin de garde. Chaque jour, il recommence et se fait refouler impitoyablement. Au bout de la énième fois, le médecin exaspéré lui dit :

— Revenez dans sept ans.

— Quand je reviendrai, c'est qui qui faudra que j'demande ?

***

Superman est à l'hôpital.

— Qu'est ce qui vous est arrivé ? demande un reporter.

— Eh bien, je suis allé rendre une petite visite nocturne à Superwoman. Comme elle dormait, j'ai voulu lui rendre hommage sans la réveiller... manque de pot, l'homme invisible était déjà là, et il n'a pas apprécié !

***

Lors d'une visite d'une importante personnalité politique, le médecin-chef de l'hôpital accompagne son visiteur à travers l'établissement. Tout d'un coup, ils arrivent devant le lit d'un malade qui essaie de faire un nœud avec sa jambe droite. Curieux, non ?

— Mais quel est le nom de la maladie dont ce pauvre est atteint, demande le politicien.

— D.S.L.S., répond le médecin.

— D.S.L.S. ? C'est très grave ? Qu'est-ce que cela veut dire ?

— Dieu Seul Le Sait !

***

Une vieille aristocrate est allée faire une visite de charité à l'hôpital et elle a emmené avec elle son petit-fils :

— Tu vois chéri, tous ces pauvres gens sont obligés de venir se faire soigner à l'hôpital. Ce n'est pas comme nous qui pouvons avoir les soins d'une infirmière à domicile. Tu vois, ce sont des gens très simples. Monsieur Dupond, madame Durand... Tiens, il y a quelqu'un là, par contre, qui doit être de notre milieu. Il s'appelle : Monsieur « Kyste du Pylore ».

***

Deux hommes sont couchés dans la même chambre d'hôpital. Ils ont tous les deux des tas d'appareils compliqués autour d'eux et un goutte-à-goutte dans le bras.

— Vous vous rendez compte ? J'étais simplement venu pour une entorse !

— Ne vous plaignez pas ! Moi, j'étais venu pour relever les compteurs d'électricité !

***

Une dame, frappée d'amnésie après un accident de voiture, a été hospitalisée. Son état général est très satisfaisant et elle s'ennuie à mourir dans l'hôpital. Elle va voir l'infirmière en chef et lui dit :

— Je cherche à me distraire, je m'ennuie. Que me conseillez-vous ?

— Vous pourriez lire, lui répond l'infirmière. Ou écrire.

— Oui, vous avez raison. C'est une bonne idée. Je vais écrire mes mémoires.

***

Le matin, aux aurores, le chirurgien entre dans la salle d'opération où l'attend un patient qui est déjà endormi (heureusement) ! Après avoir enfilé les gants que lui tend l'infirmière, le médecin se tourne vers son assistant et lui dit :

— Dupont, ce matin, faites attention ! N'appuyez pas trop fort avec le bistouri. C'est la troisième table qu'on est obligé de changer en quatre jours !

***

Un malade, dont la tête est complètement entourée de bandages, est hospitalisé depuis plus de quinze jours et ne reçoit jamais de visites.

Une infirmière, apitoyée, s'approche de lui et lui dit :

— Votre femme doit vous manquer, mon pauvre monsieur !

— Les autres fois, oui ! soupire le malade. Mais là, elle m'a eu !

***

Une femme arrive toute échevelée dans un hôpital et demande à l'infirmière :

— Mademoiselle, je cherche mon mari qui vient d'être hospitalisé à la suite d'un accident.

— Comment s'appelle-t-il, madame ?

— Monsieur Dupin.

— Et quel accident a-t-il eu ?

— Il travaillait sur la chaussée et il est passé sous un rouleau compresseur.

— Ah, oui ! se souvient l'infirmière. Vous le trouverez chambres 27, 28, 29 et 30.

***

Deux hommes qui ont tous les deux les jambes dans le plâtre partagent la même chambre d'hôpital. :

— Qu'est-ce qui vous est arrivé à vous ?

— Accident de voiture. Je suis rentré dans un arbre. Et vous ?

— J'ai voulu éviter un enfant.

— Et vous êtes aussi rentré dans un arbre ?

— Non, je suis tombé du lit !

***

Dans un hôpital de la Martinique, une infirmière appelle le médecin et lui dit :

— Dans la salle d'attente, docteu', il y a un malade qui a plein de boutons su' la figu'.

— Mais oui, c'est l'impétigo, ça !

— Non, docteu', pas impétigo. C'est un g'and maig'...

***

Le médecin de l'hôpital militaire arrive pour faire sa visite quotidienne. Il s'adresse à l'infirmière :

— Bonjour mademoiselle. Alors, quoi de neuf, ce matin ?

— Rien docteur.

— Bien.

— Ah si ! se ravise-t-elle en consultant son dossier. Le simulateur est mort dans la nuit.

***

HORLOGE

Un malheureux inconscient emmène, un jour de marché, son horloge en réparation... Elle est énorme... le type a beaucoup de mal à passer dans la rue avec son horloge sur l'épaule... Ce qui devait arriver arriva, il donne un coup d'horloge à un passant. Celui-ci se retourne et lui dit :

— Abruti, tu ne peux pas t'acheter une montre comme tout le monde ?

***

Un client entre chez son horloger et lui explique son problème :

— Madame, c'est dramatique... C'est le neuvième réveil que je viens vous acheter et rien n'y fait... Chaque matin, impossible de me réveiller alors chaque fois, je suis viré de mon emploi !

— Cher monsieur, vous êtes, en effet, notre meilleur client, mais cette fois-ci je crois que je vais vous perdre... En effet, nous venons de recevoir un modèle avec ordinateur !

— Ah oui, et que fait-il?

— Eh bien, d'abord il sonne... Si vous ne bougez pas il déclenche un bruit de tremblement de terre et fait bouger votre lit... Si il n'y a toujours pas de résultats, il déverse sur vous un puissant jet d'eau froide... Et si là, vos orteils ne sont pas sur le plancher, il téléphone à votre bureau et prévient que vous êtes souffrant.

***

Deux amis discutent :

— Moi, j'ai horreur des montres, dit l'un, je n'en porte jamais !

— Et comment tu fais pour savoir l'heure ?

— Mais avec le soleil, bien sûr !

— Et la nuit, comment tu fais ?

— Alors là, c'est simple ; je descends dans la rue, et chante *La Traviata*. Il y a toujours quelqu'un pour ouvrir sa fenêtre et gueuler : « Ça va pas, non, de chanter *La Traviata* à 5 heures du matin ? »

***

HOTEL

Pourquoi suis-je content à l'idée de rentrer seul chez moi et mécontent de réintégrer seul mon hôtel ?

***

— Chasseur !

— Oui, monsieur le directeur.

— Vous avez remis sa note au client de la chambre 13 ?

— Oui !

— Ça vous écorcherait de dire « Oui, monsieur le directeur » ?

— Non, monsieur le directeur !

— Bien. Alors dites-le !

— Oui, monsieur le directeur.

— Ainsi, chasseur, vous avez bien remis sa note au 13 ?

— Oui, monsieur le directeur.

— C'est curieux... Alors, comment se fait-il qu'il continue à chanter ?

***

Un quidam arrive dans un bon hôtel. Il entre dans le hall, se dirige vers la réception, mais il n'y a personne derrière le comptoir. Il patiente quelques instants... Regarde à droite et à gauche... Il va vers la porte de la direction... Et ne voyant toujours personne frappe et entre.

Et à sa grande surprise, il trouve une chèvre faisant fonctionner un ordinateur.

— Vous voulez une chambre ? demande la chèvre...

— Oui, avec bain s'il vous plaît...

— Tenez, il faut remplir le registre...

Le quidam prend sa plume et remplit le registre.

— Vous avez l'air étonné ? demande la chèvre, il y a quelque chose qui ne va pas ?

— Eh bien, dit le quidam, l'hippopotame qui était là avant vous, ne fait plus partie du personnel ?

***

Marcel Choupin quitte l'hôtel Moderne... Il prend la route, fait une dizaine de kilomètres et s'aperçoit qu'il a oublié sa canne dans sa chambre... Il retourne à l'hôtel et va voir le concierge.

— J'ai quitté la chambre 23 il y a une heure et j'y ai oublié ma canne. Pouvez-vous aller la chercher ?

— Je suis désolé, Monsieur, c'est impossible j'ai loué cette chambre il y a quinze minutes à des jeunes mariés en pleine lune de miel... Vous comprendrez que je ne peux pas les déranger. Le type décide donc de monter à la chambre 23 et réclamer sa canne... Il arrive derrière la porte et entend :

— C'est à qui ces jolis petits pieds ? C'est à toi... Et ces jolies petites fesses ? C'est à moi... Et c'est à qui ces jolis petits seins ? A moi...

Le type lance alors assez fort :

— Lorsque vous en serez à la canne : c'est à moi.

***

Petite ville du centre, petit hôtel une étoile... Georges Ronchon est dans sa chambre... Une modeste chambre du deuxième étage... Furieux, il décroche le téléphone et demande au directeur de venir dans sa chambre. Ce dernier arrive sur-le-champ :

— Monsieur, votre hôtel est très mal tenu. C'est une honte, il y a des souris dans les chambres !

— Des souris ! C'est impossible monsieur.

— Ah oui ? Vous allez voir.

Le client se retourne, prend un morceau de gruyère, le lance au milieu de la pièce et une souris bondit et se saisit du précieux fromage.

— Vous voyez, je n'ai pas la berlue...

— D'accord, mais vous m'avez dit qu'il y avait des souris et je n'en ai vu qu'une... Ce n'est pas catastrophique...

— Bon alors regardez...

Ronchon reprend son gruyère et lance une dizaine de morceaux sur le sol... A l'instant même sortent une dizaine de souris qui se jettent sur la nourriture et disparaissent dans leurs trous...

— Toujours pas de souris dans votre hôtel ?

— J'avoue, nous avons des problèmes avec ces foutues bestioles. Je ne sais comment m'en défaire... Mais dites-moi qu'est-ce qui est dans le coin là-bas... Un saumon ? Qu'est ce qu'il fait là celui-là ?

— Je vous ai parlé des souris, mais je ne vous ai pas encore parlé de l'humidité.

***

Un homme reçoit dans la chambre de son hôtel à Monte-Carlo des places pour le Sporting, accompagnées d'un petit mot sybillin : « Bonne soirée. Et devinez qui vous envoie ce cadeau ! »

L'homme s'interroge un moment, ne trouve pas de réponse et choisit de se rendre au spectacle. Puis il réintègre sa chambre où, dès son entrée, il s'aperçoit qu'il a été cambriolé. Sur son lit il découvre un petit mot.

« Maintenant vous savez qui vous a envoyé ce cadeau... »

***

HUÎTRE

Je n'aime pas ouvrir les huîtres. Alors c'est simple. Je les place devant ma télé et elles se mettent à bâiller.

***

Un charmant petit poisson est tombé amoureux d'une huître... Il tourne autour d'elle, fait des bulles, bat des nageoires. Elle est ravie, en pâmoison devant son poisson, elle s'ouvre : elle a une perle merveilleuse... Le petit poisson la voit, la prend et part... C'était un maquereau.

***

IMPRÉSARIO

— Monsieur l'imprésario, j'avale des sabres de un mètre de long !

— C'est courant, mon cher.

— Peut-être... Mais moi je ne mesure que quatre-vingt-dix centimètres.

***

— Monsieur l'imprésario, j'ai un numéro sensationnel ; et voilà ma proposition : vous déposez dix millions à ma banque et moi j'entre en scène et devant le public, je me suicide !

— Ouais ! fait l'imprésario dubitatif. Mais s'il y a un « bis » ?

***

INDIEN

Un Indien rencontre un ami dans le désert de l'Arizona.

— Alors, ce permis de conduire,

demande le premier, est-ce que tu as finalement réussi à l'obtenir ?

— Si tu savais, répond le second, catastrophé ! L'instructeur m'a choisi les épreuves les plus difficiles, et surtout on a emprunté la route de l'Ouest, celle ou il y a un cactus.

***

Aux États-Unis alors que la guerre faisait rage entre les cow-boys et les Indiens, un homme vint par un beau jour de printemps proposer sa médiation afin d'arrêter ce massacre. Il se rendit chez les visages pâles et leur expliqua son point de vue et leur proposa un plan de paix. Ceux-ci le trouvèrent assez juste et pensèrent que finalement si les Indiens acceptaient les normes du contrat ils ne verraient pas d'inconvénients à arrêter ce combat.

L'homme poursuivit son chemin et se rendit dans le camp adverse qui trouva son plan très intéressant. Quelques jours plus tard une délégation de chacune des parties se réunit pour parlementer. Après un long moment de délibération le délégué des visages pâles vint voir le grand chef indien.

— Salut à toi grand chef Ours des Prairies, nous venons directement parlementer avec votre peuple.

— Salut Grand Chef des visages pâles le peuple est prêt à enterrer la hache de guerre.

Puis ils se tournèrent tous deux vers leur bienfaiteur pour le remercier. Ils s'aperçurent qu'ils ne connaissaient pas son nom et le lui demandèrent.

— Alex Terminateur ! répondit-il simplement.

***

La femme d'un cow-boy vient d'être enlevée par un Indien.

Le cow-boy, décidé à tout pour la retrouver, engage un guide également indien, et lui demande de suivre les traces :

— Est-ce qu'ils sont encore loin, demande-t-il après des dizaines et des dizaines de kilomètres...

— En tout cas, dit l'Indien les yeux rivés au sol ; ils se sont arrêtés six fois depuis leur départ... dont une fois pour manger...

***

Un chef de tribu indienne rentre dans son pays après un voyage dans le Sud-Ouest de la France :

— J'ai assisté à une cérémonie extraordinaire, raconte-t-il à ses frères. Sur des gradins, il y avait 35 000 Blancs déchaînés. D'une porte ont jailli 15 autres Blancs vêtus de rouge et de blanc, puis encore 15 Blancs vêtus de bleu et de blanc. Et enfin, toujours sous les incantations de la foule, un grand homme en noir avec un œuf en cuir dans les bras. Il s'est mis à siffler. Eh bien, mes frères, croyez-moi si vous voulez. A ce moment-là, il s'est mis à pleuvoir ?

***

INSTITUTRICE

Lettre d'une institutrice à une maman :

« Madame, je vous demande d'avoir la gentillesse de laver soigneusement et complètement votre petite fille Anne qui sent vraiment très mauvais... »

Réponse de la maman à l'institutrice :

« Madame, ma fille va à l'école pour étudier et non pour se faire sentir : ce n'est pas une fleur. »

***

L'institutrice vient d'apprendre les conjugaisons à sa classe...

— Maintenant que vous savez les conjugaisons avec tous les temps, je vais voir si vous avez bien compris. Je vais interroger... le petit Luc...

— Luc, si je te dis : « Je me lave, tu te laves, il se lave... » de quoi s'agit-il ?

— C'est facile, madame, c'est samedi.

***

Une institutrice pose un problème de maths à ses chérubins.

— Un avion de tourisme vole à 300 kilomètres à l'heure, la baignoire du président de la République se vide en neuf minutes, Paul Bocuse réussit des crêpes en quinze minutes. Avec ces éléments pouvez-vous dire l'âge que j'ai ?

Tous les enfants sont sidérés. Tout le monde s'observe et personne n'a de réponse... Personne sauf le petit Paulo au fond à gauche...

— Moi, madame, moi...

— Oui, je t'écoute Paulo...

— Cinquante-deux ans, madame.

— Parfait, bravo Paulo, maintenant il faut expliquer comment tu es arrivé à ce résultat ?

— Mon papa dit toujours à mon frère qu'il est à moitié fou et il a vingt six ans...

***

Une institutrice est navrée des résultats de l'une de ses élèves en calcul... Elle la prend à part et lui explique :

— Écoute, Sophie, imaginons que je sois une cliente et toi une boulangère... Je viens dans ta boutique et je t'achète une baguette à deux francs et un éclair au chocolat à sept francs. Combien te dois-je ?

— Eh bien, dit la petite Sophie, ...tu me paieras demain.

***

Leçon de calcul :

— Luc, vingt centimes plus vingt centimes, qu'est-ce que cela fait ?

— Deux barres au caramel, madame.

***

L'institutrice fait venir au tableau le plus cancre de ses élèves.

— Pocquet, multipliez douze par deux !

Silence de Pocquet.

— Douze par deux, c'est facile... Bon, six par deux...

Pas un bruit ne sort de la bouche de Pocquet...

— Encore plus simple, deux par deux...

Toujours rien...

— Vous êtes un âne Pocquet... Vous ne retenez rien. Votre cerveau est nul ! Je suis sûr que vous ne savez pas qui a découvert la Chine...

Rien ne sort de la bouche de Pocquet...

— La Chine... Vous ne connaissez pas... Cela ne vous dit rien la Chine... Marco Polo...

Pocquet quitte le tableau et retourne à sa place. La maîtresse sidérée lui dit :

— Mais Pocquet je ne vous ai pas dit de reprendre votre place...

— Pardon, m'dame, mais je croyais que vous aviez appelé Marco Polo !

***

Le maître s'étonne devant les mauvais résultats de Lucette :

— Je n'y comprends rien, Lucette... L'année dernière tu étais très bonne en tout. Tu faisais de très bons devoirs de français. Les maths très bien, la géo et l'histoire parfait... Et depuis le début de l'année... Zéro en tout... Incroyable...

— C'est normal, monsieur, mon père a quitté la maison cet été.

***

L'institutrice s'absente pour quelques instants de sa classe. Quand elle revient la salle ressemble à un champ de bataille. Elle repère vite les trois petits chahuteurs.

— Jacques, qu'as-tu fait ?

— J'ai dessiné les mots cochons sur le tableau noir.

— Tu auras trois mercredis de colle ! Et toi.

Mais c'est à cet instant que le proviseur entre...

— Mademoiselle, laissez-moi prendre les sanctions, c'est inadmissible. Dupont Jacques ce sera un mois entier de colle. Vous, Beuamire Octave, qu'avez-vous fait ?

— M'sieur le proviseur, j'ai renversé le pot de colle liquide sur la chaise de la maîtresse.

— Deux mois de colle. Et vous Gesmen Paul ?

— Moi, j'ai jeté du papier par la fenêtre.

— Du papier par la fenêtre... Ce n'est pas très méchant. Un mercredi de colle.

Et c'est à cet instant que l'un des élèves rentre dans la classe couvert de blessures et saignant avec un bras cassé.

— Que faites-vous là ? Qui êtes-vous ? demande le proviseur.

— Dupapier, monsieur.

***

L'institutrice questionne le petit Paul :

— Si ton père va acheter douze bouteilles de whisky à quatre-vingts francs. Combien cela lui fait-il ?

— Environ quatre jours.

***

Le père de Gontran est convoqué à l'école. L'institutrice le reçoit :

— Monsieur Bacque, je vous ai convoqué car j'ai de graves problèmes avec votre fils : il triche aux interrogations en copiant !

— C'est tout à fait impossible avec l'éducation que je lui donne, il ne peut pas tricher. Je ne vous crois pas.

— Et pourtant, j'en ai la preuve avec la composition de géographie d'hier. Gontran a copié sur son ami Jean. La question posée était : Quelle est la capitale de la Belgique ? Réponse de Gontran : Bruxelles, réponse de Jean : Bruxelles.

— Et alors ! Il n'y a rien de surprenant...

— Oui, mais attendez, deuxième question : Quelle est la seconde ville d'expression française en Belgique ? Réponse de Gontran : Liège, réponse de Jean : Liège.

— Oui, m'enfin il a bien étudié et je ne vois pas pourquoi il se serait trompé. Cela ne me semble pas suffisant comme preuve.

— Oui, mais voilà la troisième question : Quel est le produit national brut de la Belgique ? Réponse de Jean : Je n'en sais rien et de votre fils : Moi non plus.

***

Une vieille institutrice, peu aimée de ses élèves, passe une grande partie de son temps à enseigner à ses petits chenapans la politesse. Et ce n'est pas une mince affaire. Une de ses grandes batailles, c'est de leur faire dire « A vos souhaits » lorsque quelqu'un éternue. Aujourd'hui cette maîtresse a un horrible rhume et elle éternue toutes les deux minutes environ ; aussi elle dit à ses élèves :

— Vu mon état et à titre exceptionnel pour ne pas entendre la même chose toute la matinée ne dites pas « A vos souhaits ». Juste après arrive le petit Joseph, en retard comme d'habitude, qui va rejoindre sa place (mais oui, à côté du radiateur au fond. Comment avez-vous deviné) ? La pauvre femme éternue et on entend Joseph :

— Va mourir, vieille tordue !

***

L'institutrice est inquiète car l'inspecteur vient vers son passage annuel dans sa classe et les élèves ne sont pas très bons. Enfin, le matin, le représentant de l'académie est là.

— Bonjour mademoiselle. Vos élèves sont-ils doués ?

— Oui, j'en suis très satisfaite.

— Qui est le meilleur d'entre eux ?

— Ils sont tous très bons, mais le meilleur est peut-être Louis Dumontet.

— Très bien, je vais interroger Louis Dumontet.

Au milieu de la classe le petit Dumontet se lève. Il n'a pas l'air surdoué et un peu endormi.

— Dumontet quelle est la capitale de l'Espagne ?

— La capitale de l'Espagne. Voyons... Euh ! Euh !... Attendez... Ça vient, que personne ne me souffle... L'Espagne... la capitale...

— Alors ? questionne l'inspecteur.

— Barcelone !

— Eh bien, dites donc ! lâche l'inspecteur.

— Vous voyez dit l'institutrice ravie, il n'est pas passé très loin.

***

Un mauvais élève rend une rédaction :

« Racontez votre meilleur souvenir de vacances. »

« On voulait tous partir en pique-nique. Manque de pot, il a commencé à pleuvoir. Alors on est resté à la maison. »

***

— Et maintenant, dit l'institutrice, citez-moi des noms de choses qui ont des poils.

Aussitôt les doigts se lèvent dans la classe.

— Oui, reprend l'institutrice :

Et les gosses répondent :

— Un chat !

— Un balai !

— Un manteau de fourrure !

— Parfait ! fait l'institutrice. Et toi, Mauricot, tu ne trouves rien à répondre ? Tu ne connais rien qui ait des poils ?

— Oui, m'dame, dit Mauricot, les boules de billard !

— Les boules de billard ! Mais enfin Mauricot, tu te moques de moi, ou quoi ? Les boules de billard n'ont pas de poils !

— Si, m'dame, fait Mauricot ; d'ailleurs, vous allez voir !

— Il se tourne vers le fond de la classe et dit à haute voix :

— Eh ! Billard, fais voir tes boules !

***

IRLANDAIS

Sur son lit d'hôpital, un Irlandais reçoit la visite du médecin :

— Eh bien, mon vieux, lui dit le docteur, vous êtes complètement paralysé du côté gauche et c'est irréversible. Vous voyez où ça vous mène d'avoir toute votre vie abusé de l'alcool ?

— Je vous demande pardon, docteur, mais ça ne peut pas être à cause de l'alcool.

— Et pourquoi ça ?

— Parce que je n'ai jamais tenu mon verre de whisky de la main gauche !

***

Quand le pasteur rentre chez lui, le soir, il constate que sa femme arbore encore une fois, une robe neuve :

— Chérie, lui dit-il, je vois que vous vous êtes encore laissée tenter par le diable.

— J'avoue que je n'ai pas pu résister.

— Vous auriez dû faire face au malin et lui crier : « Arrière ! »

— Mais, c'est ce que j'ai fait !

— Eh bien, alors ?

— Il est passé derrière moi et il m'a chuchoté à l'oreille : « Elle vous va encore mieux de dos ! »

***

Une jeune touriste irlandaise passe ses vacances à Paris. Elle se rend au bureau de poste où elle a fait suivre son courrier et demande à l'employé, avec un très fort accent :

— Avez-vous des lettres pour moi ?

— Poste restante ?

— Oh, non, monsieur. Catholique !

***

Deux Irlandais, qui ont bien arrosé leur soirée, rentrent chez eux en voiture. Tout d'un coup, l'un s'écrie :

— Attention, Patrick ! Tu as failli écraser la dame qui vient de traverser la rue !

— Comment ! s'exclame Patrick. Ce n'est pas toi qui conduis ?

***

Un Irlandais va consulter le médecin car il ne se sent pas très bien.

— Vous allez essayer quelque chose, lui dit le docteur. Pendant un mois, vous allez supprimer l'alcool et vous reviendrez me voir. Nous verrons si votre état général s'est amélioré.

— Écoutez, docteur, on ne pourrait pas plutôt doubler ma dose d'alcool pendant un mois et quand je reviendrai vous voir, on verra si mon état général s'est aggravé.

***

Le pasteur est appelé au chevet d'un ivrogne qui n'en a plus pour très longtemps à vivre. Sur sa table de nuit, le pasteur voit une bouteille de whisky à moitié entamée et il s'indigne :

— Si près d'être rappelé auprès de Notre Seigneur, c'est tout ce que vous avez trouvé comme consolation ?

— Oh, non, monsieur le pasteur, répond le moribond, j'en ai une autre pleine dans mon placard !

***

Un jeune homme a emmené sa fiancée au match de rugby qu'elle voit pour la première fois. Au bout de la sixième mêlée, elle se penche vers son ami et lui glisse à l'oreille :

— Vous, les hommes vous exagérez ! Regarde-les, les joueurs, ils s'arrêtent toute les cinq minutes pour bavarder et après, vous nous reprochez, à nous les femmes, de passer notre temps à papoter !

***

ITALIEN

A Venise, le propriétaire d'un hôtel guette un de ses clients qui lui doit déjà une semaine de séjour. Dès qu'il l'aperçoit, il se jette sur lui et lui dit :

— Si vous ne me payez pas aujourd'hui, je vous jette dehors !

Et le client, sans se démonter, lui répond :

— Ça m'est égal, je sais nager !

***

Sous l'empire romain, le Consul assiste aux jeux du cirque et s'ennuie terriblement. Il a soudain une idée de génie :

— Tous ces chrétiens qui se font dévorer par les lions m'ennuient, dit-il au chef des divertissements. Demain, tu demanderas à Flavius Lupus de descendre dans l'arène avec sa femme. Et au dernier moment, tu diras à la femme que son mari la trompe depuis six mois avec la fille de Gracchus !

***

Une jeune fille revient d'Italie où elle a passé ses vacances. Sa meilleure amie l'interroge :

— Alors, comment ça s'est passé, là-bas ?

— Formidable !

— Et qu'est-ce qui t'a le plus frappée dans ce pays ?

— Carlo.

***

Un Napolitain vient de trouver du travail dans un ministère. Le soir du premier jour, il rentre chez lui complètement exténué. Sa femme lui dit :

— Alors, ce travail ? C'est fatigant ?

— Oh, ne m'en parle pas ! Il y a un chef qui nous a fait travailler comme quatre !

— Et vous êtes combien dans le bureau ?

— Nous sommes dix, heureusement !

***

Sur une plage italienne, deux play-boys discutent. L'un dit à l'autre :

— Tout à l'heure, j'ai rendez-vous avec une fille superbe. Et toi, qu'est-ce que tu fais aujourd'hui ?

— Je suis très embêté. Je ne sais plus si j'ai rendez-vous avec une fille à quatre heures ou si j'ai rendez-vous avec quatre filles à une heure.

***

Savez-vous comment dorment les Italiens qui trompent leur femme et ont peur de se dévoiler dans leurs rêves ? Ils glissent leurs deux mains sous l'oreiller et ainsi, ils sont sûrs de ne pas parler en dormant.

***

A Rome, à la basilique Saint-Pierre, on donne une grand-messe : c'est le jour de Pâques. L'église est remplie de fidèles, tous très recueillis.

Un homme, coiffé d'un immense sombrero, entre et s'engage dans l'allée centrale. Tout le monde, sur son passage, lui chuchote :

— Monsieur, le sombrero ! Le sombrero ! Il faut l'enlever !

Mais l'homme avance toujours sans tenir compte des fidèles qui continuent à l'exorter à enlever son chapeau. Toute l'assistance est très émue et c'est une véritable clameur maintenant qui s'élève dans l'église :

— Le sombrero ! Le sombrero !

Arrivé devant l'autel, l'homme, qui est resté imperturbable, pousse le curé, prend sa place, se tourne vers les fidèles qui le regardent tous et leur dit :

— Eh bien, puisque vous insistez, je vais vous chanter « El sombrero » !

***

Un riche Américain, en vacances en Italie, cherche un souvenir à ramener dans son pays. Il fait tous les antiquaires et un jour, tombe en extase devant un tableau inconnu, signé par Raphaël. Il l'achète immédiatement pour un prix dérisoire.

Revenu à son hôtel, il téléphone à un ami à lui qui travaille aux Beaux-Arts en Italie et lui dit :

— Je viens d'acheter un superbe tableau inconnu de Raphaël. Mais comment est-ce que je vais pouvoir passer la frontière avec, sans avoir d'ennuis avec votre ministère des Beaux-Arts ?

— C'est simple, lui répond son ami, confie-moi le tableau. Je vais peindre un paysage dessus et une fois en Amérique, tu le feras nettoyer par un étudiant en peinture !

Et l'Américain suit les conseils de son ami. Une fois arrivé aux États-Unis, il confie la toile à un peintre pour l'opération de nettoyage. Deux jours plus tard, il reçoit un coup de fil :

— Bonjour, j'ai fait ce que vous m'aviez dit : j'ai nettoyé le paysage et effectivement, en dessous, j'ai trouvé un Raphaël. Mais, j'ai également nettoyé le Raphaël et en dessous, j'ai trouvé un portrait de Mussolini. Qu'est-ce que je fais ? Je continue ?

***

IVROGNE

Un homme ivre mort essaye tant bien que mal de rentrer chez lui. Il marche en zig-zag le long de la rue en gesticulant et agresse tous les gens qui passent. A un moment donné, il aperçoit son reflet dans une glace de magasin et bien sûr il se prend pour un autre. Voyant un individu arriver sur lui avec des grands gestes, il se croit attaqué et envoie un énorme coup de poing qui fait voler la glace en mille morceaux.

— Tant pis pour toi ! T'avais qu'à enlever tes lunettes !

***

A la sortie d'un cabaret, un type complètement saoul se trouve nez à nez avec un monsieur qui porte une casquette et des galons sur l'épaule :

— Portier ! Faites venir un taxi ! ordonne l'ivrogne.

— Monsieur, je ne suis pas portier, je suis amiral dans la Marine française !

— Oh, pardon ! Excusez-moi. Alors faites venir un bateau !

***

Deux hommes, qui viennent de fêter leur promotion, s'endorment complètement saouls sur un banc du parc zoologique. Ils sont réveillés en pleine nuit par le rugissement d'un lion.

— Oh là là ! fait le premier terrorisé. Moi, je rentre à la maison !

— Va-t'en si tu veux, répond l'autre à moitié endormi. Tant pis pour toi ! Mais moi, je reste parce que je ne veux pas rater le début du film.

***

Un monsieur est en train de dîner dans un restaurant. Il commande avec son repas, une bouteille de vin. Il est seul et au milieu de son dîner, il a fini sa bouteille.

— Garçon ! Une demi-bouteille, s'il vous plaît.

Le serveur lui apporte sa demi-bouteille qu'il termine en même temps que le dessert.

— Garçon ! Apportez-moi un quart de vin !

Il commence à avoir une élocution difficile et avale son quart de vin aussi vite que les bouteilles précédentes.

— Garçon ! Un ballon de rouge !

Il avale d'un trait son verre que lui sert le garçon. Il est complètement saoul. Il se lève alors péniblement et fait cette réflexion :

— C'est drôle, moins je bois et plus je suis saoul !

***

Un hold-up vient d'être commis dans la banque du quartier. Le seul témoin qui ait assisté à la fuite des bandits est un ivrogne qui cuvait son vin sur un banc en face de la banque. Il est emmené au commissariat pour y faire sa déposition.

— Alors, vous avez tout vu ? lui demande le commissaire.

— Oui, monsieur. J'ai tout vu.

— Vous avez vraiment tout vu ? insiste le policier.

— Puisque je vous le dis. J'ai tout vu comme je vous vois, monsieur l'abbé.

***

Un agent de police arrête un automobiliste qui vient de s'engager dans un sens interdit. Le type est complètement ivre.

— Vous êtes sûr d'aller dans la bonne direction, mon brave ? demande le policier.

— Oh oui ! j'en suis sûr. Mais je me dépêche ! Je dois être en retard parce que je vois tous les autres qui reviennent !

***

Un type, complètement saoul, sort d'un café. Il veut traverser la rue mais il évalue mal les distances et en voulant descendre du trottoir, il se cogne dans l'avant d'une voiture garée et tombe par terre. Il se relève, recommence une tentative et de nouveau, se cogne et tombe. La troisième fois, un peu sonné par l'alcool et par ses chutes répétées, il dit :

— Oh ! Qu'est-ce qu'il y a comme circulation aujourd'hui !

***

Deux gars sont accoudés à un bar et parlent de leur femme respective :

— Oh, la mienne elle est sympa ! Elle me laisse sortir quand je veux et elle reste à la maison à m'attendre.

— Ben dis donc, tu en as de la chance ! La mienne, elle fait tous les bistrots toutes les nuits !

— Ah bon ? Elle boit ?

— Mais non, imbécile, elle me cherche !

***

Alphonse est un habitué du bistrot qui se trouve juste en face de chez lui. C'est très pratique, il n'a qu'à traverser la rue. Un jour, il sort de chez lui et met un petit mot sur sa porte : « Alphonse est au bistrot d'en face », au cas où il aurait des visites.

Il passe une bonne partie de l'après-midi au café et quand il en ressort, il est complètement ivre. Il arrive devant chez lui et lit le petit mot :

— Ah, zut ! Alphonse est au bistrot !

Il retourne au café et demande au patron :

— Est-ce qu'Alphonse est là ?

— Alphonse ? Mais Alphonse, c'est vous !

— C'est moi ? Oh ! alors je vous quitte parce que il y a un mec qui m'attend devant ma porte !

***

Un type va voir son copain qui a eu un accident et qui est à l'hôpital. L'autre ouvre un œil au bout d'une demi-heure : il est complètement caché par des kilomètres de bandages tout autour du corps.

— Lucien ! Mais qu'est-ce que je fais là ? dit-il en se rendant compte de son état.

— Tu ne te rappelles pas ?

— Non.

— Hier soir, on était bien tous chez Robert, non ?

— Qu'est-ce qu'on fichait chez Robert ?

— On enterrait sa vie de garçon. Tu ne te souviens plus ?

— Excuse-moi mon vieux, mais c'est le trou noir. Raconte-moi !

— A la fin de la soirée, on avait tous quelques verres de trop dans le nez. A un moment donné, tu as ouvert la fenêtre et tu nous as dit : « Regardez, je suis le Concorde » et tu as sauté.

— Mais, pourquoi vous m'avez laissé faire ?

— Parce que à ce moment-là, on t'a cru !

***

Un ivrogne est affalé sur le trottoir. Une dame très respectable passe et il lui lance :

— Qu'est-ce que vous êtes moche !

— Monsieur, vous êtes un goujat ! Vous êtes complètement saoul ! répond la dame, vexée.

— Oui, mais moi, demain, ce sera fini !

***

Un homme boit depuis le début de la soirée, accoudé à un bar. Il boit tellement que le garçon, apitoyé, lui demande :

— Il y a quelque chose qui ne va pas, monsieur ?

— Oh, non, soupire le bonhomme. J'ai perdu tous mes copains.

— Oh, c'est bien triste, monsieur. Vous devez vous sentir bien seul.

— Oui ! Mais c'est surtout Pierre que je regrette le plus !

— Vous l'aimiez beaucoup ?

— Pas vraiment mais j'ai épousé sa veuve !

***

Le ministère de la Santé a organisé toute une série de conférences pour lutter contre l'alcoolisme. Dans un petit port de la Bretagne, le conférencier fait un exposé et pour conclure déclare :

— Je vous invite donc à jeter à la mer toutes vos bouteilles d'alcool !

Un silence consterné règne dans l'assistance. Tout d'un coup un homme se lève et crie :

— Bravo ! Jetez toutes vos bouteilles dans la mer !

— Voilà un monsieur convaincu que votre geste est vital !

— Évidemment ! Je suis scaphandrier.

***

Deux copains sont partis ensemble pour la journée à la chasse. Ils ont loué des fusils et ont emporté avec eux des provisions, c'est-à-dire de quoi manger et surtout de quoi boire. A la fin de l'après-midi, ils ont tué beaucoup de gibier et descendu pas mal de bouteilles.

— Le coin est bon. On devrait revenir le week-end prochain.

— On ne retrouvera jamais le coin exact, dit l'autre.

— Eh bien, on n'a qu'à tracer une grande croix, au feutre, sur les fusils.

— Imbécile ! Et si l'armurier nous loue d'autres fusils !

***

Un homme complètement ivre marche d'une façon bizarre : il a un pied sur le trottoir et l'autre dans le caniveau. Une dame l'arrête et lui dit :

— Si c'est pas malheureux ! Vous êtes complètement saoul ! Vous avez vu la façon dont vous marchez ? Ivrogne !

— Ah ? Je suis ivre ? Oh, merci, madame ! Vous me rassurez, parce que je croyais que je boitais...

***

Deux saoulographes se rencontrent.

— Salut ! Qu'est-ce que tu deviens ?

— Ça va.

— Il y a longtemps qu'on ne s'était pas vus !

— Oui, je suis allé à la campagne.

— Et qu'est-ce que tu as fait là-bas ?

— J'ai regardé la campagne. Je me suis promené. Oh, j'ai vu un truc sensationnel !

— Quoi ?

— On n'arrête plus le progrès, tu sais. J'ai vu une machine extraordinaire. Tu lui mets cinq cents grammes d'herbe fraîche et il en ressort un kilo de laine !

— Eh bien, dis donc, en effet ! Le mec qui a inventé ça, il a dû faire fortune !

— Oh oui, sûrement !

— Et comment ça s'appelle ta machine ?

— Un mouton...

***

Un amoureux de la bouteille vient d'acheter du whisky et a dissimulé la bouteille dans la poche arrière de son pantalon, par discrétion.

Au moment où il traverse la rue, il se fait renverser par une voiture. Heureusement, il ne semble pas blessé. Mais, il met aussitôt la main sur la poche arrière de son pantalon et sent que c'est humide. Il se dit alors :

— Pourvu que cela soit du sang !

***

Un assoiffé entre dans un bar et commande un demi bien frais car il fait très chaud. Le garçon le sert et le client s'aperçoit qu'il y a une mouche qui est tombée au fond de son verre. Alors, il l'attrape par une aile, la secoue et lui dit :

— Recrache ce que tu as bu !

***

Une dame demande à un petit garçon dont les parents ne sont pas très riches :

— Qu'est-ce que tu as trouvé, à Noël, sous ton sapin ?

— Papa. Il était rentré tellement saoul que maman l'avait assommé avec l'arbre de Noël.

***

Un agent de police interpelle un homme qui, visiblement, est épris de boisson et qui marche de travers :

— Hep ! Vous, là ! Vous avez une raison valable pour déambuler dans les rues à trois heures du matin complètement saoul ?

— Oh, monsieur l'agent ! répond le pochard. Si j'avais une raison valable, il y a longtemps que je serais rentré chez moi et que je l'aurais dite à ma femme !

***

Un monsieur va consulter le médecin car il a des troubles de l'ouïe.

— Tout d'abord, cher monsieur, lui dit le docteur, il faut immédiatement arrêter l'alcool. Qu'est-ce que vous buvez, le plus souvent ?

— Du whisky. Une bouteille par jour environ.

— C'est beaucoup trop ! Croyez-moi, si vous arrêtez l'alcool, vous entendrez beaucoup mieux.

Et effectivement, au bout d'un mois de sobriété complète, le monsieur entend parfaitement.

Mais deux mois plus tard, il retourne voir le même médecin qui lui dit :

— Vous, j'ai l'impression que vous vous êtes remis à boire !

— Il ne faut pas m'en vouloir, docteur. Mais, vous comprenez, rien de ce que j'ai entendu n'était aussi bon qu'un verre de whisky. Alors...

***

Un homme complètement ivre monte dans le métro. Soudain le train freine brusquement et le type s'affale sur les genoux d'une dame qui était assise. Celle-ci, furieuse :

— Monsieur ! Vous n'êtes qu'un pauvre type ! Moi, si j'étais dans votre état, je me tirerais tout de suite une balle entre les deux yeux !

— Madame, répond le saoulographe, si vous étiez… hic… dans mon état… hic… vous vous ti…reriez une balle… hic… entre les deux yeux, mais… hic… vous vous… rateriez…

***

Un chauffeur de bus dit à un habitué de la ligne au moment où celui-ci monte dans le véhicule :

— Eh bien, dites donc, qu'est-ce que vous teniez hier soir !

— C'est vrai, j'avais trop bu. Mais comment le savez-vous ?

— Tout simplement parce que, hier soir, vous êtes monté dans mon autobus. Vous vous êtes levé pour laisser votre place à une dame. Mais il n'y avait que vous deux dans le bus !

***

Une dame demande à sa petite fille :

— Ma chérie, tu veux bien regarder si papa revient du café où il est allé prendre l'apéritif avec ses copains. Cela fait une heure qu'il est parti.

La petite fille se met à la fenêtre et dit :

— Le voilà, maman. Je l'aperçois là-bas. Il revient.

— Très bien. Et sur quel trottoir ?

— Sur les deux !

***

Deux ivrognes conversent dans un café.

— J'ai lu quelque part, dit l'un, que l'âge améliore le whisky.

— C'est vrai, répond l'autre. J'ai remarqué que plus j'avance en âge, plus je trouve bon le whisky.

***

J

JALOUSIE

J'ai horreur des femmes infidèles, dit un monsieur à un autre. Et je choisis toujours des brunes parce qu'elles sont moins infidèles que les blondes.

— Moi, répond l'autre, c'est encore pire ; je suis tellement jaloux que je choisis les grises !

***

Fou de jalousie, un homme commet un crime épouvantable.

Pris de remords, il va se confesser, mais ni le rabbin ni le pasteur ne peuvent l'apaiser. Bien au contraire, ils menacent même de le dénoncer.

Il hésite à entrer dans une église mais se décide malgré ses appréhensions.

— Mon père, j'ai tué.

Et d'une voix doucereuse, onctueuse voire bienveillante, le curé lui demande :

— Combien de fois, mon enfant ?

***

JAPONAIS

Un Français en voyage d'affaires au Japon, est hébergé chez son homologue japonais. Tous les soirs, après le repas, notre compatriote, friand de petites histoires drôles et d'anecdotes, fait beaucoup rire son hôte.

Le jour de son départ, le Français remercie le Japonais pour son séjour et le félicite sur son grand sens de l'humour. Ce à quoi répond l'Asiatique :

— Vous, les Européens, quand vous riez, c'est par gaieté, par joie. Nous, les Japonais, c'est autre chose : nous rions quand nous n'avons pas compris, par politesse.

***

Dans un élevage de chevaux japonais, le propriétaire, un beau matin, se fait « hara-kiri ». Affolés, tous les chevaux se mettent à hennir en même temps. La femme du pauvre samouraï, alertée par le tapage, s'inquiète auprès des domestiques :

— Qu'est-ce qui se passe ?

— Ce n'est rien, c'est le « hara qui rit »...

***

Un grand peintre surréaliste japonais vient faire une exposition de son œuvre à Paris. L'événement est très attendu et le jour de l'ouverture, la salle est pleine de curieux et de connaisseurs. Ceux-ci sont très intrigués car il n'y a qu'une seule toile exposée en plein centre de la galerie. Elle représente une plage de sable, une petite barque amarrée sur le bord et l'immense océan derrière.

Un visiteur s'enhardit et va demander au peintre où il a mis une note surréaliste dans sa toile car, ce que l'on peut en voir, paraît très réaliste au contraire. Alors, le Japonais lui répond :

— Ah ! Vous ne trouvez pas cela surréaliste ?

Et il monte dans la barque de son tableau, se met à ramer et s'éloigne pour disparaître à l'horizon dans l'océan.

***

JEU

Il est très drôle quand on a pas envie de jouer et encore moins de perdre d'embrouiller les cartes.

Martin et Legrand allaient jouer aux cartes quand ils me voient :

— Viens jouer avec nous !

— Non ! je ne veux pas et puis vous jouez de l'argent ?

— Mais c'est juste pour le principe, histoire d'être motivé.

L'enjeu n'est pas élevé : dix francs chacun.

Pour me presser, mes deux amis sortent chacun une pièce. Je regarde toujours mais ne dis rien.

Alors, Martin et Legrand feignent de se reprocher l'oubli de la mise :

— Il n'y a que deux pièces, Martin, c'est toi qui n'as pas misé !

— Non, c'est toi ; moi, je viens de mettre la mienne.

Je suis attentif à leur manège, bientôt ils simulent la dispute. A ce moment, j'interviens, prends une des pièces et :

— C'est bientôt fini vos histoires ! Je sors du jeu !

Je ne supporte pas de jouer avec des gens qui se chamaillent. On n'est pas des sauvages, quand même !

***

La scène se passe au Casino. Devant l'assemblée, un joueur particulièrement malchanceux perd tout ce qu'il possède... Soudain à la roulette, il décide de tenter sa dernière chance... Il met en jeu ce qu'il possède de plus précieux au monde, sa propre femme... Il joue le 23... Il n'a vraiment pas de chance ce jour-là... Le 23 sort et il regagne sa femme...

***

Quand j'étais jeune, chez nous on mangeait à la carte.

C'est celui qui tirait l'as de trèfle qui bouffait.

***

JOURNAL

Le journal local paraît avec en manchette le titre suivant : « La moitié de nos politiciens sont des escrocs. »

Grand ramdam dans la contrée. Les notables exigent du rédacteur en chef qu'il apporte une rectification à ce titre immonde. Et le lendemain, le journal paraît avec ces mots :

« La moitié de nos politiciens ne sont pas des escrocs. »

***

Un journal a organisé un grand concours destiné à récompenser le citoyen du pays le plus vertueux, le plus sobre, le plus droit ! Des monceaux de lettres arrivent, toutes extrêmement élogieuses sur leur expéditeur... Mais parmi toutes, il y en a une qui retient particulièrement l'attention. Grâce à la gentillesse du journal organisateur, nous pouvons vous en livrer le contenu, *in extenso* :

« Messieurs,

Je ne fume pas. Je ne bois jamais la moindre goutte d'alcool. Je ne joue absolument pas. Je suis fidèle à ma femme comme un pape (enfin, si l'on peut dire !). Je travaille dur. Je ne sors pas, surtout le soir. Je me couche tôt et suis debout dès l'aube. Et voilà dix ans que je mène cette vie-là !

J'espère que vous retiendrez ma candidature.

Croyez en mes meilleurs sentiments. »

Signé : X...

P.S. : « Si vous me désignez comme vainqueur, attendez le printemps prochain pour me remettre mon prix, car il me reste trois mois de prison à faire. »

***

Un très vieux noble français a l'habitude depuis des années de lire *le Figaro,* dont il est un fidèle abonné, et ce matin-là, à sa grande surprise, on annonce son décès dans le carnet mondain à la rubrique nécrologique.

Il écrivit aussitôt la lettre suivante à son quotidien favori :

« Monsieur le directeur,

Voilà cinquante ans que je reçois votre quotidien. Aujourd'hui j'y apprends ma mort. Votre journal étant toujours précis dans ces informations, je pense que je suis mort. Je vous prierai donc de suspendre mon abonnement. »

***

Paul Noblet, journaliste bien connu aux *Nouvelles de La Creuse et du Centre* est mis sur un « scoop » par le concierge de l'hôtel Moderne : un milliardaire californien est de passage dans son hôtel et cela ferait un bon reportage.

Le journaliste obtient sans difficulté un rendez-vous et l'entretien commence :

— Monsieur Douglas, vous êtes un homme célèbre en Californie à cause de l'immense fortune que vous possédez...

— Yes !

— Pour que nos lecteurs réalisent, pouvez-vous me dire quelle est la superficie du terrain que vous possédez outre-atlantique ?

Est-ce 200 000 hectares ?

— No.

— 100 000 hectares ?

— No.

— 10 000 hectares alors...

— No.

— Parlez-vous notre langue ? Est-ce 5 000 hectares ?

— No.

— Quand même 1 000 hectares, je suppose ?

— No, pas du tout.

Là, Paul Noblet est inquiet... C'est un « scoop » bidon qu'il a, un entretien avec un Californien moyen de passage dans la Creuse.

— C'est 500 hectares ?

— No. Je possède 80 hectares...

— Ce n'est pas grand-chose 80 hectares... Ici...

— Pas grand-chose ? Vous trouvez que ce n'est pas grand-chose 80 hectares en plein centre de Los Angeles...

***

Un journaliste téléphone à son quotidien :

— Le tremblement de terre qui s'est déroulé hier en Yougoslavie a fait de nombreux dégâts matériels, et une seule victime, Mme Zorkascgrtitchwzionievsk.

— D'accord, lui répond son rédacteur en chef au téléphone, maintenant son nom AVANT le tremblement de terre ?

***

Un journaliste interviewe une célèbre strip-teaseuse :

— Et quel est votre rêve le plus secret ?

— M'habiller et me mettre au lit...

***

Un journaliste se fait rembarrer alors qu'il essaie de forcer un barrage lors d'une révolution dans un petit pays d'Amérique centrale :

— Mais laissez-moi au moins faire mon métier !

— Attendez demain matin, vous aurez tous les détails dans les journaux, lui conseille un des membres de l'état-major !

***

Un journaliste pénètre dans le bureau de son rédacteur en chef :

— Patron, je voudrais apporter une dernière retouche à l'article que je viens de vous donner !

— Dépêche-toi, Coco, s'entend-il répondre. Dans quelques instants, on va vider les poubelles !

***

Une dame rentre chez elle à la fin de la matinée et demande à sa bonne qui avait pour tâche de faire le ménage en grand :

— Marie ! Quand vous êtes montée sur la table de salle à manger pour nettoyer le lustre, vous avez bien mis des journaux sous vos pieds ?

— Oh, non, madame. C'était pas la peine. J'étais assez grande.

***

JUIF

J'ai rencontré un Écossais juif. Je me suis étonné :

— Comment se fait-il que vous, Écossais, vous soyez devenu juif ?

— Parce que ça dépassait de mon kilt...

***

Ce sont les Israélites eux-mêmes qui me l'ont dit : « Il n'y a pas de juif errant. Il n'y a que des juifs qui cherchent. »

***

En Amérique du Sud, un ancien S.S. m'a dit :

— Vous savez pourquoi Hitler n'a pas brûlé les cons ?

— Non.

— Parce qu'il ne serait resté que les juifs.

***

Vous connaissez la plus courte des histoires juives ? « Dieu soit loué ! »

***

On prépare l'émission de télévision *Eh bien raconte*... Le producteur prévient :

— Pas de blagues : je ne veux aucune histoire dans laquelle entrent en scène des Noirs, des Allemands ou des juifs !

— Dommage ! fait un raconteur. J'en avais une sensationnelle qui se passe en Israël...

— Pas question ! Pas question ! Tu n'as qu'à remplacer les juifs par des Écossais.

— Les Écossais, on peut ?

— Oui, oui. On peut... Raconte-la comme ça, tu verras que ça ira très bien. Ce sera pareil.

L'heure de l'émission arrive et le raconteur commence son histoire juive, devenue écossaise :

— Mac Intosh est sur son lit de mort. Toute sa famille est réunie. Et discute déjà de l'enterrement. Bien entendu, tout le monde devra y assister. La femme de Mac Intosh, son fils, sa belle-fille, les petits-enfants, les cousins, les cousines, tout le monde... Entendant cela, le vieux mourant se soulève douloureusement et demande, l'air très inquiet : « Mais alors ? Qui tiendra le magasin pendant ce temps-là ? »

Cela aurait dû constituer la « chute » de l'histoire. Mais à ce moment précis, un autre raconteur présent, affreux Jojo — certainement moi, Doris ! — répond à la question du moribond :

— Qui ? Eh ben... Lévy !

(Le producteur de l'émission a failli s'étouffer en avalant de travers !)

***

Tel-Aviv, deux juifs discutent :

— Moshe, as-tu de l'argent ?

— Où ça ? Où ça ?

***

C'est le même Moshe qui a des problèmes car il ne peut jamais boire son thé comme il l'aime... En effet, il l'aime avec trois sucres... Quand il est chez lui il en met un et quand il est chez des amis il en met cinq...

***

Compression de personnel aux Galeries Farfouillette... Le nouveau chef du personnel est un antisémite convaincu... Le premier sur la liste est un vendeur qui se nomme Salomon Cohen. Mais avant de le renvoyer, le chef du personnel décide d'aller voir ce vendeur sur le terrain...

Salomon est en train d'entreprendre un client :

— Je vous conseille cette canne à pêche ; c'est la plus chère mais elle vous fera la vie entière... Et puis il vous faut un pliant pour attendre assis que cela morde... En passant prenons vite l'épuisette, les appâts... Mais, pêcher au bord de l'eau c'est bien mais en bateau c'est mieux... Tenez achetez donc ce bateau en plastique... Et prenez le plus gros moteur... Oui, il est cher mais en cas de courant assez fort... Et puis il suffit de le poser sur le toit de votre voiture... Vous n'avez pas de voiture ? Passons au rayon automobile... Je vous conseille cette grosse, plus puissante pour tirer une caravane pour vous reposer de la pêche... Vous n'avez pas de caravane... Voici le rayon : prenez le plus beau modèle : indémodable...

Voilà, je crois que vous avez tout cher monsieur...

Le type passe à la caisse et paye... Le chef du personnel n'en revient pas... Il va voir le vendeur et lui dit :

— Monsieur Cohen, je n'aime pas les juifs... Mais un vendeur comme vous c'est du jamais vu. Je vous garde et je vous augmente. Pensez un type qui en sort pour quinze millions alors qu'il était entré pour une canne à pêche...

— Non, monsieur, je l'ai rencontré à la pharmacie en face. Il achetait une boîte de tampax pour sa femme alors je lui ai dit :

— Puisque votre femme est indisposée, vous allez vous ennuyer ce week-end... Pourquoi ne pas aller à la pêche...

***

Paris, rue d'Aboukir :

— David, où vas-tu avec ses valises ?

— Moshe, je pars à Tel-Aviv pour mon voyage de noces !

— Tu as raison mon fils... Mais où est ta femme ?

— Le magasin reste ouvert, elle s'en occupe.

***

Daniel Barenboim est invité par le Grand Orchestre de Tel-Aviv à venir le diriger pour un concert exceptionnel. Il arrive dans la salle de concert pour la première répétition. Les musiciens lui font une ovation. Il s'incline et dit :

— Merci messieurs. Nous allons attaquer après une mesure pour rien.

A cet instant, tous les musiciens se lèvent et sortent.

***

Un protestant dit à un juif :

— C'est très étonnant, mais vous savez que l'on dit des juifs que chaque fois que quelqu'un leur pose une question, ils répondent par une autre question ?

— Qui vous a dit cela ? répond le juif.

***

De grands savants viennent d'avancer une théorie originale. Moïse serait d'origine belge.

La raison qu'ils avancent pour soutenir leur thèse ?

Comment aurait-il pu, autrement, faire tourner les Hébreux à gauche, quand ils sont sortis d'Égypte, alors que le pétrole était à droite...

***

Deux femmes juives discutent ensemble :

— J'ai un secret pour réussir une bonne salade, fait l'une.

— Quoi donc, interroge l'autre ?

— Il faut sacrifier un peu d'huile !

***

Devant le mur des Lamentations, un juif hurle :

— Mon Dieu, ma famille, quel malheur, ma famille !

— Que se passe-t-il, répond un monsieur qui passe. Votre famille a été déportée ?

— Mais non, réplique le juif. Elle est partie en vacances à Cannes au Carlton !

***

Deux enfants font pipi sur le mur des Lamentations.

— Mais tu n'es pas circoncis, dit un enfant à l'autre.

— Mais non, répond celui-ci. Papa ne sait pas si on va rester !

***

La plus courte histoire juive du Monde : « Amen. »

***

A la nouvelle que son fils s'est converti au catholicisme, un rabbin se suicide. Il arrive au Paradis où il rencontre Dieu.

— Il ne fallait pas faire ce geste, explique ce dernier. Mon fils aussi s'est jadis converti.

— Et qu'avez-vous fait, demande le rabbin à Dieu ?

— Un nouveau testament...

***

A la banque Rotschild, la direction vient de faire apposer dans chaque bureau l'avis suivant : « Dans nos locaux, il est formellement interdit d'avoir le nez en l'air... »

***

La tour de contrôle de l'aéroport de Tel-Aviv répond au Boeing qui avait demandé l'autorisation d'atterrir :

— Atterrissage piste 12 dans 8 minutes. Mais on peut s'arranger et conclure 6 minutes.

***

J'ai monté une affaire en Israël, mais j'ai fait faillite. Il faut dire que je vendais des sacs à rire près du mur des Lamentations !

***

Mme Rosenblumfled va voir le proviseur du pensionnat où se trouve son petit-fils.

— Mes hommages du jour, chère madame, que puis-je pour vous ?

— Me serait-il possible d'apercevoir le petit Moishele, au parloir ?

— Mais chère madame, ôtez-moi d'un doute, ne seriez-vous pas madame Rachel Rosenblumfeld, la grand-mère du petit Moishele ?

La vieille dame émue, demande :

— Mon petit fils vous aurait-il parlé de moi ?

— Mais oui, et pas plus tard qu'hier quand il m'a demandé la permission de rentrer dans sa famille aujourd'hui, pour assister à votre enterrement.

***

Nous sommes chez le rabbin. Aaron est venu le voir pour une lettre de recommandation destinée à l'un des Rothschild chez qui Aaron aimerait travailler.

Pendant que le rabbin rédige la lettre, Aaron, tout à fait décontracté, se prélasse dans un fauteuil, le chapeau sur la tête et fumant sa pipe.

— Voici ta lettre, Aaron, mais un conseil, quand tu seras chez Rothschild, enlève ton chapeau et ne fume pas la pipe.

— Mais oui, Grand Rabbin, bien sûr. Je sais quand même me tenir dans la vie.

***

Devant la banque Rothschild, un vendeur de marrons rencontre un vieil ami d'enfance.

— Mais quelle surprise de te voir ? Comment vas-tu, Salomon ? Cela fait tellement longtemps que nous ne nous sommes vus ! Raconte-moi ce que tu deviens ?

— Eh bien pour tout t'avouer, mal. Je végète, rien ne me réussit, Yankel. Toi, en revanche, tout semble te sourire.

Il est vrai que Yankel paraît très heureux. Son petit commerce marche très bien. Il y a un tel passage devant la banque. Et ils parlent de leurs souvenirs, de la famille...

— Dis-moi, Yankel, au nom de notre amitié, ne pourrais-tu pas m'aider financièrement juste quelque temps et je te rendrai, ne t'inquiète pas ?

Yankel paraît bien ennuyé :

— Oui, je comprends. Vois-tu, j'aurais bien aimé mais je ne peux vraiment pas. Tu sais, quand je me suis installé ici, j'ai passé un accord impératif avec la banque Rothschild. Elle s'est engagée à ne jamais vendre de marrons, et moi à ne jamais prêter d'argent.

***

Dans un urinoir du square Bresson, un type s'adresse à son voisin :

— Vous ne seriez pas juif, par hasard ?

— Oui, fait l'autre, étonné.

— Et c'est pas le rabbin Mozino qui vous a circoncis ?

— Mais, ouais ! répond l'autre, stupéfait.

— Comment avez-vous deviné ?

— Eh ben ! c'est pas compliqué ! il donnait toujours son coup de bistouri de biais, et ça fait cinq minutes que vous urinez sur moi !

***

Moïse et Aaron, excellents compagnons de jeu se retrouvent à l'hôpital après une fracture de la jambe.

On procède au déplâtrage, puis tous les matins un kinésithérapeute vient masser les jambes fracturées. Moïse hurle, Aaron en revanche accueille les séances avec joie. Au bout de quelques jours, Moïse n'y tenant plus demande à son ami :

— Tu sembles réellement apprécier ces moments qui sont si douloureux pour moi ; explique-moi.

— Idiot ! fais comme moi, présente-lui la jambe normale !

***

Jacob rencontre Samuel et lui annonce une grande nouvelle.

— Ça y est ! Je suis délivré ! Je ne m'occupe plus du tout de mes affaires. J'ai engagé un fondé de Pouvoirs.

— Ah, lui répond Samuel. Et il te coûte cher ?

— Je n'en sais rien, lui réplique Jacob. C'est le premier de mes soucis !

***

Un vieux juif prodigue quelques conseils à son fils.

« Tu vois, mon petit, j'ai bâti ma vie et mon succès sur deux principes : méfiance, méfiance... »

***

Deux mamans israélites évoquent leurs fils respectifs et leurs succès. L'une des deux lance soudain à l'autre :

— Au fait, quel âge ont vos enfants ?

Et la dame de répondre :

— Voyons... Le médecin 6 ans et l'avocat 7 ans...

***

Deux restaurateurs juifs demandent audience au pape. Ils arrivent au Vatican avec dans les bras un tableau emballé dans une vieille feuille de papier. Ils déballent l'œuvre sur laquelle on découvre les douze apôtres en train de manger autour d'une grande table.

— Ça vous dit quelque chose, demandent-ils au pape ?

— Mais oui, répond le Saint Père, c'est la Cène avec Jésus, les apôtres et mon prédécesseur saint Pierre.

— Ah c'est votre prédécesseur !

— Mais oui !

— Ça tombe bien qu'on vous rencontre, alors ! Parce qu'ils sont partis sans payer !

***

C'est le scandale dans cette famille juive. Le père est banquier, l'aîné dans la confection, mais le dernier veut être rabbin !

— Mon fils, enfin, lui dit le père, rabbin, tu ne peux pas gagner ta vie comme ça, c'est pas un métier pour un juif !

***

— Sais-tu pourquoi les enfants des juifs russes sont plus beaux que les autres enfants russes, demande un type à l'un de ses copains ?

— Non, lui répond celui-ci.

— Rien de plus facile ! Parce qu'ils sont destinés à l'exportation !

***

Messieurs Levy et Rosenberg, tous deux passionnés par les courses de chevaux, font le point sur leurs fortunes diverses. Levy gagne un maximum d'argent, Rosenberg perd régulièrement une fortune.

— Quel est ton secret pour gagner, demande-t-il à son ami chanceux ?

— Écoute mon conseil, lui répond celui-ci. Puisque comme moi tu crois en Dieu, tu vas prier à la synagogue et au moment où tu te retrouves tout près de Dieu, tu lui demandes de te murmurer à l'oreille la combinaison du prochain tiercé. Crois-moi, ça marche !

Fou de joie, Rosenberg s'exécute et quelques jours plus tard, il croise Lévy.

— Toi et tes conseils ! Sais-tu ce que Dieu m'a soufflé ? Le 15, le 3 et le 12. Le 15 a fini quinzième, le 3 troisième et le 12 douzième !

— Mais ce n'est pas possible ? Où t'es-tu rendu ?

— A la synagogue au coin de notre rue !

— Malheureux, lui lance Lévy, c'est à l'autre qu'il fallait te rendre ! Celle-là, c'est pour le trot attelé !

***

Un jésuite demande à un passant le chemin de la cathédrale.

— Vous ne pourrez jamais y arriver, s'entend-il répondre par un juif, c'est tout droit !

***

Voici quelques années, Popeck est allé s'installer définitivement en Israël, a établi là-bas un élevage de poulets. Il en est très content jusqu'au jour où il reçoit une convocation du ministère du Travail.

— On me dit que votre entreprise marche très bien mais je m'étonne des cinq tonnes de croûtons de pain pour les poulets.

— Il faut bien qu'ils mangent ! répond Popeck, étonné de ce reproche.

— Nous sommes toujours en guerre et nous aurions pu nourrir nos soldats avec. Alors je vous taxe de l'impôt de guerre. Dix mille livres israéliennes ! Popeck paye.

Six mois après, nouvelle convocation. Cette fois une trop grande consommation de riz et Popeck doit s'acquitter d'une nouvelle taxe de trente mille livres.

Six mois plus tard, même scénario. Cette fois on reproche à Popeck de nourrir ses poulets avec du maïs et comme Israël est toujours en guerre, il a une nouvelle taxe à payer de cinquante mille livres.

Au ministère, on aimait bien voir Popeck car il payait bien. Un an plus tard il est de nouveau convoqué :

— Eh bien Popeck, tu n'importes plus rien ! J'espère que tu as toujours ton élevage au moins ?

— Bien sûr, mais comme j'en avais assez de payer l'impôt, je donne directement l'argent à mes poulets et ils achètent eux-mêmes ce qui leur plaît.

***

Jacob se promène et aperçoit chez un marchand de cacahuètes une pancarte indiquant « Interdit aux Juifs ».

— Vous n'avez pas honte, lance-t-il au commerçant ! Comment vous appelez-vous ?

— Moshe répond l'autre.

— Et avec un nom pareil vous énoncez de telles formules ?

— Mais oui, répond Moshe. Car vous n'avez pas goûté mes cacahuètes !

***

Un jésuite et un dominicain discutent sur la nativité.

— A votre avis, Jésus est-il né les yeux ouverts ou fermés, demande le premier ?

— Ouverts ! réplique le second. Mais quand il a vu l'âne et le bœuf, il s'est dit « c'est ça la compagnie de Jésus » ? et il a aussitôt fermé les yeux !

***

Qu'est-ce que l'antisémitisme ?

Seulement une manière exagérée de détester les juifs...

***

Sur un bateau se dirigeant vers Israël, trois hommes font connaissance.

— Moi, fait le premier, je viens de Lituanie, où tout le monde est juif ; sauf les pompiers.

— Moi, ajoute le second, je viens de Pologne, où tout le monde est juif sauf les pompiers.

— Moi, fait le troisième, je viens d'une grande ville, New York, où il y a 9 millions d'habitants parmi lesquels 2 millions de juifs !

— C'est incroyable font les deux autres ! Dans cette ville il y a autant de pompiers !

***

Sur la tombe d'un marchand juif récemment décédé, on peut lire :

« Ci-gît Isaac Moïse Lévy. Qu'il repose en paix... Mais la vente continue au 352, rue d'Aboukir. »

***

JUNGLE

Dans la jungle, non loin d'un désert. Il fait chaud. Le soleil est plus jaune que jamais, la terre est rouge, en certains points l'herbe est brûlée. Il n'y a pas âme qui vive et pourtant deux rhinocéros avancent au milieu de cette nature ingrate. Ils ont l'air de souffrir... L'un soudain se retourne vers l'autre et lance :

« Finalement, je n'arrive pas à me faire à l'idée qu'on est lundi ! »

***

Deux amis traversent la brousse et l'un d'entre eux est victime d'un accident. En vie mais intransportable, il décide de rester sur place. A quoi son copain réplique.

— Je dois rentrer à Paris pour mes affaires. Je te laisse mais on se reverra !

Effectivement, quelques mois plus tard, ils se croisent à nouveau en France.

— Comment ça s'est passé, demande l'homme en bonne santé à son ami blessé ?

— Oh là là, répond l'autre. Je suis tombé sur un sorcier étonnant. D'abord, il m'a greffé un œil d'aigle. Alors, maintenant dans les soirées, les belles filles, je les repère de loin ! Et puis ensuite, il m'a greffé un bras d'orang-outang. Alors, les filles dans les soirées, je les tiens super-serrées. Enfin, il m'a greffé une trompe d'éléphant à la place du sexe. Et ça l'effet est immédiat dans les soirées. Mais j'ai quand même un problème quand le maître d'hôtel passe avec les cacahuètes !

***

Une souris se promenant dans la jungle rencontre un éléphant :

— Comme tu es gros ! dit la souris, et comme tu es grand !

— Comme tu es petite ! répond l'éléphant, et comme tu es maigre !

— Oui, mais moi, je viens d'être très malade !...

***

Un avion de ligne s'écrase dans la brousse. Une passagère, au corps et au visage sublimement beaux sort indemne de l'accident. A peine sonnée, elle se met à errer dans la forêt sans voir les regards qui se cachent derrière les fourrés : ceux de deux cannibales, le père et le fils.

— Qu'est-ce qu'on fait, fait le fils. On la bouffe ?

— T'es fou, fait le père. Non, on rentre à la maison et on bouffe maman !

***

On vient en effet de retrouver l'origine du célèbre cri de Tarzan... Un jour, Jane, sa compagne, tombe à l'eau... Hélas, elle ne sait pas nager...

Tarzan, n'écoutant, comme d'habitude que son courage, tente de la secourir en s'accrochant à une liane et en se dirigeant vers elle... Il se trouve à un moment juste au-dessus d'elle et lance :

— Allez, accroche-toi où tu peux...

***

K

KANGOUROU

L'Australie, ses kangourous... Justement c'est d'une maman kangourou qu'il s'agit... Elle est en pleine conversation avec une autre maman kangourou :

— Ma chérie, ce n'est pas raisonnable de te gratter comme cela...

— Que veux-tu, toute la journée j'ai mon gamin qui avale biscotte sur biscotte...

***

Un kangourou en laisse dans Paris... Voilà qui est peu commun... Et pourtant c'est ce que promène Loïc... Il rencontre, par hasard, un copain :

— Mais, dis donc, que fais-tu avec un kangourou en laisse ?

— Tu vois, je le promène... C'est un bébé kangourou...

— Un bébé kangourou à Paris ! Cela ne doit pas être facile à loger et à nourrir... Tu devrais le mettre au zoo !

— Excellente idée... Je n'y avais pas pensé...

Quelques semaines plus tard, ils se rencontrent de nouveau... Loïc, toujours avec son bébé kangourou en laisse...

— Tu ne l'as pas installé au zoo ?

— Si, si mais là, c'est mercredi, et je l'emmène au cinéma.

***

Un inspecteur de l'Éducation nationale visite une classe de sciences naturelles.

— Qu'est-ce qu'un kangourou, demande-t-il au petit Paul ?

— Un kangourou, c'est un animal qui se balade avec une grande poche sur son ventre pour s'y réfugier en cas de danger.

***

Un kangourou rencontre un autre kangourou :

— Et ton flirt d'hier ?

— C'est dans la poche !

L

LAPIN

— Allô ! Monsieur Lapin, s'il vous plaît.

— C'est moi !

— C'est bien vous monsieur Lapin ?

— Absolument.

— Bien. Alors : pan !

***

— Je viens de rompre avec Julien. Il m'avait posé trop de lapins.

— Tu trouves ça tellement grave ?

— Oui, parce qu'il les avait posés sur mes épaules en me faisant croire que c'était du vison.

***

Une petite fille est en larmes et va trouver sa mère.

Elle vient de découvrir qu'elle est victime d'une infirmité qui s'appelle « bec de lièvre ».

— Oh maman, c'est affreux !

— Mais non, mon petit lapin, c'est rien...

***

Un petit lapin se trouve face à face avec un terrible renard. Le petit lapin se souvient de ses leçons d'instruction religieuse et dit :

— Dieu tout-puissant, inspirez à ce renard des sentiments chrétiens !

— Bénissez le repas que je vais prendre, répond le renard, en se jetant sur le lapin.

***

Un lapin décide de quitter l'U.R.S.S. et parvient à traverser le rideau de fer. De l'autre côté, il fait la connaissance d'un autre lapin qui l'interroge sur les raisons de sa fuite :

— Andropov avait décidé d'organiser une chasse à l'ours, lui explique-t-il.

— Mais, réplique l'autre, tu n'es pas un ours, tu es un lapin !

— Oui, lui répond le premier lapin, mais je n'ai pas de papiers qui le prouvent !

***

LIBRAIRE

— Monsieur le libraire, bonjour !

— Bonjour, monsieur. Que puis-je faire pour vous ?

— Avez-vous du Guy de Maupassant ?

— Ah non ! Navré ! Par contre, nous avons du Guide Michelin et le Guide du Chasseur !

***

Un peu avant Noël, un jeune homme pénètre chez un libraire et demande à une vendeuse :

— Des cartes sentimentales... Belles, jolies... Avec une phrase romantique...

— Je crois que j'ai exactement ce que vous cherchez ! répond la vendeuse, gentille petite môme de vingt berges, malheureusement disgraciée par un éloquent strabisme convergent.

Et elle sort au jeune homme une carte de vœux — qu'imaginez-vous qu'elle puisse sortir d'autre ? — sur laquelle on lit cette phrase impérissable : « A la seule fille que j'aie jamais aimée »... (C'est beau, non ?)

— Ah ! C'est parfait ! Parfait ! Parfait ! Vous êtes formidable, Mademoiselle... (du baratin...). Donnez-m'en une douzaine !

***

Un libraire de province est en train de conseiller un client.

— Si vous aimez les livres d'aventures, je vous propose « Les Derniers Jours de Pompei »...

— Oui, mais de quoi est-il mort ?

***

Un type entre dans une belle librairie :

— Bonjour avez-vous des caleçons avec pochettes assorties ?

— Monsieur, ici c'est une librairie !

— Tant pis pour vous, vous perdez un client.

***

Madame Duglandard (mais si, vous la connaissez, la femme du notaire) retourne chez son libraire :

— Monsieur Gontran, j'aimerais un autre livre comme celui de la semaine dernière... Avec le même suspens, où l'on ne sait jamais si cela va finir en triomphe ou en catastrophe...

— Attendez que je me souvienne... C'était un roman de Boudard ?

— Absolument pas c'était un livre de recettes de cuisine.

***

Lu devant une librairie catholique :

— Sélection d'ouvrages que les jeunes filles peuvent lire les yeux fermés...

***

Une dame entre dans une librairie et demande :

— Vous avez « Roméo et Juliette » de Shakespeare ?

— Mais oui, madame.

— Bon, alors aujourd'hui, donnez-moi « Roméo » et je viendrais prendre « Juliette » un autre jour.

***

Un monsieur semble chercher quelque chose dans une librairie. Le vendeur s'approche :

— Je peux peut-être vous aider, monsieur.

— Oui, merci. Avez-vous un rayon de livres érotiques ?

— Mais certainement, monsieur. Quel livre cherchez-vous ?

— Je ne me souviens plus du titre mais c'est d'un auteur connu. Je crois que son prénom, c'est Alphonse.

— Alphonse ? Je ne vois pas. A part Alphonse Daudet...

— Oui, c'est ça ! C'est Alphonse Daudet.

— Alphonse Daudet ? Mais je ne crois pas qu'il ait écrit de livres érotiques.

— Mais si, cela va me revenir. Citez-moi des livres de lui...

— Euh... Tartarin de Tarascon...

— Non, ce n'est pas ça. Attendez, je me souviens, ça commence par « Le Petit... » Oui, ça y est ! C'est « Le Petit Chose » !

***

Un monsieur s'arrête dans un petit village de campagne pour faire le plein d'essence. Pendant que sa voiture est entre les mains du pompiste, il en profite pour aller s'acheter de la lecture dans la mercerie-librairie-épicerie de la place.

— Bonjour madame. Avez-vous un Guy des Cars ?

— Ah, non monsieur. Mais, par contre, j'ai le guide des trains.

— Mais non, madame, je vous parle d'un auteur, d'un livre.

— Ah ? Non, je ne crois pas.

— Bon, ça ne fait rien. Qu'est-ce que vous avez comme nouveautés ?

— Comme nouveautés ? Justement, j'ai « Le Rouge et le Noir » de Stendhal.

— Mais non, madame, je vous parle de nouveautés.

— Eh bien, oui ! Je l'ai reçu ce matin !

***

LION

Un dompteur met sa tête dans la gueule du lion et celui-ci la lui croque... La pauvre bête n'avait pas un sou de méchanceté, mais elle a éternué... Moralité ; les lions enrhumés sont plus dangereux que les autres !

***

Les lions ont une grosse tête afin qu'ils ne puissent pas passer à travers les barreaux.

***

C'est un petit garçon sans cœur. Rien ne le touche, rien ne l'émeut... Un soir, il est au cirque. Le dompteur présente ses lions ; brusquement, ceux-ci se précipitent sur lui et le mangent... Le petit garçon demeure impassible. La maman est effrayée de l'insensibilité de son fils... Les lions se repaissent goulûment. Tout à coup, l'enfant se met à pleurer.

— Ah ! Enfin ! dit la mère. Je savais bien que tu étais un bon petit bonhomme... Qu'est-ce qui te fait tant pleurer, mon chéri ?

— Le gros lion, là-bas, dans le coin...

— Ah oui ?

— Oui... Il a rien eu à manger, lui...

***

LOUP

Un lièvre, en compagnie d'un loup, arrive dans un restaurant et demande une table. Le maître d'hôtel les installe puis prend la commande :

— Je prendrai, dit le lièvre, des carottes râpées et un lapin à la moutarde.

— Et pour monsieur ? interroge le maître d'hôtel en regardant le loup.

— Il ne prend rien, répond le lièvre, il n'a absolument pas faim.

Le maître d'hôtel insiste lourdement, chiffre d'affaire oblige...

— Mais, monsieur, nous avons un excellent mouton ou bien une belle pièce de bœuf...

—. Écoutez, dit le lièvre, il n'a pas faim. Croyez-moi, s'il avait faim, je ne sortirais pas avec lui.

***

LUNETTES

Un monsieur est venu consulter un oculiste parce qu'il a l'impression que sa vue baisse. Le médecin le fait lire sur les grands panneaux :

— C'est quoi, cette lettre ?

— Je ne sais pas, c'est trop loin.

L'oculiste lui montre des caractères plus gros :

— Et ça ?

— C'est trop loin aussi.

— Et là ?

— Je ne peux pas voir.

— Bon, et bien écoutez monsieur, je pense que ce n'est pas des lunettes dont vous avez besoin mais d'un chien !

***

M. Durand vient de recevoir une lettre mais il a perdu ses lunettes et demande à son directeur de bien vouloir la lui lire. Le directeur accepte et se met à dire, après l'avoir lue :

— Durand, vous êtes renvoyé !

M. Durand, étonné, rentre chez lui et donne la lettre à sa femme. Quand elle a fini de la lire, elle s'écrie :

— Salaud !

Et elle fait sa valise et retourne chez sa mère.

M. Durand se rend alors au café du coin où il connaît bien le patron :

— J'ai perdu mes lunettes, vous pourriez me lire cette lettre ?

— Mais bien sûr.

A peine a-t-il posé les yeux sur la missive que le patron entre dans une colère noire :

— Ne remettez plus les pieds dans mon café !

Le pauvre M. Durand, stupéfait, va enfin trouver son meilleur copain et lui explique :

— Écoute, c'est incroyable. J'ai reçu une lettre bizarre. A chaque fois que je demande à quelqu'un de me la lire parce que j'ai perdu mes lunettes, il m'arrive une catastrophe. Mon directeur m'a renvoyé, ma femme m'a quitté, le patron du bistrot m'a interdit l'entrée de son café. Écoute, je n'en peux plus. Il faut absolument que je sache ce que contient cette lettre.

— Mais bien sûr. Je vais te la lire. Donne-la moi.

M. Durand tend la lettre à son ami mais à ce moment, un coup de vent emporte la mystérieuse missive et l'on a jamais pu savoir ce qu'il y avait d'écrit dessus.

***

Un homme est penché au-dessus du fleuve, sur le pont et semble chercher quelque chose. Un autre monsieur s'approche et lui dit :

— Vous avez perdu quelque chose ?

— Oui, j'ai fait tomber mes lunettes dans la Saône.

— Dans la Saône ? Vous voulez sans doute dire dans la Seine ?

— Oh, vous savez, moi, quand je n'ai pas mes lunettes, je ne fais plus la différence !

***

Un jeune homme épouvantablement myope vient d'épouser une femme épouvantablement laide. Mais comme il ne porte pas de lunettes, cela ne le gêne pas et il ne s'en aperçoit pas. Un jour, enfin, il décide de se faire faire des lunettes et quand elles sont prêtes, il va les chercher chez l'opticien.

De retour chez lui, arborant une magnifique paire de lunettes, il ouvre la porte d'entrée, se trouve face à face avec sa femme et... il tombe évanoui.

***

— Tiens, tu portes des lunettes à présent ?

— Oui. Ma myopie m'a joué un trop vilain tour.

— Raconte...

— L'autre jour j'ai fait la cour à une fille, baratin et tout. Et figure-toi que c'était ma femme !

***

Le nez ? Ça sert à poser mes lunettes dessus !

Réponse jugée stupide par l'institutrice qui interroge Lazare qu'elle pense plus intelligent.

— Le nez ? A quoi ça sert ? Mais à flairer les bonnes affaires !!!

***

M

MAGIE

LE POUVOIR MAGIQUE

J'avais un ami qui possédait un pouvoir magique ! Lequel ? Il faisait disparaître les cendriers !

Pour cela il tendait les mains vers le cendrier qu'il voulait escamoter et prononçait la fameuse formule que je vous conseille de n'utiliser qu'avec circonspection : « Abracadabra... »

Bien des fois, j'avais essayé de faire comme lui. Peine perdue ! Le cendrier ne bougeait pas ! J'étais désespéré...

A la vue de mon abattement, mon ami m'expliqua, pour me rasséréner, que chacun de nous, sur terre, avait un pouvoir magique !

— C'est vrai ? questionnai-je, déjà rempli d'espoir.

— Oui ! me promit-il. Mais c'est à toi de le découvrir !

Alors, je tentai diverses expériences sur des tas d'objets.

Mais chaque fois, c'était l'échec. Et, un jour, passant devant un magasin de jouets, je vis dans la vitrine une très jolie poupée revêtue d'une fort belle robe. Je tendis, instinctivement, les mains vers elle, et prononçai, machinalement : « Abracadabra... »

Aussitôt, sous mes yeux éberlués, la poupée se trouva nue !

Scrongneugneu ! Ça y était ! J'avais découvert mon pouvoir magique !

Grande était ma joie ! Ce pouvoir allait me rendre, pensai-je, des services inestimables...

Le cœur en joie, je fis venir chez moi une fille magnifique que je désirais en secret depuis des mois et des mois...

Après lui avoir offert un porto, je la regardai, assise sur mon canapé, ravissante, désirable... Elle me fit penser à une poupée ! Je tendis les mains vers elle et d'une voix étranglée par l'émotion ou par une fulgurante pulsion sexuelle, je dis : « Abracadabra. »

— Waou ! (cri de la bête en rut).

— Waou ! Elle se retrouva nue devant moi !

Cherchant fébrilement à profiter de l'occasion — celle qui fait le larron — je commençai à me déshabiller prestement !

Mais elle stoppa net mon élan. Éclatant d'un rire satanique elle me dit :

— Mon pauvre garçon ! Vous n'avez pas de chance. Moi aussi j'ai un pouvoir magique... Prenez ce tisonnier qui est dans la cheminée et tenez-le à bout de bras en le dirigeant vers moi.

Intrigué, j'obtempérai. Elle prononça alors le redoutable « abracadabra » et je vis, horrifié, le tisonnier s'avachir, devenir mou comme une loque à reloqueter (traduction de cette expression chtimi : mou comme une serpillière) et pendre, lamentablement, au bout de mon bras.

Elle avait un pouvoir. C'est évident... Comme tout le monde... Mais un pouvoir tragique !

***

MAISON

Ayant appris qu'un ingénieur allemand fabriquait des briques avec de la matière fécale, je me suis fait construire une maison comme ça... Malheureusement, le jour de la pendaison de crémaillère, j'ai tiré la chasse d'eau et toute la maison est partie dans la fosse septique.

***

— J'achèterais bien votre maison, mais il y a trop de moustiques dans la région.

— Oh ben, ça c'est rien ! répond le cultivateur-propriétaire.

— C'est vous qui le dites...

— Mais non, c'est rien. Z'aurez qu'à faire comme nous...

— Quoi donc ?

— Vous prenez votre grand-père, vous le posez sur une chaise devant la maison après lui avoir enduit le visage de miel et vous verrez, tous les moustiques iront sur lui... Avec le nôtre on a de bons résultats.

— C'est horrible ! s'exclama le Parisien au cœur sensible. Le pauvre vieux doit se gratter jusqu'au sang ?

— Pensez-vous... Il peut pas, il est paralysé.

***

Au début, quand je cherchais un logement, quelqu'un me proposa de me louer un tonneau. J'ai refusé ; je ne voulais pas être roulé !

***

MAISON CLOSE

Un monsieur entre dans une maison close, donne 500 F à la patronne et s'adresse à elle en ces termes.

— Je voudrais la plus laide de vos pensionnaires et de préférence, celle qui fait le plus mal l'amour.

— Mais pourquoi, demande la patronne ?

— Mais, répond le client, parce que ma femme me manque !

***

Un homme se rend à Genève dans une maison close. Il choisit une pensionnaire, la suit dans une chambre. Quelques instants plus tard, sortent de cette pièce des cris d'horreur poussés par la demoiselle.

— Non, non, hurle-t-elle, tout mais pas ça !

Tous les employés se précipitent vers cette chambre, ouvrent la porte et découvrent la jeune nymphette recroquevillée dans un coin et levant le poing en direction de son client.

— Tout mais pas ça, implore-t-elle... Tout mais pas ça... Regardez, mesdames, je vous prends à témoin ! Il veut me payer avec de l'argent français...

***

Un monsieur demande à la tenancière d'une maison close si elle n'aurait rien d'original à lui offrir.

— Si, répond la dame. Je peux mettre à votre disposition une sirène.

— Une sirène, je n'y crois pas, répond le monsieur. Et vous trouvez des gens qui marchent dans cette combine ?

— Oh monsieur, répond la dame, il y en a qui en sont bien contents le vendredi !

***

MAMAN

— Maman ! Qu'est-ce que j'aurai pour Noël ?

— Nous embête pas, t'as déjà un cancer...

***

— Maman ? Je peux mettre ma robe neuve ?

— Bien sûr, *Robert* !

***

— Maman, c'est vrai que j'ai une grande bouche ?

— Qu'est-ce que c'est que cette invention ? Mais cesse de manger ta soupe avec la louche...

***

— Maman, c'est vrai que j'ai de toutes petites jambes ?

— Absolument pas. Mais fais attention, en marchant, de ne pas trop user le bas de ton short...

***

— Maman, c'est vrai que j'ai de grandes oreilles ?

— Mais non, pas du tout... Mais remue la tête, ça fera avancer le canot...

***

— Maman, c'est vrai que je suis grand ?

— Mais non, *Charles* !

***

— Alors, mon p'tit gars, ta maman s'est remariée, à ce que j'ai appris ? Tu t'entends bien avec ton beau-père ?

— Oh oui, M'sieur. Très bien. Tous les jours, lui et moi on va en canot jusqu'au milieu du lac. Là, il me jette à l'eau et je regagne la rive à la nage.

— Drôle de jeu ! Drôle de jeu ! Cela ne te fatigue pas ?

— Non... Le plus dur, c'est surtout de sortir du sac...

***

— Maman, c'est vrai que j'ai un grand nez ?

— Sûrement pas ! Mais cesse de renifler. Va prendre un drap dans l'armoire et mouche-toi...

***

« Cet après-midi, maman, je me suis bien amusé. J'ai joué au facteur. J'ai mis des lettres dans toutes les boîtes de la rue. »

***

— Maman ! Le petit frère est en train de manger le journal !

— Aucune importance ! Je l'ai lu !

***

— Maman !

— Zut !

— Maman !

— J'ai pas le temps !

— Maman !

— Quoi ?

— C'est vrai que nous sommes faits de poussière ?

— (Quel idiot, ce gosse ! Pourquoi il me pose de telles questions ?) Oui, c'est vrai ! C'est dans ton catéchisme !

— Maman !

— Quoi encore ?

— C'est vrai aussi que quand on meurt on redevient poussière ?

— (Il est pas vrai ! Aussi macabre que son père.) Oui. C'est vrai. C'est aussi dans ton catéchisme...

— Maman !

— C'est pas bientôt fini ?

— Si, ça y est. Mais à la suite de ce que tu m'as dit, faut que je te prévienne qu'en dessous de mon lit, y'a quelqu'un en train de naître ou en train de mourir !

***

Frédérique, cinq ans, court vers sa maman.

— Maman ! Maman ! Est-ce que les olives noires ont des pattes ?

— Bien sûr que non, petit idiot. Elles n'ont pas de pattes.

— Alors c'est une punaise que j'ai mangée.

***

Un délicieux enfant de huit ans a un très joli petit caniche noir qui répond à la douce appellation de « Baba ». Cet enfant éprouve une grande passion pour son animal... Mais, un matin pendant qu'il est à l'école (pas l'animal, l'enfant) son chiot se fait écraser... La maman est très ennuyée, elle pressent le drame... Le soir l'enfant rentre et sa maman lui explique :

— Tu sais, François, les humains, les animaux viennent au monde dans un chou, dans une rose, tu connais l'histoire de la petite graine... Et puis un jour Dieu décide que c'est la fin et on meurt. Baba est mort ce matin... Nous ne reverrons plus Baba...

Et à son grand étonnement l'enfant ne pleure pas, il dîne de bon appétit en riant tout le temps...

Mais au moment de se coucher, le petit réclame son chien.

Et sa maman lui dit :

— Mais, tu n'as pas écouté ce que je t'avais dit : Baba est mort...

Et là, c'est le torrent de larmes...

— J'avais compris que tu avais parlé de papa...

***

Porto-Vecchio, en Corse, à la clinique Bonaparte, une mère de famille nombreuse est en train d'accoucher... On la délivre et dans sa chambre elle retrouve son fils aîné qui regarde le nouveau-né bizarrement :

— Mais maman, Dominique, il est tout petit...

— C'est normal...

— Maman, Dominique, il a pas de dents ?

— C'est normal...

— Maman, Dominique, il a pas de cheveux ?

— Écoute, Napoléon, je te dis que c'est normal...

— Maman, Dominique, il est tout ridé...

— C'est tout à fait normal...

— Maman, tu es certaine qu'ils ne t'ont pas donné un vieux ?

***

Toute la famille Duglandard est autour de la table pour le repas dominical. Le jeune Adolphe demande :

— Maman, comment es-tu née ?

— Eh bien Adolphe ma maman a reçu une rose et j'étais dans cette rose.

— Papa, comment es-tu né ?

— Moi, ma maman a eu un chou et j'étais à l'intérieur.

— Allons bon ! Et ma petite sœur ?

— Eh bien, ta petite sœur arrive d'une rose, bien sûr.

— J'ai vraiment peur de faire partie d'une famille de fous ! Il n'y a pas beaucoup de naissances normales dans cette maison.

***

Le chef de service, célibataire, converse avec une de ses subalternes...

— Il est très beau votre fils sur cette photo ! Il a quel âge ce bambin ?

— Presque vingt-deux mois...

— Vingt-deux mois ! Et il marche depuis longtemps ?

— Nous sommes très contents mon mari et moi, car cela fait onze mois...

— Il ne vous manque pas ? Il doit être loin après onze mois.

***

La très jolie maman du petit Jean-Paul ne sait pas comment s'habiller avec ce temps incertain que nous avons ma bonne dame...

— Mon chéri, veux-tu regarder à la fenêtre si le thermomètre a chuté...

— Oh là là... Maman...

— Il a chuté énormément ?

— Cinq étages... Je l'ai fait tomber.

***

La maman du petit Marc attend l'arrivée du car qui va lui rendre son fils qui était en colonie de vacances...

Elle voit descendre son enfant dans un état pitoyable... Il est livide, très amaigri et il sanglote...

— Marc, qu'y a-t-il ? Ce n'était pas bien Valence ? Tes camarades n'étaient pas gentils ?

— C'était épouvantable, maman... Et les pleurs redoublent... Tout cela à cause de toi...

— A cause de moi ! Comment cela... ?

— Tu n'avais pas marqué mes maillots et mes tee-shirts à mon nom... Résultat tout le monde m'appelait « 50 % coton, 50 % Polyester »...

***

— Maman, maman...

— Oui, mon petit ?

— Comment appelle-t-on l'enfant d'un chien...

— C'est un petit chiot.

— Oui, et si ce n'est pas un mâle ?

***

Maman microbe à ses petits :

« Allez zou ! La récréation est terminée ! Maintenant, allez vite dans les reins faire vôs calculs ! »

***

— Au secours, maman ! Nadine est en train de manger *Télé-Poche* !

— Celui qui était sur la table ?

— Oui maman...
— Ce n'est pas grave c'est celui de la semaine dernière.

***

— Maman, maman...
— Oui, Marcel que veux-tu ?
— Maman, que fait-on d'une voiture qui est usée et qui est en trop mauvais état pour faire de la route ?
— Facile, Marcel, réfléchit : on la vend à papa.

***

Une maman dit à son petit garçon :
— Sois sage mon enfant. Ouvre la bouche et fait « ah » pour que le docteur puisse retirer ses doigts !

***

Deux parents discutent :
— Mon fils est un intellectuel extrêmement brillant, déclare l'une des mères. C'est bien simple, chaque fois qu'il nous écrit, nous devons ouvrir le dictionnaire.
— Nous, c'est légèrement différent, dit l'autre maman. Chaque fois que notre fille nous écrit, nous devons ouvrir notre compte bancaire !

***

Ma mère était très économe. Quand des amis venaient chez nous pour prendre l'apéritif, elle nous coupait les doigts pour en faire des saucisses de cocktail.

***

Toutes les semaines, ma mère se rend dans un institut de beauté. Elle entre : une petite vieille. Elle ressort : un petit vieux !

***

Avant de manger, toute ma famille faisait la prière. Il faut dire que ma mère faisait la cuisine comme une dégueulasse.

***

Les femmes m'ont toujours réussi ! Sauf ma mère...

***

— Je suis perplexe au sujet des conseils que l'on donne concernant l'éducation des enfants ! dit une jeune mère.
— Ah bon ? Pourquoi ? lui demande son mari.
— Figure-toi que dans le livre que j'ai acheté, ils ont écrit ceci : « Lorsque bébé a fini son biberon, mettez-le sous un robinet d'eau fraîche et passez un goupillon à l'intérieur. » Eh bien, chéri, je t'assure, notre bébé n'a pas du tout eu l'air d'aimer ça ! J'ai même peur qu'il l'ait mal supporté !

***

Ma mère avait une curieuse obsession : par moments, elle était persuadée que son nombril était une vis... Elle consulta un psychiatre qui lui fit la recommandation suivante :
— Quand vous aurez cette impression, prenez un tournevis et dévissez votre nombril.
Heureuse, ma mère rentra à la maison où, quelques minutes après, son obsession la saisit. Aussitôt, elle s'empara d'un tournevis et dévissa, dévissa... Mais elle dévissa trop : son derrière est tombé !

***

MANCHOT

Un manchot répond à un questionnaire :
— Quelle est la dernière profession que vous ayiez exercé ?
en inscrivant sur la feuille :
— Poseur de rails.

***

Une femme s'adresse à un mendiant à l'angle de deux rues.
— Je ne comprends pas s'exclame-t-elle. Je vous reconnais parfaitement. Je vous ai vu, la semaine dernière, faire l'aumône avec une sébile d'aveugle. Et aujourd'hui, je vous retrouve, vous voilà devenu manchot !
— Eh oui, c'est vrai madame, ajoute le mendiant. La semaine dernière, j'ai brusquement recouvré la vue et, sous le coup de l'émotion, les bras m'en sont tombés !

***

MARI

Nécrophilie :

« Ici repose X...

Il aima l'homéopathie jusqu'à la mort. »

« Ci-gît X..., mort à quatre-vingt-dix ans.

Le ciel compte un ange de plus... »

« Ci-gît X..., mort à trois ans et deux mois.

Sa vie ne fut qu'abnégation et sacrifice. »

« Ci-gît mon cher mari. Attends-moi longtemps. »

« Ci-gît mon cher époux. Mes larmes ne le ressusciteront pas ; c'est pourquoi je le pleure. »

***

— Alors, docteur, comment trouvez-vous mon mari ?

— Je ne le trouve pas, madame...

— Comment ça, vous ne le trouvez pas ?

— Personne ne pourrait le trouver... Il est perdu !

***

— Mon mari était trop petit. Je l'ai planté là !

— Alors, il va peut-être pousser...

***

Une dame surprend son mari, dans un bar, en train de siroter un whisky.

— Feignant ! Je t'y prends à boire ta mixture au lieu d'aller au boulot ! Fais voir un peu quel goût ça a !

Elle avale une gorgée et la recrache :

— Pouah ! Que c'est mauvais !

— Ah ! Tu vois ! dit le mari. Toi qui crois toujours que je bois pour mon plaisir...

***

— Mon mari va très mal, docteur, très, très mal !

— Allons, allons, madame ! Un peu d'optimisme ! Ne parlez pas ainsi ! Dites : « Docteur, mon mari se croit très malade ! » L'optimisme, c'est la moitié de la guérison, croyez-moi !

Quelques jours après la même dame appelle le même docteur.

— Allô, docteur ? Venez vite ! Mon mari se croit mort !

***

Après l'entracte, un homme rejoint sa place en retard et écrase les pieds d'une dame.

— Idiot ! Crétin ! Abruti ! dit-elle.

Puis elle ajoute brusquement :

— Oh ! Pardonnez-moi, monsieur, je vous avais pris pour mon mari.

— J'avais bien compris, madame.

***

L'heure du petit déjeuner.

— Tu es encore fâchée, ma chérie ?

— Laisse-moi tranquille.

— C'est parce que je suis rentré à quatre heures du matin...

— Ne m'embête pas.

— Ah ! je sais : c'est parce que je suis arrivé avec un œil au beurre noir !

— Permets-moi de te rappeler, mon chéri, que lorsque tu es rentré à quatre heures du matin, tu n'avais pas encore l'œil au beurre noir...

***

— Docteur, chaque soir, quand je me mets nue devant mon mari, il me regarde et fait : « pouah ! »

— Ah bon ? C'est curieux... A première vue, vous avez l'air normale. Pas bossue, pas obèse. Son attitude est incompréhensible... Mais déshabillez-vous quand même.

Et la mémée se déloque. Le médecin la zieute un instant et fait :

— Pouah !

***

Deux dames bavardent (c'est toujours ce que font les dames).

— Ma chère, j'ai un perroquet fantastique ! Il a, pour les imitations, un don époustouflant ! Il m'étonne tous les jours. Il imite tout. Absolument tout ! Rends-toi compte qu'il parvient même à imiter mon mari en train de jouer du violoncelle ! C'est quelque chose, ça, non ?

— Ah oui ! Là, tu m'étonnes ! Imiter ton mari jouant du violoncelle... Dis donc ! Je me doute que pour un perroquet ce doit être particulièrement difficile..

— Oh oui ! Surtout pour tenir l'instrument !

***

La famille Duglandier — monsieur, madame et bébé — s'apprêtent à piqueniquer. En sortant de la 2 CV pourrie, Mme Duglandier dit à son époux un peu abruti :

— Prends le petit dans tes bras et passe-moi plutôt les œufs. Tu serais capable de les faire tomber !

***

Deux vieilles filles. L'une découvre dans le journal quelque chose d'intéressant :

— Écoute ça, Zulma ! « Au Nebraska, une femme a brûlé son mari... »

— T'es sûre ?

— Ben ! Je sais lire.

— Fais voir...

Et la Zulma lit à son tour. Après quoi, l'œil en plein rêve, elle dit :

— Tu te rends compte, Emma ! Ici j'arrive pas à trouver un mari, alors qu'ailleurs on les brûle...

***

— Ton deuxième mari, tu l'as connu comment, Marina ?

— Oh ! d'une façon très romantique... Voilà comment ça s'est passé... Oh ! le beau souvenir...

— Comme tu es sentimentale...

— C'est vrai... Donc voilà : je traversais la rue avec mon premier mari quand mon futur second mari s'est amené, en voiture, à tombeau ouvert et a écrasé mon premier mari... Ce fut le début de notre merveilleuse histoire...

***

— Quand mon mari me quittera je veux qu'il me laisse telle que j'étais quand nous nous sommes connus...

— Cela me paraît difficile...

— Pas du tout. J'étais veuve quand il m'a rencontrée.

***

— Madame, dit solennellement le médecin qui vient d'ausculter le mari, madame, je n'aime pas du tout la tête de votre époux.

— Moi non plus ! dit la dame. Mais, vous savez, il est si bon pour les enfants !

***

Marcel est en train de compter l'argent qui lui reste dans son portefeuille...

— C'est incroyable, dit-il, il me manque deux cents francs ! Je suis certain que c'est encore ta fille qui me les a pris !

— Voyons, mon chéri, pourquoi toujours accuser Léontine. C'est peut-être moi qui ai pris cette somme !

— Je suis bien certain que non ! Toi, il ne serait rien resté dans mon portefeuille !...

***

— Tu sais Géraldine, mon mari est formidable ! Imagine-toi : je n'ai rien à faire à la maison.

— Même la cuisine ?

— Surtout la cuisine, il fait tous les repas lui-même en rentrant du bureau...

— Tu pourrais le soulager un petit peu et en faire de temps en temps ?

— Mais je lui propose... Regarde, hier soir je lui ai dit : « Chéri veux-tu que je fasse une sole rôtie ? »... Eh bien, non... Il a préféré passer en cuisine...

***

Un jeune couple est en vacances sur la Costa Brava en Espagne... Tout va bien, sauf pour le mari qui, chaque jour, a une forte douleur à la gorge. Un matin, il fait venir un médecin qui décide son hospitalisation. On l'opère de la gorge et le lendemain sa femme vient lui rendre visite...

— Comment vas-tu mon chéri ?

— De la gorge ça va, mais je ne comprends pas pourquoi j'ai un bandage entre les jambes... dit le mari d'une voix d'eunuque...

La femme très inquiète se précipite sur le chirurgien et lui demande :

— Qu'avez-vous fait à mon mari ?

— Madame, c'est que l'opération s'est tellement bien passée qu'on a sacrifié à la tradition... Les infirmières m'ont donné la queue.

***

Deux respectables épouses parlent de leurs maris :

— Mon mari, c'est bien ennuyeux, voyage beaucoup pour son travail. Il n'est à la maison que quinze jours tous les trois mois...

— En effet, c'est bien ennuyeux...

— Enfin... quinze jours... Cela passe vite.

***

Cette épouse est habituée à voir les amis de son mari le ramener le soir ivre mort, après une nuit bien blanche.

Mais un jour, alors qu'elle en a vraiment assez et refuse d'ouvrir la porte, un des amis la supplie :

— Je vous jure madame, votre mari n'est pas saoul, il vient de passer sous un rouleau compresseur !

— Alors glissez-le sous la porte, répond-elle...

***

Une femme se précipite vers son mari :

— Dis donc, hurle-t-elle, c'est vrai que tu as l'intention de coucher avec la bonne !

— Mais non je te l'assure, réplique l'homme courroucé.

— Alors, réplique son épouse, cesse de le lui dire. Ça la perturbe !

***

Douze femmes arrivent devant saint Pierre à la porte du Purgatoire :

— Mesdames, s'exclame-t-il, que celles qui ont trompé leur mari se placent sur une file à droite et les autres à gauche...

Onze de ces dames se placent à droite et une seule demeure sur la gauche.

— J'ai dit toutes les dames, ajoute saint Pierre... C'est valable pour vous la sourde... Mettez-vous avec les autres !

***

Une femme bavarde avec l'une de ses meilleures amies :

— Ma chérie, c'est affreux... Mon mari me trompe ! Je sais quand, je sais où, je sais avec qui mais je ne sais pas avec quoi !...

***

Une femme affirme à l'une de ses amies que son mari n'a jamais trouvé au domicile conjugal un étranger caché dans le placard ou sous le lit.

— Je t'assure que c'est vrai, ajoute-t-elle. C'étaient tous des amis à lui !

***

Mais je ne l'ai pas étranglée !

Elle a eu seulement un malaise quand je l'ai prise à la gorge.

***

— Qu'est-ce qui t'arrive, pourquoi pleures-tu ?

— Mon mari vient de mourir...

— Et de quoi ?

— D'un rhume...

— Ben alors, c'est pas grave !

***

MARIAGE

J'ai raté mes deux mariages. Ma première femme est partie ; la seconde est restée...

***

Je jour de mon mariage j'ai promis à ma femme de lui acheter un collier de perles. Du coup elle s'est dépêchée d'attraper un goitre.

***

— Tu as parlé à quelqu'un de ton mariage secret ?

— Penses-tu... J'attends que mon mari soit dessaoulé. Je veux qu'il soit le premier à l'apprendre.

***

— Il me semble, ma petite fille, que tu as des nuits plutôt agitées. Il faudrait te calmer un peu.

— Mais voyons, maman, puisque je vais me marier...

— Hum... C'est certain, ça ?

— Oh oui ! Ils me l'ont promis.

***

Une demoiselle, laide comme un pou, se noie. Un quidam, n'écoutant que son courage, plonge et la sauve. Sur la rive, la demoiselle, pleine de reconnaissance, s'écrie :

— Merci, merci... Comment vous prouver ma reconnaissance ?

— Facile ! dit le mec en la regardant bien. Épousez quelqu'un d'autre.

***

Je me suis marié très tôt le matin, pour faire un mariage de bonheur !

***

— Ainsi vous voulez m'épouser, monsieur ?

— Parfaitement !

— Mais vous ne me connaissez que depuis deux jours.

— Oh ! pas du tout ! Ne croyez pas ça. Il y a deux ans que je travaille à la banque où votre père a un compte.

***

— Chérie ?

— Oui. Je suis là. C'est toi, mon Loulou ?

— Évidemment que c'est moi. Qui d'autre pourrait t'appeler « chérie » ? Regarde ce que je t'apporte pour l'anniversaire de notre première année de mariage !

— Mais... c'est une batterie de cuisine !

— Oui ! Alors maintenant tu as le choix : ou tu prends les casseroles et tu te mets au travail... Ou tu prends ton miroir et tu te regardes mourir de faim.

***

Soirée tranquille chez les Dugenou. Monsieur fume sa pipe en tricotant. Madame boit un cognac en lisant le journal. Soudain elle s'exclame :

— Tu te rends compte, Aimé ! Écoute ça : un bonhomme se marie et le matin de sa nuit de noces, il trucide sa jeune épouse... C'est pas croyable !

Monsieur pose son tricot, le temps de dire :

— Cela n'a rien d'extraordinaire... Et démontre une chose : la nuit porte conseil !

***

Ils ont trois mois de mariage. Des tourtereaux. Et ils rentrent de vacances... Dès le lendemain, la jeune femme fait l'emplette d'une robe magnifique. Aussi magnifique que son prix. Le jeune marié ronchonne un peu (dans deux ans, il cognera... ou sera parti !).

— Tu exagères, Minouche ! Avant notre mariage, tu m'avais juré de partager mes soucis.

— Mais je n'ai pas changé, mon baigneur !

— T'as pas changé ? Laisse-moi rire ! Mon compte en banque est à sec et tu vas te commander une robe hors de prix.

— C'est vrai, mon baigneur !

— C'est pas la peine d'essayer de m'amadouer en m'appelant « ton baigneur ». C'est inutile... D'ailleurs, je ne sais même pas nager... Mais là n'est pas la question. Ainsi tu prétends continuer à partager mes soucis ?

— Oui ! J'ai commandé cette robe, mais si tu savais le mauvais sang que je me fais en me demandant comment tu vas pouvoir la payer !

***

On fête des noces de diamant. C'est quelque chose !

— Madame ! demande un invité à la vieille épouse. Pendant toutes ces années, vous n'avez jamais songé au divorce ?

— Ah ! Jamais ! Vous pouvez en être sûr ! Ça non ! Au divorce, jamais... Seulement au crime !

***

Huitième régiment de Chasseurs alpins... Le soldat Rateau est ravi, il est jeune marié et il va vivre sa première permission... Quatre jours après il fait son retour à la caserne.

Les autres soldats, amateur de détails, lui demandent comment tout cela s'est passé...

— Tout naturellement, j'ai ouvert la porte...

— Et puis ?

— Mon épouse était là, presque nue, je l'ai embrassée comme Steve McQueen dans l'*Affaire Thomas Crown*...

— Et alors ?

— Je l'ai emmenée dans la chambre...

— Ah ! Ensuite ?

— Nous avons échangé des caresses comme dans l'*Empire des Sens*...

— Et après ?
— J'ai déchaussé mes skis.

***

— Marcel, tu connais la nouvelle ?
— Laquelle ?
— Je vais me marier !
— Incroyable...
— Et tu sais ce que fait ma future épouse ?
— Ça oui ! Une boulette !

***

Une belle ferme bien de chez nous... La fermière s'adresse à son époux :
— Le Jules, c'est dimanche notre trente-troisième anniversaire de mariage... P'tete ben qu'on pourrait tuer le cochon pour fêter ça ?
— Pourquoi tuer c'te pauv' bête... Elle y est pour rien, elle !

***

Une petite fille voit un mariage devant une église. C'est la première fois qu'elle est le témoin d'un pareil événement...
Elle interroge son papa :
— Papa, pourquoi cette dame a une robe longue toute blanche ?
— Elle se marie et elle est en blanc pour symboliser le bonheur, la pureté, le blanc c'est la couleur de la joie...
— Oui... Le monsieur c'est le marié ?
— Exactement.
— Pourquoi est-il habillé tout en noir ?

***

Nous avons affaire à une fille d'une laideur monstrueuse... On peut même dire ignoble, horrible, à vomir au premier regard et à faire quinze jours d'hôpital au second... Ce qui est gênant lorsque elle va au théâtre et qu'un acteur la voit... Cette fille a donc quelques difficultés à rencontrer un mari... Par chance, un jour, elle en trouve un : un type aussi laid qu'elle. En plus, il est bossu et manchot... Ils passent devant monsieur le maire et font un enfant : tellement horrible qu'on a dû le jeter...

***

Un jeune homme vient voir son meilleur ami :
— Tu sais, ça y est, j'ai décidé de me marier avec Nathalie !
— Ah bon ? Est-ce que tu es bien sûr de toi ?
— Oui, absolument ;
— Mais, tu sais, je la connais un peu, elle a vraiment de gros besoins... physiques, si tu me comprends...
— Oui, je sais, mais t'en fais pas, un homme averti en vaut deux...
— Non, justement, dans son cas, ça m'étonnerait que ça soit encore suffisant !

***

Dans une léproserie, j'ai rencontré une fille ravissante. Je lui ai demandé sa main. Elle me l'a envoyée par la poste... Elle y avait joint un gros paquet que je n'ai pas osé ouvrir, car elle avait marqué dessus : « Je vous présente tous les membres de ma famille. »

***

On célèbre aujourd'hui un mariage œcuménique, entre une juive et un catholique.
Une vieille bigote demande à sa complice :
— A votre avis, est-ce qu'il y a plus de catholiques ou plus de juifs, aujourd'hui ?
— Pas difficile, vous n'avez qu'à compter le nombre de gens qui quitte au moment de la quête !

***

— Jeune homme, annonce un père à son interlocuteur, cela commence à bien faire. Vous faites du charme à mes trois filles. Il va vous falloir choisir et en épouser une !
— Je ne peux pas, explique le jeune homme. Je les aime toutes les trois !
— Alors, explique le père, écoutez-moi ! Vous n'avez qu'à prendre la plus jeune. J'en réponds !

***

Monsieur Picron-Roblochon et sa fille Angèle sont de sortie à une réception très mondaine. M. Picron-Roblochon a fait la leçon à sa fille pour qu'elle s'avantage le mieux possible afin de trouver à la caser. Les conversations vont bon train et Angèle attend le moment de pouvoir briller, quand elle capte par hasard, le nom de George Sand.

— George Sand, s'écrie-t-elle, mais je connais bien très bien ce monsieur, il m'a d'ailleurs fait la cour tout l'été dernier, lors de notre séjour à Ibiza, en Corse.

Le silence se fait consterné, tout le monde regarde la pauvre Angèle, atterré.

La soirée se déroule sans autre incident. Les Picron-Roblochon font enfin leurs adieux. Une fois dehors, le père se met à hurler :

— Idiote ! Tu nous as ridiculisés une fois de plus !

— Comment cela, demande Angèle, l'œil bovin ?

— Mais oui, imbécile ! Comment as-tu pu prétendre avoir rencontré ce type en Corse ?

— Et pourquoi pas, demande Angèle, butée.

— Mais enfin, bonne à rien, tu ne sais pas qu'Ibiza c'est en Sicile et pas en Corse !

***

Vincent va trouver Enrico au café de la Régence, place du Gouvernement. Il le prend à part et il lui dit :

— Voilà, Enrico, demain je vais faire ma demande en mariage au père Marchina, mais tu sais comment je suis ; j'ose pas parler, je vais bredouiller. Si tu es un ami, viens avec moi. Tu pourras un peu embellir ce que je dis : comme ça, je serai moins gêné... Et ça m'avantagera...

— D'accord ! dit Enrico.

Et le lendemain, les deux sont reçus par Marchina, multimillionnaire même que des fois, il rend service à Rothschild quand il est gêné en fin de mois.

— Voilà, commence Vincent, je viens vous demander la main de votre fille !

— Ah bon ! dit Marchina, et vous avez des biens ?

Vincent, il répond :

— A l'école j'avais « Bien » et « Très bien », surtout en français.

— Non ! y dit le père Marchina, je veux dire de la fortune ?

— Euh... oui... c'est-à-dire que j'ai un petit cabanon, à la Pointe-Pescade.

— Un petit cabanon fait Enrico en riant, si c'est pas malheureux d'être modeste comme ça ! Il a une propriété au bord de la mer extraordinaire, 20 pièces, 6 salles de bains, et en plus, la plage elle est à lui ; vous pouvez vous baigner et tout, si vous voulez. C'est même pas la peine d'enlever vos serviettes.

— C'est très intéressant ça, note Marchina ; et vous avez un travail ?

— Bien sûr, dit Vincent, je travaille aux docks, comme manœuvre intermittent, mais plus intermittent que manœuvre !

— Ah là là ! fait semblant de s'énerver Enrico. Je peux pas entendre des choses pareilles ! C'est pas possible ! Mais enfin, monsieur, c'est lui qui a les messageries maritimes, il expédie les boîtes de sardines dans le monde entier, et pour mettre la main à la pâte, il débarque parfois des marchandises avec les dockers. Ça lui fait passer le temps...

— Parfait ! dit Marchina. Vous m'avez l'air d'un bon parti !

***

Un jeune pasteur vient d'emménager dans une petite maison avec sa jeune épouse. Celle-ci, en son absence, essaie de décorer la maison du mieux qu'elle peut, avec les moyens du bord.

A son retour, le jeune pasteur admire la réussite et complimente la jeune femme. Mais, avisant soudain une statuette de la Vierge Marie, il s'écrie :

— Ah, non, tu sais bien qu'ici je ne veux rien qui me rappelle le bureau !

***

Une jeune femme désireuse de se marier se rend à une agence matrimoniale. A l'employé chargé de rédiger sa fiche, elle avoue qu'elle est borgne.

Sans se troubler, l'homme inscrit alors sur la feuille se trouvant devant lui :

« Jeune femme blonde, deux merveilleux yeux bleus dont un en moins... »

***

Une femme interpelle soudain son mari :

— Mon chéri, si je venais à te quitter ou à disparaître, est-ce que tu te remarierais ?

— Je le pense ma chérie, répond l'homme.

— Est-ce que ta nouvelle femme vivrait dans cette maison ?

— Je le pense, ma chérie.

— Est-ce qu'elle porterait mes manteaux de vison ?

— Je le pense, ma chérie.

— Et je suppose que tu irais, mon chéri, jusqu'à lui donner la guitare que tu m'as offerte pour nos dix ans de mariage ?

— Ah, ça non, ma chérie, c'est impossible, elle ne pourrait pas lui convenir, tu sais bien que tu es gauchère...

***

— Savez-vous pourquoi les hommes mariés sont toujours plus gros que les célibataires ?

— Rien de plus facile. Un célibataire qui rentre chez lui, ouvre la porte de son réfrigérateur et fait « bof ». Il téléphone alors à une copine et pratique un sport qui lui permet de perdre du poids.

Un homme marié, en revanche, ouvre la porte de sa chambre, voit sa femme, fait « bof » et se précipite sur le réfrigérateur...

***

Un vieux célibataire se défend :

— Me marier, moi, jamais ! Surtout aujourd'hui, avec des nouvelles inventions comme les plats surgelés et les couvertures chauffantes...

***

MARINE

La marine marchande est une institution sérieuse et on y entre pas comme cela... Mais ce jour-là, un cargo doit appareiller et il manque deux marins... Le commandant reçoit deux postulants :

— Vous avez déjà fait de longues traversées ?

— Oui, j'ai fait l'Atlantique depuis quinze ans, la Chine, l'Afrique...

Et le type sort une liste impressionnante de références très élogieuses : bon marin, courageux, discipliné...

— Tout cela est très bien, je vous engage. Et voùs ? interroge le capitaine en regardant le second homme, quelles sont vos références ?

— Pas la moindre, rien du tout.

— Bon, je n'ai plus le temps de chercher, je vous fais confiance embarquez aussi.

Quelques jours plus tard, le bateau navigue au milieu de l'Atlantique et soudain arrive une énorme tempête. Le marin couvert de références est en train de nettoyer le pont avec le balai et le sceau...

Une très grosse vague se brise sur le pont et emporte le balayeur avec son sceau... Le deuxième marin a tout vu et se précipite chez le commandant :

— Commandant votre marin aux sérieuses références...

— Ah ! Ne venez pas médire à son sujet, car ce marin est votre contraire : travailleur, aimable, honnête...

— Honnête ? Laissez-moi rigoler : il vient de partir avec votre seau et votre balai.

***

Port de Brest. Georges Quentric est de garde à la radio maritime.

— Allô, Georges ?

— Oui.

— Dis-moi le « Marie-Thérèse » c'est un destroyer ou un sous-marin ?

— Un destroyer bien entendu !

— Alors une seule conclusion : nous coulons.

***

Un grand capitaine a une manie : avant chaque accostage, il sort un petit carnet de sa poche, le consulte une seconde et marmonne quelques mots. Un jour, à la suite d'un accident, il est transporté à l'hôpital et on remet les vêtements du capitaine à son second. Le second ne peut résister, fouille les poches et lit la seule phrase écrite sur le carnet :

— Bâbord : c'est à gauche.

— Tribord : c'est à droite.

***

Un bateau est en train de couler. Le capitaine lance à l'équipage.

— Tout le monde à genoux pour prier afin que le Seigneur soit avec nous !

Tous les marins se mettent à genoux sauf un, de religion juive.

— Enfin, fait le capitaine, ayez un geste catholique pour une fois !

— D'accord, fait le marin juif, qui retire sa calotte et se met à faire la quête...

***

Une femme se confie à l'une de ses collègues de bureau :

— Mon mari est officier de marine,

explique-t-elle. C'est-à-dire qu'il passe onze mois en mer et un seul à terre !

— Mon Dieu, réplique l'autre, le temps doit vous paraître long !

— Oh pas tellement, réplique la première. Parce que ce mois-ci, il en passe la moitié chez sa mère !

***

MARSEILLE

Marius va voir le médecin car il a des problèmes de vue. L'oculiste l'examine et lui fait lire les lettres inscrites sur le tableau que tout le monde connaît :

— Sur la ligne du bas, qu'est-ce que vous voyez ?

— Rien du tout.

— La ligne qui est juste au-dessus ?

— Rien du tout.

— Bon, alors l'avant-dernière ligne vers le haut ?

— Rien du tout.

— Et les deux lettres tout au-dessus ?

— Je ne les vois pas non plus.

— Bon, et bien, ce n'est pas une paire de lunettes qu'il vous faut. C'est un chien.

***

Olive rencontre Marius sur le port de Marseille.

— Salut, Marius. Tiens, je vais te poser une devinette.

— D'accord, Olive.

— Qu'est-ce qui est en ferraille, qui roule vite et qui siffle avant d'entrer en gare ?

— Té, un train, pardi !

— Ah ? Tu la connaissais ?

***

Une brave famille parisienne arrive en vacances dans une petite pension marseillaise. Le soir, au dîner, le monsieur demande à la patronne :

— Vous servez des nouilles, madame ?

— Mais bien sûr, mon bon monsieur, répond l'aubergiste. Ici, on sert tout le monde !

***

Marius entre dans un magasin de vêtements. Il n'y a personne. Il attend quelques instants puis après avoir regardé un peu partout, il se penche au-dessus du comptoir où il voit le vendeur et la vendeuse dans une posture qui ne fait aucun doute sur la nature de leurs relations.

Un peu choqué, il ouvre la porte qui conduit au bureau du propriétaire, entre et voit le patron et la secrétaire dans la même attitude.

De plus en plus furieux, il passe de l'autre côté du magasin dans l'appartement du patron et il découvre la femme du propriétaire avec le garçon commis.

Écœuré, il ressort dans la rue où, sur le trottoir, deux chiens font exactement la même chose que les habitants du magasin. Il les attrape tous les deux, rentre dans la boutique, les pose sur le comptoir et dit :

— Ne vous dérangez pas ! Je vous rapporte votre enseigne qui était tombée !

***

Marius et Olive se rencontrent. Marius entame la conversation :

— Hier soir, je suis allé au cinéma. Avant le grand film, il y avait un reportage sur les méfaits de l'alcoolisme. Tu sais, c'est horrible, les ravages que ça peut faire ! En rentrant chez moi, je me suis dit que c'était bien fini !

— Ah bon ? Alors tu ne bois plus ?

— Non, je ne vais plus au cinéma !

***

Un Marseillais est monté à Paris pour le week-end. Mais en arrivant à la gare de Lyon, il perd son portefeuille avec tous ses papiers dedans. Il se rend donc au commissariat pour faire une déclaration de perte et se faire refaire une carte d'identité.

Après lui avoir demandé son nom et sa date de naissance, l'agent de police en arrive à la rubrique « Signes particuliers ». Il le regarde et dit :

— Bon, nez aquilin, bouche basse.

— Ah, non, monsieur l'agent, je vous arrête. Je suis né à Marseille, Bouches-du-Rhône.

***

Un Marseillais raconte ses histoires de pêche à un ami qui est venu prendre l'apéritif.

— Et alors, té, ce brochet, il était

énorme mais énorme ! Ah, j'ai eu du mal à en venir à bout ! Il était gros... comme un cochon !

Et du fond de la cuisine, ils entendent la femme qui dit :

— Oh, dis, il faut toujours que tu exagères ! Je t'ai dit trente-six mille fois que ce n'était pas vrai !

***

Dans les autobus de toutes les villes du monde, il y a en général, toujours cette inscription affichée au-dessus du chauffeur : « Il est défendu de parler au chauffeur. »

A Marseille, elle est un peu différente. Dans les autobus, on lit : « Il est défendu de répondre au chauffeur. »

***

Le curé va trouver Marius et lui annonce :

— Marius, toi et ta femme, je vous aime bien. Vous allez à l'église tous les dimanches. Je n'ai rien à dire. Mais le petit, je ne pourrai pas lui faire faire sa première communion.

— Et pourquoi ça, monsieur le curé ? Qu'est-ce qu'il a fait ?

— Eh bien, l'autre jour, au catéchisme, je lui ai demandé comment Notre Seigneur était mort et il n'a pas été capable de me le dire.

Alors Marius se lève d'un bond et s'exclame :

— Comment ? Il est mort ? Vous auriez pu me le dire !

***

Un Marseillais est venu passer quelques jours à Paris. Il monte dans un autobus et la dame qui est devant lui, en poinçonnant son ticket, annonce au chauffeur :

— Madeleine.

Alors notre Marseillais s'approche du conducteur, lui tend la main et dit :

— Dominique.

***

Mme Escartefigue vient de mettre au monde un superbe garçon. M. Escartefigue est très fier de son premier-né et saute de joie. A ce moment, le téléphone se met à sonner et il entend à l'autre bout du fil :

— Allô ? Est-ce que je pourrais parler à M. Escartefigue, s'il vous plaît ?

— Lequel ? répond l'heureux papa. Le père ou le fils ?

***

Un promoteur immobilier parisien discute avec un confrère marseillais :

— Regarde cette tour H.L.M. ; nous l'avons construite en une semaine !

— Et alors, reprend le Marseillais, chez nous, le matin les ouvriers creusent les fondations, le soir on expulse déjà les locataires qui n'ont pas réglé les notes d'électricité !

***

MARTIEN

Un martien arrive sur terre, sort de sa soucoupe et se dirige vers un bar-tabac... Il entre, voit un juke-box et dit :

— Ces terriens n'ont vraiment pas le sens des choses ! Une si belle femme dans un établissement comme celui-là...

***

Un martien envoyé en mission sur la terre rend compte de son voyage à son supérieur. Dans sa soucoupe, il revient avec une pièce à conviction : un téléviseur.

— Je n'ai pas pu capturer un terrien, explique-t-il. Mais j'ai ramené un de leurs dieux !

***

MATERNITÉ

Un père angoissé se morfond dans la salle d'attente d'une maternité. Soudain, la porte s'ouvre et apparaît une sage-femme suivie par quatre médecins hilares. L'homme leur jette un regard interrogateur...

— Comment vous l'annoncer, fait la sage-femme ?

— Ça s'est... mal passé, demande l'homme ?

— Oh, non pas vraiment, fait la sage-femme... Mais comment vous dire ?... Allez dites-moi un chiffre entre cinq et neuf...

***

Un autre père se morfond dans la salle d'attente d'une autre maternité. La porte s'ouvre et cette fois-ci la sage-femme apparaît tenant un bébé dans les bras... L'homme se précipite :

— C'est un garçon, c'est un garçon, hurle l'heureux papa !

— Ah non ! fait la sage-femme. C'est une fille. Et c'est mon petit doigt que vous tenez-là !

***

Deux caissières de supermarché se trouvent en train de discuter :

— Que ferais-tu si tu devenais la maman de deux beaux jumeaux, demande la première ?

— Je leur achèterais la même layette répond la seconde. Et ensuite je me marierais !

***

MENDIANT

Un monsieur très distingué passe tous les jours devant l'église Saint-Paul où un mendiant est toujours là à demander la charité. Poussé par la curiosité, un jour, il s'approche et demande :

— Eh bien, mon ami, pourquoi mendiez-vous ? Pour avoir de l'argent, il faut travailler ! Regardez-moi, cela fait vingt ans que je travaille et je n'ai pas besoin de demander la charité pour vivre !

— Mais c'est ce que je faisais, monsieur... avant !

— Qu'est-ce que vous faisiez comme travail ?

— Oh, j'étais comme vous ! J'étais dans les affaires. J'avais très bien réussi. J'avais fait fortune. J'avais trois voitures, une grande maison, des domestiques, une superbe maison de campagne. Tous les jours, je déjeunais dans les plus grands restaurants. J'étais reçu par toute la bonne société...

— Et alors, qu'est-ce qui vous est arrivé ?

— Dans mon bureau, qui était splendide, sur le mur était accroché un écriteau avec cette inscription : « Réfléchis avant d'agir ! » Et maintenant, j'en suis là.

— Je ne vois pas le rapport !

— Mais si, c'est à cause de la femme de ménage !

— La femme de ménage ?

— Oui ! Un matin, je suis arrivé à mon bureau et elle avait jeté l'écriteau !

***

Il y a fort longtemps de cela, par une nuit d'hiver glaciale, un couple de paysans auvergnats est devant le feu de la cheminée. Tout est silencieux lorsque, soudain, de violents coups sont frappés à la porte. L'homme se lève et va ouvrir. C'est un vagabond qui demande un abri en attendant que la tempête de neige s'arrête. Il vient s'asseoir au coin du feu et demande timidement :

— Vous n'auriez pas quelque chose à manger ?

— Oh !... Bon, répond le paysan qui se tourne vers sa femme. Donne-lui un morceau de pain.

Et la femme coupe un morceau de pain et le donne au mendiant. Quelques minutes se passent.

— Je ne pourrais pas avoir un bol de soupe bien chaude ? demande le vagabond en reluquant la marmite qui fume dans la cheminée.

— Ah non ! répond le maître de maison. Le pain, ça va encore mais la soupe avec le lard et la poule, sûrement pas !

Au bout de quelque temps, comme la tempête fait toujours rage dehors, l'intrus demande :

— Est-ce que je pourrais dormir ici, cette nuit ?

Devant la mine hostile de son mari, la paysanne prend la défense du pauvre bougre :

— Tu ne vas pas le mettre dehors par un temps pareil ! Il va partager notre lit. Tu te mettras au milieu et comme ça, nous nous tiendrons chaud.

Bon gré mal gré, le mari finit par accepter et les voilà tous les trois dans le lit, le paysan entre sa femme et le vagabond.

Au milieu de la nuit, ils sont réveillés par le bêlement des moutons qui sont affolés par la tempête. Le paysan se lève et sort pour les calmer. Alors, la femme se rapproche de l'inconnu et lui dit tout bas en lui frôlant le bras :

— Tu peux y aller maintenant.

— Mais si ton mari revient ?

— Oh, il n'y a pas de danger, il en a pour un bon bout de temps à les calmer !

— C'est vrai ? Je peux y aller ?

— Puisque je te le dis !

Alors, le mendiant se lève et se précipite pour se servir un bol de soupe chaude.

***

Une dame très distinguée se rend à l'église pour y entendre la messe et avant d'entrer dans l'édifice religieux, elle est abordée par un mendiant qui lui réclame une petite pièce :

— Je n'ai pas mangé depuis trois jours, dit-il en tendant la main.

— Vous n'avez qu'à travailler ! lui répond sèchement la dame.

Une heure après, cette dernière ressort de l'église et, prise de remords après avoir entendu le sermon du curé qui, justement ce jour-là, a insisté sur la charité, elle sort une pièce de dix francs de son sac et la donne au mendiant.

— Merci, lui dit-il avec un grand sourire.

Et la dame, pincée, lui répond :

— Merci, qui ?

***

Une petite fille très sale, les vêtements déchirés et l'air pitoyable, aborde un monsieur qui sort d'un grand restaurant :

— Monsieur, s'il vous plaît, je n'ai plus de parents. Mon petit frère est à l'hôpital. Ils ne veulent plus de moi à l'Assistance publique et je me fais battre par mon tuteur quand je rentre chez lui. Donnez-moi de l'argent...

Le monsieur la regarde et sentant le piège, lui dit :

— Petite menteuse !

La gamine, décontenancée, rougit et réplique :

— Et si c'était vrai ?

***

Devant une superbe pâtisserie, un mendiant aborde une dame qui sort du magasin.

— S'il vous plaît, madame, vous ne pourriez pas me donner de l'argent pour que je m'achète un gâteau ?

— Vous demandez la charité pour un gâteau, vous ? Eh bien, on peut dire que c'est original. En général, vos « confrères » réclament du vin ou du pain. Pourquoi voulez-vous un gâteau ?

— Tout simplement parce que, aujourd'hui, c'est mon anniversaire !

***

Un mendiant qui n'a plus qu'un bras, est toujours posté sur les marches de la même église et une dame a l'habitude de lui donner une petite pièce de temps en temps. Un jour, elle décide de faire quelque chose d'utile pour ce pauvre homme et elle lui dit :

— Mon pauvre monsieur, vous devriez entrer dans l'église plus souvent et prier le Seigneur pour qu'il vous vienne en aide. La bonté de Dieu est infinie et si vous vous montrez pieux et de bonne volonté, je suis sûre qu'Il vous fera un petit signe de là-haut.

Le lendemain, cette dame constate que le mendiant n'est plus là et elle se dit qu'elle a bien fait de lui parler et qu'il a suivi ses conseils.

Deux semaines plus tard, par hasard, elle se rend dans une église dans un autre quartier de la ville et s'aperçoit avec stupeur que le mendiant y demande la charité mais qu'il n'est plus manchot mais aveugle. Furieuse, elle l'interpelle :

— Mais dites donc, vous, je vous reconnais ! Il y a deux semaines, vous étiez manchot et à présent vous êtes aveugle ! Qu'est-ce que c'est que cette plaisanterie ?

— C'est simple, ma petite dame, répond le mendiant. J'ai suivi vos conseils. Je suis allé à l'église et j'ai prié le Seigneur pour qu'il fasse quelque chose pour moi. Eh bien, vous voyez, il m'a rendu mon bras mais j'en ai été tellement ébloui que j'en ai perdu la vue !

***

Devant le portail d'une église, les passants ont la surprise de voir un petit tabouret, avec un vieux chapeau sale posé dessus et cet écriteau : « A votre bon cœur pour un pauvre mendiant qui est parti déjeuner. »

***

Une dame patronesse sort de l'église et est accostée par un mendiant qui lui tend son chapeau crasseux.

— Au lieu de boire toute la journée du vin, lui dit-elle, vous pourriez travailler !

— Ah ! non ma petite dame, le travail, ça fatigue et je n'ai aucune envie de mourir !

— Justement, si vous arrêtiez de boire, vous pourriez peut-être vivre jusqu'à cent ans !

— Vous tombez mal, j'ai fêté hier mon cent deuxième anniversaire !

***

Un pauvre mendiant a trouvé un petit job : il est chargé par la mairie de collecter les verres des bouteilles vides.

Un matin, il sonne chez une dame et lui demande :

— Bonjour, madame. Auriez-vous des bouteilles de bière vides ?

— Est-ce que j'ai une tête à boire de la bière ? lui répond méchamment la dame.

— Non, mais vous avez une tête à avoir des bouteilles de vinaigre !

***

— Je regrette, lance un monsieur à un mendiant. Je ne donne jamais d'argent à quelqu'un qui mendie dans la rue !

— Qu'à cela ne tienne, répond le mendiant. Montons dans mon bureau !

***

Un mendiant :

— Ayez pitié d'un pauvre homme qui a perdu toute sa famille au cours d'un terrible incendie.

Un passant :

— Dites donc, vous... La semaine dernière, dans l'autre quartier, vous disiez que votre famille avait péri au cours d'un affreux naufrage...

Le mendiant :

— C'est vous dire combien la vie m'a éprouvé.

***

Un mendiant frappe à la porte d'une maison bourgeoise.

— J'ai faim !

— Faut manger ! lui répond la maîtresse de maison.

— J'ai pas d'argent. Vous n'auriez pas un petit quelque chose à grignoter ?

— Ben... non. Je regrette... Nous avons tout mangé... à moins que... attendez... Voudriez-vous un peu de soupe d'hier ?

— Je pense bien... J'adore la soupe.

— Parfait, mon brave. Alors, repassez demain !

***

Un extra-terrestre qui visite notre planète depuis un certain temps se trouve à cours de liquidité... Comme il n'a pas de travail, la seule solution est de mendier, il s'installe sur les Champs-Élysées avec cette petite pancarte : « J'ai faim et je suis sans travail, pensez à ma petite soucoupe. »

***

MÉTÉO

Message météorologique :

— Demain, temps ensoleillé sur l'ensemble du territoire. C'est un ordre.

***

Un Français débarque à Douvres. L'ensemble de la ville est recouvert d'un épais brouillard. Le quidam interroge alors un adolescent qu'il croise sur le quai :

— Dis-moi mon petit il fait souvent beau ici ?

— Je ne sais pas, répond le garnement, je n'ai que quinze ans !

***

C'est la tempête. Un quidam voit son parapluie retourné et arraché de ses mains par la bourrasque. Il court chez son marchand de pépins qui s'écrie joyeusement :

— Bonjour ! Quel bon vent vous amène ?

***

Une épouse trouve dans la poche du veston de son mari un prénom : Gisèle, suivi d'une série de chiffres :

— Tu me trompes avec cette fille, et elle t'a donné son numéro de téléphone !

— Mais non, chérie, répond le mari qui est météorologiste, c'est le nom d'un cyclone qui ravage les Antilles, suivi de la latitude et de la longitude.

Le mari rentre le soir :

— Rien de neuf ?

— Si, le cyclone a téléphoné !

***

MÉTRO

Dans le métro, un jeune homme, profitant de la cohue, laisse errer ses mains sur une anatomie féminine.

— Hé ! Dites donc, jeune homme ! Vous ne pourriez pas mettre vos mains ailleurs ?

— Oh si, mademoiselle, si ! Mais j'attendais que vous me le permettiez !

***

Dans le métro, une petite vieille est assise en face d'un jeune homme qui mastique un chewing-gum. Il y va de bon cœur. Ses mâchoires sont en mouvement constant.

Au bout de cinq minutes, la petite vieille lui dit :
« Inutile de continuer à me parler, monsieur. Je ne vous entends pas. Je suis complètement sourde. »

***

Dans le métro, une jeune femme s'adresse à sa voisine :

— Dites-moi, madame, pourriez-vous, s'il vous plaît, me dire si le jeune homme qui se trouve derrière moi est beau ?

— Il est jeune et vigoureux, madame, répond la voisine.

— Je vous ai demandé s'il était beau, réplique la première. Qu'il soit jeune et vigoureux, je le sais !

***

Dans le métro, à une heure d'affluence, une femme âgée, debout, se tourne vers un monsieur, à la peau noire, confortablement installé sur une banquette.

— Chez nous, monsieur, explique-t-elle, on laisse sa place aux dames âgées !

— Oui, répond l'homme. Mais chez nous, madame, on les bouffe !

***

Dans le métro de New York, un Noir lit un journal en hébreu. Un homme s'approche de lui et lui murmure à l'oreille :

— Tu n'as déjà pas assez d'ennuis comme ça !

***

MILITAIRE

Nous sommes à la fin de la célébration du quarantième anniversaire du débarquement en Normandie. Deux soldats gradés discutent. Il s'agit d'un lieutenant canadien et d'un colonel américain.

— Je suis désolé de vous dire cela, dit le Canadien, mais votre armée n'a aucune tenue, aucun respect, pas de discipline. C'en est incroyable ! Personne ne fait attention à rien... C'est très mauvais ?

— Vous avez tort, dit le Yankee, ce n'est pas cela du tout !

Arrive alors un marine's du meilleur genre :

— Col'nel, je prends la jeep, je vais jusqu'à Caen, je vais chercher quelques nanas (il fait une bulle avec son chewing-gum)... Col'nel vous aurez votre tire vers minuit. O.K., bye !

— Et bien vous voyez, dit le colonel, il demande...

***

Service militaire, caserne de Limoges un pistonné a des problèmes avec son sergent :

— Dites donc Gagé, faudrait retourner arroser le potager de la maison de l'adjudant.

— Sergent... Ce n'est pas pour vous contrarier, mais il pleut depuis deux jours !

— Rien à foutre. Me prendrez un imperméable !

***

Le colonel entre en colère dans la chambrée :

— Que l'imbécile qui a passé l'annonce suivante dans « Libé » se dénonce : « Soldat échangerait Char AMX 30 contre fille du même âge. »

***

Nous assistons à la rencontre du siècle : Reagan, Brejnev et Mitterrand ! Ils passent en revue un détachement de militaires de chaque pays. C'est le président Reagan qui commence. Il s'approche d'un Marine et lui balance un direct au foie très impressionnant.

— Avez-vous souffert ? demande-t-il au soldat.

— Pas du tout monsieur le Président.

— Et pourquoi ?

— Parce que je suis américain et fier de l'être !

Brejnev et Mitterrand admirent ce geste de bravoure et de patriotisme. C'est Brejnev qui s'approche maintenant d'un militaire de la grande Armée rouge. Il envoie un fantastique coup de pied dans les parties du soldat.

— Vous ai-je fait mal camarade ?

— Non, camarade Président.

— Pour quelle raison camarade ?

— Parce que je suis un soldat du monde communiste et fier de l'être.

Mitterrand est épaté... Il s'inquiète pour son détachement... Il arrive devant notre bataillon de choc... Prend une baïonnette et la plante de toutes ses forces dans le pied du militaire qui ne bouge pas.

— La souffrance est-elle atroce ?

— Pas du tout monsieur le Président.

Mitterrand n'en revient pas...

— Et pourquoi ?

— Eh bien, je chausse du 41 et au magasin on m'a donné du 45.

***

Nous sommes à la fin de l'Algérie française et le sergent Benguigui d'Oran est muté à Metz. Il se présente au colonel qui l'accueille avec émotion et lui fait prendre immédiatement ses fonctions.

Le sergent se retrouve donc à la tête d'un petit peloton... Il commande :

— A Metz fixe.

Le colonel ne dit rien mais reste étonné et toute l'après-midi, c'est « A Metz fixe »... Le soir venu, le colonel convoque le sergent et lui demande des explications...

— Mais mon colonel, à mon dernier poste je disais toujours : « A Oran fixe... »

***

Au service militaire, l'adjudant hurle aux jeunes appelés :

— Derrière vous, le sud, gauche l'ouest, à droite l'est, et devant, c'est quoi ?

— La quille, bordel !

***

Un adjudant entrant dans la chambrée des troufions découvre avec surprise un mégot sur le sol.

— A qui est ce mégot, hurle-t-il.

— A personne, répond un « deuxième classe ». Mon adjudant, vous pouvez le prendre !

***

Le médecin major se rend de bon matin à l'hôpital militaire :

— Rien de neuf depuis hier, demande-t-il à l'infirmière de service.

— Rien de neuf, lui réplique celle-ci. Ah si, le simulateur est mort !

***

Un général sort de la caserne en petite tenue de sport. Avisant un troufion qui déguste une pomme assis devant la porte d'entrée, il s'approche et dit :

— Eh bien, on ne salue plus ses supérieurs ?

— Oh, vous allez pas me faire croire que vous êtes sergent, tout de même...

— Je suis bien plus que cela !

— Alors, vous voulez dire que vous êtes capitaine, peut-être...

— Non, je suis plus que capitaine, et si vous continuez comme ça, vous allez avoir des ennuis.

— Alors, c'est quoi que vous êtes ?

— Je suis votre général, soldat !

— Oh ben alors, tenez vite ma pomme que je vous présente les armes !

***

— Dites donc, vous, la nouvelle recrue, pourquoi vous mettez de la levure dans votre parachute ?

— Pour qu'il gonfle bien, mon capitaine !

***

Je connais un homme qui n'a pas de front. Sa tête s'arrête au ras des yeux. Eh bien, ça ne se voit pas du tout... Sauf, bien entendu, quand il retire son képi de général.

***

MILLIARDAIRE

Dans un grand hôtel de la Côte d'Azur, arrive M. X..., super-magnat de la finance, milliardaire en dollars.

A la réception, il demande :

— Des roses, dans mon appartement !

— Facile ! répond, empressé, l'employé. Ici, dans la région, nous avons des roses magnifiques... Nous allons en inonder votre appartement, monsieur !

— Oh la ! Attention ! proteste le milliardaire. Je ne veux pas des roses d'ici ! J'exige qu'elles viennent de Californie... Faites-les immédiatement venir par avion. Je paierai !

Il réfléchit un instant, puis s'adresse de nouveau au réceptionniste :

— Une question : le sable, sur la plage, comment est-il ?

— Doré, monsieur. Magnifique !

— Oh là là ! Le contact du sable doré m'est absolument insupportable ! Faites venir du sable argenté du Mexique. Par avion cargo. Je paierai. (C'est beau d'avoir des moyens !)

— J'allais oublier ! dit-il encore. Votre mer, de quelle couleur est-elle ?

— Bleue, monsieur. Un bleu magnifique !

— Ça, c'est embêtant ! Je déteste le bleu ! Bien... Alors faites répandre, par des sous-marins, des tonnes de chlorophylle afin que la mer devienne verte... J'adore le vert... A propos, j'espère que votre ciel n'est pas bleu ?

— Mais si, monsieur... Immuablement !

— Comme c'est ennuyeux... Qu'à cela ne tienne : lâchez des paquets de coton hydrophile accrochés à des ballons gonflés à l'oxygène. Je veux que le ciel soit nuageux !

— Vous paierez tout, monsieur !

— Je paierai tout !

— Alors vos désirs sont des ordres !

Et l'on exauça tous ses desiderata !

Trois jours après, à la terrasse de son hôtel, j'entendis notre milliardaire s'exclamer, tout en sirotant un apéro et en contemplant le paysage s'étalant à ses pieds :

— Ah ! quand même, que c'est beau la nature !

***

Au cours d'un dîner en ville, un jeune hobereau, futur Rastignac, rencontre un Rothschild et s'empresse de le questionner...

— Monsieur de Rothschild, j'aimerais savoir comment vous avez acquis cette immense fortune ? Comment puis-je devenir aussi riche et puissant que vous ?

— Tout simplement par le travail, mon jeune ami...

— Dites-m'en plus... Parlez-moi de vos débuts... Comment votre fortune est-elle arrivée ?

— C'est assez simple, assez jeune en me promenant j'ai trouvé dans la rue un stylo plaqué or. Au lieu de le conserver, je l'ai bien fait briller puis je l'ai revendu vingt francs... Avec ces vingt francs j'ai acheté d'autres stylos et ainsi de suite jusqu'à ce que j'apprenne le fabuleux héritage que me laissait mon aïeul.

***

Paris, plein hiver, moins douze degrés, la fête bat son plein chez Castel, la plus célèbre discothèque privée du monde, deux hommes visiblement milliardaires sortent et tombent sur un clochard dans un piteux état :

— Mes bons princes vous auriez bien une p'tite pièce pour le pauv' Léon...

L'un des deux rupins met la main à son portefeuille et jette dans le chapeau du clodo une liasse impressionnante... Le deuxième fait la même chose... Et voilà Léon à la tête d'une énorme fortune ; il compte les billets :

— Six, sept, huit millions deux cents... Ah... Gleu...

Pris d'une attaque cardiaque le pauvre loquedu s'effondre mort. Il n'a pas supporté la fortune.

Les deux généreux donateurs viennent vers lui et l'un dit à l'autre :

— Tu me dois deux briques. Lorsque j'ai parié avec toi j'étais certain qu'il allait en crever.

***

Une superbe Ferrari stoppe devant la banque de Crédit et de Placement. Un milliardaire en sort (de la voiture pas de la banque, il faut suivre). Il entre, va au guichet et demande :

— C'est pour un emprunt.

— Certainement, monsieur, combien vous faudrait-il ?

— Dix francs. Pour six mois. A combien d'intérêt allez-vous me consentir ce prêt ?

— Nous prêtons à 25 % par an. Cela vous fera pour dix francs : un franc vingt cinq centimes pour six mois.

— Parfait. Prêtez-moi dix francs.

— Oui, monsieur, mais il nous faut des garanties, même pour une somme aussi faible. C'est obligatoire.

— Tout à fait normal. J'y ai pensé... Voici trois millions de francs en bons anonymes.

— C'est parfait, monsieur, juste quelques signatures et voilà vos dix francs.

Le milliardaire quitte la banque et revient six mois après avec les onze francs vingt-cinq...

— Parfait, monsieur, nous vous rendons vos bons anonymes... Mais, permettez-moi une petite question : Vous nous laissez trois millions de bons pour dix francs, cela ne vous paraît pas anormal ?

— Pas du tout. Pouvez-vous m'indiquer un endroit plus sérieux pour garder une telle fortune avec d'aussi bonnes conditions de sécurité pour seulement un franc vingt-cinq pendant six mois ?

***

Deux milliardaires s'ennuient un peu, et décident d'aller s'acheter une petite folie dont ils avaient envie depuis quelque temps : un jet supersonique.

Ils se rendent dans une entreprise d'aviation, et font chacun leur choix ; l'un demande que l'on ajoute une petite piscine, l'autre fait décorer le sien d'un fuselage à l'épreuve des balles.

— Messieurs, vous me devez chacun 100 000 dollars, dit le vendeur.

Les deux milliardaires sortent leur carnet de chèque avec un bel ensemble, mais l'un proteste et reproche à son ami :

— Ah non ! cette fois, c'est moi. C'est toi qui as payé les cafés !

***

Un millionnaire américain, seul, sans famille ni enfants, est à l'agonie. Sa secrétaire est l'unique personne à son chevet. Dans un murmure, il lui laisse toute sa fortune.

— Comme je suis touchée, et comment vous remercier. Que puis-je faire pour vous ?

Enlevez votre pied du tuyau d'oxygène.

***

Un milliardaire sort de l'hôtel Aletti à Alger, et lorsqu'il s'apprête à monter en voiture, il est abordé par un clochard qui se met à siffler d'admiration :

— Aman ! Aman ! On peut dire que vous avez un beau cigare ! Ça coûte cher, m'sieu, des cigares comme ça ?

— Oh ! oui, dit le milliardaire, ils viennent spécialement de la Havane. Ça revient 100 F pièce.

— 100 F pièce ! Aman ! Aman ! J'arrive pas à le croire ! Et vous en fumez combien par jour ?

— Bah ! une vingtaine !

— Une vingtaine ! Aman ! vingt fois cent, vous vous rendez compte, ça fait 2 000 F par jour ! Ça fait 60 000 F par mois ! Ça fait 720 000 F par an ! Aman ! J'arrive pas à le croire (ou, à la croire). Plus de 7 millions qui partent en fumée. Mais, monsieur, si vous ne fumiez pas, avec cette somme, vous pourriez acheter l'hôtel Aletti, au lieu de dépenser le prix de la chambre, les petits déjeuners, les kémias, sans compter le pourboire, le service, les libéralités et tout le reste. Vous vous rendez compte cette fortune que vous économiseriez ?

— Croyez-vous ça ? répond le milliardaire.

— Et comment ! Et comment ! Aman ! J'en suis certain !

— Dites-moi, mon brave, est-ce que vous fumez, vous aussi ?

— Oh, non ! J'ai jamais touché un cigare de ma vie ! jamais ! reprend le clochard.

— Ben alors, lui dit l'autre, qu'attendez-vous pour acheter l'hôtel ? Vous pouvez faire affaire tout de suite si vous le désirez... Parce que l'hôtel, il est à moi !...

***

Un journaliste interroge un milliardaire.

— Je voudrais connaître l'origine de votre fortune ou les règles que vous avez employées pour l'établir.

— Très simple, réplique le milliardaire. Je suis parti de ma plus intime conviction : l'argent n'a pas d'importance. Ce qui compte c'est le travail !

— Et c'est à partir de ce principe que vous êtes devenu riche !

— Non, c'est à partir du moment où je l'ai fait partager par tout mon personnel !

***

Deux milliardaires passant devant un garage Rolls repèrent un modèle qui leur plaît. Ils entrent dans le local et commandent chacun un modèle d'une couleur différente. Au moment de payer le chèque de caution, l'un des milliardaires sort son carnet de chèques et lance à l'autre :

— Laisse, c'est pour moi, tu as déjà payé le café ce matin...

***

Un milliardaire explique à son coiffeur qu'il aimerait aller à Rome voir le pape.

— Vous n'y pensez pas, fait le coiffeur... En cette époque de l'année, il y a beaucoup de monde, beaucoup de touristes, des voitures partout, il fait chaud et puis le pape vous ne l'apercevrez qu'au loin à travers une foule immense...

Quelques semaines plus tard, le milliardaire revient chez le coiffeur et lance :

— Je reviens de Rome. Je n'ai pas suivi votre conseil... Et je suis parvenu à aller place Saint-Pierre ! J'ai rencontré le pape... Sans problème. Il m'a même reçu en audience privée... Si, si ! Et lorsque je lui ai embrassé l'anneau papal, il a regardé mon crâne et s'est exclamé :

— Qui est le coiffeur qui vous a coupé les cheveux aussi mal ?

***

Un milliardaire américain ne sachant pas quoi faire de son argent convoque un Américain, un Français et un Belge pour leur proposer un jeu stupide :

— J'offre 300 000 dollars à celui d'entre vous qui me ramènera un maximum de balles de ping-pong, annonce-t-il.

Huit jours plus tard, le Français revient avec un camion rempli de balles de ping-pong, quinze jours plus tard, c'est au tour de l'Américain de se présenter accompagné d'un cargo de balles de ping-pong.

— C'est très bien, fait le milliardaire, mais il faut attendre le Belge pour que le jeu soit juste !

Un an, deux ans, trois ans passent... Le Belge revient enfin, les vêtements déchirés, le corps ensanglanté et annonce fièrement :

— Ça y est, j'ai les balles de King-Kong...

***

MIRACLES

Il faut toujours être très précis quand on demande quelque chose.

Un curé de campagne est en prières au chevet de sa vieille mère qui vient de mourir. En pleurant, il implore le bon Dieu :

— Mon Dieu, toute ma vie je vous ai servi et je ne vous ai jamais rien demandé en échange. Mais aujourd'hui, je vous supplie de faire quelque chose pour moi : faites que la vie renaisse dans cette pièce...

Aussitôt dit, aussitôt fait : les papillons cloués au mur s'envolent par la fenêtre ; le perroquet empaillé se met à parler et le tapis, fait d'une peau d'ours, se met à rugir et dévore tout le monde.

***

Le fonctionnaire chargé du classement de la correspondance avec le Vatican, va trouver son supérieur, avec une lettre de l'ambassadeur réputé pour être sourd comme un pot :

— Excusez-moi, monsieur, mais je ne sais pas où classer cette lettre.

Le chef jette un coup d'œil sur la missive qui commence en ces termes : « Le Saint Père m'a laissé entendre... », et conclut d'un ton péremptoire :

— A classer dans les miracles.

***

Un automobiliste a un terrible accident. Il en sort complètement indemne mais pour pouvoir toucher la prime d'assurance, il simule la paralysie. Les sauveteurs arrivent et lui demandent ce qu'il a :

— Je ne sens plus rien dans les jambes. Je ne peux plus bouger.

On le transporte d'urgence à l'hôpital où on lui fait tous les examens et naturellement, on ne lui trouve rien. On le garde en observation, et pendant quinze jours il arrive à jouer la comédie et à tromper médecins et infirmières. On le laisse rentrer chez lui et une semaine plus tard, il reçoit la somme de cent millions d'indemnités versée par la compagnie d'assurances. Un copain, qu'il a mis au courant de la supercherie, lui fait cette remarque :

— C'est malin. Maintenant te voilà condamné à rester dans ta chaise roulante !

— Mais non ! Le mois prochain, je vais à Lourdes !

***

Le pilote d'un avion de chasse appelle la tour de contrôle :

— Allô... Allô... Mon réacteur droit est en flammes, que dois-je faire ?

— Éjectez-le !

Aussitôt qu'il a éjecté le réacteur droit, c'est le gauche qui prend feu.

— Allô... Allô... La tour de contrôle ? Mon réacteur gauche vient de prendre feu à son tour. Qu'est-ce que je fais ?

— Appuyez sur la manette du siège éjectable et sautez !

Le pilote appuie sur tous les boutons à la fois mais rien ne se produit. Tout est bloqué.

— Allô... Allô... La tour de contrôle ? Tout le système est enrayé et le feu commence à gagner la cabine. Qu'est-ce que je fais ?

— Ne vous affolez surtout pas ! Et répétez après nous : « Notre Père qui êtes aux Cieux... »

***

Un homme hurle de bonheur dans la rue :

— Je marche, je marche, s'exclame-t-il, en levant les bras au ciel.

Une dame s'approche de lui, lui baise les pieds, une autre lui fait le signe de croix, une autre encore se jette à ses genoux. Un monsieur l'interpelle :

— Mais, si vous marchez monsieur, il s'agit d'un miracle ?

— Non, réplique l'homme. On m'a volé ma voiture !

***

MODE

Deux jeunes filles se font des confidences sur leurs amoureux respectifs. L'une d'elles ne tarit pas d'éloges sur l'élégance de son ami :

« Ce qui me plaît chez lui, c'est sa façon de s'habiller. Il est toujours d'un chic ! Et puis il recherche la petite note originale qui fait qu'on le remarque. L'autre jour, il avait un complet jaune, une chemise et une cravate assorties et surtout — alors là j'ai été conquise — une chaussette rouge au pied droit et une chaussette bleue au pied gauche. Et quand je lui ai dit : " Mais vous devez vous habiller dans des magasins très chics car cela doit être difficile de trouver une paire de chaussettes comme les vôtres ! " tu sais ce qu'il m'a répondu ? " Oh ! non, pas vraiment ! J'en ai d'ailleurs une autre paire à la maison ! "

***

Une femme, un peu forte mais très coquette, entre dans un magasin de vêtements et demande à la vendeuse :

— Je voudrais essayer le petit tailleur qui est en vitrine.

— Mais bien sûr, madame, quelle taille je vous donne ?

— Je fais du 38, mais je me sens plus à l'aise dans du 40 alors donnez-moi un 42-44...

***

Une dame pénètre dans un magasin de chaussures.

— Bonjour, mademoiselle, je voudrais une paire de chaussures extrêmement plates.

— Mais certainement, madame. Quel style voulez-vous ? Sport ou habillé ? C'est pour aller avec quoi ?

— Avec un tout petit monsieur.

***

Une dame est en train d'acheter un manteau de vison. Elle l'examine sur tous les côtés et s'étonne de lire sur l'étiquette : « 200 % vison ». Elle s'approche de la vendeuse :

— Qu'est-ce que cela veut dire, mademoiselle ? Il y a écrit : « 200 % vison ».

Et la vendeuse qui veut satisfaire sa cliente, répond :

— C'est sans doute que le vison qui a servi à la confection de ce manteau avait une double vie.

***

Deux minettes discutent :

— Je viens de m'acheter une mini-jupe plus étroite que ma peau, dit l'une.

— Impossible !

— La preuve, c'est que je peux m'asseoir toute nue, mais je ne peux pas avec ma minijupe !

***

Un tailleur un peu filou réussit à refiler un costume de très mauvaise qualité à un petit garçon venu avec sa maman. Alors que la mère retourne chez elle avec son enfant, une grosse pluie se déclenche, et le costume rétrécit à vue d'œil, jusqu'à découvrir mollets et avant-bras.

La mère, furieuse, retourne chez le tailleur en traînant le petit garçon. Le marchand l'accueille en s'exclamant, admiratif :

« Mon Dieu, qu'est-ce qu'il a grandi ! »

***

MORT

J'ai connu un teinturier qui est mort à la tâche.

***

« On ne choisit pas sa mort. » Vous me faites rire : regardez la vitrine d'un armurier...

***

Il est mort à petit feu. C'est-à-dire avec un 6,35.

***

Dernières paroles d'un artiste sur son lit de mort :

— A quelle heure je passe ?

***

Mon voisin est mort en jouant... Lui et moi, on avait parié à celui qui se pencherait le plus par la fenêtre, et il a gagné...

***

Madame va mourir.

— Écoute ! dit-elle à son époux. Je dois te faire un aveu... Sur nos cinq enfants, il y en a un qui n'est pas de toi.

Le type avale de travers, mais encaisse bien le coup.

— Lequel ? demande-t-il seulement.

— Devine ! répond sa femme. Puis elle meurt.

***

Les morts ont de la chance : ils ne voient leur famille qu'une fois par an, à la Toussaint.

***

Je viens de passer une huitaine de jours chez ma tante. Question nourriture, ce n'était pas varié : matin, midi et soir, des œufs à la coque...

— Tata, pourquoi qu'on mange jamais rien d'autre ?

— Tu veux savoir ?

— Oui, tata ?

— Eh bien, tu sais que ton pauvre oncle est mort l'année dernière ?

— Oui, tata !

— Je l'ai fait incinérer et j'ai mis ses cendres dans le sablier... Et il était tellement fainéant de son vivant, que ça me fait plaisir de le voir enfin travailler.

***

— A ma mort, ma chérie, je désire que tu me fasses incinérer !

— Ça coûte cer ?

— Cinq mille francs.

— Eh bien ! Quand c'est pour ton plaisir, tu ne te refuses rien, toi !

***

— Allô ! Les Pompes Funèbres « Au bon départ » ?

— Oui !

— Ici M. Dugenou ! Je voudrais vous communiquer des mesures pour le cercueil de ma femme !

— Votre femme ? Mais nous l'avons enterrée il y a déjà un an !

— Figurez-vous que je me suis remarié !

— Ah pardon ! J'ignorais ! Félicitations !

***

Une jeune femme vient s'incliner sur la dépouille d'une amie (*sic*) qui vient de mourir.

« Mon Dieu ! Comme elle est jolie ! Elle est merveilleuse, comme ça, sans son tic ! »

***

Monsieur est mort. De nombreux amis sont réunis au cimetière et attendent l'arrivée du corbillard. Trois quarts d'heure se passent, sous un soleil de plomb... N'y tenant plus, un assistant constate :

— C'est pas pour dire, mais on meurt de soif.

— Que Monsieur patiente un peu, lance un croque-mort, la bière va bientôt arriver.

***

Trois petits vieux discutent de la meilleure façon de mourir.

— Moi, dit le premier (un jeunot de 75 ans), je voudrais mourir dans un accident d'auto.

— Moi, dit le deuxième (un adolescent de 80 berges), je voudrais que ce soit dans un accident d'avion.

— Ben moi, décrète le troisième (splendide adulte de 90 printemps), j'aimerais bien être tué par un coup de revolver tiré par un mari jaloux.

***

— Oh là là ! prévient la diseuse de bonne aventure en train de lire dans les lignes de la main d'une mère de famille. Oh là là. Préparez-vous au veuvage… Je vois que votre mari va mourir de mort violente !

— Regardez encore un peu ! dit la mère de famille à l'œil paisible. Et dites-moi si je serai acquittée ?

***

Jean-Claude est au chevet de son associé mourant. Celui-ci au bord de l'agonie tient à libérer sa conscience :

— Jean-Claude… Jean-Claude…

— Oui, mon vieux René…

— Écoute-moi… C'est moi qui ai volé les cent millions dans la caisse… Pardonne-moi, Jean-Claude… Et c'est pas tout… J'ai vendu à une compagnie rivale nos secrets de fabrication… J'ai honte… Pardonne-moi, Jean-Claude ! Et c'est pas tout… Oh ! Jean-Claude… Ta femme et moi, on a couché ensemble…

Il fond en larmes.

— Pardonne-moi, Jean-Claude… Je veux mourir pardonné.

— Ça va bien, mon vieux René… Tu es pardonné… Te casse pas la tête… C'est moi qui t'ai empoisonné.

***

M. Moreau, en lisant son journal, y découvre un article nécrologique annonçant le décès de son ami, M. Legrand. Presque au même instant, son téléphone sonne.

— Allô !

— Allô ! Moreau ?

— Oui !

— Ici Legrand. Tu as lu dans le journal que j'étais mort ?

— Oui. D'où m'appelles-tu ?

***

Un type, complètement ravagé, est envoyé dans une station thermale pour essayer de se requinquer. Il est vraiment dans le trente-sixième dessous… Il est même tellement bas, qu'il ne parvient pas à remonter la pente et qu'il passe l'arme à gauche au bout de deux semaines. Autour de sa dépouille, femmes et amis se réunissent. Quelqu'un, bêtement, fait remarquer :

— Comme il a l'air reposé !

— Eh oui ! fait encore plus bêtement la veuve… Ces quinze jours de cure lui ont fait le plus grand bien.

***

— Écoute-moi bien, Adélaïde ! Quand je mourrai…

— Le plus tard possible, mon chéri…

— Bien entendu. Mais enfin, quand je mourrai — si c'est avant toi — je veux que tu me fasses incinérer.

— Ah ça ! C'est bien de toi. Tu ne changeras donc jamais ? Ainsi, comme d'habitude, tu partiras en laissant des cendres partout !

***

Quand un diabétique meurt carbonisé, ne vous étonnez pas si ça sent le caramel !

***

« LA MORT NE M'ATTRAPERA PAS »
(*dixit* Ruisseau, mercenaire français)

« La mort, depuis dix ans, je joue avec elle comme à colin-maillard ! Elle ne m'attrapera pas. J'aime la défier… »

C'était ce que disait Ruisseau il y a encore quelques jours, au moment précis où il s'exposait à un courant d'air en allumant une cigarette sous une porte cochère.

Imprudence !

Il le savait, pourtant, qu'il avait les bronches fragiles. Mais il jouait à celui qui a une santé de fer, faisant mine d'oublier que le moindre coup de froid pouvait le mettre en l'air !

Ah ! Il fallait le voir au volant de sa jeep — échangée à des soldats vietnamiens contre des photos cochonnes... Bien que plutôt brinquebalante, elle jetait encore du jus, à cause des multiples posters de pin-up qui la décoraient...

Eh bien, croyez-vous que Ruisseau, faiblard des bronches, aurait mis la capote de sa voiture pour circuler ? Pensez-vous ! Nez au vent, il bravait sereinement le destin, un mouchoir à portée de la main.

Autour de lui, ses bons copains — voyous tarés aux trognes tannées — aventuriers du monde, exclus de la Légion, baroudeurs aux cheveux sales, ne cessaient de lui répéter :

— Ruisseau, vieux salopard, tu joues avec ta santé !

— M'en fous ! répondit-il, dans un vocabulaire succinct, mais direct. J'aime mieux crever d'un bon rhume que d'un mauvais coup de couteau.

(Mot d'auteur que n'eussent pas dédaigné Victor Hugo et Lamartine...)

A cause de sa minceur extrême et de sa santé chancelante, de sa toux caverneuse et de ses yeux fiévreux, Ruisseau avait reçu le surnom romantique de « la Dame aux Camélias »... C'est d'ailleurs vrai que dans son uniforme de broussard, avec sa figure coupante — c'est-à-dire en lame de couteau — sa voix âpre, rocailleuse et très distinguée, quoique un peu canaille, il ressemblait énormément à Edwige Feuillère...

Ruisseau avait derrière lui dix ans, que dis-je, quinze ans d'aventures exaltantes, de révolutions, de meurtres... On l'appréciait — tout du moins ceux qui n'étaient pas ses victimes — car c'était un spécialiste ! Bien que ne possédant pas une véritable mentalité de tueur, il tuait cependant. Honnêtement. Scrupuleusement. Homme d'honneur. Chevalier des temps modernes !

Pourtant, ceux qui le connaissaient bien savaient qu'il avait le cœur tendre. La preuve : il pleurait pour le moindre bobo, s'évanouissait en voyant couler la plus petite goutte de sang !

A dire vrai, s'il tuait, c'était plus pour la rigolade — la vraie, la franche — que pour autre chose. Au fond de lui, c'était un bourgeois bon teint !

Autre particularité de son caractère : étant feignant et médiocre, il n'aimait ni les richards ni le peuple.

— Moi, disait-il, je suis un homme de bonne volonté ! J'adore rendre service... Si vous avez quelqu'un à descendre, faites-moi signe. Travail bien fait, garanti sur facture ! Et pas d'argent, surtout ! Je travaille pour l'amour de l'art.

Ah ! Le brave garçon !

Plein de contradiction, puisque aimant la vie intensément pour lui-même, il n'était pas choqué par le fait de la supprimer aux autres !

D'année en année, il avait acquis certaines convictions et œuvrait — à sa manière — pour un monde plus juste, plus équitable !

Cher Ruisseau ! Il ignorait qu'une méchante grippe serait sa dernière aventure... Adieu, malheureuse victime d'un virus barbare !

Maintenant, il se tient pénard au fond d'un trou et moi, qui ne suis qu'un homme comme les autres, je trouve cela fort triste !

Bien qu'en y réfléchissant, il est juste de reconnaître que cette grippe a rendu un immense service à la société !

***

Cette femme est très affectée par la mort de son mari, et on a bien fait la leçon à tous les enfants de la maison : il est interdit de prononcer le mot : mort !

Le jour de la mise en bière, un enfant va ouvrir la porte à un homme habillé de noir :

— Tantine, je crois que ce sont les croque... messieurs qui sont arrivés !

***

Plus le temps passe et plus je me rends compte — surtout quand je me vois dans un miroir — que je ne mourrai pas en beauté.

***

Deux amis se rencontrent fortuitement. Le premier paraît si heureux que le second lui demande :

— Mais tu as gagné le gros lot ?

— Non, je me suis débarrassé de ma femme ! Elle est morte ! et de mort naturelle, pas d'ennui avec la police !

— ... ?

— Une méthode fantastique, je lui faisais l'amour à longueur de journée. Résultat : liquidée en deux mois.

— Fabuleux, ton tuyau !

Ils se quittent et se revoient quelques

temps après. Le veuf retrouve un ami méconnaissable, vieilli, sa femme en revanche est resplendissante de santé. Il peut quand même articuler :

— Fantastique, ta méthode ! Tu as vu ma femme ? La pauvre, elle ne se doute de rien mais elle n'en a que pour quelques jours.

***

Paul Claudel vient de perdre son meilleur ami, André Gide. En revenant de l'enterrement, il trouve un télégramme :

« Finalement, Dieu n'existe pas ! Donne-t-en à cœur joie et n'oublie pas de prévenir Mauriac. Ton vieil André. »

***

— Oh chéri, c'est affreux, je viens d'apprendre que maman est morte !

— Ah, enfin une bonne nouvelle ; la journée avait pourtant mal commencé, j'avais perdu au Loto...

***

Un fossoyeur rentre chez lui après une épuisante journée de travail. Il ouvre la porte et, en poussant un soupir de soulagement, s'exclame : « Encore une de morte ! »

***

Un industriel est en train de mourir. Son associé se trouve à son chevet, le visage ravagé par les larmes de la douleur qui l'accable. Soudain le mourant se met à murmurer quelque chose.

— Il faut que tu saches, Joseph. Le coffre qui a été cambriolé voici deux ans... C'était moi... La faillite frauduleuse de l'an dernier... Eh bien, c'est encore moi... Et puis, tiens... l'amant de ta femme... C'était toujours moi !

— Ne t'inquiète pas, lui réplique l'autre entre deux sanglots. Tu peux mourir tranquille. L'arsenic dans le potage... C'était moi !

***

Une voyante interpelle brusquement sa cliente :

— Ah madame, je dois vous communiquer une horrible nouvelle. Votre mari se trouve actuellement en danger de mort.

— Ah bon, réplique la dame. Mais dites-moi, est-ce que je serai acquittée ?

***

— Monsieur et madame passent une calme soirée autour du feu. Tout à coup, monsieur éternue.

— A tes souhaits, s'exclame sa femme.

Et aussitôt, elle tombe raide morte...

***

Elle le déteste, lui, il s'en fout.

Elle le déteste vraiment :

— Je vais te tuer, tu vas voir, j'ai une méthode infaillible qui me vient des sorciers Bagobourous. Un seul de tes cheveux me suffit...

Hargneuse, toute à sa haine, elle continue son soliloque expliquant son procédé par les menus détails. Elle se décide alors à passer à l'acte, disparaît quelques instants, revient, tombe raide morte.

Lui, il s'en fout toujours. Et continuant à lire son journal, il dit :

— Pourquoi te servais-tu de mon peigne ?

***

MOTO

Une superbe Kawa avec deux motards est en route pour deux cents kilomètres. Le pilote chevronné ne fait aucun cas de la limitation de vitesse (bouh ! le vilain)... Son passager murmure à chaque instant :

— Oh là là !

Le conducteur est très énervé d'entendre geindre son compagnon et met la manette des gaz à fond, mais malgré cela après chaque virage le « Oh là là ! » tombe...

Lorsqu'ils sont arrivés le conducteur à bout de nerfs lui demande :

— Pourquoi fais-tu « Oh là là ! » à chaque instant ? C'est très dur de piloter dans ces conditions.

— Écoute, mon père est mort dans un accident et il n'a même pas eu le temps de dire « Oh là là ! ».

***

MUET

LE MUET

D'être muet depuis la naissance, c'est tout de même drôlement gênant, surtout quand on pense que l'on a quelque chose à dire et que l'on a la tête remplie de discours brillants !

Et justement notre muet brûlait du désir de devenir un tribun, un orateur et d'avoir un auditoire suspendu à ses lèvres !

Il pensait à ça depuis bien longtemps... A l'orée de combien de jours, au crépuscule de combien de nuits, à l'entrée de combien d'années avait-il tenté de faire sortir, désespérément, un son de sa bouche ?

Ses parents étaient très étonnés d'avoir un enfant aussi renfermé ! A l'âge de dix ans, ils trouvaient un peu anormal qu'il ne les ait encore appelés ni maman ni papa... Mais ces braves gens, qui n'avaient eux-mêmes aucune conversation, ne se seraient pas aperçus de l'infirmité de leur rejeton si tous les mois, inexorablement, sur son livret de classe n'avait figuré, en face du mot « récitation » un fatidique zéro...

Empressons-nous de dire que ce zéro honteux était largement compensé par un dix automatique en conduite bien compréhensible puisqu'il ne parlait jamais en classe...

Notre muet grandit, entouré de l'estime de tous et de chacun. C'était un garçon de bonne compagnie. Tous ses nombreux amis l'aimaient bien et il était impossible d'avoir des mots avec lui. Pourtant, il aurait bien aimé, de temps en temps, échanger quelques paroles...

L'idée de faire de la politique lui vint le jour où, regardant un discours du président de la République à la télévision, le poste eut une panne de son...

Il lui apparut ainsi que la politique était sa destinée !

Justement, il y avait la permanence d'un parti au coin de sa rue ; il s'y rua, sans avoir à demander son chemin...

Dès qu'il fut militant, on le chargea d'aller vendre le journal à un carrefour... Mais comment crier le nom d'une feuille de chou pour attirer l'attention des acheteurs éventuels quand on est muet ?

Comment vendre le moindre journal quand de plus, par malchance, au même carrefour, un type pourvu d'une grande gueule propose aux passants l'organe de presse d'un autre parti !

Chaque dimanche soir, il rentrait à la permanence avec tous ses journaux sous le bras, déconfit, la tête basse.

Petit à petit, une idée germa dans son esprit : celle d'écrire des articles de propagande. Tout de suite son succès fut immense. Ses écrits soulevaient les masses. Son discours, lu par d'authentiques forts en gueule, entraînait la foule. Il devint le numéro un de son parti, plébiscité par le peuple, heureux d'avoir un homme politique qui ne parlait pas.

Grâce à lui le mécontentement populaire contre le parti en place monta et bientôt la révolte gronda dans les rues. Il fut parmi les premiers à dresser des barricades. Il monta courageusement sur l'une d'elles pour la première fois de sa vie — était-ce à cause de l'exaltation extrême ? — deux mots sortirent d'entre ses lèvres : « En... en... en avant ! »

C'est en les prononçant qu'une balle l'atteignit et qu'il mourut !

Peut-être pensa-t-il que c'étaient ces deux mots qui le tuaient...

MUSICIEN

Savez-vous qu'il y a eu un scandale hier avec le Grand Orchestre de la ville de Paris ? Voilà pourquoi... Hier soir, Léon Genève, violoniste de l'orchestre, n'avait aucune envie d'aller jouer. Alors, il a fait monter son concierge et lui a proposé un petit marché :

— Monsieur Zewwazkiez (c'est un Yougoslave) je vous propose cent francs et vous allez à ma place au concert ; vous prenez mon smoking et mon violon, vous entrez sur scène et vous suivez les directives du chef d'orchestre ; lorsqu'il lève sa baguette vous faites semblant de jouer et lorsqu'il la baisse vous cessez. Aucun souci à vous faire les autres musiciens joueront pour vous.

— Zwxqzetyxwsdr (tout à fait d'accord en cerbo-croate).

— Voilà tout le matériel et cent francs de plus pour le taxi...

Léon Genève replongea dans les bras de Morphée... Pendant ce temps le brave concierge va à la salle de concert, s'installe au milieu des quarante-cinq violonistes... Le chef d'orchestre lève sa baguette... Silence absolu... Aucune note de musique ne sort... Il s'agissait de quarante-cinq concierges.

***

Un musicien vient de composer la gamme qui tue : *Do ré mi fa sol la si da...*

***

A New York dans le quartier de Soho, un Blanc se promène en fredonnant « le temps des cerises ».

Un Noir qui l'entend, murmure à l'un de ses copains :

« Ces Blancs, quand même, quel sens du rythme ! »

***

Un matin en se réveillant un homme a la surprise de découvrir que la France est envahie par les Allemands.

— Monsieur, vous êtes en état d'arrestation.

— Mais ! mais !... riposte l'homme.

Il est emmené de force en Allemagne dans un immense amphithéâtre encombré d'énormes ordinateurs... L'Allemand explique alors :

— Ici nous avons pu découvrir votre homologue allemand. Nous avons défini vos profils respectifs professionnels, culturels, affectifs et sociaux ; ils sont parfaitement parallèles. Vous serez donc rééduqué par cet Allemand qui est votre double et doit vous adapter parfaitement à l'Allemagne. Un soir le Français étant convié à un bal, il s'y rend très peu enthousiasmé. L'orchestre ne joue que du Bach. La discussion ne roule que sur le grand musicien et un officier veut engager une conversation avec le Français.

— Monsieur, n'est-ce pas que Bach est le meilleur musicien qui a existé sur cette terre ?

Ne connaissant pas Bach et fort peu la musique classique, il répliqua :

— Monsieur, à mes yeux il n'est pas le meilleur, je pencherais plutôt pour un de vos compatriotes, j'ai nommé Vivaldi.

Au regard de fureur que lui lance l'officier et aux ordres qui sont immédiatement donnés mais qu'il ne comprend pas il prend alors conscience de sa bévue et rattrape alors, plus conciliant :

— Remarquez bien, dans ce pays, il y a eu tellement de grands noms dans la musique, Tchaïkovski, Mozart, Berlioz on n'a que l'embarras du choix.

***

La différence entre un violon et un violoncelle, c'est qu'il y en a un qui brûle plus vite que l'autre.

***

Un chef d'orchestre lance à la foule qui est devant lui :

— Vous aimez le mambo ?

— Oui, répond d'une voix le chœur du public.

— Alors, ajoute le musicien, voici Mambo sapin !

***

MYOPE

Un berluron myope comme une taupe entre dans un café. En sifflotant il se dirige vers une table... En chemin, il passe derrière deux mectons chauves comme des œufs, absorbés par une partie de cartes (pas les œufs, les chauves...).

Le myope passe une main distraite sur les deux crânes déplumés, puis demande, très fort, au garçon :

— Dites donc ! Où est passée la rouge ?

***

Ce pauvre type est complètement myope... Il est tellement miro qu'un jour, il perd ses lunettes. Très ennuyé, il passe l'annonce suivante dans le journal local :

« Jean Trancène, 25, rue du Théâtre, a perdu ses lunettes. Que la personne qui les trouve m'écrive en lettres capitales. »

***

Deux myopes se disputent :

— Je vois beaucoup mieux que toi...

— Absolument pas, ma vue est bien meilleure que la tienne.

— Faisons un concours.

— D'accord.

Les deux myopes se rendent au pied de la tour Montparnasse et l'un dit à l'autre :

— Est-ce que tu vois le moustique au trente-deuxième étage ?

— Non, mais j'entends très bien son sifflement.

***

Le médecin de l'école téléphone au père du petit Marc :

— Monsieur, il faut faire quelque chose très rapidement car, à la suite d'un examen, je me suis rendu compte que votre fils faisait un strabisme convergent. Essayez de faire pour le mieux…

— Écoutez, docteur, dès que mon fils rentre je lui flanque une bonne correction et croyez-moi cela ne se reproduira plus.

***

Un monsieur arrête un passant au bord de la Seine :

— Excusez-moi, monsieur, mais j'ai laissé tomber mes lunettes dans la Loire !

— Mais nous sommes à Paris, monsieur, c'est la Seine !

— Oh, vous savez, moi, sans mes lunettes…

***

Pour garder une bonne vue, j'aurais dû suivre le conseil que je vous donne maintenant : mangez des carottes ! La carotte est excellente pour les yeux. La preuve : on n'a jamais vu de lapins porter des lunettes !

***

N

NAIN

Un nain rencontre un autre nain :

— Ah ben ça alors, je ne m'attendais pas à te retrouver ici. C'est fou comme le monde est petit !

***

— Tu sais, chérie, dit un nain à sa femme, je suis finalement allé chez le docteur aujourd'hui.

— Et qu'est-ce qu'il t'a trouvé ?

— Ben, en fait, c'était pas un cor au pied, mais des migraines...

***

NAUFRAGÉS

Deux lords anglais ont fait naufrage et se retrouvent seuls sur une île déserte. Ils ne s'étaient jamais vus auparavant et au bout de deux jours seulement, le premier adresse la parole à l'autre :

— Excusez-moi, sir. Vous êtes anglais ?

— Yes.

Deux jours plus tard, le premier, de nouveau, questionne l'autre :

— Excusez-moi, sir. Vous êtes homosexuel ?

— Yes.

Encore deux jours plus tard :

— Excusez-moi, sir. Cambridge ?

— No, Oxford.

Et le premier soupire en s'en allant :

— Sorry.

***

Sur un petit radeau, en plein milieu de l'océan Atlantique, deux hommes vont à la dérive. Leur bateau a fait naufrage depuis plusieurs jours. Ils ont faim, ils ont soif, ils sont exténués. Alors, l'un d'eux se met à genoux et se met à prier :

— Mon Dieu, je vous en supplie, faites qu'un bateau vienne nous chercher. Je vous promets que je vous donnerai tout ce que j'ai si vous nous sauvez. Je travaillerai dur, je ferai des dons à tous les organismes de charité. Je vous promets que je mènerai une vie exemplaire et que je chanterai vos bienfaits de par le monde entier. Je ne...

Au même moment, son copain lui dit :

— Arrête ! Il y a un bateau qui arrive !

***

Un Écossais qui vient de faire naufrage, échoue sur une île déserte. Une fois qu'il a retrouvé ses esprits, il s'empresse de ramasser quelques bouts de bois, il confectionne un écriteau et y inscrit cet avertissement : « PLAGE PRIVÉE. ENTRÉE : TROIS LIVRES. »

***

On demande à une jeune femme à la vie amoureuse très tumultueuse, ce qu'elle emmènerait à lire si elle faisait naufrage en pleine mer et si elle devait passer deux ans sur une île déserte.

— Ce que j'emporterais à lire ? Oh, je n'hésiterais pas. J'emporterais un beau marin tatoué.

***

Un jeune marin et un vieux loup de mer se retrouvent les seuls survivants du naufrage de leur bateau. Ils ont réussi à construire une espèce de radeau avec les planches qui flottaient et une voile en récupérant les lambeaux de leurs habits.

Pendant une semaine, ils dérivent en pleine mer sans jamais rencontrer âme qui vive. Le jeune marin finit par se mettre en colère :

— Vous n'allez tout de même pas me dire que, en vingt-trois ans de navigation, vous n'avez appris qu'une seule chose, c'est que la mousse pousse sur le côté nord des arbres !

***

NEZ

A la banque Rothschild, il est formellement interdit aux employés d'avoir le nez en l'air...

***

Je raccompagnais une jeune femme en voiture quand elle me dit :

— Pouvez-vous conduire d'une seule main ?

— Bien sûr ! assurai-je, plein d'espoir et de concupiscence.

— Parfait ! Alors mouchez-vous, vous avez le nez qui coule.

***

C'est triste : personne ne veut de notre Concorde. Un seul espoir : que les Israéliens nous l'achètent... A cause du nez.

***

Marcel Glandard rentre chez lui très excité. Son patron a accepté de venir dîner... Il appelle vite son épouse et son fils pour leur annoncer la nouvelle. Mais voilà... Paul, le fils est un coquin... Et le patron de Marcel a un nez digne de celui de Cyrano... Et notre employé modèle craint le pire.

— Paul, ce soir, mon chef vient dîner à la maison. Il a un très grand nez... Alors surtout pas de remarques... Sinon tu seras privé de dessert et de sortie pendant tout un mois.

— Ne t'en fais pas papa je ferai attention.

Le patron arrive chez les Glandard et, effectivement, son appendice nasal est très impressionnant. L'apéritif est servi et les parents tremblent à l'idée d'une réflexion du petit Paul...

Tout le monde passe à table... Paul ne quitte pas le nez du regard, rit de temps en temps mais ne dit rien... Enfin le dîner se termine et Paul va se coucher après avoir dit bonsoir...

Marcel et Denise se sentent mieux ! Plus de danger. Denise sert le café au salon, donne sa tasse au patron de son mari et lui dit :

— Cher monsieur, combien de sucres dans votre nez ?

***

NOCES

Un homme qui fête ses noces d'argent ne peut s'empêcher de réfléchir à cette évidence : s'il avait tout de suite balancé sa femme par la fenêtre, il aurait écopé, au plus, de quinze ans de prison, et ça ferait aujourd'hui dix ans qu'il serait libre...

***

— Alors Françoise, cette nuit de noces, comment cela s'est-il passé ?

— Disons l'un dans l'autre...

***

Un vieux couple s'apprête à fêter ses noces d'or. La femme propose à l'homme :

— Chéri, nous pourrions peut-être fêter l'événement en refaisant notre voyage de noces !

— Excellente idée fait le mari. Toi tu pars en juin et moi en septembre !

***

Un célibataire endurci se marie et le lendemain rencontre un de ses copains qui l'interroge sur la nuit de noces.

— Ne m'en parle pas, répond le jeune marié. Ce matin, en me réveillant, avant d'aller au bureau, par habitude et parce que j'étais un peu abruti, j'ai laissé 300 F sur la table.

— Mais ce n'est pas grave, répond le copain.

— Si, ajoute le jeune marié. Parce que ma femme, pas plus réveillée que moi, m'a rendu 50 F en monnaie !

***

— Mon Dieu, s'écrie cette mère désespérée ! Ma fille se marie demain, et quand je lui ai demandé pourquoi elle ne partait pas avec son époux en voyage de noces elle m'a répondu :

— Mais enfin maman, tu n'y songes pas, maintenant il faut que l'on économise en vue de notre divorce !

***

NOËL

Un mois après Noël, un petit garçon écrit à sa marraine pour la remercier du livre qu'elle lui a envoyé à l'occasion de la Nativité.

« Cher Marraine,

Ton livre est bien beau... Je le lis jour et nuit... J'en suis à la page onze... »

***

Voici décembre. Le mois des cadeaux. L'époque où saint Nicolas et le Père Noël se mettent au travail... Deux braves vieux !

Aussi bizarre que cela puisse paraître, jusqu'à cette année ils ne s'étaient jamais rencontrés. Il est vrai que saint Nicolas commence son boulot une vingtaine de jours avant le Père Noël.

Mais cette année, soit que Nicolas ait eu du retard, soit que le gars Noël ait été avancé, ils se sont croisés. Quelque part.

Tout le monde attendait qu'ils échangent quelques mots aimables ! Eh bien, non ! Ils se sont regardés un court instant, puis d'un commun accord ils ont cheminé (cheminées ! Ah ! Ah !) de concert.

***

Nous sommes le 10 décembre... Les X au lieu de se réjouir et de préparer les fêtes ont un moral horrible. Le médecin leur a appris le matin même une très mauvaise nouvelle concernant leur fils unique. Quelques jours se passent, le père se ressaisit et ramène le soir à son fils un très beau train électrique : le dernier modèle.

Quand le petit Bertrand découvre le magnifique cadeau, rien ne manque : la gare des passagers, la gare de triage, les locomotives, les trains, les ponts : une vraie reconstitution de la réalité.

Émerveillé, heureux, il dit à son père :

— C'était mon rêve, ce train, mais pourquoi me le donnes-tu maintenant ? Tu aurais pu attendre le jour de Noël !

— Et ta leucémie, elle attendra ?

***

Une dinde rencontre une autre dinde et l'interroge :

— Dis donc, qu'est-ce que tu fais pour Noël ?

***

NOIR

Un Noir, tout frais débarqué à Paris, se balade. Il arrive dans une rue au moment où une femme, tombant de sa fenêtre en lavant ses carreaux, s'encastre dans une poubelle...

— Hou là là ! fait le Noir. Ces Français sont gaspilleurs... Pourquoi ils jettent une femme qui a l'air encore bonne pour au moins cinq ans ?

***

Une fine gâchette fait un safari au Kenya avec l'aide d'un guide noir. Soudain dans un bruissement d'ailes un gigantesque oiseau s'envole.

— Oh ! un aigle, dit le chasseur.

— Monsieur ici on ne dit pas un aigle, on dit un oiseau de couleu'.

***

Atlanta, grande ville américaine à majorité noire... Nous sommes dans une superbe discothèque. Deux clients noirs discutent en prenant un verre pendant que l'orchestre composé uniquement de blancs jouent... Les Blancs swinguent un maximum... L'un des Noirs dit à l'autre :

— Dis donc ces Blancs... Ils ont le rythme dans la peau.

***

Un Tourangeau est en vacances en Afrique... Il n'est pas très courageux. Il faut dire qu'au moment où il a décidé d'aller se baigner on lui a dit que la mer était infesté de requins... Il est là, sur la plage à hésiter... J'y vais, j'y vais pas... Voyant un Noir près d'une barque de pêche, il va lui demander conseil :

— Vous pouvez vous baignez... Pas de p'oblèmes... Aujourd'hui pas de 'equin... Je vis ici depuis cinquante ans. Je sais toujou's quand les dents de la me' sont là ou non... Pas de 'equin...

— Vous en êtes tout à fait certain ?

— Sû' et ce'tain pas de 'equins...

Il va donc se baigner... Et l'eau est délicieuse, c'est une baignade de rêve. En sortant il va voir le Noir et lui dit :

— Vous aviez raison, pas le moindre requin. Mais comment pouviez-vous le savoir ?

— C'était sû'. Y'en a pas aujou'd'hui car ils ont peu' des c'ocodiles...

***

Un Noir va voir un curé et lui demande :

— Mon père, pourquoi suis-je noir ? Le bon Dieu m'a fait caca dessus ?

— Mon Fils... C'est pour te protéger du soleil d'Afrique...

— Mon Père, pourquoi ai-je les cheveux crépus ?

— Pour te faciliter la vie, mon Fils, ainsi lors de longues courses dans la jungle, ta chevelure ne s'accroche pas aux plantes.

— C'est parfait, mon Père, mais pourquoi suis-je né à Washington ?

***

En Afrique du Sud, une doctoresse fait partie d'un conseil de révision. Ce qui ne manque pas de surprendre un journaliste qui l'interroge.

— Tous ces hommes nus, des Blancs passe encore, mais des Noirs ! Ça ne vous gêne pas ?

— Oh non, fait la jeune femme. Je trouve que le Noir ça fait plutôt habillé !

***

(A prononcer avec l'accent des îles).

Qu'est-ce qu'une grève à la Martinique ?

C'est une petite plage tranquille où le travail s'arrête !

***

Un camion s'arrête à une frontière d'Afrique. Le douanier s'approche du conducteur, et lui demande :

— Vous n'avez rien à déclarer ?

— Non, non, répond l'homme au volant.

Le douanier fait le tour et ouvre le camion. Un énorme tigre, deux tartines de pains collées aux oreilles l'accueille avec un rugissement effrayant.

— Qu'est-ce que c'est, vous n'aviez rien à déclarer vraiment, hurle le douanier.

— Alors, si on ne peut plus mettre ce qu'on veut dans son sandwich ! soupire le conducteur.

***

Mamadou préfère se reposer et jouer aux dames avec les copains. Sa femme est enceinte jusqu'aux dents, mais Mamadou qui a peur du ridicule lui fait promettre de se contenter d'annoncer, le jour de la naissance : « La noix de coco est tombée. »

Quelques semaines plus tard, le tam-tam martèle :

— Deux noix de coco sont a'ivées et y'en a une avec banane...

***

Savez-vous pourquoi il faut trois policiers aux États-Unis pour arrêter un Noir ?

Rien de plus facile. Il en faut un pour lui passer les menottes et deux pour porter son transistor.

***

Un haut dignitaire du Gabon est reçu dans un village en pleine brousse. Le Chef lui fait signer le livre d'or. L'invité appose immédiatement trois croix.

— Pourquoi avez-vous signé de trois croix, cher Boulou-Boulou, interroge le Chef. D'habitude vous n'en mettez que deux !

— Ah bien, lui réplique le haut dignitaire, c'est parce que je sors de l'université. Maintenant je suis docteur et je signe « Docteur Boulou-Boulou ».

***

Dans une grande ville du Gabon un policier « couleur locale » règle la circulation. Soudain il siffle et fait arrêter une dame qui passe en voiture.

— De quelle couleu' je suis, madame, interroge-t-il.

— Mais... noir, réplique la dame.

— Pas du tout, madame. Quand vous me voyez de dos la main en l'air, je suis rouge. Et lorsque vous me voyez de profil le bras tendu, je suis vert !

***

Au Tchad, deux Noirs sont en train de discuter.

— Ah ! s'exclame l'un d'entre eux, c'était le bon temps quand les Blancs étaient là. Ça faisait bouillir la marmite...

***

Une chaîne de restaurants européens vient d'installer un de ses établissements dans une capitale africaine. Le personnel est engagé sur place et le jour de l'inauguration, une réception grandiose est organisée pour fêter l'événement.

Au cours du repas, on sert une cinquantaine de poulets rôtis et le gérant s'aperçoit que tous les volatiles n'ont plus qu'une seule patte. Il convoque aussitôt son cuisinier noir qu'il soupçonne d'avoir vendu les cinquantes pattes manquantes :

— Peux-tu m'expliquer pourquoi les poulets n'ont qu'une patte ?

— Mais parce que ce sont des poulets à une patte ! répond le Noir avec innocence.

— Ça n'existe pas. Je sais d'où ils viennent et ils devraient avoir deux pattes. Nous allons voir, viens avec moi au poulailler.

Les deux hommes se rendent dans le poulailler où toutes les poules sont en train de dormir, debout sur une patte.

— Vous voyez bien monsieur, elles ont une seule patte, dit le cuisinier.

— Ne dis pas n'importe quoi ! Tu vas voir qu'elles en ont deux !

Alors le gérant se met à taper très fort dans ses mains en poussant des cris. Les poules, réveillées, s'éparpillent dans tous les coins mais sur leurs deux pattes.

— Ah, tu vois bien que les poulets à une patte, cela n'existe pas !

— Peut-être, mais tout à l'heure, moi, je les ai tués avant qu'ils ne se réveillent !

***

Avant la décolonisation, de jeunes Gabonais venaient faire leurs études en France. Mais un jour, ils décident de retourner dans leur pays car tout le monde les traite de singes. Après quelque temps, l'université française leur envoie à chacun une lettre d'excuses et leur demande de revenir. A leur retour, ils viennent de nouveau s'inscrire et remplissent les formalités d'usage :

— Vous êtes gabonais ?

— Oui.

— Et vous voulez vous inscrire ?

— Oui.

— Et à quelle branche ?

— Voilà que ça recommence ! s'exclament les Gabonais.

***

Dans une petite ville de la côte bretonne où la pluie est tombée toute la journée, un Noir trempé jusqu'aux os entre dans le café sur le port et commande au patron :

— Un blanc sec !

***

C'est la rentrée des classes et la maîtresse remplit une fiche pour chacun de ses élèves. Elle s'adresse à un petit Noir au fond de la classe :

— Alors, mon petit Paul, qu'est-ce qu'elle est ta mère ?

— Ma mère, elle est martiniquaise.

— Et ton père ?

— Mon père ? Il est parti niquer !

***

Un beau Martiniquais s'ennuie su' son île natale et décide d'aller passer le week-end à Pa'is. Il déba'que à O'ly et file di'ectement aux Champs-Élysées où il se p'omène le nez en l'ai' en lisant les enseignes à voix haute.

Passant devant une pharmacie, il déchiffre : « Homéopathie ».

Il s'arrête, consterné, et soupire :

— Pauv'e Juliette...

***

Un haut dignitaire européen est invité dans un pays d'Afrique noire. Quand il descend de l'avion, il n'y a personne à l'aéroport : ni défilé militaire, ni ministre, ni tapis rouge. Au bout d'un quart d'heure, il voit arriver un tout petit bonhomme pas très bien habillé à qui il dit :

— Mais où est le chef de cet État ?

— A l'hôpital.

— Et le Premier ministre ?

— A l'hôpital.

— Et le chef du protocole ?

— A l'hôpital.

— Mais enfin, qu'est-ce qui s'est passé ? Pourquoi sont-ils tous à l'hôpital ?

— Eh bien, il y avait conseil des ministres, ce matin et la branche s'est cassée...

***

Un militaire africain qui vient de réussir son coup d'État, harangue la foule :

— Nous sommes sortis de la tyrannie. Nous allons devenir un pays puissant. L'ancien régime nous avait mis au bord du gouffre ! Et bien, nous, nous allons vous faire faire un pas en avant !

***

Un Noir est tout le temps en train de manger du chocolat blanc. Un jour un copain lui dit :

— Pourquoi tu manges toujours du chocolat blanc ? Tu n'aimes pas le chocolat au lait ou le chocolat noir ?

— Oh, si ! Mais au moins, quand je mange du chocolat blanc, je suis sûr de ne pas me mordre les doigts !

***

Un Noir arrive au Paradis devant saint Pierre qui lui demande :

— Qu'est-ce que vous avez fait sur terre, pour avoir mérité le Paradis ?

—J'habitais le sud des États-Unis, j'étais amoureux d'une femme blanche et je l'ai épousée.

— Il y a longtemps ?

Le Noir regarde sa montre et dit :

— Il y a environ une demi-heure.

***

Un Congolais revient d'un grand voyage à travers les États-Unis. Ses copains lui demandent de raconter ce qu'il y a vu.

— Quand je suis allé à New-York, dit-il, ce qui m'a le plus frappé, c'est l'Empire State Building. Quand je suis allé au Canada, ce qui m'a le plus frappé, c'est la neige. Quand je suis allé à Hollywood, ce qui m'a le plus frappé, c'est les villas des stars sur Sunset Boulevard.

— Et tu es allé dans le sud des États-Unis ?

— Ah, oui. C'est là que j'ai été le plus frappé !

***

Un couple de Blancs attend un bébé. Le jour de l'accouchement, la femme met au monde un enfant complètement noir. Lorsqu'elle le montre à son mari, elle lui dit :

— Tu vois, avec ta manie de toujours faire ça dans le noir !

***

Dans une école, tous les élèves sont blancs sauf un petit garçon. Tout le monde se moque de lui et il est très malheureux. Il se confie à son père qui lui dit :

— Ne t'en fais pas. Je vais te donner un truc pour que les autres te fichent la paix.

Et le lendemain, le petit garçon arrive à l'école, la tête haute. Quand un de ses camarades lui fait une remarque sur la couleur de sa peau, il réplique :

— Non, je ne suis pas noir. C'est un très gros grain de beauté.

***

Un homme pénètre dans un autobus dans lequel il n'y a que des Noirs à l'exception d'un homme très vieux, très voûté et portant une longue barbe.

Notre quidam s'approche de ce vieillard et lui lance :

— Docteur Livingstone, je présume ?

***

NOYÉ

Dans le Midi, deux braves autochtones sont assis sur la jetée. En mer, à quelques encablures d'eux, un touriste semble se noyer. Il crie :

— Help ! Help !

Et l'un des deux braves hommes, tranquillement, dit à l'autre :

— Vé ! Au lieu d'apprendre l'anglais, il aurait mieux fait d'apprendre à nager !

***

— Au secours ! Au secours !

Le pauvre homme se noie.

— Au secours !

— Désolé ! lui dit un passant. J'ai déjà ma médaille de sauvetage.

***

Un jeune garçon raconte à l'un de ses copains.

— Ça y est, maman s'est remariée ! Et mon nouveau papa m'apprend à nager !

— Et tu te débrouilles bien, lui lance son ami ?

— Tu parles ! Maintenant j'arrive à sortir tout seul du sac !

***

NUAGE

Deux nuages s'engueulent. C'est rare, mais cela arrive. A preuve, les orages... En prêtant l'oreille — la seule chose que je prête — j'ai entendu l'un dire à l'autre :

— Circulez, bon sang ! Ça fait plus d'une heure que vous êtes en zone bleue !

***

Un petit nuage tombe amoureux d'un autre petit nuage :

— Dis, soit gentille, laisse-moi te faire une petite bise ! dit-il...

***

O

OISEAU

Récemment, j'ai eu une idée superbe. J'ai croisé un perroquet avec un pigeon voyageur. Comme ça, quand mon animal se perd en route, il peut demander son chemin.

***

Paris sera bientôt la seule ville du monde où, au réveil, on pourra entendre les petits oiseaux tousser.

***

LE ROSSIGNOL CHANTEUR

C'est un petit monsieur sans importance. Employé de banque. Il a une vie bien monotone. Il habite une petite chambre au sixième étage. Rien d'exaltant !

Il n'a qu'une joie dans l'existence. Minime, apparemment. Mais énorme pour lui : il s'arrête tous les jours devant la loge d'un concierge qui a sur le rebord de sa fenêtre une cage avec un petit rossignol... Et il écoute cet oiseau chanter !

Pour lui, cela évoque la nature, les prés, les champs, les forêts, les bois... Toutes choses qu'il ne connaît pas parce qu'il n'a jamais eu assez d'argent pour se payer le moindre voyage.

Un jour, avec ses économies maigrelettes, il décide d'acheter un oiseau... Il veut en avoir un, bien à lui ! Il se rend sur les quais, fait l'emplette d'une jolie cage à l'intérieur de laquelle sautille un petit rossignol.

Ainsi pourvu, il rentre chez lui, dans son sixième, plein d'espoir ! Mais au bout de quelques jours, il doit se rendre à l'évidence : son oiseau ne chante pas ! La détresse remplit le cœur du petit employé de banque !

Le malheur, le chagrin font germer dans sa tête un noir dessein : une nuit, il prend son oiseau qui ne chante pas, va à la loge de la concierge, vole le rossignol chanteur, met le sien à la place et retourne chez lui avec le merveilleux oiseau siffleur...

A partir de ce moment, la vie devient pour lui extraordinaire ! L'oiseau, par ses chants, embellit sa chambre, sa vie, toute son existence. Comme un bonheur n'arrive jamais seul, il gagne, à la loterie, une forte somme.

A ce stade, il est pris d'un remords et se dit :

— Je me suis conduit comme un dégoûtant vis-à-vis de la concierge ! Je vais aller la dédommager de la perte de son rossignol.

Et il arrive chez la brave femme.

— Bonjour, madame ! Dites-moi : est-ce que je pourrais vous acheter le rossignol qui est dans une cage sur le rebord de votre fenêtre ?

— Ah non ! répond la concierge. Ça je regrette. Ce n'est pas possible ! Cet oiseau n'est pas à vendre. Je ne m'en séparerai jamais ! Figurez-vous que ma petite-fille est morte il y a un mois... Et depuis, il ne chante plus !

***

L'HOMME A LA TÊTE D'OISEAU

Tout le monde lui disait :

— Tu as une tête d'oiseau... Tu as une tête d'oiseau...

Alors, n'y tenant plus, fuyant la ville, il battit la campagne. Dans un champ, il fit la connaissance d'un épouvantail.

A quelques jours de là, la police découvrit, dans un champ, le corps d'un homme sans tête... Elle conclut rapidement à un crime crapuleux et, en refermant le dossier, le commissaire murmura :

— Cet homme-là, ce devait être un drôle d'oiseau !

***

Un vétérinaire doit opérer un perroquet... Il lui fait donc une piqûre anesthésiante, puis il pose l'oiseau sur le billard... Mais celui-ci ne s'endort pas et dit :

— J'entends un abruti.

Le vétérinaire est étonné... Mais comme le volatille tarde à s'endormir, il décide de lui faire une seconde piqûre...

Au bout de quelques minutes, le perroquet dit :

— J'entends un abruti.

Tout le personnel de la clinique est sidéré... On fait une troisième piqûre... une minute se passe et l'oiseau dit :

— J'entends un abruti.

Là, c'est incroyable ! On fait donc une double anesthésie d'un coup et l'oiseau ne dit rien mais garde les yeux ouverts... Le vétérinaire se penche et lui dit :

— Et maintenant tu entends toujours un abruti ?

— Je vous entends parfaitement docteur.

***

P

PAPA

— Papa ! C'est loin l'Amérique ?
— Tais-toi et nage...

***

— Papa ! Papa ! Maman est morte...
— Commence à pleurer ; j'arrive tout de suite.

***

— Papa, j'ai été dans la grange à Marcel !
— De quoi de quoi ! Et il t'a embrassée ?
— Non, pas du tout !
— Alors il t'a caressée ?
— Mais non, voyons !
— Il a voulu te déshabiller ?
— Mais pas du tout, enfin ! dit la jeune fille excédée. Qu'est-ce que tu vas imaginer... Il m'a fait un enfant, c'est tout !

***

— Dis, papa, qu'est-ce qu'il y a dans la voiture toute noire ?
— Un mort, mon petit !
— Où qu'on l'emmène ?
— Au cimetière où on le mettra en terre !
— Ah ! Pour qu'il repousse ?

***

— Pierrot, avale ton huile de foie de morue !
— Non !
— Tu veux une trempe ?
— Non, papa !
— Alors bois ton huile !
— Non !
— Si tu la bois, t'auras dix francs !
— Dix francs ?
— Oui !
— Alors, d'accord !

Et le petit Pierrot, dès ce moment, avala chaque matin une cuiller d'huile de foie de morue en échange de dix balles !

Au bout d'un mois on cassa sa tirelire. Elle contenait trois cents francs.

— Je suis riche ! se réjouit Pierrot. Qu'est-ce que je pourrais bien m'acheter avec ça, dis, papa ?

Son père prit l'argent et acheta une autre bouteille d'huile de foie de morue.

***

Un quidam passe en taxi en compagnie de son jeune fils, dans une rue « chaude » de Paris. Voyant les « dames » sur le trottoir, le gamin demande :

Dis, papa ! Qu'est-ce qu'elles font toutes ces femmes ?

Embarrassé, le père répond :

— Heu... eh ben... C'est à cause de leurs maris. Ils travaillent dans les bureaux qui sont dans les immeubles de cette rue. Alors, forcément, comme elles les aiment bien, leurs maris, eh ben... elles viennent les attendre à la sortie de leur travail. Voilà.

Il est content de son explication. Mais à peine l'a-t-il donnée, que le chauffeur du taxi, un brin vicelard, balance :

— Écoute pas ton père, petit ! Ces femmes-là, ce sont des putes... Elles font le trottoir.

Le père fait la gueule. Le môme, curieux, enchaîne :

— Dis papa, c'est quoi des putes ?

— Eh ben... heu... C'est des dames qui ont beaucoup de maris. Voilà. C'est ça... beaucoup de maris.

— Beaucoup de maris ? insiste l'enfant. Mais alors, papa, elles doivent avoir beaucoup d'enfants. Qu'est-ce qu'ils deviennent plus tard, ces enfants ?

Alors le père, l'œil vengeur, répond d'une voix claironnante :

— Chauffeurs de taxi, mon petit.

***

— Papa, mis à part la pilule, enfin toute la contraception, n'y a-t-il rien d'autre que je puisse faire pour éviter d'être enceinte ?

— Je m'étonne qu'à douze ans tu me poses déjà cette question... Enfin... Si ! Tu peux faire autre chose : dire « non » !

***

— Papa ! Papa ! Dis-moi, dis-moi...

— Oui ?

— Tu es bien né à Marseille ?

— Oui.

— Maman est bien née à Strasbourg ?

— Oui.

— Et moi je suis bien né à Toulouse ?

— Oui...

— Eh bien, on a bien de la chance de s'être retrouvés.

***

— Papa ! Papa ! Je n'arrive pas à comprendre la différence entre un accident et une catastrophe...

— C'est pourtant simple... Si par exemple ta maman tombe du huitième étage, c'est un accident. Si elle est sauve, c'est une catastrophe...

***

Le grand patron de la Trade International arrive à son bureau l'air catastrophé. Sa secrétaire l'interroge :

— Bonjour monsieur le Président, vous n'avez pas l'air très bien ?

— Bonjour Marcelline, si, si, ça va. Mais...

— Dites-moi monsieur le Président...

— Eh bien, je viens d'être père.

— C'est formidable ! Je n'étais pas au courant. C'est une chose merveilleuse...

— Pour d'autres peut-être...

— Mais, l'accouchement ne c'est pas bien passé ? La maman ne va pas bien ?

— Si tout le monde va bien. Je souhaitais une fille, c'en est une...

— Monsieur le Président, j'annule tous vos rendez-vous et allez au chevet de votre fille et de la maman...

— C'est là où est le problème... La maman n'est plus là. Ma femme lui a repris son tablier et lui a donné ses huit jours.

***

Un Américain est en train de vivre le plus beau jour de sa vie : il est papa d'un beau garçon depuis 10 minutes. Le téléphone se met à sonner, et, décrochant l'appareil, l'heureux papa entend :

— Long distance call pour M. Goldstein...

— Lequel, demande l'Américain, le père ou le fils ?

***

Une petite fille n'arrive pas à compter de tête.

— Écoute, lui dit son père, c'est simple, imagine dans ta tête une mini-calculatrice ; maintenant, inscrit 8 + 8, tu y arrives ?

— Impossible, papa, la pile est à sec !

***

Une mère se montre très inquiète. Sa fille possède un physique ingrat et ne trouve pas de mari convenable. Alors, elle décide de faire passer dans un magazine spécialisé une petite annonce ainsi libellée « Jeune fille très sexy, cherche monsieur, âge respectable, fortuné, en vue mariage... »

Quelques jours plus tard une première lettre arrive au domicile de la jeune fille. Elle ouvre la missive, quelque peu émue et pousse un cri :

— Tu es émue, ma chérie dit sa maman... Tu vois qu'on s'intéresse à toi, que tout arrive.

— Pas du tout, hurle la jeune fille. La lettre de demande en mariage ! Elle est signée de papa !

***

Un homme entre dans un grand magasin.

— Je voudrais deux bicyclettes pour mes jumeaux de 15 ans, explique-t-il au commerçant. Et puis deux trains électriques pour mes jumeaux de 13 ans, deux poupées pour mes jumelles de 11 ans, deux jeux de construction pour mes jumeaux de 9 ans, deux panoplies pour mes jumeaux de 7 ans, deux services à thé pour enfants pour mes jumelles de 5 ans, deux ours en peluche pour mes jumeaux de 3 ans et deux hochets pour mes jumeaux d'un an.

— C'est extraordinaire, répond le vendeur. Vous avez des jumeaux à tous les coups ?

— Oh non, lui répond l'heureux papa, il y a des coups où je n'ai rien !

***

Mon père était un véritable athlète, mais il n'abusait pas de sa force. C'est ainsi qu'il ne leva jamais la main sur moi. Sauf en cas de légitime défense...

***

Mon père était tellement avare qu'il me forçait à marcher à grands pas pour que je n'use pas trop mes chaussures.

***

Mon père, quant à lui, était gaspilleur. Très gaspilleur. C'est ainsi que passionné par la photographie en couleur, il s'était acheté un magnifique appareil. Et vous savez ce qu'il photographiait, ce roi du gaspillage ? Des pingouins sur une banquise !

***

La jeune mariée pleurniche (y'a qu'à lui balancer une tarte !).

— Comment, Manu ? Tu m'avais dit que ton père était mort et ce matin j'apprends qu'il est vivant ! Et, de plus, qu'il vit en prison...

— Et alors ? dit Manu en fronçant les sourcils. En prison ! T'appelles ça vivre ?

***

Un père outragé écrit à un jeune homme qu'il a surpris dans le lit de sa fille :

— Monsieur, vous avez abusé de l'innocence de ma fille, et l'avez déshonorée. Vous me devez des explications, je vous prie donc de venir demain à 16 heures à mon domicile.

Le jeune homme envoie une réponse par exprès :

— Monsieur, impossible de me rendre à votre meeting, mais j'accuse réception néanmoins de votre circulaire...

***

Un petit garçon demande à son père : « Dis papa, quel âge il avait le Petit Larousse quand il a écrit son dictionnaire ? »

***

PAPE

Le pape s'adresse à ses cardinaux :

— J'ai deux nouvelles à vous annoncer, lance-t-il. Une bonne et une mauvaise !

La bonne, c'est que Dieu m'a téléphoné !

— Ah, s'exclament les cardinaux.

— Oui, mais la mauvaise, ajoute le pape, c'est qu'il a appelé de La Mecque !

***

Le pape fait effectuer quelques travaux dans sa résidence d'été de Castel Gondolfo et donne des conseils à son architecte :

« Alors vous avez compris, mon fils. Pas un seul crucifix dans ma chambre ! Je ne veux rien retrouver qui me rappelle le bureau... »

***

Le roi du Coca-Cola demande une audience au pape :

— Très Saint Père. Je vous offre un million de dollars pour que, le dimanche, au cours de la Bénédiction, vous ne disiez plus « Bénissez notre pain », mais notre « Coca-Cola quotidien ».

— Vous êtes fous, hurle le Pape. Dehors !

— Dix millions de dollars si vous voulez.

— Dehors j'ai dit, hurle le Saint Père.

— Cent millions de dollars alors !

— J'ai dit dehors, invective le Pape qui, avec l'aide de ses gardes suisses le met à la porte !

Dépité, le roi du Coca-Cola se retrouve place Saint-Pierre et murmure :

— Quand même je me demande combien les boulangers ont payé pour en arriver là !

***

PARADIS

Il aimait caresser les seins. Cela lui permit d'être bien accueilli en arrivant au Paradis !

***

C'est un type qui arrive au ciel où il est reçu par saint Pierre qui le fait entrer au Paradis. Au bout de quelque temps, notre type va trouver le saint et lui dit :

— Écoutez, je ne peux pas rester ici : je crève de froid... Je regrette, parce que je me plaisais bien, que tout le monde était gentil avec moi, mais j'ai trop froid... Vous ne voulez pas me conduire au Purgatoire ? Peut-être que j'y aurai moins froid !

— Bon ! dit saint Pierre qui est un brave homme. Si vous voulez.

Et voilà le frileux au Purgatoire. Au bout de quelques semaines, saint Pierre lui rend visite.

— Alors ? Ça va ? On n'a plus froid ?

— Eh si ! Je grelotte ! C'est presque incroyable, pourtant c'est vrai ! Regardez : j'ai la chair de poule ! Si vous étiez vraiment très gentil, vous me laisseriez aller en Enfer. Là, au moins, je pense que j'aurais enfin chaud...

— Cela m'ennuie un peu... Mais enfin, si tel est votre désir, allons-y.

Et le type entre aux Enfers.

Au bout d'un an, saint Pierre, qui pense souvent à lui, décide d'aller lui dire un petit bonjour. Il arrive dans l'antre de Lucifer et ouvre la porte. Et aussitôt il entend la voix du type qui hurle :

— La porte ! Courant d'air !

***

Un pilote automobile qui a sacrifié toute sa vie à sa carrière meurt un jour dans un accident, et se retrouve au ciel.

Un ange le conduit sur un magnifique circuit de compétition et, fou de joie, le pilote se précipite dans un petit bolide qui semble l'attendre au bord de la piste.

— Essence, crie-t-il !

— Justement, répond l'ange, nous sommes en enfer et votre punition, c'est cela : vous n'aurez jamais d'essence.

***

Un homme fou de joie rentre dans son appartement de l'avenue Foch, il fonce vers sa terrasse et contemple avec bonheur sa superbe Ferrari garée dans la contre-allée. Il vient de l'acheter et il en est fier. Mais là, oh ! Horreur... il voit un type s'approcher avec une clé et essayer d'ouvrir la portière de son bolide... Son sang ne fait qu'un tour, il se précipite sur une armoire la soulève et la lance du neuvième étage sur son voleur. Hélas, l'effort provoque une crise cardiaque et l'homme meurt. On frappe au Paradis. Saint Pierre ouvre :

— Bonjour, je venais de m'acheter une voiture, on a essayé de me la voler, j'ai pris une armoire et je suis mort.

— C'est bon, entrez.

On frappe à nouveau chez saint Pierre.

— Bonjour, j'essayais de voler une voiture et j'ai pris une armoire sur la tête...

— Bien, entrez.

Encore une autre visite pour saint Pierre.

— Bonjour, je n'ai rien compris, j'étais dans une armoire...

***

La rivalité, la médisance n'est pas seulement dans votre métier... Même au sein de l'Église elle existe... Ainsi, les franciscains, les dominicains et les jésuites sont, certes, frères, mais...

Un jour un franciscain passe de vie à trépas et arrive à la porte du Paradis. Saint Pierre lui ouvre :

— Je suis pressé et occupé, j'ai un évêque avec moi... Revenez plus tard.

Le pauvre reste à la porte... Au même moment, sur terre, un dominicain meurt et frappe, lui aussi, chez saint Pierre. Ce dernier à bout de nerfs lui dit :

— Do not disturb ! J'ai un évêque, je ne veux voir personne d'autre. Attendez...

Et boum, il claque la porte... A cet instant arrive un jésuite. Les deux autres lui expliquent la situation... Il place le franciscain sous son bras droit et le dominicain sous son bras gauche frappe... Saint Pierre ouvre, le trio entre et dit :

— Les bagages de Monseigneur...

***

L'Allemagne vient de perdre Himmler... Il arrive au Paradis... Saint Pierre lui ouvre la porte et lui propose soit le Paradis, soit l'Enfer... Himmler demande à voir... Par la porte du Paradis, il voit des gens très sérieux en conversation, d'autres en prières... Il regarde par la porte de l'Enfer et là... Il voit des filles superbes... Certaines dansent un French Cancan endiablé... d'autres se régalent de caviar et de vodka...

— Monsieur Himmler, demande saint Pierre, avez-vous fait votre choix ?

— Pas d'hésitation... L'Enfer et youpin... Au moins on y rigole ! Kolossal Rigolade die Enfer...

— Parfait...

Saint Pierre pousse Himmler vers la porte de l'Enfer, elle s'ouvre... Il passa la porte, fait une chute vertigineuse... Se retrouve dans un feu incroyable avec des gens qui hurlent...

Satan en personne vient le recevoir avec un rire démoniaque :

— Bonjour Herr Himmler...

— Bonjour, mais écoutez, j'ai fait le choix de l'Enfer, alors voulez-vous m'y conduire ?

— Mais c'est ici, Herr Himmler...

— Je n'y comprends rien... Les filles aux seins nus ? Le French Cancan, le caviar, la Kolossal Rigolade ?

— Vous n'avez jamais entendu parler de propagande Herr Himmler ?

***

Le Paradis... Tout y est tellement calme... Saint Joseph en a un peu assez et tous les prétextes sont bons pour descendre sur terre et boire un coup... Quand je dis un... ! Cela irrite très fortement son entourage... Lors d'un de ses retours... Saint Pierre lui parle avec dureté :

— Joseph... C'est trop... Il y a trop de laisser-aller ! Tu n'as plus le droit d'aller sur Terre.

— Pierre, tu veux rire, non ?

— Absolument pas. C'est ma position : FINI LA TERRE.

— Définitif ?

— Définitif !

— Parfait. Marie, les bagages, le Petit, nous partons !

***

François Mitterrand arrive au Paradis. Saint Pierre le reçoit dans une immense pièce remplie de pendules.

— Que font ici toutes ces pendules, demande François Mitterrand ?

— Chacune d'entre elles correspond à un chef d'État, explique saint Pierre. Et chaque fois que l'un d'entre eux fait une bêtise, elle avance... Il y en a une pour Ronald Reagan, une autre pour Margaret Thatcher, etc.

— Et la mienne je ne la vois pas, montrez-la moi, demande François Mitterrand.

— Ah ! impossible réplique saint Pierre, elle se trouve dans mon bureau, elle me sert de ventilateur...

***

Un soir, Adam réintègre fort tard le domicile conjugal. Ce qui ne manque pas de déclencher la colère d'Ève.

— Je suis sûr que tu as une maîtresse, s'écrie-t-elle.

Bien entendu, Adam nie et pour cause : ils ne sont que deux sur terre...

Alors, tandis qu'il s'est endormi, Ève s'approche discrètement de lui et, afin de vérifier, compte ses côtes avec ses doigts.

***

Juste avant de mourir, un amateur de charcuterie demande qu'on lui apporte un saucisson et s'éteint apaisé, tenant l'objet de ses délices dans ses bras.

Il se présente aux portes du Paradis sans l'avoir lâché, et saint Pierre lui déclare en fronçant les sourcils :

— Ah non ! monsieur, vous ne pouvez pas entrer ici avec cette chose bizarre... Je ne sais même pas ce que c'est...

— Ce n'est qu'un délicieux saucisson, parfaitement inoffensif !

— Un saucisson ? Prêtez-le-moi et attendez un instant. Je vais me renseigner...

Saint Pierre retourne d'où il vient, convoque ses principaux pensionnaires et demande :

— L'un d'entre vous peut-il identifier ce truc-là ?

Et la sainte Vierge de répondre :

— S'il n'y avait pas les ficelles, je dirais que cela ressemble au Saint Esprit !...

***

Au Paradis, le grand conseil s'est réuni car il faut remédier à l'état de dépravation qui règne sur la terre. Après plusieurs heures de discussion, saint Pierre déclare :

— Je ne vois qu'une seule solution : il faut que l'un d'entre nous retourne là-bas remettre les choses en place.

— Moi, je ne peux pas y aller, dit le Bon Dieu. Je suis beaucoup trop vieux.

— Moi, je n'y retourne plus, dit Jésus. J'en ai assez bavé la première fois.

Moi, je veux bien y aller, dit le Saint Esprit, mais il faudrait qu'avant, ils aient supprimé là-bas le tir aux pigeons.

***

Un groupe d'hommes arrive au Paradis. Saint Pierre leur dit :

— Bon. Alors, les hommes qui se sont laissé dominer par leur femme prennent la file de droite et les autres la file de gauche.

Tout le monde prend la file de droite naturellement sauf un tout petit monsieur, à l'air timide. Saint Pierre s'approche de lui :

— Alors, comme ça, vous êtes resté toute votre vie indépendant ? Je vous félicite d'être dans la file de gauche, monsieur.

— Oh, mais, je n'y suis pour rien, c'est ma femme qui m'a dit de me mettre là !

***

Rudolf Valentino arrive au Paradis. Il est reçu en grande pompe par saint Pierre qui lui dit :

— Bienvenue au Ciel, monsieur Valentino. J'espère que votre séjour parmi nous vous satisfera ! Si je peux faire quelque chose pour vous...

— Oui, justement, dit Valentino. J'aimerais vraiment rencontrer la sainte Vierge.

— La sainte Vierge ? Je ne sais pas si cela va être possible ! Vous savez ce que c'est. Elle est très occupée...

— Je vous en prie... J'aimerais tellement faire sa connaissance !

— Bon. Écoutez, je ne vous promets rien mais je vais essayer. Attendez-moi là.

Et saint Pierre s'en va chez Marie. Il frappe à la porte et quelques instants plus tard, la sainte Vierge vient lui ouvrir. Elle est en robe de chambre et a des bigoudis sur la tête.

— Qu'est-ce que c'est ? Ah, c'est vous, saint Pierre ? Excusez-moi, je suis en plein ménage !

— Bonjour, Marie. Voilà. Il y a Rudolf Valentino qui vient d'arriver et qui souhaiterait vous voir.

— Rudolf Valentino ? Oh ! Et moi qui ne suis même pas coiffée !

***

A l'entrée du Paradis, il y deux portes. Et devant ces deux portes, il y a saint Pierre qui contrôle l'identité des nouveaux venus. Ces derniers sont assez nombreux et il faut faire la queue. Tout le monde entre par la porte de droite sauf monsieur X. qui, lui, est prié d'emprunter la porte de gauche. Intrigué, il se tourne vers saint Pierre et lui dit :

— Pourquoi est-ce que je ne prends pas la même porte que tout le monde ?

— Sur terre, vous étiez bien médecin ? lui répond le saint.

— Oui.

— Eh bien alors, c'est normal. Regardez ce qu'il y a d'inscrit au-dessus de la porte de gauche.

Le médecin s'approche de la porte et lit : « ENTRÉE DES FOURNISSEURS ».

***

Un prêtre qui a lutté toute sa vie contre le communisme, apprend avec joie la mort de Staline dans les journaux. Aussitôt, il téléphone en enfer pour s'assurer qu'il y est bien arrivé et, à sa grande surprise, on lui apprendre qu'aucun homme, nommé Staline, n'y est arrivé récemment. Très étonné, il se dit que, peut-être, cela ne se passe pas aussi vite là-haut ou plutôt là-bas, et il décide de rappeler quelques jours plus tard.

Trois jours après, il recommence et on lui fait toujours la même réponse. En désespoir de cause, il se résigne à appeler le Paradis. Il y a peut-être eu une erreur d'aiguillage. Il téléphone donc à saint Pierre :

— Allô, bonjour, excusez-moi de vous déranger mais je voudrais parler à saint Pierre.

Et il entend une voix qui lui répond :

— Il n'y a plus de saint Pierre au numéro que vous demandez. Ici, le camarade Pierre.

***

Un jeune homme vient d'acheter une voiture et le curé, qui le connaît et l'aime bien, lui donne une médaille de saint Christophe :

— Tiens, prends ça et ne roule pas à plus de cent dix kilomètres à l'heure. La médaille te protégera.

— Et si je fais du cent cinquante à l'heure, elle me protégera aussi ?

— Quand tu arriveras au Paradis, tu pourras peut-être entrer sans faire la queue.

***

Un mari arrive devant saint Pierre, la chemise entièrement déchirée.

— Qu'est ce qui s'est passé, mon brave monsieur, lui demande celui-ci ?

— J'ai rien compris. Tout ce dont je me souviens, c'est les derniers mots de ma femme qui me demandait : comment trouves-tu ma dernière coiffure, chéri ?

***

PÂTISSIER

Voilà des mois que le même homme se présente chaque matin à l'hôtel Matignon, résidence du Premier ministre, et dit aux gendarmes de garde :

— Je viens pour la place de pâtissier du Premier ministre...

Et chaque jour il est viré, car, bien entendu, Matignon n'a pas besoin de pâtissier (il est déjà occupé par une tarte)...

Un jour le gendarme de faction n'en pouvant plus dit :

— D'accord. Vous pouvez être pâtissier ici, mais pas tout de suite dans quinze ans.

— Parfait. Dans quinze ans exactement ?

— Dans quinze ans.

— Le matin ou le soir ?

***

PATRON

Un employé d'une grande compagnie industrielle se retrouve par hasard, lors d'un voyage en avion, assis à côté du patron de son entreprise.

Ils s'assoient et, sortant une cigarette, l'employé en propose une à son patron :

— Non merci mon cher, je n'ai fumé qu'une fois dans ma vie.

Ils échangent quelques propos et le P.-D.G. se voit offrir un des journaux achetés en prévision du voyage :

— Non merci, je n'ai lu un journal qu'une seule fois dans toute ma vie.

Excédé et décidé à briser la glace, le jeune employé lui propose de prendre un verre de champagne :

— Non, désolé, mais je n'ai bu qu'une seule fois de l'alcool.

Arrivés enfin à l'aéroport, les deux hommes franchissent ensemble la porte de sortie et le P.-D.G. présente à son voisin d'avion sa fille, venue l'attendre :

— Votre fille unique, je suppose, monsieur ?

***

Un homme connaissant de graves soucis financiers invite à dîner son patron chez lui. Sa femme est catastrophée. Dans le garde-manger, il n'y a plus qu'une boîte de petits pois.

— Écoute, fait la femme, voilà comment nous allons-procéder. Au moment de passer à table, tu te rendras dans la cuisine, mon chéri. Là, tu feras tomber plusieurs casseroles et tu hurleras « Mon Dieu, le canard par terre, tout est fichu. » Ton patron saura alors se contenter des petits pois.

Le grand soir arrive. Le patron est là. Au moment de passer à table l'homme lui demande :

— Vous aimez le canard aux petits pois ?

— J'adore, murmure le patron en se léchant les babines.

— Alors, je reviens, ajoute l'homme qui se précipite dans la cuisine.

Quelques instants plus tard, de cette

pièce se fait entendre un grand fracas. La femme hurle.

— Qu'est-ce qu'il se passe, mon chéri, qu'est-ce qui est tombé ? C'est le canard ?

— Non, fait le mari, ce sont les petits pois...

***

Le P.-D.G. d'une multinationale convoque un de ses cadres :

— Mon cher, votre itinéraire dans notre compagnie est tout à fait exemplaire. Vous avez débuté ici comme balayeur, puis vous êtes devenu coursier, chef de service, responsable du secteur relations publiques ; pour vous encourager, je vous nomme membre de notre conseil d'administration. Qu'en pensez-vous ?

— Oh, merci papa !

***

Le financier Sylvain Deflouss (comme son nom l'indique), parle « affaires » avec son fils :

— Fais comme moi ; j'ai construit ma vie sur deux principes : prudence et méfiance, sont à la base de la réussite sociale.

***

Le fils de Isaac Moryoussef rentre de l'école avec un carnet de notes très faibles, son père se fâche, l'enfant se défend :

— Dans cette école, les professeurs sont tous des curés, tu es d'accord avec moi ? Pourquoi ne donneraient-ils pas de bonnes notes à un juif ? Si tu veux que je réussisse, fais-moi baptiser !

M. Moryoussef réfléchit, l'avenir de son fils est en jeu. (Paris vaut bien une messe..., etc.) La mort dans l'âme, il accepte le baptême de son fils, qu'il fait faire avec discrétion.

Le mois suivant, le garçon revient à la maison avec un carnet de notes encore plus désastreux. Alors, le père, le grand-père, les oncles et les tantes se fâchent.

— Tu n'es qu'un imbécile ! tu nous fais honte à tous ! jamais, personne parmi nous, n'a été noté aussi mal. Écoute-moi bien, nous, nous faisions toujours partie des premiers !

— Oh ! répond le jeune garçon, c'est normal ! vous les juifs vous savez toujours vous glisser à la bonne place !

***

PAUVRE

Dire que la société ne fait rien pour les pauvres est faux ! Regardez nos maisons modernes : les riches habitent le dernier étage, les pauvres, le premier... Ainsi, ils se font moins mal quand ils se jettent par la fenêtre.

***

Aux Indes, j'ai beaucoup fait pour les pauvres. Je me promenais dans les rues avec une grande banderole sur laquelle j'avais écrit : « Je mange pour vous ! »

***

A la suite d'une enquête personnelle menée très soigneusement, je peux affirmer aujourd'hui que, sexuellement, les riches, à côté des pauvres, c'est zéro ! Faut dire que les riches ont une excuse : quand ils étaient enfants, ils avaient des jouets pour s'amuser...

***

Quand j'étais gosse, ma famille était tellement pauvre que nous ne mangions jamais, jamais de viande. C'est pour cela qu'en passant devant une boucherie je croyais qu'il venait d'y avoir un accident.

***

Le jeune homme, pauvre, offre à sa fiancée un écrin à bijoux vide en lui disant :

— Mon amour, je te souhaite beaucoup d'imagination !

***

PAYSANS

Une servante de ferme quitte ses anciens patrons et se présente chez un propriétaire voisin. Le fermier la questionne :

— Vous êtes restée vingt ans chez vos anciens patrons. Pourquoi les avez-vous quittés ? Vous n'y étiez pas bien traitée ?

— Oh, si. J'étais bien nourrie, bien logée. J'avais la Sécurité sociale et la Retraite...

— Eh bien, alors... ?

— Là-bas, à chaque fois qu'un animal mourait, on nous le servait à table : les lapins, les canards, les poulets. Et quand c'était un cheval ou un cochon, on en mangeait toute la semaine.

— Vous savez, c'est partout pareil. Ici aussi, on fait la même chose.

— Mais vous avez un grand-père ou une grand-mère ?

— Non, je suis seul avec ma femme. Pourquoi ?

— Parce que hier, d'où je viens, le grand-père est mort !

***

Il y a très longtemps de cela, un paysan possédait un splendide veau gras. Il le nourrissait, le cajolait, le chouchoutait. En un mot, il l'aimait. Or, un jour, le veau disparut, sans doute parti chercher aventure ailleurs. Le paysan était désespéré. Il pleurait à chaudes larmes et était inconsolable.

Les années passèrent et le pauvre homme pensait toujours à son veau. Un matin, il se réveille, ouvre ses volets et qu'est-ce qu'il voit dans sa cour ? Le veau gras qui était revenu. Alors, il se précipite sur lui en hurlant de joie et pour fêter l'événement, il tue l'enfant prodigue...

***

Un paysan retourne chez le médecin avec le résultat des analyses que celui-ci lui avait prescrites.

— Eh bien, mon ami, dit le docteur en lisant le rapport du laboratoire, vous avez une cirrhose du foie.

— Allons bon ! Mais qu'est-ce que je dois faire pour me soigner ?

— Dès aujourd'hui il faut faire un régime. Vous devez boire du vin avec de l'eau.

Le paysan est horrifié :

— Mais docteur, comment voulez-vous que je boive quinze litres de vin et quinze litres d'eau. Y a de quoi faire crever une vache !

***

Un monsieur, épris de peinture, passe ses week-ends à peindre la nature. Un dimanche, il voit dans un champ un troupeau de moutons. Il s'approche du berger et lui demande :

— Dites, ça ne vous dérange pas si je peins vos moutons ?

— Mais, ça va pas, non ? Vous voulez peindre mes moutons ? Et comment je vais faire après pour vendre la laine ?

***

Dans une ferme perdue au fin fond de la campagne, le facteur frappe à la porte et demande à voir le fermier qui vient de recevoir une lettre recommandée. La fermière lui dit :

— Vous le trouverez dans la porcherie. Vous le reconnaîtrez facilement parmi les cochons, c'est celui qui a un béret !

***

Un paysan arrive chez lui, les vêtements déchirés, la figure en sang. Sa femme se précipite vers lui et lui dit :

— Qu'est-ce que tu as fait, encore ? Te voilà dans un piteux état !

— Oh, ne m'en parle pas ! Je viens de passer sous la voiture de M. de Frignac, le châtelain. Il s'en est fallu de peu que j'y reste !

— Dommage, soupire la paysanne. Pour une fois qu'on en tenait un qui pouvait verser une belle indemnité !

***

Un prête va trouver un vieux paysan qui ne vient jamais à l'église.

— Alors, monsieur François. D'abord, croyez-vous en Dieu ?

— Oh, ben, pour sûr !

— Bon, alors, pourquoi ne venez-vous jamais assister à la messe le dimanche ?

— Eh ben, voilà, monsieur le curé. Je me dis que si le Bon Dieu il est aussi bon que vous voulez bien le dire, et ben il me pardonnera. Mais, si le Diable est aussi mauvais que vous voulez bien le dire, il risque de se mettre très en colère contre moi s'il me voit assister à la messe tous les dimanches !

***

Un automobiliste vient d'éraser une poule sur la route. Il se rend chez le fermier et lui dit :

— Je suis désolé, je viens d'écraser une de vos poules. Mais ne craignez rien. je vais vous indemniser. Est-ce qu'un billet de cinquante francs vous conviendrait ?

— Ben, répond le paysan, je préférerais que vous me donniez deux billets de cinquante francs. Parce que j'ai un coq qui était amoureux fou de cette poule et quand il apprendra qu'elle est morte, j'ai bien peur qu'il ne meure de chagrin !

***

Un touriste se promène dans la montagne et rencontre un très vieux berger qui porte une très longue barbe.

— Bonjour. Vous n'avez jamais dû vous raser, vous, pour avoir une barbe aussi longue !

— Oh, mais si ! Mais un jour, ma femme m'a offert pour mon anniversaire un rasoir électrique. Alors j'ai jeté mon rasoir mécanique.

— Et le rasoir électrique ?

— Je l'ai rangé dans un placard.

— Pourquoi, vous n'aimez pas ça ?

— Si, mais j'attends le jour où on aura fait installer l'électricité !

***

Un autre touriste se promène dans la campagne et rencontre un autre berger qui garde un troupeau de moutons.

— Bonjour. Vous avez combien de moutons ?

— J'sais pas.

— Vous ne les avez pas comptés ?

— Oh, si ! mais à chaque fois que j'arrive à soixante-treize, je m'endors !

***

Un enfant passe ses vacances dans une ferme dans le Massif central. Pour son goûter, la paysanne lui donne un verre d'eau et une tartine sur laquelle elle a étalé le plus possible une minuscule cuiller de miel. Alors, l'enfant lui fait la remarque :

— Ah, je vois vous avez UNE abeille !

***

C'est un ventriloque qui visite une ferme et s'amuse aux dépends du paysan qui l'accompagne. Ils entrent dans l'étable et la première vache déclare :

— Ce fermier est ignoble ! Il oublie très souvent de nous nourrir, figurez-vous !

Le ventriloque regarde son compagnon qui a un petit sourire gêné...

Ils se rendent à l'écurie où l'un des chevaux se lamente :

— Voyez, monsieur le citadin, ce paysan est tellement irascible qu'il n'arrête pas de nous rouer de coups !

Ce manège dure pendant un certain temps. Tous les animaux se plaignent de divers sévices et le paysan qui n'y comprend rien se sent de plus en plus mal à l'aise.

Quand ils arrivent devant l'enclos où sont parquées les chèvres, il n'y tient plus et murmure au visiteur :

— D'accord, ce que ces sales bêtes vous ont dit est vrai, j'en conviens. Mais ne croyez surtout pas la petite bique blanc et noir... Elle raconte n'importe quoi !

***

Un paysan recevait une jeune citadine. Il lui faisait visiter sa ferme. Plus la visite s'avançait, plus le paysan se sentait ému par la présence de la jeune fille... Faut dire qu'elle se baladait avec du 19 de Chanel.

— Ah ! fit-il brusquement, en s'arrêtant devant l'étable où une vache et son veau se frottaient tendrement le museau. Ah ! Quel joli tableau ! Et comme j'aimerais en faire autant, vingt dieux !

— Mais, je vous en prie ! lui dit la jeune fille avec un sourire qui fit monter de trois degrés la température du paysan. Je vous en prie...

— Quoi ? Vous voulez-bien ? demande le rural, au bord de l'apoplexie.

— Bien sûr ! Qui vous empêche ? Après tout, c'est votre vache !

***

Un paysan très cupide et ayant un certain sens des affaires peu honnêtes (rassurez-vous lecteurs, cette histoire se passe dans un pays imaginaire) a fait fortune. Son système a été très simple. Il a d'abord acheté une petite ferme, il a mis le feu et touché l'assurance... Avec l'argent, il a acheté un second domaine, plus grand, il a mis le feu et a touché l'assurance... Avec l'argent, il a acheté une ferme modèle, il a mis le feu et avec l'argent de l'assurance a acheté une fabuleuse ferme...

Il reçoit un jour un voisin... Celui-ci essaye d'allumer son cigare avec son briquet... Mais ce dernier ne veut pas fonctionner. Alors l'escroc-paysan lui dit :

— Retourne-toi, et si tu as besoin d'essence pour ton briquet, prends l'extincteur...

***

Un paysan discute avec son fils :

— T'es pour ce vaccin contre la grippe, toi ?

— Oh ben, tu sais, pas vraiment. Il y a le Jeannot qui se l'est fait faire la semaine dernière... et le lendemain, il est passé sous un camion !

***

Un petit Parisien passe ses vacances dans une ferme de Normandie. Émerveillé, il court dans tous les sens et accable le fermier de questions. Avisant une vache particulièrement impressionnante, il s'exclame :

— Qu'est-ce qu'elle est grosse, celle-là !

— C'est parce qu'elle porte un veau, répond le fermier en souriant.

— Mais où il est, le veau, s'étonne l'enfant ?

— Dans son ventre, pardi !

— Ah oui, mais alors par où il est rentré ?

***

Roger, en randonnée à la campagne s'est perdu, il passe près d'un tas de fumier, et poursuit son chemin quand enfin à une cinquantaine de mètres il tombe sur une ferme, et se renseigne auprès de la brave fermière :

— Par où je peux rejoindre le village de Villedieu-les-Poiles ?

— Vous voyez le tas, là-bas ? demande la fermière.

— Ouais, le tas de fumier ?

— Ben, non de d'là on peut pas dire, vous en avez un sacré pif, vous !

***

— Regardez-moi ces moutons superbes ! lance à la cantonnade un paysan à la foire, ils sont tous d'origine irlandaise...

— Ouais, je veux bien qu'ils viennent d'Irlande, rigole un autre paysan, mais t'aurais pas dû les faire venir à la nage !

***

Un paysan laboure son champs, mais la vache en a plein le dos de travailler au soleil, et refuse d'avancer. Le paysan, en colère, commence à lui donner des coups de bâton, mais il entend la vache qui dit :

— T'as pas fini de me battre, je voudrais t'y voir, avec ce soleil !

— Ça alors, dit le paysan, c'est la première fois que j'entends une vache parler !

— Ça alors, moi aussi, ajoute son chien !

***

Monsieur X... était en quête d'une résidence secondaire. Plusieurs fois déjà il était allé en Normandie à la recherche de la chaumière idéale. Lors d'une promenade, il rencontre un paysan avec qui il parle de la région. Celui-ci l'invite dans sa ferme qui est propre, l'intérieur en est soigné, net et bien tenu.

Il faisait lourd ce jour-là et comme il n'y avait aucune mouche, le Parisien s'en étonne :

— Ah non ! ça jamais ici. C'est le pépé qui s'en charge !

— Le pépé, comment cela ?

— Eh bien, je l'enduis de miel et il les attire toutes !

— Mais c'est horrible. Il ne doit pas tenir en place avec toutes ces mouches qui le chatouillent !

— Mais c'est parce qu'il est paralysé qu'on l'a chargé de cette corvée !

***

Par une nuit d'orage, une paysanne réveille son mari :

— Va vite chercher le docteur, je sens que je vais accoucher cette nuit !

Le mari part dans la nuit, revient avec le médecin qui lui demande vite de l'eau chaude et une lampe tempête. Quelques minutes plus tard, le bébé est né, et le mari, tout ému, félicite sa femme et remercie le docteur, qui l'interrompt :

— Attendez, monsieur, je crois qu'un second est en route, approchez un peu la lampe...

En effet, un second bébé arrive, le paysan est un peu étonné, mais il embrasse sa femme à nouveau, quand le médecin s'écrie :

— Ne bougez pas, je vois qu'un troisième bébé arrive, rapprochez un peu la lampe, s'il vous plaît !

Alors le paysan, qui en a assez, répond :

— Pas question, cette fois je garde la lampe, ma foi, on dirait que ces bêtes-là c'est comme les papillons, elles sont attirées par la lumière !

***

PÊCHE

C'est dimanche, il fait beau et un homme paisible s'adonne à son sport favori : il pêche. Cela fait quelques heures qu'il est assis au bord de la rivière sans que rien ne se passe et il commence à trouver le temps long. Enfin, ça mord. Mais le poisson n'est pas décidé à se laisser attraper et tire sur le bouchon dans tous les sens. Le pêcheur finit tout de même par avoir le dessus et ramène un spécimen tout à fait étrange, bariolé de couleurs vives et portant trompette et chapeau de clown.

Il le décroche en se posant quelques questions et, alors qu'il va le mettre dans son épuisette, un autre poisson parfaitement normal celui-là, sort la tête de l'eau et lance :

— Dites, monsieur, nous organisons une petite party entre amis au fond de l'eau. Cela ne vous dérangerait pas de nous rendre notre comique ?

***

Dans la campagne, au bord d'une petite rivière, un pêcheur scrute attentivement la surface de l'eau en attendant la bonne prise. Un promeneur s'approche doucement et s'assied à côté de notre pêcheur. Au bout d'une heure, le poisson n'a toujours pas manifesté le moindre signe. Les deux hommes sont immobiles et ne parlent pas. Enfin, après une nouvelle heure d'attente infructueuse, le pêcheur dit à l'autre :

— Tu vois le grand type là-bas ? C'était le roi de la pêche aux requins. Même qu'on l'appelait « le dur ». Depuis qu'il ne pêche plus, on l'appelle « le manchot ».

***

— Je vois que vous êtes connaisseur, monsieur. Vous pêchez souvent ?

— Moi ? répond le promeneur. Jamais. Je n'aurais pas la patience !

***

Deux amis se rencontrent et parlent de leurs vacances.

— Qu'est-ce que tu as fait pendant tes vacances ? demande le premier.

— Je suis allé au bord de la mer.

— C'est drôle ! Moi aussi. Et qu'est-ce que tu faisais ?

— J'allais à la pêche.

— C'est drôle ! Moi aussi. Et tu pêchais quoi ?

— J'allais à la pêche aux moules. Et quand je rentrais à l'hôtel où m'attendait ma femme, j'étais moulu !

— Ah, ce n'est pas comme moi. Moi, pendant que ma femme m'attendait à l'hôtel, j'allais à la pêche aux coques !

***

Deux amis vont à la pêche ensemble. Ils s'installent à quelques mètres l'un de l'autre et au bout d'un petit moment, l'un des pêcheurs a déjà pris beaucoup de poissons alors que son ami n'a rien pêché du tout. Et cela continue toute la matinée. Furieux, le pêcheur bredouille se dit :

— Demain, je reviens et je me mets exactement au même endroit que lui.

Le lendemain matin, il part donc seul et s'installe à la place qu'occupait son ami, la veille. Au bout de quelques minutes, un petit poisson sort la tête de l'eau et lui lance :

— Il ne vient pas aujourd'hui, votre copain ?

***

Un pêcheur enragé a invité à dîner quelques amis et sa femme sert à table des coquilles de saumon. Le monsieur raconte :

— J'ai dû mettre presque une heure avant d'arriver à bout de ce saumon.

— Ça ne m'étonne pas, répond un des invités, ce n'est pas encore très au point, les ouvre-boîtes électriques !

***

Un grand-père, mordu de pêche, a emmené son petit-fils avec lui au bord de la rivière :

— Assieds-toi, là, surveille bien ton bouchon et surtout ne bouge pas, hein ?

la matinée se passe sans un mouvement, sans une parole et sans une touche. Alors le grand-père explose :

— Ah ! Cela fait deux fois depuis que nous sommes arrivés que je te vois bouger les doigts de pied ! Il faudrait savoir : tu es venu pour pêcher ou pour danser ?

***

Un homme est parti pêcher en pleine mer sur son bateau. A un moment donné, il trébuche, tombe dans l'eau et se met à crier :

— Au secours ! au secours ! A l'aide ! Je ne sais pas nager !

Un autre bateau de pêche passe près de lui et un des marins lui dit :

— Moi non plus, je ne sais pas nager. Ce n'est pas une raison pour gueuler aussi fort !

***

Un monsieur se promène le long d'une rivière et aperçoit un pêcheur qui est en train de jeter des pièces de un franc dans l'eau.

— Mais, monsieur, pourquoi lancez-vous des pièces de un franc ?

— Écoutez, lui répond le pêcheur, cela fait une heure que je suis là. Mais ces imbéciles de poissons ne veulent pas mordre. Je leur ai pourtant proposé toutes sortes de choses : des vers, des mouches, des morceaux de pain, même du plancton. Rien à faire. Alors, je leur donne de l'argent, comme ça, ils pourront s'acheter ce qui leur fera plaisir !

***

A la nuit tombante, un pêcheur rentre chez lui en rasant les murs. Tout d'un coup, il tombe sur le père Jules, l'homme le plus bavard du village.

— Alors, on revient de la pêche ? lui dit Jules. Et, comme d'habitude, on est bredouille ?

— C'est encore pis que ça !

— Pis que ça ? Comment ça ?

— Mais oui, en m'arrêtant au tabac pour acheter des cigarettes, quelqu'un m'a volé les deux truites que j'avais achetées chez le poissonnier.

***

Deux marins pêcheurs bavardent sur leur chalutier en ramenant les filets.

— Ah dis donc, dit l'un, je ne regrette pas d'être marin. Mon père voulait que j'élève des poules. Mais vraiment, je ne regrette pas d'être marin ! Quelle chance !

— Mais pourquoi tu dis ça ? demande l'autre.

— Je viens d'apprendre que la femelle hareng pondait des milliers d'œufs.

— Oui, et alors ?

— Eh bien, tu te rends compte quel boucan ça ferait si à chaque fois qu'elle pondait un œuf, elle faisait autant de bruit que la poule !

***

Un homme revêtu de la tenue du pêcheur sous-marin est en train de marcher en plein Sahara. Il a tout l'attirail : la combinaison, le tuba, la bouteille d'oxygène, les palmes et le fusil à air comprimé. Il marche depuis longtemps quand il rencontre deux employés d'une compagnie pétrolière qui reviennent au campement en jeep.

— S'il vous plaît ! crie l'homme grenouille pour faire arrêter la voiture. Pourriez-vous me dire à quelle distance se trouve la mer ?

— La mer ? Mais c'est à quatre cents kilomètres !

Alors, le pêcheur s'exclame, admiratif :

— Eh bien, quelle plage !

***

PEINTURE

Un mec contemple un tableau, l'air perplexe.

— Cela représente quoi ? demande-t-il à l'auteur de la toile.

— Un pré avec des vaches.

— Ah bon !... Mais c'est curieux, je ne vois pas le pré...

— Forcément, les vaches l'ont mangé.

— Oui... Oui... Mais y'a autre chose : j'ai beau regarder de tout près, je ne vois pas les vaches non plus.

— Vous croyez pas que les vaches restent là où il n'y a plus de pré...

***

Cette fille est splendide. Elle pose, comme modèle, chez tous les peintres dans le vent. Aujourd'hui, elle se trouve chez le plus célèbre. Mais il doit être radin, car dans son atelier il fait un froid de canard. La fille grelotte. S'en apercevant, le peintre s'apitoie et lui dit :

— Rhabillez-vous ! Et prenons une tasse de thé ! Cela vous réchauffera !

Évidemment elle accepte et les voilà, tels des Anglais, en train de siroter leur Ceylan ! A peine ont-ils commencé que l'on frappe à la porte de l'atelier. Le peintre se décompose et dit, à toute vitesse :

— Vite ! Vite ! Ce doit être ma femme ! Déshabillez-vous !

***

Un monsieur, qui ne connaît rien à la peinture, rentre chez lui en annonçant fièrement à sa femme.

— Chérie, je viens de faire l'affaire de ma vie. Je viens d'acheter un Rembrandt pour 500 F ! Et pas n'importe quel tableau ! Le seul qu'il ait fait au stylo à bille !

***

PERCEPTEUR

Le percepteur rend visite à un contribuable qui n'a pas payé ses impôts. Notre homme est en train de déjeuner.

— Vous devez avoir de l'argent ! lui dit le collecteur d'impôts. Vous êtes en train de vous farcir un magnifique civet de lapin !

— Du lapin ? pleurniche le contribuable. Pensez-vous ! C'est mon chat ! Je l'ai tué car je n'avais plus de quoi le nourrir !

***

PÈRE NOËL

On dit que la jeunesse ne croit plus à rien. Quelle tristesse... Et si un jour le Père Noël ne croyait plus aux enfants !

***

Et celle de l'unijambiste qui croyait au Père Noël ? Il avait mis sa chaussure dans la cheminée... Eh bien, le Père Noël lui a apporté la deuxième.

***

PERROQUET

La concierge de cet immeuble est très ennuyée. Son perroquet, dès qu'il voit passer le locataire du second, qui est policier, s'empresse de crier :

— Mort aux vaches, mort aux vaches, mort aux vaches...

Elle va voir Mme Michu, la concierge d'en face :

— Je ne sais plus quoi faire !

— Je sais ce qu'il faut faire, vous inquiétez pas. Je fais des ménages chez monsieur le curé, qui a aussi un perroquet. On va les échanger, le curé n'y verra que du feu, et le tour sera joué.

Les concierges font l'échange comme convenu, mais le lendemain, le policier est très intrigué quand il passe devant la loge : le perroquet ne dit plus rien ! Alors l'homme se penche vers l'oiseau et lui dit, pour le réveiller :

— Mort aux vaches, mort aux vaches...

— Que Dieu vous entende, répond le perroquet !

***

Une femme possède deux perroquets mais ne parvient pas à différencier le mâle de la femme. Elle voit un jour l'un des deux animaux faire des avances amoureuses à l'autre et s'exclame ;

— C'est lui le mâle. Je vais lui mettre un nœud papillon pour le reconnaître !

Quelques jours plus tard, elle donne une réception chez elle et parmi les invités arrive un monsieur arborant un nœud papillon... Le perroquet se penche vers ce monsieur et lui glisse discrètement à l'oreille :

— Toi aussi, tu fais l'amour avec ton cousin !

***

Un bègue entre dans un magasin où l'on vend des perroquets :

— Je vou...dr...ais... un pppeeerooo-quuu...

Le marchand le pousse violemment vers la sortie et lui lance :

— Dehors, monsieur, vous allez me gâcher la marchandise !

***

PHARMACIE

Un client rentre dans une pharmacie et demande :

— Je voudrais un tube d'aspirine.

— Mais, certainement. Quel modèle ?

— Le petit.

— Très bien, monsieur. Voilà.

Le client prend le tube d'aspirine et sort. Cinq minutes après, il rentre de nouveau dans la pharmacie.

— Dites donc, je vous avais demandé le petit modèle et je vois écrit sur la boîte « grand modèle ».

— Mais oui, monsieur, c'est bien le petit.

— Comment ça ?

— Oui. Nous avons le grand modèle, le super modèle et le géant modèle. Le grand modèle c'est le petit.

***

Un monsieur arrive dans une pharmacie.

— Bonjour je voudrais un médicament contre la toux.

— C'est pour un adulte ?

— Oui, c'est pour ma belle-mère.

— Et qu'a-t-elle exactement ?

— Eh bien, elle a une extinction de voix depuis plusieurs jours. Elle ne peut plus parler.

— Bon, dit le pharmacien. J'ai ce qu'il vous faut. Je vais vous donner quelque chose pour que ça dure le plus longtemps possible...

***

On a pu lire sur la boîte d'un médicament : « Ce remède est si fort qu'il ne peut être administré qu'à une personne en parfaite santé. »

***

Un monsieur, qui était parti en voyage d'affaires, rentre chez lui à l'improviste en pleine nuit. Sa femme, qui n'était pas seule dans son lit, l'entend rentrer et sans allumer la lumière, a juste le temps de faire partir son amant par la petite porte qui donne sur le jardin. Et elle se recouche aussitôt. Quand son mari entre dans la chambre et se couche à ses côtés, elle lui dit pour gagner du temps et pouvoir mettre un peu d'ordre dans la chambre et dans le lit :

— Oh, surtout, chéri, n'allume pas la lumière ! J'ai un horrible mal de tête et je n'ai plus d'aspirine. Je suis désolée de t'embêter alors que tu rentres de voyage. Mais, tu ne voudrais pas aller à la pharmacie de garde pour m'en acheter ?

Et le mari, conciliant, de lui répondre :

— Mais bien sûr, ma chérie. J'enfile en vitesse un pantalon et je te ramène ça tout de suite.

Et le mari se lève, enfile à tâtons ses vêtements dans le noir pour ne pas déranger sa femme et il va chez le pharmacien. Celui-ci, qui le connaît bien, lui dit :

— Qu'est-ce qui ne va pas ? Vous êtes malade ?

— Oh, ce n'est pas pour moi, c'est pour ma femme. Elle a très mal à la tête et elle n'a plus d'aspirine.

— Bon, allez, c'est bien parce que c'est vous ! Mais, me déranger en pleine nuit pour un tube d'aspirine !

— Je suis vraiment désolé ! Mais elle a l'air d'avoir très mal !

— Bon, allez, ne vous en faites pas, je vais vous le donner votre tube d'aspirine.

Et le pharmacien va chercher le médicament. Comme il revient, il a le temps d'observer la tenue vestimentaire de son client et il lui dit :

— Tiens, vous avez changé de profession ? Vous êtes devenu brigadier dans la gendarmerie ?

***

Une vieille dame entre dans une pharmacie et demande à voir le pharmacien en personne :

— Monsieur, je vois que vous semblez honnête et ne vouloir de mal à personne.

— Mais, bien sûr, madame.

— Je voudrais cependant vous poser une question. Avez-vous déjà été condamné pour avoir empoisonné un malade ?

— Mais, non, madame. Jamais.

— Avez-vous déjà reçu des lettres d'injures pour avoir vendu de mauvais médicaments ?

— Non, madame. Jamais.

— Vous n'êtes pas quelqu'un qui s'enrichit sur le dos des gens qui sont malades et ont besoin de vous ?

— Mais, non, madame.

— Bon, alors, donnez-moi, s'il vous plaît, un tube de comprimés d'aspirine.

***

Une dame demande au pharmacien :

— Je voudrais une pommade pour quelqu'un qui est tombé du haut d'une échelle.

— C'est pour un enfant ou pour un adulte ? lui fait préciser le pharmacien.

— C'est pour mon mari.

— Mais, il saigne ou c'est simplement une bosse ?

— Ah, ça, je ne sais pas. Quand je suis partie, il n'en était qu'à sortir l'échelle pour grimper sur le toit.

***

— Tu connais celle du pharmacien ?

— Non.

— Elle est formol !

***

Un client rentre dans une pharmacie, et tend une ordonnance à la laborantine. Celle-ci jette un coup d'œil et, affolée, va voir le pharmacien :

— Je n'arrive pas à lire ce qu'il y a écrit, dit-elle.

— Attendez, je vais vous montrer. Vous voyez ces flacons, là, sur l'étagère de droite ?

— Là où il y a écrit « gribouillages » ?

— Voilà, prenez un flacon et donnez-le au client !

***

PHILOSOPHIE

La seule différence qui existe entre un philosophe et un con, la voilà : on trouve des adeptes pour une philosophie et jamais pour une connerie ! Et pourtant, j'ai rencontré peu de vrais cons qui soient également philosophes, mais j'ai connu nombre de philosophes qui étaient de vrais cons !

***

Pensée philosophique : entre le premier cri et le dernier râle, il n'y a qu'une suite de mots sans importance !

***

PIANO

Une jeune fille joue du piano dans le salon de sa maman.

— Qui a été son professeur ? demande un invité.

— Personne ! se rengorge la mère. Elle a appris toute seule.

— Alors, cela fait toujours un coupable de moins...

***

Un petit pianiste prodige de 5 ans fait un triomphe dans une salle de concert. Il obtient plus de 20 rappels. Puis il retourne dans sa loge où il s'effondre en pleurs.

— C'est l'émotion, demande un machiniste.

— Non, répond l'enfant, j'aime pas la musique !

***

PIED-NOIR

Rue Marengo à Alger, il y a un groupe de l'Armée du Salut qui chante des cantiques et tout ça... Ensuite, une jeune femme du groupe, brune aux yeux bleus, arrête les passants :

— Mes frères, il faut vous convertir. Nous ne savons pas de quoi demain sera fait. Je vous cite mon cas en exemple : aujourd'hui, je suis dans les bras de mon époux. Demain, je serai peut-être dans les bras du Seigneur.

Alors, Enrico qui était là, lui demande :

— Et après-demain, vous êtes libre ?

***

En pleine campagne, à Bordj-Ménaïel, Enrico a perdu son chemin ; il arrive devant une petite cabane. Il frappe à la porte, en criant :

— Y'a quelqu'un ?

Une voix d'enfant lui répond, de l'intérieur :

— Oui, m'sieur !

Alors, Enrico demande :

— Ton papa n'est pas là ?

— Non, m'sieur ! il est sorti juste avant que ma mère, elle rentre !

— Alors, ta mère n'est pas là ?

— Non, m'sieur, elle est sortie au moment où je suis arrivé !

***

A la fin d'un récital, Enrico Macias reçoit dans sa loge une jeune femme d'une beauté saisissante qui se jette à son cou (à chacun sa chance !) et qui lui pose la question suivante :

— Est-ce vrai que vous connaissez Gilbert Bécaud ? Vous en avez de la chance ! Voulez-vous me le faire rencontrer ?

***

Rue Franklin, à côté de chez Zermati dit Banana, il y avait l'Armée du Salut, qui possédait une salle, et parfois, ils faisaient des réunions, des goûters, des discours, tout ça. Et quand ils avaient rien à faire, c'est-à-dire souvent, Enrico, Pastafagoul, Abbaz et les autres, ils allaient là-bas, passer le temps. Un jour, il y a un officier de l'Armée du Salut qui grimpe sur une estrade et qui commence à taper un discours sur le bien et le mal, et tout ce qu'il faut faire, et le contraire qu'y faut pas faire :

— Mesdames et messieurs, dit-il, on commence par voler un bœuf, et on finit en prison. On se laisse aller à une toute petite tentation et on devient un débauché. Tenez, par exemple, il vous suffira de fumer pour la première fois, un tout petit cigare, et tous les pires ennuis vont vous tomber dessus. D'abord, la paresse, le laisser-aller, la gourmandise puis les fausses joies, l'alcool, l'ivresse et la première fille nue, et certainement, pour finir, dans toute son horreur, les perversions habiles et démoniaques du libertinage avec ces femmes débauchées qu'on change aussi souvent que de pantalon, et qui se montrent à vous toutes nues, dans un érotisme incisif.

Alors, la voix d'Enrico se fait entendre du fond de la salle :

— Hé ! s'il vous plaît, où c'est qu'on peut trouver ce petit cigare ?

***

PIÉTON

En qualité de piéton, je suis extrêmement superstitieux : je ne passe jamais sous une voiture ! Par contre, en qualité d'automobiliste, je passe toujours sur les piétons. Pour vérifier l'état de mes amortisseurs... D'ailleurs, dernièrement, je roulais, je roulais... quand tout à coup, ma voiture fit un bond... J'ai cru que c'était un cassis. Pas du tout. C'était un bossu !

***

Une grande rue très fréquentée, un passage piéton, un malheureux s'y engage sans avoir vu une énorme décapotable qui l'écrase. La somptueuse voiture lui passe sur le corps : d'abord les roues avant, puis arrière. Le chauffard se retourne et dit :

— Faites attention !

— Pourquoi, demande la victime à moitié dans le coma, vous allez faire une marche arrière ?

***

PIRATE

Après un long périple, un pirate retrouve le domicile conjugal. Sa femme ne le reconnaît pas.

— Que se passe-t-il, mon chéri, lance-t-elle. Tu as une jambe de bois, un crochet et tu es borgne.

— C'est très simple, répond le pirate. Un boulet de canon m'a coûté une jambe et j'ai fait placer un pilon. Puis au cours d'un abordage, un coup de sabre m'a fait disparaître la main. Immédiatement, j'ai fait placer un crochet !

— Mais l'œil, comment cela t'est-t-il arrivé, interroge-t-elle encore ?

— Très simple aussi. Je regardais les mouettes, tranquillement installé à l'avant du bateau lorsque l'une d'entre elles s'est approchée de moi et a accompli son besoin le plus naturel sur l'un de mes yeux !

— Et alors, c'est cela qui t'a rendu borgne !

— Mais oui, ajoute le pirate, j'ai voulu nettoyer mon œil. Et je n'étais pas encore habitué au crochet !

***

PISCINE

Nous sommes à la très sélect piscine du Rotary Club... Le directeur parle à un homme qui sort de la piscine... Ce n'est autre que le baron de la Blazinerie...

— Je suis désolé, monsieur le baron, mais je suis dans l'obligation de vous radier de la piscine.

— Mais ?

— Je vous ai vu, monsieur le baron, vous avez fait pipi dans la piscine.

— Si ce n'est que cela... Tout le monde en fait autant... Je ne suis pas le seul.

— Du haut du plongeoir, si.

***

POIDS

Pour mon poids, je suis trop petit de trente centimètres...

***

J'ai terriblement grossi. Inutile de le nier. A ma naissance je ne pesais que huit livres...

***

LE SECRET DES ASTRES OU L'OBÈSE QUI NE L'ÉTAIT PAS ASSEZ

Pour plaire à son mari, Doudoune avait voulu grossir. Elle en est morte !

A vingt ans, elle pesait cent kilos et comme ses yeux bleus reflétaient toute la douceur du monde, Jojo l'avait aimée... (Love Story !). Il l'épousa voilà deux ans, l'installa dans un coquet deux pièces d'une H.L.M. d'Aubervilliers et s'évertua à faire de sa petite poupée Doudoune la plus heureuse des épouses... (Love Story, vous dis-je.)

Heureuse, Doudoune eût en effet pu l'être si elle n'avait été obsédée par une terrible pensée : « Je suis trop maigre ! répétait-elle à Jojo. J'ai peur qu'un jour tu ne m'aimes plus ! »

Son mari éclatait de rire : « Tu me plais telle que tu es. Je t'aimerai toujours »...

Mais rien n'y faisait ; ni les promesses ni les preuves d'amour ! Doudoune s'obsessionnait de plus en plus : « Je suis trop maigre »...

Elle décida donc de grossir. Ne cessa plus de s'alimenter : gâteaux, chocolats, pommes de terre, pâtes, féculents, etc. A se goinfrer ainsi, elle prit quatre-vingts kilos en cinq mois. Cela la rasséréna. « Jojo pourra continuer à m'aimer ! Je suis enfin heureuse. »

Mais elle n'avait pas tout prévu... Les catastrophe s'enchaînèrent... Ayant pris l'habitude de sauter de joie lorsque Jojo rentrait de son travail, elle fit céder le plancher le jour où elle se montra particulièrement expansive. Doudoune se retrouva sous les décombres...

Extirpée à grands efforts des gravats, elle eut une crise de nerfs... Patiemment, tendrement, le malheureux Jojo fit tous les efforts possibles afin de la calmer. Rien n'y fit... Pour qu'elle retrouve la joie de vivre, il lui passa tous ses caprices, la gavant de friandises. Il décida même de l'emmener en vacances ; à cet effet, il acheta un 25 tonnes car Doudoune continuait de grossir...

Les copains de Jojo le surnommèrent « le cornac »... Mais il n'en avait cure, sa femme demeurant le seul objet de ses pensées.

Cependant, le mal de Doudoune empira. Une nouvelle obsession l'habita : « Je veux avoir un enfant. » Acariâtre, elle accusait Jojo : « C'est de ta faute si je ne suis pas mère : tu ne me prends jamais dans tes bras... » Jojo n'aurait pas demandé mieux que de se conduire en amant, mais rien que pour caresser Doudoune sur toute l'étendue de son corps, cela lui prenait la journée...

Et elle continuait de grossir.

Depuis longtemps, faute de place, Jojo ne dormait plus près d'elle, mais, pire encore, bientôt il ne lui fut plus possible d'entrer dans la chambre : Doudoune l'occupait tout entière.

Et elle continuait de grossir.

Il loua, à grands frais, un hangar à dirigeables. Mais la nuit, le fait d'entendre pleurer les bébés des voisins la rendait folle. Ses reproches à l'encontre de Jojo-le-martyr redoublèrent. Pour le pauvre mari, la vie devenait à proprement parler intenable ! Pourtant son adoration pour Doudoune ne se démentait pas et l'idée de la quitter ne lui effleura pas l'esprit !

Au cours d'une nuit dantesque, dont tous les monstres de l'Enfer se souviendront longtemps, il parvint à mettre Doudoune enceinte ! Beau travail !

Alors elle se mit à grossir absolument démesurément !

Un joli dimanche pour l'anniversaire de Doudoune qui fêtait ses vingt-quatre ans, toute la famille arriva, les bras chargés de cadeaux. On disposa les présents sur une table installée en face du hangard à dirigeables et Jojo appela Doudoune afin qu'elle vienne les admirer.

Pour l'extraire du hangar, chacun dut prêter la main. Ce fut au milieu des exclamations de la famille en liesse que le drame éclata soudain ! Contemplant tous ses cadeaux, Doudoune enfla d'orgueil... Toute la famille se cramponna à elle pour la maintenir au sol. Mais étourdiment, Jojo cria un fatal : « Lâchez tout », comme il est de coutume avec les ballons dirigeables. Doudoune monta vers le ciel...

Bonnes gens ! Quand le firmament est couvert, pensez à Doudoune... C'est peut-être elle qui passe !

Quant à Jojo, il a trouvé une place de

concierge à l'Observatoire de Paris. De temps en temps il va regarder dans la lunette astronomique dans l'espoir de voir passer son épouse qui porte dans ses flancs le fruit de ses amours... Sa seule consolation est de se dire que lorsque le petit viendra au *monde,* il aura un beau baptême de l'air !

***

POISSON

En Laponie, les Lapons mangent du poisson toute la journée. D'un bout de l'année à l'autre. Et le 1er avril, ils s'accrochent un bifteck dans le dos.

***

Grosse surprise pour les marins bretons du port de Loctudy. En mer, ils se sont heurtés à une manifestation de poissons... Ils étaient des millions à défiler : merlans, colins, harengs, morues... En tête du cortège, une banderole sur laquelle les pêcheurs assurent avoir lu : « A bas le vendredi... »

***

Troudic, charmante localité bretonne... Un jeune couple du cru vient de se marier... Elle est fine cuisinière, mais cela fait trois semaines qu'il n'y a que du poisson midi et soir ; sans parler des harengs marinés du petit déjeuner. Un jour, n'en pouvant plus du poisson, Yannick rentre avec des saucisses... Et se fait une fête à l'idée de son dîner sans poisson... Sa femme arrive paniquée :

— Mon amour, tu sais tes saucisses... Je les ai vidées et il ne reste plus rien...

***

Chez le poissonnier :

— Monsieur, vos poissons sont français ou ils ont été pêchés à l'étranger ?

— Pourquoi, Madame ? C'est pour les manger ou leur faire la conversation ?

***

— Dis, maman, pourquoi est-ce que les poissons ne parlent pas comme nous ?

— Petit bêta ! Tu as déjà essayé, toi, de parler sous l'eau ?

***

— Mais comment tu fais pour pêcher autant de poissons en une seule journée ?

— Pas difficile. Je verse une lotion capillaire dans l'eau. Dès que les poissons commencent à sentir leurs cheveux dans la nuque, je crie : au suivant ! Et ils sautent tous sur la rive pour se faire rafraîchir.

***

Un patriarche dresse soudain l'oreille. Il entend une voix qui semble venir du ciel, sortir même des nuages.

— D'accord, j'ai compris vos instructions. Mais qu'est-ce que je fais pour les poissons. Est-ce que je les accueille dans l'Arche ou autour ?

***

Un homme très très imbibé s'arrête devant un stand de fête foraine. Il prend une carabine, tire, et fait un carton gagnant qui lui rapporte un beau poisson rouge. Il s'éloigne, mais quelques minutes après revient, vise à nouveau, et gagne pour la seconde fois.

— Voici votre cadeau, lui dit le forain en lui tendant une poupée.

— Ah non ! répond le poivrot. Je veux un sandwich comme tout à l'heure !

***

Une jeune maîtresse de maison reçoit des amis à dîner. Cette jeune femme est d'une grande sensibilité, et au moment de préparer le dîner, elle prend soin de recouvrir le bocal de ses poissons rouges d'un foulard opaque.

— Mais pourquoi fais-tu ça, lui demande son mari ?

— Chut, chéri, c'est parce qu'il y a de la soupe de poisson en entrée, répond-elle tout doucement.

***

POLICIER

Sur une route départementale, un camion se fait arrêter par des policiers.

— Halte ! Contrôle économique. Que transportez-vous ?

— Deux mille douzaines d'huîtres !

— Très bien. Ouvrez-les !

***

Un agent siffle une voiture immatriculée en Grande-Bretagne. Il s'approche du conducteur et aussi aimablement que peut l'être un brave flic, il lui lance :

— Et alors ? D'abord Jeanne d'Arc et maintenant les feux rouges ?

***

La sonnerie du téléphone retentit au commissariat de Loquedue, charmante bourgade bretonne célèbre pour ses crêpes et son café du Commerce.

— Allô ! la police ?

— Oui, madame.

— Pourriez-vous me renseigner, s'il vous plaît ?

— Mais avec plaisir, madame.

— Avons-nous dans la région une jument noire ?

— Non.

— Une vache noire ?

— Non.

— Un saint-bernard noir ?

— Vraiment pas, madame.

— J'ai fait quelque chose d'horrible : j'ai écrasé monsieur le curé.

***

Un policier sonne à la porte d'un monsieur.

— Vous êtes bien monsieur Durand ? interroge-t-il.

— Oui, répond l'homme.

— Alors vous possédez un berger allemand au sujet duquel les plaintes se multiplient. Il paraît qu'il poursuit les voitures sur la chaussée. A force d'aboyer, il a provoqué trois accidents dus à la peur des automobilistes.

— Ce n'est pas le pire, s'exclame l'homme. Si vous saviez ! Quand un conducteur ne lui plaît pas, il ne le laisse même pas sortir de son automobile, il ramène la voiture dans sa gueule et l'enterre telle quelle dans le jardin !

***

Deux flics rentrent au musée du Louvre et disent à un guide :

— Suivez-nous !

***

POLITIQUE

Comme vous le savez, les hommes politiques sont souvent beaucoup plus drôles que les meilleures pages de ce dictionnaire... Ainsi, lors d'un discours improvisé par l'un d'entre eux, nous avons retrouvé ce morceau de bravoure :

« Mes chers concitoyens, n'oublions jamais le peuple des Indes... Les Indous, les Indiens... Enfin les habitants de ce pays sont 300 millions... ou 400 millions... Enfin, un récent sondage nous a indiqués qu'ils étaient fort nombreux. »

***

Lointain pays d'Amérique centrale... Un nouveau ministre des Finances vient d'être nommé. Après la présentation de son budget, il est convoqué chez le Premier ministre :

— Monsieur le ministre des Finances, je comprends mal pourquoi avoir privilégié le budget de l'amélioration des prisons sur celui de la construction des écoles ! Il me semble que nous devons faire un effort plus particulier pour les écoliers !

— Monsieur le Premier ministre, je pense que nous avons infiniment plus de chances d'aller en prison que de retourner sur les bancs de l'école.

***

François Mitterrand en ayant assez des calomnies que l'on répand sur son compte convoque la presse et, au bord de la Seine devant les journalistes, marche sur l'eau. Titre à la une, le lendemain matin, de la presse d'opposition : « Et en plus, il ne sait même pas nager ! »

***

J'ai connu un garçon d'ascenseur fedayin. Je l'entends encore :

« Premier otage... Deuxième otage... Troisième otage... »

***

Après sa mort, Youri Andropov se retrouve dans un Autre Monde. A peine arrivé, il rencontre Pierre Le Grand :

— Comment va ma Russie ? lui demande ce dernier.

— Je l'ai rendue plus forte que jamais, répond Andropov.

— Et ma police secrète, interroge Pierre Le Grand, comment se porte-t-elle ?

— Elle est toujours là, réplique Andropov.

— Et les cavaliers cosaques ?
— Aucun problème.
— Et les tours du Kremlin ?
— Intactes.
— Et la vodka 38° ?
— Elle a maintenant 40°, réplique Andropov, soit deux degrés de plus.
— Franchement, réplique Pierre Le Grand, c'est pour deux degrés de plus dans la vodka que vous avez fichu toute cette pagaille dont j'ai entendu parler !

***

Un nouveau slogan à la mode parodiant une publicité que vous ne pouvez pas ne pas connaître : « Mitterrand, un an ça va, trois ans, bonjour les dégâts ! »

***

Un président africain rencontre un jeune diplomate :
— Alors mon jeune ami, à quoi pensez-vous ? Hier, je vous confie une information tout à fait confidentielle, et aujourd'hui la presse n'est même pas au courant...

***

Kadhafi téléphone à Khomeiny :
— C'est bien dans « Les nouvelles de Téhéran » que j'ai lu que j'étais une vipère lubrique ?
— Ah ! non, je ne laisse passer que les exclusivités !

***

Dans une petite commune réputée pour toujours voter unanimement à droite, on dépouille les bulletins pour les élections municipales. Tout à coup, on annonce un bulletin en faveur du candidat de gauche. Le maire sortant fronce les sourcils mais ne dit rien. Quelques minutes après, un second bulletin pour le candidat socialiste.
— Ah ! ah ! fait le président du bureau, je savais bien que c'était un tricheur : il a voté deux fois.
— On annule les deux bulletins !

***

Deux hommes politiques se rencontrent le lendemain d'une réunion :
— Avez-vous passé une bonne nuit ?
— Cette nuit ? Non, mais ce n'est pas grave, j'avais si bien dormi l'après-midi pendant votre discours !

***

— Qu'est-ce qu'un traître ? demande ce jeune militant.
— Un traître, c'est quelqu'un qui quitte le parti communiste pour un autre parti, répond le camarade.
— Et si quelqu'un d'un autre parti vient rejoindre le P.C. ?
— Alors là, c'est un converti...

***

Le maire de cette petite commune est fou de joie : son village vient d'être choisi pour la construction d'un complexe sportif de dimension internationale. Mais, six mois plus tard, malgré tout le battage publicitaire fait autour du projet, rien de concret. Pas de crédit, ni d'architecte en vue. Il téléphone, frustré et très en colère, à l'instance régionale responsable, qui, après avoir été copieusement injuriée, préfère le renvoyer au ministère.
— Bordel de merde, vous vous rendez pas compte que ma place est en jeu, et mon honneur, dans cette histoire ! dit-il au secrétaire d'État qui, dépassé, lui demande de patienter.
— Je vous passe quelqu'un qui dispose des pouvoirs nécessaires pour débloquer vos crédits...
— Allô, alors quoi, merde, est-ce que quelqu'un dans ce gouvernement d'incapables va enfin se remuer le cul et honorer ses promesses, oui ou non ? Et d'abord, qui est à l'appareil ?
— Le président Mitterrand...
— Ah ! bon... Et vous, savez-vous qui je suis ?
— Non, pas encore...
— Très bien, au revoir monsieur le Président.

***

Un conseiller du président Reagan se précipite dans le bureau ovale.
— Monsieur le Président ! s'exclame-t-il. Les Russes viennent de déclencher la guerre atomique. Leurs fusées seront sur Washington dans deux minutes. Que faisons-nous ?
Ronald Reagan réfléchit un instant, met son chapeau de cow-boy et s'exclame :
— Faites avancer les chariots et préparez le cercle !

***

Un dissident passe à l'Ouest. Aussitôt la presse s'en empare, et l'assaille de questions :

— La nourriture est-elle bon marché en U.R.S.S. ?

— On ne peut pas se plaindre...

— Le chômage existe-t-il en U.R.S.S. ?

— On ne peut pas se plaindre...

— Recevez-vous des informations du monde occidental ?

— On ne peut pas se plaindre...

— Mais alors, pourquoi êtes-vous venu en France ? demande un journaliste.

— Mais parce qu'ici, on peut se plaindre !

***

La municipalité de Venise vient d'en prendre la décision... Des passages cloutés vont apparaître dans la ville pour faciliter la circulation des piétons. Mais pour des raisons évidentes, ils seront spécialement fabriqués en éponge...

***

Ronald Reagan téléphone à François Mitterrand :

— Tout va bien, monsieur le Président ? demande-t-il.

— Parfaitement bien, répond Mitterrand.

— Ah ! enchaîne Ronald Reagan. Je vous rappellerai. J'ai compris. Vous n'êtes pas seul dans votre bureau !

***

A Paris, un ministre chinois en séjour officiel se trouve interviewé par un journaliste :

— Monsieur le ministre, s'il vous plaît, lui demande-t-il, quand avez-vous eu pour la dernière fois une élection ?

— Ce matin, lui répond le personnage d'État, en visitant l'Alc de Tliomphe !

***

Un Polonais entre dans un magasin :

— Je voudrais un kilo de caviar, annonce-t-il au marchand.

— Mais, balbutie celui-ci, nous n'en avons plus depuis très longtemps !

— Alors un kilo de foie gras ou de saumon !

— Mais... Cela non plus... Nous n'en avons pas !

Le client s'en va, dépité. Et le marchand de murmurer :

— Ce Polonais, quand même, quelle mémoire !

***

Le petit Wladimir, installé à Moscou, interroge son papa :

— Dis-moi, papa, qu'est-ce que c'est la propagande antisoviétique ?

— C'est facile, mon fils. Regarde bien ces deux titres de journaux : « Un plongeur américain réussit un exploit en atteignant 3 500 m dans les profondeurs de l'océan Atlantique. » « Un plongeur soviétique réussit un exploit en atteignant 5 000 m dans les profondeurs de la mer Noire. » Qu'en penses-tu ?

— C'est impossible, papa, la mer Noire ne dépasse pas la profondeur de 2 500 m !

— Eh bien ça, mon fils, c'est de la propagande antisoviétique.

***

A la tribune de l'O.N.U., un diplomate se dresse soudain et lance à la cantonnade :

— Y a-t-il dans cette salle un bon traducteur de français ?

Une voix s'élève alors :

— Oui, je... !

***

Staline vient de mourir, et il est envoyé tout droit en enfer.

Quelques heures plus tard, inquiet, le bon Dieu fait envoyer un télégramme au Diable :

— Surveillez Staline et empêchez-le de faire toute propagande.

Il reçoit bien vite une réponse du Diable :

— Da, camarade bon Dieu...

***

Revenant dans son village natal, Andropov retrouve l'un de ses copains d'enfance :

— Dis-moi, camarade Président, lui lance-t-il. Ceux qui ont inventé le communisme sont-ils des scientifiques ?

— Mais non, Camarade, lui répond Andropov un peu interloqué.

— Ah bon ! réplique l'autre, je comprends ! S'ils avaient été des scientifiques, ils auraient d'abord testé leur trouvaille sur des animaux !

***

Quel est l'électeur le plus important pour un homme politique ?

— Rien de plus facile. Le soutien-gorge. En effet, il soutient la gauche, soutient la droite et empêche le ballottage.

***

Un ex-député raconte :

— Un jour, je rêvais que j'étais en train de faire un discours à la Chambre. Je me réveille et tu me croiras si tu veux, mais c'était vrai !

***

Avec toutes les promesses que font nos députés, le budget total des États-Unis serait insuffisant pour un seul département français.

***

Le drame pour un dictateur, c'est-à-dire pour un homme qui a tous les pouvoirs, c'est, avec les femmes, ne plus pouvoir.

***

Ronald Reagan rend visite à Youri Andropov dans son bureau du Kremlin. Derrière une tenture, il aperçoit un petit bouton rouge.

— Qu'est-ce que c'est que ça ? demande-t-il au président du Soviet Suprême.

— Appuyez, vous verrez, lui réplique ce dernier.

Aussitôt dit aussitôt fait. Un hérisson sort d'un mur et de sa gueule jaillit de l'eau qui arrose le visage du président américain.

Quelques semaines plus tard, Youri Andropov se trouve dans le bureau ovale de la Maison-Blanche et aperçoit, derrière une tenture, un petit bouton rouge.

— Qu'est-ce que c'est que ça ? demande-t-il.

— Appuyez, vous verrez, répond Reagan.

Andropov s'exécute. Il ne se passe rien.

— C'est curieux, s'interroge-t-il. Chez nous, à Moscou...

— Il n'y a plus de Moscou, lui répond Reagan...

***

Gisèle Halimi vient d'arriver à Téhéran (avec un faux passeport) pour faire une enquête sur la condition féminine en Iran.

— Ça s'améliore, lui répond Zohra, tenez par exemple, mon mari maintenant il me bat tous les jours. Avant il ne me battait qu'une fois par semaine, alors bien sûr, il tapait plus fort.

***

Ce mercredi-là, au conseil des ministres, on discute de la prochaine loi de finances. Le ministre du Budget, très fier de son effet, explique qu'il va réduire les impôts.

— Mais, par ailleurs, ajoute-t-il très vite, nous augmenterons très légèrement, de 25 % environ, les taxes sur le pain, les couches-culottes, les bougies et le chocolat.

— Excellent projet, commente l'assistance avec l'unanimité qui fait sa force.

Pourtant, l'un d'eux, un peu plus lent sans doute, demande des explications complémentaires :

— Monsieur le ministre, votre projet est parfait et nous l'approuvons tous. Mais, ne pensez-vous pas qu'il serait plus simple de laisser les impôts au même niveau ?

— Certes, certes, répond le ministre du Budget, mais chez nous qui est encore assez riche pour payer ses impôts ?

***

Un journaliste stagiaire à la télévision est chargé de préparer un dossier sur la liberté de la presse. Il commence par questionner un de ses collègues :

— As-tu l'impression de pouvoir dire tout ce que tu as envie de dire ?

— Bien sûr que oui, répond l'autre, mais si tu commences comme ça, tu vas te faire virer !

***

Mathieu n'arrive pas à s'endormir :

— Maman, raconte-moi une histoire...

Maman ajuste ses Varilux, et commence :

— Le petit chaperon rouge...

— Oh ! non maman ! ras le bol avec tes histoires politiques...

***

Au lendemain des élections européennes, Marchais retrouve Fiterman place du Colonel-Fabien :

— Franchement, camarade Fiterman, que penses-tu des résultats ?

Fiterman réfléchit, puis répond :

— Franchement, la même chose que toi, camarade Marchais...

— Dans ce cas, conclut Marchais, je t'exclus du parti.

***

Liliane rentre de Cuba où elle accompagnait Georges pour une visite amicale à Fidel.

— Tu sais, raconte-t-elle à sa copine Huguette, c'était beau, mais beau... Il y avait des drapeaux partout, même par terre.

***

Jean-Marie Le Pen croise Ahmed égaré dans les rues de Dreux... Alors que ses amis serrent les rangs et les poings, Le Pen intervient :

— Attendez mes amis, aujourd'hui je suis de bonne humeur, laissons-lui une chance...

Et il se tourne vers Ahmed :

— Écoute, si tu réponds à ma question, mes amis feront comme s'ils ne t'avaient pas vu. Voilà j'ai un œil de verre. A ton avis, lequel est-ce ?

— L'œil droit, répond Ahmed sans hésiter.

— Bravo, lui dit Le Pen, et comment as-tu vu si vite ?

— Eh bien c'est celui où j'ai lu de la pitié.

***

POLONAIS

On raconte souvent cette devinette en Pologne :

— Les Russes sont-ils des amis ou des frères ?

— Des frères, parce que ses amis, on les choisit.

***

Dans une épicerie de Varsovie, tout le monde fait la queue. Une dame demande à l'épicier :

— Avez-vous du sel ?

— Grâce à Dieu, oui !

La cliente suivante demande :

— Avez-vous des œufs ?

— Grâce à Dieu, oui !

Un membre du K.G.B. qui passait par là et qui a entendu toutes les conversations, interroge l'épicier :

— Pourquoi répétez-vous toujours : « Grâce à Dieu » ?

— Pour rien, excusez-moi.

Quelques instants plus tard, une cliente demande dans le magasin :

— Avez-vous du beurre ?

— Non, Madame. Il n'y en a plus... grâce au parti !

***

On pose une autre devinette en Pologne :

Un avion à bord duquel voyagent les dirigeants soviétiques et l'état-major de l'Armée Rouge s'écrase en pleine mer. Qui est sauvé ?

Réponse : la Pologne.

***

Le gouvernement polonais vient de débloquer d'énormes crédits pour améliorer les conditions pénitentiaires. A un conseil des ministres, le Président parle avec un de ses amis qui lui dit :

— Pourquoi as-tu refusé les crédits aux écoles, à l'éducation, aux maternités et pourquoi, au contraire, as-tu tout débloqué pour les prisons ? Je sais qu'il y a quelque chose à faire mais c'est peut-être un peu excessif !

— Tu sais, je n'irai plus à l'école, ni à l'université, je ne retournerai jamais dans une maternité tandis qu'une prison... Tu comprends, on ne sait jamais ce qui peut arriver...

***

En pleine campagne, en Pologne, à dix kilomètres d'une ville, un touriste s'arrête à un carrefour et observe une statue de la Sainte Vierge au pied de laquelle on a déposé un rat en argent. Intrigué, une fois rentré à son hôtel, il interroge la réceptionniste :

— Pourquoi y a-t-il un petit rat en argent au pied de la Sainte Vierge, sur la route ?

— C'est une très vieille légende, monsieur. Il paraît qu'au Moyen Age, la ville a été envahie par les rats qui avaient apporté avec eux une épidémie de peste. Dans l'espoir de lutter contre ce fléau, les habitants avaient déposé une statuette représentant un rat et le lendemain, les rats avaient disparu de la ville.

— Mais, il y a encore des gens qui croient à cette légende ?

— Pensez-vous ! Sinon, il y aurait longtemps que quelqu'un aurait déposé une statue en argent représentant Brejnev !

***

Deux canards polonais discutent. Le premier dit :

— Tu ne connais pas la dernière des dirigeants ?

— Non.

— Eh bien, les responsables du Plan ont décidé à cause du manque de viande, de couper les troisièmes ailes à tous canards !

— Quelle importance puisque, de toute façon, nous n'avons que deux ailes ?

— Mais si, c'est grave ! proteste le premier canard. Tu ne comprends donc rien ? Ils vont nous couper n'importe quelle aile et ils affirmeront que c'était la troisième !

***

Un brave citoyen polonais va consulter un médecin parce qu'il s'est blessé à la cheville. Il entre dans le bureau du docteur qui le fait asseoir devant la fenêtre qui n'a pas de rideau.

— Qu'est-ce qui ne va pas ?

— Je me suis blessé à la cheville et cela ne veut pas cicatriser.

— Bon, je vais regarder cela, Camarade. Enlève tes chaussures, mets-toi bien face à la fenêtre et tire la langue le plus fort que tu peux.

Le brave homme s'exécute sans trop comprendre et le médecin désinfecte la plaie et lui fait un magnifique pansement.

— Voilà tu peux te rechausser et fermer la bouche.

— Mais dis-moi, camarade docteur, pourquoi m'as-tu fait ouvrir la bouche pour soigner mon pied ?

— Tu vois le bâtiment qui est juste en face ? répond le médecin en le lui montrant par la fenêtre.

— Oui.

— Eh bien, c'est l'ambassade de l'U.R.S.S. !

***

Un oculiste fait lire un tableau à un homme venu le consulter :

— Regardez cette ligne, pouvez-vous lire ?

Sur le tableau sont inscrites les lettres suivantes :

« ZUGLIWIRTZQTGKEZ »

— Bien sûr, répond le patient. Je suis polonais !

***

Un Polonais vient de mourir et il arrive en enfer. Il se trouve devant deux portes : sur celle de gauche, il y a l'inscription « Enfer communiste » et beaucoup de personnes font la queue. Sur celle de droite, il y a l'inscription « Enfer capitaliste » et il n'y a personne. Le Polonais demande à un homme qui attend devant l'enfer communiste :

— Quelle différence y a-t-il entre les deux enfers ?

— Eh bien, dans l'enfer capitaliste, vous êtes en permanence brûlé par du charbon incandescent et régulièrement on vous passe des lames de rasoir sur tout le corps.

— Et l'enfer capitaliste ?

— C'est la même chose !

— Mais alors, pourquoi tout le monde fait la queue devant la porte de l'enfer communiste ?

— Parce que, dans l'enfer communiste, le charbon et les lames de rasoir font toujours défaut.

***

Il paraît qu'en Pologne, il n'y a qu'un seul communiste. Mais tout le monde fait très attention parce que personne ne sait qui il est !

***

Un Polonais a été hospitalisé dans un établissement de Moscou. Il réclame une assiette de haricots.

Le lendemain, il va très bien et on le laisse sortir de l'hôpital.

Le médecin-chef est très intrigué et note sur ses fiches les bienfaits évidents des haricots.

Deux semaines plus tard, arrive à l'hôpital une personnalité du Parti qui manifeste les mêmes symptômes que le Polonais. Aussitôt, le médecin lui dit :

— Ne t'en fais pas, camarade, nous allons te guérir très vite.

Et il lui fait apporter une assiette de haricots. Mais, le lendemain, le malade meurt.

Alors, le médecin note sur ses fiches : « Les haricots ne soignent que les Polonais. »

***

Dans un petit village de Pologne, quelques années après la guerre, le secrétaire du Parti montre à un vieux paysan un portrait de Staline :

— Sais-tu qui c'est ?

— Non.

— C'est Staline. C'est lui qui nous a débarrassés des Allemands.

— Eh ben, s'il pouvait nous débarrasser des Russes !

***

Le gouvernement polonais a de gros problèmes avec l'Église catholique et le nº 1 de Pologne, faisant une visite à Rome, ne manque pas de demander une audience au pape. Il lui pose une question qui le tracasse :

— Entre nous, voyez-vous un moyen pour nous débarrasser des troupes soviétiques ?

— Oui. Il y en a même de deux sortes : les moyens naturels et les moyens surnaturels.

— Vous savez, je suis marxiste, alors je préférerais les moyens naturels.

— Bien. Dans ce cas, je prierai le Seigneur pour qu'il charge l'archange Gabriel de chasser les Russes.

— Ce sont les moyens naturels, ça ? Mais quels sont les moyens surnaturels, alors ?

— Que les Russes partent d'eux-mêmes.

***

Un Polonais entre dans une épicerie :

— Je voudrais deux cents grammes de thé, demande-t-il.

— Certainement. Russe ou chinois ?...

— Euh... Réflexion faite, donnez-moi plutôt du café !

***

En Pologne, on a coutume de dire qu'il y a deux façons de voir les choses. Un pessimiste demande à un optimiste :

— Quoi de neuf ?

— J'apprends l'américain, répond l'optimiste. Et toi ?

— J'apprends le chinois.

***

Un monsieur entre chez un commerçant en Pologne :

— Je voudrais de la viande, s'exclame-t-il.

— Oh ! mais monsieur, fait le commerçant, il y a longtemps que nous n'en avons plus.

— Ah ! bon, alors je voudrais du saumon.

— Oh ! mais monsieur, il y a longtemps que nous n'avons plus cet article non plus.

— Alors du foie gras !

— Ça non plus, monsieur, nous n'avons plus depuis longtemps !

Le client sort du magasin tout dépité. Et le commerçant de s'exclamer :

— Ce type-là, quand même, quelle mémoire !

***

Un Polonais en vacances dans les Alpes décide de partir en escalade avec un guide. Soudain, c'est la tempête, l'avalanche... Les voilà bloqués... Arrive pour les sauver un saint-bernard avec son fameux tonneau autour du cou.

— Le meilleur ami de l'homme, s'exclame le guide.

— Et regardez la taille du chien qui l'apporte ! ajoute le Polonais.

***

Deux Polonais sont en train de pêcher. Soudain un poisson mord à l'hameçon de l'un d'entre eux.

— Génial, fait le premier. On va pouvoir le faire frire !

— Avec quoi ? lui répond l'autre. On n'a pas de farine.

— On va le faire griller, alors !

— Impossible, nous n'avons ni huile ni beurre !

— On va le faire dorer, alors !

— Tu n'y penses pas, nous n'avons même pas de charbon !

Dépités, les deux Polonais rejettent le poisson à l'eau. Celui-ci s'éloigne comme un fou en hurlant :

— Vive Jaruzelski.

***

Pourquoi les Polonais sont-ils toujours au nombre de trois ?

Il y en a un qui sait lire, un qui sait écrire, et le troisième surveille les deux intellectuels...

***

Un journaliste américain obtient une audience particulière auprès de Jean-Paul II. Dans la conversation, il lui lance soudain :

— Très Saint Père, vous connaissez l'histoire du Polonais...

— Attention, l'interrompt le pape, n'oubliez pas que je suis polonais moi-même !

— Alors, rétorque le journaliste, je vais vous la raconter lentement...

***

L'histoire qui court (sous le manteau) en Pologne :

— Pourquoi Jaruzelski porte-t-il des lunettes noires ?

— C'est pour souder la Pologne à l'U.R.S.S.

***

Une autre, qui court (aussi vite) :

— Qu'est-ce qui fait trente mètres et mange du chou ?

— La queue devant une boucherie à Varsovie.

***

POMPIER

— Je m'éteins ! dit le pompier avant de mourir.

***

Le Palais des Congrès de Madrid est en feu, la capitale est en émoi, un survivant réussit à gagner le toit de l'immeuble, il ne lui reste que la possibilité de sauter... Les pompiers espagnols tendent à cet effet, un grand cercle de tissu rouge pour amortir sa chute... L'homme saute et au moment où il tombe dans la toile tendue, les pompiers crient en chœur :

— Olé...

***

PORTE

(Le pamphlet qui suit a été écrit par un Parisien ; il pourrait par conséquent sembler, à première vue, ne s'adresser qu'aux habitants de notre capitale. Que nenni ! En réalité, le grave problème soulevé concerne, et de la même manière, toutes les villes françaises. Il suffit de changer quelques noms propres pour qu'aucun d'entre nous ne demeure indifférent. Cette dernière constatation est une preuve supplémentaire de la gravité du danger qui nous menace un par un et collectivement...)

Le scandale a assez duré ! L'heure de la vérité a sonné ! La lutte contre les portes se doit d'entrer dans une phase active !

Nous savons qu'il reste encore, dans cette affaire plus que mystérieuse, maintes zones d'ombres louches... Chaque semaine apporte son lot de faits nouveaux, voire de rebondissements inattendus...

Après les aveux spontanés d'une porte cochère, ne voilà-t-il pas que subitement la vérité monte à la surface : les portes ont menti ! Tout les accuse !

Pourtant les accusations lancées contre elles semblent ne leur faire ni chaud ni froid puisqu'elles continuent, inexorablement, à cerner dangereusement Paris... Citons quelques noms au hasard : porte de Pantin, porte de la Chapelle, porte des Ternes, etc.

Certaines, plus audacieuses que d'autres, se sont introduites au cœur de notre ancienne Lutèce... Jusqu'ici, elles furent assez habiles pour que personne ne les remarque trop. Des noms : porte Saint-Martin, porte Saint-Denis !

Pourquoi, allez-vous demander, avoir attendu si longtemps pour ouvrir le dossier des portes ?

Eh bien, tout simplement — et tenez-vous bien ! — afin qu'elles soient condamnées et que l'entrée de Paris nous soit impossible !

Moi, représentant de commerce — écrivez-moi, je vous ferai des prix sur tous les articles féminins que je vends — spécialiste du porte à porte, je sais de quoi je parle ! Il faut condamner les portes ! Ne serait-ce que parce qu'elles ne sont pas franches... Comment puis-je avancer une telle chose ? C'est simple : n'avez-vous jamais entendu parler des portes de derrière ?

Si j'attaque les portes, je n'aurais garde d'oublier les fenêtres dont la loyauté laisse également beaucoup à désirer... Ne parle-t-on pas — et de plus en plus — de fausses fenêtres ? Condamnons aussi les fenêtres !

Quant aux vasistas... Je ne comprends pas comment on peut les supporter chez nous, alors qu'il n'est pas du tout sûr qu'ils soient français. En effet, le mot « vasistas » semble venir de l'allemand « Was is das ? », qui signifie « Qu'est-ce que c'est ? » ou, plus littéralement : « Quoi c'est ? »

Cette démonstration prouve donc que le mot « vasistas » est d'origine germanique ! S'il était français, on l'appellerai tout bonnement « Quoi-qui-gna ? ».

A mon avis, le mot « vasistas » appartient à la cinquième colonne et il est là pour nous espionner ! Par conséquent, nous n'avons pas le choix : il faut le condamner lui aussi !

Le summum du culot, du manque de savoir-vivre et du sens de l'intrusion dans les affaires des autres, est atteint avec la lucarne qui se permet, du bout de l'année à l'autre, de vivre sous notre toit ! D'après moi, c'est le comble ! Aucune hésitation n'est permise : condamnons-la !

Rendez-vous bien compte, mes amis, mes compatriotes, de la conséquence de ces diverses condamnations : lorsque portes, fenêtres, vasistas, lucarnes auront été condamnés, nous pourrons, dans la paix, le calme, la tranquillité, libérer, enfin, tous nos instincts !

***

PRÊTRES

Un jeune prêtre, nouveau dans la « profession » demande à un ancien de l'aider à confesser les fidèles.

— Soyez près de moi, s'il vous plaît, et après vous me direz si ça a été.

— Si vous voulez.

Le premier pénitent se présente. C'est un jeune homme. Quand la confession est finie, le jeune abbé demande à l'autre :

— Alors ? Ça s'est bien passé ?

— Dans l'ensemble, oui. Vous êtes très attentif et vos pénitences sont justes. Cependant, un petit détail pour l'avenir. Quand le jeune homme vous a dit qu'il avait péché huit fois dans la nuit, vous auriez dû montrer plus de sévérité et vous dispenser d'émettre un sifflement admiratif.

***

L'aumônier d'une pension de jeunes filles prend sa retraite. Il accueille son remplaçant qui était précédemment aumônier dans une prison.

— Si vous permettez, j'assisterai à votre première messe. Il faut parler à ces jeunes filles avec douceur.

Le nouveau dit sa messe devant les cinq cents pensionnaires et demande au vieil abbé :

— Tout a été comme il faut ?

— Oui, ce n'est pas mal. Mais, rappelez-vous : Jésus-Christ n'était pas italien, il n'est pas mort d'une rafale de mitraillette en sortant d'un bar et à la fin de l'office, il vaudrait mieux dire : « Sta missa est » que « Ciao les copines ! »

***

Dans une station balnéaire, un prêtre voit entrer dans son église une jeune fille habillée très légèrement : short et débardeur très décolleté. Au moment où la jeune fille trempe ses doigts dans le bénitier, le curé lui dit :

— Oh, mademoiselle, si c'était juste pour y mettre le bout des doigts, ce n'était pas la peine de vous déshabiller !

***

Un très vieux curé est à genoux devant son église réduite à l'état de cendres et il implore le Seigneur :

— Mon Dieu, pourquoi m'avez-vous fait ça ? Quelle faute ai-je commise qui méritait un châtiment aussi lourd ? Cela faisait quarante ans que je m'occupais de Votre maison. Je l'ai consolidée de mes propres mains quand elle manquait de s'écrouler. J'ai restauré toutes les statues et même le grand crucifix de bois au-dessus de l'autel. Pourquoi me punissez-Vous si sévèrement ?

A ce moment, une jeune femme arrive, traînant par la main un gamin en pleurs :

— Tu vas demander pardon à monsieur le curé ! Allez ! Tu vas lui dire que tu ne recommenceras pas...

***

Un prêtre va rendre visite à un monsieur qui ne fréquente jamais son église.

— Puis-je vous demander si vous êtes baptisé ?

— Bien sûr, monsieur le curé, je suis baptisé.

— Mais alors, vous êtes catholique ?

— Oui et non. En fait, je suis communiste-catholique.

— Je ne vois pas comment vous pouvez concilier les deux idéologies !

— Eh bien, monsieur le curé, c'est très simple. Je resterai communiste jusqu'à ma mort. Et après, je verrai...

***

Un vieux monsieur, qui a été athée toute sa vie, se découvre soudain des sentiments religieux sentant sa dernière heure de plus en plus proche. Il va donc trouver le curé pour se faire baptiser.

— Il n'y a pas de problème, lui dit le prêtre. Venez samedi prochain à onze heures à l'église. Je baptise deux jeunes enfants et je vous baptiserai aussi.

— Merci, monsieur le curé. Mais comment dois-je m'habiller pour la cérémonie ?

— Tout simplement, répond distraitement le curé. Mettez votre brassière blanche et votre bonnet en dentelles.

***

A un congrès œcuménique les discussions sont vives entre les prêtres et les pasteurs, chacun estimant être dans la vérité. Après une conférence virulente d'un des leurs, un catholique et un protestant se retrouvent et bavardent :

— Toutes ces discussions sont regrettables, dit le pasteur. Car, en fait, nous servons tous la même cause !

— Vous avez parfaitement raison, lui répond le prêtre. Nous servons tous les deux le Seigneur. Vous à votre manière, et nous à la sienne.

***

Dans une petite paroisse de campagne, un abbé vient d'être nommé pour aider le curé. Le jour de son arrivée, il est accueilli par son supérieur qui le met tout de suite au courant de ses activités :

— Ici, les journées sont simples, elles se déroulent toujours de la même manière. Vous vous lèverez à quatre heures et demi. A cinq heures, vous vous occupez du jardin du presbytère, vous ouvrez l'église et vous y faites un peu de ménage. A six heures et demi, vous dites la première messe. A sept heures quarante-cinq, vous allez au couvent des sœurs de Saint-Vincent-de-Paul pour la confession. Vous en avez pour un moment là-bas. Vers neuf heures, vous revenez ici faire le catéchisme aux enfants. A dix heures trente, vous allez visiter les malades à l'hôpital. A midi, vous revenez préparer le déjeuner, faire un peu de ménage et mettre la table. Après le repas, vous devrez me lire mon bréviaire car ma vue baisse et pendant que je me repose, vous vous occuperez des linges sacerdotaux : lavage et repassage. A trois heures, visite de l'hospice des vieillards. A cinq heures, c'est l'heure de la confession pour les paroissiens. A sept heures, vous dites la messe du soir. A huit heures, vous revenez préparer le dîner. A neuf heures, vous faites la vaisselle et vous rangez le presbytère. A dix heures, vous préparez mon sermon pour le dimanche suivant. Je pense que ce programme vous convient. Des questions ?

— Oui. Dites-moi, est-ce que vous avez de la farine ?

— Oui, bien sûr ! Mais pourquoi me posez-vous cette question ?

— Eh bien, parce que, entre onze heures et quatre heures et demi du matin, j'aurais peut-être pu faire du pain !

***

Une dame arrive au presbytère et demande à voir monsieur le curé. Mais la bonne qui la reçoit lui dit :

— Monsieur le curé m'a dit de ne pas le déranger.

— Oui, mais je vous en prie, c'est très urgent, répond la visiteuse.

— Bon, attendez une minute, je vais voir.

Au bout de quelques instants, la bonne revient :

— Je suis désolée mais monsieur le curé ne peut absolument pas vous recevoir.

— Mais pourquoi ?

— Il est en train de lire un livre passionnant et il veut absolument savoir comment ça finit.

— Ah bon ? Et comment s'appelle ce livre ?

— L'Évangile.

***

Un prêtre rend visite au nouveau propriétaire du château voisin. C'est un riche industriel et il a fait faire des travaux somptueux. Le prêtre s'extasie et l'industriel lui dit :

— Mais ne croyez pas que tout soit tombé du ciel, mon Père. Cela m'a coûté très cher : les pierres que j'ai fait venir d'Égypte pour l'aile Nord. Les arbres exotiques de tous les coins du monde pour le jardin de ma femme. Les oiseaux de la grande volière. Les poissons japonais d'espèces très rares pour l'étang devant le perron.

— Le prêtre soupire :

— Ah ! comme le monde aurait été beau si le bon Dieu avait eu autant d'argent que vous, pour faire le monde !

***

Un prêtre nouvellement ordonné doit célébrer un mariage. A la dernière minute, il se rebelle et dit au curé de la paroisse qu'il ne pourra pas le faire.

— Mais pourquoi, mon fils ? lui demande le vieux curé.

— Parce, quand j'étais petit, mon père me faisait souvent jurer que jamais je ne participerai à un jeu de hasard !

***

Un mercredi matin, monsieur le curé fait le cathéchisme aux enfants du village. Ce matin-là, il leur parle de la notion de récompense :

— Mes enfants, vous savez tous ce que c'est que la récompense. Qui peut me donner un exemple ?

— Moi, monsieur le curé, répond le petit Rémi. Par exemple, quand j'ai eu des bonnes notes à l'école, ma maman, elle me récompense en me laissant faire la grasse matinée le mercredi matin, au lieu de venir au catéchisme !

***

A un dîner, un prêtre est assis à côté d'un gros industriel qui parle fort et ne cesse de raconter ses exploits tant dans ses affaires que dans ses loisirs. A un moment donné, il se retourne vers l'ecclésiastique et lui dit :

— Mais, vous savez, je ne suis parti de rien. Je n'ai pas fait d'études, mes parents n'avaient pas d'argent. C'est moi tout seul qui me suis fait !

— C'est très bien, mon fils, lui répond le prêtre. Ce que vous dites me rassure car cela va décharger Notre Seigneur d'une lourde responsabilité.

***

Un missionnaire est en train d'évangéliser des Esquimaux et il leur parle avec conviction :

— Si vous ne vous conduisez pas bien, après votre mort, vous irez en enfer.

— Qu'est-ce que l'enfer ? demande un Esquimau.

— C'est un endroit glacial où le vent souffle toujours très fort et où il neige sans arrêt.

Un autre prêtre qui a assisté à la scène, lui demande :

— Pourquoi leur avez-vous dit que l'enfer était un endroit froid ?

— Tout simplement parce que, si je leur dis qu'il y fait une chaleur torride, ils feraient tout leur possible pour aller y passer l'éternité !

***

Un prêtre discute avec le directeur d'une grosse industrie :

— Vous vous rendez compte que Dieu n'a mis que six jours pour faire le monde !

— Oui, soupire l'industriel. Aujourd'hui, le même boulot avec les syndicats sur le dos, ça lui prendrait bien six mois !

***

Un monsieur est venu confier ses soucis au curé de sa paroisse. Celui-ci lui remonte le moral :

— Allons, ne vous en faites pas ! C'est normal, vous vous tracassez pour vos péchés. Mais, allons il ne faut pas exagérer. Le bon Dieu lui-même n'est pas infaillible. La preuve : c'est lui qui a créé l'homme !

***

Monsieur le curé fait le catéchisme aux enfants.

— Je vais vous poser une question et celui qui me donnera la meilleure réponse aura une pièce de dix francs. Alors, écoutez-moi bien : quel est le plus grand homme qui ait jamais existé.

Les enfants répondent les uns après les autres :

— Le général de Gaulle !

— John Wayne !

— Louis XIV !

Un petit garçon lève le doigt et dit :

— Saint Pierre !

— Bravo ! dit le curé. C'est lui qui a gagné. Tiens, voilà ta pièce de dix francs. Comment t'appelles-tu ?

— Jacob Lehman.

— Et pourquoi as-tu dit Saint Pierre ?

— Moi, je pensais plutôt à Moïse mais vous comprenez, les affaires sont les affaires.

***

PRISONNIER

Le geôlier à un prisonnier :

— Tu vas me faire le plaisir de nettoyer ta cellule de fond en comble. Demain, le directeur de la prison doit y venir !

— Sans blague ? Alors ça y est ? Ils se sont décidés à le coffrer ?

***

Eichmann est dans sa cellule. On frappe.

— Qu'est-ce que c'est ? demanda-t-il.

— La note de gaz !

***

Un futur père de famille est en prison... Les autres prisonniers ne lui épargnent pas leurs quolibets et moqueries quant à l'origine du papa... Aussi, peu avant l'accouchement, il demande à sa femme de lui envoyer un télégramme lors de la naissance en remplaçant le mot « bébé » par « saucisse ».

Quelques jours plus tard, il reçoit le message suivant : « Deux saucisses ont été servies dont une avec une frite. »

***

Nous sommes dans un pays lointain d'Afrique... Un prisonnier est condamné à mort. Toutefois, le président de ce pays est magnanime et il accorde toujours un dernier vœu au condamné à la décapitation.

— Eh bien, souhaite le condamné, je voudrais que mon bourreau soit Badarama Ben Bouadwanan car c'est le plus habile de tous.

La requête est accordée. Arrive le jour de l'exécution Badarama Ben Bouadwanan installe le condamné et attend. Au bout de vingt minutes le prisonnier demande :

— On y va ?

— C'est fait depuis longtemps, bouge la tête tu vas voir.

***

Une jeune fille exerce la charité en écrivant régulièrement à des prisonniers. Mais aujourd'hui, c'est pleine de colère qu'elle prend son stylo :

« Cher 784 H 009, arrêtez vos familiarités et ne croyez pas que je répondrai à des lettres signées " ton cher 784 ". »

***

Deux prisonniers discutent dans leur cellule.

L'un d'eux décide de jouer aux devinettes avec son compagnon :

— Essaie de deviner, je suis une belle poupée blonde, j'ai une propriété à Saint-Tropez, je passe mes nuits en boîte où j'affole tous les hommes en ondulant les fesses et en montrant mes seins superbes. Qui suis-je ?

— Je ne sais pas, répond le compagnon de cellule, mais viens ici et allonge-toi...

***

Un criminel est relaché de prison pour bonne conduite.

« Comme vous devez être fière, s'écrie une amie de sa femme. »

***

Dans un goulag, trois prisonniers devisent :

— Pourquoi es-tu là, demande l'un d'entre eux au premier, et pour combien de temps ?

— Pour cinq ans, répond celui-ci. Et

cela, pour être arrivé en retard à mon travail !

— Et toi, lance-t-il au second, pour combien et pourquoi te trouves-tu là ?

— Pour dix ans, s'entend-t-il répondre. Pour être arrivé en avance à mon travail. On m'a accusé de vouloir trop en faire par rapport à mes camarades.

— Et toi, lance-t-il enfin au troisième ?

— Moi, je suis là à perpétuité. Pour être arrivé à l'heure à mon travail. Ma montre fonctionnait tellement bien que l'on m'a accusé de l'avoir acheté à l'Ouest...

***

Deux « taulards » se retrouvent dans la même cellule :

— Tu en as pris pour combien de temps, demande l'un.

— Pour dix ans, répond l'autre.

— Moi, pour quinze ajoute le premier. Alors, prends le lit le plus près de la porte puisque tu sors le premier !

***

PROSTITUÉE

Une mère se confesse :

— Mon Père, c'est horrible, ma fille, je crois qu'elle va devenir prostituée...

— Que racontez-vous, ma fille, quelle horreur...

— Prostituée, vous rendez-vous compte, ma fille !

— Ah bon, rétorque le curé, prostituée... J'avais compris protestante !

***

Deux prostituées discutent : l'une est jeune et très belle, l'autre si laide et si vieille qu'il ne vaut mieux pas la décrire.

— J'en ai assez de mon mac, il me bat, comment tu fais, toi ?

— Oh moi, j'en ai eu six, maintenant ils me laissent tranquille.

— Et qu'est-ce qu'ils sont devenus ?

— Ils sont tous morts de faim...

***

Une dame de mauvaise vie a été très malade. Heureusement, la voici guérie. Elle va pouvoir se recoucher...

***

Un octogénaire se rend dans une maison close.

— C'est combien, demande-t-il à l'hôtesse ?

— 200 F, répond la dame.

— Mais vous n'y pensez pas, répond l'homme. 200 F ! Mais vous voulez m'entuber !

— Alors dans ce cas-là ce sera 100 F de plus, ajoute la taulière !

***

Au bord de la plage, une dame se jette à l'eau et commence à nager. Elle est rapidement suivie par un jeune homme qui, visiblement s'intéresse à elle. Elle nage pendant plus d'une heure sans s'arrêter... Le jeune homme la suit... Elle continue à nager... Le jeune homme la suit toujours... Elle ressort de l'eau sans paraître une seule seconde fatiguée par l'effort qu'elle vient de fournir. Le jeune homme, lui, complètement essoufflé, s'approche d'elle et lui lance entre deux hoquets :

— Mademoiselle, quel talent, quelle forme. Ce n'est pas possible. Pour soutenir un tel rythme, vous devez faire de la compétition.

— Pas du tout, répond la dame. Mais j'ai de l'entraînement... J'ai longtemps fait le trottoir à Venise...

***

Une fille de joie passe un week-end de repos à la campagne. Elle se promène dans un champ au milieu des vaches puis s'étend sur l'herbe et s'endort. Soudain, elle se réveille en sursaut, une vache se trouvant au-dessus d'elle, les pis dans le prolongement exact de son visage.

— Oh non, fait la prostituée... Non, messieurs, pas tous à la fois je vous prie...

***

Une autre dame de mauvaise vie est malade... Le temps passant, elle guérit... Elle retrouve la forme ce qui lui permet d'aller immédiatement se recoucher...

***

Un jeune étudiant boutonneux interroge une dame de mauvaise vie.

— Je voudrais bien passer un moment avec toi mais je n'ai que 20 francs. Quoique je puisse te donner en plus une paire de tennis.

La dame accepte le marché mais prévient le jeune homme :

— Je ne bougerai pas d'un millimètre pendant que tu me feras l'amour.

Le jeune homme en revanche s'en donne à cœur joie et soudain il s'exclame :

— Oh mais madame, tu as bougé... Si si, j'en suis sûr... Cela veut donc dire que tu m'aimes...

— Mais tu es fou, lui répond la prostituée. Je suis simplement en train d'essayer tes tennis...

***

Deux prostituées discutent sur un trottoir :

— Quelle journée, lance l'une ! Depuis ce matin, je suis montée 165 fois.

— Mon Dieu, lui réplique l'autre, tes pauvres pieds !

***

P.T.T.

Cette pauvre vieille dame a constamment des problèmes avec les P.T.T. Chaque fois qu'elle règle sa note de téléphone, elle reçoit avis sur avis, et le montant des règlements n'est jamais exact.

Un jour, elle reçoit une lettre d'un employé plus intelligent que les autres :

— Madame. Je signale à votre attention que le montant de votre note de téléphone se trouve en bas, à gauche. Les chiffres qui se trouvent en haut, à droite, correspondent à la date de la facture...

***

Un quidam se présente au bureau de poste.

— Bonjour, je voudrais un timbre à deux francs. Merci. Combien vous dois-je.

***

PUCE

Deux puces sont sur le point de convoler.

— Où m'emmèneras-tu en lune de miel ? demande Mlle Puce.

— Au seul endroit possible, en amour, ma petite puce... Sur la Côte d'Azor !

***

J'ai donc, à mon tour, monté un numéro de dressage de puces. Mais j'étais jeune... Aujourd'hui, je présente des éléphants car ma vue a baissé.

***

J'ai un charme irrésistible. Un seul exemple pour vous en convaincre : à dix-huit ans, j'assistais au spectacle donné par un dresseur de puces ; eh bien ! la vedette de son numéro est repartie avec moi.

***

Quel homme étonnant. Il possédait un charme irrésistible, à nul autre pareil.

Un soir, il a assisté à un spectacle donné par un dresseur de puces.

Ça n'a pas manqué. Il est reparti avec la vedette de ce spectacle...

***

PSYCHANALYSTE

J'ai rencontré un de mes amis psychanalyste. Il se baladait en pleine rue avec un divan sur le dos.

— Tu déménages ?

— Pas du tout. Je vais donner une consultation à domicile.

***

Une grande ville d'Afrique, il y a quelques années... Une dame très inquiète va voir le grand psychanalyste :

— Docteur, je ne sais comment vous expliquer... C'est pour mon fils... Il me fait peur...

— Détendez-vous, chère madame, expliquez-moi...

— Eh bien, docteur, il est d'une méchanceté rare... Il frappe tous ses petits camarades... Il enferme ses frères et sœurs dans la cave... Torture la bonne... Un monstre...

— Madame... Un monstre, n'est-ce pas un peu exagéré ?

— Oh non, docteur, l'autre jour par exemple, un exemple par exemple, il a poussé notre cousine de soixante-dix-huit ans dans la rivière aux crocodiles...

— Écoutez, je trouve tout cela assez normal... A dix-huit ans, il sera tout à fait équilibré et gentil...

— Docteur, je me sens mieux... Je vous remercie...

— Il n'y a pas de quoi... Au revoir madame Bokassa.

***

— Ton traitement chez le psychanalyste est terminé ?

— Oui, tout-à-fait...

— Il t'a débarassé de ce que tu avais ?

— Oui, il m'a pris la totalité de mon compte en banque...

***

Un psychanalyste invite un vieil ami chez lui.

— Depuis que nous ne nous sommes pas revus, explique-t-il, je me suis remarié. Je vais vous présenter ma seconde femme. Pour l'instant elle se trouve dans la cuisine.

— Félicitations, lui répond son ami. Mais au fait, j'aperçois une grosse boule recroquevillée en haut du placard. Qu'est-ce que c'est ?

— Ça, répond le psychiatre, c'est ma première femme.

***

Un psychanalyste interroge une petite fille :

— Tu es une petite fille ou un petit garçon ?

— Un petit garçon, répond la petite fille.

— Qu'est-ce que tu veux faire plus tard ?

— Devenir papa ! Répond la petite fille.

— Mais pourquoi me réponds-tu cela ? Interroge le médecin ?

— Autrement, répond-elle, vous auriez cru que j'étais idiot !

***

— Ça fait longtemps que vous vous imaginez être une poule, demande le médecin à son patient ?

— Oh, répond le malade, cela remonte à l'époque où j'étais un jeune poussin !

***

Un prêtre se rend chez le psychanalyste :

— Docteur, j'ai pris tant de douches froides pour lutter contre la tentation que maintenant chaque fois qu'il pleut, j'ai l'impression d'être amoureux...

***

Un très grand psychanalyste reçoit un client habituel qui est dans un état très alarmant...

— Monsieur Hillelum, il faudrait raisonner un peu ! Avez-vous pris conscience de ce que vous avez fait ? Quand je vous ai connu, vous veniez de vous jeter du deuxième étage... Bilan col du fémur et bras cassé... Un mois après vous foncez avec votre voiture contre un platane : jambe cassé, un œil crevé et le nez cassé... Quinze jours après vous avalez une fourchette... Perforation intestinale... Dès la sortie de l'hôpital on vous retrouve dans une fumerie d'opium... Alors, je vous le dit tout net : Attention votre santé va en prendre un coup...

***

Un type en pleine déprime va voir un psychanalyste :

— Docteur, je n'en peux plus, ma femme me dit que je suis un minable, malade mental. Mon patron dit que je suis un incapable payé à rien foutre... Que dois-je faire ?

— N'écoutez pas ce que l'on vous dit. Et chaque matin devant la glace dites-vous : « Je suis un mec gonflé... » Et vous verrez tout ira mieux...

Le type suit l'exercice chaque matin et tout va mieux... Mais, au bout de quelque temps, il retourne chez le psychanalyste :

— Docteur, tout va bien : j'ai une forme incroyable mais, en revanche, maintenant j'ai de l'aérophagie.

***

Un quidam va consulter un psychanalyste... Pour savoir ce qui ne va pas chez son nouveau patient, le praticien lui fait passer des tests. Pour ce faire, il prend une feuille de papier et fait des dessins :

— Je viens de faire une pyramide. Qu'est-ce que cela évoque en vous ?

— Un gigantesque sexe de femme !

— Bon ! Voyons, maintenant, je vais

faire une fenêtre... Qu'est-ce que c'est pour vous ?

— Un énorme sexe de femme !

— Oui... Oui... un vélo... un vélo... pour vous, c'est ?

— Un sexe de femme, le plus grand de la terre...

— Eh bien, monsieur, nous allons avoir du travail... Vous êtes très obsédé...

— Comment ! Vous faites des dessins obscènes ! Et c'est moi l'obsédé !

***

— Comment va Raymonde ? demande Josiane à une de leurs amies commune.

— Ben, elle est en psychanalyse depuis deux mois maintenant.

— Et y a un mieux ?

— Ouais, plutôt, maintenant elle ne se roule plus par terre quand les frites font plus de cinq centimètres de long.

***

PSYCHIATRE

Un monsieur consulte un psychiatre à la renommée incontestée. Celui-ci va droit au but :

— Cher monsieur, je ne vous cache pas que mes honoraires sont très élevés. La consultation vous coûtera 400 francs et vous ne pourrez me poser que deux questions.

— 400 francs pour seulement deux questions ! Vous ne trouvez pas que c'est un peu exagéré ?

— C'est une question que je n'aborderai pas, cher monsieur. Passons maintenant à la deuxième question...

***

Une dame, désespérée, vient consulter un psychiatre :

— Docteur, c'est épouvantable. Ma vie est un véritable enfer. Mon mari se prend pour un réfrigérateur.

— Ah, oui. Je vois. C'est ennuyeux. Mais c'est une maladie qui ne doit pas beaucoup vous gêner, pourtant.

— Oh, mais vous ne vous rendez pas compte, docteur. C'est surtout la nuit. Je ne peux plus fermer l'œil.

— Mais pourquoi ?

— Parce que mon mari dort toujours la bouche ouverte et je suis réveillée par la petite lumière...

***

Deux psychiatres achètent un paquet de cigarettes dans un bureau de tabac. La dame aimablement leur dit en leur rendant la monnaie :

— Voilà, messieurs. Ah ! quel temps aujourd'hui !

Les deux médecins se retrouvent sur le trottoir, très perplexes et l'un dit :

— Qu'a-t-elle voulu dire ?

***

Un psychiatre reçoit un patient.

— Voilà, docteur. Toutes les nuits, je me réveille et j'entends les rugissements d'un lion dans le fond de mon jardin.

— Ce n'est rien, monsieur. Vous prenez les cachets que je vais vous prescrire et vous n'entendrez plus rien.

— Merci, docteur.

Quinze jours plus tard, le même client revient :

— Docteur, vos médicaments n'ont rien fait. Maintenant, j'entends les rugissements dans la maison, au rez-de-chaussée.

— Eh bien, nous allons augmenter la dose des cachets.

— Merci, docteur.

Un mois plus tard :

— Docteur, le lion maintenant, il rugit derrière la porte de ma chambre.

— Ne vous inquiétez pas, avec vingt cachets par jour, vous n'y penserez plus.

Trois jours après :

— Docteur, le lion, il est dans mon lit à présent.

— Bon, aux grands maux les grands remèdes. Je vais vous faire une piqûre, ce sera plus efficace.

Le psychiatre n'entend plus parler de son client. Un jour, il ouvre le journal et lit : « Un homme a été dévoré par un lion dans la chambre de sa maison. »

***

Dans une revue médicale, un psychiatre a fait paraître cette annonce :

« Si vous avez des problèmes, je peux les résoudre pour trois cents francs.

Si vous n'avez pas de problèmes, venez à mon cabinet. Je vous donne cinq cents francs et vous me dites comment vous faites. »

***

Le psychiatre interroge son patient :

— Dites-moi ce qui ne va pas.

— Eh bien, docteur, je fais d'horribles cauchemars.

— Quel genre de cauchemars ?

— Je rêve que je suis marié.

— Mais ce n'est pas un cauchemar, ça ?

— Si, docteur. Parce que je rêve que je suis marié avec ma femme !

***

— Monsieur, j'ai le plaisir de vous apprendre que vous êtes complètement guéri de votre mégalomanie. Nous allons pouvoir arrêter le traitement. Vous n'êtes plus atteint par la folie des grandeurs.

— Merci beaucoup, docteur. Pour le règlement des honoraires, je vous enverrai un chèque de plusieurs centaines de millions !

***

Un psychiatre gronde l'un de ses clients :

— Écoutez, dit-il, ce que vous m'affirmer là est parfaitement ridicule. Personne ne pourrait tomber amoureux d'un éléphant.

— Je sais docteur, répond le patient. Mais au fait, est-ce que cela vous dérangerait de reprendre au rabais une grosse bague de fiançailles ?

***

Deux psychiatres autrichiens déjeunent ensemble dans un restaurant.

— Je vous souhaite bon appétit ! dit le maître d'hôtel en les installant.

Un des deux psychiatres se penche et demande à l'autre :

— Qu'est-ce qu'il a bien voulu dire par là, à ton avis ?

***

Quelle est la différence entre un rêveur, un idiot et un psychiatre ?

Rien de plus facile. Le rêveur bâtit des châteaux en Espagne, l'idiot y habite et le psychiatre perçoit les loyers...

***

Un monsieur, d'une quarantaine d'années, victime de la maladie dite du « pipi au lit », rencontre un de ses copains :

— Je ne sais plus quoi faire, se lamente-t-il. J'ai vu tous les médecins. Ils ne parviennent pas à me guérir !

— Va consulter un psychiatre, lui propose cet ami.

Quelques semaines plus tard, les deux hommes se retrouvent :

— Alors, tu as vu le psychiatre ?

— Oui !

— Tu es guéri ?

— Oui !

— Tu ne fais plus « pipi au lit ».

— Si, mais maintenant, je m'en fous !

***

Un grand psychiatre fait sa visite quotidienne dans l'asile dont il s'occupe. En entrant dans une chambre, il avise un patient qui s'accroche à une poutre du plafond par les mains et par les pieds. Intrigué, il se retourne vers l'infirmier qui le suit et lui demande :

— Qu'est-ce qui lui prend ?

— C'est simple, répond l'autre, il fait l'ampoule électrique.

— Je vois... Il faudrait l'obliger à descendre car c'est dangereux. Il risque de tomber et de se blesser...

— Bien sûr, mais si on l'enlève, on n'y verra plus rien !

***

Q

QUINCAILLIER

AU QUINCAILLIER MODERNE... La femme du facteur va faire des courses chez son quincaillier favori :

— Bonjour monsieur Mellerio je voudrais un raccord pour un robinet.

— Mâle ou femelle, Madame Baeux ?

— Mâle ou femelle... J'en ai pas la moindre idée... C'est pas pour faire de la reproduction...

***

La quincaillerie du coin reçoit une étrange visite : un martien tout en fer :

— Et pour monsieur ce sera ?

— Deux mètres trente de tôle ondulée, c'est pour me faire un nouveau costume.

***

R

RACISME

— Non, monsieur ! Je ne suis pas raciste ! La preuve : j'aime les bas noirs.

***

A Genève, un Noir est assis sur un banc.

— Je parie que vous n'êtes pas d'ici ! lui dit une dame en souriant.

— Exact. Je suis de Lausanne.

***

Les Blancs d'Afrique du Sud qui, tout le monde le sait, sont extrêmement bons et gentils avec les Noirs, croulent sous les bons sentiments. L'un d'eux m'a dit, la main sur le cœur :

— Le racisme et les nègres, ça ne devrait pas exister !

***

Histoire vraie : juré, promis. J'ai un ami noir, sénégalais. Il est marié à une délicieuse femme blanche qui attend un bébé. Et mon ami me dit :

— Au moins, quand il viendra au monde, je saurai s'il est du facteur ou pas.

A ce moment-là on sonna chez lui. C'était le facteur. Et il était noir.

***

Pendant mon séjour en Afrique du Sud, j'ai beaucoup chassé. Là-bas, la chasse est totalement libre. J'ai descendu cinq orangs-outangs... L'ennui, c'est que je ne sais pas quoi faire des bicyclettes.

***

RADIN

Un homme particulièrement radin s'assoit dans un café avec des amis. Il propose une cigarette à son copain Jean, à M. Lambert, qui refusent, allume une cigarette pour lui-même et remet le paquet dans sa poche.

— Vous auriez pu m'en proposer une, quand même, dit un autre convive...

— Allons donc, je sais bien que vous, vous fumez, répond le grigou en faisant un clin d'œil...

***

Un homme particulièrement radin s'est acheté un chapeau voici dix ans. Un jour, le ruban qui le surmonte casse. Le client retourne chez le chapelier et lance, en ouvrant la porte du magasin :

— Bonjour, c'est encore moi !

***

RÉGIME

Une dame d'âge mûr, et un peu boulotte, commence un régime. Pour plus de sécurité, elle va se peser tous les jours chez son pharmacien. Au bout de six mois, elle rencontre une amie :

— Alors, combien as-tu perdu, demande celle-ci ?

— Moi, j'ai au moins perdu 170 francs...

***

Une paire de jumelle conseille à une loupe :

— Ma vieille, tu devrais vraiment te mettre au régime !

— Et pourquoi ?

— Tu n'as pas vu comme tu grossis ?

***

REGRETS ÉTERNELS

Le gardien d'un cimetière assiste de loin à l'inhumation d'un citoyen que tout le monde connaissait pour sa grande taille et son poids important.

A la fin de la cérémonie, après avoir laissé la famille s'éloigner, il s'approche des deux ordonnateurs de pompes funèbres particulièrement maigres et chétifs, et leur demande :

— Mais comment faites-vous pour porter un cercueil qui doit bien peser plus de cent kilos ?

— Oh, c'est simple, répond l'un des deux hommes, avant de le soulever, nous l'avons saupoudré d'un peu de levure de bière.

***

Une pauvre femme qui vient de perdre son mari, se rend chez l'ordonnateur des pompes funèbres pour la cérémonie d'inhumation.

— Monsieur, combien cela va-t-il me coûter ?

— Tout dépend de ce que vous voulez, madame. Pour un cercueil en chêne doublé de satin violet et avec de magnifiques poignées en argent, c'est 5 000 francs. Pour 3 000 francs, je peux vous proposer un cercueil en bois verni mais avec des poignées en cuivre. Mais évidemment avec un cercueil en pin non verni et non doublé à l'intérieur vous ne payerez que 1 500 francs.

— Bon... Eh bien, je crois que je vais prendre la dernière solution, c'est-à-dire le cercueil en pin.

— Comme vous voudrez, madame, mais cela fera moins gai !

***

Deux hommes assistent à un enterrement. Le premier demande à l'autre :

— Vous le connaissiez, le défunt ?

— Oui, c'était mon voisin de palier.

— Et vous savez dans quelles circonstances il a trouvé la mort ?

— Oui. Nous avions parié à celui qui se pencherait le plus par la fenêtre. Et c'est lui qui a gagné.

***

En remplissant un formulaire pour l'administration, un monsieur est bien embarrassé. En effet, on lui pose la question : « Votre père est-il toujours en vie ? Si non, de quelle façon est-il mort ? » Et son père est effectivement mort : il a été guillotiné.

Il cherche comment contourner le problème et finit par écrire : « Père mort par un objet tranchant qui lui est tombé sur le cou au cours d'une cérémonie publique. »

***

L'employé de la mairie remplit un questionnaire pour une dame qui a besoin de papiers :

— Mariée ?

— Non, veuve.

— Depuis longtemps ?

— Cinq jours.

— Et vous ne portez pas le deuil ? s'étonne l'employé en regardant la dame d'un œil désapprobateur.

— Le demi-deuil seulement. Mon mari était manchot.

***

Un peintre a fait passer une petite annonce dans le journal :

« Artiste peintre recherche modèle pour tableaux réalistes. Rémunération intéressante. »

Le lendemain, une jeune fille se présente chez lui : blonde, jolie et bien faite.

L'artiste la regarde et lui dit :

— C'est pour un nu. Alors, s'il vous plaît, déshabillez-vous.

La jeune fille se déshabille et va s'installer pour prendre la pose à l'endroit que lui indique le peintre. Une fois en place, ce dernier sort un revolver de sa poche, vise la jeune créature et tire.

Avant de mourir, le joli modèle a encore la force de poser une ultime question :

— Mais, pourquoi avez-vous fait ça ?

— On ne vous avait pas dit que je ne peignais que des natures mortes ?

***

Dans un asile de vieillards, une vieille dame tout à fait gâteuse persécute les infirmières en leur répétant à tort et à travers de faire attention aux courants d'air.

— Fermez la porte, je vais attraper du mal. Fermez la porte !

A chaque visite de ses enfants et de ses petits enfants, elle ne fait que répéter :

— Attention aux portes ! Fermez les fenêtres ! Vous voulez ma mort, ma parole ! Je vais finir par tomber malade...

Le jour vient où elle tombe effectivement malade et...

Ceux qui viennent se recueillir sur sa tombe peuvent lire cette inscription : « J'avais bien raison de me méfier des courants d'air. »

***

Une dame vient de perdre son mari. Le chagrin l'accable, bien entendu, mais elle a des amis qui donnent une réception le soir-même pour fêter leur anniversaire de mariage et elle a très envie d'y aller.

Ravalant ses larmes, elle s'y rend au moment où la fête bat son plein. Un monsieur l'accueille et l'invite aussitôt à danser.

Prenant une mine de circonstance, elle lui dit :

— Avec plaisir. Mais dansons lentement, je suis en deuil...

***

Le gardien d'un cimetière voit arriver une dame qui lui demande où se trouve la tombe de son mari.

— Quel est le nom de votre mari défunt, madame ? demande-t-il respectueusement.

— André Durand.

Le brave homme consulte ses registres et lui dit :

— Je suis désolé, madame, mais il n'y a personne du nom de André Durand ici. Vous voyez, dit-il en lui montrant le livre, j'ai René Durand, Georges Durand, Léontine Durand, Gilberte Durand...

La dame l'interrompt aussitôt :

— Voilà, c'est ça, Gilberte Durand ! C'est lui mais tout est à mon nom !

***

Une dame, qui vient de perdre son mari, va trouver le curé pour organiser l'oraison funèbre et lui demande :

— Mon Père, combien cela va-t-il me coûter ?

— Eh bien, pour la cérémonie proprement dite, c'est un tarif ordinaire. Mais, je vous conseille de prendre mon discours à 700 francs. Toute l'assistance se souviendra encore dans dix ans, des qualités exceptionnelles de votre mari.

— 700 francs ? C'est beaucoup trop cher.

— Alors, prenez le discours à 400 francs. J'énumérerai ses qualités de père et d'époux.

— C'est encore trop cher, protesta la veuve qui n'a pas perdu le sens des réalités.

— Bon, eh bien prenez celui à 150 francs.

— Oui, cela me paraît plus raisonnable.

— Oui, mais, je vous préviens, je serai obligé de dire la vérité.

***

Un monsieur se rend chez un marbrier pour les obsèques de sa belle-mère :

— Est-ce que vous vendez des pierres tombales d'occasion ?

— J'en ai quelques-unes. Quel était le nom de votre belle-mère ?

— Jacqueline Dupont.

— Il y en a bien une là-bas, mais elle est gravée au nom de Mireille Durand.

— Aucune importance, ma belle-mère n'avait jamais le temps de lire.

***

Ayant lu toutes les épitaphes gravées sur les tombes, un enfant demanda à son père : « On les met où, les méchants ? »

***

REPRÉSENTANT

Un formidable représentant, très bon vendeur, grand baratineur, spécialiste de la vente d'aspirateur décide d'attaquer le marché des fermes.

Il choisit sa première étape : une belle ferme isolée avec la parfaite cliente : une femme seule à la cuisine.

— Bonjour petite madame... Ne craignez rien...

— Moué j'crains rien...

— Je suis certain que vous n'avez pas d'aspirateur ?

— C'est vrai, j'en ai point.

— En 1984 ne pas avoir d'aspirateur... En voici un merveilleux, silencieux, tout à fait efficace, électronique avec indicateur du sac de remplissage, télécommande... En trente secondes il aspire deux kilos de poussière... Et je le prouve...

Le représentant ouvre sa malette, sort un sac de deux kilos de saleté et le vide au milieu de la pièce.

— Vous allez voir... Avec ce fabuleux aspirateur, trente secondes me suffisent pour nettoyer tout cela et si l'aspirateur ne le fait pas en trente secondes, je mangerai moi-même ses saloperies.

— Bon appétit... J'ai point l'électricité ici !

***

RESTAURANT

Sur la table du restaurant trône une magnifique motte de beurre pleine de jolis dessins.

— C'est très beau ! dit un client à la patronne. Avec quoi faites-vous ça ?

— Avec mon peigne, monsieur...

***

Restaurant de La Toque Verte... Un client fait appeller le patron. Ce dernier, en grande tenue, vient à la table...

— Monsieur, dit le client, je vais vous proposer au prix du restaurant le plus propre de l'année ! Le Grand Prix du Détergent 1985...

— Cher monsieur, c'est trop d'honneur... Mais vous n'avez même pas visité les cuisines !

— Pas besoin... Toute votre cuisine a un parfait goût de savon...

***

Un client hésite longuement devant la carte...

— J'ai du mal à me décider... Donnez-moi des conseils...

— Certainement, monsieur.

— Il faut que je choisisse entre la pièce de bœuf, l'entrecôte, et le pavé de charolais...

— Écoutez, revenez dans quatre jours...

— Pourquoi ?

— Parce qu'il y aura du hachis parmentier... Comme cela vous aurez les trois...

***

Fin de repas dans une petite auberge...

— Garçon, la fine champagne que vous venez de me servir, est assez moyenne... J'en ai bu de meilleure...

— C'est certain, monsieur, mais pas ici.

***

Un cuisinier, style nouvelle cuisine avancée, habitué aux mélanges les plus saugrenus comme les aiguillettes de canard au chocolat et au vin blanc... convoque la presse dans son restaurant afin de faire connaître sa nouvelle folie :

— Messieurs, après de longues recherches j'ai réussi le croisement du siècle : Une poule avec un kangourou !

— Et quel en est l'intérêt ?

— Messieurs, voyons : c'est la première volaille que l'on pourra farcir de l'extérieur.

***

« A la Crêpe d'Alger », joyeux restaurant de la bonne ville de Toulon. Un client est en train de choisir son entrée sur la carte.

— Dites-moi quelle différence y a-t-il entre la salade toulonnaise et la salade niçoise ?

— Cent cinquante-trois kilomètres.

***

Un client, sans doute très pressé, entre en courant dans un restaurant, choisit une table, fait signe au serveur et lui dit :

— Une salade niçoise, un bœuf strogonoff, une mousse au chocolat avec de la crème Chantilly et un café !

— Là monsieur, je suis admiratif, dit le garçon, sans voir la carte prendre les spécialités maison... Et pourtant c'est la première fois que je vous vois...

— Effectivement, c'est la première fois... Mais, il m'a suffit de regarder la nappe.

***

Dans une brasserie un bon vivant passe sa commande :

— Je prendrai une douzaine d'huîtres, une langouste mayonnaise, une choucroute garnie avec double francfort, du camembert et un gâteau au chocolat.

— Et avec ce parfait choix, que prendrez-vous ?

— Du poids, certainement du poids...

***

Cap Bourrel Plage... Son restaurant où Mme et M. Rateau passent leurs vacances... Ils sont plongés dans la carte :

— Que vas-tu prendre, chéri ?

— Comme nous sommes au bord de la mer du poisson... Ce sera une carpe.

***

Marcellin Cloutier, notable bien connu de sa ville, se rend au restaurant. Il est très abattu : sa femme est partie avec un autre et il a du mal à se consoler. Le restaurateur, très au courant de la situation, vient vers lui pour prendre sa commande.

— De quoi avez-vous envie, monsieur Cloutier, pour vous remonter ?

— Je n'en sais rien mon bon Marc...

— Que diriez-vous d'une bonne cassolette de ris de veau ?

— Non... Cela ne me dit rien...

— Alors, notre plat du jour : une langue de bœuf aux petits légumes ?

— Je n'ai vraiment pas envie de tous ces plats qui sortent de la bouche d'un animal. Cela me dégoûte... Donnez-moi deux œufs.

***

Un provincial arrive au restaurant du drugstore de l'Étoile et questionne le maître d'hôtel avant de commander :

— C'est formidable ici... Vous faites de tout ?

— Mais oui, monsieur, c'est notre vocation.

— Vous vendez des journaux, des vêtements, des gadgets, des livres...

— Nous faisons de tout, monsieur... Vidéo-club... Papeterie, pharmacie...

— Alors, vous faites les analyses d'urine.

— Bien entendu, monsieur.

— Alors, allez vous laver les mains et donnez-moi un sandwich jambon beurre.

***

Toulouse, capitale du cassoulet... Nous sommes dans un restaurant réputé proche du Capitole, un client est attablé devant un splendide cassoulet à l'heure du déjeuner... L'établissement est comble et ce client appelle le serveur :

— Monsieur, venez goûter mon cassoulet !

— Je suis désolé, monsieur, mais je n'ai pas le temps. Nous sommes en plein coup de feu...

Mais, loin de se décourager l'amateur attend patiemment et vingt minutes plus tard, nouvel appel vers le garçon :

— Monsieur, je vous prie de venir goûter mon cassoulet.

— Il ne se rend pas compte celui-là ou quoi ? Je n'ai pas le temps ! Je travaille, moi, monsieur.

C'est un patient, ce client... Une demi-heure se passe et il hèle de nouveau le serveur :

— Monsieur, auriez-vous l'obligeance de bien vouloir goûter mon cassoulet ?

Le serveur se décide à goûter... Il arrive à la table, met la serviette autour de son coup et dit :

— Allez goûtons ! Mais, où est la fourchette ?

Et le client répond :

— Ah !

***

— Maître d'hôtel, s'il vous plaît ?

— Oui, monsieur ?

— Vous avez des cuisses de poulet ?

— Non, monsieur, c'est une impression car mon pantalon a rétréci au lavage.

***

Une dame fait appeller le maître d'hôtel d'un grand restaurant :

— J'ai bien commandé un potage pour une personne ?

— Oui, madame.

— Pourriez-vous alors m'expliquer pourquoi il y a deux cheveux dedans ?

***

Ce restaurant affiche des prix extrêmement élégants, mais la qualité de la nourriture ne suit pas tout à fait les promesses du menu. Au serveur qui vient lui demander :

— Comment avez-vous trouvé notre confit de canard, monsieur ?

— Alors là, tout à fait par hasard, répond le client, en fouillant bien sous les petits pois !

***

Dans une brasserie :

— Mademoiselle, vous avez des cuisses de grenouilles ?

— Oh, monsieur, j'ai simplement fait beaucoup de cheval quand j'étais jeune...

***

Un jeune aristocrate sort d'un grand restaurant, et dit au portier qui vient de lui avancer sa voiture :

— Pourriez-vous me prêter 50 francs ?

— Bien sûr, monsieur, voilà...

— Mais voyons, gardez-les mon ami, c'est votre pourboire !

***

— Garçon, dit un client dans un restaurant, reprenez-moi cette langue de veau, car je déteste manger tout ce qui sort de la bouche. Tenez, donnez-moi plutôt un œuf !

***

Un homme s'installe dans un restaurant et appelle le garçon :

— Je voudrais, dit-il, un steak taillé dans la bavette, saisi au feu de bois, salé d'un côté, poivré de l'autre, avec des herbes de Provence.

Impassible, le serveur se retourne vers la cuisine et lance :

— Un steak, un !

***

Dans un restaurant, un voyageur de commerce se morfond devant un reste de crème caramel. C'est l'heure de la fermeture. La salle est vide.

— Et naturellement, demande-t-il au patron, il n'y a pas de vie nocturne par ici ?

— Hélas, non, réplique le restaurateur, elle est partie pour Paris le mois dernier.

***

Un monsieur rentre dans un grand restaurant accompagné de trois enfants. Ils s'assoient à une table, et l'homme commande un dîner royal, arrosé des meilleurs vins, ainsi qu'une magnifique collection de desserts pour les trois gamins.

Repu, à la fin du repas, il hèle le serveur et lui demande de surveiller ses enfants pendant qu'il dit deux mots à un ami entrevu sur le trottoir.

Une demi heure après, les enfants sont toujours-là et le serveur s'inquiète :

— Mais où est donc passé votre papa ?

— C'est pas notre papa, répond un des enfants. C'est juste un monsieur qu'on a rencontré dans la rue et qui nous a demandé si on voulait des gâteaux.

***

Ce grand traiteur parisien passe une petite annonce pour engager un nouveau cuisinier.

— Pourquoi exigez-vous qu'il soit chauve, demande un des candidats ?

— Parce que cela me permettra de nier quand une cliente me dira qu'elle a trouvé un cheveu dans le consommé.

***

Ce qu'il y a de mieux au restaurant, dit Bébert, c'est le digestif, il aide à faire passer l'addition.

***

Par un beau dimanche après-midi, Chlomo et sa femme et leurs six enfants, vont s'attabler à la terrasse du « Tantonville » à Alger. Mais les enfants de Chlomo, c'est un cyclone sur la Jamaïque, plus une tornade dans le triangle des Bermudes. Ils vont de table en table, remuent les chaises, les verres, avec des cris d'égorgés ; ils bousculent les clients, cassent des plantes vertes installées là pour la décoration. Devant ce carnage, le garçon se précipite vers Chlomo, et avant qu'il ait pu ouvrir la bouche, Chlomo lui dit :

— Enfin, c'est pas trop tôt !... Alors moi, ce sera un petit café, ma femme ne boit pas, et pour les enfants, une seule menthe, avec sept ou huit carafes d'eau fraîche. Vous me porterez aussi le journal, et un magazine pour ma femme, et pour les enfants des dominos, un jeu de cartes, un jeu de dames, et si vous avez des bandes dessinées portez-les aussi avec un monopoly et un scrable.

— Monsieur, dit le garçon, je suis désolé, mais...

— Vous êtes désolé ! Vous êtes désolé !... rétorque Chlomo. Et moi, encore plus que vous ! Et d'abord, comment ça se fait qu'il n'y a pas d'orchestre dans votre établissement !

***

— Garçon, demande un client dans un restaurant. Elles sont superbes, mais j'ignorais qu'elles avaient des pattes !

— Mais, s'étonne le serveur, elles n'ont pas de pattes mes olives noires !

— Ah bon, fait le client. Alors, j'ai dû avaler un cafard !

***

Deux bons amis s'offrent un superbe repas dans un très grand restaurant. A la fin du souper, l'un des deux clients appelle le maître d'hôtel :

— Dites-moi, interroge-t-il, vous pouvez nous faire des additions séparées ?

— Si vous voulez, répond le maître d'hôtel un peu interloqué. Que dois-je indiquer dessus ?

— C'est très simple, fait le client. Moi je lave et mon ami se charge d'essuyer...

***

Un homme tenant en laisse un basset entre dans un restaurant. Le maître des lieux l'accueille avec enthousiasme :

— Bienvenue dans notre maison, lance-t-il. Dans ce restaurant russe, vous allez vous en apercevoir, nous respectons les traditions. Je suis moi-même petit-fils de général du Tsar, le chef est arrière-petit-neveu de cosaque, la caissière et la vestiaire sont nièces de fidèles du Tsar. Que puis-je pour vous cher monsieur ?

— Pour moi rien, réplique le monsieur ? Mais est-ce que vous auriez un os à mœlle pour mon basset qui est lui-même un ancien saint-bernard ?

***

Un autre client interpelle le garçon dans un autre restaurant :

— Dites-moi, garçon, est-ce que vous avez des cure-dents.

— Non monsieur, réplique le serveur. Mais si vous voulez je peux vous faire un sandwich aux cactus.

***

Un monsieur interpelle le garçon dans un restaurant.

— Dites-moi, je ne parviens pas à trouver le jambon dans le sandwich que vous venez de me servir.

— Mordez un peu plus loin, monsieur, vous allez sans doute tomber dessus, réplique le garçon.

Le monsieur s'exécute et après avoir avalé sa bouchée reprend la parole :

— Mais non garçon, vraiment je ne trouve rien.

— Alors là, monsieur, c'est que cette fois-ci vous êtes allé trop loin. Vous avez dépassé le jambon !

***

Un homme se présente dans un restaurant où l'on recherche un plongeur.

— La place vous intéresse, voyons ça, dit le patron. Quel est votre nom ?

— Marcel Proust, fait le postulant !

— Tiens, vous avez un nom connu !

— Pensez, répond le candidat. Cela fait dix ans que je suis dans le métier !

***

Dans un restaurant, un client se plaint de la qualité du bouillon de poulet qu'on vient de lui servir.

— Il est un peu clair, ne trouvez-vous pas, lance-t-il au garçon !

— Oh non ! c'est le bouillon qui provient d'une très jeune poule, lui réplique ce dernier. C'est l'eau dans laquelle on a fait cuire les œufs durs !

***

Dans un restaurant, un monsieur commande au garçon :

— Un chateaubriand à point, s'il vous plaît !

— Désolé, monsieur, mais il n'y a plus de chateaubriand. Je peux vous proposer le plat du jour : escalope viennoise.

— Non merci. Ça ne fait rien, je vais prendre un steak ordinaire.

— Mais monsieur, si j'avais du steak ordinaire, je ne vous aurais pas dit qu'il n'y avait plus de chateaubriand !

***

Une dame a emmené son petit garçon au restaurant. A la fin du repas, elle lui dit :

« Mon chéri, essuie bien tes couverts, comme ça ils ne saliront pas ta poche... »

***

Dans un restaurant, un client commande au garçon :

— Un steak ! s'il vous plaît !

Un autre client commande en même temps :

— Un steak bien tendre, s'il vous plaît !

Et on entend alors dans la cuisine le garçon dire :

— Deux steaks, deux ! Dont un bien tendre !

***

Un monsieur au restaurant :

— Du caviar, s'il vous plaît !

— Nous n'avons plus de caviar, monsieur, nous sommes désolés. Mais, si vous voulez, vous pouvez avoir du tapioca avec des lunettes noires.

***

Un monsieur entre dans un restaurant avec toute une bande de copains.

— Garçon ! Mettez une dizaine de bouteilles au frais !

— Aux frais de qui, monsieur ?

***

Dans un restaurant très cher et qui se veut très chic, un monsieur a la surprise de constater qu'à chaque plat qu'on lui amène, les portions sont vraiment congrues. A la fin du repas, le maître d'hôtel s'avance et lui demande très courtoisement :

— Comment monsieur a-t-il trouvé le chateaubriand ?

— Par hasard, sous un haricot vert.

***

Une dame a commandé du poulet comme plat de résistance. Le garçon lui amène une assiette où se perd une cuisse de volaille rachitique. Elle appelle le maître d'hôtel :

— Monsieur, où vous procurez-vous vos volailles ?

— Madame, nous les faisons venir d'un élevage fermier à plus de cinquante kilomètres d'ici.

— Ça, je n'en doute pas ! Mais pourquoi les faites-vous venir à pied ?

***

Une vieille dame a ouvert une petite pension de famille mais la clientèle se fait rare car sa cuisine a très mauvaise réputation et les pensionnaires finissent toujours par plier bagage au bout de deux jours.

Un jour, elle est en train de lire une épître de saint Paul où elle trouve cette phrase :

« Quoi qu'on mette devant toi, mange-le, sans te poser de questions. »

Alors la vieille dame soupire et dit :

« Si j'avais pu avoir Saint Paul comme locataire ! »

***

— Écoutez, garçon, cela commence à bien faire... Ça fait 5 fois que je vous commande un cassoulet !

— Excusez-moi, monsieur, dit le garçon.

Et, en se dirigeant vers les cuisines, il lance :

— Et 5 cassoulets, 5 !

***

Napoléon, au soir de Waterloo, se réfugie avec son état-major et quelques fidèles survivants, dans une auberge.

La petite troupe s'engouffre dans la pièce à la suite de l'empereur, qui soupire à l'intention de l'aubergiste :

— Nous sommes vaincus !

— Désolé, sire, mais nous ne disposons que de douze chaises...

***

RÊVE

Un jeune garçon de 12 ans se promenait dans les bois un soir d'hiver. Il rencontra un mage au visage très énigmatique.

— Dis-moi, petit, voudrais-tu être le premier à accéder à la connaissance absolue c'est-à-dire à la septième dimension ?

— Oh oui, monsieur, j'aimerais beaucoup.

— Alors il va falloir prouver ta valeur, tu réuniras les éléments indispensables à l'expérience : un fœtus humain et une pompe à vide.

— Monsieur, je vais me mettre en quête et je trouverai ; où nous reverrons-nous et quand ?

— Dans la petite cabane cachée dans la clairière dans une semaine.

Une semaine plus tard ils se retrouvèrent et après que le mage eut procédé à un branchement complexe, ils commencèrent l'expérience.

Le mage fit un emplâtre avec le fœtus puis le posa sur l'œil, ensuite il installa la pompe à vide derrière sa tête de manière à obtenir une parfaite concentrations d'ondes cervicales.

Il y eut un grand flash, les ondes cervicales vibrèrent au point de tensions ultimes ce fut la sérénité intégrale.

— Réveille-toi Patrick ou tu vas être en retard à l'école.

L'enfant poussa un cri d'horreur, sa mère tenait d'une main un bocal de confiture qu'elle tentait d'ouvrir à l'aide d'une pince à bocal.

***

RÉVEIL

Les enfants ne sont pas les seuls à utiliser l'arme ultime en cas de conflit familial : le silence. Un jour, une épouse, lasse de se disputer à longueur de journée avec son mari, décide de ne plus lui adresser un seul mot. Le soir même, son mari lui rappelle qu'elle doit le réveiller à 7 heures le lendemain matin, son avion décollant à 9 heures. Le matin suivant, il se réveille à 10 heures, et trouve un mot sur sa table de chevet :

Debout, chéri, il est 7 heures.

***

RONFLEMENT

Voici à présent quelques conseils à l'adresse des femmes dont les maris ronflent. Les méthodes préconisées ci-après sont garanties comme étant d'une efficacité totale, puisque ce sont des épouses aimantes qui nous les ont communiquées après les avoir expérimentées.

Première méthode, dite « du coton » :

« A partir du jour où, avant d'aller au lit, j'ai obstrué la bouche et les narines de mon mari avec du coton, il n'a plus ronflé. »

Signé : une veuve éplorée.

Deuxième méthode, dite « de la bouteille » :

« C'est quand il est sur le dos que mon mari ronfle. Pour l'empêcher de dormir dans cette position, je glisse des tessons de bouteilles dans le lit conjugal. Grâce à cela, je suis tranquille, il ne ronfle plus à la maison. Mais j'ai l'impression qu'il va ronfler autre part car il rentre dormir chez nous de plus en plus rarement. »

Signé : une épouse dubitative.

Troisième méthode, dite « au poivre » :

« Dès qu'il ronfle, je lui mets du poivre dans le nez. Le reste de la nuit il ne ronfle plus. Par contre, il éternue... »

Signé : Une femme de Cayenne. (Guyane).

Quatrième méthode, dite « du ventilateur » :

« Pendant son sommeil, je place un ventilateur au bout de son lit ; je glisse ses doigts de pieds entre les palles et dès qu'il émet un ronflement, je branche l'appareil. Depuis je dors tranquille et il porte des chaussures plus petites... »

Signé : une femme qui tient à son sommeil.

Cinquième méthode, dite « du mixer » :

« Dès que mon mari a fermé l'œil, je lui glisse le mixer dans la bouche ; au moindre signe de ronflement je mets l'appareil en marche et grâce à cela, depuis il dort comme un bébé ! Il n'a plus aucune dent et mange de la bouillie. »

Signé : une femme maternelle.

Sixième méthode, dite « de la corde » :

« Aussi doucement que possible, afin qu'il ne se rende compte de rien, je lui glisse autour du cou une corde que je passe dans une poulie préalablement fixée au plafond. Dès qu'il ronfle, je tire... Là-dessus, il me tire la langue. Comme j'ai horreur de ça, je tire plus fort. Il continue à me tirer la langue. Folle de rage devant ses manières rustres, je tire sur la corde toute la nuit... Avec cette méthode, il ne ronfle plus, mais ce qui me contrarie un peu, c'est que cela semble avoir nui à sa santé puisqu'il ne quitte plus le lit et qu'il est tout verdâtre... »

Signé : une femme qui pensait avoir tiré le bon numéro.

Note des auteurs : Les femmes qui connaissent et utilisent d'autres méthodes sont priées de nous les indiquer, car aucune subtilité de l'imagination féminine ne saurait nous laisser indifférents.

Note de l'éditeur : L'éditeur ne pourra être tenu responsable d'aucun accident mortel ou non, survenu à la suite de l'utilisation d'une des méthodes qui précèdent.

Re-note des auteurs : Eux non plus !

***

ROUMAINS

Le nº 1 roumain, Ceausescu, est très préoccupé par les menaces d'intervention militaire soviétique en Roumanie. Il convoque son ministre des Armées et lui dit :

— Dis-moi, camarade, comment s'appelait ce maréchal russe qui a réussi à repousser Napoléon ?

— Le maréchal Koutouzov.

— Et, est-ce qu'il n'avait pas un signe particulier ?

— Si, camarade secrétaire général, il était borgne.

— Ah, oui. Et comment s'appelait ce Britannique qui a gagné la bataille de Trafalgar ?

— L'amiral Nelson.

— Avait-il une particularité physique ?

— Oui, il était borgne.

— Ah, oui. Et comment s'appelle ce général israëlien qui a vaincu les Arabes pendant la guerre des Six Jours ?

— Le général Dayan.

— Et il a une particularité physique ?

— Oui, il est borgne.

— Bon, maintenant, tu vois ce qui te reste à faire !

***

Dans la capitale roumaine, deux amis se rencontrent :

— Quoi de neuf ?

— J'ai deux nouvelles. Une très bonne et une mauvaise. Par laquelle tu veux que je commence ?

— Par la bonne. Tu auras toujours le temps de m'apprendre la mauvaise.

— Bon. Alors, la bonne, c'est que Ceausescu est mort.

— Sensationnel ! Allez, maintenant, tu peux m'annoncer la mauvaise.

— La nouvelle n'est pas confirmée.

***

A Bucarest circule cette histoire sous forme de devinette :

« Quelle est la meilleure joueuse d'échecs du monde ? Réponse : c'est Elena Ceausescu : elle promène son fou partout et personne ne le lui prend. »

***

Un tzigane va trouver le Premier ministre roumain et lui demande :

— Qu'est-ce que c'est que le communisme ?

— Regarde. Tu vois la Mercedes de Ceausescu et à côté la mienne ? Eh bien, quand la tienne sera entre les deux, ce sera le communisme.

Et le tzigane rentre chez lui et explique à sa femme :

— Le communisme, ce sera quand Ceausescu viendra s'asseoir sur le trottoir entre nous deux pour vendre des graines de tournesol aux passants.

***

Pourquoi le dentiste coûte-t-il en Roumanie quinze fois plus cher qu'en Autriche ou qu'en France ?

— Parce qu'on est obligé d'arracher les dents par derrière.

— Comment cela ?

— Personne n'ose ouvrir la bouche.

***

Reagan vient faire une visite en Roumanie. Un boucher de Bucarest se trouve bien ennuyé, car sa boutique se trouve sur l'itinéraire officiel entre l'aéroport et le palais présidentiel. Or, ce jour-là, il doit recevoir de la viande. Que faire ? Soudain, il lui vient une idée lumineuse. Et, au jour dit, il recouvre son enseigne d'un énorme calicot sur lequel il a fait peindre en grosses lettres : BANQUE.

Comme le cortège passe devant la boucherie, Reagan remarque la longue queue qui s'étend sur le trottoir et demande à Ceausescu, assis à ses côtés :

— C'est pourquoi cette queue ?

— Euh... eh bien, vous voyez, c'est une banque. Les gens ont tellement d'argent que les banques ont du mal à répondre à leur demande.

Après le départ de Reagan, Ceausescu fait venir le boucher et lui dit :

— Bravo, camarade, je te félicite. Grâce à toi, j'ai pu sauver la face devant Reagan. Demande-moi ce que tu voudras et je te le donnerai. Veux-tu devenir ministre des Affaires étrangères ou du Commerce ?

— Oh, non ! Je préfère rester boucher !

— Veux-tu une voiture ?

— Non, nous en avons déjà une chacun, ma femme, mon fils et moi !

— Veux-tu un splendide appartement dans le quartier résidentiel de Bucarest ?

— Non, nous avons déjà une grande maison.

— Veux-tu alors une maison à la campagne ou au bord de la mer ?

— Non, nous en avons déjà une et même à la montagne.

— Mais alors, comment puis-je faire pour te récompenser ? Qu'est-ce que tu désires ?

— Que vous ne me demandiez pas comment j'ai gagné l'argent pour payer tout ce que nous avons !

***

ROUTIER

Un routier sympa prend un café relax dans un bar d'une autoroute. Il voit se garer une horrible simca 1000 jaune, vert et orange avec une queue de tigre au rétroviseur et l'auto-radio à fond... Deux loubards du style casseur de bal en sortent et entrent dans le bar. Visiblement, ils cherchent la bagarre... Ils vont vers le routier. L'un des deux prend son café le lui renverse sur la tête en l'injuriant. Le routier ne bouge pas. L'autre se saisit d'une bouteille de vin qu'il renverse en shampooing sur le malheureux fan de Meynier... Rien n'y fait au bout d'un moment il se lève, paye et s'en va.

— Quel lâche, disent-ils au patron, c'est un minable ce mec.

— Pire, ajoute le patron, c'est un chauffard avec son camion il vient d'écraser une simca 1000.

***

Tunnel du Mont-Blanc, la frontière est là, un routier stoppe au signal du douanier.

— Est-ce que vous avez quelque chose à déclarer ?

— Non.

— Très bien, je vais jeter un coup d'œil à votre chargement.

Le fonctionnaire va vers l'arrière du camion, ouvre les portes à double battant et voit un hippopotame sur lequel il y a deux tranches de baguette de pain, chacune d'un côté de son ventre.

— Vous appelez ça : rien à déclarer ?

— Absolument, rétorque le routier, je mange ce que je veux dans mon sandwich !

***

RUSSE

Coup de téléphone à Moscou chez un pilote de ligne d'Aéroflot... C'est le fils de la famille qui répond :

— Allô ! Bonjour, est-ce que Boris est là ?

— Non, papa fait la ligne Moscou-Washington, il sera là dans trois heures...

— Bon, et ta maman ?

— Ludmilla, ma maman, est partie chercher du riz et de la viande, elle sera là demain vers midi.

***

Un paysan s'approche d'un géomètre en train de travailler dans les champs.

— Que faites-vous, lui demande-t-il.

— J'établis une frontière entre la Russie et la Pologne, répond le spécialiste.

— Et ma maison où va-t-elle se trouver alors, répond le paysan ?

— D'après mes calculs, en Pologne !

— Très bien, ajoute le paysan. Ma femme se lamentait hier encore en me disant qu'il fallait encore devoir passer un hiver en Russie !

***

Les Russes décident d'accentuer leur campagne d'intoxication envers les pays capitalistes. Ils passent ainsi une commande aux Américains : un million de préservatifs de 25 centimètres de long et de 20 centimètres de circonférence. La commande leur parvient dans les délais, accompagnée d'étiquettes sur lesquelles se trouve inscrit de la plume des américains « Taille moyenne »...

***

Un général russe se rend dans une prison et les prisonniers implorent sa grâce. Le général leur demande à chacun la raison de leur internement et tous prétendent être innocents. Il arrive au dernier :

— Et toi, tu es innocent, je suppose ?

Étonnement du prisonnier :

— Moi, mon général j'ai tué ma femme, son amant et puis d'autres encore. C'est l'argent ou la jalousie qui m'ont poussé à de tels horreurs !

— Bravo ! dit le général et il convoque tous les prisonniers. A la surprise de tous, il libère celui qui avait avoué ses crimes. Réaction violente. On crie au scandale, à l'injustice.

Le général criant plus fort que tous :

— Eh bien, quoi de pire pour vous, pauvres petits innocents, sinon supporter ce renégat. Je ne voudrais surtout pas qu'il vous corrompe !

***

Le Kremlin décide d'offrir aux habitants de Moscou quelques plaisirs qui leur permettent d'oublier les difficultés du temps.

Des experts sont convoqués, qui conseillent d'ouvrir dans la capitale un cabaret avec strip-tease.

Mais au bout de six mois, le directeur de la boîte, rédigeant son rapport, se lamente :

— C'est à n'y rien comprendre ! Nous sommes dans une rue à la mode. Nous offrons les mêmes attractions qu'en Occident. Nous servons saumon, caviar, vins et champagnes français aux prix les plus abordables... Mais nous sommes toujours vides ! Et pourtant nos strip-teaseuses sont de très bons éléments... Elles ont été triées sur le volet : elles ont leur carte du parti depuis 1930 !

***

S

SAOUL

— Moi, en général, un seul verre suffit pour que je sois complètement « paf » !

— Ah bon ?

— Oui, oui ! En général, c'est le quinzième.

***

Ivre, Lucien rentre chez lui. Il se glisse dans le lit conjugal et aussitôt un doute affreux le saisit...

— Dis donc, Annie. Le lit me semble bien étroit d'un seul coup. Ma parole, il y a quelqu'un avec nous !

— T'es dingue ! répond la femme.

— Pas du tout ! D'ailleurs, tiens, regarde au bout du lit, il y a six pieds qui dépassent.

— Quelle imagination. Il n'y a que toi pour inventer ça. Pour te convaincre que tu te trompes, tu n'as qu'à te lever et aller compter les pieds...

Trouvant l'idée bonne, Lucien sort du pieu et va à son extrémité pour compter.

— Un, deux, trois et quatre ! constate-t-il. Pardon, Annie, t'as raison...

Et, tranquillisé, il se recouche.

***

Sur l'autoroute un type saoul comme trois Polonais s'est engagé à contresens. Un agent parvient à l'arrêter.

— Félicitations ! dit-il au poivrot. Et où allez-vous comme ça ?

— Je ne sais pas exactement, monsieur l'agent ! Mais ce qui est certain, c'est que je dois être en retard, car je vois que tout le monde revient !

***

Le physicien nucléaire rentre chez lui complètement ivre. En l'accueillant, sa femme lui dit :

— Toi, t'as encore fait la bombe.

***

Un bel immeuble de Neuilly, l'occupant du troisième rencontre son voisin...

— Dites-moi, cher ami, quel bruit cette nuit... Que s'est-il passé !

— C'est le cinéaste du cinquième qui était ivre mort et qui a défoncé la porte du parking...

— Eh bien, sa Ferrari doit être dans un bel état...

— Absolument pas, il n'avait pas pris sa voiture.

***

Cet homme a passé la nuit dehors, et

rentre chez lui complètement saoul ; par miracle, il trouve son lit, s'endort, pour se réveiller quelques heures après avec une gueule de bois monumentale.

— Chéri, demande-t-il à sa femme, donne-moi un verre d'eau et trois cachets d'aspirine. Et surtout, évite de faire du bruit en refermant le tube.

***

— Monsieur, vous venez d'être arrêté dans la rue, visiblement pris de boisson, et hurlant des insanités aux représentants des forces de l'ordre... dit le commissaire à M. Dupont. Qu'avez-vous à nous donner comme excuses ?

— Vous plaisantez, si j'en avais, des excuses, je serais rentré chez moi et je les aurais racontées à ma femme...

***

Un Marseillais bien rond rentre par une nuit de pleine lune. Soudain, il aperçoit la lune dans une fontaine :

— Mon Dieu, voilà que la lune est perdue dans la fontaine !

Il se penche, tombe à l'eau, et voit alors la lune dans le ciel :

— Ça y est, j'ai réussi !

Impossible de rencontrer depuis cette nuit-ci, un Marseillais plus vantard que celui-là !

***

Un monsieur rentre chez lui complètement saoul. En pénétrant dans la salle de bains il se cogne à un pot de chambre fort mal placé. D'un geste rageur, il le lance par la fenêtre. Il entend soudain un cri.

— Aie ! Fait une voix.

— Oh, zut, murmure le monsieur. Il y avait quelqu'un dedans !

***

SECRÉTAIRE

Un impresario parisien vient d'embaucher une nouvelle secrétaire qu'il invite au restaurant pour lier des rapports plus amicaux.

— Je suis ravie de travailler pour un impresario comme vous, lui dit-elle. Mais dites-moi, les impresarios sont nombreux à Paris ?

— Je crois qu'il y a une chose importante : on ne dit pas des « imprésarios » mais des « impresarii » car c'est le pluriel : un impresario, des impresarii...

Très gênée par cette faute, elle enregistre et le déjeuner se poursuit... Vers la fin du repas, elle va aux toilettes, et en revenant elle dit à son patron :

— Ce restaurant est en plein travaux, ils sont en train de refaire des nouveaux lavabii.

***

M. Renaud de Renoncourt, président de la Rodincotra International, arrive à son bureau après un déjeuner d'affaires.

— Mademoiselle Labat, quelque chose de spécial pendant mon absence ? demande-t-il à sa secrétaire.

— Monsieur le président... Je ne sais plus très bien... Si, je crois, un appel longue distance de New-Delhi en Australie... Euh...

— Voyons New-Delhi n'est pas en Australie. De quel appel s'agit-il ?

— Euh... Cela doit être d'un continent éloigné l'Aquitaine ou le Mexique... C'était vers dix heures...

— De qui était cet appel et pourquoi ne pas me l'avoir dit plutôt ?

— C'était un certain Macheno ou Capro ou Parsogo... Je n'ai pas pu noter son nom car j'étais en train de faire les mots croisés de Marie-Claire. Vous savez les grands, très amusants...

— Enfin, allez-vous me dire ce qu'il voulait ?

— Ça, je m'en souviens, parce que cela m'a fait rire... Il a dit avec un fort accent : si votre patron ne me téléphone pas d'ici une demi-heure, je le mets en faillite et lui derrière les barreaux.

***

On ne peut quand même pas taper à la machine huit heures par jour sans discontinuer. Il est normal de se distraire un peu et tout est motif à lever le nez, même le bruit du chantier à côté.

— Il paraît, dit l'une des dactylos à ses collègues, que les conducteurs de grues sont les mieux payés !

— Et ceux qui les regardent à ne rien faire sont encore mieux payés ! affirme le patron en rentrant dans la salle.

***

Une dactylo se confie à sa meilleure amie :

— Je viens de passer un week-end délicieux, s'exclame-t-elle. Samedi matin, je faisais de l'auto-stop et je me suis trouvée embarquée par un homme charmant et extrêmement important.

— Comment le sais-tu lui demande sa copine ?

— Oh, c'est très simple. Sur son tableau de bord, il y avait écrit « Huile-direction ».

***

Deux secrétaires voient un matin arriver leur patron au bureau :

— Regarde, fait l'une... Qu'est-ce qu'il s'habille bien !

— Tu parles fait l'autre... Et vite en plus !

***

SÉDUCTEUR

Terrasse du Fouquet's, un séducteur patenté est en train de prendre l'apéritif avec un de ses amis très timide et complexé avec le sexe faible (vous y croyez, vous, au sexe faible ?)...

— Écoute, lui dit le timide, j'aimerai que tu m'expliques ton secret avec les femmes.

— Enfantin, tu les invites au restaurant, tu plaisantes, tu fais servir le champagne, puis tu la fais venir prendre un dernier verre chez toi... Tu mets les lumières minimales, un disque, de préférence un slow, tu l'invites à danser et là... Hop dans ta chambre et à toi de jouer... Garantie sans problèmes...

— Ce soir je sors avec une nouvelle du bureau... J'essaye...

Le lendemain soir nos deux compères se retrouvent :

— Alors ? Interroge notre Casanova.

— The bide...

— Impossible... Tu as suivi toutes mes indications ?

— Oui, rires, restaurant, champagne, lumières, slow, danse mais une fois dans ma chambre, j'ai mis mon costume sur un cintre, j'ai été lavé mon slip et mes chaussettes, je me suis fait un brushing et j'ai rincé ma chemise... elle était repartie...

***

François, séducteur patenté prix castor 1984 (prix qui couronne celui qui travaille le mieux avec sa queue) est en pleine discussion avec Olivier, roi du bide...

— Vraiment, François, je ne comprends pas comment tu as tant de succès avec les nanas... Je te vois chaque jour avec une différente et moi je me tape des bides énormes... As-tu un secret ?

— Tu sais, Olivier, ce n'est pas très compliqué... Il faut les frimer les femmes... Fais un truc : procure-toi un porte-clés de Ferrari ; mets des clés puis va dans un bar, mets le porte-clés bien en vue... Et tu verras elles viendront vers toi...

— Je vais essayer. A demain, vieux !

Le lendemain les deux amis se retrouvent :

— Alors ?

— Alors ? Rien... La tasse totale... J'ai trouvé un porte-clés Porsche... Je me suis installé à la terrasse du Café de Paris. The bide...

— Mais, dis-moi tu avais pensé à enlever tes pinces à vélo ?

***

Léon Rosny est l'invité de l'émission de télévision « A nous les Centenaires. » Léon Cicrone le présentateur patriarche, lui demande pourquoi à quatre-vingt-dix-huit ans il court après toutes les filles qui passent :

— C'est vrai, répond-il, je cours encore le jupon, mais impossible de me souvenir pourquoi !

***

Un séducteur patenté suit une femme dans la rue... Au bout d'un moment, elle se retourne et dit :

— Monsieur, je suis une femme mariée, dont le mari rentre à sept heures, il est quatre heures... Vous n'allez pas continuer à me suivre comme cela ! Vous perdez votre temps. Je rentre chez moi et c'est loin d'ici : 21, rue Washington au fond de la cour, troisième étage porte face... Désolée, il n'y a pas d'ascenseur.

***

Richard et François se retrouvent à l'issue des vacances... Ils sont en train de faire le point sur les minettes avec lesquelles ils étaient...

— Dis-moi, Richard, alors tu as passé du bon temps sur le yacht de ton héritière ?

— Oui, j'ai eu un soleil magnifique, mate le bronzage, une mer d'huile et Sylvie adorable... En revanche, le yacht était très petit et c'est moi qui ramais tout le temps.

***

Un homme qui possède un franc succès auprès des femmes aborde une jeune fille :

— Ma chérie, s'exclame-t-il, je n'ai pas de temps à perdre. C'est oui ou non, tout de suite !

— Vous voulez qu'on aille chez vous ou chez moi, répond la demoiselle sans se troubler.

— Ah non ! enchaîne l'homme. Si vous commencez à discuter, on n'en parle plus !

***

SEXE

Un de mes cousins avait une idée fixe. Il disait tout le temps :

— Ah ! Si j'avais un sexe qui traîne par terre ! Ah ! Si j'avais un sexe qui traîne par terre !

Pour lui faire plaisir, on lui a coupé les deux jambes...

***

Deux agents de change discutent dans un bar.

Pour moi, dit l'un, le meilleur investissement c'est le sexe.

— Pas pour moi, fait l'autre. Car, en ce qui me concerne personnellement en la matière, je ne m'en suis jamais sorti avec autant que j'y avais mis au départ...

***

Un homme lance à sa femme, dont il est profondément amoureux.

— Chérie, j'ai une idée. Si on faisait ça comme les chiens !

— D'accord mon amour, répond la dame. Mais pas dans une rue où l'on nous connaît !

***

Une femme interroge son mari.

— Chéri, nous avons des relations sexuelles ?

— Mais bien sûr mon amour.

— Alors pourquoi ne les invite-t-on jamais à dîner ?

***

Un couple de fermiers rentre des champs et, en chemin, le mari se trouve pris d'une envie subite de faire l'amour.

— Chéri, n'attendons pas jusqu'à notre chambre... Faisons-le ici tout de suite...

Aussitôt dit, aussitôt fait... Les deux amoureux s'enlacent... Au bout de quelques minutes, le monsieur s'exclame :

— Mon amour, c'est extraordinaire. J'ai l'impression que tu fais mieux l'amour qu'à l'époque de notre première rencontre voici vingt ans !

— C'est normal, fait la dame. Il y a vingt ans, les clôtures n'étaient pas électrifiées...

***

— Connais-tu l'histoire du type qui avait cinq sexes ? dit un monsieur à l'un de ses copains.

— Non, répond ce dernier.

— Mais si, souviens-toi, son slip lui allait comme un gant !

***

Hier, j'ai séduit deux siamoises affirme un type à son meilleur ami.

— C'était bien ? interroge ce dernier.

— Oui et non !

***

Une ravissante maîtresse d'école pousse un hurlement au début de sa classe.

— Que celui qui a dessiné ce sexe au tableau vienne me voir tout de suite. Je veux faire sa connaissance !

Une petite voix s'élève alors au fond de la classe.

— Finalement, c'est vrai. La pub, ça paye !

***

Un sexologue donne une conférence et déclare à son auditoire :

— Avant de continuer et pour mieux appuyer ma démonstration, il me faut vous. poser une question indiscrète, à laquelle je vous prie de répondre en levant le doigt quand vous vous sentirez concernés...

Quels sont ceux qui font l'amour plus d'une fois par jour ?

Deux personnes lèvent la main, que la salle applaudit à tout rompre.

— Parfait... Une fois par jour ?

Quatre doigts se dressent et sont applaudis.

— Très bien... Trois fois par semaine ?

La majorité de l'auditoire se manifeste.

— C'est le rythme moyen... Une fois par mois ?

Une dizaine de personnes lèvent le plus discrètement possible un doigt hésitant.

— Ce n'est pas si mal... Deux fois par an ?

Quelques mains font un geste timide à peine esquissé.

— Ne vous en faites pas, ça s'arrangera sans doute... Une fois par an ?

Un petit vieillard tout ratatiné se lève, jubilant d'excitation et s'écrie avec un grand sourire :

— Moi ! Hé, hé, hé... Moi ! Moi ! Moi !

— Vous semblez bien réjoui ! Pourtant, un jour par an, c'est bien au-dessous de la moyenne...

— Peut-être, mais c'est ce soir ce jour-là.

***

SHOPPING

Une dame d'âge mûr rentre chez elle après une matinée de lèche-vitrine. Câline, elle s'approche de son mari et lui dit :

— Chéri, j'ai vu une gaine ravissante qui est exactement ce qu'il me faut. Mais elle est très très chère...

— Laisse tomber, lui répond son époux.

***

Deux grands magasins se livrent une bataille sans merci.

L'un situé en haut de la rue, affiche :

— Soldes, 20 % sur tous les articles.

L'autre, décidé à renchérir, affiche :

— Soldes, 30 %.

Le propriétaire d'un magasin plus modeste, situé dans cette même rue, se dit qu'il est impossible de descendre plus bas.

Alors il pose un immense placard à l'entrée de sa boutique :

— Entrée principale.

***

Un Vietnamien revenant du marché dresse l'inventaire de ses provisions :

— Un Wang-Dah-Ming, deux boîtes de Souh-Ha-Chaw, trois kilos de Path-Ha-Diwong, une caisse de Dhi-Shaw-Lu, une bouteille de Wha-Pu-Tong, un litre et demi de Gha-Wah-Deruh, un... Oh, zut, j'ai oublié les bananes !

***

Chargé par sa femme de lui acheter un maillot de bain, un homme entre dans un magasin de sport :

— Je voudrais un maillot une pièce pour mon épouse.

— Oui, monsieur, quelle taille ?

— Zut, elle a oublié de me le dire...

— Écoutez, de quelle forme sont ses seins : melon, pamplemousse, pomme...

— Euh... voyons, fait le monsieur, un peu gêné, ils seraient plutôt comme ça... et il désigne du doigt une boîte de balles de ping-pong...

***

SNOB

Je crois que je viens de m'inscrire dans le club le plus snob du monde, confie un homme à son ami.

— Ah oui, et pourquoi ?

— La cravate y est de rigueur partout, même dans la piscine !

***

— Ma ville préférée, c'est Saint-Tropez, déclare cet homme à son copain.

— Ah bon, pourquoi ?

— C'est la ville la plus reposante que je connaisse. Ma femme va y passer un mois tous les ans...

***

Il était une fois un papilion très snob et très intellectuel... Pendant toute sa vie, il n'a fréquenté que des Pensées...

***

Dans un club des plus huppés, deux hommes discutent :

— Je n'ai jamais eu de relations sexuelles avec ma femme avant notre mariage s'exclame-t-il. Et vous, cher ami ?

— Je ne sais pas, répond le quidam. Rappelez-moi son nom de jeune fille !

***

Deux dames, fort snobs, visitant un musée tombent soudain en pamoison devant un tableau représentant la Nativité :

— C'était une famille pauvre, explique l'une.

— Comment « une famille pauvre » ? répond l'autre.

— Ils n'avaient pas d'argent et ils ont pu se faire peindre par Rembrandt !

***

Un drame de notre société... Un Australien vient de devenir fou à cause du boomerang tout neuf qu'on vient de lui offrir. En effet, il ne parvient pas à se débarrasser de l'ancien !

***

Ghislaine rencontre Clothilde chez Cartier et elles se mettent à bavarder :

— Comme il est mignon, ton pékinois ! Où l'as-tu trouvé ?

— Mais à Pékin, ma chère, je suis allée le choisir à Pékin, il y a à peine un mois !

— Quelle folie ! Tu aurais pu en trouver un semblable dans une boutique très bien aux Champs-Élysées !

— Sans doute... Mais aux Champs, on ne trouve jamais de place pour stationner !...

***

SŒUR

Ma petite sœur, rentrant de l'école, dit un jour à ma mère :

— Si tu savais ce qui vient de m'arriver. Dans le métro, un homme est venu s'asseoir près de moi, il a appuyé son genou contre le mien, puis il a mis sa main sur ma cuisse le long de laquelle il a petit à petit remonté...

A ce moment, ma mère l'a interrompue :

— Tais-toi ! Tais-toi ! Tu m'excites !

***

J'avais une sœur toute petite... Tout le monde la sautait... Remarquez, j'en avais une grande, c'était pareil !

***

Curieuse habitude que celle de ce patron de boîte de nuit qui rentre chez lui vers quatre heures du matin et sacrifie à un rituel fort embêtant... En effet, pour passer ses nerfs, il ouvre la porte et jette avec violence une chaise vers le plafond et au moment où elle retouche terre, il recommence avec une autre chaise.

Un matin, son voisin, n'en pouvant plus, vient se plaindre :

— Cher monsieur, je sais combien votre job est dur pour les nerfs, mais ces deux chocs tous les soirs m'empêchent de me rendormir... Essayez de faire autrement...

— Cher voisin, je suis navré... C'est promis, dès ce soir je ferai attention... C'est une habitude déplorable que j'ai là...

La nuit arrive... Quatre heures du matin, le type ouvre sa porte voit la chaise et vlan l'envoit comme d'habitude au plafond et c'est lorsqu'elle retombe qu'il se souvient de la visite de son voisin... Alors, doucement, il se dirige vers la seconde chaise la lève délicatement et la repose avec douceur sur le plancher...

Une demi-heure après la sonnerie de la porte retentit avec violence... Il ouvre et se trouve en face de son voisin en pyjama :

— Par pitié, balancez votre seconde chaise que je puisse essayer de me rendormir !

***

Un vieillard est assis paisiblement sur son balcon au dixième étage de son building... Soudain Morphée s'empare de lui et son corps vacille, il bascule et tombe dans le vide... En passant devant les fenêtres du troisième il voit un lit et se dit :

— Un lit ! Comme j'ai envie de dormir...

Il se rendort et s'écrase au sol... Tout le monde vient vers lui et demande ce qui est arrivé... Alors le pauvre homme lâche dans un dernier murmure :

— Je meurs de sommeil.

***

SONDAGE

— Bonjour monsieur, c'est pour un sondage !

— Ah ! Entrez...

— Pouvez-vous nous dire, pour un sondage sur les produits « after-shave »,

ce que vous mettez après vous être rasé ?
— Ma chemise.

***

Un enquêteur s'adresse à un passant chétif et malingre :
— Bonjour monsieur, c'est pour un sondage... J'aimerais savoir pour qui votera votre femme aux prochaines élections ?
— C'est bien simple, répond l'homme de son ton le plus autoritaire, elle votera pour mon candidat !
— Ah ! C'est intéressant... Et qui sera votre candidat ?
— Euh... Je ne sais pas, elle ne l'a pas encore choisi...

***

SOURD

La patronne du bistrot d'à côté, est complètement sourde.
Tout le monde le sait et un jour, M. Martin arrive au bar et crie très fort :
— Un chocolat chaud, s'il vous plaît !
— Mais ne hurlez pas comme ça ! Je ne suis pas sourde ! Avec ou sans glaçons ?

***

Un monsieur complètement sourd vient se promener au square où on vient de repeindre tous les bancs. Au moment où il va s'asseoir, le gardien du square lui dit :
— Attention, monsieur ! On vient de les repeindre !
— Comment ? hurle le sourd.
— Vous voyez bien, en vert !

***

Un monsieur rentre chez lui tout fier et dit à sa femme :
— Chérie, je ne t'en avais pas parlé, je voulais te faire la surprise. Regarde, je viens de m'acheter un appareil acoustique. C'est très discret, derrière l'oreille.
— Oh, mon chéri, c'est formidable ! Alors, à présent, tu entends comme tout le monde ?
— Non, ma chérie, je t'assure que la vendeuse n'était pas blonde !

***

Un Corse complètement sourd marche dans la rue. Soudain, il s'arrête et se dit :
— Tiens, si je m'écoutais, j'irais travailler !

***

Un homme s'adresse à la caisse de l'Olympia.
— C'est combien une place pour le concert de Charles Aznavour ?
— Deux cents francs, monsieur.
— Bon, je vais en prendre une à demi-tarif. J'ai un certificat médical disant que je suis à moitié sourd !

***

Dans les petites annonces d'un journal, on a pu lire cet avis :
« Recherche mon mari, disparu depuis deux jours. Étant sourd-muet, il ne répond pas au nom de François. »

***

Sur la place d'un village un vieux monsieur retraité, sourd comme un pot et son fils sont assis sur un banc. Passe un étranger qui leur demande un renseignement :
— Pardon, monsieur, c'est bien ici la rue Anatole ?
— Qu'est-ce qu'il dit, demande le vieux à son fils ?
— Il demande si nous sommes rue Anatole et je lui réponds que oui !
— C'est bien là que se trouve la maison Dubois ?
— Qu'est-ce qu'il dit ?
— Il dit qu'il reconnaît notre maison !
— Quel souvenir merveilleux, ajoute l'homme. Il y a bien longtemps de cela, j'ai connu une femme étonnante, une maîtresse comme on en trouve plus, un amour acharné.
— Qu'est-ce qu'il dit, ajoute le sourd ?
— Il dit, répond le fils, qu'il connaît maman !

***

— Aujourd'hui personne n'écoute plus personne...
— Comment ?

***

Rue Léon-Roches, à Bab-el-Oued, il y a un petit attroupement. Et au milieu par terre, l'oreille contre la chaussée, Kaouito est allongé sur le sol en train d'écouter.

Pastafagoul qui vient d'arriver, se colle aussi l'oreille sur le sol.

Au bout de cinq bonnes minutes, il se relève et dit à Kaouito :

— Mais, j'entends rien !

Et Kaouito lui répond :

— Et le plus curieux, c'est que c'est comme ça depuis ce matin !

— Je comprends pas ce qui se passe, et Zarfana était à bout de nerfs, en disant cela :

— J'ai mal à l'oreille gauche depuis quelques jours.

— Et... lui dit, Kaouito, c'est l'âge, mon vieux !

— Qué l'âge ! Qué l'âge ! mon oreille droite elle a le même âge que mon oreille gauche ; elle a le même âge que l'autre, et cependant, elle me fait pas mal !

***

SOURD-MUET

Dans les bals pour sourds-muets, les musiciens ne jouent pas. Ils se contentent de brandir des pancartes « Valse », « Tango », « Jerk », « Rock », etc.

***

Nous sommes dans une nouvelle pension pour sourds-muets...

L'économe visite les nouveaux locaux...

— Monsieur l'économe, vous avez là, les bureaux...

— Parfait.

— Ici se sont les chambres, au fond les douches...

— Parfait.

— Nous sommes au réfectoire avec la cuisine...

— Parfait.

— Là ce sont les salles de classe...

— Parfait...

— Le parloir...

— Gaspillage !

***

Un homme demande à l'un de ses copains de le remplacer au poste de barman qu'il tient dans un établissement très calme.

— Tu prends ma place un week-end et il n'y aura aucun problème, explique-t-il. Je ne sers à boire qu'à des sourds-muets. Tu verras, lorsqu'ils dirigent leur pouce vers le bas tu leur sers un pastis et quand ils claquent des doigts, c'est qu'ils veulent payer. Et voilà le numéro de téléphone où tu peux me joindre en cas de problème.

Tout se passe bien... Pouce en bas, claquement de doigts.. Et brusquement, un certain nombre de ces sourds et muets demeurent la bouche ouverte... Ne comprenant pas ce langage, le barman remplaçant téléphone à son copain qui le rassure immédiatement :

— T'inquiète pas. Cela signifie qu'ils sont complètement saouls et qu'ils chantent...

***

SOUS-MARIN

Dernière nouvelle : un sous-marin atomique a coulé dans le port de Lorient. C'est idiot, ces opérations « portes ouvertes »...

***

Les sous-marins atomiques ne font surface que tous les deux ans. Et uniquement pour que les marins puissent se réengager.

***

SPECTACLE

Un cascadeur américain se présente au directeur d'une grande chaîne de télévision.

— Je vous vends en exclusivité les droits de retransmission de mon formidable numéro.

— Cela peut m'intéresser. Mais que faites-vous, au juste !

— Je monte au sommet de l'Empire State Building, je plonge et je m'engouffre dans une bouteille posée sur le trottoir.

— C'est génial, ça ! Mais vous avez sûrement un truc ?

— Oui, bien sûr, je mets un entonnoir dans la bouteille.

***

Un artiste arrive dans un cirque et demande à parler au directeur. Quand il se trouve devant celui-ci, il lui dit :

— J'ai un numéro extraordinaire à vous proposer. Dans une valise, j'ai des pierres que je distribue aux spectateurs. Ensuite, je me déshabille entièrement, je fais le poirier et alors le public lance les pierres sur moi. C'est une sorte de lapidation.

— Oui, c'est pas mal, répond le directeur. Mais qu'est-ce que vous mettez dans l'autre valise, là ?

— Un tube d'aspirine.

***

A l'entracte d'un spectacle de cirque, un jeune garçon désireux d'aller féliciter le nain pour son numéro de voltige, se dirige vers la roulotte de l'artiste. Arrivé devant la porte, il frappe timidement et entend un « Entrez » sonore. Il pénètre donc à l'intérieur, et aperçoit un très grand type allongé sur un divan. Surpris, il demande :

— Je voudrais parler au nain, s'il vous plaît. Il n'est pas là ?

— Mais si, c'est moi.

— Ce n'est pas possible ! Vous êtes trop grand !

— Et alors ? Je n'ai pas le droit de me détendre ?

***

Dans un théâtre de banlieue, on donne une très mauvaise pièce jouée par une très mauvaise troupe. L'action se passe pendant la guerre et à la dernière scène, un soldat part en mission suicide pour tenter de délivrer le camp attaqué par l'ennemi. Avant de partir, il fait ses dernières recommandations à ses camarades :

— Allez voir ma femme et dites-lui que je meurs en pensant à elle. Occupez-vous de mes dix enfants et ne laissez pas ma pauvre mère mourir de chagrin. Adieu mes amis. Je pars pour délivrer la France !

Un véritable mélodrame !

Mais un soir, le comédien qui part se sacrifier pour ses camarades, leur dit :

— Téléphonez à mon impresario et dites-lui qu'à partir de demain, je suis libre !

***

Un chanteur de cabaret passe une audition devant un directeur de music-hall. Après avoir entendu l'artiste, ce dernier déclare :

— Non, merci, mon vieux, je ne veux pas de grossièretés dans mon établissement !

— Mais, monsieur, mes chansons ne comportent pas de grossièretés, proteste le chanteur.

— Je sais bien mais je ne veux pas en entendre dans le public quand vous passerez sur scène !

***

Une jeune comédienne passe une audition devant un metteur en scène.

— Qu'avez-vous préparé, mademoiselle ? demande gentiment l'homme de théâtre.

— Je vais vous interpréter « Le corbeau et le renard ».

— Bien, je vous écoute.

Et la jeune fille récite sa fable. Après avoir terminé, elle dit :

— Alors, qu'en pensez-vous ?

Le metteur en scène pousse un soupir :

— Pauvres bêtes !

***

Un soir d'été, dans un petit village de la côte, il y a un spectacle. Il est annoncé depuis plusieurs jours et tout le monde l'attend avec impatience. C'est un numéro de fildefériste et une corde en acier a été installée à plus de vingt mètres de hauteur.

Le soir venu, l'artiste arrive. C'est un petit vieux qui a les jambes tremblantes et qui marche avec difficulté. Les gens sont impressionnés et on entend dans la foule des commentaires :

— C'est de la folie. Il ne devrait pas faire ça. Vous avez vu ce pauvre vieux. Il faut l'en empêcher !

Le maire de la petite ville va alors trouver le vieux monsieur et lui dit :

— Monsieur, vous êtes trop vieux. C'est trop dangereux. Vous ne devriez pas prendre de tels risques !

— Mais je ne peux pas faire autrement. Je suis tout seul avec neuf enfants et il faut que je les fasse vivre.

— Écoutez, nous allons faire une collecte parmi la foule pour vous aider mais je vous en supplie, ne faites pas cette folie !

Et tout le monde verse une somme que le maire vient apporter à l'artiste :

— Voilà, monsieur. Nous avons réuni

quinze mille francs et ils sont pour vous et vos enfants.

— Je vous remercie beaucoup, répond le petit vieux. La prochaine séance est à 23 heures.

***

Deux comédiens au chômage bavardent :

— Il n'y a pas beaucoup de travail en ce moment. Qu'est-ce que tu fais, toi, pour vivre ?

— Je vends des voitures.

— Et tu en vends beaucoup ?

— J'ai vendu la mienne.

***

Dans un immeuble moderne où les cloisons sont plutôt en papier tellement on entend chez les voisins, un monsieur sonne à une porte :

— Bonjour, monsieur. Je suis le locataire du dessus et cela fait deux heures que je vous entends massacrer ce pauvre Mozart avec votre violon. Vous gagnez votre vie avec votre instrument de musique ?

— Oh, non, monsieur, rassurez-vous, je fais ça juste pour tuer le temps !

— Eh bien, dites-moi, vous avez une arme redoutable !

***

Sur la scène d'un petit théâtre de province, un chanteur se fait horriblement siffler. Au bout de la quatrième chanson, le public le hue de plus en plus mais lui, imperturbable, continue.

Enfin, il sort de scène à la fin de son récital sous les sifflets de la salle et il dit au régisseur :

— Si on les écoutait, on ne chanterait jamais !

***

Dans les coulisses d'un cirque, des spectateurs viennent voir les artistes.

— Qui est ce monsieur, là-bas ? On ne l'a pas vu pendant le spectacle ?

— Lui ? C'était le plus grand dompteur de fauves. On l'appelait « l'indomptable ». Maintenant on l'appelle « le manchot ».

***

Un metteur en scène fauché veut monter une pièce de théâtre et trouve enfin un producteur qui accepte de mettre de l'argent dans le spectacle, mai ce dernier y met une condition : c'est d'engager sa femme.

— Elle a déjà beaucoup travaillé ? s'inquiète le metteur en scène.

— Non, mais c'est une comédienne remarquable !

Deux semaines plus tard, le producteur vient assister à une répétition. La pièce se déroule et il ne voit pas sa femme. Enfin, à la toute dernière scène, celle-ci entre, dépose un plateau avec un service à thé en porcelaine, dit : « Madame est servie » et sort. Et on ne la revoit plus.

Le producteur est furieux.

— Si vous ne lui donnez pas quelque chose de plus important, j'enlève tout mon argent !

— Bon, bon, calmez-vous. Je vais faire quelque chose, je vous le promets !

Trois jours plus tard, le producteur revient à la répétition.

A la fin de la pièce, il voit sa femme entrer avec un service à thé, dire « Madame est servie » et sortir.

Il est vert de rage.

— Vous vous fichez de moi ! C'est exactement pareil !

— Eh, je vous demande pardon, dit le metteur en scène. C'est beaucoup plus important, car cette fois le service à thé est en argent !

***

Dès que je parlais, elle se mettait à chanter. Alors je l'ai lancée dans la chanson. Maintenant, quand elle chante, les gens parlent...

***

Dans une station balnéaire, au bar du casino, un homme joue du piano pour distraire la clientèle. Malheureusement, il massacre tous les morceaux qu'il joue, que ce soit du Mozart ou du Gershwin. Un jour, il voit arriver le directeur du Casino avec un autre homme :

— C'est l'accordeur de piano.

— Mais ce piano est très juste. Je n'ai pas demandé d'accordeur...

— Bien sûr, mais il vient de la part des clients...

***

Le spectacle est très mauvais. Les acteurs sont pratiquement inexistants et jouent tous très faux. A un moment donné, un médecin, assis dans la salle, se lève et demande, tourné vers le public :

— Y a-t-il un comédien dans la salle ?

***

Une femme d'un certain âge, ancienne danseuse, est dans une soirée mondaine. Tout d'un coup, quelqu'un passe un disque de musique orientale et l'ancienne danseuse se lève et se met à onduler au rythme des sonorités hindoues. Au bout d'un moment, essoufflée, elle revient s'asseoir à côté d'une amie :

— Ah, j'aurais dû être une danseuse sacrée.

— Oh, tu as été quand même une sacrée danseuse !

***

Dans les studios de Hollywood court un bruit :

— James Bond ne va pas bien... Il est très ennuyé...

Un petit malin a trouvé la raison de ce malaise :

— C'est parce que Ursula engraisse...

***

Le metteur en scène d'une pièce vient trouver l'auteur et lui dit :

— Votre pièce est très bien mais c'est le titre qui ne va pas. Vous comprenez, « M comme misère », c'est ridicule ! Ce « M » va faire rire tout Paris. Il faut absolument changer ce titre.

— Moi je veux vien, répond l'auteur. Mais je n'ai aucune idée.

— Faites-moi confiance, moi, je vais vous en trouver un.

Le jour de la générale arrive et l'auteur tombe en arrêt devant les affiches de sa pièce qui s'intitule désormais « C comme cauchemar ».

***

Un grand metteur en scène américain vient tourner un film en France et il fait passer des auditions à des jeunes comédiens pour les rôles principaux.

Une jeune fille se présente et après un bout d'essai, le metteur en scène lui dit :

— C'est parfait, mademoiselle. C'est exactement ce que je cherche. Vous êtes engagée pour toute la durée du tournage et nous commençons jeudi prochain.

La jeune fille sort son agenda, le compulse et dit :

— Je suis désolée, mais jeudi, je ne peux pas, j'ai une autre audition...

***

Deux artistes de music-hall se rencontrent alors qu'ils ne se sont pas revus depuis vingt ans.

— Salut, comment vas-tu ? Alors toujours dans le métier ?

— Oui, oui, toujours.

— Je me souviens que tu avais un numéro sensationnel avec ta femme. Tu la coupais en morceaux. C'était saisissant !

— Ah oui ! Mais ça, c'est terminé.

— Ah bon ? Mais pourquoi ?

— Parce que, avec ma femme, ça n'allait plus très bien. D'ailleurs, on a fini par divorcer.

— Et qu'est-ce qu'elle est devenue maintenant ta femme ?

— Elle a tout arrêté et à présent elle est installée à Bordeaux et à Strasbourg.

***

Une jeune fille, mince, petit chignon sur le dessus de la tête, gros sac en bandoulière, visiblement une danseuse, attend à un arrêt d'autobus. Une autre jeune fille arrive et, un peu perdue, lui demande :

— Pardon, mademoiselle, pour aller à l'Opéra, que dois-je faire ?

— Beaucoup travailler !

***

Un scénariste déboule dans le bureau d'un producteur et lui dit :

— J'ai un sujet de film formidable ! Un suspense !

— Racontez toujours !

— Eh bien voilà, c'est l'histoire de deux frères qui ne peuvent pas s'entendre parce que l'un veut être mineur dans les mines de charbon de la Ruhr et l'autre pilote de ligne à Air France.

— Je ne vois pas où est le suspense ?

— Je ne vous ai pas dit ? Ce sont deux frères siamois !

***

J'ai fréquenté une strip-teaseuse. Le temps qu'elle se déshabille, je dormais...

***

Un imitateur monte sur la scène d'un café-théâtre.

— Qu'il est maigre ! s'exclame une dame.

— Normal, répond son mari, le programme indique que c'est le clou du spectacle...

***

J'ai travaillé dans une fête foraine ; je passais ma tête dans un cadre et on me lançait des boules de son... En même temps, de l'autre côté, on me tirait des fléchettes dans le derrière.

***

SPIRITISME

L'amour entre Marcel Cerdan et Édith Piaf est de notoriété publique, tout le monde sait qu'après l'accident d'avion qui coûta la vie au champion, Édith Piaf était très affectée.

Un jour, dînant chez des amis spécialistes de spiritisme, elle demanda à son hôte d'aller chercher un guéridon afin d'essayer d'entrer en contact avec l'esprit de Cerdan.

Son ami s'exécuta, monta au premier étage afin de prendre le guéridon. En redescendant, il se prend les pieds dans son lacet, tombe et reçoit le guéridon en plein œil droit.

— Ton Cerdan, dit-il, il a toujours une droite ravageuse.

***

SPORTS

Un grand match de football vient de se dérouler et c'est l'équipe des visiteurs qui a gagné par quatre buts à zéro. Le capitaine de l'équipe qui recevait est furieux et attrape l'arbitre par le col de sa chemise :

— C'était un match formidable, mon vieux ! Quel dommage que vous n'arriviez que maintenant !

***

Une dame raconte à une amie :

— Depuis quelque temps, mon mari se lève tous les matin à l'aube pour suivre l'émission de gymnastique à la radio.

— Ton mari fait ça ? lui dit l'autre. Mais je croyais qu'il détestait le sport ? Alors, comme ça, tous les matins, il fait les exercices ?

— Ah, non, pas lui. Mais la petite voisine d'en face, devant sa fenêtre grande ouverte et en petite tenue.

***

Un passionné de golf s'adresse à un autre joueur :

— Excusez-moi, monsieur, vous n'auriez pas vu ma balle. Je viens de la perdre.

— Comment était-elle votre balle ?

— Toute neuve. C'est bien simple, depuis que je viens ici tous les matins, depuis deux mois, je ne l'avais frappée que trois fois.

***

Un jeune garçon revient chez lui après avoir disputé un match de football avec l'équipe du collège voisin. Sa mère lui demande :

— Alors, comment ça s'est passé ?

— Oh, on a drôlement bien joué. A deux minutes de la fin, on a marqué un but superbe !

— Et les autres ?

— Ils jouaient comme des pieds. C'est vraiment un hasard s'ils ont marqué quatre buts !

***

L'arbitre de football a une nette préférence pour le club du Paris Saint-Germain. Il s'arrange toujours pour favoriser cette équipe et c'est tellement flagrant qu'un jour, un spectateur mécontent, le tue d'un coup de révolver.

L'arbitre arrive au Paradis et là, pris de remords, éprouve le besoin de se confesser :

— Saint Pierre, il faut que je vous dise. Je ne mérite pas le Paradis. J'ai souvent triché pour faire gagner Paris Saint-Germain.

— Allons, allons, taisez-vous. Vous êtes parmi nous et vous y resterez. Et puis, je ne suis pas saint Pierre. Je m'appelle saint Germain.

***

A l'épreuve d'athlétisme des jeux Olympiques, les coureurs prennent le départ. Les favoris sont vite dépassés par un sportif inconnu, tout maigrichon, et il passe la ligne d'arrivée avec une bonne avance.

Étonné, l'ancien champion s'approche de lui et lui dit :

— Bravo ! Vous êtes parti comme une flèche. J'aimerais savoir qui est votre entraîneur ?

— Et moi, j'aimerais savoir quel est le type qui m'a mis une cigarette allumée dans mon short !

***

Un joueur d'une petite équipe de football raconte le dernier match à sa femme :

— Tu te souviens, dimanche dernier ? Il pleuvait tellement qu'on a dû jouer avec des imperméables sur le dos.

— Ah bon ? Mais, et le public ?

— Le public ? On lui a prêté un imperméable.

***

— Tu sais, j'ai trouvé une salle de gymnastique formidable, dit un type à son copain. Tous les jours, je fais de l'exercice et tu vois, je tiens la forme.

— Oui, c'est vrai, tu as l'air en pleine forme !

— Le seul inconvénient, c'est que c'est très snob. Ils ont installé partout l'air climatisé : dans les vestiaires, dans la salle de gymnastique et même dans le sauna où on prend les bains de vapeur.

***

Un arbitre de football rentre chez lui après un match international et demande à sa femme :

— Tu as vu le match à la télévision ?

— Oui ?

— Et alors, qu'en penses-tu ?

— J'ai pris rendez-vous pour toi, mercredi après-midi chez l'oculiste.

***

Savez-vous comment on reconnaît un véritable amateur de sport ?

Et bien, il va tous les samedis après-midi assister au match au stade même si son téléviseur n'est pas en panne.

***

A la devanture d'un magasin d'articles de sport et plus particulièrement de golf, on a lu cet écriteau :

« Ici, vous trouverez tout ce qui est nécessaire pour pratiquer le golf, sauf les jurons. Mais si vous utilisez les clubs et les balles Machinchouette, vous n'aurez jamais l'occasion de proférer des jurons. »

***

Un arbitre de football a l'habitude à chaque match, de se faire chahuter par la foule. Anxieux, sur l'issue du prochain match, il va consulter une cartomancienne.

— Mon prochain match est dans une semaine, lui dit-il, et j'ai très peur. Je n'en dors plus la nuit. Dites-moi comme cela va se passer ?

La voyante prend sa boule de cristal et commence à lui parler :

— Ça y est ! Je vous vois ! Vous êtes sur une pelouse toute verte. Vous courez dans tous les sens... Vous avez l'air à bout de souffle... Il y a beaucoup de monde derrière vous...

— Dites-moi, l'interrompt l'arbitre, est-ce que j'ai beaucoup d'avance ?

***

Une vieille fille a décidé d'apprendre à nager. Mieux vaut tard que jamais ! Elle prend donc des leçons de natation avec un maître-nageur au bord de la mer. Un matin où il ne fait pas très beau, le maître-nageur lui dit :

— Aujourd'hui, mademoiselle, nous n'allons pas prendre de bouée. Mais, si cela ne vous ennuie pas, je préférerais que vous me régliez tout de suite le prix de la leçon. La mer est si mauvaise aujourd'hui !

***

Dans un hôpital, une infirmière demande à une de ses collègues :

— Qu'est-ce qu'il a le type qu'on est en train d'opérer ?

— Il a avalé une balle de ping-pong.

— Et celui qui fait les cent pas dans le couloir, c'est un de ses parents ?

— Lui, non. C'est son partenaire. La balle était à lui.

***

Il y a tellement de boue sur le terrain de rugby que plus personne ne reconnaît plus personne. Les maillots sont si sales qu'on ne distingue plus les deux équipes. Un joueur, dans le même état que ses camarades, crie à celui qui a le ballon :

— A moi !

— Qu'est-ce qui me prouve que tu es dans la même équipe que moi, répond l'autre joueur. Tu as le mot de passe ?

***

Rien n'est plus bizarre que le rugby.

Ce sport est pratiqué par trente garçons en pleine forme, qui, visiblement, n'ont aucun besoin d'exercice, devant des milliers de spectateurs qui, eux, en auraient certainement besoin.

***

Un boxeur qui, au cours d'un combat, a reçu un coup bas fort mal placé, est examiné par le médecin. Celui-ci ne lui cache rien :

— Je crains, monsieur, que vous conserviez des séquelles de cet accident et qu'il ne vous ait rendu impuissant à tout jamais.

— C'est terrible docteur, lui répond le boxeur. Je suis très inquiet tout à coup. Parce qu'il paraît que cela donne aussi les oreillons !

***

A la suite de la dernière performance qu'il a récemment accompli, le champion de saut à la perche d'Allemagne de l'Est est devenu champion de saut à la perche d'Allemagne de l'Ouest.

***

Quelle est la différence entre un sportif amateur et un sportif professionnel ?

Rien de plus facile. Le sportif professionnel est payé par chèque...

***

Deux journalistes sportifs se rendent à l'enterrement d'un coureur cycliste dont les performances n'ont jamais été brillantes.

— Ça fait drôle de le voir en tête du peloton, murmure l'un.

— Oui, ajoute l'autre, surtout après une crevaison !

***

Je connais un boxeur, exerçant aux États-Unis, qui a subi tellement de K.O., qu'il a fini par faire fortune grâce aux placards publicitaires que des annonceurs ont placés sous les semelles de ses chaussures...

***

Première leçon de golf. Le professeur donne quelques conseils à un débutant, puis le laisse s'entraîner tout seul... Une demi-heure plus tard, l'élève rejoint le professeur en courant, hagard, défait.

— C'est terrible ! dit-il au bord de la crise de nerfs. Je prends mon club comme ça... Je frappe la balle, elle décrit une courbe parfaite, mais au lieu d'aller dans le trou, elle arrive sur l'œil d'un motard qui roulait sur la route à côté ; la moto se renverse, un voiture, en voulant l'éviter, dérape et emboutit un car qui dégringole dans un précipice au bas duquel il s'écrase sur une bande de jeunes gens en vacances... Ah ! C'est terrible, terrible ! Que dois-je faire, professeur ?

— C'est simple ! La prochaine fois, mettez donc vos mains plus près l'une de l'autre.

***

Ce pauvre homme louche tellement qu'il est le seul homme au monde à pouvoir suivre un match de tennis sans devoir tourner la tête.

***

J'ai connu un homme tellement paresseux qu'il n'avait même pas le courage de se laver les dents... Il attendait qu'un match de tennis soit diffusé à la télévision et il tenait sa brosse dans la bouche en regardant la partie...

***

Lors d'une compétition internationale d'athlétisme, le record du monde du 100 mètres est battu par un Asiatique absolument inconnu.

La télévision s'approche, et l'on entend le coureur qui hurle :

— Quel est l'enfoiré qui a foutu du poil à gratter dans mon short ?

***

A Chréa, la célèbre station de neige algéroise, que d'ailleurs Megève, l'Alpe-d'Huez, Chamonix et tous ils ont copiée sans cesse sur elle, mais que le directeur, il n'a jamais voulu faire de procès, car comme il disait :

— La neige, c'est comme le soleil, elle est à tout le monde !...

Donc, à Chréa, un skieur et une skieuse sont cachés derrière un bosquet. Ils sont allongés dans la neige, un peu emmêlés et la fille gémit :

— Oh là là ! c'est exquis ! c'est exquis !

Alors, le gars furieux, répond :

— Mais non, ce ne sont pas mes skis !

***

Lors d'une épreuve du Tournoi des Cinq Nations, un spectateur atteint de parano aiguë, dit à sa femme en voyant une mêlée :

— Je suis persuadé qu'ils sont encore en train de dire du mal de moi.

***

SUICIDE

Lettre trouvée dans la poche d'un suicidé : « J'étais trop heureux. Cela ne pouvait pas durer. »

***

— Tu savais que machin s'était suicidé ?

— Pas du tout ! Mon Dieu, que lui est-il passé par la tête ?

— Une balle !

***

Nous sommes à New York. Une guerre atomique a dévasté la planète. Il ne reste apparemment qu'un seul survivant. Il est au soixante-douzième étage du World Trade Center le plus haut building du monde qui a résisté et reste debout devant un véritable désastre.

John Smith essaye par tous les moyens de trouver un autre humain ayant survécu... Il passe des télex dans le monde entier... Le vide total... Il passe des coups de téléphone... Rien ni personne, il fait le bottin de toutes les capitales du monde : le néant...

Alors il se dit que seul sur la terre la vie ne vaut pas la peine d'être vécu... Surtout sans femme pour recréer une famille...

Alors il dédice de se suicider... Il monte à pied au sommet du building et se jette dans le vide.

En passant à la hauteur du trente-deuxième étage, il entend le téléphone sonner.

***

Une désespérée se jette toute nue de la fenêtre de sa chambre d'hôtel au trentième étage d'un building.

Elle s'écrase sur le sol, les bras et les jambes en croix. Un prêtre qui passait par là s'empresse de réciter une petite prière, et, par pudeur, couvre le sexe de la dame avec son chapeau.

La police et les pompiers arrivent, toutes sirènes hurlantes, et un policier ordonne aux brancardiers :

— Enlevez-moi ce corps !

Mais un badaud s'exclame :

— Vous feriez mieux de commencer par vous occuper du pauvre type au chapeau sur lequel elle est tombée !

***

Un pauvre type se tient debout sur le bord d'un trottoir. Tout laisse à penser qu'il va d'un moment à l'autre traverser la rue. Soudain arrive un autobus roulant à grande vitesse. Le type s'élance pour se jeter sous l'autobus et mettre fin à ses jours. Mais un brave homme qui passait par là s'élance aussi pour retenir le type au moment fatal, et le repousse sur le trottoir.

— Allons monsieur, soyez raisonnable... Avez-vous donc tant de raisons de mettre fin à vos jours ?

Et l'autre, le regard dans le vide :

— Ma femme m'a quitté et je n'ai plus de travail depuis un an.

— Chaque jour je me réveille le ventre vide, en pensant à la solitude qui m'attend encore une journée entière...

Ma jambe gauche est bloquée par une prothèse que je dois à un accident et mes parents viennent de mourir...

La vie ne me sert à rien puisque je suis seul au monde.

— Allons, allons, vous êtes jeune encore, la vie ne comporte pas que des mauvais moments, et que sont-ils en regard des joies quotidiennes ? Contemplez la nature... Le soleil, les arbres centenaires, les oiseaux... Vous êtes seul ? Pourquoi ne pas vous attacher à une petite bête qui vous le rendra au centuple... Un chien, par exemple ! N'est-il pas le plus fidèle compagnon...

A ce moment, le malheureux suicidaire, qui, agacé par ce discours, faisait déjà un pas en avant, plante allégrement son pied droit dans une merde de chien. Alors il relève lentement la tête, et regardant l'heureux moraliste en face, lui dit amèrement :

— Et vous voudriez me faire croire que le chien est le meilleur ami de l'homme ?

***

Une jeune femme se suicide. Il y a deux jours, elle avait passé une annonce dans le quotidien local :

« Jeune fille cherche chaleur et lumière pour supporter la vie. »

Aujourd'hui, elle n'a trouvé que la note d'électricité dans sa boîte aux lettres...

***

Un homme, le visage extrêmement anxieux, se présente à la porte de la morgue.

— Vous n'auriez pas retrouvé le corps de ma femme, demande-t-il au médecin légiste de garde ? Elle est partie ce matin en disant qu'elle allait se suicider.

— Vous ne pourriez pas m'indiquer un signe particulier ? demande le médecin.

— Si, fait l'homme. Elle bégaye !

***

Un funambule japonais, largement octogénaire, se retrouve au pied de son fil à 40 mètres au-dessus du sol. Il tremble. Le public hurle : « Non, pas ça, il va se tuer ! » Le funambule pose un pied... Le public redouble de hurlements. Alors le funambule de lancer :

— Bon, eh bien je renonce à ce suicide, mais prochaine séance à 17 heures !

***

SUISSE

Un citoyen helvète arrive en courant à la gare et monte précipitamment dans un train qui commençait à partir. Tout essoufflé, il s'assied en face d'une dame et lui demande :

— Pardon madame, ce train va bien à Lausanne ?

— Ah non ! monsieur. Lausanne, vous lui tournez le dos...

— Merci, madame. S'il vous plaît, cela vous ennuierait de me donner votre place ?

***

Trois hommes parlent de leurs affaires. Le premier dit :

— Vous vous rendez compte, j'ai réussi à vendre cinquante kilos de viande de porc à une communauté arabe.

— Moi, j'ai fait mieux, dit le second. J'ai vendu cent cartouches de cigarettes à la ligue de la lutte contre le cancer.

— Vous êtes minables, dit le troisième. Moi, j'ai vendu à une fabrique de montres à quartz suisse, un coucou avec trois kilos de graines pour l'oiseau.

***

En Suisse, les femmes sont comme du papier buvard. Elles retiennent tout mais à l'envers.

***

Une vieille dame suisse prend rendez-vous chez l'assureur pour contracter une assurance-vie. L'assureur, devant l'âge avancé de la dame, essaye de gagner du temps pour réfléchir et lui propose un autre rendez-vous pour le samedi suivant.

— Ah, ce n'est pas possible, je fête l'anniversaire de maman, dit-elle.

— Vous avez encore votre maman ?

— Mais oui.

— Et quel âge a-t-elle ?

— Quatre-vingt-dix ans.

L'assureur commence à être intéressé.

— Bon, ça ne fait rien. Revenez me voir mercredi prochain, si vous voulez.

— Ce n'est pas possible, non plus. Je vais au mariage de mon grand-père.

— Votre grand-père ? Mais quel âge a-t-il donc ?

— Cent neuf ans.

— Et il veut encore se marier à cet âge ?

— Oh, ce n'est pas qu'il le veuille vraiment mais il est obligé : il a fait un enfant à sa fiancée...

***

Le ministre de la Défense en Chine arrive tout essoufflé au conseil des ministres.

— Messieurs, la Suisse vient d'envahir la Chine.

Le président, très calme, demande :

— Combien sont-ils les Suisses ?

— Six millions.

— Et ils sont descendus à quel hôtel ?

***

Des historiens suisses viennent de faire une découverte :

Guillaume Tell avait deux fils. Mais l'aîné n'a pas fait beaucoup parler de lui. Il n'a pas eu le temps, le pauvre. Il est mort très jeune. A l'entraînement.

***

Deux clochards sont sur le bord du lac Léman. Ils décident de se baigner. L'un porte un chapeau et ne sait pas nager. L'autre ne porte pas de chapeau et sait nager. Ils entrent dans l'eau, et au bout d'un moment, ils perdent pied. Celui qui n'a pas de chapeau se met à nager tandis que l'autre, rapidement, disparaît sous l'eau et on ne voit plus que son chapeau qui flotte. Alors l'autre lui dit :

— C'est pas la peine de te cacher. Je sais où tu es, je vois ton chapeau.

***

Quatre amis se retrouvent au mariage d'un de leurs copains, à Genève.

— Qu'est-ce que vous leur avez fait comme cadeau ? Moi, je leur ai offert un service à petit déjeuner pour deux personnes.

— Moi, je leur ai donné un service à whisky pour six personnes.

— Moi, je me suis fendu d'un service complet et de douze couverts.

Le dernier jubile en annonçant :

— Et moi, j'ai acheté une passoire pour trois cents personnes.

***

Un sondage est organisé en Suisse pour connaître les produits d'entretien les plus utilisés. On demande à une dame :

— Quel est le liquide dont se servent toutes les bonnes ménagères et qui ne gèle pas ?

Et la dame répond:

— L'eau chaude.

***

Deux bonnes Suisses allemandes se rencontrent au supermarché de Bern. La première dit à l'autre :

— Alors, qu'est-ce que tu as acheté aujourd'hui ?

— Oh, un peu de tout. Et toi ? Qu'est-ce que c'est ce que tu as dans ton panier ?

— Devine...

— Je ne sais pas...

— Ça commence par un « C ».

— Du chambon ?

— Non.

— Du chigot ?

— Non.

— Des croseilles ?

— Non.

— Je ne sais pas alors.

— Des crevisses...

***

La Suisse est le pays où l'on mange autant de viande qu'ailleurs.

***

Dans un journal suisse, on a pu lire :

« Monsieur B. a été transporté d'urgence dans un hôpital psychiatrique. On venait de s'apercevoir qu'il plaçait son argent en France. »

***

Un Suisse vient d'acheter une vieille bicoque et décide de la retaper lui-même. Pour réaliser ses installations, il a besoin d'une perceuse et se rend donc chez le marchand.

— Je voudrais une perceuse, s'il vous plaît. C'est pour percer beaucoup de trous.

— Tenez, monsieur. Prenez celle-ci. Elle est très performante.

Le monsieur retourne chez lui avec son achat et se met au travail, dès le lendemain. Mais au bout de la journée, il n'a percé qu'une dizaine de trous. Il se dit :

— C'est une question d'habitude. Il faut que je me fasse la main mais ça n'avance pas vite.

Le lendemain, il se remet à faire des trous et le soir venu, il a percé treize trous.

Il retourne chez le marchand et lui dit :

— Elle ne vaut rien votre perceuse. Je fais une dizaine de trous par jour. Ce n'est pas suffisant.

— Je ne comprends pas, monsieur ; vous devriez en faire beaucoup plus avec cet appareil. Si vous voulez, demain, je viens chez vous et je regarde ce qui ne va pas.

— D'accord.

Le lendemain, le commerçant arrive chez son client. Il prend la perceuse et appuie sur l'interrupteur. Le Suisse demande alors :

— Tiens, qu'est-ce que c'est que ce bouton ?

***

Un touriste qui roule en voiture s'aperçoit que son clignotant ne marche pas. Il s'arrête un peu plus loins pour faire changer l'ampoule dans un garage qui est juste de l'autre côté de la rue. Il entre dans le magasin et demande :

— Bonjour monsieur. Est-ce que vous pourriez changer l'ampoule de mon clignotant qui est morte ?

— Où êtes-vous garé, lui demande le garagiste.

— Là, juste en face.

— Vous ne pourriez pas revenir demain ?

— Pourquoi, vous n'avez pas d'ampoule ?

— Oh si, répond le Suisse. Mais demain, le stationnement sera de ce côté de la rue. Il y aura moins de chemin à faire !

***

Un Genevois s'est inscrit à une chorale et au bout de deux mois, sa femme lui demande :

— Alors, cette chorale ? Comment ça se passe ?

— Très bien. On se retrouve au café et on boit un verre ensemble. On joue aux cartes, on écoute de la musique...

— Et vous chantez sur la musique ?

— Ah, non ! On chante sur le chemin du retour.

***

Un représentant de commerce se présente chez Mme Meylan qui habite Lausanne :

— Bonjour madame, cette brosse présente de nombreux avantages...

— Non merci, ça ne m'intéresse pas !

Et Madame Meylan lui claque la porte au nez.

Le lendemain, le même représentant sonne :

— Cette brosse présente...

— Non !

Et elle lui claque de nouveau la porte au nez.

Trois jours plus tard :

— Cette brosse pré...

La porte se referme avec force sur lui.

Une semaine après :

— Cette brosse...

— Ah, écoutez, ça suffit ! Je ne veux plus vous voir !

Le lendemain, le représentant sonne encore une fois. Il n'est pas seul. Il est accompagné par un homme. Mme Meylan s'emporte :

— Je croyais que je vous avais dit que je ne voulais plus vous revoir !

— Oh, mais rassurez-vous ! Vous ne me verrez plus. Mais je tenais à vous présenter moi-même mon successeur.

***

Un médecin genevois ausculte un patient et lui dit :

— Bon, un peu de surmenage. Je vais vous donner quelque chose qui va vous remettre sur pied. Quel est votre nom ?

— Hans Vongoberten. Mon père est de Genève et ma mère est zurichoise.

— Ah, je comprends pourquoi vous avez de la tension !

***

Un jeune homme vient faire sa demande en mariage et commence ainsi :

— Monsieur, je crois que j'ai trouvé le moyen de vous faire faire des économies...

***

Un Genevois part passer le week-end à Paris. Arrivé au poste-frontière, le douanier lui demande d'ouvrir sa valise :

— Mais, votre valise est pleine de pain ! Qu'est-ce que vous allez en faire ? interroge le douanier.

— Je vais vous expliquer. Je vais passer le week-end à Paris et on m'a dit que là-bas, on pouvait avoir une jolie fille pour une bouchée de pain.

***

Une jeune fille a rendez-vous avec son soupirant au café sur une place de Lausanne. Dès qu'il arrive, elle lui tend le bracelet qu'il lui avait offert et lui dit :

— Reprenez-le. Maman dit que je ne dois pas accepter de cadeaux de ce genre !

— Mais pourquoi ? Vous direz à madame votre mère que...

— Oh, ce n'est pas la peine ! Elle l'a fait expertiser...

***

Un Genevois part en voyage d'affaires et fait ses recommandations à sa femme :

— Je reviens dans trois jours. Fais bien attention. Et ne mets pas tes lunettes si tu n'as rien à voir !

***

Un Bernois et un Genevois se sont perdus de vue pendant plusieurs années et un jour le hasard fait que, de nouveau, ils se rencontrent : l'un est en voiture et l'autre est clochard.

— Salut, dit le clochard, qu'est-ce que tu deviens ?

— J'ai trouvé du travail dans une banque à Genève. Je gagne correctement ma vie. Tu vois, j'ai pu m'acheter une petite voiture et même un appartement. Tout ça à crédit, bien sûr ! Et toi ?

— Moi ? Je suis clochard et je bois.

Deux ans plus tard, ils se rencontrent de nouveau.

— Salut, qu'est-ce que tu deviens ?

— J'ai eu une bonne promotion, tu vois, et maintenant, je suis directeur d'une agence de la banque où je travaillais. J'ai une Jaguar, un appartement de dix pièces et une maison de campagne sur les bords du lac. Et toi ?

— Moi ? Je suis toujours clochard et je bois toujours.

Deux ans plus tard, le banquier rencontre son ami. L'ex-clochard roule dans une superbe Rolls-Royce avec chauffeur.

— Ben, toi alors ! Comment t'as arrêté d'être clochard ?

— J'ai tout simplement rendu les bouteilles consignées !

***

L'avantage, en Suisse, c'est que l'on dort parfaitement bien. Car il n'y a pas de fantômes. C'est normal, il n'y a pas d'esprit.

***

Si les Suisses dorment bien, les Chinois dorment vite ! Forcément ! Il ne leur faut pas longtemps pour fermer les yeux...

***

— J'ai une passion pour la Suisse. C'est un pays que j'adore énormément. La Suisse, je l'aime à la folie !

— Qu'est-ce que tu me racontes ? Je sais très bien que tu n'es jamais allé en Suisse !

— Moi non ! Mais ma femme y a été souvent !

***

Quelques mois après la fin de la Seconde Guerre mondiale, un Vaudois invite un Allemand. La discussion va bon train et puis, évidemment, l'Allemand dit :

— Si cela avait été notre choix, nous aurions pris la Suisse en vingt-quatre heures...

— Eh là... Attention, nous avions deux cent mille fusils derrière les crêtes.

— Et alors nous serions venus à quatre cent mille...

— Eh bien nous aurions tiré deux fois.

***

Un Suisse et un Français se promènent le long du lac Léman. Ils passent soudain devant un estaminet à l'enseigne du « Bar de la Marine ».

— Ah ! Ah ! s'exclame le Français, vous les Suisses avec la flotte que vous avez, vous vous permettez d'avoir un « Bar de la Marine » !

— Et alors, réplique le Suisse. Vous, à Paris, vous avez bien un ministère des Finances !

***

Quand Dieu créa la Suisse avec ses montagnes, ses plaines, ses lacs, il décida en même temps de faire plaisir à un habitant de ce pays. Il lui demanda donc ce qu'il désirait.

— Je voudrais beaucoup de lait, demanda le Suisse.

Dieu s'exécuta et revint quelques jours plus tard.

— Il est bon ton lait, lui dit le Suisse. Tu veux goûter ?

— Volontiers, dit Dieu... Hum, c'est vrai qu'il est excellent. Dis-moi que veux-tu encore ?

— Eh bien, répliqua le Suisse, 1,50 F pour le verre de lait !

***

Quelle est la différence entre un Suisse pauvre et un Suisse riche ?

Rien de plus facile. Le Suisse pauvre lave lui-même sa Mercedes.

***

Un couple suisse descend à la gare de Lausanne et se rend à l'Hôtel du Centre. A mi-chemin, le mari dit à sa femme :

— Ne te retourne pas tout de suite, mais j'ai l'impression qu'il y a une limace qui nous suit !

***

Deux Suisses discutent tranquillement :

— Entre faire l'amour et fêter Noël, dit l'un, je préfère Noël.

— T'es fou, s'exclame l'autre.

— Mais non, répond le premier... Noël, c'est plus souvent !

***

Un Suisse apprend à sauter en parachute.

— Après avoir plongé de l'avion, lui explique l'instructeur, vous comptez jusqu'à trois et vous ouvrez le parachute.

Le Suisse s'exécute, saute et tombe en flèche... Le parachute ne s'ouvre pas et l'Helvète finit par s'écraser au sol. Les secours se précipitent et en lui prodiguant les premiers soins le médecin entend entre deux râles...

— Tr...ois...

***

T

TECHNOCRATE

Définition : un homme à qui vous confiez le Sahara en gestion et qui, trois ans après, rachète du sable.

***

TÉLÉPHONE

— Allô ! Invalides 39-45 ?

— Ah non ! Ici, c'est Invalides 14-18 ! Mais ne quittez pas, je vous passe mon fils !

***

— Allô ! 563-90-95 ?

— Non monsieur, ici c'est 563-95-90.

— Je suis désolé de vous avoir dérangé.

— Nullement, monsieur, le téléphone venait de sonner.

***

— Allô ! Oui, bonjour, je suis Olivier Hillelum du journal *le Soir*.

— Oui, bonjour.

— Il paraît que vous venez de fêter votre centième anniversaire ? J'aimerais bien avoir rendez-vous avec vous pour des photos ?

— Impossible, monsieur.

— Bon, pourquoi ?

— Parce qu'il s'agit de mon fils et que je ne le laisse pas sortir.

***

— Allô ! 527-91-74 ?

— Oui, répond le petit garçon.

— Bonjour, est-ce que ton papa est là ?

— Attendez, ne quittez pas, je vais voir...

Trente secondes se passent :

— Mon papa m'a dit de vous dire qu'il n'était pas à la maison.

— Eh bien, tu pourras lui dire que je n'ai pas téléphoné.

***

— Allô ! bonjour cher Baron. Je suis bien d'accord avec vous : tout va mal... Je n'en peux plus avec ce nouvel impôt sur les grandes fortunes... Je vous demande un peu ! Comme si nous avions de grandes fortunes... Je suis comme vous j'ai dû vendre mon chalet de Courchevel pour payer... L'année prochaine se sera l'un de mes cinq châteaux ou ma maison de Cannes ou bien l'appartement de Deauville... L'horreur quoi ! Ils vont tout nous prendre, baron, vous verrez... Même les Rothschild sont touchés... Si, si... J'ai passé le week-end chez eux. Eh bien figurez-vous que sur le tennis ils s'étaient mis à deux de chaque côté du filet pour jouer...

***

Les malentendus sont fréquents au téléphone, tel celui-ci :
— Voulez-vous me passer Bolivar 45-08 ?
— Mais c'est périmé, monsieur.
— Alors passez-moi Périmé.

***

A la maison le téléphone sonne. Le mari décroche et au bout d'un instant hurle :
— Mais enfin, monsieur, faites attention quand vous composez un numéro de téléphone. Je ne suis pas le service de renseignements sur l'état des routes !
Il raccroche et lance à sa femme :
— Les gens sont incroyables ! C'est quelqu'un qui téléphonait pour savoir si la route était libre !

***

THÉÂTRE

Cette pièce connaît un grand succès. Pour obtenir une place au théâtre, il faut s'y prendre des semaines à l'avance. Pourtant, ce jour-là, près d'une dame, un fauteuil est vide...
— Pardon madame, demande un monsieur à l'entracte, la place auprès de vous n'est pas occupée ? C'est tout à fait étonnant...
— C'est la place de mon pauvre mari. Il est mort.
— Oh ! Toutes mes condoléances, madame. Mais, cette place, n'auriez-vous pu en faire profiter un de vos amis ?
— Impossible, monsieur. Ils sont tous à l'enterrement.

***

Très jeune, ma vocation pour le théâtre se voyait. Pensez que dès l'âge de sept ans je pouvais rester trois jours sans manger...

***

Un nouveau riche est en virée dans notre capitale. Rencontrant un acteur célèbre, il le questionne :
— Que jouez-vous actuellement ?
— « Le Cid. »
— Sans blague ? Eh ben, vous êtes bigrement en retard à Paris. J'ai vu cette pièce à Montpellier il y a trois ans.

***

Le contrôleur qui est à l'entrée du théâtre des Capucines est vindicatif :
— Monsieur ! Votre parapluie est-il au vestiaire. C'est obligatoire de déposer son parapluie au vestiaire.
— Je suis navré, mais je ne l'ai pas laissé au vestiaire.
— Et on peut savoir pourquoi ?
— Tout simplement parce que je n'en ai pas.
— Ça m'est égal, débrouillez-vous pour en trouver un.

***

Théâtre... Soir de gala... Une grosse dame s'installe au sixième rang. Elle garde sur la tête un chapeau assez haut avec des fruits et des reproductions d'oiseaux dessus... A la fin du premier acte elle réalise qu'elle a toujours son chapeau sur la tête, se retourne vers le spectateur du rang derrière et lui dit :
— Je suis désolée, monsieur, si mon chapeau vous gêne... Je vais l'enlever...
— N'en faites rien, madame, il est tellement plus intéressant que la pièce...

***

Cet homme a un charisme fou. Quand il joue en public, il peut faire rire ou pleurer une salle entière, à volonté.
Un jour, son numéro terminé, il s'entrave dans le fil de son micro et crie :
« Merde ! »
Il a fallu engager trois entreprises de nettoyage pour la représentation du lendemain.

***

Dans une salle de théâtre comble à cause du succès de la pièce, un homme s'approche d'un fauteuil vide et interroge la femme qui occupe la place voisine :
— Pardonnez-moi, madame, cette place est libre ?
— Non, monsieur, réplique la dame.

Je l'ai louée pour mon mari. Hélas, il vient de mourir.

— Mais, madame, s'interroge le quidam... Vous auriez pu en faire profiter l'un de vos amis. Ce spectacle est tellement recherché !

— Impossible, réplique la dame. Tous mes amis et ceux de mon mari sont en ce moment à son enterrement...

***

TIMIDE

Un homme très beau et très timide en même temps croise le regard d'une jeune femme ravissante dans un ascenseur. La demoiselle l'interpelle :

— Bonjour, fait-elle, je m'appelle Brigitte. Et vous ?

— Euh, réplique le jeune homme en rougissant. Moi pas...

***

Cet homme n'a vraiment pas eu de chance. Dans son enfance, il a été élevé par sa mère sans pouvoir dire un mot ; à l'armée il n'a jamais dépassé le grade de seconde classe, il a épousé une femme qui lui a dicté sa loi durant toute sa vie. Un jour, comme tout le monde, il est mort. Devant la famille, le notaire a ouvert son testament et a lu écrit de sa main : « Voici mes premières volontés... »

***

TOMATE

Ce vieux professeur est très distrait. Un jour, alors que sa femme s'est absentée pour le déjeuner, il se prépare une tomate en salade.

A son retour, son épouse s'exclame :

— Mais où est donc passé notre rouge-gorge ?

***

Deux tomates fraîches marchent sur le sable chaud de l'Arizona. Arrivées devant une grand route, la première s'élance et traverse sans encombre. Au moment où la seconde s'engage sur la chaussée, une voiture arrive à toute vitesse et l'écrase. Alors sa camarade se retourne et lui crie :

— Come on, ketchup !

***

TOURISTE

Un Français fait découvrir la capitale de la France à un Japonais et à un Américain.

— Et voilà la tour Eiffel, déclare fièrement le Français !

— Nous, au Japon, on met une semaine à construire un truc comme ça, dit le Japonais en ricanant.

— Et nous, ça nous prendrait à peine deux jours, aux États-Unis...

— Vous voulez rire, réplique le Français, vexé, quand je suis allé chercher mes croissants ce matin, elle était pas encore là...

***

Un touriste américain visite Paris. Devant la tour Eiffel, il se gratte la tête en pensant :

— Ils écrivent : date d'inauguration, 1889... ils pourraient préciser si c'est avant ou après Jésus-Christ, quand même !

***

Des touristes visitent le camp d'Auschwitz de sinistre mémoire. Tout au long de la promenade, une femme sanglote. L'un des guides s'adresse à elle :

— Vous avez perdu naguère un être cher ici, demande-t-il à la femme ?

— Oui, réplique la dame, entre deux sanglots, mon mari qui est tombé d'un mirador...

***

Un touriste américain descend dans un hôtel de troisième catégorie en Italie. Dès le premier jour, il va se plaindre auprès du patron :

— Est-ce que vous vous rendez compte que vos toilettes sont pleines de mouches ?

— Mon pauvre monsieur, faites comme tout le monde, allez aux toilettes aux heures de repas...

— Et pourquoi ?

— Parce que aux heures de repas, les mouches, elles sont dans ma cuisine !

***

TRAIN

Une dame présente son billet de train au contrôleur :

— Désolé, madame, vous avez un billet retour pour Lyon, et je ne peux pas vous laisser monter à l'aller.

— Mais c'est la même distance !

— Oui, mais c'est aussi le règlement !

— Bon, alors je vais m'asseoir en sens contraire de la marche du train !

***

Deux hommes longent une voie ferrée :

— Qu'est-ce qu'il est long, cet escalier, lance l'un.

— Oui, fait l'autre, et qu'est-ce que la rampe est basse !

***

A l'intérieur des wagons de la S.N.C.F., viennent d'apparaître de nouveaux panneaux : « On est prié de ne jeter aucun objet par la fenêtre. Ils risqueraient de blesser un travailleur ou un Français. »

***

C'est l'heure de pointe dans ce train de banlieue, et une jeune femme en colère dit à un homme confortablement assis :

— Vous pourriez me laisser votre place, monsieur, vous ne voyez pas que je suis enceinte ?

— Désolé, répond le monsieur, cela ne se voit pas du tout. Prenez ma place, mais, est-ce indiscret de vous demander de combien ?

— D'une demi-heure, monsieur, et je vous asure que je tiens à peine sur mes jambes !

***

Un wagon de train, la nuit... Dans un compartiment, un homme tente de dormir, tandis que son voisin de couchette ne cesse de murmurer :

— Oh, j'ai soif, oh, j'ai soif... oh, ce que j'ai soif...

N'y tenant plus, il l'emmène au bar où il lui offre le verre dont il rêvait. Puis il regagne son lit, croyant enfin s'assoupir, lorsqu'il entend ce même voisin de couchette murmurer :

— Oh, j'avais soif, oh, j'avais soif... Oh, ce que j'avais soif...

***

Un chef de gare constate qu'il a perdu la bille de son sifflet à roulette. Un train est en gare et il faut qu'il donne le départ. Il cherche fébrilement quelque chose qui puisse remplacer sa bille et trouve dans les restes de son déjeuner un pois cassé. Il le place dans son sifflet, siffle pour le départ... et la moitié du train part.

***

Un jour de grand retour de vacances, la S.N.C.F. a remis en service des vieux trains. Sur le quai, le chef de gare ferme les portières avant de siffler le départ. Arrivé devant la troisième voiture bondée par les vacanciers, il claque la portière mais celle-ci refuse de se fermer. Il recommence sans succès. A la troisième tentative, il s'énerve et crie :

— Alors, ces doigts, on les retire oui ou non ?

***

A la gare de Lyon, à Paris, un train arrive tout doucement et se rapproche au ralenti du butoir. Une dame, sur le quai, voulant rendre service, regarde et dit au conducteur :

— Allez-y. Ça passe...

***

Devinette : quelle est la différence entre un train et une gare ?

Le train se rend de gare en gare et la gare demeure et ne se rend pas.

***

Un contrôleur fait son travail dans les wagons d'un T.G.V. Il vérifie le billet d'une voyageuse et lui dit :

— Désolé, madame. Mais votre billet n'est pas valable pour un train à grande vitesse !

— Eh bien, répond la dame. Demandez au conducteur de rouler moins vite !

***

Un autre contrôleur demande son billet à une autre dame :

— Mais, madame, vous avez un billet pour Lyon et ce train va à Lille.

— Mais, dites donc, cela lui arrive souvent, au conducteur, de se tromper de direction ?

***

Dans un train, une vieille dame est assise en face d'un monsieur. Il fait une épouvantable chaleur et l'homme, n'y tenant plus, enlève sa veste. Comme cela n'est pas suffisant, il enlève sa cravate, puis sa chemise, puis ses chaussures, ses chaussettes, son caleçon et il se retrouve complètement nu. Puis, il allume une cigarette et prend son journal. Mais, pris de scrupules, il demande à la vieille dame :

— La fumée ne vous dérange pas ?

***

Un petit garçon pleure dans un train. Comme il voyage tout seul, une gentille dame lui demande :

— Pourquoi pleures-tu, qu'est-ce qui ne va pas ?

— J'ai envie de faire pipi...

— Bon, viens, je t'emmène aux toilettes...

Une fois dans les toilettes, le petit garçon se remet à hoqueter :

— C'est toujours ma maman qui m'aide...

La dame l'aide à se déboutonner, mais le petit garçon se remet à hurler :

— Et puis elle me chante une chanson !

La dame, un peu excédée, se met à chanter :

— Le bon roi Dagobert...

— Non ! hurle le petit garçon, celle-là c'était pour faire caca !

***

TRAVAIL

Allez comprendre : le travail anoblit l'homme, mais le rend esclave !

***

Conseil désintéressé : ne vous tuez pas au travail ! Achetez un revolver, c'est moins fatigant !

***

Je me suis engagé dans la Marine le jour où mon père m'a appris que j'étais sur terre pour travailler.

***

Deux chômeurs professionnels discutent à la terrasse d'un bar :

— Que me dit-on, Maurice, tu as trouvé du travail ?

— Ne m'en parle pas. Un job de dingue. Le matin j'attaque à 6 heures, toute la matinée je prends des caisses que je dois monter puis descendre... Avec un patron odieux, des collègues qui ne foutent rien... L'après-midi, rebelote les caisses... Je ne pourrai pas tenir longtemps...

— Mais c'est horrible ! Cela fait longtemps que tu as commencé ce boulot ?

— Je le fais depuis après-demain matin.

***

TRAVESTI

J'ai rencontré un garçon qui adore s'habiller en femme. Il portait une charmante toilette. Deux personnes l'accompagnaient ; il me les a présentées comme étant sa mère et sa grand-mère... Mais je me demande si ça n'était pas son père et son grand-père.

***

Dans le métro, un jeune homme un peu efféminé se trouve en face d'une vieille dame très distinguée. Celle-ci commence à farfouiller dans son sac et sort une boîte de cachous. Gentiment elle en propose un à son vis-à-vis qui la remercie chaudement. Deux secondes après, la vieille dame prend son peigne et rectifie sa mise en plis.

— Auriez-vous l'obligeance de bien vouloir me le prêter, il me semble que je suis légèrement décoiffé, dit le jeune homme.

— Mais tenez, prenez donc...

Quelques instants plus tard, la dame toujours digne, se vaporise d'un parfum légèrement capiteux. Aussitôt notre ami se renseigne :

— Qu'est-ce que c'est, il me semble que je connais...

— Vous en voulez un peu, essayez-le, propose-t-elle au jeune homme qui accepte.

Puis lui remettant le flacon, elle sort son tube de rouge à lèvres, s'apprêtant à ajouter une dernière touche à son maquillage, quand le jeune homme demanda :

— Quand vous aurez terminé, pourrais-je vous l'emprunter ?

— Mais enfin un rouge à lèvres ne se prête pas, c'est personnel, et puis...

— Ça ne m'étonne pas, se mit à glapir le garçon, vous avez quelque chose contre les travestis...

***

Dans une boîte de nuit, madame regarde un drôle d'individu s'agiter sur scène depuis un moment. Elle se penche vers son mari et lui dit :

— Regarde, à ton avis, c'est un homme ou une femme ?

Le mari, les yeux plongés dans le décolleté de la jeune fille assise près de lui, se désintéresse du problème. Mais madame revient à la charge :

— Alors, qu'est-ce que tu en penses ?

Lui, excédé d'être troublé dans sa contemplation, rétorque :

— Comment veux-tu que je sache, le saxophone me bouche la vue...

***

TRIBUNAL

Le juge s'adresse au prévenu :

— Pourquoi avez-vous traité M. Dupont de crétin ?

— Oh, vous savez, monsieur le juge, si je lui ai dit ça, c'est parce que c'est vraiment un crétin.

— Peut-être mais ce n'était pas une raison pour lui mettre votre poing dans la figure. Les crétins sont des gens comme vous et moi...

— Parlez pour vous, monsieur le juge.

***

Une dame d'un certain âge mais encore très coquette est convoquée au tribunal en tant que témoin. Après les serments d'usage, le président lui demande :

— Quel âge avez-vous, madame ?

— ...

— Madame, quel âge avez-vous ?

La dame est pétrifiée et baisse les yeux par terre.

— Écoutez, madame, dites-moi votre âge parce que le temps qui passe n'arrange pas les choses...

***

Le président du tribunal lit la sentence à un accusé :

— La cour vous condamne à dix mille francs d'amende pour injures à magistrat dans l'exercice de ses fonctions. Avez-vous quelque chose à ajouter ?

— Oh, monsieur le président, répond l'homme. Oui, j'aimerais beaucoup dire quelque chose. Mais à ce prix-là, j'aime mieux me taire !

***

Au cours d'un procès d'assises où l'on juge un homme qui a poussé sa femme sous un train, le président demande à l'accusé :

— Mais enfin, monsieur, vous reconnaissez avoir précipité votre femme sur les rails du chemin de fer.

— Oui, monsieur le président.

— Pourquoi ?

— Ben, monsieur le président, je pensais que comme ça, je la mettais sur la bonne voie.

***

Un avocat plaide la cause de son client qui a demandé le divorce en invoquant l'adultère, au président qui n'a pas l'air convaincu du bien fondé de la demande :

« Monsieur le président, mon client est rentré chez lui à l'improviste et a trouvé sa femme dans son lit en compagnie du voisin de palier. Il a vu rouge. Vous savez bien ce que l'on ressent dans pareilles circonstances... »

***

Un homme a été arrêté pour excès de vitesse au volant de sa voiture et passe devant le tribunal.

— Monsieur le président, je ne roulais pas à plus de soixante kilomètres à l'heure. Je suis formel.

— Comment pouvez-vous en être aussi certain. Avez-vous une preuve de ce que vous affirmez ? demande le juge.

— Parfaitement, monsieur le président. Je ne pouvais pas rouler aussi vite puisque j'allais rejoindre ma femme pour lui annoncer que je venais d'être fichu à la porte de mon travail !

***

Dans une petite ville de province, le clochard du coin passe devant le tribunal :

— Auguste Charpot, lui dit le juge, je vous accuse d'avoir volé un jambon à Mme Michu, charcutière sur la grand-place. Qu'avez-vous à dire pour votre défense ?

— Monsieur le président, répond Auguste Charpot, j'ai un sens très poussé de la nuance et je conteste cette accusation. Je n'ai pas volé le jambon de Mme Michu. Je l'ai emprunté.

— Eh bien, pour respecter votre sens de la nuance, je vous condamne non pas à trois mois de prison mais à un trimestre.

***

En Angleterre, un homme vient d'être condamné à mort pour le meurtre de sa femme. La nouvelle n'a pas l'air de l'émouvoir et le juge lui demande alors :

— Avez-vous des regrets d'avoir tué votre femme ?

— Je m'en fiche !

— Avez-vous pensé à vos enfants qui sont désormais privés de leurs parents ?

— Je m'en fiche !

— Et votre mère, qui est là et qui vous regarde en pleurant, n'êtes-vous pas touché de la voir si malheureuse par votre faute ?

— Je m'en fiche !

— Mais vous n'allez pas me dire que vous vous fichez de tout ! Vous venez d'être condamné à mort et vous allez être pendu ! Ça, vous ne vous en fichez pas, de la corde ?

— Ah, pardon, monsieur le juge. Je ne m'en fiche pas de la corde, je m'en balance...

***

Le juge aux Affaires matrimoniales questionne un homme sur le point de divorcer, qui lui explique sa situation :

— Vous comprenez, monsieur le juge, ma femme souffre de dédoublement de personnalité. Un jour, elle est charmante et le lendemain, sans savoir pourquoi, elle devient agressive.

— Et donc, vous voulez divorcer ?

— Ah non ! monsieur le juge. Ce n'est pas moi qui veux, c'est elle !

— Et pourquoi ?

— Elle m'accuse d'être bigame !

***

— Pouvez-vous justifier votre conduite sur la voie publique ? interroge le président du tribunal. Non seulement, vous avez injurié un représentant de l'ordre mais en plus, vous avez grimpé en haut d'un réverbère en poussant des hurlements effroyables.

— J'aurais voulu vous y voir, monsieur le président ! répond l'inculpté. Vous avez déjà été poursuivi par deux éléphants roses et une panthère bleue ?

***

L'avocat de la défense d'un type accusé d'avoir dépassé les limites de la légitime défense, se lance dans sa plaidoirie :

— Votre Honneur, messieurs les jurés, pour bien comprendre dans quelle situation se trouvait mon client, je vous raconterai l'histoire de ce paysan qui disait à un vagabond : « Pourquoi avoir blessé mon chien avec les dents de cette fourche alors que tu pouvais te servir de l'autre bout ? » Et le vagabond lui répond : « Pourquoi votre chien m'a-t-il attaqué avec le bout de ses dents au lieu d'utiliser l'autre extrémité ? »

***

Au tribunal. Le président s'adresse à l'accusé :

— J'ai déjà vu d'horribles personnages. Mais comme vous : jamais ! Vous rendez-vous compte de ce que vous avez fait ? Violer une morte ! C'est abominable !

— Ah mais ! se défend l'accusé. Je savais pas qu'elle était morte. Je croyais que c'était une Anglaise...

***

Le président de la cour d'assises est scandalisé :

— J'ai rarement vu un individu aussi horrible que vous ! C'est à peine croyable... Votre premier meurtre : un chauffeur de taxi déchiqueté au couteau pour vingt francs... Ensuite un enfant de six ans pendu à un crochet de boucher pour sa tirelire contenant dix francs... Troisième crime un handicapé mental pour dix francs !

— Vous savez, monsieur le président,

dix francs d'un côté, dix francs de l'autre...

***

Le président semble reconnaître l'accusé :

— Mais, je me souviens de vous... Vous étiez déjà dans ce box il y a deux mois... Et pour les mêmes faits : le vol d'un costume ?

— C'est vrai, mon président, mais un homme décent ne peut porter le même costume deux mois de suite...

***

Un poivrot notoire est arrêté alors qu'il conduisait sa voiture en état d'ivresse. Devant le tribunal, l'accusé proteste :

— Monsieur le juge, je vous jure que je suis aussi sobre que vous !

— Greffier, répond le juge, notez que l'accusé plaide coupable.

***

Au tribunal, un témoin se trouve interrogé :

— Vous avez vu l'assassin effectuer sa tentative de viol ? demande le juge.

— Oui, monsieur le juge, répond le témoin. Je l'ai vu, caché derrière une porte, bondir sur la jeune fille et lui sauter dessus dès son entrée. Puis il lui a arraché ses vêtements avant d'accomplir son odieux méfait !

— Et après, demande encore le juge.

— Après, répond le témoin, on s'est cassé la figure parce qu'on était quarante sur la branche !

***

Un peintre est arrêté pour meurtre. Il a tué un de ses modèles.

— Qu'avez-vous à dire pour votre défense ? dit le juge.

— Je l'avais pourtant prévenue, que c'était pour une nature morte !

***

U

UNIVERSITÉ

Le nouvel assistant du Pr Duschmoll se présente à son poste à l'université.

Le professeur lui communique l'emploi du temps, auquel il devra se soumettre :

— Vous arriverez ici à six heures du matin. Vous corrigerez d'abord les trois cents copies que voici. Puis à huit heures vous prendrez ma place pour donner le premier cours, jusqu'à dix heures, après quoi vous ferez des traductions jusqu'à midi. A midi, vous ferez dans la bibliothèque les recherches que je vous donnerai. Et si, vers une heure, vous avez un peu faim, vous pourrez manger quelque chose.

A treize heures trente, vous prendrez le car pour aller faire des conférences de quatre heures, à dix kilomètres d'ici. Vous aurez juste le temps de revenir pour donner le cours de dix-huit heures à mes élèves. Ensuite, il ne vous restera plus qu'à préparer vos cours du lendemain, ce qui vous mènera pas loin de minuit, heure à laquelle vous dînerez, avant de vous mettre aux annotations du fichier de mes élèves jusqu'à environ deux heures du matin, où vous pourrez vous détendre. Ça vous va ?

L'assistant demande :

— Y a-t-il une route bien plane près d'ici ?

— Bien entendu, pourquoi ?

— C'est parce que, entre deux et six, j'aurais pu m'entraîner pour le marathon...

***

URSS

Dans une école en Russie, la maîtresse interroge ses élèves :

— Qui peut me dire la différence entre le communisme et le capitalisme ?

— Moi, mademoiselle, répond le crack de la classe.

— Bien, je t'écoute.

— Eh bien, le capitalisme, c'est l'exploitation de l'homme par l'homme.

— Très bien. Et le communisme ?

— C'est le contraire.

***

Une dame va faire ses courses dans les magasins de Leningrad. Elle pénètre dans une boutique et demande :

— Je voudrais un litre de lait.

— Ah, non, camarade. Tu fais erreur. Ici, c'est le magasin où on ne trouve pas de viande. Le magasin où on ne trouve pas de lait, c'est en face.

***

Sur un vol d'Air France, la Caravelle va atterrir sur l'aéroport de Moscou et l'hôtesse fait les recommandations d'usage :

— Nous allons atterrir dans quelques instants. Veuillez éteindre votre cigarette et attacher votre ceinture.

Alors, un citoyen soviétique se lève et dit :

— Je ne tolérerai pas de l'anticommunisme primaire !

***

Un touriste arrive en U.R.S.S. et descend dans un grand hôtel de Moscou. Tout lui paraît normal et il commence à penser que tout ce qu'on raconte sur les conditions de vie en U.R.S.S. est pure légende.

Il monte dans sa chambre et quelle n'est pas sa surprise de lire sur le mur, cette phrase inscrite sur un écriteau : « N'arrosez pas les fleurs, cela rouille les micros. »

***

Deux prisonniers russes bavardent à l'heure de la promenade.

— Tu es en prison pour quoi, toi ?

— J'ai eu le malheur de raconter une histoire politique. Et toi ?

— Moi ? J'ai eu le malheur de sourire en l'entendant !

***

Un citoyen russe passé à l'Ouest est interviewé par des journalistes qui lui posent un tas de questions :

— Quelle est la définition du bonheur pour vous les Russes ?

— Le bonheur ? répond le Russe. C'est quand le K.G.B. sonne un matin à votre porte, vous demande : « Vous êtes bien Mikhaïl Dimitrievitch ? » « Non, moi c'est Konstantin Alexandrovitch. Vous trouverez Mikhaïl Dimitrievitch à l'étage en dessous. »

***

Un instituteur soviétique interroge ses élèves ;

— S'il éclatait une guerre entre les socialistes et les impérialistes, dans quel camp combattriez-vous ?

— Dans le camp socialiste, répond Igor.

Le maître d'école savoure les résultats de son enseignement qui paraît avoir été parfaitement assimilé. Mais il poursuit ses investigations :

— Et peux-tu me dire pourquoi tu choisirais le côté socialiste ?

— Oui, camarade professeur. C'est parce que j'aime mieux être fait prisonnier par les autres.

***

Avant la révolution, dans les boucheries russes, sur l'enseigne, il y avait écrit : « Igor Vassilievitch » ou « Fédor Boukrine » et à l'intérieur il y avait de la viande.

Aujourd'hui, sur les enseignes de boucherie, on peut lire « Viande » et à l'intérieur il y a Igor Vassilievitch ou Fédor Boukrine.

***

Un journaliste soviétique revient d'un voyage en Europe. A son retour en Russie, tout le monde le questionne :

— Alors, comment est-ce qu'ils vivent là-bas ?

— Mal, très mal.

— Mais comment ça ?

— Eh bien oui. Là-bas, les magasins d'alimentation sont remplis de marchandises. Les boucheries, les boulangeries, les crémeries ! Et même les magasins de vêtements sont archipleins. Eh bien, vous me croirez si vous voulez, mais il n'y a jamais personne dans ces magasins, il n'y a jamais la queue nulle part. Ces gens-là, ils n'ont pas d'argent !

***

On a tort de dire qu'il n'y a pas de confort moderne en Union soviétique. Dans tous les hôtels, dans chaque chambre, il y a une télévision.

La seule différence, c'est que c'est elle qui vous regarde.

***

Dans une petite école polonaise, un inspecteur du Parti fait sa tournée et interroge les élèves :

— Toi, mon petit, réponds-moi. Quel est ton père ?

— Le camarade Brejnev.

— Bien. Et quelle est ta mère ?

— La puissante Union soviétique.

— Très bien. Et qu'est-ce que tu voudrais être plus tard ?

— Orphelin.

***

Un homme s'est assoupi sur un banc de la place Rouge. Quand il se réveille, il voit planté devant lui un agent de la milice. Alors, il s'écrie :

— Camarade, je t'assure, c'est une erreur. Je te jure que je ne rêvais pas !

***

Un homme convaincu par le régime soviétique, essaye d'entraîner avec lui son meilleur ami :

— Je te dis que c'est formidable, Boris. C'est le seul moyen pour qu'on s'en sorte. Et tu verras, dans cinq ans, tout le monde et toi aussi, aura son avion particulier.

— Mais qu'est-ce que tu veux que je fasse avec un avion particulier ? lui répond Boris.

— Mais tu ne te rends pas compte ? Tu pourras aller où tu veux avec. Tiens, imagine que tu apprennes qu'il y a une distribution de lait à Leningrad. Eh bien, tu montes dans ton avion et tu y es avant tout le monde.

***

Igor Vassilievitch vient d'être arrêté par la milice pour avoir fait de la politique dans la rue. On l'a surpris alors qu'il était en train de cracher par terre.

***

Dans une forêt russe, un renard court à fond de train. Un autre renard l'arrête et lui demande :

— Où est-ce que tu cours si vite ?

— Je fuis l'Union soviétique.

— Pourquoi ? Qu'est-ce qui se passe ?

— Il paraît que Brejnev a organisé des grandes chasses.

— Mais t'inquiète pas ! C'est des chasses à l'ours.

— Peut-être, mais moi, j'ai aucun papier qui prouve que je ne suis pas un ours.

***

Deux Français sont tous les deux communistes par idéal. Mais pour être ne pas se tromper, ils décident que l'un des deux se rendra à Moscou pour y vivre quelque temps et vérifier sur place les bienfaits du régime. Méfiant cependant, celui qui reste à Paris dit à l'autre :

« Écoute, une fois arrivé là-bas, tu m'écris pour me raconter comment ça se passe. Si tout se passe bien, tu m'écris avec de l'encre bleue. Mais si ça va mal, tu prends de l'encre rouge et je comprendrais que ce que tu m'écris est complètement faux. »

Un mois plus tard, le Parisien reçoit enfin une lettre de son ami : elle est écrite avec de l'encre bleue.

« Cher camarade,

Ici, tout va bien. Je mange très bien. Les vêtements sont très bon marché. Dans les librairies, on trouve toute la littérature étrangère. Les gens dans la rue ont toujours le sourire. Les dirigeants communistes sont très appréciés. Une seule petite chose mais qui, comme tu le verras, n'a pas grande importance. J'ai voulu t'écrire avec de l'encre rouge : impossible d'en trouver. Tu comprendras pourquoi je t'écris avec de l'encre bleue. Amitiés... »

***

Un Russe reçoit un ami français chez lui.

— Vous, en France, vous critiquez beaucoup notre régime, dit-il à son invité. Pourquoi ?

— Mais parce que, ici, en Russie, vous n'avez pas beaucoup de libertés, par exemple.

— Et quelles libertés nous manquent ?

— Toutes ! Tiens, la censure est très puissante ici ! Qu'est-ce que vous pouvez voir au cinéma comme films ?

— Mais nous voyons tout. Il y a deux catégories de films. Ceux qui sont autorisés aux moins de dix-huit ans et ceux qui sont autorisés pour les Russes.

***

Un taxi parisien a embarqué un touriste russe et lui fait faire le tour de la capitale. Arrivé devant le musée du Louvre, le Russe demande ce que c'est :

— C'est le Louvre, dit le chauffeur de taxi. Ça a été construit il y a longtemps et ils ont dû mettre plusieurs dizaines d'années à le finir.

— Chez nous, en Russie, on l'aurait achevé en quelques mois !

Ils passent ensuite devant Notre-Dame.

— Ça, on a mis deux cents ans pour la bâtir, dit le Français.

— Chez nous, en Russie, on l'aurait construite en un an !

Devant la tour Eiffel :

— Pour l'exposition universelle, on l'a montée en deux ans !

— Chez nous, en Russie, nos ouvriers l'auraient finie en deux mois !

Quand ils passent devant le Panthéon, le Russe demande :

— Qu'est-ce que c'est, ça ?

— Ça ? répond le Français, je ne sais pas. Ça n'y était pas hier !

***

Un visiteur fait le tour d'un hôpital psychiatrique avec le médecin qui fait un commentaire sur chaque malade. Ils s'arrêtent devant un homme atteint de mégalomanie.

— Arriverez-vous à le guérir ? demande le visiteur.

— Nous n'avons plus aucun espoir. Quand il est arrivé ici, il se prenait pour Dieu le Père. Mais depuis, cela s'est beaucoup aggravé.

— Comment ça ?

— Maintenant, il se prend pour Brejnev !

***

Brejnev reçoit à dîner l'ambassadeur de France. Au milieu du repas, le Français s'étonne :

— C'est curieux. Les trois premières boulettes de viande que j'ai mangées étaient délicieuses mais celle-ci, vraiment, je n'arrive pas à la couper !

Alors Brejnev se retourne vers le chef de la police et dit :

— Je vous avais pourtant dit : « sans micro » ce soir.

***

Un homme arrive à l'usine et annonce fièrement à ses camarades qu'il vient d'avoir un enfant.

— Formidable ! Félicitations ! Tu as combien d'enfants, maintenant ?

— Celui-là, c'est le quatrième.

— Et ta femme et toi, vous en voulez d'autres ?

— Ah, non ! Surtout pas !

— Pourquoi ?

— J'ai lu dernièrement une statistique qui disait que sur cinq enfants qui venaient au monde, il y avait un Chinois !

***

Un Russe, en voyage aux États-Unis, admire les énormes buildings de New York.

— Vous voyez cette tour ? lui dit un Américain. Eh bien, nous l'avons construite en quinze jours !

— Ah, oui ? fait le Russe blasé. Eh bien, chez nous, une tour comme ça, les ouvriers russes la commencent le matin, la terminent à midi et le soir, vous voyez les premiers locataires qui sont expulsés parce qu'ils n'ont pas payé leur loyer.

***

V

VACANCES

Deux amis, qui ne partent jamais en vacances et ne sortent jamais de Paris, se rencontrent au mois de juin :

— Alors, qu'avez-vous fait l'été dernier ?

— Nous ne sommes pas partis en Espagne. Et vous, où n'êtes-vous pas partis en vacances ?

— Nous ne sommes pas allés en Italie mais, cette année, pour changer un peu, nous n'irons pas en Grèce !

***

Dans une agence de voyages, un monsieur semble très perplexe. L'employée lui demande :

— Je peux vous conseiller, monsieur ?

— Oui, c'est-à-dire que je ne sais pas trop où aller.

— Montrez-moi votre passeport et je vous dirai les pays dans lesquels vous pouvez vous rendre.

Le monsieur donne son passeport à la demoiselle.

— Alors, mademoiselle, où est-ce que je peux aller ?

La fille le regarde, puis regarde le passeport, puis de nouveau le regarde :

— Vous pouvez aller partout, finit-elle par dire. Mais dépêchez-vous car vous commencez à ressembler à votre photo…

***

Une amie assiste aux préparatifs de départ de Mme Martin. Celle-ci met tellement de choses dans ses valises qu'elle ne peut plus les fermer.

— Tu t'encombres trop, lui dit son amie. Ne prends que l'indispensable !

— Tu as raison. Je vais laisser mon mari à Paris.

***

Deux messieurs se rencontrent :

— Bonjour ! Vous avez passé de bonnes vacances ?

— Épouvantables ! Je suis resté dans le coma pendant quinze jours !

— Et alors ? Vous n'avez pas eu beau temps ?

***

Deux secrétaires se retrouvent au bureau après leurs vacances et papotent :

— Tu es partie où, toi ?

— Je suis allée en Normandie.

— Et tu as eu du beau temps ?

— Ne m'en parle pas ! Il a plu tout le temps. Alors, j'ai changé, je suis allée en Bretagne.

— Et là, tu as eu du soleil ?

— Penses-tu, il a plu des cordes. Mais le changement d'eau m'a fait du bien !

***

A bord d'un gros paquebot qui fait une croisière à travers les îles grecques, la femme de chambre est en train de faire son travail dans une cabine à l'heure ou tous les passagers sont sur le pont ou à la piscine. Sur la table, la passagère de la cabine en question a laissé ouvert son journal où elle note les impressions de son voyage :

« Lundi : j'ai croisé le regard du commandant. Il est charmant.

Mardi : j'ai réussi à changer de table. Je suis assise à la droite du commandant.

Mercredi : le commandant m'a offert un verre après le dîner et m'a invitée à danser.

Jeudi : le commandant m'a fait des propositions malhonnêtes, que j'ai refusées.

Vendredi : le commandant menace de faire couler le bateau si je ne cède pas à ses avances.

Samedi : j'ai sauvé la vie de trois cent vingt-cinq passagers. »

***

Deux touristes américains se promènent près de la tour Eiffel.

— Regarde, dit le mari à sa femme. Ces Français ne sont pas très habiles ! Cela fait presque cent ans qu'ils ont édifié ça et ils n'en ont toujours pas fait sortir une seule goutte de pétrole !

***

Une agence de voyages offre, à la clientèle qui n'a pas de gros moyens, un séjour dans un petit hôtel de la banlieue parisienne à des prix défiant toute concurrence. Son argument publicitaire est le suivant :

« Une semaine, pension complète : huit cents francs. Deux semaines, pension complète : mille deux cents francs avec en supplément gratuit, l'envoi depuis Tahiti d'une dizaine de cartes postales aux amis que vous voulez impressionner. »

***

Un touriste qui visite un musée en Égypte, s'approche du gardien et lui demande :

— A-t-on pu déterminer l'âge de cette momie ?

— Mais bien sûr, monsieur. Elle a cinq cent mille deux ans.

— Cinq cent mille deux ans ! Mais comment a-t-on réussi à obtenir une telle précision ?

— C'est très simple à calculer, monsieur. Lorsque je suis arrivé ici, il y a deux ans, mon prédécesseur m'a dit qu'elle avait cinq cent mille ans.

***

Un homme parle avec un de ses copains :

— Pour moi, le pays qui m'a offert les vacances les plus réussies de ma vie, c'est l'Italie.

— L'Italie ? mais je croyais que tu n'y étais jamais allé ?

— C'est vrai. Mais c'est là que ma femme part en vacances toute seule, chaque année !

***

Un monsieur écrit pour réserver une chambre d'hôtel dans une station balnéaire très chic :

— Veuillez me retenir une chambre, au bord de la piscine, avec salle de bains, petit salon, bar, etc.

Quand, plusieurs jours plus tard, il descend dans cet hôtel, il trouve dans sa chambre, deux ravissantes jeunes filles qui l'aident à installer ses affaires et qui ne donnent pas de signe de se retirer. Au bout d'un moment, il leur demande :

— Mais enfin, qui êtes-vous ?

— Nous sommes les deux etc.

***

Deux touristes roulent depuis des jours et des jours. Tout d'un coup, ils découvrent les grandes pyramides d'Égypte, là, sous leurs yeux. La femme s'exclame :

« Henri ! Tu seras toujours le même ! En sortant de Paris, je t'avais pourtant dit qu'il fallait tourner à gauche pour aller à Vienne ! »

***

Une agence de vacances a passé un accord avec un pasteur : ils utilisent une publicité commune. En effet, sur la vitrine du magasin, on peut lire cet écriteau : « Vous voulez faire le tour du monde ? Avec les voyages Trucmuche, rien de plus facile !

« Une fois que vous aurez visité le monde, vous pourrez visiter le Ciel ! Rien de plus facile : réservez votre voyage dès dimanche prochain en assistant à l'office, au temple Saint-P. »

***

Un groupe de touristes faisant le tour de l'Écosse s'arrête dans un coin perdu en pleine campagne et visite une vieille grange à moitié en ruines sur la porte de laquelle il y a un écriteau portant ces mots : Magasin d'antiquités. Ils font le tour en regardant quelques bols ébréchés, des marmites dont le fond est percé, et au moment où ils vont franchir le seuil de la grange, un Écossais, qu'ils n'avaient pas vu, s'avance vers eux et leur dit :

— C'est dix pence par personne... pour la visite du musée !

***

Un monsieur entre dans une agence de voyages et demande des renseignements sur la Grèce. L'employée lui donne un prospectus où il y a les photos de toutes les plus belles ruines de l'architecture grecque.

— Dites-moi, mademoiselle, pour ce genre de pays en ruine, est-ce que vous pratiquez des demi-tarifs ?

***

Un hérisson en vacances plonge dans la mer Méditerranée et avise un oursin sur un rocher, qui le fait bondir de joie :

— Youpi, se dit-il, une sirène !

***

Un Parigot est en vacances en Grèce. Il fait la connaissance d'autochtones très aimables qui l'invitent à prendre un verre chez eux. Un Français, surtout s'il est parisien, ne saurait refuser une telle invitation.

— Vous avez déjà bu du raki ?

— Ah non !

— Goûtez-y... Vous verrez, c'est très bon.

Le vacancier attrape son verre et le liquide d'un trait... Aussitôt, il sent les meubles bouger autour de lui, ses jambes lui manquer et il doit s'accrocher à la manche de son hôte pour ne pas tomber.

— Eh bien, dites donc ! s'exclame-t-il après avoir retrouvé son aplomb. Votre raki, c'est bigrement fort.

— Pas du tout ! fait le Grec. C'est très doux au contraire. Mais il vient d'y avoir un petit tremblement de terre.

***

Deux copains sont en train de parler de leurs vacances :

— Où vas-tu, Marcel, cette année ?

— Je vais en Espagne dans un petit village de la côte qui s'appelle San José...

— Si tu vas en Espagne, tu ne vas pas à San José mais à San Rosé, car le « J » se prononce « R » là-bas...

— D'accord, mais tu sais j'aime bien l'Espagne : la sangria, le soleil, la musique avec la jota...

— Je viens de t'expliquer qu'en Espagne le « J » se prononce « R »... Tu dois donc dire la Rota et non la Jota.

— Ouais, ouais...

— Et alors le départ, c'est pour quand ?

— En Ruillet.

***

Les vacances... Éternel sujet de discussion de deux collègues de bureau :

— Horrible cette année... J'ai eu droit à la pluie tous les jours, ces vacances un désastre. Et toi ?

— Moi, je n'ai eu que peu de pluie, deux fois seulement : la première fois quatre jours et la seconde fois onze jours.

***

VACHE

Deux vaches discutent dans un pré :

— Moi, j'en ai vraiment assez, le fermier est d'une brutalité insupportable quand il me traie...

— Oh, c'est pas pire que moi, répond l'autre vache, la fermière chez nous elle est si vieille, que pour l'aider on est obligées de faire une cinquantaine de tractions sur les pattes avant...

***

Dans une exposition de peinture, un visiteur observe longuement un tableau :

— Que représente-t-il, demande-t-il à l'organisateur.

— Des vaches dans un pré, monsieur.

— Mais, s'exclame le quidam... Sur ce tableau, il n'y a pas de pré...

— Normal, monsieur, les vaches avaient faim. Elles ont mangé tout le pré.

— Mais, ajoute le quidam... Il n'y a pas de vaches non plus sur ce tableau.

— Normal, monsieur... Il n'y avait plus de pré. Elles sont parties...

***

VEDETTE

— Vos admiratrices sont là ! dit-on à la vedette du tour de chant qui vient de regagner sa loge.

— O.K. Faites-les entrer... Mais quatre par quatre seulement.

— Impossible !

— Et pourquoi ?

— Elles ne sont que trois.

***

Première figurante :

— Pourquoi qu'elle fait la gueule ce soir, la vedette ?

Deuxième figurante :

— Parce qu'elle n'a reçu que neuf bouquets de fleurs !

Première figurante :

— Neuf ? C'est déjà pas mal ! Ça ne lui suffit pas ?

Le fleuriste (escroc) :

— Non ! Elle m'en avait commandé dix !

***

Le metteur en scène s'arrache les cheveux ; sa vedette féminine est au-dessous de tout (je n'ai pas dit « de tous... »).

— Un peu d'âme, hurle-t-il à son intention. Imaginez bien la scène : vous avez un amant que vous adorez ; et brusquement, sans tambours ni trompettes, il vous laisse tomber. Il s'en va. Cela doit tout de même vous inspirer une réaction ? Que faites-vous ?

— Ben... J'en cherche un autre !

***

L'animateur du cabaret fait une annonce :

— J'ai le très grand plaisir de vous annoncer la présence, dans notre salle, de la grande vedette Jayne Mansfield !

Quelques secondes après, il rectifie :

— Excusez-moi ! Il ne s'agissait pas de Jayne Mansfield, mais de deux messieurs chauves assis côte à côte.

***

La starlette est enfin devenue vedette. Elle dit à une copine :

— Voilà ! J'ai réussi à me faire un nom !

— Ouais ! Mais pour ce nom, combien de fois as-tu été obligée de dire oui ?

***

VENDEUR

Le directeur d'un grand magasin surveille avec étonnement un nouveau vendeur...

— Monsieur, dit le vendeur à son client, je vous conseille cette canne à pêche, son prix est élevé mais c'est la meilleure... Et puis il vous faut une épuisette, c'est indispensable... En attendant, installez-vous confortablement sur un tabouret... Mais j'y pense, vous n'avez pas de bateau ! Voilà un très beau bateau que vous pourrez accrocher à votre voiture...

— Mais je n'ai pas de voiture, réussit à placer le client...

— Allez ! en avant ! au rayon voitures ! Voilà une superbe onze chevaux... C'est la plus chère mais vous ne le regretterez pas et puis pour tirer votre bateau... Mais j'y pense, vous n'avez pas non plus de caravane ? On ne peut pas passer des moments de détente sans caravane. Voilà cette fois vous avez tout... Joyeuse pêche !

Le client part après avoir signé un chèque somptueux...

Le directeur se précipite :

— Bravo, extraordinaire... Ce type est entré pour une canne à pêche et...

— Non, monsieur le directeur, je l'ai rencontré à la pharmacie en bas, il achetait une boîte de P. féminine alors je lui ai dit : « Puisque votre femme est indisposée, pourquoi n'iriez-vous pas à la pêche ? »

***

VERS SOLITAIRES

Cet homme souffre de cette maladie que l'on appelle le ver solitaire. Il demande à son meilleur ami ce qu'il doit faire :

— Pas dur, écoute ! Tous les matins, tu t'enfiles dans l'anus un croissant au beurre avec de la confiture, pendant dix jours.

— Quelle horreur ! dit l'infortuné, mais si tu es sûr que ça marche, je vais essayer...

— Attends, c'est pas fini ! Au onzième jour, t'enfiles le croissant sans la confiture. Mais t'oublies pas de tenir une godasse dans la main droite. Parce que quelques secondes après, tu vas voir le ver sortir pour gueuler :

— Et alors, cette confiture, elle arrive ? Alors là, tu l'écrases !

***

VÉTÉRINAIRE

Un médecin est appelé au chevet d'un vétérinaire qui est tombé malade. Il commence à l'ausculter et lui demande :

— Vous avez mal où, exactement ?

— Quand je dois soigner une vache, elle ne me dit pas ce qu'elle ressent. Il faut que je me débrouille tout seul...

— D'accord, d'accord, répond le médecin conciliant.

Après avoir fini son examen, le docteur rédige une ordonnance. La femme du vétérinaire est très inquiète et demande :

— Qu'est-ce qu'il a, docteur ? C'est grave ?

— Ne vous inquiétez pas, madame. Mais si dans une dizaine de jours, il ne se sent pas mieux, il faudra l'abattre.

***

A la campagne, une nuit, un vétérinaire est appelé en urgence auprès d'une femme qui est sur le point d'accoucher.

— Le médecin n'a pas pu venir, il était déjà parti faire sa tournée, et je crois que c'est pour maintenant.

— Bon, je crois que ça va aller. Je vais faire de mon mieux.

Et tout se passe admirablement puisque quelques instants plus tard, la femme met au monde deux superbes jumeaux.

Le vétérinaire est ravi de s'en être si bien tiré et avant de quitter la jeune maman, il lui dit :

— Vos enfants sont magnifiques, madame, mais moi, je vous conseillerais plutôt de garder celui-là !

***

La fille d'un vétérinaire de province, montée à Paris pour poursuivre ses études en a soudain assez de prendre l'autobus pour se rendre à ses cours. Elle téléphone donc à son père pour lui demander de lui acheter une mobylette. Celui-ci accepte, lui adresse l'argent nécessaire mais en dernière minute, la jeune fille décide de consacrer cette somme à l'achat d'un petit chat, sans rien dire à sa famille bien entendu.

Quelques semaines plus tard, elle découvre que les poils de cet animal tombent par poignées. Affolée, elle envoie un télégramme à son père pour lui demander ce qu'il faut faire en de telles circonstances. Ce dernier répond aussitôt par un autre télex. « Vends immédiatement ta mobylette ! »

***

VEUF-VEUVE

— Moi, dit une dame très bien, ça ne me plairait pas du tout, mais alors pas du tout, vous m'entendez bien, de devenir la seconde femme d'un veuf !

— Oh ! lui répond une autre dame, très bien également. C'est tout de même préférable que d'être la première.

***

Une histoire de fantômes. Deux d'entre eux se rencontrent et le premier lance au second :

— Tiens, hier j'ai croisé Marcel avec sa veuve...

***

VIE

La vie n'est ni longue ni courte. Mais elle a des longueurs...

***

Mme Chlomo dit à Mme Abbaz :

— Vous savez ce que j'ai appris ce matin ? Que les femmes vivent plus longtemps que les hommes.

— Bien sûr ! répond Mme Abbaz, surtout les veuves !

***

VIEUX

Trois messieurs ayant atteint le troisième âge discutent âprement des difficultés qu'entraîne la vieillesse :

— Pour lire, explique le premier, je suis obligé de porter des lunettes. Je suis en train de perdre la vue.

— Pour écouter un disque ou un concert, rétorque le second, je suis obligé de porter un sonotone... Je suis en train de perdre l'usage de l'ouïe.

— Et moi, ajoute le troisième, chaque matin à 8 heures, je demande à ma femme si je peux lui faire l'amour. Bien entendu, tout se passe bien. Et à midi, je redemande exactement la même chose. A chaque fois, elle réplique : « Mais tu me l'as déjà demandé ce matin ! » C'est terrible. A mon âge, je suis en train de perdre la mémoire !

***

Toute sa vie un homme a comptabilisé les femmes à qui il faisait l'amour. Un jour, arrivé à ce que l'on nomme le troisième âge, il s'est offert une canne et a répertorié ses conquêtes à raison d'une entaille à sa canne par personne.

Un jour il est mort... Sa canne s'est brisée net et il est tombé...

***

Une vieille dame installée devant la porte de sa modeste maison, tenant dans ses bras un minuscule chat se trouve soudain abordée par une fée :

— Madame, vous avez mené une existence exemplaire. Et pour vous en récompenser, je vais exaucer les trois vœux de votre choix.

— Je voudrais que ma maison se transforme en château, dit la dame. Aussitôt dit, aussitôt fait...

— Je voudrais être une belle et frêle jeune femme, ajoute-t-elle.

Un coup de baguette magique, aussitôt dit, aussitôt fait...

— Je voudrais que mon petit chat devienne le plus beau des princes charmants, soupire-t-elle...

Aussitôt dit, aussitôt fait... Le bellâtre apparaît et lance à l'attention de l'ex-vieille dame :

— Et maintenant, tu ne regrettes pas de m'avoir envoyé chez le vétérinaire !

***

Une dame d'un âge certain en même temps que d'un certain âge se retrouve au lit en compagnie d'un charmant adolescent. Au milieu de leurs ébats amoureux, elle murmure soudain tendrement à son compagnon.

— Dis-moi mon chéri, cela te plairait d'avoir une petite sœur ?

***

Un vieillard s'adresse à un employé du ministère de la Guerre :

— Je voudrais une pension.

— Vous avez fait la guerre ?

— Oui, celle de 14 !

— Et vous avez été blessé ?

— Non.

— Gravement traumatisé ?

— Non.

— Alors, pourquoi voulez-vous que je vous alloue une pension ?

— A cause du bromure que vous mettiez dans le vin. Je commence à m'apercevoir qu'il fait de l'effet !

***

Voulant égayer sa solitude, une vieille dame décide d'acheter un couple de merles. Elle se rend donc dans une oisellerie et achète ses deux oiseaux. Avant de partir, elle demande au vendeur :

— Je voudrais un renseignement. Comment distingue-t-on le mâle de la femelle ?

— Ce n'est pas difficile, madame. Vous prenez deux mouches. Si l'un des oiseaux se jette sur la mouche femelle, c'est donc lui le mâle mais s'il se précipite sur la mouche mâle, vous pouvez être sûre que c'est une femelle.

— Bien, je vous remercie, monsieur.

Et la vieille dame sort. Mais prise d'un doute, elle fait demi-tour et entre de nouveau dans le magasin :

— Excusez-moi, monsieur, c'est encore moi. Mais comment fait-on pour reconnaître une mouche mâle et une mouche femelle ?

— Ah ça ! madame, je ne suis pas spécialiste. Moi, je vends des oiseaux. Allez demander à un marchand de mouches !

***

Deux charmantes vieilles dames très dignes ont décidé de profiter de leur retraite pour découvrir de nouvelles choses et prendre du bon temps. Elles se rendent sur un hippodrome et, tout excitées, se mettent à parier au hasard puisqu'elles n'y connaissent rien.

Bien entendu, elles misent sur les mauvais chevaux et perdent à toutes les courses. Elles finissent par se lasser du jour de malchance et rentrent à la maison, un peu dépitées.

Alors qu'elles se consolent devant une tasse de chocolat bien chaud, l'une finit par déclarer à l'autre :

— Ne t'en fais pas, Suzanne, c'est bien mieux comme ça ! Si on avait gagné, qu'est-ce qu'on aurait fait du cheval ?

***

Une vieille dame entre dans le confessional où a pris place un jeune curé fraîchement arrivé.

— Mon Père, j'ai commis une faute très grave : j'ai trompé mon mari.

Le prêtre, étonné de cet aveu dans la bouche d'une femme de cet âge, demande quelques précisions :

— Il y a combien de temps ?

— Il y a trente ans.

— Mais madame, il y a prescription depuis le temps !

— Je sais bien, mon Père, mais c'est tellement agréable d'en parler à quelqu'un !

***

Une femme, qui a dépasé largement la cinquantaine et complètement analphabète, va régulièrement à la poste pour toucher sa modeste pension. Comme elle ne sait pas écrire, elle fait une croix sur le reçu.

Un jour, le préposé aux mandats constate avec surprise qu'elle vient de signer avec un carré. Il s'en étonne et questionne la vieille dame qui lui répond aussitôt :

— Oh ! oui, je ne vous ai pas dit. Je viens de me remarier, alors, j'ai changé de nom...

***

Une vieille dame croise une de ses voisines qui vient d'avoir un bébé et qui est en train de promener l'enfant. Comme il fait très chaud, le bébé n'a pas de vêtement sur lui. La vieille dame le regarde bien attentivement et dit :

— Il est très beau. C'est un garçon, n'est-ce pas ? Si je me souviens bien...

***

Après avoir fait ses courses, une petite vieille rentre chez elle et s'aperçoit qu'elle a oublié son porte-monnaie quelque part. Elle retourne chez tous les commerçants où elle est allée :

— Vous n'auriez pas trouvé mon porte-monnaie ?

— Non, madame, répond le charcutier.

— Vous n'auriez pas trouvé mon porte-monnaie ?

— Non, madame, répond le crémier.

— Vous n'auriez pas trouvé mon porte-monnaie ?

— Non, madame, répond l'épicier.

Elle arrive enfin chez le cordonnier où elle était passée en dernier :

— Vous n'auriez pas trouvé mon porte-monnaie ?

— Mais si, madame. Tenez, le voilà.

— Oh ! merci beaucoup, monsieur. Au moins, vous, vous êtes honnête !

***

A une station de métro aux heures de pointe, c'est la cohue. Une petite vieille essaye de monter péniblement dans un wagon mais elle est bousculée et écrasée par la foule qui se précipite :

— C'est idiot, dit-elle à son voisin. Si tout le monde restait sur le quai pendant que les autres montent, on serait moins bousculé !

***

Le cachalot du parc zoologique vient de mourir et comme le vétérinaire a décrété la chair de l'animal saine, la municipalité a décidé d'en distribuer une tranche à chaque habitant. Une petite vieille se présente à son tour et dit :

— Ne m'en donnez pas beaucoup, je n'aime pas le poisson. Par contre, pour mon chat, vous pourriez me mettre la tête de côté ?

***

Une vieille dame est toute contente, elle vient de s'acheter pour la première fois de sa vie, un poste de télévision. Elle s'installe et allume l'appareil : c'est un match de football. Elle regarde jusqu'au bout pour goûter sa nouvelle joie. Le lendemain, à la même heure, elle ouvre de nouveau son poste et tombe sur un match de rugby. Affolée elle se précipite sur son téléphone pour appeler le dépanneur et lui dit :

— Mon poste est en panne. L'image est toute déformée : le ballon n'a pas la même forme qu'hier !

***

Pendant une campagne électorale, une vieille dame assiste à un meeting où le candidat harangue la foule :

— Il faut en finir avec le fascisme et le communisme ! Débarrassons-nous de ces fléaux par un vote fort et uni ! Qu'en pensez-vous ?

Et la petite vieille répond du fond de la salle :

— Vous ne pourriez pas me débarrasser de mes rhumatismes ?

***

Un couple de petits vieux habite très loin de la ville. Un jour où monsieur est tout seul, il reçoit un gros paquet avec un mot : « De la part de vos enfants qui vous aiment. » Tout content de recevoir un cadeau de ses enfants qui sont partis habiter la ville, le petit vieux déballe le paquet et découvre un splendide miroir. Se voyant dedans, il croit que c'est un portrait de son frère jumeau avec qui il est fâché à cause de sa femme qui ne l'aime pas du tout.

Pour éviter toute discussion et tout accès de mauvaise humeur, il décide de cacher le miroir au grenier.

Quand sa femme rentre quelques minutes plus tard, il ne lui parle de rien.

Mais, tous les jours, à l'insu de la vieille femme, il monte là-haut et parle à son frère qui, malgré tout, lui manque. Il lui dit des mots gentils et lui raconte ses journées. La femme s'est aperçue du manège de son mari et un jour, le suit au grenier. Elle se cache pour ne pas être vue et attend la fin du tendre discours pour aller se rendre compte elle-même. Une fois son mari redescendu, elle se glisse sous les combles et finit par tomber sur le miroir. Elle le regarde un moment et finit par dire :

— Oh ! c'est une femme. Je n'aurais jamais pensé ça de mon pauvre vieux ! Bah ! Je ne lui en veux pas ! Elle est tellement vieille et moche...

***

Une grand-mère promène sa petite-fille de cinq ans :

— Dis, grand-mère, quel âge que tu as ?

— Quatre-vingt-quatre ans.

— Seulement ? L'autre jour, maman, elle disait à une copine que tu en avais quatre-vingt-cinq bien sonnés !

— Peut-être ! Mais tu sais ma chérie, je suis un peu sourde. Je n'ai pas dû entendre sonner le dernier coup...

***

Une vieille dame se promène dans la rue et tout d'un coup glisse sur une peau de banane. Elle fait un assez long parcours en remuant les bras pour essayer de reprendre son équilibre et finit par tomber de tout son long sur le trottoir. Un monsieur qui a vu la scène, se précipite à son secours et lui dit :

— Eh bien, madame, que se passe-t-il ? Vous avez glissé ?

La chute ne lui a pas fait perdre le sens de l'humour et à une telle évidence, elle répond :

— Mais, non, pas du tout ! J'ai l'intention de participer aux prochains jeux Olympiques de patinage artistique, alors dès que j'en ai l'occasion, je m'entraîne.

***

VIN

Un prêtre novice essaie de convertir un viel athée irréductible :

— Je vous en supplie, mon ami, vous devez croire en l'au-delà !

— Désolé, mon père, mais je préfère croire dans le vin d'ici !

***

Il était une fois un œnologue très réputé. Il faisait toujours scandale dans les grands dîners, car il ne se contentait pas de donner le nom et l'année du vin qu'il goûtait. Il précisait également le nom des vignerons qui l'avait foulé aux pieds...

***

Un Italien se méfie des vins du midi de la France :

— Quand tu en achètes, dit-il à son fils, trempe ton doigt avant de goûter. Si l'ongle tient bon, tu peux l'acheter.

***

VIOL

Un viol est une chose impossible, car une fille peut courir plus vite avec une robe relevée qu'un homme avec le pantalon baissé... (Mais observons que maintenant, les filles portent souvent des pantalons.)

***

Un couple voyage à travers une contrée très déserte. Au détour d'un chemin, un homme sort des fourrés et braque un revolver sous leur nez :

— Haut les mains, fait-il. Toi le type, tu bouges pas, et toi la femme tu viens vers moi...

L'homme trace alors un cercle dans le sol et s'adresse au monsieur :

— Tu te mets dans ce rond et tu ne bouges pas... Si tu sors du cercle, tu es un homme mort...

Puis le mystérieux individu se précipite sur la femme, lui fait subir les derniers outrages avant de repartir... Le mari sort alors du cercle en éclatant de rire.

— Ça te fait rire ce qui vient de m'arriver, s'exclame la femme. C'est comme cela que tu me considères !

— Ce n'est pas ça, ma chérie, réplique l'homme. Mais le type, pendant qu'il te violait, je suis sorti trois fois du cercle et il n'a rien vu...

***

Un agent de police passe un examen pour accéder à un grade supérieur :

— Une fille vient de se faire violer. Que faites-vous, lui demande l'examinateur ?

— Je procède immédiatement à une reconstitution, répond le candidat...

***

Attila vient de dévaster un village, quand un de ses soldats s'approche en criant :

— On vient de découvrir une maison remplie de jeunes vierges, allons vite les violer !

— Tu ne crois pas qu'il y a eu assez de sang comme ça, répond Attila...

***

VOITURE

Aux États-Unis, il m'est arrivé une drôle d'aventure. Je faisais du stop au milieu du Texas. Une voiture passe — et vous savez que là-bas quand une voiture passe, ça met du temps... Le conducteur s'arrête et me prend à bord. Sa bagnole était extraordinaire, surtout à cause des deux cornes de buffle qui étaient fixées sur la calandre.

— Pourquoi ces cornes ? demandai-je en je ne sais plus quelle langue.

— C'est pour me taper des négros... Ah ! si j'en vois un, ça va être sa fête... Ah ! Pourvu que j'en rencontre...

Un salaud. Un dégueulasse. Un pourri.

A toute vitesse nous arrivons dans un petit village. C'était la sortie des classes. D'une école, tout à coup, déboulent une vingtaine de gamins d'une dizaine d'années. Tous du plus beau noir.

— Ah ! Je vais me les faire ! hurle le mec, ivre de joie.

Et il fonce dans le tas. Quinze morts... Évidemment, les flics s'amènent, s'approchent de l'abominable chauffard et lui demandent :

— Alors ? A votre avis, à quelle vitesse marchaient les enfants ?

***

— Chérie, voici ma paye. Il manque cinq francs car j'ai acheté un billet de loterie.

— Tu as bien fait ! approuve la femme. Si on gagne, je m'achèterai une belle machine à laver.

— Et moi, dit l'homme en plein rêve, j'achèterai une voiture. Comme celle que nous avons admirée l'autre jour...

— Oh oui ! renchérit la fille du couple. Je monterai derrière, papa.

— Bravo ! s'emballe leur fils de huit ans. Moi je pourrai avoir mon beau costume de marin... Et avec je monterai dans la voiture à côté de papa.

— Toi, dit la mère, tu monteras où on te dira.

— Non ! pleurniche le môme. A l'avant, avec papa.

— T'iras derrière ou t'auras une trempe !

— Je veux devant... Devant... Devant...

— Oh, ça suffit, hein ! Et d'abord, descends tout de suite de l'auto...

***

— Tu n'as pas l'air gai, Arsène ?

— Y a de quoi ! Figure-toi que j'avais fait la connaissance d'une fille du tonnerre. Je ne parvenais pas à la convaincre de sortir avec moi, lorsqu'un soir, elle me dit : « Je veux bien aller me promener avec vous, à condition que je puisse admirer le ciel étoilé. » « Rien de plus facile, que je m'exclame. Le temps de décapoter ma voiture... » J'étais heureux.

— Eh bien, c'est parfait ?

— Eh non ! Parce qu'au bout de trois heures, quand j'eus fini de décapoter ma bagnole, elle était partie.

— T'as mis trois heures pour décapoter ? Moi je mets deux minutes.

— Oui, mais toi, t'as une décapotable...

***

Avec ma bagnole j'ai fait Paris-Londres aller et retour en huit heures... Évidemment, en traversant la Manche, j'ai un peu abîmé mon essuie-glace !

***

Madame conduit. Fort bien, d'ailleurs, ce qui est moins rare que l'on pense. Malheureusement, dans une descente, les freins de sa voiture lâchent.

— Que dois-je faire ? demande Madame à son mari qui est près d'elle.

— Cramponne-toi au volant. Et essaie de rentrer dans quelque chose de pas trop cher.

***

M. Lambert rentre chez lui et montre à sa femme sa nouvelle acquisition : un superbe bouchon d'essence de Rolls Royce.

Sa femme n'a pas l'air contente et lui dit :

— C'est complètement idiot d'acheter un bouchon d'essence alors qu'on a pas de voiture !

— Et alors, lui répond Lambert, furieux et méchant, toi tu portes bien des soutiens-gorge !

***

— Bonjour, monsieur l'agent de voyages. Une place pour la Lune, s'il vous plaît.

— Impossible, monsieur. Elle est pleine !

***

Un mec se présente à un guichet de la gare du Nord.

— Un aller et retour première classe Paris-Roubaix.

— Voilà. Deux cents francs !

— C'est cher ! Écoutez, je vous prends le billet si vous me le laissez à cent cinquante francs.

— Ça va pas, non ? Je ne suis pas là pour plaisanter.

— Oh là là ! Ne le prenez pas sur ce ton.

Puis, désignant les autres guichets ouverts, le mec ajoute :

— Et puis, méfiez-vous ! Vous n'êtes pas le seul ici à vendre des billets...

***

Un type rentre de voyage ravi... Il retrouve un de ses amis et la conversation s'engage :

— Tu as passé de bonnes vacances ?

— Excellentes ! Trois semaines en Allemagne. Le pied ! La Forêt Noire superbe... Munich... Berlin une ville fascinante...

— Et les Teutonnes ?

Visiblement le type ne savait pas de quoi il s'agissait. Alors, pour ne pas passer pour un idiot il dit :

— Très très bien...

Les deux copains se séparent et notre type se précipite sur son dictionnaire d'argot pour savoir ce qu'était des Teutonnes...

Il lit « Femme allemande »... Il se dit que c'est bon à savoir et que la prochaine fois il fera attention...

Six mois plus tard, les deux types se retrouvent... Le même revient d'un voyage en Belgique...

— Alors, la Belgique ?

— Très beau pays... Bruxelles la place de Broukère... La Grand-Place... Liège très belle ville... Et puis les frites et les moules !

— Et les Wallones ?

Même ignorance que pour les Teutonnes, le type dit :

— Bien, valable... Très valable...

Même précipitation à son domicile... Même dictionnaire « Wallonne : Femme belge de la province Wallonne ». Alors là, il se dit « la prochaine fois il ne m'aura pas...

Six nouveaux mois et un nouveau voyage... Le type retrouve son copain et le dialogue s'engage :

— Cette fois-ci je suis resté en France... J'étais en Bretagne...

— Ah bon ! Et que penses-tu des dolmens ?

— Alors là mon vieux... Incroyable, les dolmens : toutes des salopes !

***

Une jeune épouse part pour un petit voyage. A son retour, elle demande à son mari :

— Tout s'est bien passé, chéri ?

— Oui, tout va bien. Une seule chose : quand j'ai voulu laver le linge, je l'ai mis dans la machine, j'ai tiré la poignée, mais je n'ai jamais revu le linge !

***

Un chauffeur de taxi dépose un client à la gare Saint-Lazare :

— Cela fait 50 francs, annonce-t-il.

— Oh là là, répond le passager. Je n'ai que 45 francs. Vous ne pourriez pas reculer de 5 francs ?

***

Charly Drigués voyageant aux États-Unis pour la seconde fois (vous pouvez le questionner à ce sujet) se trouve dans une gare. Il découvre une machine automatique avec l'inscription :

« Je vous révèle qui vous êtes. »

— Putain ! ils sont plutôt fortiches, ces Américains, se dit Charly ; moi-même, je n'arrive même pas à savoir qui je suis !

Il met une pièce de un dollar dans la fente, et brusquement, il entend une voix qui lui dit, en français :

« Vous vous appelez Charly Drigués. Vous êtes pied-noir, né à Alger, à Bab el-Oued. Vous êtes rapatrié, et vous tenez un restaurant à Montmartre, qui s'appelle "Charly de Bab el-Oued" ; vous êtes marié, votre fille habite New York et votre épouse s'appelle Fanny. Elle est blonde et c'est elle qui fait la cuisine au restaurant. Vous vous apprêtez à prendre dans douze minutes, un train pour Chicago. Terminé. »

— Putain ! il fait Charly, sur la tête de ma mère, je n'ai jamais vu une chose pareille, c'est unique au monde ! c'est inimaginable ! y'a quelque chose derrière tout ça !

Et l'idée lui vient de percer le mystère de cette machine. Il s'en va fouiller dans la valise de son épouse, il s'enferme dans les toilettes, met une robe, avec un foulard sur la tête et des lunettes noires sur le visage, enfile le manteau de son épouse, il va à la machine et introduit à nouveau, une pièce.

La voix de l'appareil énonce :

« Vous vous appelez Charly Drigués, vous êtes pied-noir ; votre restaurant, il est toujours rue Montmartre ; votre épouse s'appelle toujours Fanny mais, crétin, avec vos idioties vous venez de rater le train pour Chicago, et je vous avertis qu'il n'y en pas d'autre avant demain. Terminé. »

***

— Je vais tenter ma chance à New York !

— Mais tu es fou ! Un homme s'y fait agresser toutes les dix minutes !

— Bien fait ! quelle idée d'y revenir toutes les dix minutes.

***

VOYANTE

Une voyante se colle contre son amant :

— Mon chéri, montre moi que tu m'aimes... Un coup pour non, deux coups pour oui...

***

Une voyante téléphone à une autre voyante :

— Vous allez très bien, s'exclame-t-elle. Et moi-même ?

***

W

W.-C.

Je n'ai pas pu rester longtemps en Grèce. On m'y accusa d'espionnage. Vous vous rendez compte... Motif : je vendais des W.-C. à la turque.

***

Dans ce petit village on est économe. Comme le conseil municipal avait décidé l'installation de toilettes publiques, on a trouvé un moyen pour que ça ne coûte pas trop cher... On a construit un bel édifice pour les dames... Et à côté, pour les hommes, on a planté un arbre.

***

Mâme Miche demande à Mâme Dugommeau :

— Vous connaissez la différence entre une cafetière et la cuvette des W.-C. ?

— Non, vraiment je ne vois pas.

— Ben alors, c'est pas chez vous que j'irai boire mon café !

***

Z

ZOO

Le gardien du zoo est en larmes... L'hippopotame vient de mourir ! Ce pauvre homme n'arrive pas à retenir ses sanglots. Le directeur mis au courant vient le voir et essaye de le consoler :

— Cher collègue, voyons... Remettez-vous ! Vous étiez si attaché à cet hippopotame ?

— Pas du tout, répond le gardien, c'est pas à cause de la mort de l'hippopotame que je pleure.... C'est en pensant au trou qu'il va falloir que je creuse...

***

Marie, dit une dame à la gouvernante de ses enfants, je veux que vous emmeniez les petits au zoo cet après-midi.

— Madame, ne croyez vous pas qu'ils préféreraient jouer au parc Monceau ?

— Non, ils ne sont jamais allés au zoo, il faut que vous les y conduisiez.

— Madame, vraiment, je ne peux pas y aller !

— Et pourquoi donc ?

— Vos enfants sont si laids qu'on ne les laisseraient jamais sortir !

***

Un directeur de zoo écrit à un vétérinaire ;

— Monsieur, il faudrait que vous passiez le plus rapidement possible, mes deux chacals sont malades...

Mais l'homme fronce les sourcils, déchire la lettre et écrit à nouveau ;

— Monsieur, mes deux chacaux étant malades...

Oh, zut ! dit le directeur de zoo en déchirant à nouveau la lettre. Essayons autre chose :

— Monsieur, mon chacal est malade, il faudrait que vous passiez le plus rapidement possible.

P.S. : On vient de me prévenir que mon autre chacal vient également de tomber malade...

***

— Si tu n'es pas sage, hurle la mère à son enfant, tu n'iras pas au zoo dimanche prochain avec papa.

— Je m'en moque, réplique l'enfant. Moi, les femmes toutes nues ça ne me fait aucun effet !

ACHEVÉ D'IMPRIMER
LE 5 DÉCEMBRE 1985
SUR LES PRESSES DE
L'IMPRIMERIE HÉRISSEY
À ÉVREUX (EURE)
POUR LE COMPTE DES
ÉDITIONS CARRERE-M. LAFON

Nous remercions :
Miska de Surany
Pierre Doris
Jacques Pessis
Julie Capour
et Bettina Forest
pour leur précieuse collaboration

Direction technique : Claude FAGNET
Direction artistique : Dominique JEHANNE
Attachée de presse : Nathalie LADURANTIE

Photos de couverture :
Phonogram B. LELOUP, LINDO, B. DELORME

Imprimé en France

Numéro d'édition : 1997
Numéro d'impression : 38740
Dépôt légal : décembre 1985
I.S.B.N. 2-86804-199-7